Opel Omega & Senator

Gör-det-själv-handbok

Mark Coombs och Spencer Drayton

(3262-280/1469)

Modeller som behandlas i denna bok
Sedan- och kombimodeller med fyr- och sexcylindriga bensinmotorer inklusive specialutföranden;
1,8 liters (1796cc), 2,0 liters (1998cc), 2,5 liters (2490cc), 2,6 liters (2594cc) & 3,0 liters (2969cc, inkl 24V)

Dieselmodeller behandlas ej

ABCDE
FGHIJ
KLMN

En bok i **Haynes serie Gör-det-själv-handböcker**

ISBN **1 85960 221 5**

British Library Cataloguing in Publication Data
En katalogpost för denna bok finns tillgänglig från British Library.

Tryckt i USA

Haynes Publishing Nordiska AB
Box 1504, 751 45 UPPSALA, Sverige

Haynes Publishing
Sparkford, Yeovil, Somerset BA22 7JJ, England

Haynes North America, Inc
861 Lawrence Drive, Newbury Park, California 91320, USA

Editions Haynes
4, Rue de l'Abreuvoir
92415 COURBEVOIE CEDEX, France

Innehåll

ATT LEVA MED DIN OPEL

UNDERHÅLL

Innehåll

REPARATIONER OCH UNDERHÅLL

Motor och tillhörande system

Kraftöverföring

Bromsar och fjädring

Kaross

REFERENS

Omegamodellerna som behandlas i denna handbok introducerades på den svenska marknaden under hösten 1986 som fyradörrars sedan och femdörrars kombi. I början erbjöds en 1,8 liters SOHC-motor med förgasare eller elektroniskt styrd bränsleinsprutning samt en 2,0 liters SOHC-motor med elektroniskt styrd bränsleinsprutning. Växellådan var antingen femväxlad manuell eller automatisk med fyra växellägen. Senare introducerades 2,6 liters och 3,0 liters raka sexcylinders CIH-motorer, bl a en 24-ventilers version som GSi-modellerna fr o m 1990 utrustades med.

Alla modeller har främre och bakre skivbromsar. Låsningsfria bromsar ingår i standardutrustningen för alla modeller med högre standard och alla senare modeller med normal standard. ABS fanns som extrautrustning för alla tidigare modeller med normal standard.

Ända sen introduktionen har Omegamodellen kontinuerligt utvecklats. Alla modeller har en hög utrustningsnivå, som är mycket omfattande för modeller med högre standard. Centrallås, elektriska fönsterhissar, elektriskt soltak, farthållare och luftkonditionering har alltid varit tillgängliga.

Den reviderade Senatorserien introducerades i Sverige under 1988. Den finns endast som fyradörrars sedan och har ett antal olika varianter av den raka sexcylindriga motorn: Cylindervolym på 2,5, 2,6 och 3,0 liter samt DOHC-motorn på 3,0 liter med 24 ventiler fr o m 1990.

Mekaniskt är Senator i princip identisk med Omega. Detta avspeglas i service- och reparationsanvisningarna i denna handbok. För gör-det-självaren är Omega och Senator relativt enkla bilar att underhålla och reparera. Detta beror på att många detaljer har utformats för att reducera ägandekostnaderna till ett minimum samt att de flesta delar som kräver regelbunden tillsyn är lättillgängliga.

Opel Omega 1.8 GLi

Opel Senator 3.0i

Om denna handbok för Opel Omega och Senator

Målet med denna handbok är att hjälpa dig att göra ditt bilägande prisvärt. Den kan användas på ett flertal sätt. Den kan hjälpa dig att avgöra vilken typ av arbete som skall utföras (även om man måste vända sig till en verkstad för att få det utfört), ge information om rutinunderhåll och service och ge en logisk arbetsanvisning och feldiagnos när fel uppstår. Det är dock vår förhoppning att du kommer att använda boken när du själv utför arbetet. Vid enklare typer av arbeten kan det t o m gå snabbare än om man måste boka tid på en verkstad och ta sig dit dels för att lämna och dels för att hämta bilen. Sist men inte minst kan man spara mycket pengar på att slippa betala det pris som verkstäder måste ta för att betala arbetskostnader och för sin vinstmarginal.

Handboken har ritningar och beskrivningar som visar de olika delarnas funktioner, vilket underlättar förståelsen. Därefter förklaras arbetena med bild och text enligt en steg-för-steg-metod.

Tack till...

Tack till Champion Tändstift som tillhandahållit bilderna som visar tändstiftens kondition. Vissa andra illustrationer äger Opel rättigheterna för och dessa bilder är använda med deras tillstånd. Tack till Sykes-Pickavant Limited som tillhandahöll vissa specialverktyg samt till alla i Sparkford som har hjälpt till med denna handbok.

Vi har varit mycket noggranna med informationen i denna handbok. Biltillverkarna ändrar dock konstruktionen och detaljer under produktion som vi inte får information om. Författarna och förlaget kan inte ta på sig ansvar för förluster, skador och personskador som kan ha orsakats av fel i eller ofullständig information i denna bok.

Att arbeta på din bil kan vara farligt. Den här sidan visar potentiella risker och faror och har som mål att göra dig uppmärksam på och medveten om vikten av säkerhet i ditt arbete.

Allmänna faror

Skållning

- Ta aldrig av kylarens eller expansionskärlets lock när motorn är het.
- Motorolja, automatväxellådsolja och styrservovätska kan också vara farligt varma om motorn just varit igång.

Brännskador

- Var försiktig så att du inte bränner dig på avgassystem och motor. Bromsskivor och -trummor kan också vara heta efter körning.

Lyftning av fordon

- Vid arbete nära eller under ett lyft fordon, använd alltid extra stöd i form av pallbockar eller använd ramper. ***Arbeta aldrig under en bil som endast stöds av en domkraft.***

- När muttrar eller skruvar med högt åtdragningsmoment skall lossas eller dras, bör man lossa dem något innan bilen lyfts och göra den slutliga åtdragningen när bilens hjul åter står på marken.

Brand och brännskador

- Bränsle är mycket brandfarligt och bränsleångor är explosiva.
- Spill inte bränsle på en het motor.
- Rök inte och använd inte öppen låga i närheten av en bil under arbete. Undvik också gnistbildning (elektrisk eller från verktyg).
- Bensinångor är tyngre än luft och man bör därför inte arbeta med bränslesystemet med fordonet över en smörjgrop.
- En vanlig brandorsak är kortslutning i eller överbelastning av det elektriska systemet. Var försiktig vid reparationer eller ändringar.
- Ha alltid en brandsläckare till hands, av den typ som är lämplig för bränder i bränsle- och elsystem.

Elektriska stötar

- Högspänningen i tändsystemet kan vara farlig, i synnerhet för personer med hjärtbesvär eller pacemaker. Arbeta inte med eller i närheten av tändsystemet när motorn går, eller när tändningen är på.

- Nätspänning är också farlig. Se till att all nätansluten utrustning är jordad. Man bör skydda sig genom att använda jordfelsbrytare.

Giftiga gaser och ångor

- Avgaser är giftiga. De innehåller koloxid vilket kan vara ytterst farligt vid inandning. Låt aldrig motorn vara igång i ett trångt utrymme, t ex i ett garage, med stängda dörrar.
- Även bensin och vissa lösnings- och rengöringsmedel avger giftiga ångor.

Giftiga och irriterande ämnen

- Undvik hudkontakt med batterisyra, bränsle, smörjmedel och vätskor, speciellt frostskyddsvätska och bromsvätska. Sug aldrig upp dem med munnen. Om någon av dessa ämnen sväljs eller kommer in i ögonen, kontakta läkare.
- Långvarig kontakt med använd motorolja kan orsaka hudcancer. Bär alltid handskar eller använd en skyddande kräm. Byt oljeindränkta kläder och förvara inte oljiga trasor i fickorna.
- Luftkonditioneringens kylmedel omvandlas till giftig gas om den exponeras för öppen låga (inklusive cigaretter). Det kan också orsaka brännskador vid hudkontakt.

Asbest

- Asbestdamm kan ge upphov till cancer vid inandning, eller om man sväljer det. Asbest kan finnas i packningar och i kopplings- och bromsbelägg. Vid hantering av sådana detaljer är det säkrast att alltid behandla dem som om de innehöll asbest.

Speciella faror

Flourvätesyra

- Denna extremt frätande syra bildas när vissa typer av syntetiskt gummi i t ex O-ringar, tätningar och bränsleslangar utsätts för temperaturer över 400 °C. Gummit omvandlas till en sotig eller kladdig substans som innehåller syran. *När syran väl bildats är den farlig i flera år. Om den kommer i kontakt med huden kan det vara tvunget att amputera den utsatta kroppsdelen.*
- Vid arbete med ett fordon, eller delar från ett fordon, som varit utsatt för brand, bär alltid skyddshandskar och kassera dem på ett säkert sätt efteråt.

Batteriet

- Batterier innehåller svavelsyra som angriper kläder, ögon och hud. Var försiktig vid påfyllning eller transport av batteriet.
- Den vätgas som batteriet avger är mycket explosiv. Se till att inte orsaka gnistor eller använda öppen låga i närheten av batteriet. Var försiktig vid anslutning av batteriladdare eller startkablar.

Airbag/krockkudde

- Airbags kan orsaka skada om de utlöses av misstag. Var försiktig vid demontering av ratt och/eller instrumentbräda. Det kan finnas särskilda föreskrifter för förvaring av airbags.

Dieselinsprutning

- Insprutningspumpar för dieselmotorer arbetar med mycket högt tryck. Var försiktig vid arbeten på insprutningsmunstycken och bränsleledningar.

Varning: Exponera aldrig händer eller annan del av kroppen för insprutarstråle; bränslet kan tränga igenom huden med ödesdigra följder

Kom ihåg...

ATT

- Använda skyddsglasögon vid arbete med borrmaskiner, slipmaskiner etc, samt vid arbete under bilen.
- Använda handskar eller skyddskräm för att skydda händerna.
- Om du arbetar ensam med bilen, se till att någon regelbundet kontrollerar att allt står väl till.
- Se till att inte löst sittande kläder eller långt hår kommer i vägen för rörliga delar.
- Ta av ringar, armbandsur etc innan du börjar arbeta på ett fordon - speciellt med elsystemet.
- Försäkra dig om att lyftanordningar och domkraft klarar av den tyngd de utsätts för.

ATT INTE

- Ensam försöka lyfta för tunga delar - ta hjälp av någon.
- Ha för bråttom eller ta osäkra genvägar.
- Använda dåliga verktyg eller verktyg som inte passar. De kan slinta och orsaka skador.
- Låta verktyg och delar ligga så att någon riskerar att snava över dem. Torka upp olje- och bränslespill omgående.
- Låta barn eller husdjur leka nära en bil under arbetets gång.

Följande sidor är avsedda som hjälp till att lösa vanligen förekommande problem. Mer detaljerad felsökningsinformation finns i slutet av handboken och beskrivningar för reparationer finns i de olika huvudkapitlen.

Om bilen inte startar och startmotorn inte går runt

- ☐ Om bilen har automatväxellåda, kontrollera att växelväljaren står på 'P' eller 'N'.
- ☐ Öppna huven och kontrollera att batterikablarna är rena och väl åtdragna vid polerna.
- ☐ Slå på strålkastarna och försök starta motorn. Om dessa försvagas mycket vid startförsöket är batteriet troligen mycket urladdat. Använd startkablar (se nästa sida).

Om bilen inte startar trots att startmotorn går runt som vanligt

- ☐ Finns det bensin i tanken?
- ☐ Finns det fukt i elsystemet under huven? Slå av tändningen, torka bort all synlig fukt med en trasa. Spraya på en vattenavvisande aerosol (t ex WD40) på tändnings- och bränslesystemets elektriska kontakter som de som visas i bilderna. Var extra uppmärksam på tändspolen, tändspolens kontakter och tändkablarna. (Dieselmotorer har normalt sett inte problem med fuktighet).

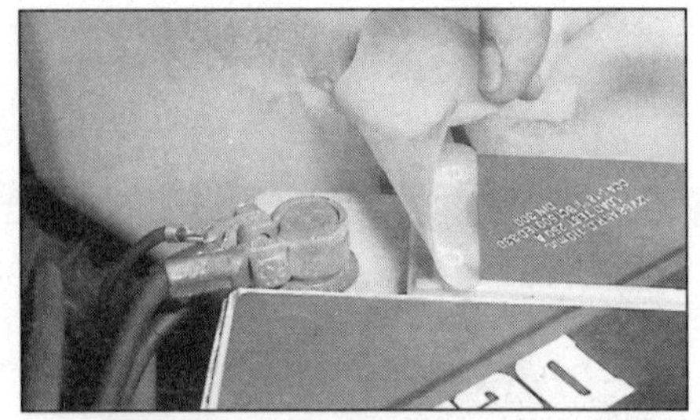

A Kontrollera att batterianslutningarna sitter ordentligt och att de är i gott skick.

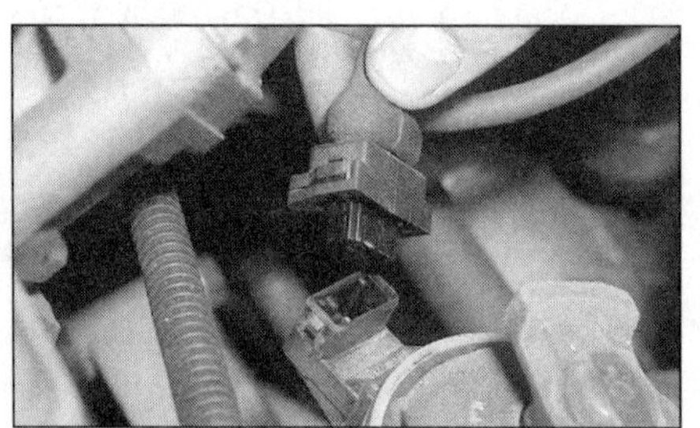

B Kontrollera att kontaktdonen för alla givarkablar och tändkablar till tändfördelaren är korrekt anslutna. Spruta på vattenavvisande medel vid behov.

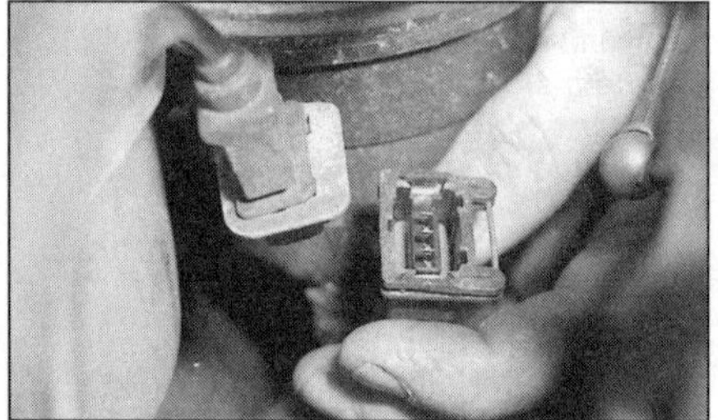

C Kontrollera att kontaktdonet för vevaxelns givare är korrekt ansluten. Spruta på vattenavvisande medel vid behov.

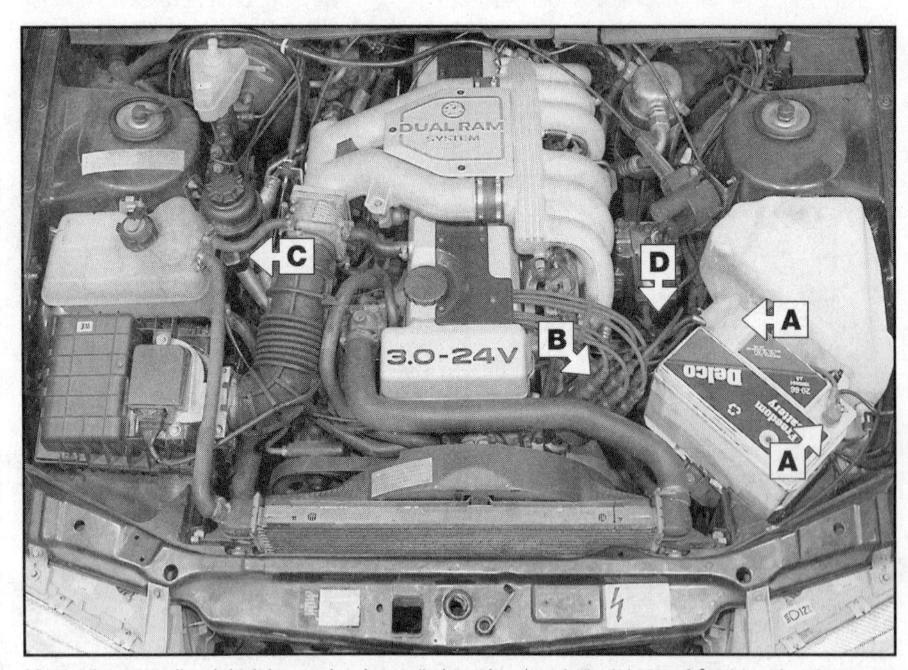

Kontrollera att alla elektriska anslutningar är korrekta (med tändningen frånslagen) och spruta på vattenavvisande medel om du misstänker att problemet beror på fukt.

D Kontrollera att kontaktdonen för alla givarkablar och tändkabeln till tändspolen är korrekt anslutna. Spruta på vattenavvisande medel vid behov.

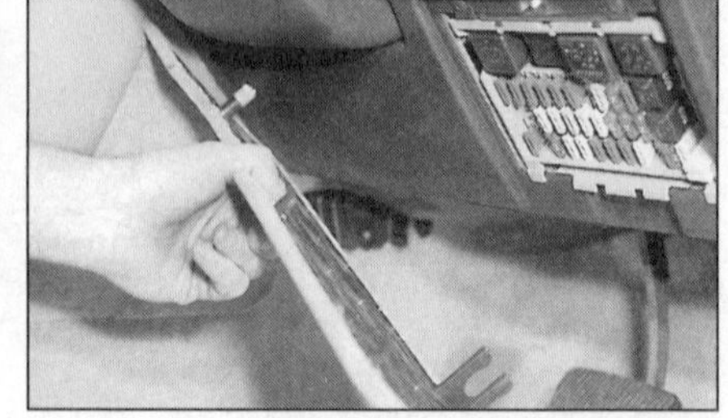

E Kontrollera att säkringen för bränslepumpens relä inte har löst ut.

Starthjälp

Start med startkablar löser ditt problem för stunden, men det är väsentligt att ta reda på vad som orsakade batteriets urladdning. Det finns tre möjligheter:

1 *Batteriet har laddats ur efter ett flertal startförsök, eller för att lysen har lämnats på.*

2 *Laddningssystemet fungerar inte tillfredsställande (generatorns drivrem slak eller av, generatorns länkage eller generatorn själv defekt).*

3 *Batteriet defekt (utslitet eller låg elektrolytnivå.*

När en bil startas med hjälp av ett laddningsbatteri, observera följande:

- ✔ Innan det fulladdade batteriet ansluts, stäng av tändningen.
- ✔ Se till att all elektrisk utrustning (lysen, värme, vindrutetorkare etc) är avslagen.
- ✔ Kontrollera att laddningsbatteriet har samma spänning som det urladdade batteriet i bilen.
- ✔ Om batteriet startas med startkablar från batteriet i en annan bil, får bilarna INTE VIDRÖRA varandra.
- ✔ Växellådan skall vara i neutralt läge (PARK för automatväxellåda).

1 Koppla den ena änden på den röda startkabeln till den positiva (+) anslutningen på det urladdade batteriet.

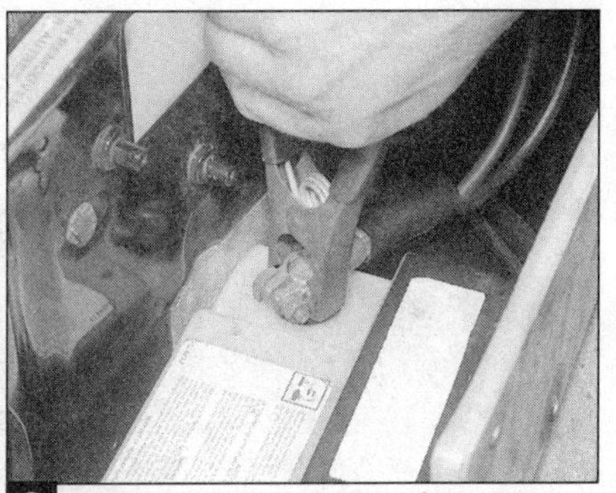

2 Koppla den andra änden på den röda kabeln till den positiva (+) anslutningen på det fulladdade batteriet.

3 Koppla den ena änden på den svarta startkabeln till den negativa (–) anslutningen på det fulladdade batteriet.

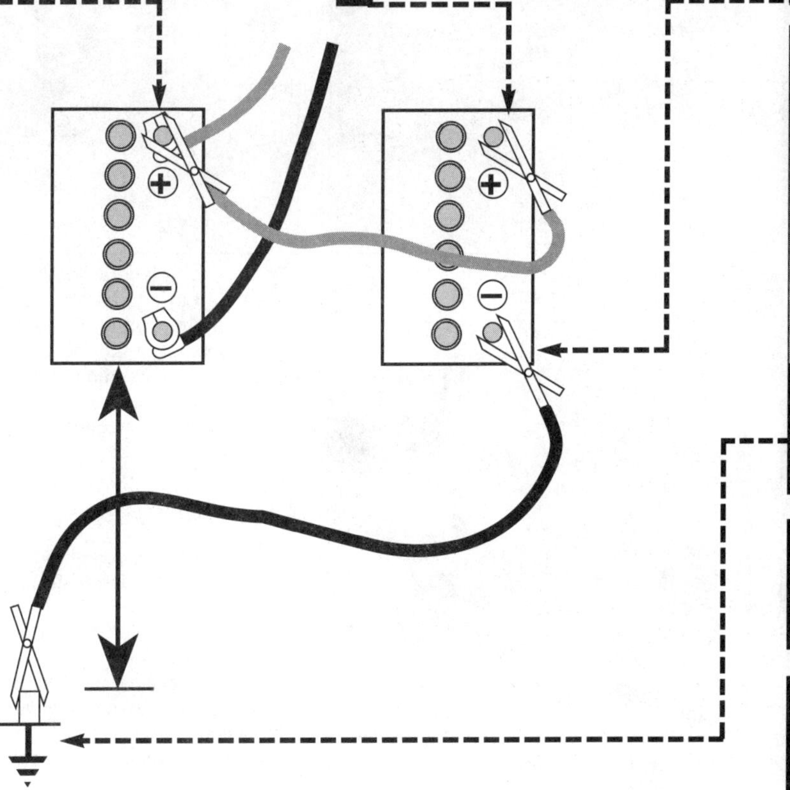

4 Koppla den andra änden på den svarta kabeln till en skruv eller ett fäste på motorblocket, på gott avstånd från batteriet, på bilen som ska startas.

5 Se till att startkablarna inte kommer i kontakt med fläkten, drivremmarna eller andra rörliga delar i motorn.

6 Starta motorn med laddningsbatteriet, sen med motorn på tomgång, koppla bort startkablarna i omvänd ordning mot anslutning.

Hjulbyte

Vissa av detaljerna som beskrivs här varierar beroende på modell, exempelvis placeringen av domkraft och reservhjul. Grundprinciperna är dock gemensamma för alla bilar.

Varning: Byt inte hjul i ett läge där du riskerar att bli överkörd av annan trafik. På högtrafikerade vägar är det klokt att uppsöka en parkeringsficka eller mindre avtagsväg för hjulbyte. Det är lätt att glömma bort resterande trafik när man koncentrerar sig på det arbete som ska utföras.

Förberedelser

- ☐ När en punktering inträffar, stanna så snart säkerheten medger detta.
- ☐ Parkera på plan fast mark, om möjligt, och på betryggande avstånd från annan trafik
- ☐ Använd varningsblinkers vid behov.
- ☐ Om du har en varningstriangel (obligatoriskt i Sverige), använd denna till att varna andra.
- ☐ Dra åt handbromsen och lägg in ettan eller backen.
- ☐ Blockera hjulet diagonalt motsatt det som ska tas bort - ett par medelstora stenar räcker.
- ☐ Om marken är mjuk, använd en plankstump till att sprida belastningen under domkraftens fot.

Hjulbyte

1 Vik tillbaka klädseln i bagageutrymmet, lossa remmen och tag ut reservhjulet.

2 Skruva loss låsbulten och tag ut domkraften och hjulbultsnyckeln.

3 Använd en nyckel för att ta loss låsplattan (i förekommande fall) . . .

4 . . . och lossa alla hjulbultar ett halvt varv.

5 Snäpp loss plastskyddet . . .

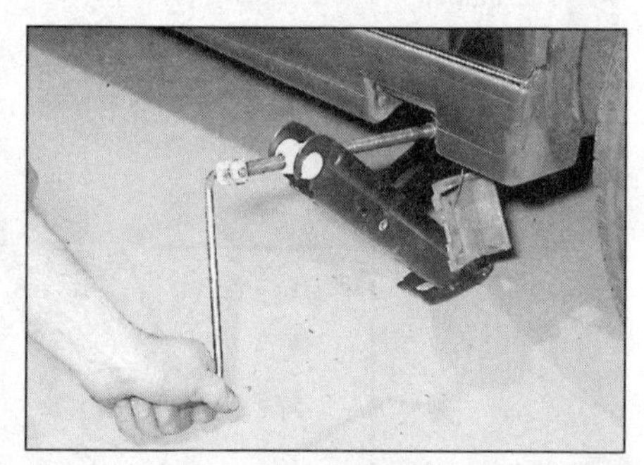

6 . . . och placera domkraften på ett fast underlag och under den förstärkta lyftpunkten. Försök inte att lyfta bilen vid någon annan punkt. Vrid domkraftens handtag tills hjulet lyfts från marken. För säkerhets skull kan man lägga ned reservhjulet och placera det under bilen i närheten av lyftpunkten.

7 Skruva loss bultarna och lyft av hjulet. Montera reservhjulet. Skruva i hjulbultarna och drag åt en aning med hjulbultsnyckeln.

8 Sänk ned bilen och drag åt hjulbultarna korsvis. Montera låsplattan och placera det skadade hjulet i bagageutrymmet. Fäst hjulet med remmen och sätt tillbaka klädseln.

Och till sist...

- ☐ Tag bort hjulblockeringen.
- ☐ Lägg tillbaka domkraft och verktyg på sin plats i bilen.
- ☐ Kontrollera lufttrycket i det just monterade däcket. Om det är lågt eller om du inte har en lufttrycksmätare med dig, kör långsamt till närmaste bensinstation och kontrollera/justera lufttrycket.
- ☐ Reparera eller byt det trasiga däcket så snart som möjligt.

Att hitta läckor

Pölar på garagegolvet eller uppfarten, eller märkbar fukt under huven eller bilen antyder att det finns en läcka som behöver åtgärdas. Det kan ibland vara svårt att avgöra var läckan finns, speciellt om motorrummet redan är mycket smutsigt. Läckande olja eller annan vätska kan blåsas bakåt av luft som passerar under bilen, vilket ger en felaktig antydan om var läckan finns.

Varning: De flesta oljor och vätskor som förekommer i en bil är giftiga. Byt nedsmutsad klädsel och tvätta av huden utan dröjsmål.

Lukten av en läckande vätska kan ge en ledtråd till vad som läcker. Vissa vätskor har en distinkt färg. Det kan vara till hjälp att tvätta bilen ordentligt och parkera den på rent papper över natten. Kom ihåg att vissa läckor kanske endast förekommer när motorn går.

Oljesumpen

Motorolja kan läcka från avtappningspluggen . . .

Oljefiltret

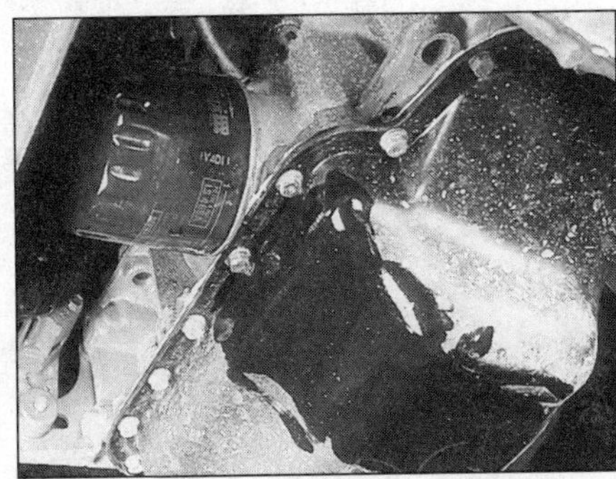

. . . eller från oljefiltrets infästning i motorn.

Växellådsolja

Olja kan läcka vid tätningarna i vardera änden på växellådan.

Frostskydd

Läckande frostskyddsvätska lämnar ofta kristalliserade avlagringar liknande dessa

Bromsolja

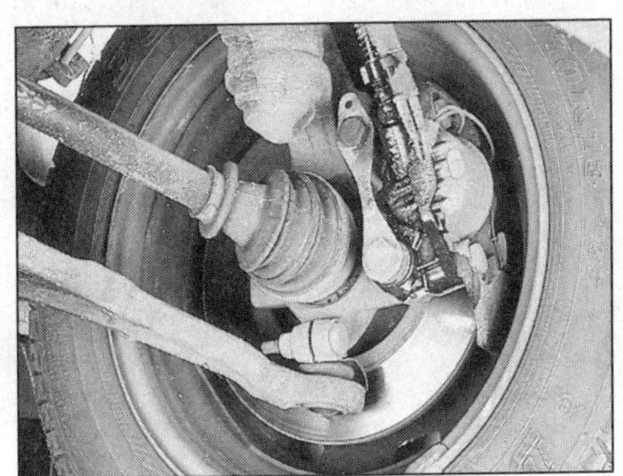

Ett läckage vid ett hjul är nästan helt säkert bromsolja.

Servostyrningsolja

Olja till servostyrningen kan läcka från röranslutningarna till kuggstången.

Bogsering

När allt annat misslyckats kan du komma att behöva bogsering hem - eller det kan naturligtvis hända att du bogserar någon annan. Bogsering längre sträckor ska överlämnas till en verkstad eller bärgningsfirma. Bogsering är relativt enkelt, men kom ihåg följande:

☐ Använd en riktig bogserlina - de är inte dyra. Kontrollera vad lagen säger om bogsering.

☐ Tändningen ska vara påslagen när bilen bogseras så att rattlåset är öppet och blinkers och bromsljus fungerar.

☐ Fäst bogserlinan endast i de monterade bogseröglorna.

☐ Innan bogseringen, lossa handbromsen och lägg i neutralläge på växellådan.

☐ Notera att det kommer att krävas större bromspedaltryck än normalt eftersom vakuumservon bara är aktiv när motorn är igång.

☐ På bilar med servostyrning krävs också större rattkraft.

☐ Föraren i den bogserade bilen måste hålla bogserlinan spänd i alla lägen så att ryck undviks.

☐ Kontrollera att båda förarna känner till den planerade färdvägen.

☐ Kom ihåg att laglig maxfart vid bogsering är 30 km/tim och håll distansen till ett minimum. Kör mjukt och sakta långsamt ned vid korsningar.

☐ För bilar med automatväxellåda gäller vissa speciella föreskrifter. Vid minsta tvekan, bogsera inte en bil med automatväxellåda eftersom detta kan skada växellådan.

Inledning

Det finns ett antal mycket enkla kontroller som endast tar ett par minuter att utföra, men som kan spara mycket besvär och stora utgifter.

Dessa "Veckokontroller" kräver ingen större skicklighet eller specialverktyg. Den korta tid de tar att utföra är mycket väl använd, till exempel:

☐ Håll ett öga på däckens skick och tryck. Detta förebygger inte bara slitage utan kan även rädda ditt liv.

☐ Många haverier orsakas av fel i elsystemet. Fel som orsakas av batteriet är mycket vanliga. En regelbunden snabb kontroll kan oftast förebygga sådana fel.

☐ Om bilen har en läcka i bromssystemet kan det hända att du märker det först när bromsarna inte fungerar ordentligt. Regelbunden kontroll av vätskenivån varnar i god tid för sådana problem.

☐ Om olje- eller kylvätskenivån blir för låg är det exempelvis mycket billigare att åtgärda läckaget än att reparera det motorhaveri som annars kan inträffa.

Kontrollpunkter i motorrummet

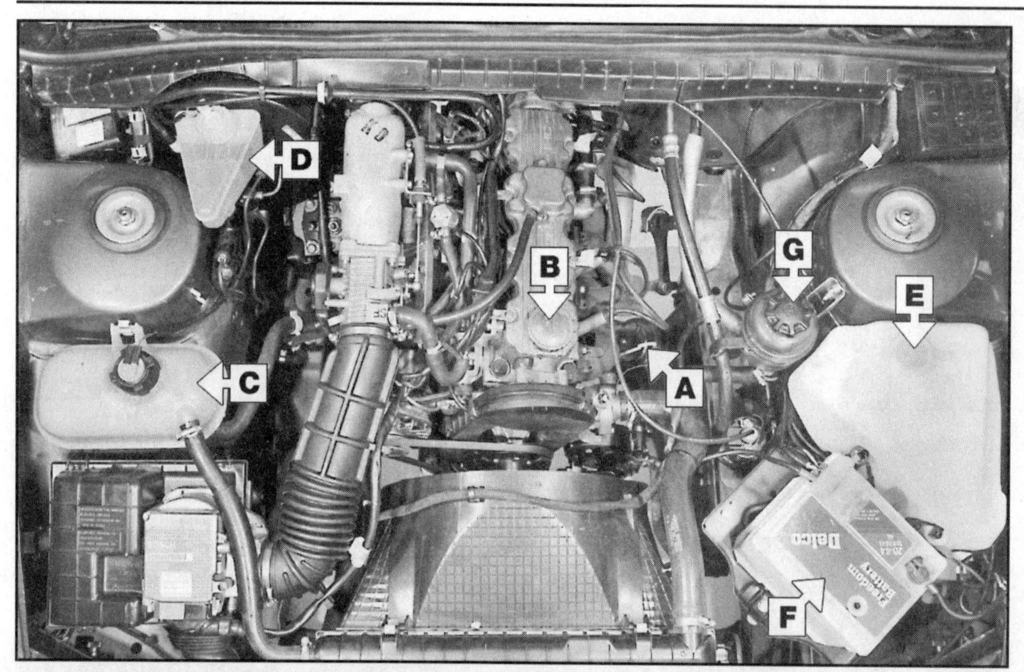

◀ **1,8 / 2,0 liter**

A *Motorns oljesticka*
B *Påfyllningslock för motorolja*
C *Kylarvätskans expansionskärl*
D *Bromsvätskebehållare*
E *Spolarvätskebehållare*
F *Batteri*
G *Styrservons vätskebehållare*

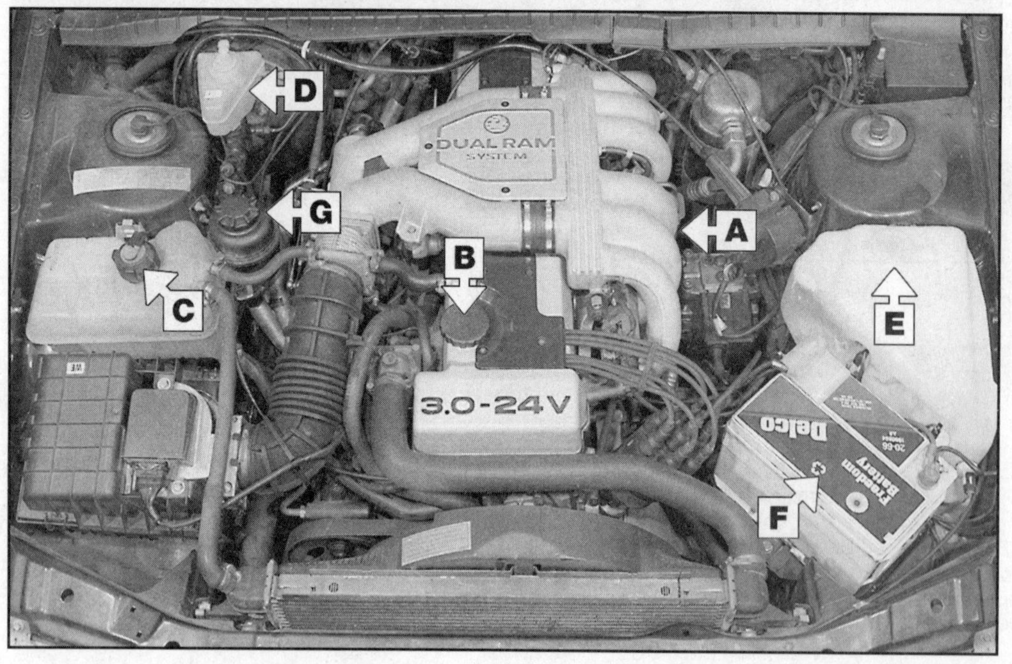

◀ **3,0 liter**

A *Motorns oljesticka*
B *Påfyllningslock för motorolja*
C *Kylarvätskans expansionskärl*
D *Bromsvätskebehållare*
E *Spolarvätskebehållare*
F *Batteri*
G *Styrservons vätskebehållare*

Motorns oljenivå

Före start

✔ Se till att bilen står plant.

✔ Kontrollera oljenivån innan du kör bilen eller minst 5 minuter efter det att du har stängt av motorn.

Om man kontrollerar oljenivån direkt efter körning kommer en del av oljan att befinna sig i motorns övre utrymmen. Detta ger en felaktig nivå på oljestickan.

Korrekt oljetyp

Moderna motorer ställer höga krav på oljan. Det är mycket viktigt att man använder korrekt olja till bilen (se "Smörjmedel, vätskor och däcktryck").

Skötselråd

● Om man måste byta olja ofta bör man kontrollera om motorn läcker olja. Placera ett rent papper under motorn och låt det ligga under natten. Kontrollera om det finns fläckar på papperet på morgonen. Läcker inte motorn kan det vara fråga om intern förbränning av olja (se *"Felsökning"*).

● Oljenivån skall alltid vara mellan den övre och den nedre markeringen på oljestickan (se bild). Om oljenivån är för låg kan motorn ta allvarlig skada. Oljetätningarna kan gå sönder om man fyller på för mycket olja.

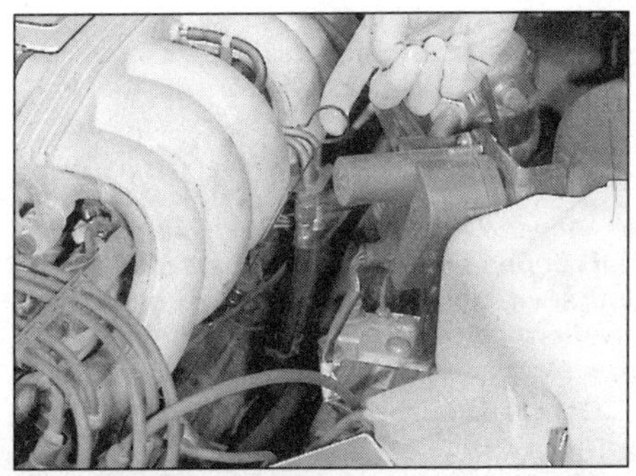

1 Oljestickan är placerad i ett rör på motorns vänstra sida (se *"Kontrollpunkter i motorrummet"*, sid 0•10 för exakt placering). Drag ut oljestickan.

2 Använd en ren trasa eller pappershandduk för att torka bort all olja från oljestickan. För därefter in oljestickan i röret så långt det går och drag ut den igen.

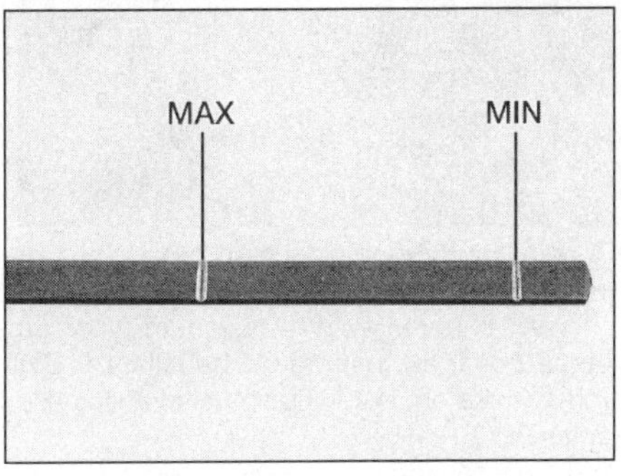

3 Håll oljestickan med handtaget uppåt. Om oljan får rinna ned längs stickan blir inte avläsningen korrekt. Oljenivån skall vara mellan "MAX" och "MIN"-markeringen.

4 Skruva av påfyllningslocket och häll försiktigt i olja. Man spiller mindre om man använder en tratt. Fyll inte på för snabbt och kontrollera nivån på oljestickan. Fyll inte på för mycket olja.

Kylvätskenivå

Varning: Skruva EJ av expansionskärlets lock när motorn är varm pga risken för brännskador. Låt inte behållare med kylvätska stå öppna eftersom vätskan är giftig.

Skötselråd

● Eftersom kylsystemet är slutet skall man inte regelbundet behöva fylla på kylarvätska. Om man måste fylla på ofta tyder detta på ett läckage. Kontrollera kylaren, alla slangar och anliggningsytor beträffande stänk och våta märken och åtgärda eventuella problem.

● Det är viktigt att kylarvätskan är korrekt koncentrerad för att frostskyddet skall vara tillräckligt. Fyll inte på med enbart vatten eftersom detta sänker koncentrationen.

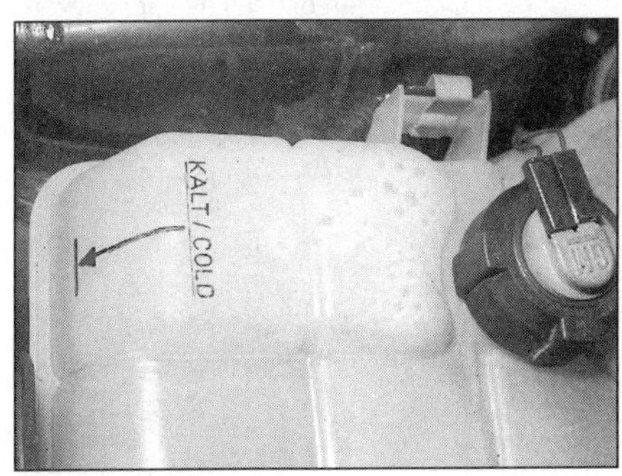

1 Kylarvätskans nivå varierar med motortemperaturen. När den är kall skall vätskenivån vara vid "KALT/COLD"-markeringen (vid pilen) på expansionskärlets sida vid kylarens högra ände. När motorn är varm kan nivån vara precis över "KALT/COLD"-markeringen.

2 Expansionskärlets lock måste skruvas av för att man skall kunna fylla på kylvätska. **Vänta tills motorn är kall.** Vrid locket moturs just tills trycket släpps ut. Vrid därefter tills locket kan lyftas av.

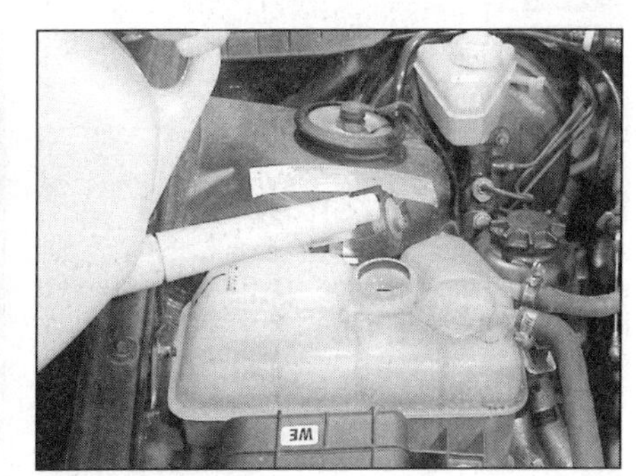

3 Fyll på kylarvätska med korrekt koncentration tills nivån är i linje med "KALT/COLD"-markeringen. Skruva på locket och drag åt.

Bromsvätskenivå

• Se till att bilen står plant.
• Nivån i vätskebehållaren sjunker en aning i och med att bromsklossarna slits. Nivån får dock aldrig sjunka under "MIN"-markeringen.

Varning:
• Bromsvätska kan skada ögonen och förstöra lacken. Var mycket försiktig när du arbetar med vätskan.

• Använd inte vätska ur kärl som har stått öppna en längre tid. Bromsvätska drar åt sig fuktighet ur luften, vilket kan resultera i avsevärt försämrade bromsegenskaper.

Säkerheten främst!

• Om man ofta måste fylla på bromsvätskebehållaren betyder detta att systemet läcker. Detta måste undersökas och åtgärdas omedelbart.

• Misstänker man att systemet läcker skall bilen inte köras förrän bromssystemet har kontrollerats. Tag aldrig några risker med bromssystemet.

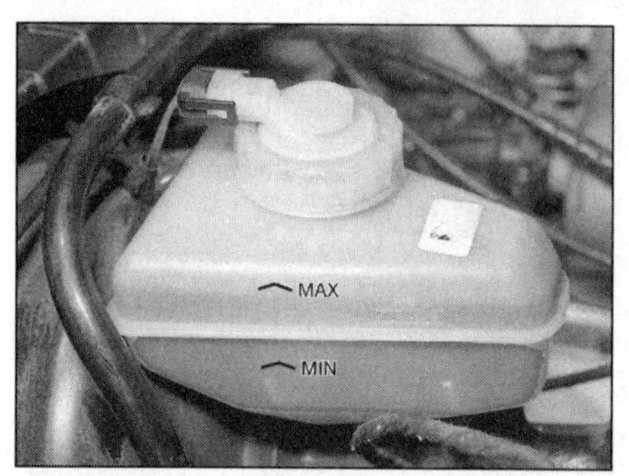

1 "MAX" och "MIN"-markeringarna är placerade på behållarens sida. Vätskenivån måste alltid ligga mellan dessa två markeringar (se till att parkera bilen plant när kontrollen utförs).

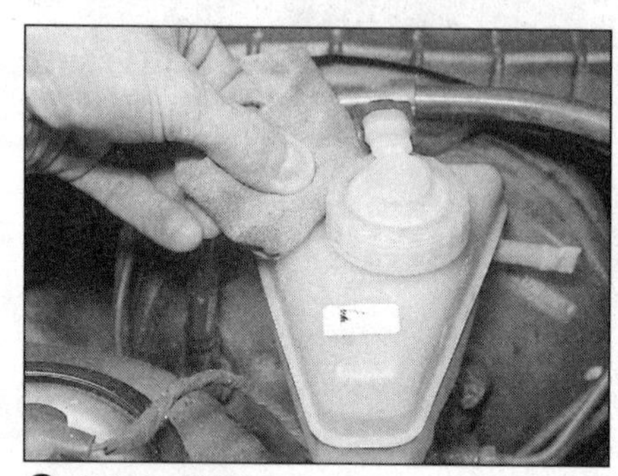

2 Krävs påfyllning skall man torka rent runt påfyllningslocket med en ren trasa innan man skruvar av det. När man fyller på vätska bör man inspektera behållaren. Byt bromsvätska om det finns smuts i vätskan (se kapitel 9).

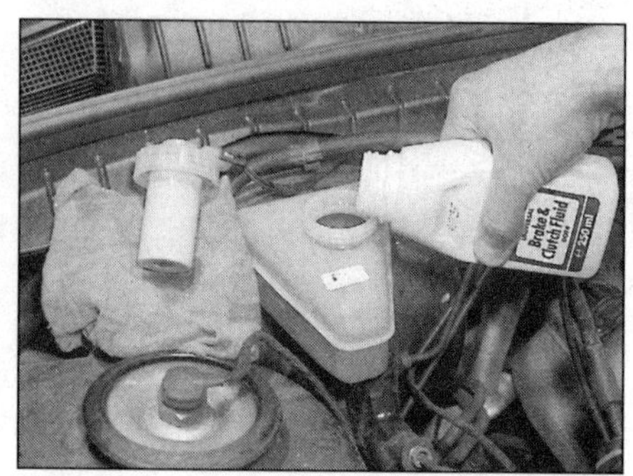

3 Fyll försiktigt på bromsvätska och undvik att spilla på lacken. Använd endast bromsvätska av specificerad typ. Blandar man olika typer av vätska kan detta skada systemet. Skruva åt locket när du har fyllt till korrekt nivå. Torka bort eventuellt vätskespill.

Styrservovätskans nivå

Före start:

✔ Parkera bilen på ett plant underlag.

✔ Vrid ratten så att hjulen är riktade rakt fram.

✔ Motorn skall vara uppe i normal arbetstemperatur och avstängd.

Kontrollen är endast exakt om man inte har vridit ratten efter det att motorn har stängts av.

Säkerheten främst!

• Om man ofta måste fylla på servobehållaren betyder detta att systemet läcker. Detta skall undersökas och åtgärdas omedelbart.

1 Styrservobehållarens lock har en mätsticka. Innan man skruvar av locket skall man torka rent runt det.

2 Skruva av locket och torka av mätstickan med en ren trasa. Skruva tillbaka locket. Skruva av det igen och läs av vätskenivån på mätstickan.

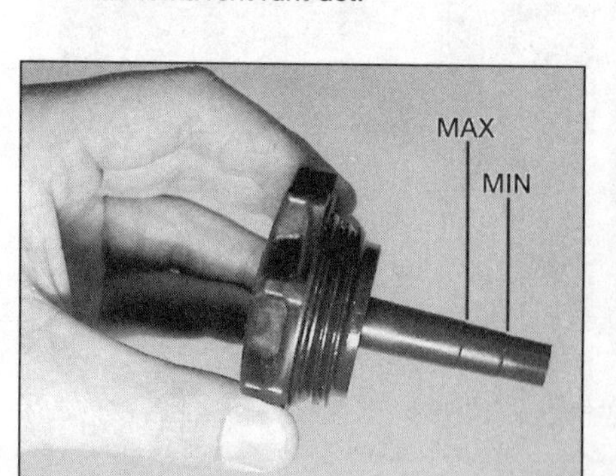

3 Det finns två markeringar på mätstickan. Den övre markeringen är den maximala vätskenivån vid varm motor. Den nedre markeringen är den minimala vätskenivån vid kall motor.

4 Fyll på upp till den övre markeringen med specificerad oljetyp. Se till att du inte får in smuts i behållaren och fyll inte på för mycket. När nivån är korrekt skall locket skruvas på.

Spolarvätskenivå

Spolarvätskekoncentrat rengör inte bara rutan, utan utgör även frostskydd som förebygger att spolarvätskan fryser under vintern. Fyll inte på med enbart vatten eftersom detta späder ut spolarvätskan och kan resultera i att den fryser.

Använd inte kylarvätska i spolsystemet eftersom det kan skada lacken.

1 Behållaren för vindrute- och strålkastarspolningen är placerad framför det vänstra fjädertornet i motorrummet.

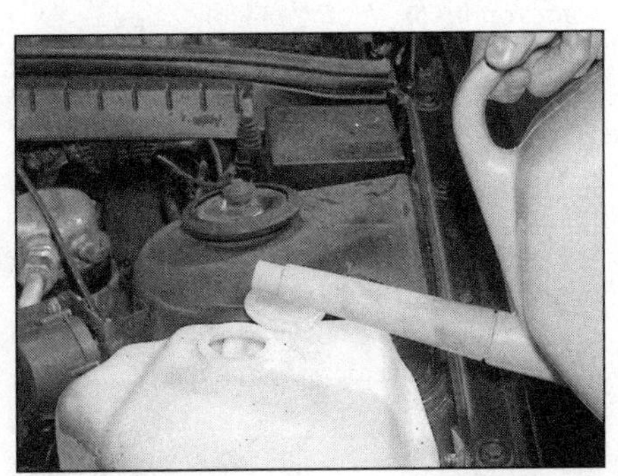

2 Fyll vid behov på med rekommenderad mängd rent vatten . . .

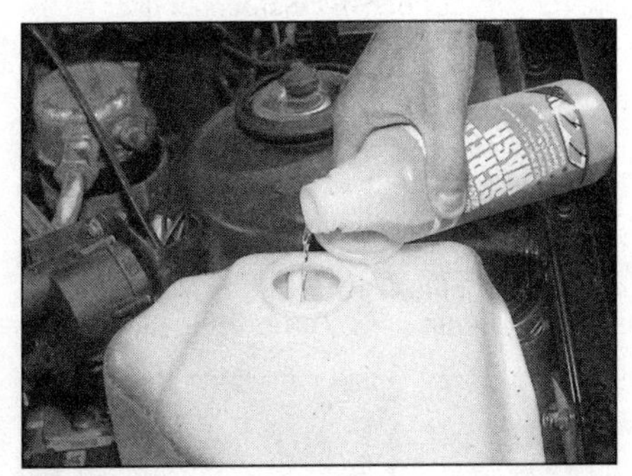

3 . . . och motsvarande mängd spolarvätskekoncentrat.

Torkarblad

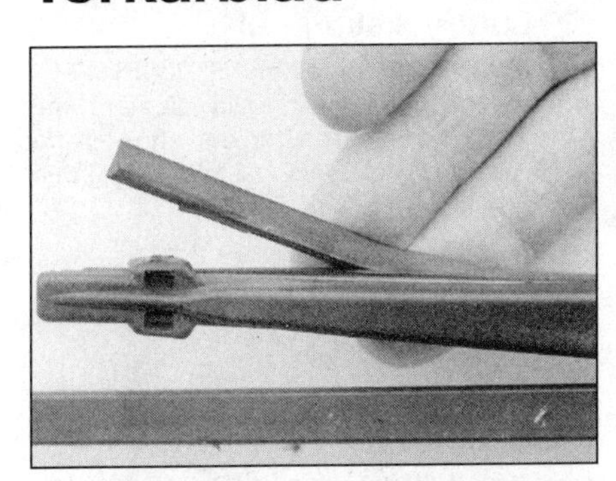

1 Kontrollera torkarbladens skick. Om de är spruckna eller skadade eller om inte rutan torkas ordentligt skall de bytas. Torkarblad bör bytas årligen.

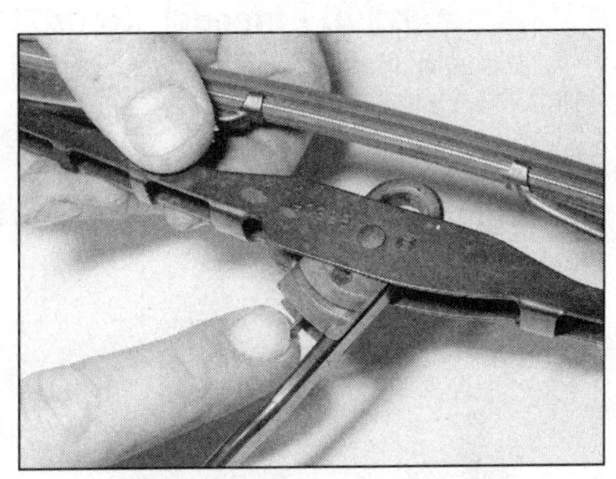

2 Demontera de främre torkarbladen genom att bända ut fästklämmorna. Tag även loss spolningens slang från torkararmen.

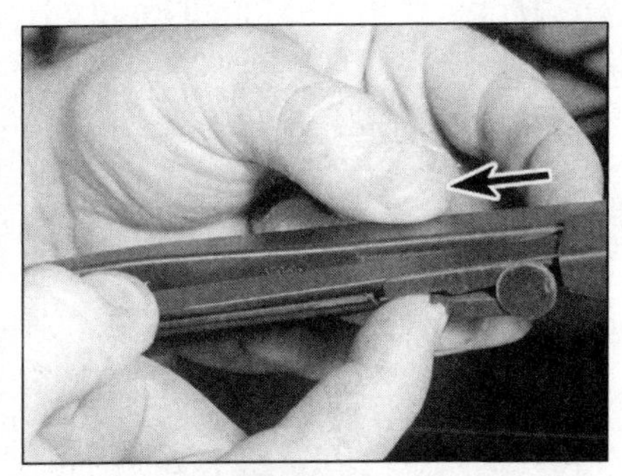

3 Fäll ut armen från rutan tills den låses. Vrid bladet 90°. Bänd upp bladets fästklämma och för ut bladet ur torkararmens böjda ände. Demontering av bakre torkarblad på kombimodeller: Fäll ut armen från rutan tills den låses. Vrid bladet 90°. Tryck in låsfliken och för ut bladet ur torkararmens böjda ände.

Däckens skick och lufttryck

Det är mycket viktigt att däcken är i bra skick och har korrekt lufttryck - däckhaverier är farliga i alla hastigheter.

Däckslitage påverkas av körstil - hårda inbromsningar och accelerationer eller snabb kurvtagning, samverkar till högt slitage. Generellt sett slits framdäcken ut snabbare än bakdäcken. Axelvis byte mellan fram och bak kan jämna ut slitaget, men om detta är för effektivt kan du komma att behöva byta alla fyra däcken samtidigt!

Ta bort spikar och stenar som bäddats in i mönstret innan dessa tränger genom och orsakar punktering. Om borttagandet av en spik avslöjar en punktering, stick tillbaka spiken i hålet som markering, but omedelbart hjul och låt en däckverkstad reparera däcket.

Kontrollera regelbundet att däcken är fria från sprickor och blåsor, speciellt i sidoväggarna. Ta av hjulen med regelbundna mellanrum och rensa bort all smuts och lera från inre och yttre ytor. Kontrollera att inte fälgarna visar spår av rost, korrosion eller andra skador. Lättmetallfälgar skadas lätt av kontakt med trottoarkanter vid parkering, stålfälgar kan bucklas. En ny fälg är ofta enda sättet att korrigera allvarliga skador.

Nya däck måste alltid balanseras vid monteringen men det kan vara nödvändigt att balansera om dem i takt med slitage eller om balansvikterna på fälgkanten lossnar.

Obalanserade däck slits snabbare och de ökar även slitaget på fjädring och styrning. Obalans i hjulen märks normalt av vibrationer, speciellt vid vissa hastigheter, i regel kring 80 km/tim. Om dessa vibrationer bara känns i styrningen är det troligt att enbart framhjulen behöver balanseras. Om istället vibrationerna känns i hela bilen kan bakhjulen vara obalanserade. Hjulbalansering ska utföras av däckverkstad eller annan verkstad med lämplig utrustning.

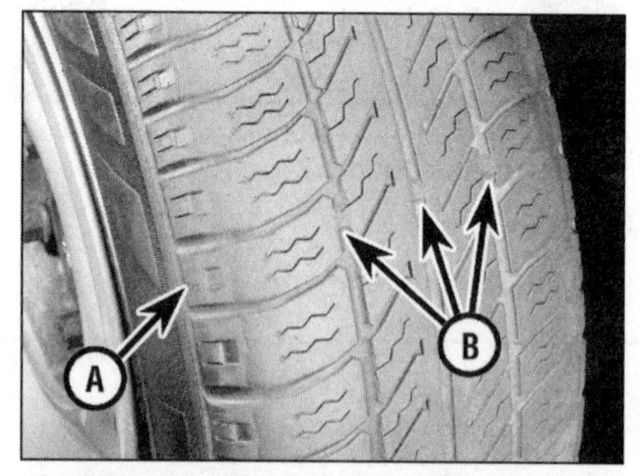

1 Mönsterdjup - visuell kontroll

Originaldäcken har slitagevarningsband (B) som uppträder när mönsterdjupet slitits ned till ca 1,6 mm. Bandens lägen anges av trianglar på däcksidorna (A).

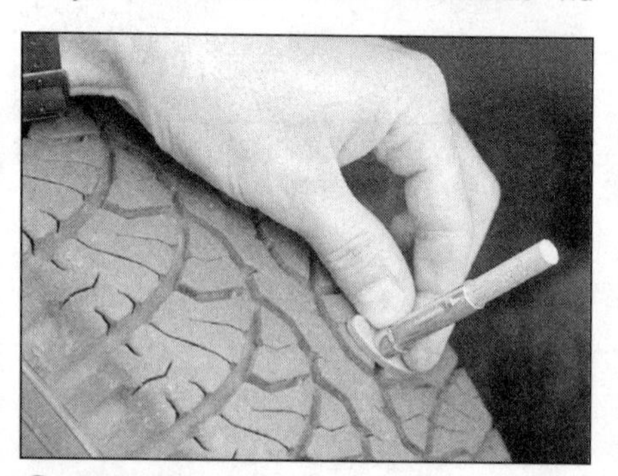

2 Mönsterdjup - manuell kontroll

Mönsterdjupet kan även avläsas med ett billigt verktyg kallat mönsterdjupmätare.

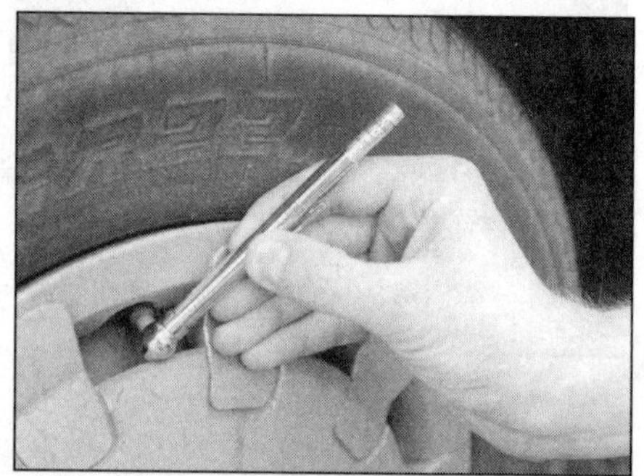

3 Lufttryckskontroll

Kontrollera regelbundet lufttrycket i däcken när dessa är kalla. Justera inte lufttryck omedelbart efter det att bilen har körts eftersom detta leder till felaktiga värden.

Däckslitage

Slitage på sidorna

Lågt däcktryck (slitage på båda sidorna)
Lågt däcktryck orsakar överhettning i däcket eftersom det ger efter för mycket, och slitbanan ligger inte rätt mot underlaget. Detta orsakar förlust av väggrepp och ökat slitage.
Kontrollera och justera däcktrycket
Felaktig cambervinkel (slitage på en sida)
Reparera eller byt ut fjädringsdetaljer
Hård kurvtagning
Sänk hastigheten!

Slitage i mitten

För högt däcktryck
För högt däcktryck orsakar snabbt slitage i mitten av däckmönstret, samt minskat väggrepp, stötigare gång och fara för skador i korden.
Kontrollera och justera däcktrycket

Om du ibland måste ändra däcktrycket till högre tryck specificerade för max lastvikt eller ihållande hög hastighet, glöm inte att minska trycket efteråt..

Ojämnt slitage

Framdäcken kan slitas ojämnt som följd av felaktig hjulinställning. De flesta biläterförsäljare och verkstäder kan kontrollera och justera hjulinställningen för en rimlig summa.
Felaktig camber- eller castervinkel
Reparera eller byt ut fjädringsdetaljer
Defekt fjädring
Reparera eller byt ut fjädringsdetaljer
Obalanserade hjul
Balansera hjulen
Felaktig toe-inställning
Justera framhjulsinställningen
Notera: *Den fransiga ytan i mönstret, ett typiskt tecken på toe-förslitning, kontrolleras bäst genom att man känner med handen över däcket.*

Glödlampor och säkringar

✔ Kontrollera alla yttre lampor samt signalhornet. Se aktuellt avsnitt i kapitel 12 för närmare information om någon av kretsarna är defekt.

✔ Kontrollera att alla tillgängliga kontaktdon, kablage och kabelklämmor sitter ordentligt och att de inte är klämda eller skadade.

Om du ensam måste kontrollera bromslysen och blinkers kan du backa upp mot en vägg eller garageporten och iaktta lysena på detta sätt. Det reflekterade skenet är tillräckligt för en funktionskontroll.

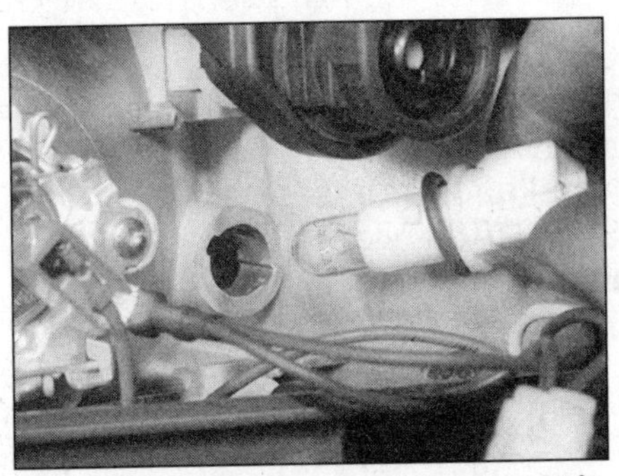

1 Om en blinkers, bromslyse eller strålkastare inte fungerar är det troligt att en glödlampa är trasig. Se kapitel 12 för närmare information om byte av glödlampor. Om båda bromsljusen inte fungerar är det troligt att kontakten är defekt (se kapitel 9).

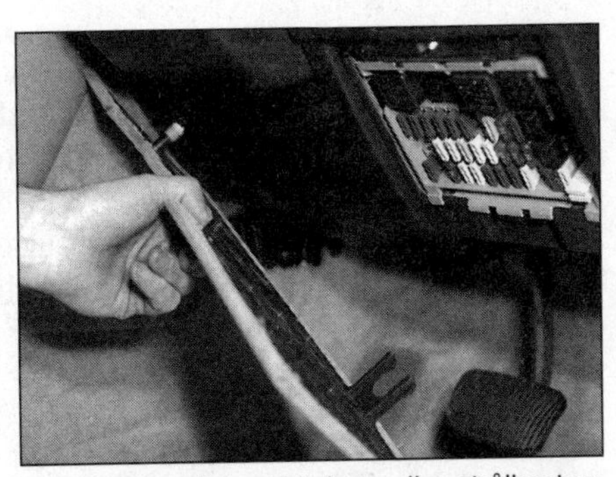

2 Om mer än en blinkers eller strålkastare inte fungerar är det troligtvis en trasig säkring eller ett fel i kretsen som orsakar detta (se *"Elektrisk felsökning"* i kapitel 12). Säkringarna sitter bakom en panel på instrumentpanelens nedre del på förarsidan. Vrid runt fästet för att ta loss panelen.

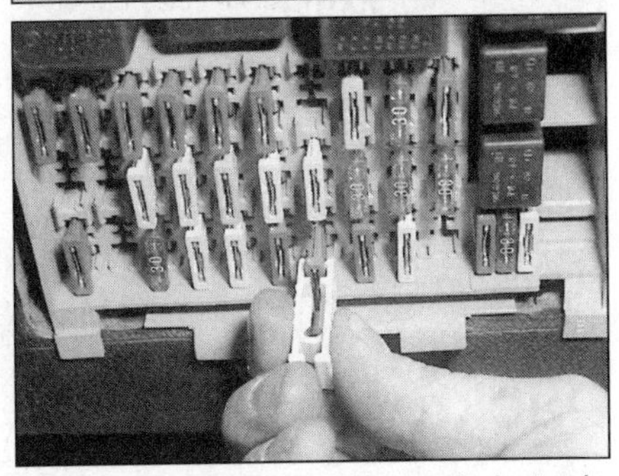

3 Tag ut trasiga säkringar med plastverktyget. Montera en ny säkring av samma typ. Dessa kan erhållas från tillbehörsbutiker. Det är viktigt att man tar reda på varför säkringen gick sönder (se *"Elektrisk felsökning"* i kapitel 12).

Batteri

Varning: *Innan man utför arbeten på batteriet skall man läsa igenom "Säkerheten främst!" i början av denna handbok.*

✔ Kontrollera att batteriplåten är i gott skick samt att batterihållaren sitter ordentligt. Rost på plåten, hållaren och batteriet kan avlägsnas med en blandning av vatten och bikarbonat. Skölj alla rengjorda ytor med vatten. Alla rostskadade delar skall målas med en rostskyddande grundfärg och därefter lackeras.

✔ Kontrollera regelbundet (ca var 3:e månad) batteriets laddningstillstånd enligt kapitel 5.

✔ Om batteriet är tomt och man måste använda starthjälp, se *"Reparationer vid vägkanten"*.

Korrosion på batterianslutningarna kan minimeras genom att man applicerar lite vaselin på polskorna och anslutningarna när man har dragit åt dem.

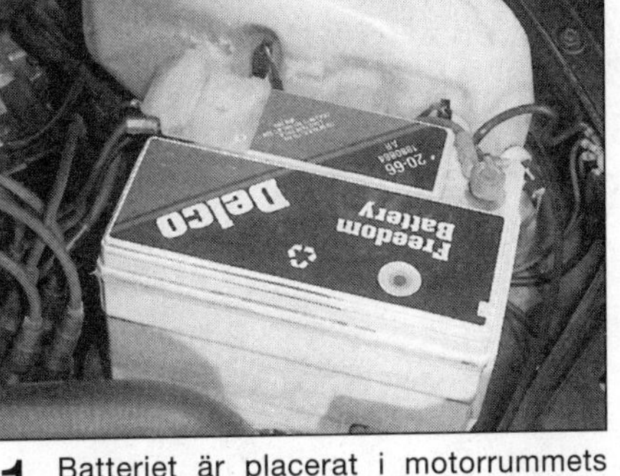

1 Batteriet är placerat i motorrummets vänstra del. Batteriets utsida skall inspekteras regelbundet beträffande sprickor och andra skador.

2 Kontrollera att polskorna (A) sitter ordentligt. Man skall inte kunna rubba dem. Kontrollera även kablarna (B) beträffande sprickor och skadade ledare.

3 Om korrosion (vita luftiga avlagringar) finns, ta bort polskorna från polerna och rengör dem med en liten stålborste. Biltillbehörsbutiker säljer ett bra verktyg för rengöring av batterianslutningar . . .

4 . . . och polskor.

Smörjmedel och vätskor

Motor	Multigrade motorolja, viskositet SAE 10W/40 till 20W/50, enligt API SG eller SH
Kylsystem	Frostskyddsmedel på etylenglykolbas och mjukt vatten
Manuell växellåda:	
4-cylindriga motorer	Växellådsolja enl GM 90 297 261
6-cylindriga motorer	Se fordonets instruktionsbok
Automatväxellåda	Dexron typ II automatväxellådsolja
Bromssystem	Universell hydraulvätska för bromsar och kopplingar enligt SAE J1703 eller DOT 4
Servostyrning	Dexron typ II automatväxellådsolja (ATF)

Däcktryck

Sedanmodeller	Fram	Bak
Omega:		
1,8 och 2,0 liter -175 R 14, 185/70 R 14 däck	2,2 bar	2,2 bar
1,8 och 2,0 liter - 195/70 R 15, 205/65 R 15 däck	2,0 bar	2,0 bar
2,6 liter	2,2 bar	2,2 bar
3,0 liter (inklusive tidiga 24 ventiler) - 195/65 R 15, 205/65 R 15 däck	2,5 bar	2,5 bar
3,0 liters 24 ventiler - 225/50 R 16 däck	2,8 bar	2,7 bar
3,0 liter 24 ventiler - 235/40 R 18 däck	2,7 bar	2,5 bar
Senator:		
Alla modeller	2,2 bar	2,2 bar
Kombimodeller		
1,8 och 2,0 liter - 175 R 14 däck	2.0 bar	2.2 bar
1,8 och 2,0 liter - 185/70 R 14 däck	2,3 bar	2,5 bar
1,8 och 2,0 liter - 195/65 R 14, 205/65 R 14 däck	2,0 bar	2,2 bar
Alla sexcylindriga modeller	2,3 bar	2,5 bar

Observera: *Se instruktionsboken för korrekt däcktryck till din bil. Däcktrycken gäller endast bilar med originaldäck med max tre personer och kan variera om lasten ökar och om man monterar en annan däcktyp. Kontrollera vid behov med däcktillverkaren beträffande korrekta däcktryck.*

Kapitel 1
Rutinunderhåll och service

1

Innehåll

Svårighetsgrader

Enkelt, passar för novisen med lite erfarenhet 

Ganska enkelt, passar nybörjaren med viss erfarenhet 

Ganska svårt, passar kompetent hemmekaniker 

Svårt, passar hemmekaniker med erfarenhet 

Mycket svårt, för professionell mekaniker

Smörjmedel och vätskor

Se slutet av "*Veckokontroller*"

Volymer

Motorolja

Inklusive filter:	
1,8 och 2,0 liters motorer	4,5 liter
2,5, 2,6 och 3,0 liters motorer	5,5 liter
Skillnad mellan MAX och MIN-markeringarna på oljestickan:	
1,8 och 2,0 liters motorer	1,0 liter
2,5, 2,6 och 3,0 liters motorer	1,5 liter

Kylsystem

1,8 och 2,0 liters motorer	6,4 liter
2,5, 2,6 och 3,0 liters motorer med 12 ventiler:	
Manuell växellåda:	
Med luftkonditionering	11,3 liter
Utan luftkonditionering	10,2 liter
Automatväxellåda:	
Med luftkonditionering	11,2 liter
Utan luftkonditionering	10,1 liter
3,0 liters motorer med 24 ventiler:	
Manuell växellåda:	
Med luftkonditionering	10,4 liter
Utan luftkonditionering	10,0 liter
Automatväxellåda:	
Med luftkonditionering	10,2 liter
Utan luftkonditionering	9,8 liter

Manuell växellåda

Volym (ca)	1,9 liter

Automatväxellåda

Volym (ca):	
1,8 och 2,5 liters modeller och tidiga (före 1990) 2,0 liters och 3,0 liters modeller:	
Helt torr växellåda	6,3 liter
Tömning och påfyllning	2,5 liter
Efter demontering av oljesump	3,3 liter
Senare (fr o m 1990) 2,0 liters och 3,0 liters modeller och alla 2,6 liters modeller:	
Helt torr växellåda	6,4 liter
Tömning och påfyllning	2,6 liter
Efter demontering av större oljesump	4,7 liter

Slutväxel

Sedan	0,8 liter
Kombi	1,0 liter
Modeller med ribbad bakre kåpa (fr o m 08/90)	enligt ovanstående plus 0,1 liter

Bränsletank

Sedanmodeller	75 liter
Kombimodeller	70 liter

Bromssystem

Behållarens volym	ca 0,46 liter

Styrservo

Systemets volym	ca 0,4 liter

Motor

Oljefiltertyp:	
1,8 och 2,0 liters motorer	Champion G102
2,5 och 2,6 liters motorer	Champion C108
3,0 liters Omegamodeller	Champion C107 eller C146
3,0 liters Senatormodeller	Champion C108

Kylsystem

Kylarvätskans koncentration	
Skydd ned till -10 °C	20%
Skydd ned till -20 °C	34%
Skydd ned till -30 °C	44%

Bränslesystem

Luftfilter	
1,8 liters förgasarmotorer	Champion W103
1,8 och 2,0 insprutningsmotorer	Champion U507
Alla andra modeller	Champion U570 eller U571
Bränslefilter	Champion L201
Tomgångsvarvtal	Se kapitel 4A eller 4B
Avgasernas CO-halt	Se kapitel 4A eller 4B

Tändsystem

Tändlägesinställning	Se kapitel 5B
Tändstift:	
1,8 och 2,0 liters motorer	Champion RN7YCC
2,5, 2,6 och 3,0 liters motorer med 12 ventiler	Champion RL82YCC
3,0 liters motor med 24 ventiler	Champion RC7YCC
Elektrodavstånd:	
1,8 och 2,0 liters motorer	0,8 mm
2,5, 2,6 och 3,0 liters motorer	0,7 mm

Koppling

Kopplingspedalens slaglängd (vajerstyrd koppling)	142 + 7 mm

Bromssystem

Tjocklek, bromsklossarnas friktionsmaterial (minimum)	7,0 mm inklusive basplatta

Däcktryck

Se slutet av "*Veckokontroller*"

Åtdragningsmoment

	Nm
Automatväxellådans tömningsplugg:	
Växellådor av typ AW03-71L och AW03-71LE	20
Växellådor av typ AR25 och AR35	25
Bultar för automatväxellådans oljefilter:	
Växellådor av typ AW03-71L och AW03-71LE	5
Växellådor av typ AR25 och AR35	20
Bultar för automatväxellådans oljesump:	
Växellådor av typ AW03-71L och AW03-71LE	5
Växellådor av typ AR25 och AR35	12
Motoroljans tömningsplugg	45
Slutväxelns påfyllningsplugg	22
Påfyllningsplugg, manuell växellåda	30
Hjulbultar	90
Tändstift:	
1,8 och 2,0 liters motorer	20
2,5, 2,6 och 3,0 liters motorer med 12 ventiler	40
3,0 liters motorer med 24 ventiler	25

Underhållsintervallerna i denna handbok bygger på antagandet att du kommer att utföra arbetet själv. De angivna intervallerna är de minsta underhållsintervallerna som rekommenderas av tillverkaren för fordon som används dagligen. Om du vill bibehålla din bil i toppskick bör vissa åtgärder utföras oftare. Vi rekommenderar kontinuerligt underhåll eftersom det ökar bilens effektivitet, förbättrar bilens prestanda samt höjer andrahandsvärdet.

Om fordonet används under förhållanden som ger hög nedsmutsning, för körning med släp, vid låga hastigheter (tomgångskörning) eller för korta resor rekommenderas tätare underhållsintervaller.

När fordonet är nytt bör servicen utföras av en auktoriserad verkstad för att bibehålla fabriksgarantin.

Var 400:e km eller varje vecka

- ☐ Se "Veckokontroller"

Var 15 000:e km eller var 12:e månad, vilket som inträffar först

- ☐ Byt motoroljan och oljefiltret (avsnitt 3)
- ☐ Kontrollera kylsystemet beträffande läckage (avsnitt 4)
- ☐ Kontrollera drivremmen/drivremmarnas skick (avsnitt 5)
- ☐ Kontrollera drivremmens/drivremmarnas spänning - gäller ej modeller med automatisk remspännare (avsnitt 6)
- ☐ Byt luftfiltret (avsnitt 7)
- ☐ Kontrollera och justera tomgångsvarvtalet och avgasernas CO-halt (avsnitt 8)
- ☐ Kontrollera bränsleledningarna (avsnitt 9)
- ☐ Smörj trottelns reglage (avsnitt 10)
- ☐ Rengör silen för förgasarens bränslesugrör (avsnitt 11)
- ☐ Rengör och kontrollera fördelarlocket, rotorn, tändkablarna och tändspolen (avsnitt 12)
- ☐ Kontrollera oljenivån i automatväxellådan (avsnitt 13)
- ☐ Kontrollera slutväxelns oljenivå (avsnitt 14)
- ☐ Kontrollera drivaxlarnas gummibälgar (avsnitt 15)
- ☐ Kontrollera bromsklossarna beträffande slitage (avsnitt 16)
- ☐ Kontrollera bromsrören och bromsslangarna beträffande skador (avsnitt 17)
- ☐ Kontrollera styrservons funktion (avsnitt 18)
- ☐ Kontrollera styrningens och fjädringens kulleder (avsnitt 19)
- ☐ Smörj gångjärnen och låsen (endast vid 15 000, 45 000, 75 000 km etc) (avsnitt 20)
- ☐ Kontrollera underredsskyddet (avsnitt 21)
- ☐ Kontrollera strålkastarinställningen (avsnitt 22)
- ☐ Kontrollera de justerbara luftstötdämparnas funktion (avsnitt 23)

Var 30 000:e km eller vartannat år, vilket som inträffar först

- ☐ Byt bränslefiltret (endast insprutningsmotorer) (avsnitt 24)
- ☐ Byt tändstiften (avsnitt 25)
- ☐ Kontrollera kopplingspedalens inställning (gäller ej 6-cylindriga motorer) (avsnitt 26)
- ☐ Kontrollera växellådans oljenivå (avsnitt 27)
- ☐ Kontrollera handbromsbackarna beträffande slitage (avsnitt 28)
- ☐ Kontrollera luftkonditioneringssystemet (avsnitt 29)

Var 60 000:e km eller vart 4:e år, vilket som inträffar först

- ☐ Byt automatväxellådsoljan (avsnitt 30)
- ☐ Kontrollera drivremmens spänning och skick (avsnitt 31)
- ☐ Byt kamremmen (avsnitt 32)

Varje år, oberoende av körsträcka

- ☐ Byt bromsvätskan (avsnitt 33)

Vartannat år, oberoende av körsträcka

- ☐ Byt kylvätskan (avsnitt 34)

Motorrummet på en 1,8 liters OHC Omega

1 Bromsvätskebehållare
2 Bromsservo
3 Styrväxel
4 Trottelhus
5 Tillsatsluftventil (för styrservo)
6 Tändfördelare
7 Motoroljans påfyllningslock
8 Motoroljans oljesticka
9 Extra reläbox
10 Framhjulsfjädringens övre fäste
11 Styrservobehållare
12 Spolarvätskebehållare
13 Tändspole
14 Batteri
15 Kylarens övre slang
16 Styrservopump
17 Termostathus
18 Kylare
19 Generatorns och kylfläktens drivrem
20 Generator
21 Luftrenarens lock
22 Luftflödesgivare
23 Kylvätskans expansionskärl
24 Bromssystemets huvudcylinder
25 Tändningens styrenhet

Motorrummet på en 3,0 liters DOHC Senator med 24 ventiler

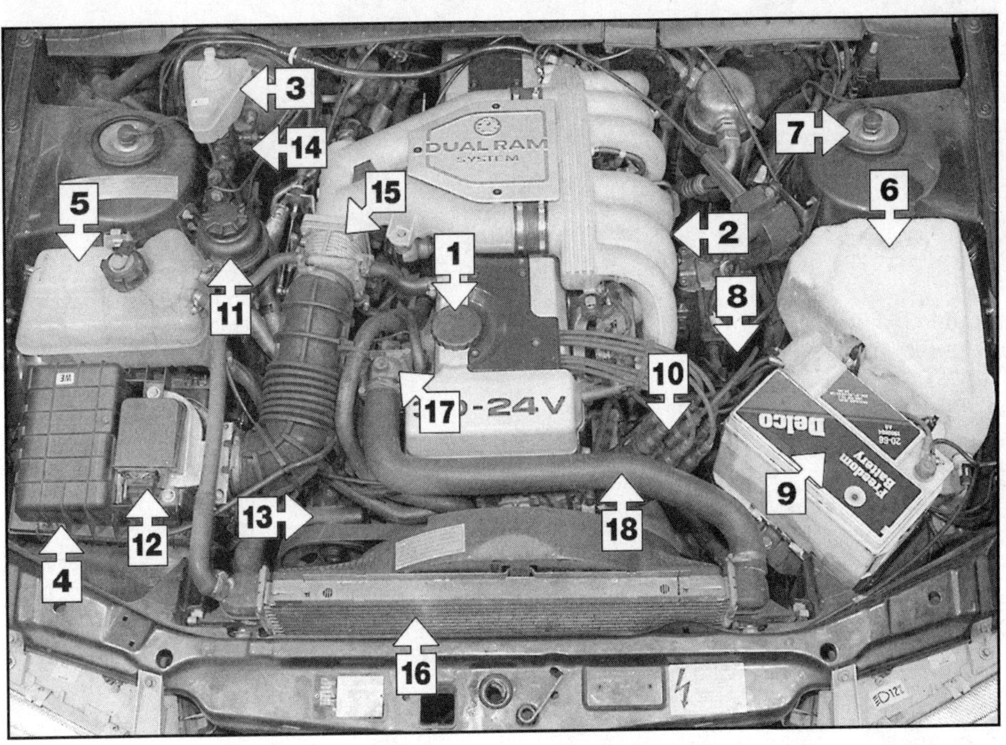

1 Motoroljans påfyllningslock
2 Motoroljans oljesticka
3 Bromsvätskebehållare
4 Luftrenare
5 Kylarvätskans expansionskärl
6 Behållare för vindrutans och bakrutans spolning
7 Fjäderbenets övre fäste
8 Tändspole
9 Batteri
10 Tändfördelare
11 Styrservobehållare
12 Luftflödesmätare
13 Styrservopump
14 Bromssystemets huvudcylinder
15 Trottelhus
16 Kylare
17 Termostathus
18 Kylarens övre slang

Främre underrede på en 1,8 liters OHC Omega

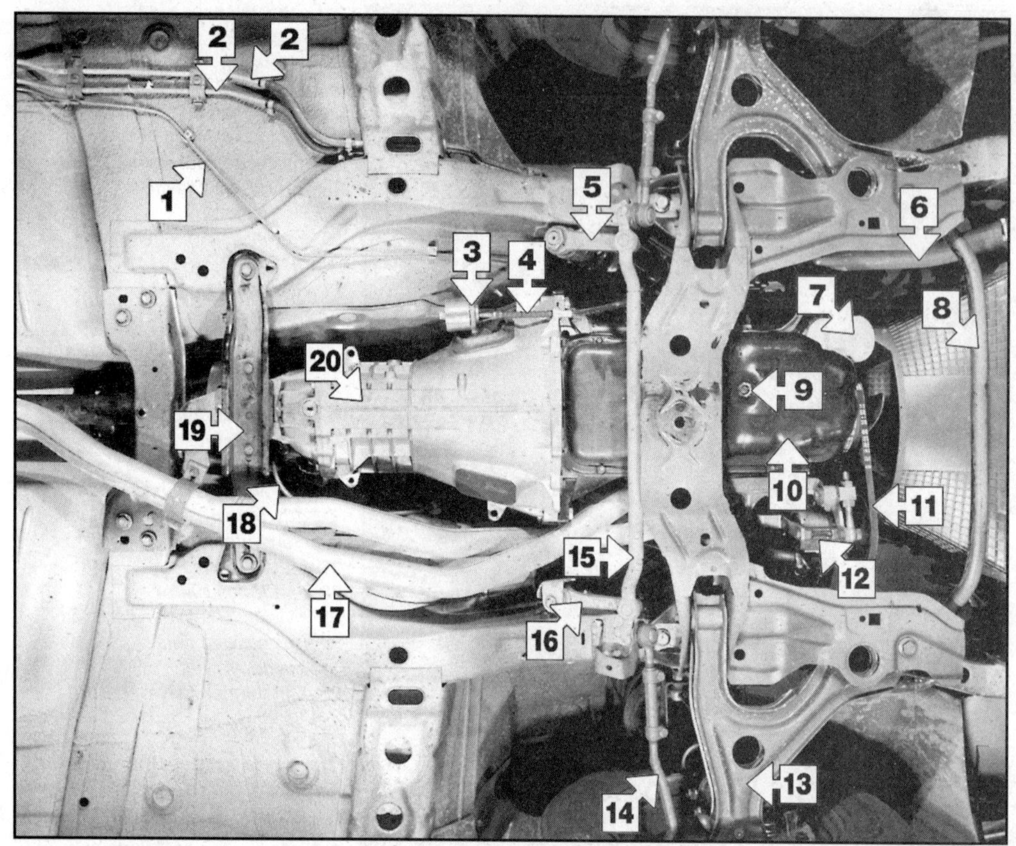

1 Bakhjulsbromsens bromsrör
2 Bränslematnings- och returledningar
3 Frikopplingsarm
4 Kopplingsvajer
5 Styrarm
6 Kylarens nedre slang
7 Oljefilter
8 Främre krängningshämmare
9 Motorns tömningsplugg
10 Motorns oljesump
11 Styrservopumpens drivrem
12 Styrservopump
13 Nedre främre bärarm
14 Styrningens parallellstag (yttre)
15 Styrningens parallellstag (mittre)
16 Styrstag
17 Avgassystemets främre rör
18 Hastighetsmätarens vajer
19 Bakre tvärbalk, manuell växellåda
20 Manuell växellåda

Främre underrede på en 3,0 liters DOHC Senator med 24 ventiler

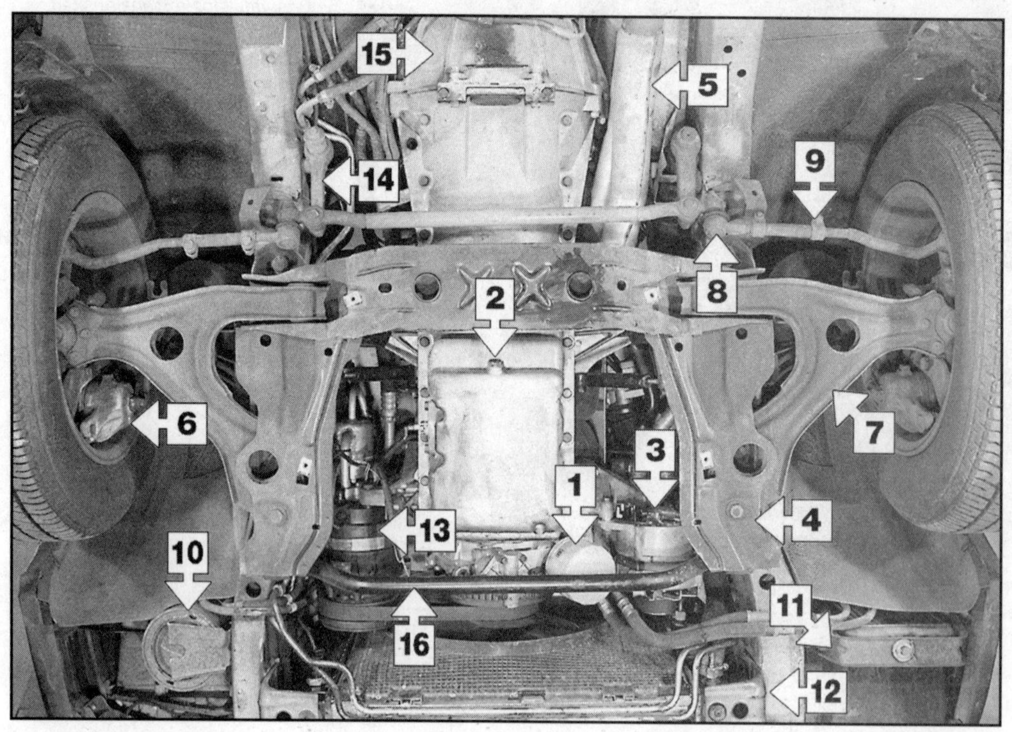

1 Motoroljefilter
2 Oljesumpens tömningsplugg
3 Generator
4 Framfjädringens hållare
5 Avgassystemets främre rör
6 Främre bromsok
7 Framfjädringens nedre bärarm
8 Styrstagets kulled
9 Styrningens parallellstag
10 Kolfilter
11 Motorns oljekylare
12 Växellådans oljekylare
13 Luftkonditioneringens kompressor
14 Styrsnäcksarm
15 Automatväxellåda
16 Främre krängningshämmare

Bakre underrede (Senatormodell - andra modeller har liknande underrede)

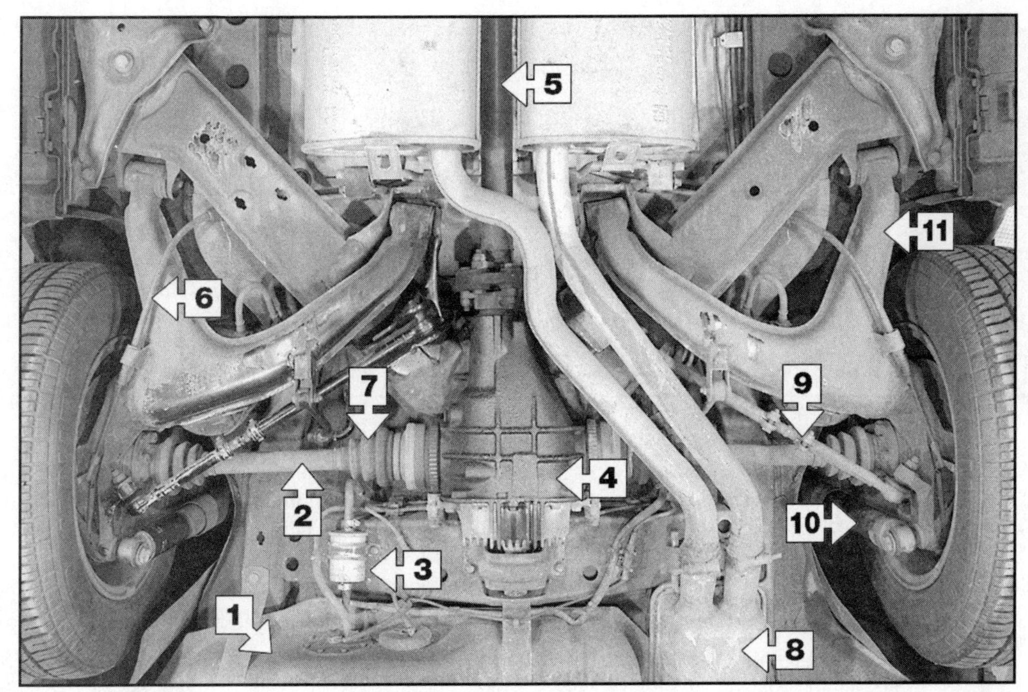

1 Bränsletank
2 Drivaxel
3 Bränslefilter
4 Differentialhus
5 Kardanaxel
6 Handbromsvajer
7 Drivaxelns gummibälg
8 Avgassystemets bakre ljuddämpare
9 Bakre bärarm
10 Bakre stötdämpare
11 Bakhjulsfjädringens nedre bärarm

Underhållsarbeten

1 Inledning

Allmän information

1 Detta kapitel skall vara till hjälp för gör-det-självaren vid underhåll av bilen för högsta säkerhet, god ekonomi, lång livslängd och optimala prestanda.

2 Kapitlet innehåller ett övergripande underhållsschema följt av avsnitt som detaljerat behandlar de olika åtgärderna i schemat. Inspektioner, justeringar samt byten av komponenter och andra tillbehör ingår. Använd tillhörande bilder av motorrummet och bilens undersida för att lokalisera de olika komponenterna.

3 Underhåll av fordonet enligt schemat för körsträcka och tid samt de följande avsnitten är ett välplanerat underhållsprogram som ger fordonet en lång livslängd. Detta är en heltäckande plan och underhåll av endast vissa delar ger inte samma resultat som om man konsekvent håller sig till schemat.

4 Vid underhåll av fordonet märker du att ett flertal av arbetena kan - och bör - grupperas p g a arbetsmetoden eller eftersom två komponenter sitter nära varandra, trots att deras funktioner inte har med varandra att göra. Om man t ex lyfter upp bilen av någon anledning kan man samtidigt inspektera avgassystemet, fjädringen och styrningen.

5 Det första steget i detta underhållsschema är att förbereda sig för arbetet. Läs igenom alla avsnitt som behandlar det som skall utföras. Skriv därefter en lista på alla delar och verktyg som behövs. Fråga en reservdelsspecialist eller en verkstad om det dyker upp problem.

2 Omfattande underhåll

1 Om man från det att bilen är ny följer schemat för rutinunderhåll samt regelbundet kontrollerar vätskenivåer och komponenter som är utsatta för stort slitage (enligt instruktionerna i denna handbok) kommer motorn att bibehållas i gott skick. Behovet av ytterligare åtgärder kommer att vara minimalt.

2 Det kan inträffa att motorn p g a eftersatt underhåll inte fungerar tillfredsställande. Detta är mycket sannolikt om man köper ett fordon som inte har underhållits kontinuerligt. I sådana fall kan man behöva utföra åtgärder som ligger utanför det ordinarie underhållsschemat.

3 Om man misstänker att motorn är sliten kan man utföra ett kompressionsprov (enligt aktuell del av kapitel 2). Detta ger värdefull information om motorkomponenternas skick. Ett sådant prov kan användas för att bedöma omfattningen av arbetet som måste utföras. Om ett kompressionsprov tyder på allvarligt inre motorslitage kommer normala underhållsåtgärder som beskrivs i detta kapitel inte nämnvärt att förbättra motorns prestanda. Det kan t o m vara ett rent slöseri med tid och pengar om man inte först utför nödvändiga reparationer.

4 Följande åtgärder är de vanligaste som måste utföras för att förbättra prestanda hos en motor som inte fungerar tillfredsställande:

Primära åtgärder

a) Rengör, undersök och testa batteriet (se "Veckokontroller").
b) Kontrollera alla vätskor som hör till motorn (se "Veckokontroller").
c) Kontrollera drivremmens/drivremmarnas skick och spänning (avsnitt 5 och 6).
d) Byt tändstift (avsnitt 25).

e) Kontrollera fördelarlocket och rotorn (avsnitt 12).
f) Kontrollera luftrenarens skick och byt filter vid behov (avsnitt 7).
g) Kontrollera bränslefiltret (avsnitt 24 eller 11).
h) Kontrollera alla slangar och åtgärda eventuella läckage (avsnitt 9, 17 och 4).
i) Kontrollera mängden föroreningar i avgaserna (avsnitt 8).

5 Om ovanstående åtgärder inte har önskad effekt bör följande åtgärder vidtas:

Sekundära åtgärder

Alla primära åtgärder (se ovan) plus följande:
a) Kontrollera laddningssystemet (se aktuell del av kapitel 5).
b) Kontrollera tändsystemet (se aktuell del av kapitel 5).
c) Kontrollera bränslesystemet (se aktuell del av kapitel 4).
d) Byt fördelarlock och rotor (se aktuell del av kapitel 5).
e) Byt tändkablarna (se aktuell del av kapitel 5).

Var 15 000:e km eller var 12:e månad

3 Motorolja och oljefilter - byte

1 Att ofta byta motorolja och oljefilter är den viktigaste förebyggande åtgärden som gör-det-självaren kan göra. När motoroljan åldras förtunnas och förorenas den vilket leder till motorslitage.

2 Innan man påbörjar detta arbete bör man ta fram alla nödvändiga verktyg och komponenter. Se till att ha tillräckligt med rena trasor och tidningspapper för att torka upp eventuellt spill. Helst skall motorn vara varm eftersom det underlättar tömningen. Dessutom följer avlagrad smuts lättare med den gamla oljan. Se till att inte vidröra avgassystemet eller andra heta motordelar när du arbetar under fordonet. Man bör använda handskar för att undvika brännskador och för att skydda sig mot ämnen som kan irritera huden samt för att undvika andra skadliga ämnen som finns i motoroljan. Det är lättare att komma åt bilens undersida om den hissas upp med en lyft, körs upp på ramp eller ställs upp på pallbockar med hjälp av en domkraft (se *"Lyftning och stödpunkter"*). Vilken metod man än använder måste man se till att bilen står plant eller att tömningspluggen är i den lägsta punkten om fordonet lutar.

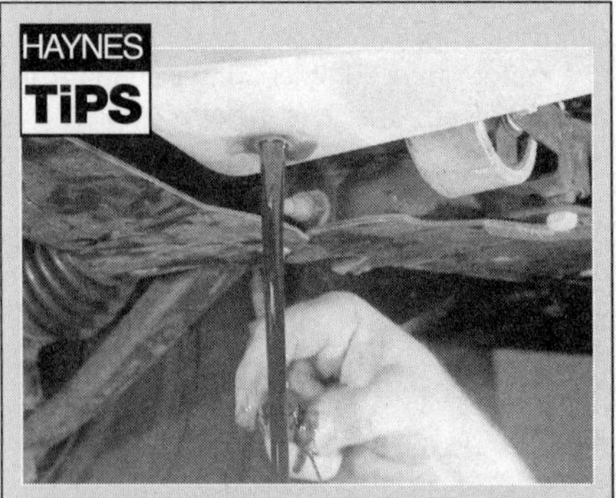

Tryck in tömningspluggen samtidigt som du skruvar ut den de sista varven. Drag bort pluggen snabbt när den lossnar. Detta gör att oljan rinner ner i kärlet och inte in i din ärm.

3 Skruva loss oljepåfyllningslocket från kamaxelkåpan (vrid locket ett kvarts varv moturs och tag loss det).

4 Använd en tång eller helst en nyckel för att lossa tömningspluggen ett halvt varv. Placera ett kärl under tömningspluggen och tag ut pluggen helt **(se Haynes Tips).**

5 Vänta tills oljan har tömts ut. Flytta vid behov kärlet när oljan börjar rinna i en tunnare stråle.

6 Gör ren tömningspluggen och tätningsbrickan när all olja har runnit ut. Undersök tätningsbrickan och byt den om den är skadad och inte kan ge en oljetät förslutning. Gör rent runt tömningshålet och skruva i pluggen med brickan. Drag åt pluggen med specificerat åtdragningsmoment.

7 Oljefiltret är placerat på motorns högra del.

8 Placera kärlet under oljefiltret.

9 Använd en oljefiltertång för att lossa oljefiltret. Skruva därefter ut det för hand **(se bild).** Töm ut oljan ur det gamla filtret i kärlet.

10 Använd en ren trasa för att torka bort olja, smuts och skräp från filtrets tätningsyta på motorn. Kontrollera att gummitätningen inte har fastnat på det gamla filtret. Tag i sådana fall bort den försiktigt.

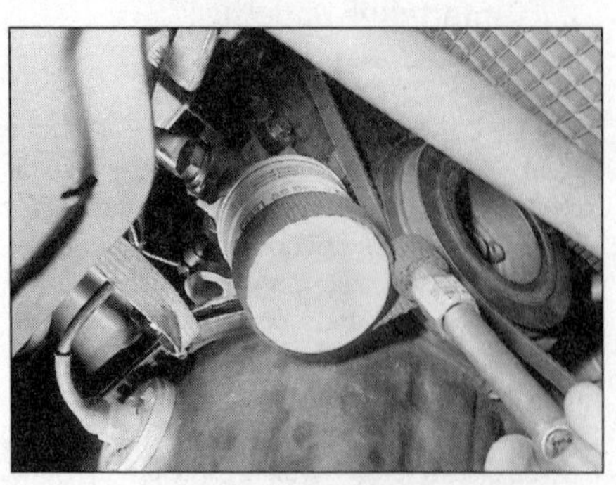

3.9 Skruva loss oljefiltret (OHC-motor)

11 Stryk på ett tunt lager ren motorolja på det nya filtrets tätningsring och montera därefter filtret på motorn. Drag åt filtret för hand, **använd inte** några verktyg.

12 Tag bort den gamla oljan och alla verktyg under bilen och sänk därefter ned den.

13 Fyll motorn med motorolja via påfyllningshålet i kamkåpan. Använd rätt typ av olja (se "*Veckokontroller*" för närmare information). Häll först i hälften av den specificerade oljemängden. Vänta ett par minuter för att oljan skall rinna ned i sumpen. Fortsätt att hälla i lite olja i taget tills oljenivån är vid den nedre markeringen på oljestickan. Häll i ytterligare 1,0 liter (1,8 och 2,0 liters motorer) eller 1,5 liter (2,5, 2,6 och 3,0 liters motorer) för att nivån skall vara vid den övre markeringen på oljestickan.

14 Starta motorn och låt den gå ett par minuter. Kontrollera att inget läckage har uppstått vid oljefiltrets tätningsring eller vid tömningspluggen. Observera att det kan ta ett par sekunder innan oljetryckslampan släcks när man startar motorn för första gången. Detta beror på att det tar en stund för oljan att fördelas i motorn och i det nya filtret och för trycket att byggas upp.

15 Stäng av motorn och vänta ett par minuter så att oljan kan rinna ned i sumpen. När den nya oljan har cirkulerat och oljefiltret har fyllts bör man åter kontrollera oljenivån på oljestickan och fylla på mer olja vid behov.

16 Kassera oljan på ett säkert sätt enligt *"Allmäna reparationsanvisningar"*.

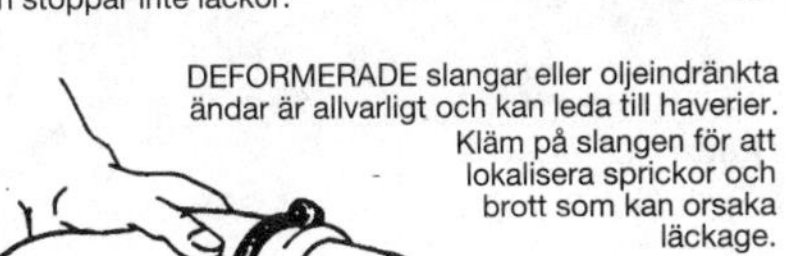

4.2 Olika skador på kylvätskeslangar

4 Kylsystem - kontroll beträffande läckage

1 Kontrollera att alla rör och slangar i kylsystemet sitter ordentligt samt är i gott skick. Se till att alla kablars monteringsband eller fästklämmor är korrekt monterade och i gott skick. Klämmor som är trasiga eller saknas kan leda till nötning av slangar, rör eller kablar vilket kan leda till allvarliga problem i framtiden.
2 Kontrollera kylarens och kupévärmarens slangar noggrant. Byt slangar som är spruckna, deformerade eller slitna. Man upptäcker sprickor lättare om man klämmer på slangen. Inspektera slangklämmorna som fäster slangarna på kylsystemets delar. Slangklämmor kan klämma sönder slangarna vilket leder till läckage i kylsystemet **(se bild).**
3 Kontrollera alla komponenter i kylsystemet (slangar, anliggningsytor etc) beträffande läckor. Eventuella läckor kan i allmänhet upptäckas genom vita eller rostfärgade avlagringar runt läckan **(se Haynes Tips).** Om man upptäcker en läcka på någon av systemets komponenter skall den eller tillhörande packning bytas (se kapitel 3).

5 Drivremmar - kontroll av skick

Kontrollera hela drivremmen/remmarna. Om man upptäcker slitage eller sprickor skall den/de bytas som en förebyggande åtgärd. Det är lämpligt att man alltid har med sig en sats med reservremmar i bilen.

Läckage i kylsystemet upptäcks vanligtvis genom vita eller rostfärgade avlagringar runt läckan.

6 Drivremmar - kontroll av spänning samt byte

Kontroll av spänning och justering

Modeller med manuell justering

1 Korrekt spänning av drivremmen/remmarna ger en lång livslängd. Var försiktig så att du inte spänner dem för hårt, eftersom detta kan slita på generatorn resp styrservopumpen.
2 Kontrollera hela drivremmen/remmarna. Om man upptäcker slitage eller sprickor skall den/de bytas som en förebyggande åtgärd. Det är lämpligt att man alltid har med sig en sats med reservremmar i bilen.
3 Det finns specialverktyg för att mäta drivremmens spänning, men följande metod ger tillräcklig noggrannhet. Tryck ner mitten av den längsta fria remlängden med tummen. Man skall kunna trycka ned remmen ca 13,0 mm om remmen är korrekt spänd. Spänn remmen hellre för löst än för hårt eftersom för hög spänning kan skada generatorn eller andra komponenter. Justera enligt nedanstående anvisningar.

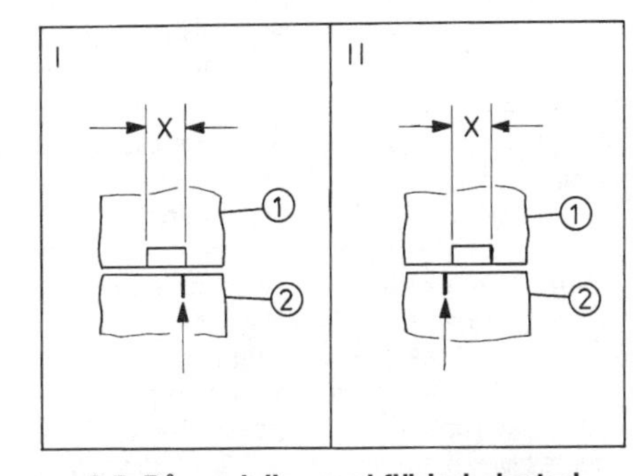

6.5 På modeller med fjäderbelastad remspännare skall märket på spännarmen (2) vara inom markeringarna/spåret på spännhuset (1) (se bild I). Om märket är placerat enligt bild II skall remmen bytas.

Modeller med en fjäderbelastad remspännare

4 Arbeta i motorrummet. Undersök den övre kanten på den fjäderbelastade remspännaren.
5 Kontrollera läget för markeringen på spännarmen relativt märket/spåret i spännarhuset. Markeringen skall vara inom märket/spåret. Om markeringen är utanför märket/spåret eller vid den yttre kanten skall remmen bytas **(se bild).**
6 Remspänningen justeras automatiskt av spännaren och kräver därför ingen justering.

Byte

Generatorns drivrem - manuellt justerbar drivrem

7 Demontera remmen genom att lossa fästmuttrarna och -bultarna samt justeringshållarens bult. Tag loss remmen från remhjulen. På modeller med servostyrning måste man först demontera styrservopumpens drivrem enligt nedanstående anvisningar.
8 Placera remmen på remhjulen och spänn den på följande sätt.
9 Vrid generatorn bort från motorn med hjälp av en hävarm av trä tills remmen är korrekt spänd (se paragraf 3). Drag åt justeringshållarens bult samt generatorns fästmuttrar och -bultar. Bänd inte mot generatorns fria ände eftersom detta kan ge allvarliga skador på generatorn.
Observera: *När man monterar en ny rem tänjs den vanligtvis en aning i början. Man bör kontrollera och vid behov justera den efter ca 5 minuters körning.*

Styrservopumpens drivrem - manuell justering

10 Lossa styrservopumpens ledbultar.
11 Lossa justeringspinnens låsmutter och skruva loss justeringsmuttern så att drivremmen kan tas loss från remhjulen **(se bild).**
12 Placera remmen på remhjulen och spänn den på följande sätt.
13 Använd justeringsmuttern för att justera servopumpens läge så att remmens spänning

6.11 Lossa styrservopumpens justeringsmutter

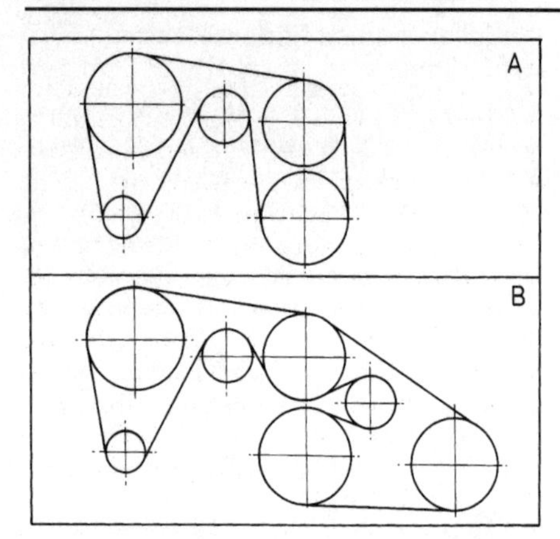

6.16 Drivremmens placering på modeller med fjäderbelastad remspännare

A Modeller utan luftkonditionering
B Modeller med luftkonditionering

är korrekt (se paragraf 3). När servopumpen är i korrekt läge skall man dra åt justeringspinnens låsmutter och pumpens ledbultar.

Drivrem för generator, styrservopump och luftkonditioneringens kompressor - modeller med fjäderbelastad remspännare

14 För att komma åt bättre kan man demontera kylarfläkten enligt kapitel 3.

15 Placera en lämplig nyckel på den fjäderbelastade fjäderspännarens remhjulsbult. Vrid ned spännarmen för att lossa remmen och tag därefter bort den från remhjulen. Släpp upp spännarmen försiktigt och tag bort drivremmen från motorn. Observera hur den var monterad.

16 Montera den nya remmen runt alla remhjul utom styrservopumpens. Kontrollera att den är korrekt placerad **(se bild).**

17 Vrid spännarens arm och för runt remmen på det sista remhjulet. Kontrollera att remmen är korrekt monterad på alla remhjul och släpp försiktigt upp remspännarens arm. Ingen ytterligare justering krävs.

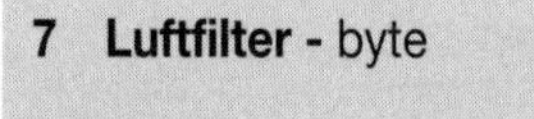

7 Luftfilter - byte

Förgasarmotorer

1 Koppla loss luftintagskanalen och varmluftsslangen från luftrenaren.

2 Skruva loss de tre fästmuttrarna. Tag loss luftrenaren från förgasaren och koppla loss vakuumslangen för insugsluftens temperaturstyrning.

3 Avlägsna luftrenarens packning.

4 Tag bort luftrenarens lock och tag ut luftfiltret.

5 Rengör luftrenarens och lockets insida. Kontrollera packningen och byt den vid behov. Införskaffa ett nytt luftfilter.

6 För att kontrollera temperaturstyrningen för

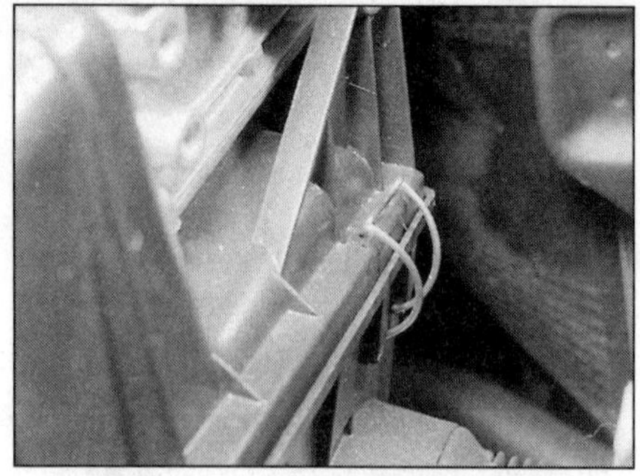

7.9a Luftrenarlockets fjäderklämma

insugsluften kan man applicera vakuum vid termokontakten på luftrenarens nedre del. Klaffen i insugsröret skall öppna varmluftsintaget och stänga kalluftsintaget.

7 Följ anvisningarna för demontering i omvänd ordning vid monteringen.

Insprutningsmotorer

8 Lossa monteringsklämman och koppla loss insugskanalen från luftfiltret. Koppla även loss luftflödesgivarens kontaktdon.

9 Lossa fjäderklämmorna som fäster locket på luftrenaren. Lyft av locket och tag ut luftfiltret **(se bilder).**

10 Rengör luftrenarens och lockets insida. Införskaffa ett nytt luftfilter.

11 Följ anvisningarna för demontering i omvänd ordning vid monteringen.

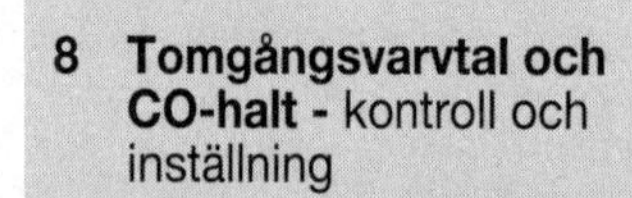

8 Tomgångsvarvtal och CO-halt - kontroll och inställning

Se kapitel 4 del A för förgasarmotorer och kapitel 4 del B för insprutningsmotorer.

9 Bränsleledningar - kontroll

1 Lyft upp bilen. Kontrollera bensintanken och påfyllningsröret beträffande hål, sprickor och andra skador. Kopplingen mellan påfyllningsröret och tanken är speciellt känslig. Ibland kan påfyllningsrör eller anslutningsslang läcka pga lösa slangklämmor eller åldrat gummi.

2 Kontrollera noggrant alla gummislangar och metallrör som leder från bränsletanken. Kontrollera beträffande lösa anslutningar, slitna slangar, klämda ledningar och andra skador. Inspektera ventilationsrören och slangarna som ofta kan klämmas eller blockeras runt påfyllningsröret. Följ ledningarna till bilens främre del och kontrollera dem noggrant hela vägen. Byt skadade delar i förekommande fall.

3 Arbeta i motorrummet. Kontrollera att alla bränsleslangar och rörkopplingar är korrekt monterade. Kontrollera även bränsleslangarna

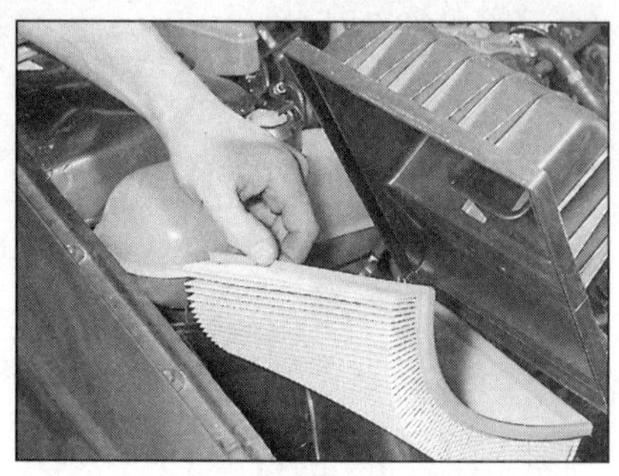

7.9b Luftfiltret tas ut

och vakuumslangarna beträffande veck, slitage och skador.

4 Byt alla slangar resp rör som är skadade eller slitna.

10 Gasvajer - kontroll och smörjning

1 Kontrollera gasvajerns funktion och smörj trottelmekanismen med en tunnflytande olja. Vid behov kan man justera vajern enligt kapitel 4.

11 Bränslesugrörets sil - rengöring

Varning: Innan du utför något av dessa arbeten bör du studera instruktionerna i "Säkerheten främst!" i början av denna handbok och följa dem noggrant. Bensin är en mycket farlig och explosiv vätska och man måste vara mycket försiktig vid hanteringen.

1 Koppla loss batteriets minuskabel.

2 Koppla loss bränsleslangen från förgasaren och plugga slangen.

3 Tag loss filtret från bränsleinloppets anslutning (se kapitel 4A).

4 Tvätta det med ren bensin. Undersök filtret beträffande blockeringar eller sprickor och byt vid behov.

5 Montera filtret och anslut bränsleslangen.

12 Rengöring och kontroll av fördelarlock, rotor, tändkablar och tändspole

1 3,0 liters motorer med 24 ventiler: Demontera trottelhuset och insugskanalen enligt kapitel 4B, avsnitt 15. Skruva loss fästskruvarna och tag bort tändstiftens kåpa från mitten av topplockets kåpa **(se bilder).**

12.1a 3,0 liters motorer med 24 ventiler: Skruva loss fästskruvarna . . .

12.1b . . . och tag loss tändstiftskåpan för att komma åt tändkablarna

2 Kontrollera att tändkablarna är numrerade innan du tar loss dem. Annars måste man märka dem för att kunna montera dem korrekt. Drag loss kablarna från tändstiften genom att ta tag i kontaktdonet. Tag inte tag i kabeln eftersom kontaktdonet kan skadas.

3 Kontrollera i kontaktdonet beträffande korrosion som ser ut som ett vitt pulver. Tryck tillbaka kontaktdonet på tändstiftet för att kontrollera att det sitter ordentligt. Annars måste man ta loss kontaktdonet och använda en tång för att klämma ihop metallbygeln i kontaktdonet så att det sitter ordentligt på tändstiftet.

4 Använd en ren trasa för att göra ren hela tändkabeln från smuts och olja. När tändkabeln är rengjord kan man undersöka den beträffande brännskador, sprickor och andra skador. Knäck inte kabeln och drag inte i den eftersom detta kan skada de inre ledarna.

5 Tag loss kabelns andra ände från tändfördelaren. Drag endast i kontaktdonet. Kontrollera att kontaktdonet inte är korroderat och att det sitter ordentligt på samma sätt som i den andra änden. Om man har en ohmmeter kan man kontrollera kabelns resistans genom att ansluta mätinstrumentet mellan tändstiftsänden och kontaktpunkten inne i fördelarlocket. Montera kabeln ordentligt när du är klar.

6 Kontrollera de övriga kablarna på samma sätt en i taget.

7 Om man behöver nya tändkablar skall man köpa en sats som är avsedd för denna bilmodell och motor.

8 Demontera fördelarlocket och rotorn (se kapitel 5B). Rengör locket och undersök insidan beträffande sprickor, sotspår och slitna, brända eller lösa kontaktpunkter. Kontrollera att fördelarlockets kolborste inte är sliten, kan röra sig fritt mot fjädern och har god kontakt med rotorn. Undersök även att lockets tätning inte är sliten eller skadad och byt den vid behov. Undersök rotorn noggrant. Vanligtvis byter man fördelarlocket och rotorn när man byter tändkablar. När man monterar ett nytt fördelarlock skall man ta loss tändkablarna från det gamla locket en och en. Montera dem på det nya locket i samma läge. Tag inte loss alla kablar samtidigt eftersom detta kan resultera i felaktig montering. Montera rotorn och fördelarlocket.

9 3,0 liters motorer med 24 ventiler: Kontrollera tändstiftskåpans tätning beträffande skador och slitage och byt den vid behov. Montera kåpan och drag åt fästskruvarna ordentligt. Montera trottelhuset och insugskanalen enligt kapitel 4B, avsnitt 15.

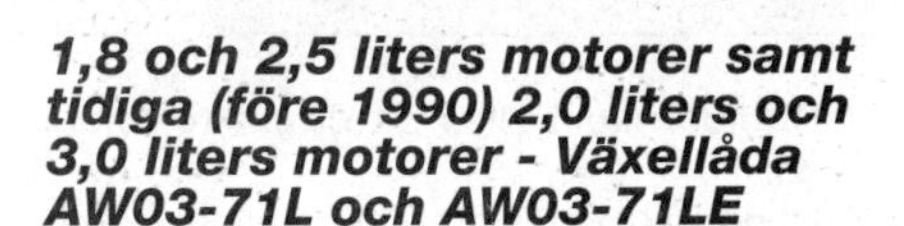

13 Automatväxellådsoljans nivå - kontroll

1,8 och 2,5 liters motorer samt tidiga (före 1990) 2,0 liters och 3,0 liters motorer - Växellåda AW03-71L och AW03-71LE

1 Kontrollera att bilen står plant. Starta motorn, tryck ned bromsen och för växelväljaren till alla växellägen. Avsluta i läge "P" (Park).

2 Låt motorn gå på tomgång och låt växelväljaren vara i läge "P". Drag ut växellådans mätsticka, torka ren den och sätt in den igen. Drag ut den och läs av vätskenivån.

3 Kör bilen i minst 20 km så att motorn och växellådan är uppe i normal arbetstemperatur. Därefter skall vätskenivån vara mellan MIN och MAX-markeringarna på den sidan av mätstickan som är märkt "90°C" **(se bild).** Det krävs ca 0,6 liter olja för att oljenivån skall förflyttas från MIN till MAX-nivån. När motorn och växellådan är kalla skall vätskenivån vara uppe vid linjen på den sidan av mätstickan som är märkt "20°C".

4 Vid behov skall man fylla på vätska av specificerad typ via mätstickans rör **(se bild).** Kontrollera att det inte kommer in damm eller smuts i röret.

5 Sätt tillbaka mätstickan och stäng av motorn.

Senare (fr o m 1990) 2,0 och 3,0 liters motorer samt alla 2,6 liters motorer - växellåda AR25 och AR35

6 Innan man kontrollerar automatväxellådans oljenivå skall man köra bilen i ca 20 km för att värma upp växellådan till normal arbetstemperatur. Parkera bilen på ett plant underlag. Låt motorn gå på tomgång och tryck ned bromspedalen. För växelväljaren långsamt från "P"-läget till "1"-läget och tillbaka till "P"-läget.

7 Låt motorn gå på tomgång och låt växelväljaren vara i läge "P". Drag ut mätstickan, torka ren den och för in den helt i röret. Drag ut mätstickan och läs av oljenivån. Upprepa detta tre gånger. Medelvärdet av mätningarna är den korrekta oljenivån.

8 När motorn är uppe i normal arbetstemperatur vid lufttemperaturer över 0°C skall oljenivån vara inom "HOT"-området på mätstickan (ca 42 mm från mätstickans nedre

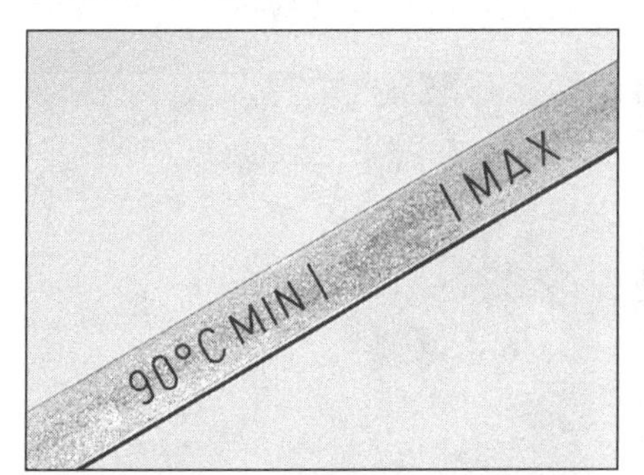

13.3 Markeringar på automatväxellådans mätsticka - växellåda AW03-71 och AW03-71LE

13.4 Påfyllning av växellådsolja

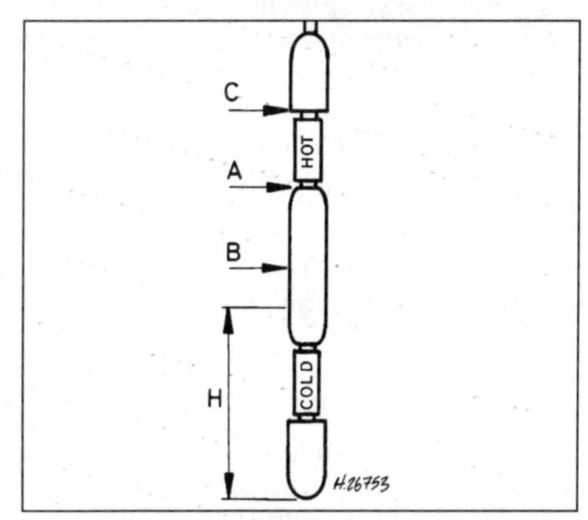

13.8 Markeringar på automatväxellådans mätsticka - växellåda AR25 och AR35

A Vätskenivå när lufttemperaturen är över 0°C
B Vätskenivå när lufttemperaturen är under 0°C
C Vätskenivå efter växellådsreparation (växellådan helt torr)
H Vätskenivå från mätstickans nedre del

1

del) **(se bild).** Vid lufttemperaturer under 0°C skall oljenivån vara mitt emellan "HOT" och "COLD"-delen på mätstickan (ca 32 mm från mätstickans nedre del).

9 Vid behov skall man fylla på med specificerad växellådsolja via mätstickans rör. Kontrollera oljenivån enligt ovanstående metod. Se till att inte damm eller smuts hamnar i röret.

10 När oljenivån är korrekt skall man sätta tillbaka mätstickan och stänga av motorn.

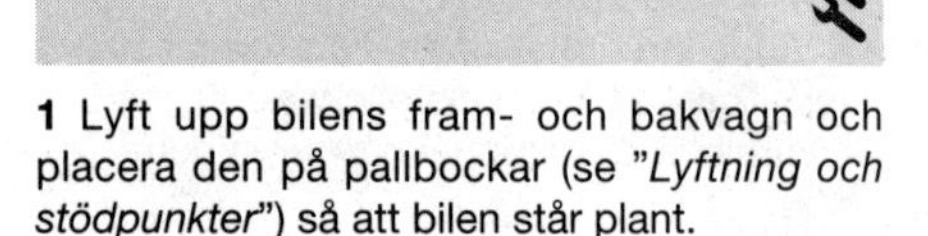

14 Slutväxelns oljenivå - kontroll

1 Lyft upp bilens fram- och bakvagn och placera den på pallbockar (se *"Lyftning och stödpunkter"*) så att bilen står plant.

2 Använd en insexnyckel för att skruva loss påfyllningspluggen från slutväxelns högra sida.

3 Kontrollera att oljenivån är i linje med påfyllningspluggens hål med hjälp av en böjd ståltråd eller en mindre skruvmejsel som mätsticka.

4 Fyll på med korrekt oljetyp enligt specifikationerna.

5 Drag åt påfyllningspluggen med specificerat åtdragningsmoment och torka rent.

6 Kontrollera oljetätningen för slutväxelns pinjong samt differentiallagrens oljetätningar beträffande läckage. Byt oljetätningar vid läckage.

7 Sänk ned bilen.

15 Drivaxelns gummibälgar - kontroll

1 Blockera framhjulen och lyft upp bilens bakvagn och placera den på pallbockar (se *"Lyftning och stödpunkter"*)

2 Lossa handbromsen. Snurra runt bakhjulen var för sig och kontrollera drivaxelns gummibälg beträffande sprickor och andra skador **(se bild på underredet).** Kontrollera även att klämmorna sitter ordentligt.

3 Sänk ned bilen.

16 Bromsklossar - kontroll

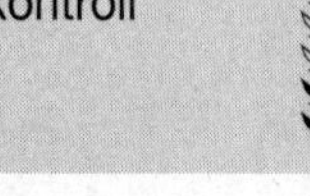

1 Drag åt handbromsen ordentligt. Lyft upp bilens framvagn och placera den på pallbockar (se *"Lyftning och stödpunkter"*). Demontera framhjulen.

2 För att man skall kunna genomföra en ordentlig kontroll bör bromsklossarna demonteras och rengöras. Bromsokets funktion kan även kontrolleras liksom bromsskivans skick. Se kapitel 9 för mera information **(se Haynes Tips).**

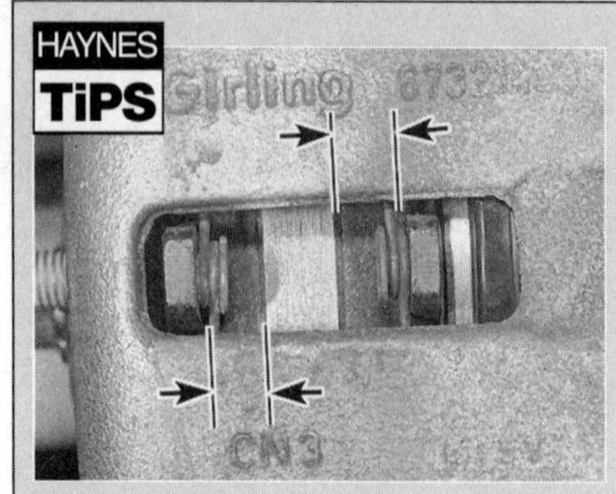

Man kan snabbt kontrollera bromsklossarnas tjocklek via hålet i bromsoket.

3 Om någon bromskloss är nedsliten till minimimåttet eller mer skall *alla fyra bromsklossar bytas vid samma tillfälle.*

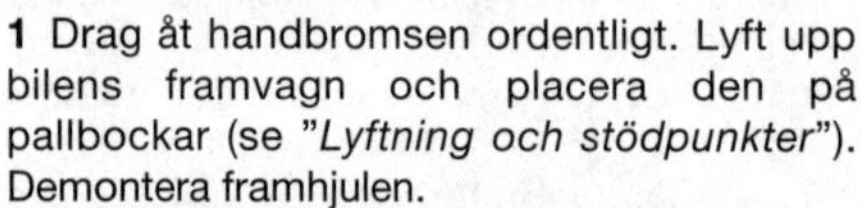

17 Bromsrör och bromsslangar - kontroll beträffande skador

1 Drag åt handbromsen ordentligt. Lyft upp bilens framvagn och placera den på pallbockar (se *"Lyftning och stödpunkter"*). Demontera framhjulen.

2 Kontrollera bromsslangarnas anslutningar till bromsoken. Kontrollera beträffande skador, nötning eller åldersslitage **(se bild).** Läckor i bromssystemet skall åtgärdas omedelbart innan bilen körs på allmän väg.

HAYNES TiPS ***Om bromsokets slang är svår att se kan man hålla en mindre spegel bakom bromsoket.***

3 Upprepa kontrollen på de bakre bromsoken.

4 Undersök bromsrören från huvudcylindern via motorrummet och längs bilens undersida. Kontrollera noggrant beträffande skador, korrosion och läckage. Byt slitna delar.

18 Bromsservo - funktionskontroll

1 Kontrollera bromsservons funktion på följande sätt.

2 Stäng av motorn. Tryck ned bromspedalen ett antal gånger för att pressa ut vakuumet ur servon.

3 Tryck ned bromspedalen och håll den nedtryckt. Starta motorn. Pedalen skall kunna tryckas ned mot golvet pga bromsservon. I annat fall måste man kontrollera vakuumslangen och backventilen. Om dessa enheter fungerar är bromsservon defekt och skall bytas ut.

19 Styrning och fjädring - kontroll

Kontroll av främre fjädring och styrning

1 Lyft upp bilens framvagn och placera den på pallbockar (se *"Lyftning och stödpunkter"*).

2 Kontrollera kulledernas dammskydd samt styrningens gummidamasker beträffande sprickor, hål och andra skador. Om dessa komponenter är slitna resulterar detta i försämrad smörjning samt att smuts och vatten kan tränga in. Detta ger stort slitage på kullederna resp styrväxeln.

3 Bilar med servostyrning: Kontrollera vätskeslangarna beträffande skador och slitage samt ledningarnas anslutningar beträffande läckage. Kontrollera även efter tecken på vätskeläckage från styrväxelns gummidamasker. Detta tyder på läckande tätningar i styrväxeln.

4 Greppa tag i hjulet i läge "kl 12" och "kl 6" och försök att vicka på det **(se bild).** Man skall kunna vicka hjulen en aning, men om rörelserna är för stora måste man undersöka styrningen närmare. Fortsätt att vicka hjulen samtidigt som en assistent trycker ned fotbromsen. Om spelet försvinner eller minskar avsevärt är det troligt att hjullagren är skadade. Om spelet kvarstår med broms-

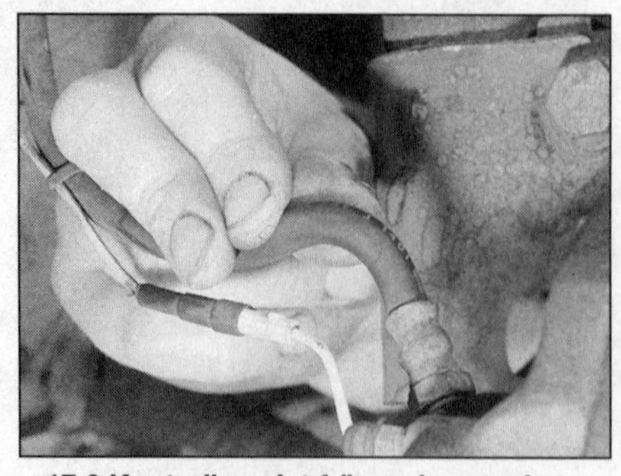

17.2 Kontroll av det främre bromsokets bromsslangar

19.4 Kontrollera hjullagrens slitage genom att ta tag i hjulen och försöka att vicka dem

pedalen nedtryckt är fjädringens kopplingar eller fästen slitna.

5 Tag tag i hjulet "kl 9" och "kl 3" och försök att vicka det som förut. Spel i detta läge kan bero på slitna hjullager eller slitna kulleder på styrningens parallellstag. Om den inre eller den yttre kulleden är sliten kommer spelet att vara väl synligt.

6 Använd en större skruvmejsel eller en plan metallstång för att kontrollera slitaget i fjädringens monteringsbussningar. Bänd mellan den aktuella fjädringskomponenten och dess fäste. Ett visst spel är normalt eftersom fästena är tillverkade av gummi, men det får inte vara för stort glapp. Kontrollera även alla synliga gummibussningar beträffande sprickor, skador eller föroreningar i gummit.

7 Sänk ned bilen och låt en assistent vrida ratten ett åttondels varv fram och tillbaka. Det skall vara mycket litet glapp i denna rörelse. I annat fall måste man noggrant iaktta ovanstående kopplingar och fästen. Dessutom skall man kontrollera rattstångens kardankopplingar samt styrväxeln beträffande slitage.

Kontroll av fjäderben och stötdämpare

8 Leta efter läckor runt fjäderbenet och stötdämparen samt från gummidamasken runt kolvstången. Om man upptäcker ett läckage är det fel i fjäderbenet/stötdämparen som då måste bytas. **Observera:** *Fjäderbenet/stötdämparen skall alltid bytas parvis på samma axel.*

9 Fjäderbenets och stötdämparens funktion kan kontrolleras genom att man gungar bilen i hörnen. I allmänhet skall karossen återgå till normalläget efter det att den har tryckts ned. Om den gungar flera gånger är det troligtvis fel på fjäderbenet/stötdämparen. Undersök även fjäderbenets/stötdämparens övre och nedre fästen beträffande slitage.

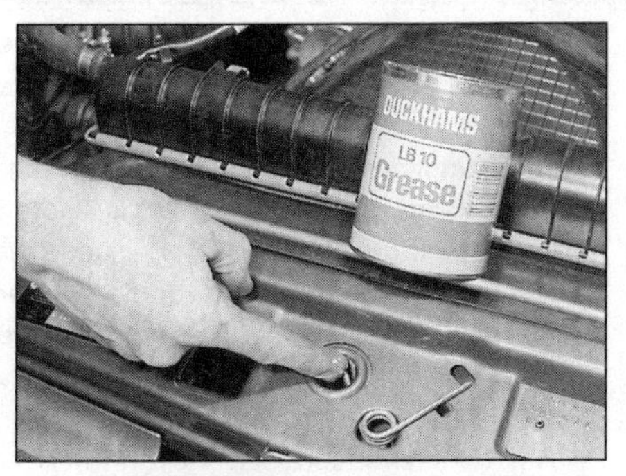

20.2 Smörjning av motorhuvens låsmekanism

20 Smörjning av lås och gångjärn (endast vid 15 000, 45 000 och 75 000 km etc)

Smörj motorhuvens, dörrarnas och bakluckans gångjärn med en tunnflytande olja. Smörj även alla låsspärrar, lås och låsbyglar. Samtidigt kan man kontrollera att alla lås fungerar korrekt och justera dem vid behov (se kapitel 11).

Smörj motorhuvens öppningsmekanism och vajer med fett **(se bild).**

21 Underredsbehandling - kontroll

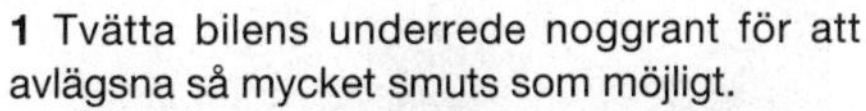

1 Tvätta bilens underrede noggrant för att avlägsna så mycket smuts som möjligt.

2 Lyft bilen och placera fram- och bakvagnen på pallbockar. Kontrollera underredet beträffande skador och rost. Undersök underredsbehandlingens skick. Om den är skadad skall man applicera ny underredsmassa så snart som möjligt för att förebygga rostskador.

3 Kontrollera att motorrummets underplåt sitter ordentligt (i förekommande fall). Drag åt eller byt lösa fästen.

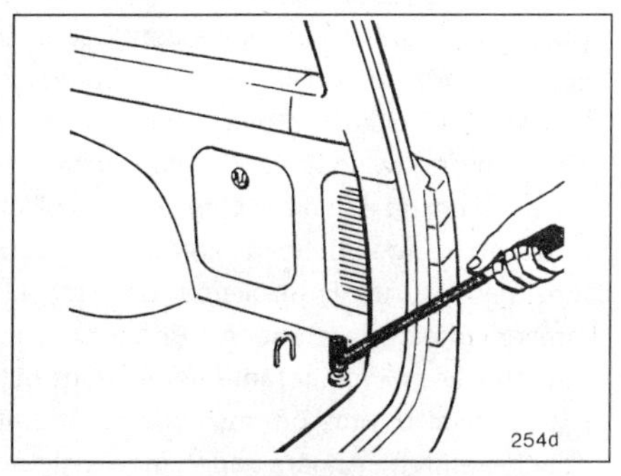

23.1 Kontrollera trycket i de justerbara luftstötdämparna (kombimodell visad - övriga liknande)

22 Strålkastare - kontroll av inställning

Man kan endast justera strålkastarna med optisk specialutrustning. Därför skall detta arbete utföras av en Opelåterförsäljare eller en verkstad som har den nödvändiga utrustningen.

En provisorisk inställning kan utföras vid nödfall. Se kapitel 12 för närmare information.

23 Kontroll av styrsystemet för höjdreglering

Lokalisera de justerbara luftstötdämparnas nippel i lastutrymmet **(se bild).** Kontrollera att trycket är minst 0,8 bar.

30 000 km eller vartannat år

24 Bränslefilter - byte (endast insprutningsmotorer)

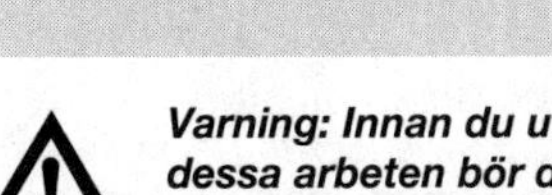

Varning: Innan du utför något av dessa arbeten bör du studera instruktionerna i "Säkerheten främst!" i början av denna handbok och följa dem noggrant. Bensin är en farlig och explosiv vätska och man måste vara mycket försiktig vid hantering.

1 Bränslefiltret är monterat under bakvagnen, bredvid bränslepumpen. Blockera framhjulen. Lyft upp bilens bakvagn och placera den på pallbockar (se "*Lyftning och stödpunkter*").

2 Tryckavlasta bränslesystemet (kapitel 4B) och koppla loss batteriets minuskabel. Placera ett lämpligt kärl under bränslefiltret för att fånga upp eventuellt bränslespill.

3 Lossa slangklämmorna och koppla loss båda slangarna. För att minimera bränslespillet kan man använda klämmor eller pluggar för att stänga slangändarna.

4 Lossa klämbulten och tag ut filtret ur hållaren. Observera åt vilket håll markeringarna för filtrets genomströmning är riktade. Antingen utgörs detta av en pil som indikerar åt vilket håll bränslet strömmar genom filtret eller genom att AUS (ut) är instansat vid filtrets utlopp.

5 Tag reda på det gamla filtrets gummifästen och montera dem på det nya filtret.

6 Montera det nya filtret och se till att genomströmningsriktningens markering är åt rätt håll.

7 Anslut slangen och drag åt slangklämmorna.

8 Starta motorn och kontrollera att slanganslutningarna inte läcker.

25 Tändstift - byte

1 Det är av yttersta vikt att tändstiften är i gott skick för att motorn skall fungera korrekt och uppvisa bästa prestanda. Det är även mycket viktigt att man använder tändstift som är avsedda för aktuell motortyp. Lämpliga tändstift för olika motorer finns angivna i början av detta kapitel. Om man använder korrekt tändstift och om motorn är i gott skick skall man inte behöva kontrollera dem förutom vid rutinkontrollerna och för att justera elektrodavstånden. Rengöring av tändstift är i allmänhet inte nödvändigt och skall endast utföras om man har tillgång till specialverktyg. Annars löper man risk att skada tändstiften.

2 Öppna motorhuven. På 3,0 liters motorer med 24 ventiler, demontera trottelhuset och insugskanalen enligt kapitel 4B, avsnitt 15. Skruva loss fästskruvarna och tag loss tändstiftskåpan från topplockets mitt.

3 Om de inte är märkta skall man märka tändkablarna från 1 till 4 eller 1 till 6 (beroende på motortyp). Cylinder nr 1 är närmast kamremmen/kamaxeln. Tag loss tändkablarna från tändstiften genom att dra i kontaktdonen. Drag inte i kablarna eftersom detta kan skada dem.

4 Man bör göra ren tändstiftens hål med hjälp av en ren borste, dammsugare eller tryckluft innan man demonterar dem. Detta förhindrar att smuts faller ned i cylindrarna.

5 Skruva loss tändstiften med en tändstiftsnyckel, en lämplig blocknyckel eller en djup hylsa med förlängare **(se bild).** Vinkla inte hylsan eftersom detta kan knäcka tändstiftens porslinsdel. Undersök tändstiften på följande sätt.

6 Tändstiftens skick säger en hel del om motorns kondition. Om tändstiftets isolatorfot är ren och vit utan beläggningar är detta ett tecken på att blandningen är för mager eller att tändstiftet är överhettat (ett hett tändstift leder inte bort värme från elektroden lika bra som ett kallare tändstift).

7 Om mittelektroden och isolatorfoten är täckta med en hård och svart beläggning tyder detta på att blandningen är för fet. Om tändstiftet är svart och oljigt är det troligt att motorn är tämligen sliten och att blandningen är för fet.

8 Om mittelektroden är täckt med gråbruna avlagringar är blandningen korrekt och det är mycket troligt att motorn är i bra kondition.

9 Tändstiftens elektrodavstånd är av mycket stor betydelse. Om avståndet är för stort eller för litet påverkas gnistan och dess effektivitet avsevärt. För att uppnå bästa resultat måste elektrodavståndet justeras enligt specifikationerna i inledningen av detta kapitel.

10 Mät elektrodavståndet med ett bladmått. Bänd upp eller kläm ihop den yttre elektroden tills avståndet är korrekt **(se bilder).** Mittelektroden skall aldrig böjas då detta kan knäcka isolationen. Detta gör tändstiftet oanvändbart.

25.5 Demontering av ett tändstift (OHC-motor)

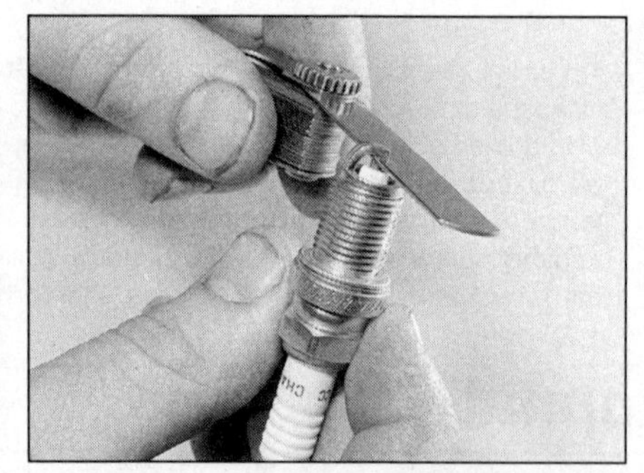

25.10a Mätning av tändstiftens elektrodavstånd med hjälp av ett bladmått

25.10b Mätning av tändstiftens elektrodavstånd med hjälp av en trådtolk

25.11 Justering av ett tändstifts elektrodavstånd

11 Verktyg för justering av elektrodavstånd finns att köpa i de flesta biltillbehörsbutiker **(se bild).**

12 Innan man monterar de nya tändstiften skall man kontrollera att den gängade toppen sitter ordentligt samt att tändstiftens yttre ytor är rena.

13 Skruva in tändstiften för hand om det går och drag därefter åt dem med specificerat åtdragningsmoment. Var försiktig så att du inte gängar in dem snett, vilket kan skada gängorna i topplocket **(se Haynes Tips).**

14 Anslut tändkablarna till korrekt tändstift.

15 På 3,0 liters motorer med 24 ventiler, kontrollera tändstiftskåpans tätning beträffande skador eller slitage och byt vid behov. Montera kåpan och drag åt skruvarna ordentligt. Montera trottelhuset och insugskanalen enligt kapitel 4B, avsnitt 15.

26 Kopplingspedal - justeringskontroll, vajerstyrd koppling

1 Använd ett måttband för att mäta avståndet från pedalytans mitt (kopplingspedalen i viloläge) till rattens nedersta del. Anteckna avståndet som (A).

2 Tryck ned kopplingspedalen helt och mät avståndet enligt paragraf 1. Anteckna avståndet som (B).

3 Subtrahera (A) från (B). Detta ger kopplingspedalens slaglängd som skall överensstämma med specifikationerna i detta kapitels inledning.

4 Inled med att dra åt handbromsen om

HAYNES TiPS

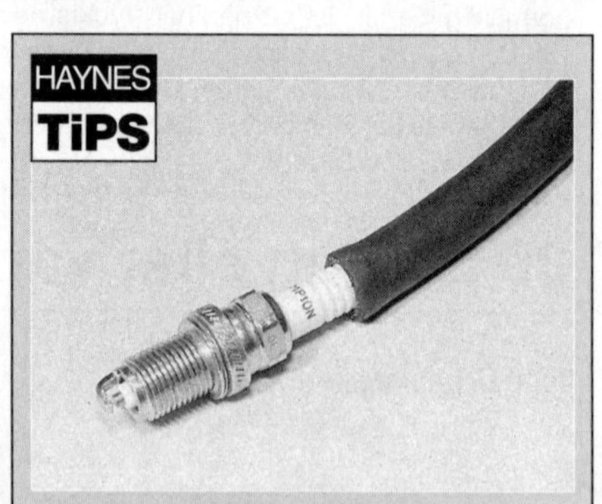

Det är ofta svårt att montera tändstift utan att de gängar snett. Detta kan undvikas genom att man använder en slang som passar på tändstiftet enligt bilden. Den böjliga slangen gör det lättare att föra in tändstiftet i hålet. Om tändstiftet inte skruvas i på rätt sätt kommer slangen att rotera fritt, vilket förebygger skador på topplocket.

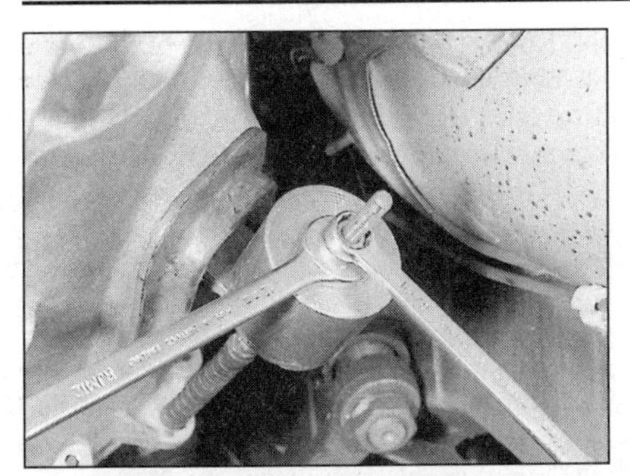
26.4 Justering av kopplingsvajern

slaglängden måste justeras. Lyft upp bilens framvagn och placera den på pallbockar (se *"Lyftning och stödpunkter"*). Lossa låsmuttern vid fästet på kopplingsvajerns ände **(se bild)** och vrid justeringsmuttern medurs för att öka slaglängden eller moturs för att minska den. Drag åt låsmuttern och kontrollera slaglängden. Sänk ned bilen.

5 Observera att en korrekt justerad kopplingspedal är en aning högre än bromspedalen. Justeringen är felaktig om båda pedalerna är lika högt inställda. Detta kan leda till att man inte kan koppla ur ordentligt.

6 I och med att kopplingslamellens belägg slits kommer kopplingspedalens viloläge att förflyttas uppåt. Detta innebär att man måste justera enligt det angivna schemat.

27 Manuell växellådsolja - nivåkontroll

1 Placera bilen över en smörjgrop eller lyft upp bilens fram- och bakvagn och placera den på pallbockar (se *"Lyftning och stödpunkter"*). Bilen måste stå rakt.

2 Rengör runt påfyllnings/nivåmätningspluggen på växellådans högra sida. Skruva därefter loss pluggen.

3 För att kontrollera oljenivån använder man en lämplig mätsticka som kan tillverkas av en ståltråd som böjs i en rät vinkel. För in mätstickan i påfyllnings-/nivåmätningspluggens hål och kontrollera oljenivån. Den skall vara ca 9 mm under hålets nedre kant.

4 Fyll vid behov på med specificerad oljetyp tills oljenivån är korrekt.

Observera: *Överfyll inte. Överflödig olja måste sugas eller tömmas ut ur växellådan, annars kan växlingen försämras.*

5 När oljenivån är korrekt skall man dra åt påfyllnings-/nivåmätningspluggen till specificerat åtdragningsmoment.

6 Om man måste fylla på ofta tyder detta på ett läckage, troligtvis via en oljetätning. Felsök och åtgärda problemet.

28 Handbromsbackar - kontroll av slitage

Se informationen i kapitel 9.

29 Luftkonditioneringssystem - kontroll

1 Kontrollera i motorrummet att alla slangar är korrekt placerade och att de inte är inklämda mot andra komponenter. Leta efter sprickor, spröda slangar och andra tecken på åldrande.

2 Se kapitel 11 och demontera kylargrillen om det behövs. Tag bort löv eller annat skräp som kan ha fastnat framför kondensorn.

60 000 km eller vart 4:e år

30 Automatväxellådsolja - byte

1,8 och 2,5 liters motorer samt tidiga (före 1990) 2,0 liters och 3,0 liters motorer - Växellåda AW03-71L och AW03-71LE

Observera: *Trots att det inte är absolut nödvändigt bör man även rengöra oljefiltret samtidigt som man byter olja. Demontera oljesumpen och följa anvisningarna i paragraf 10 till 14. Observera att filtret är monterat med sex bultar samt att det finns två magneter i sumpen. Innan man monterar oljesumpen bör man undersöka om O-ringen för mätstickans rör är skadad. Byt den vid behov* **(se bilder)**.

1 Placera bilen över en smörjgrop eller lyft upp bilens framvagn och placera den på pallbockar (se *"Lyftning och stödpunkter"*).

2 Placera ett kärl under växellådans oljesump. Skruva loss tömningspluggen och töm ut all olja.

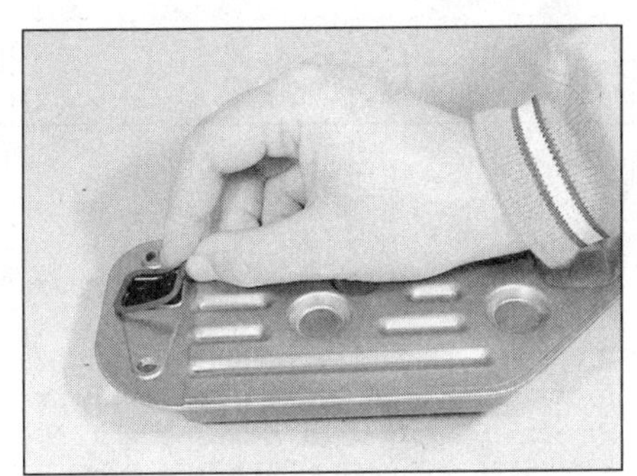
30.1a Placera den nya packningen på oljefilterhuset . . .

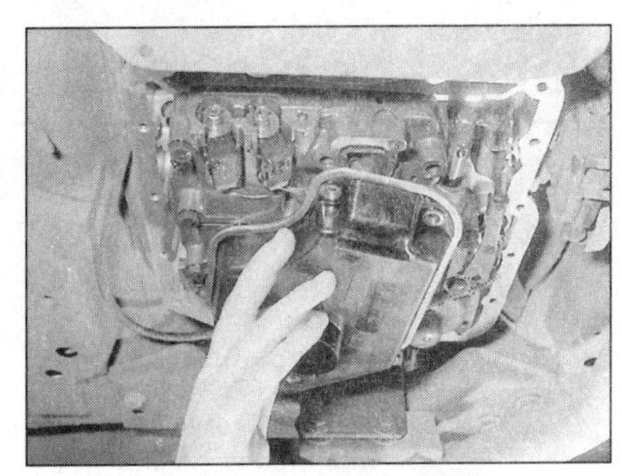
30.1b . . . montera filtret i växellådan . . .

30.1c . . . och drag åt fästbultarna till specificerat åtdragningsmoment

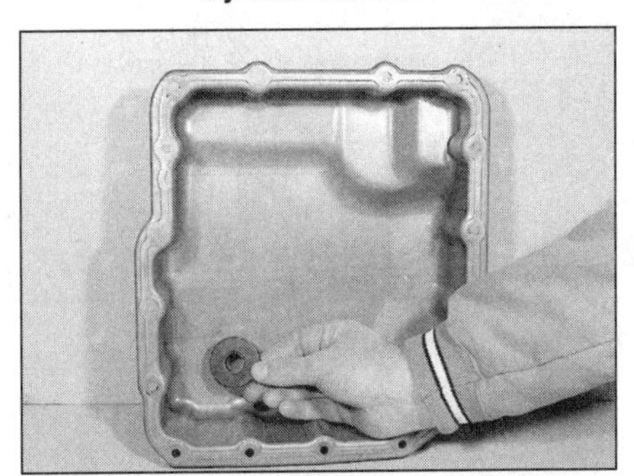
30.1d Montera den rengjorda magneten i oljesumpen . . .

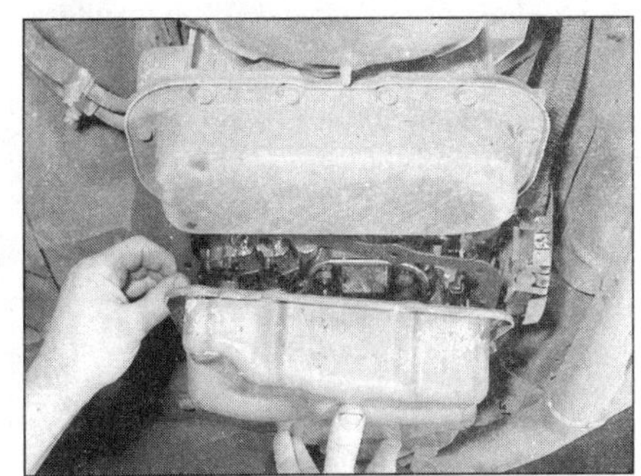
30.1e . . . och montera oljesumpen med en ny packning

Varning: Om bilen precis har använts är oljan extremt het och man skall vara mycket försiktig så att man inte bränner sig.

3 Byt tätningsbrickan vid behov och skruva åt tömningspluggen.

4 Sänk ned bilen. Fyll växellådan med korrekt mängd av rätt oljetyp via mätstickans rör.

5 Kontrollera oljenivån (se avsnitt 13).

Senare (fr o m 1990) 2,0 liters och 3,0 liters motorer samt alla 2,6 liters motorer - växellåda AR25 och AR35

Observera: *Trots att det inte är absolut nödvändigt bör man även demontera den större oljesumpen från växellådan vid detta tillfälle samt rengöra växellådans oljefilter. Detta säkerställer att det mesta av växellådsoljan töms ut och kan bytas (endast hälften av växellådsoljan kan tömmas ut när man skruvar ut tömningspluggen) samt att all smuts avlägsnas från filtret och oljesumpen.*

Endast oljebyte

6 Om man enbart vill byta växellådsoljan kan man göra detta enligt paragraf 1 till 5. När man är klar skall man fylla växellådan med specificerad oljetyp tills oljenivån är vid rätt punkt på mätstickan (se avsnitt 13). Provkör bilen och kontrollera att oljenivån är korrekt enligt anvisningarna tidigare i detta avsnitt.

Oljebyte och rengöring av filtret

7 Drag åt handbromsen ordentligt. Lyft upp bilens framvagn och placera den på pallbockar (se "*Lyftning och stödpunkter*").

8 Placera ett kärl under växellådans oljesump. Skruva loss tömningspluggen och töm ut all olja.

9 Undersök tömningspluggens tätningsbricka och byt den vid behov. När växellådan är tömd skall man rengöra gängorna och skruva in pluggen i oljesumpen och dra åt med specificerat åtdragningsmoment.

Varning: Bromsvätska kan skada ögonen och förstöra lacken. Var mycket försiktig när Du arbetar med vätskan.

10 Skruva loss sumpens fästbultar. Sänk försiktigt ned sumpen från växellådan och var beredd på vätskespill. Observera att sumpen fortfarande innehåller en hel del växellådsolja. Häll i sumpens olja i kärlet. Avlägsna packningen och kassera den.

11 Skruva loss de tre fästbultarna. Tag loss filtret från växellådans undersida tillsammans med packningen. Kassera packningen, man bör använda en ny vid montering.

12 Rengör filtret i lösningsmedel. Undersök filtret om det är blockerat eller skadat. Om filtret är sprucket eller blockerat måste det bytas. Tag bort magneten från sumpens insida och rengör den från metallfilspån. Spånen skall vara mycket små, annars finns det en sliten del i växellådan.

13 Se till att filtret är torrt. Montera en ny packning på filterhuset och för upp filtret mot växellådan. Kontrollera att packningen förblir korrekt placerad, skruva in fästbultarna och drag åt dem med specificerat åtdragningsmoment.

14 Kontrollera att sumpen och växellådans anliggningsytor är rena och torra. Placera den nya packningen på sumpen och montera magneten. Montera sumpen på växellådan och drag åt bultarna med specificerat åtdragningsmoment.

15 Sänk ned bilen och fyll växellådan med specificerad oljetyp tills oljenivån är korrekt enligt mätstickan (se avsnitt 13). Den ungefärliga mängden finns i specifikationerna i inledningen av detta kapitel. När man är klar skall man testköra bilen och kontrollera oljenivån enligt avsnitt 13.

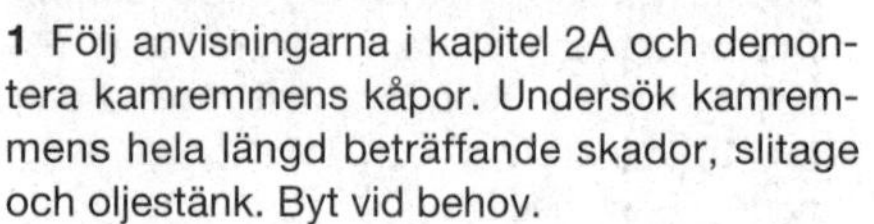

31 Kamrem - kontroll av spänning och skick (1,8 och 2,0 liters motorer)

1 Följ anvisningarna i kapitel 2A och demontera kamremmens kåpor. Undersök kamremmens hela längd beträffande skador, slitage och oljestänk. Byt vid behov.

2 Tidiga modeller (före 1993): Kontrollera även kamremsspänningen. På senare modeller med en fjäderbelastad remspännare behöver man inte kontrollera spänningen.

32 Kamremsbyte - 1,8 och 2,0 liters motorer

Se kapitel 2A.

Varje år oberoende av körsträcka

33 Bromsvätska - byte

Varning: Bromsvätska kan skada ögonen och förstöra lacken. Var mycket försiktig när du arbetar med vätskan. Använd inte vätska ur kärl som har stått öppna en längre tid. Bromsvätska drar åt sig fuktighet ur luften, vilket kan resultera i avsevärt försämrade bromsegenskaper.

1 Detta arbete följer samma princip som luftningen av bromssystemet i kapitel 9. I detta fall måste man dock först tömma bromsvätskebehållaren med hjälp av en spruta, sughävert eller liknande. Man måste även ta hänsyn till att man måste tömma ut den gamla vätskan när man luftar en krets.

2 Följ anvisningarna i kapitel 9. Öppna den första luftningsskruven i arbetsgången. Pumpa försiktigt med bromspedalen tills nästan all gammal vätska har tömts ur huvudcylinderns behållare.

Den gamla hydraulvätskan är mycket mörkare än den nya. Detta gör det lätt att skilja dem åt.

3 Fyll upp till "MAX"-nivån med ny vätska. Fortsätt pumpa tills det endast finns ny vätska i behållaren och man kan se att det strömmar ut ny vätska vid luftningsskruven. Drag åt skruven och fyll behållaren till "MAX"-nivån.

4 Följ arbetsgången och töm ut vätska ur de övriga luftningsskruvarna tills det strömmar ut ny vätska. Var försiktig så att huvudcylinderns behållare inte töms under "MIN"-nivån och luft kommer in i systemet.

5 Kontrollera att alla luftningsskruvar är åtdragna och att dammskydden är korrekt monterade. Tvätta bort utspilld vätska och kontrollera huvudcylinderns vätskenivå.

6 Kontrollera bromsarnas funktion innan du kör ut på allmän väg.

Vartannat år, oberoende av körsträcka

34 Kylvätska - byte

Se anvisningarna i kapitel 3.

Kapitel 2 del A:
1,8 och 2,0 liters (OHC) motorer

Innehåll

Svårighetsgrader

Enkelt, passar för novisen med lite erfarenhet

Ganska enkelt, passar nybörjaren med viss erfarenhet

Ganska svårt, passar kompetent hemmekaniker

Svårt, passar hemmekaniker med erfarenhet

Mycket svårt, för professionell mekaniker

Specifikationer

Typ	Fyra cylindrar, rak, en överliggande kamaxel
Allmänt	
Cylinderdiameter:	
1,8 liter modeller	84,8 mm
2,0 liter modeller	86,0 mm
Slaglängd:	
1,8 liter modeller	79,5 mm
2,0 liter modeller	86,0 mm
Slagvolym:	
1,8 liter modeller	1796 cc
2,0 liter modeller	1998 cc
Tändföljd	1-3-4-2 (nr 1 vid motorns kamremsände)
Ventiler	
Ventilspel	Automatiskt med hydrauliska ventillyftare
Spel mellan ventilskaft och ventilstyrning:	
Insugsventil	0,018 till 0,052 mm
Avgasventil	0,038 till 0,072 mm
Ventilskaftens diametrar:	
Insugsventiler:	
Standard	6,998 till 7,012 mm
1:a överdimension (0,075 mm)	7,073 till 7,087 mm
2:a överdimension (0,150 mm)	7,148 till 7,162 mm
3:e överdimension (0,300 mm)	7,248 till 7,262 mm
Avgasventiler:	
Standard	6,978 till 6,992 mm
1:a överdimension (0,075 mm)	7,053 till 7,067 mm
2:a överdimension (0,150 mm)	7,128 till 7,142 mm
3:e överdimension (0,300 mm)	7,228 till 7,242 mm
Ventilstyrningarnas diameter:	
Standard	7,030 till 7,050 mm
1:a överdimension (0,075 mm)	7,105 till 7,125 mm
2:a överdimension (0,150 mm)	7,180 till 7,200 mm
3:e överdimension (0,300 mm)	7,280 till 7,300 mm
Ventilstyrningens fabriksinställda höjd	83,50 till 83,80 mm

Topplock

Max tillåten skevhet i tätningsytan	0,025 mm
Topplockets totala höjd	95,90 till 96,10 mm

Kolvar och kolvringar

Typ	Lättmetallegering, försänkning i kolvtoppen	
Antal kolvringar	2 kompressionsringar, 1 oljeskrapring	
Ringarnas ändgap:		
Kompressionsringar	0,30 till 0,50 mm	
Oljeskrapring	0,40 till 1,40 mm	
Ringgapets förskjutning (i förhållande till den intilliggande ringen)	180°	
Kolvbultens diameter	21,0 mm	
Kolvdiametrar - 1,8 liters motor:	**Diameter (mm)**	**Märkning**
Produktionsklass 1	84,76	8
Produktionsklass 2	84,77	99
	84,78	00
	84,79	01
	84,80	02
Överdimension (0,5 mm)	85,25	7 + 0,5
	85,26	8 + 0,5
	85,27	9 + 0,5
	85,28	0 + 0,5
Kolvdiametrar - 2,0 liters motor:	**Diameter (mm)**	**Märkning**
Produktionsklass 1	85,96	8
Produktionsklass 2	85,97	99
	85,98	00
	85,99	01
	86,00	02
Övedimension (0,5 mm)	86,45	7 + 0,5
	86,46	8 + 0,5
	86,47	9 + 0,5
	86,48	0 + 0,5
Spel mellan kolv och cylinderlopp:		
Ny motor	0,02 mm	
Efter honing	0,01 till 0,03 mm	
Max tillåten ovalitet för kolvar	0,013 mm	
Max tillåten konicitet för kolvar	0,013 mm	

Vevaxel

Antal ramlager	5
Ramlagertapparnas diameter:	
Standard	57,982 till 57,995 mm
Underdimensioner	
1:a underdimension (0,25 mm)	57,732 till 57,745 mm
2:a underdimension (0,5 mm)	57,482 till 57,495 mm
Vevtappens diameter:	
Standard	48,970 till 48,988 mm
Underdimensioner	
1:a underdimension (0,25 mm)	48,720 till 48,738 mm
2:a underdimension (0,5 mm)	48,470 till 48,488 mm
Vevaxelns axialspel	0,05 till 0,15 mm
Ramlagerspel	0,02 till 0,04 mm
Lagerspel i vevlagertappen	0,01 till 0,03 mm
Sidoglapp i vevlagertappen	0,07 till 0,24 mm

Kamaxel

Axialspel	0,09 to 0,21 mm
Kamaxeltapparnas diametrar:	
Axeltapp nr 1	42,455 till 42,470 mm
Axeltapp nr 2	42,705 till 42,720 mm
Axeltapp nr 3	42,955 till 42,970 mm
Axeltapp nr 4	43,205 till 43,220 mm
Axeltapp nr 5	43,455 till 43,470 mm
Maximal skevhet	0,03 mm

Kamrem

Remspänning (med hjälp av mätverktyg KM-510-A) - tidiga (före 1993) modeller:	
Ny rem, kall	4,5
Ny rem, varm	7,5
Begagnad rem, kall	2,5
Begagnad rem, varm	7,0

Svänghjul

Startkransens maximala skevhet	0,5 mm
Max bearbetning av kopplingsyta	0,3 mm

Smörjsystem

Oljepump:	
Kuggdrevens kuggspel (mellan kuggarna)	0,1 till 0,2 mm
Spel mellan kugghjul och kåpa (axialspel)	0,03 till 0,10 mm
Oljetryck vid tomgång (motorn vid arbetstemperatur)	1,5 bar

Åtdragningsmoment

	Nm
Ventilkåpans bultar	8
Kamremsdrev	45
Vevaxeldrevets bult:	
Steg 1	130
Steg 2	Vinkeldra ytterligare 40 till 50°
Vevaxelremskiva mot kuggdrev	20
Svänghjul/drivplatta:	
Steg 1	65
Steg 2	Vinkeldra ytterligare 30 till 45°
Topplockets bultar:	
Steg 1	25
Steg 2	Vinkeldra ytterligare 90°
Steg 3	Vinkeldra ytterligare 90°
Steg 4	Vinkeldra ytterligare 90°
Ramlageröverfall:	
Steg 1	50
Steg 2	Vinkeldra ytterligare 40 till 50°
Vevlageröverfall:	
Steg 1	35
Steg 2	Vinkeldra ytterligare 45 till 60°
Sump	5
Sumpens dräneringsplugg	45
Vattenpumpens bultar	25

1 Allmän beskrivning

1 1,8 och 2,0 liters motorerna är raka och fyrcylindriga med en överliggande kamaxel. Motorn är konventionellt monterad i bilens främre del. Topplocket är tillverkat av en lättmetallegering och motorblocket av gjutjärn.

2 Vevaxeln är lagrad med fem lager där det mittre lagret har flänsar för justering av axialspelet.

3 Vevstakarna är monterade på vevaxeln med horisontellt delade lagerskålar. I kolvarna är vevstakarna fästa med kolvbultar som är presspassade i vevstakarnas lillände. Kolvarna är tillverkade av en aluminiumlegering och har tre kolvringar: Två kompressionsringar och en tredelad oljeskrapring.

4 Kamaxeln drivs från vevaxlen med en tandad gummirem och styr ventilerna via vipparmar. Vipparmarna är i sin ledade ände monterde på hydrauliska självsmörjande ventillyftare som automatiskt kompenserar eventuella spel mellan vipparmen och ventilskaftet. Varje insugs- och avgasventil stängs av en fjäder och löper i ventilstyrningar som är inpressade i topplocket.

5 Motorns smörjsystem drivs av en birotorpump som är monterad under en kåpa på topplockets främre del. Oljepumpen drivs av vevaxeln. Tändfördelarens rotor och (på förgasarmotorer) bränslepumpen drivs av kamaxeln. Läckagegaser i vevhuset leds till kamaxelhuset via ett externt rör. Därefter sugs de in i insugsröret via en slang.

2 Kompressionsprov - beskrivning och tolkning

1 Om motorns prestanda har sänkts, eller om feltändning inträffar utan att det kan förklaras med fel i tändningen eller bränslesystemet, kan ett kompressionsprov ge värdefull information om motorns skick. Om provet genomförs regelbundet kan det förvarna om fel innan andra symptom blir märkbara.

2 Motorn måste vara uppe i normal arbetstemperatur, batteriet måste vara fulladdat och tändstiften måste demonteras (kapitel 1). Man behöver även hjälp av en assistent.

3 Koppla från tändsystemet genom att koppla loss tändspolens tändkabel från fördelarlocket, varefter kabeln jordas mot topplocket. Använd en kopplingskabel eller motsvarande för att erhålla god elektrisk kontakt.

4 Montera en kompressionsprovare i tändstiftshålet för cylinder nr 1. Man bör använda en provare som går att skruva in i tändstiftshålets gängor.

5 Låt assistenten öppna trotteln helt och låt startmotorn dra runt motorn. Efter ett eller två varv bör kompressionstrycket vara uppe i ett maxvärde, varefter det stabiliseras. Anteckna det högsta uppmätta värdet.

6 Upprepa provet på de övriga cylindrarna och anteckna respektive värde.

7 Trycken i de olika cylindrarna bör vara lika.

En avvikelse på mer än 2 bar mellan två cylindrar tyder på ett fel. Observera att kompressionstrycket skall byggas upp snabbt i en väl fungerande motor. Låg kompression efter det första kolvslaget och långsam tryckökning vid efterföljande kolvslag tyder på slitna kolvringar. Låg kompression efter det första slaget som inte byggs upp under de följande kolvslagen indikerar läckande ventiler eller en defekt topplockspackning (topplocket kan även vara sprucket). Avlagringar på ventilhuvudena kan också orsaka låg kompression.

8 Trots att Opel inte specificerar exakta kompressionstryck gäller att kompressionstryck under 10 bar inte är godkända. Kontakta en Opelverkstad om du är tveksam om ett visst kompressionstryck kan godkännas.

9 Om trycket i någon cylinder är lågt kan man genomföra följande test för att lokalisera felet. Häll i en tesked med ren olja i den aktuella cylindern via tändstiftshålet och upprepa kompressionsprovet.

10 Om oljan temporärt leder till att kompressionstrycket ökar tyder detta på att slitage i cylinderloppet eller slitna cylindrar orsakar tryckminskningen. Om ingen förbättring inträder tyder detta på läckande eller brända ventiler eller en defekt topplockspackning.

11 Låga värden från två intilliggande cylindrar beror troligtvis på att topplockspackningen mellan dem är defekt. Kylvätska i motoroljan bekräftar detta.

12 Om en cylinder är ca 20 procent lägre än de andra och om motorn har en lite ojämn tomgång kan en sliten kamlob vara orsaken.

13 Om kompressionstrycket är ovanligt högt kan förbränningskamrarna vara täckta av sotavlagringar. Om detta är fallet skall topplocket demonteras och rengöras.

14 När kompressionsprovet är avslutat skall tänstiften monteras tillbaka och tändsystemet skall återanslutas.

3 Omfattande åtgärder som kan utföras med motorn i bilen

Följande omfattande åtgärder kan utföras utan att motorn demonteras:

a) Demontering och montering av topplocket
b) Demontering och montering av sumpen
c) Demontering och montering av oljepumpen
d) Demontering och montering av kamremmen
e) Demontering och montering av kolvar och vevstakar
f) Demontering och montering av svänghjulet
g) Demontering och montering av motorinfästningar
h) Demontering och montering av kamaxeln
i) Byte av vevaxelns främre och bakre oljetätningar

4 Omfattande åtgärder som kräver demontering av motorn

Följande omfattande åtgärder kan endast utföras när motorn har demonterats.

a) Demontering och montering av vevaxel och ramlager

5 Metod för demontering av motor

Trots att det är möjligt att samtidigt demontera motorn och den manuella växellådan (eller automatväxellådan) är det lämpligare att demontera motorn separat. En kraftig lyft krävs ändå, eftersom enbart motorn innebär en avsevärd belastning. Motorn demonteras uppåt ur motorrummet.

6 Motor - demontering

1 Demontera motorhuven (se kapitel 11).
2 Koppla loss batteriets minuskabel.
3 Demontera luftfiltret på förgasarmotorer. På insprutningsmotorer skall man demontera lufttrumman från trottelhuset och luftflödesmätaren (kapitel 4).

6.6b . . . och demontera styrservopumpen med fästkonsolen

6.11a Slanganslutningar vid det främre kylvätskehuset

4 Demontera kylaren (se kapitel 3).
5 Haka av gasvajern, chokevajern, automatväxellådans kickdown-vajer samt farthållarens vajer (i förekommande fall).
6 Skruva loss pumpen för servostyrningen och fästkonsolen, för dem åt sidan **(se bilder)**. Man behöver inte koppla loss slangarna.
7 I förekommande fall skall man demontera luftkonditioneringens kompressor (kapitel 11). För den åt sidan utan att lossa slangarna för kylmediumet.
8 Koppla loss kupévärmarens slangar vid torpeden **(se bild)**.
9 Koppla loss och plugga inkommande och utgående bränsleslangar. Tag loss hållaren från insugsröret.
10 Tag loss tändkabeln från tändspolen.
11 Observera placeringen av kylvätskeslangarna på motorns högra sida och koppla loss dem **(se bilder)**. Koppla även loss slangen till bromssystemets vakuumservo.

6.6a Tag loss skruvarna . . .

6.8 Kupévärmarens slangar vid torpedväggen

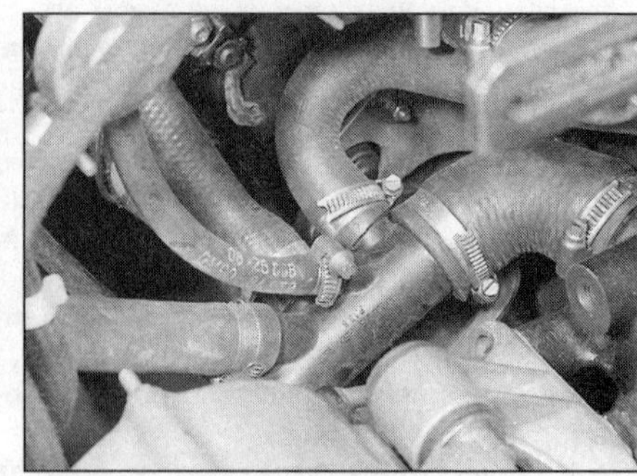

6.11b Slangar till vattenpumpens inlopp

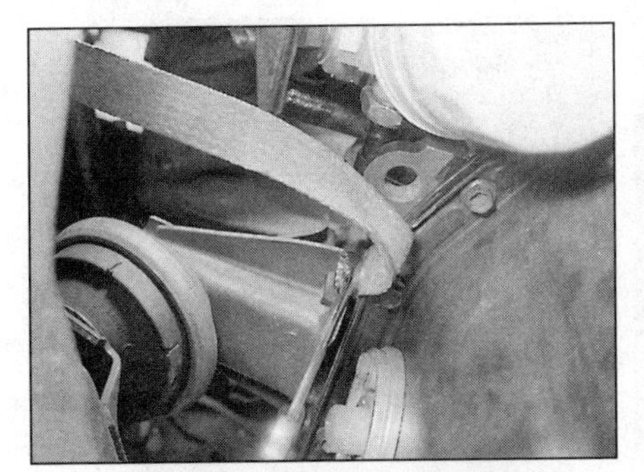
6.12 Motorns jordningsfläta

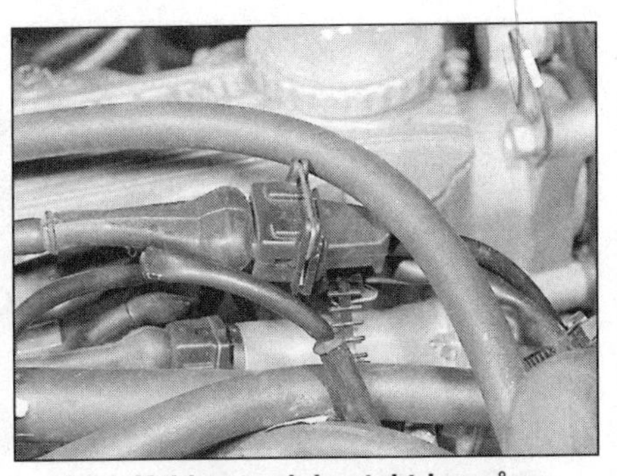
6.14 Kablage och kontaktdon på en insprutningsmotors övre del

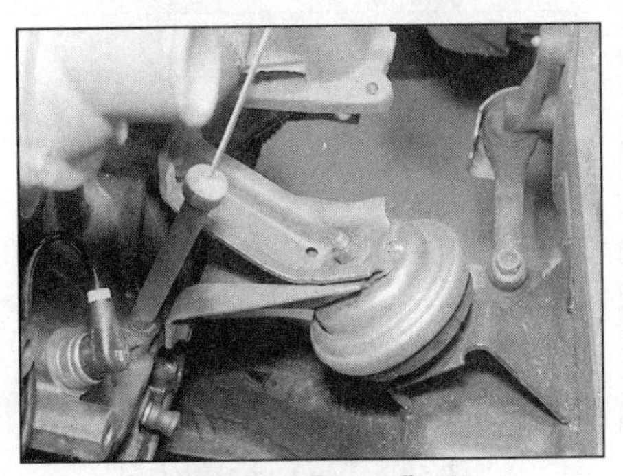
6.24a Den främre vänstra motorinfästningen

6.24b Demontering av motorinfästningens mutter

12 Lossa motorns jordningsfläta/flätor **(se bild).**
13 Koppla loss den övre slangen från termostathuset.
14 Observera placeringen och dragningen av motorns kablage. Gör en enkel skiss vid behov. Koppla loss och tag bort kablaget. Identifiera alla kablar med tejp när du lossar dem för att underlätta korrekt montering. På insprutningsmotorer måste kablaget kopplas loss från motorns övre del **(se bild)** och vid luftflödesmätaren.
15 Drag åt handbromsen och använd domkraft och pallbockar för att palla upp bilens främre del (se *"Lyftning och stödpunkter"*).
16 Lossa avgassystemets främre rör från grenröret och tag bort packningen. Lossa i förekommande fall hållaren för avgasröret på växellådans bakre del.
17 Lossa och demontera växellådans främre kåpa.
18 På modeller med manuell växellåda, haka av kopplingsvajern från frikopplingsarmen och växellådan.
19 På modeller med automatväxellåda, tag loss bultarna som fäster momentomvandlaren mot drivplattan enligt kapitel 6.
20 Tag loss de nedre bultarna som fäster växellådan mot motorn.
21 Sänk ned bilen så att den står på hjulen.
22 Fäst en lyft i motorn och låt den precis ta upp motorns vikt. Motorn har lyftöglor fram och bak.
23 Stöd växellådan med en garagedomkraft.
24 Tag loss de övre muttrarna från de två motorinfästningarna och demontera det högra fästet från motorblocket **(se bilder).**
25 Tag loss de övre bultarna som fäster växellådan mot motorn.
26 Drag motorn framåt för att lossa den från växellådan (manuell eller automatisk). På modeller med automatisk växellåda skall man se till att momentomvandlaren hålls emot pumpen för växellådsoljan. Annars riskerar man att den faller ut och att vätskan spills ut.
27 När den är fri från växellådan kan motorn lyftas ut ur motorrummet samtidigt som den förs förbi omgivande komponenter **(se bild).**
28 Om motorn skall tas isär bör man tömma ut motoroljan, varefter dräneringspluggen monteras tillbaka och motorn placeras på arbetsbänken.

6.27 Demontering av motorn ur motorrummet

7 Motor, isärtagning - allmänt

1 Motorn bör tas isär på en ren yta fri från damm och smuts. Undvik att arbeta med motorn direkt på ett betonggolv eftersom grus och sandkorn kan orsaka allvarliga problem.
2 Det är lämpligt att använda olika behållare för smådelarna eftersom detta underlättar monteringen.
3 Rengör alla komponenter ordentligt med ett lämpligt lösningsmedel och torka dem före kontroll. Interna kanaler skall blåsas rena med tryckluft.
4 Köp alltid kompletta satser med packningar när motorn skall tas isär och använd alla vid ihopsättning.
5 Om det går skall man montera tillbaka muttrar, bultar och brickor i sina ursprungliga lägen eftersom detta skyddar gängorna och underlättar vid ihopsättning av motorn.
6 Spara delar som inte kan repareras tills de nya delarna finns tillgängliga. Detta gör det möjligt att kontrollera att den nya delen verkligen är korrekt.

8 Motorns yttre komponenter - demontering

Nedanstående delar kan demonteras med motorn i bilen. Det är dock lämpligare att demontera dem när motorn har tagits ut ur motorrummet om man skall genomföra omfattande arbeten. Detta gäller följande föremål:

a) Förgasare eller insprutningskomponenter (kapitel 4A eller 4B)
b) Bränslepump på förgasarmotorer (kapitel 4A)
c) Insugsrör och avgasgrenrör (kapitel 4A eller 4B)
d) Koppling (kapitel 6)
e) Tändstift, fördelarlock och fördelarplatta samt tändningens induktiva pulsgivare (kapitel 1 och 5)
f) Generator med fäste (kapitel 5)
g) Kylfläkt med oljekoppling, termostat och temperaturgivare (kapitel 3)

9 Motor - fullständig isärtagning

1 Använd en skruvmejsel för att bända ut oljetätningen för fördelarplattan ur kamaxelhusets bakre del **(se bild).**
2 Demontera oljetryckskontakten **(se bild).**
3 Tag ut oljestickan.
4 Koppla loss slangen till vevhusventilationen från kamaxelkåpan **(se bild).**
5 På modeller med insprutningsmotor,

9.1 Oljetätningen bänds ur kamaxelhusets bakre del

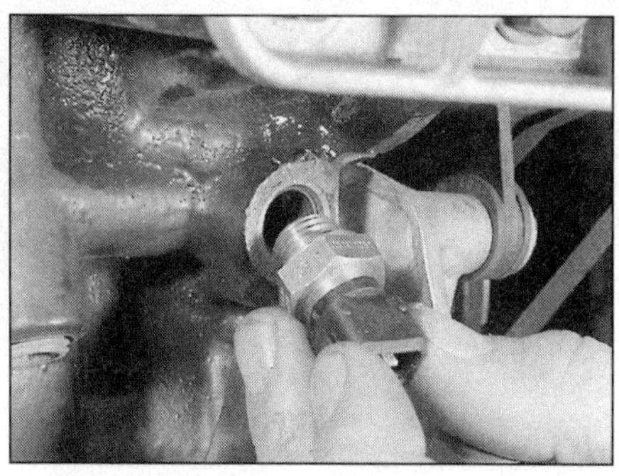
9.2 Demontering av oljetryckskontakten

9.4 Vevhusets ventilationsslang kopplas loss

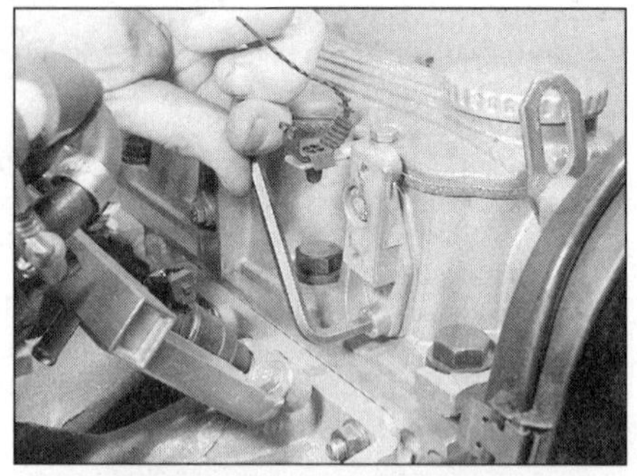
9.5 Demontering av tillsatsluftslidens hållare på en insprutningsmotor

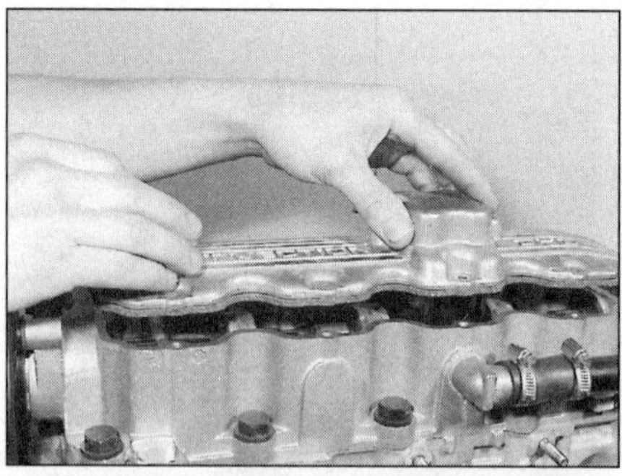
9.6a Demontering av kamaxelkåpan . . .

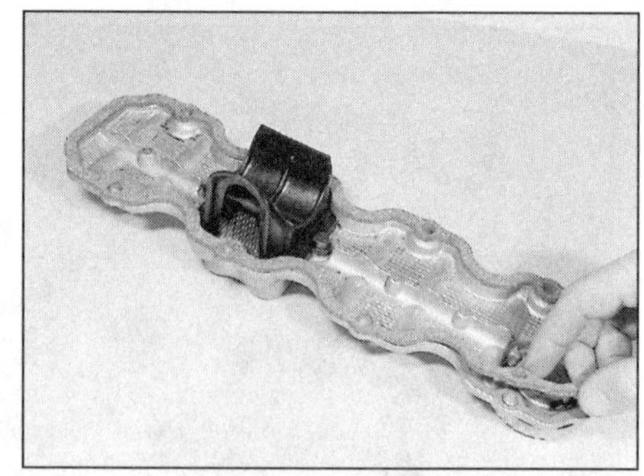
9.6b . . . och packningen

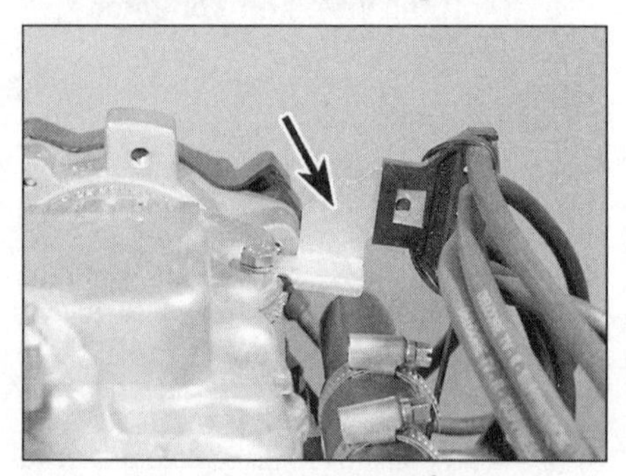
9.6c Tändkablarnas hållare

9.7a Demontera skruvarna . . .

9.7b . . . och tag loss kylfläktens remskiva

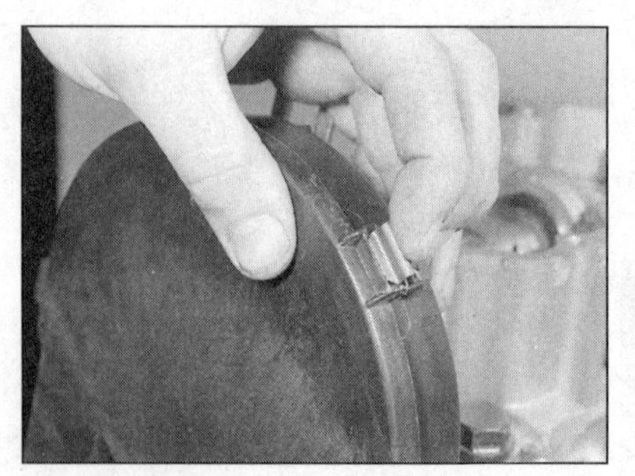
9.8a Snäpp loss monteringsklämmorna . . .

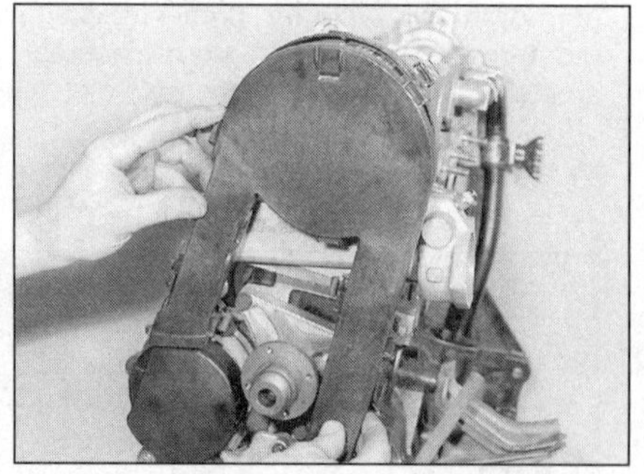
9.8b . . . och demontera kamremmens övre kåpa . . .

9.8c . . . och den nedre kåpan

använd en insexnyckel för att demontera tillsatsluftslidens hållare från kamaxelhuset **(se bild).** Tag reda på packningen.

6 Tag loss kamaxelkåpan och tag bort korkpackningen. Observera placeringen av hållaren för tändkablarna **(se bilder).**

7 Demontera kylfläktens remskiva genom att hålla fast navet med en skiftnyckel samtidigt som skruvarna demonteras **(se bilder).**

8 Snäpp loss och demontera de två kamremskåporna **(se bilder).**

9 Drag runt motorn med en skruvnyckel på centrumbulten för vevaxelns remskiva tills markeringen på kamaxeldrevet är i linje med pilen i den övre delen av den bakre kamremskåpan. Se även till att spåret i vevaxelns remskiva är i linje med piggen på den nedre delen av den bakre kamremskåpan **(se bilder).**

9.9a Vevaxeldrevets och kåpans tändlägesmarkeringar

9.9b Spåret i vevaxelns remskiva och tändlägespiggen

9.10 Demontering av vevaxelns remskiva/vibrationsdämpare

9.12 Demontering av kamremmen

9.14 Verktyg för låsning av svänghjul

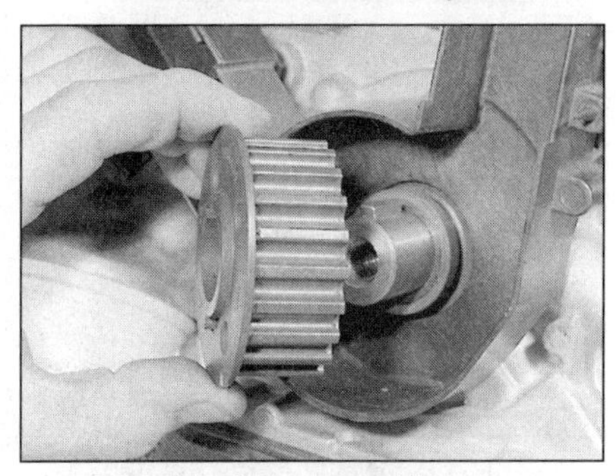

9.15a Tag loss vevaxeldrevet . . .

9.15b . . . demontera Woodruff-kilen

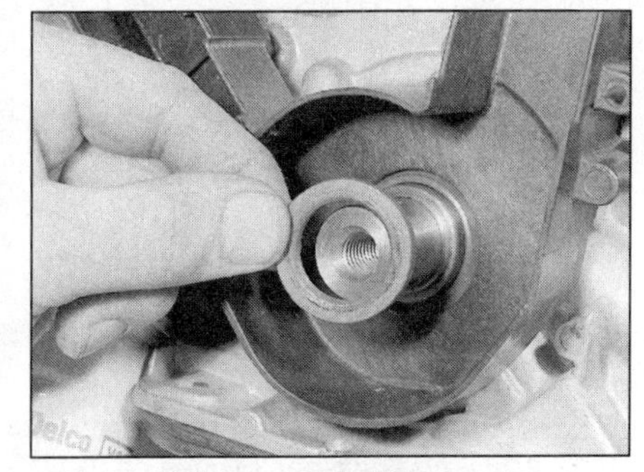

9.15c . . . och distansen

9.16a Demontera fästbulten. . .

10 Lossa vevaxelns remskiva från vevaxeldrevet **(se bild).**

11 Demontera bulten som fäster vattenpumpsdelen av kamremskåpan mot oljepumphuset.

12 Tidiga modeller (före 1993): Lossa de tre bultarna som fäster vattenpumpen mot motorblocket. Vrid vattenpumphuset moturs och tag loss kamremmen från dreven **(se bild).**

13 Senare modeller (fr o m 1993) med en fjäderbelastad kamremsspännare: Lossa spännarens fästbult något. Vrid spännaren bort från remmen och tag loss remmen från dreven. Demontera bulten och spännaren från motorn.

14 Tag loss bulten för vevaxeldrevet samtidigt som du håller fast svänghjulet/drivplattan med en skruvmejsel med bred klinga i startkransens kuggar. Alternativt kan man tillverka det verktyg som visas i bilden **(se bild)** för att hålla i svänghjulet. Kassera bulten; man måste använda en ny vid montering.

15 Tag loss vevaxeldrevet från vevaxelns främre del. Demontera därefter Woodruff-kilen och distansen **(se bilder).**

16 Håll i kamaxeldrevet med ett verktyg enligt bilden. Tag därefter loss fästbulten.

9.16b . . . och därefter kamaxeldrevet

Demontera kamaxeldrevet från kamaxelns främre del **(se bilder).**

17 Tag loss de tre bultarna och brickorna. Demontera vattenpumpen.

18 Demontera den bakre kamremskåpan **(se bild).**

9.18 Demontering av den bakre kamremskåpan

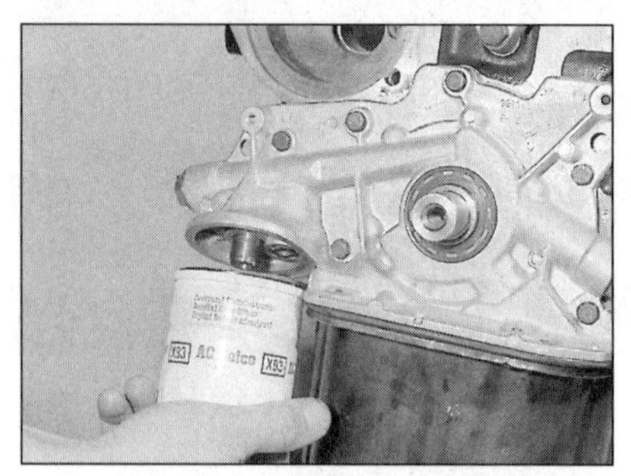
9.19 Demontering av oljefiltret

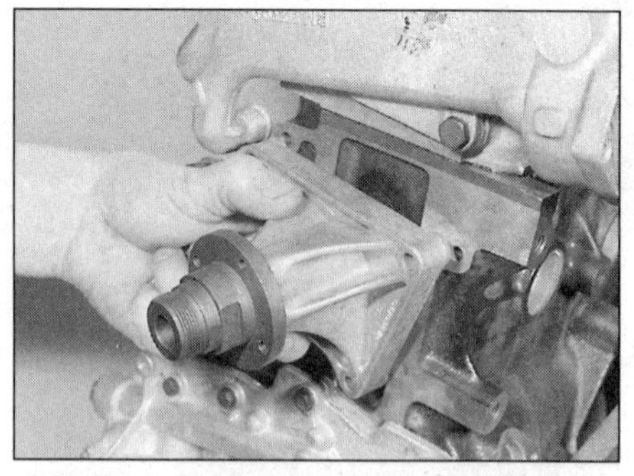
9.20 Demontering av kylfläktens navfäste

9.21a Tag loss bultarna . . .

9.21b . . . och demontera det främre kylvätske- och termostathuset. . .

9.21c . . . och O-ringstätningen

9.22a Vevhusventilationsrörets nedre fläns . . .

9.22b . . . och den övre anslutningsslangen

9.26 Topplockspackningen på motorblocket

9.27a Tag loss bultarna (vid pilarna) . . .

19 Tag loss oljefiltret från oljepumphuset **(se bild).**

20 Tag loss fläktens navfäste från motorblocket **(se bild).**

21 Tag loss det främre kylvätske- och termostathuset från topplocket samt demontera O-ringstätningen **(se bild).**

22 Demontera röret för vevhusventilationen från kamaxelhuset och motorblocket genom att koppla loss slangen och demontera flänsbultarna **(se bilder).** Tag reda på packningen.

23 Lossa varje topplocksbult ett kvarts varv. Arbeta i en spiralformad följd från de yttre till de inre bultarna. Lossa bultarna ytterligare ett kvarts varv i samma ordningsföljd, varefter de demonteras helt. Observera att alla topplocksbultar måste bytas när de har lossats. Köp en ny sats med bultar för ihopsättningen.

24 Demontera kamaxelhuset och kamaxeln.

25 Lyft av topplocket från motorblocket. Det kan vara nödvändigt att försiktigt använda en trä- eller läderhammare för att lossa topplocket. Försök inte att pressa in ett verktyg mellan anliggningsytorna.

26 Tag bort packningen från motorblocket **se bild).**

27 Tag loss bultarna för kamaxelns tryckplatta, demontera tryckplattan och tag ut kamaxeln ur kamaxelhuset **(se bilder).**

28 Demontera vipparmarna och tryckbrickorna från topplocket. Tag ut de hydrauliska ventillyftarna och placera dem i en behållare fylld med ren motorolja för att förhindra att de töms. Håll också reda på alla komponenters

9.27b . . . demontera tryckplattan . . .

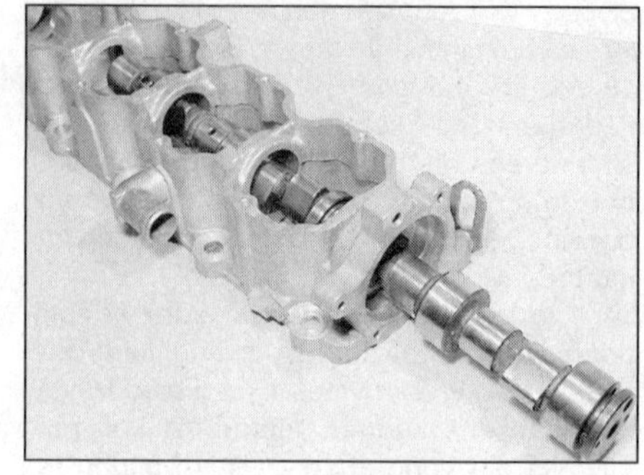
9.27c . . . och drag ut kamaxeln

9.28a Demontering av vipparmarna . . .

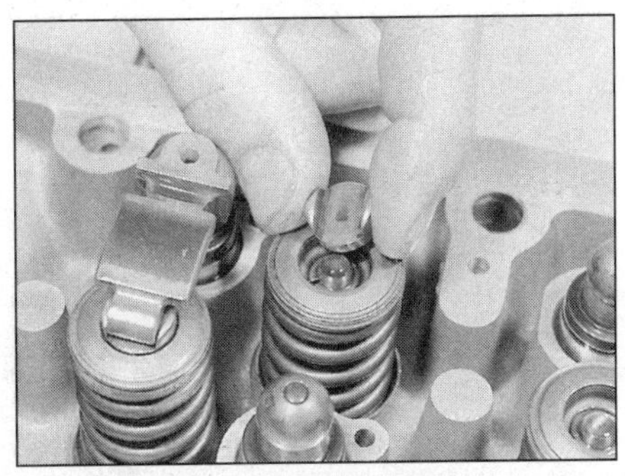
9.28b . . . tryckbrickorna . . .

9.28c . . . och de hydrauliska ventillyftarna

9.29a Tag loss bultarna . . .

9.29b . . . och tag loss svänghjulet från vevaxeln

9.31a Tag loss bultarna. . .

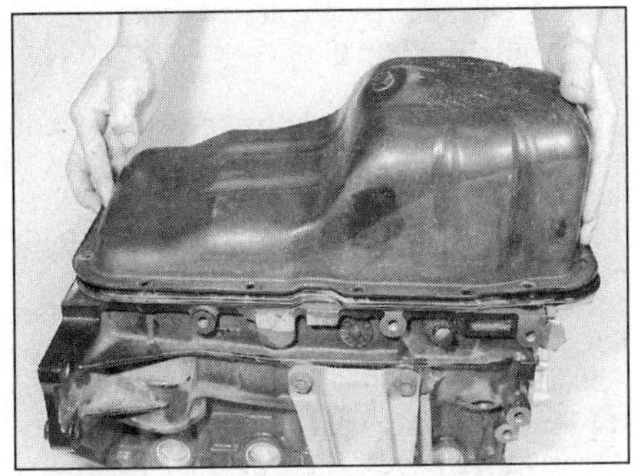
9.31b . . . och demontera sumpen

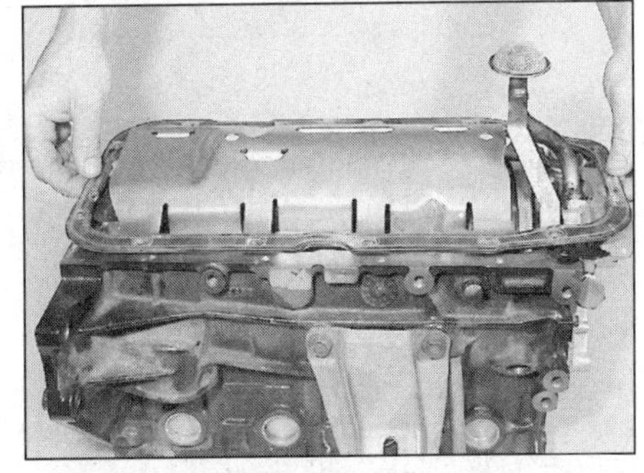
9.32a Demontera flänsen . . .

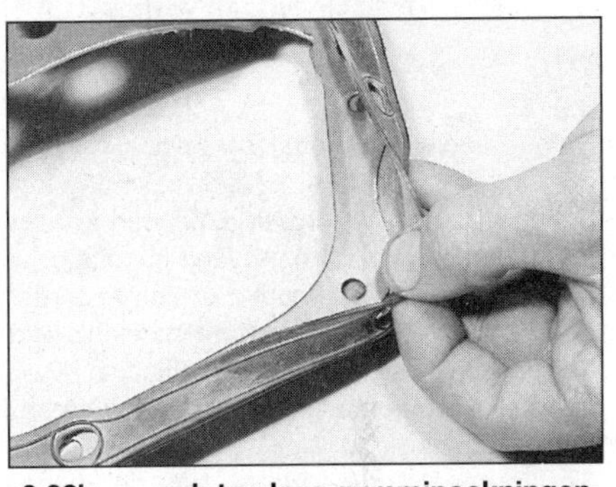
9.32b . . . och tag loss gummipackningen

placering för att monteringen skall bli korrekt **(se bilder).**

29 Håll i svänghjulet/drivplattan enligt paragraf 12. Tag därefter loss bultarna och tag loss enheten från vevaxeln **(se bilder).** Kassera svänghjulets/drivplattans bultar. Man måste använda nya bultar för monteringen.

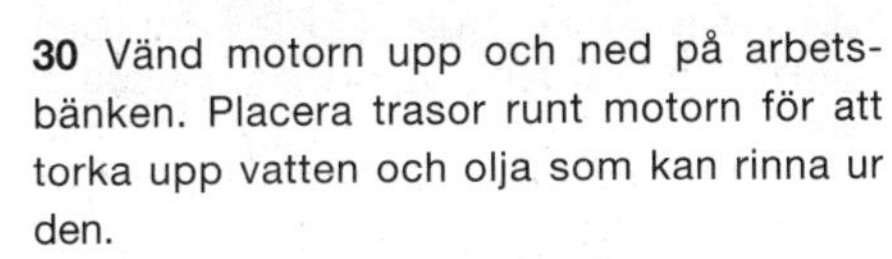

30 Vänd motorn upp och ned på arbetsbänken. Placera trasor runt motorn för att torka upp vatten och olja som kan rinna ur den.

31 Tag loss sumpens bultar och demontera sumpen **(se bilder).**

32 Demontera flänsen och tag sedan loss gummipackningen från dess kant **(se bilder).**

33 Tag loss oljesugröret från motorblocket och oljepumpen **(se bild).**

34 Tag loss oljepumpen från motorblocket och tag bort packningen **(se bilder).**

35 Markera placeringen av vevlageröverfallen på vevstakarna med hjälp av en körnare.

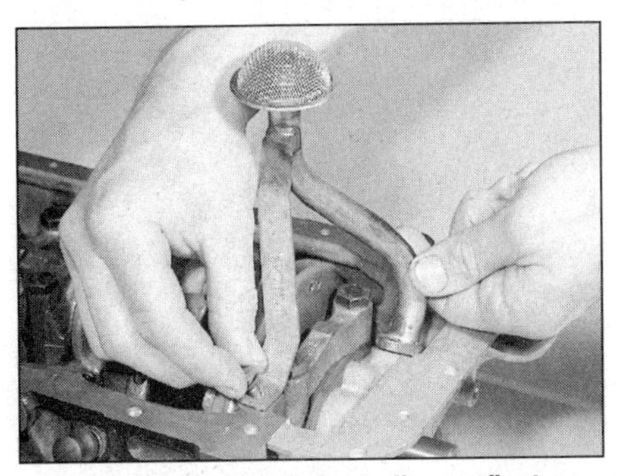
9.33 Demontering av oljesugröret

9.34a Oljepumpens monteringsbultar

9.34b Demontering av oljepumpen

9.36 Demontering av vevlageröverfallen

9.38 Ramlageröverfall nr 1

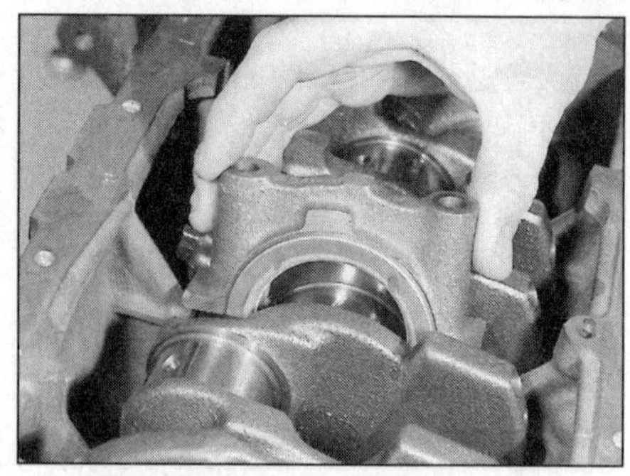
9.39 Demontering av det mittre ramlageröverfallet

9.40 Vevaxeln lyfts ur vevhuset

9.41 Demontering av ramlagerskål nr 4

Numrera dem från motorns framsida.

36 Lägg motorblocket på sidan och tag loss bultarna för vevlageröverfallen och knacka loss överfallen **(se bild).** Använd handtaget på en hammare för att knacka ut kolvarna med tillhörande vevstakar ur motorblockets övre del. Montera sedan tillfälligt tillbaka lageröverfallet på vevstaken med lagerskålarna i originallägena.

37 Upprepa proceduren på de övriga kolvarna och vevstakarna. Observera att alla bultar för vevlageröverfallen skall bytas när de har lossats. Köp en ny sats bultar för monteringen.

38 Ramlageröverfallen skall vara numrerade från motorns front. Om ingen numrering finns skall man märka dem med en körnare **(se bild).**

39 Placera blocket med ovansidan ned igen. Tag därefter loss ramlageröverfallen **(se bild).** Se till att lagerskålarna förvaras tillsammans med tillhörande överfall. Observera att bultarna för ramlageröverfallen måste bytas när de har lossats. Köp en ny sats med bultar för ihopsättningen.

40 Tag ut vevaxeln ur vevhuset och tag bort oljetätningen **(se bild).**

41 Demontera de övre ramlagerskålarna ur vevhuset och förvara dem med tillhörande ramlageröverfall **(se bild).**

10 Sump - demontering och montering med motorn i bilen

Demontering

1 Drag åt handbromsen och använd domkraft och pallbockar för att palla upp bilens främre del (se *"Lyftning och stödpunkter"*).

2 Skruva loss dräneringspluggen och töm oljan i en lämplig behållare. Torka av pluggen, skruva tillbaka den och drag åt när du är färdig.

3 Tag loss de övre muttrarna från motorinfästningarna.

4 Använd en lyft eller en motorstödstång placerad över motorrummet och lyft upp motorn ca 25 mm.

5 På modeller med automatisk växellåda, tag loss de två motorfästena.

6 Tag loss sumpens bultar och tag loss sumpen framåt över tvärbalken.

7 Tag loss skvalpplåten framåt samtidigt som du vrider den för att komma förbi oljesugröret.

8 Tag loss gummipackningen från flänsen.

9 Vid behov kan man ta loss oljenivågivaren från sumpen och ta bort packningen **(se bilder).**

Montering

10 Rengör sumpen och flänsen noggrant. Rengör anliggningsytan på vevhuset.

11 Montera en ny gummipackning på flänsen.

12 Applicera lämpligt tätmedel (Opel rekommenderar tätmedel enligt GM spec 15 03 294 (art nr 90 001 871) - kan erhållas hos Opelåterförsäljare) i packningens hörn på båda sidorna.

13 Placera flänsen på vevhuset och montera därefter sumpen. Fäst sumpen tillfälligt med två eller tre bultar.

14 Applicera låsvätska på bultarnas gängor. Montera dem och drag åt dem i diagonal ordningsföljd med specificerat åtdragningsmoment.

15 På modeller med automatväxellåda, montera motorfästena och drag åt bultarna.

16 Sänk ned motorn och drag åt motorfästenas muttrar. Tag bort lyften.

17 Sänk ned bilen.

18 Fyll motorn med specificerad mängd och typ av olja.

10.9a Oljenivågivaren med fästskruvar

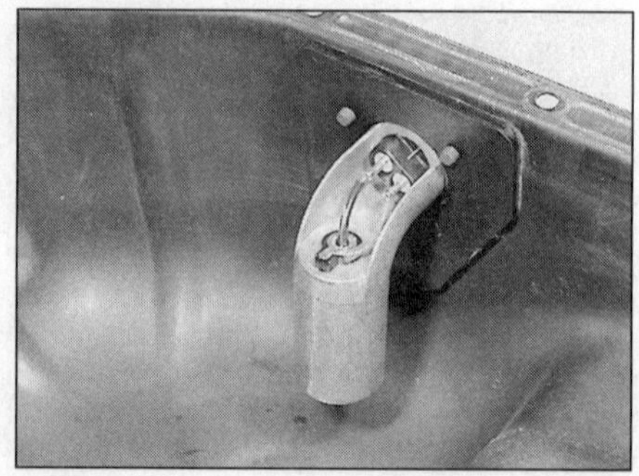
10.9b Oljenivågivaren på sumpens insida

11.5 Styrstift på motorinfästningen (vid pilen)

11 Motorinfästningar - byte

1 Drag åt handbromsen och använd domkraft och pallbockar för att palla upp bilens främre del (se *"Lyftning och stödpunkter"*).

2 Tag loss de övre muttrarna från de två motorinfästningarna.

3 Använd en lyft eller ett motorlyftok över motorrummet för att lyfta motorn ca 25 mm.

4 Tag loss de nedre muttrarna och demontera infästningarna. På modeller med automatväxellåda måste man ta loss motorfästena.

5 Montera de nya motorinfästningarna genom att följa anvisningarna för demontering i omvänd ordning. Se till att stiftet på motorinfästningarna placeras i hålen på motorfästena **(se bild).**

12 Topplock - demontering och montering med motorn i bilen

Observera: *Nya bultar för topplocket behövs vid montering*

Demontering

1 Koppla loss batteriets minuskabel.

2 Demontera insugsröret och avgasgrenröret enligt kapitel 4.

3 Demontera tändstiften, fördelarlocket och rotorn enligt kapitel 1 och 5.

4 Snäpp loss och tag bort den övre kamremskåpan.

5 Demontera fläkten med oljekoppling samt drivremmen enligt kapitel 3.

6 Tag loss kamaxelkåpan och tag bort korkpackningen. Observera placeringen av fästet för tändkablarna.

7 Drag runt motorn med en skruvnyckel på centrumbulten för vevaxelns remskiva tills markeringen på kamaxeldrevet är i linje med pilen i den övre delen av den bakre kamremskåpan. Se även till att spåret i vevaxelns remskiva är i linje med piggen på den nedre delen av den bakre kamremskåpan.

8 Tidiga modeller (före 1993): Lossa de tre bultarna som fäster vattenpumpen mot motorblocket. Vrid vattenpumphuset moturs och demontera kamremmen från kamaxeldrevet.

9 På senare modeller (fr o m 1993) med en fjäderbelastad kamremspännare, lossa spännarens fästbult något. Vrid spännaren bort från remmen och tag loss remmen från kamaxeldrevet. Demontera bulten och spännaren från motorn.

10 Alla modeller: Håll i kamaxeln med en skruvnyckel på de bakre plana ytorna. Tag loss fästbulten och demontera kamaxeldrevet. Tag loss den bakre kamremkåpan från topplocket.

11 Lossa slangklämmorna och koppla loss vevhusventilationens slang från kamaxelhus.

12 Lossa varje topplocksbult ett kvarts varv. Arbeta i en spiralformad följd från de yttre till de inre bultarna. Lossa bultarna ytterligare ett kvarts varv i samma ordningsföljd, varefter de demonteras helt. Observera att alla topplocksbultar måste bytas när de har lossats. Köp en ny sats med bultar för ihopsättningen.

13 Demontera kamaxelhuset och kamaxeln.

14 Lyft av topplocket från motorblocket. Det kan vara nödvändigt att försiktigt använda en trä- eller läderhammare för att lossa topplocket. Försök inte att pressa in ett verktyg mellan anliggningsytorna.

15 Tag bort packningen från motorblocket och rengör anliggningsytorna ordentligt.

Montering

16 Kontrollera att kolv nr 1 och 4 är i den övre dödpunkten samt att spåret i kamaxelns remskiva är i linje med piggen.

17 Kontrollera att de två styrstiften är monterade i blocket. Placera den nya topplockspackningen på motorblocket med "TOP" markeringen överst och längst fram.

18 Placera topplocket på motorblocket så att styrstiften möter tillhörande hål. Kontrollera att de hydrauliska ventillyftarna, tryckbrickorna och vipparmarna är korrekt placerade.

19 Applicera en jämn sträng tätningsmedel på topplockets övre monteringsyta och använd en mjuk pensel för att fördela det jämnt.

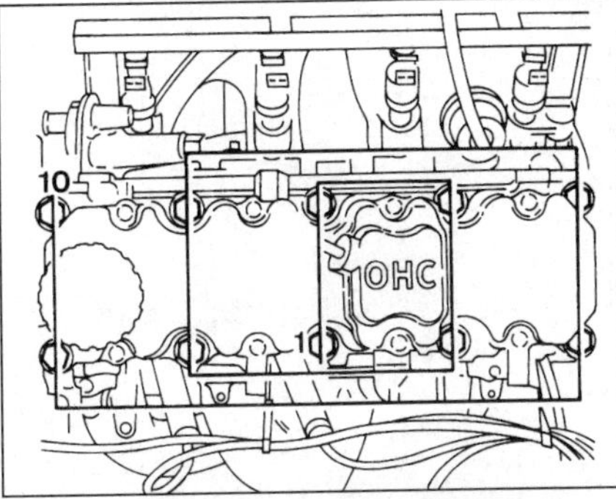

12.21 Åtdragningsföljd för topplocksbultarna. Börja vid 1 och arbeta utåt i en spiralformad följd

20 Kontrollera att styrstiftet på kamaxelns framsida är överst och placera därefter kamaxelhuset på topplocket.

21 Montera nya topplocksbultar och drag åt dem enligt nedanstående bild och med specificerat åtdragningsmoment **(se bild).** Observera att bultarna måste dras åt med ett inledande åtdragningsmoment och därefter vinkeldras i flera steg.

22 Montera vevhusventilationens slang och drag åt slangklämmorna.

23 Montera och drag åt monteringsbultarna för den bakre kamremskåpan. Montera kamaxeldrevet och drag åt bulten.

24 Kontrollera att tändlägesmarkeringarna på vevaxelns remskiva och kamaxeldrevet är i korrekt läge. Montera kamremmen utan att rubba dreven. Spänn remmen enligt följande.

Tidigare modeller (före 1993)

25 Spänn remmen en aning genom att vrida vattenpumpen medurs.

26 Om mätverktyget för remspänning (KM-510-A) är tillgängligt kan man vrida vattenpumpen medurs tills remmen är tämligen spänd. Drag åt bultarna. Drag runt vevaxeln ett halvt varv för att spänna remmen mellan vevaxeldrevet och kamaxeldrevet. Montera mätverktyget mellan kamaxeldrevet och vattenpumpens drev. Kontrollera att mätvärdena stämmer överens med specifikationerna **(se bild).** För att justera kan man vrida vattenpumpen medurs för att öka eller moturs för att minska spänningen. Drag runt vevaxeln ett helt varv och upprepa testen.

27 Om mätverktyget inte finns tillgängligt kan man göra en ungefärlig inställning genom att kontrollera om man kan vrida remmen 90° med tummen och pekfingret. **Observera:** *Om denna metod används bör man kontrollera remspänningen så snart som möjligt hos en Opelverkstad.*

28 När remmen är korrekt spänd kan man dra åt vattenpumpens bultar med specificerat åtdragningsmoment. Kontrollera tändlägesmarkeringarnas placering.

Senare modeller (fr o m 1993) med fjäderbelastad remspännare

29 Lossa den automatiska remspännarens fästbult och vrid spännarens spännarm moturs tills spännarens visare är i ändläget.

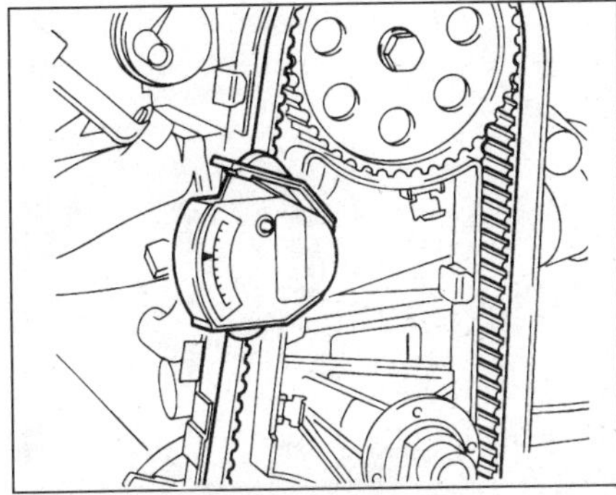

12.26 Kontroll av kamremmens spänning med ett mätverktyg - tidiga modeller (före 1993)

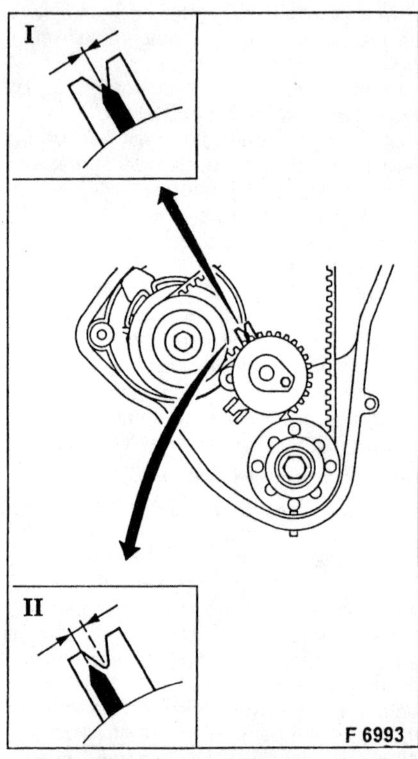

12.31 På senare modeller (fr o m 1993) med en fjäderbelastad kamremsspännare skall spännarens visare vara i ovanstående läge

I Ny kamrem - justera tills visaren är i mitten av spåret i spännarens fäste

II Begagnad kamrem - justera tills visaren är ca 4 mm till vänster om mitten av spåret i spännarens fäste

Drag åt spännarens fästbult för att låsa den i detta läge.

30 Vrid vevaxeln två varv medurs och kontrollera att tändlägesmarkeringarna på vevaxelns remskiva och kamaxeldrevet är korrekt placerade.

31 Lossa den automatiska remspännarens fästbult och vrid spännarmen medurs. Om en ny rem monteras skall spännarens visare justeras i linje med urtaget i spännarens fäste. Om en begagnad rem monteras skall visaren justeras ca 4 mm till vänster om urtaget **(se bild)**. Håll spännarmen i korrekt läge och drag åt fästbulten ordentligt. Vrid vevaxeln ett helt varv i normal rotationsriktning. Kontrollera att vevaxelns och kamaxelns tändlägesmarkeringar fortfarande är i korrekt läge.

Alla modeller

32 Motera kamaxelkåpan med en ny packning. Montera fästbultarna och brickorna och drag åt dem ordentligt. Observera att modifierade brickor skall användas för att förebygga problem med oljeläckage från kamaxelkåpans fästbultar. Dessa kan erhållas på Opelverkstäder.

33 Montera fläkten med oljekoppling och tillhörande drivrem enligt kapitel 3.

34 Montera den övre kamremskåpan.

35 Montera tändstiften, fördelarlocket och rotorn enligt kapitel 1 och 5.

36 Montera insugsröret och grenröret enligt kapitel 4.

37 Anslut batteriets minusledare.

38 Starta motorn och låt den komma upp i normal arbetstemperatur.

13 Kamrem - demontering och montering med motorn i bilen

Demontering

1 Koppla loss batteriets minuskabel.

2 Demontera tändstiften (kapitel 1).

3 Demontera fläkten med oljekoppling, drivremmen och fläktkåpan. I förekommande fall skall även drivremmarna för styrservopumpen och luftkonditioneringens kompressor demonteras.

4 Töm kylsystemet (kapitel 1).

5 Snäpp loss och tag bort kamremskåporna.

6 Drag runt motorn med en skruvnyckel på centrumbulten för vevaxelns remskiva tills markeringen på kamremsdrevet är i linje med pilen i den övre delen av den bakre kamremskåpan. Se även till att spåret i vevaxelns remskiva är i linje med piggen på den nedre delen av den bakre kamremskåpan.

7 Tag loss vevaxelns remskiva från vevaxeldrevet.

8 På tidiga modeller (före 1993), lossa de tre bultarna som fäster vattenpumpen mot motorblocket. Vrid vattenpumphuset moturs och tag loss kamremmen från dreven.

9 Senare modeller (fr o m 1993) med en fjäderbelastad kamremspännare: Lossa spännarens fästbult något. Vrid spännaren bort från remmen och tag loss remmen från dreven.

Montering

10 Placera den nya kamremmen tillfälligt på dreven.

11 Montera vevaxelns remskiva på vevaxeldrevet och drag åt fästbultarna.

12 Tag bort kamremmen och justera tändlägesmarkeringarna på kamaxeldrevet och vevaxelns remskiva mot piggarna på den bakre kamremskåpan. Montera kamremmen utan att rubba dreven.

13 På tidiga modeller (före 1993), spänn kamremmen enligt avsnitt 12, paragraf 25 till 28.

14 Senare modeller (fr o m 1993) med en fjäderbelastad remspännare: Spänn remmen enligt avsnitt 12, paragraf 29 till 31.

15 Montera kamremskåporna.

16 Montera och spänn drivremmen/remmarna.

17 Montera fläkten och fläktkåpan.

18 Montera tändstiften (kapitel 1).

19 Fyll kylsystemet (kaitel 1).

20 Anslut batteriets minuskabel.

14 Motorns komponenter - kontroll och renovering

Oljepump

1 Demontera krysskruvarna med hjälp av en slagskruvmejsel och demontera den bakre kåpan **(se bilder)**.

2 Använd en linjal och bladmått för att kontrollera axialspelet för de två kuggdreven. Kontrollera därefter kuggdrevens kuggspel **(se bilder)**.

3 Om något av dessa mått är utanför de specificerade toleranserna bör man byta oljepumpen trots att det finns separata reservdelar tillgängliga.

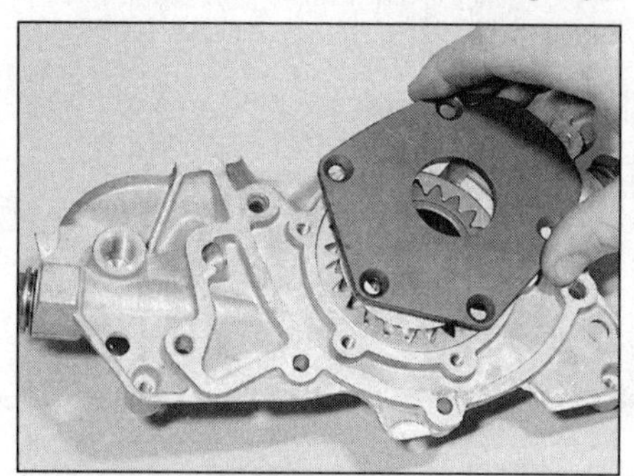

14.1a Demontering av oljepumpens bakre kåpa

14.1b Oljepumpens kuggdrev

14.2a Kontroll av det yttre drevets axialspel . . .

14.2b . . . och av det inre drevets axialspel

14.2c Kontroll av oljepumpens kuggspel

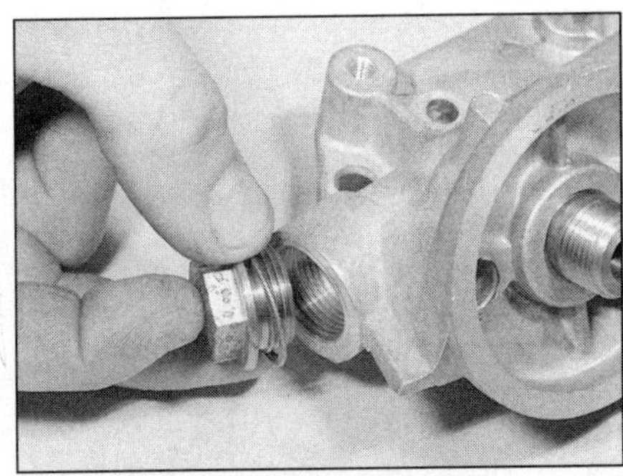
14.4a Skruva loss pluggen . . .

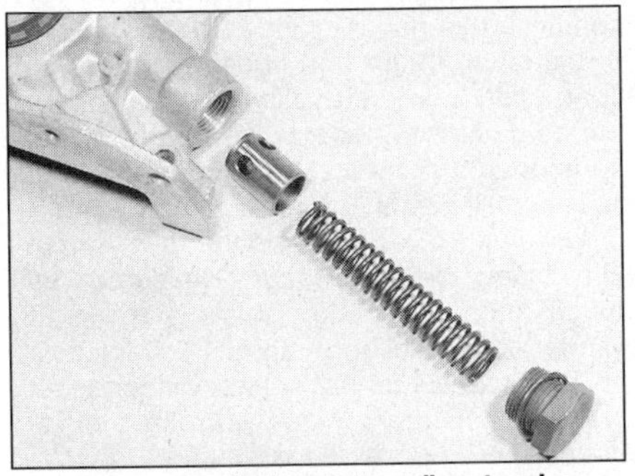
14.4b . . . och demontera övertrycksventilens fjäder och kolv

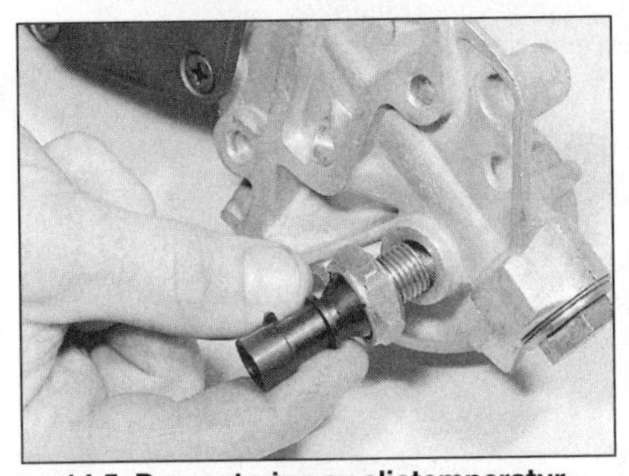
14.5 Demontering av oljetemperaturgivaren

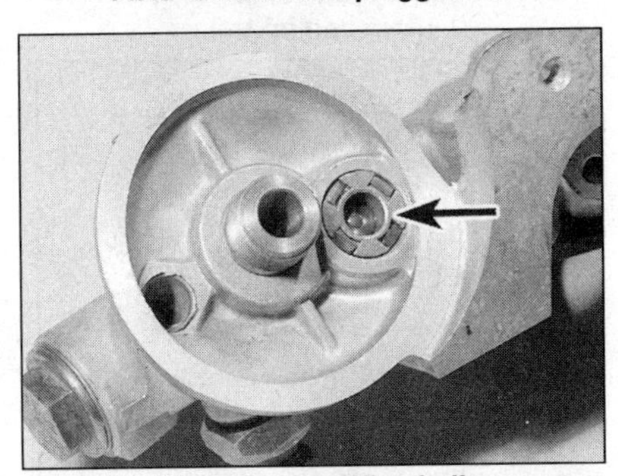
14.6 Förbikopplingsventilen i oljepumpen (vid pilen)

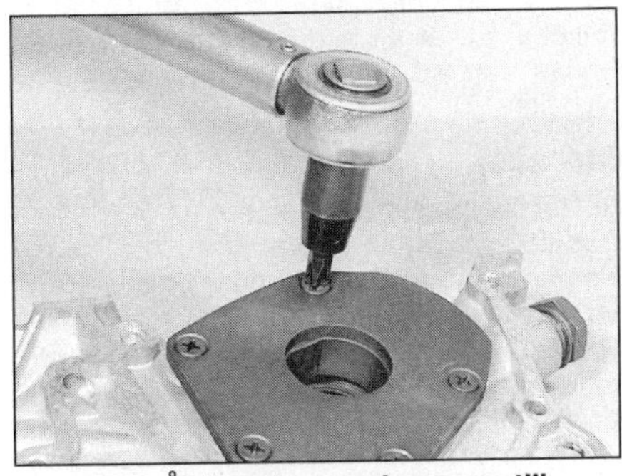
14.7 Åtdragning av skruvarna till oljepumpens bakre kåpa

14.9 Kontroll av vevaxelns skevhet

4 Skruva loss pluggen och demontera ventilfjädern och kolven **(se bilder).** Undersök dem beträffande slitage och skador.

5 Skruva loss oljetemperaturgivaren vid behov **(se bild).**

6 Kontrollera att förbikopplingsventilens kula sitter korrekt **(se bild).** Drag vid behov ut den gamla ventilen och pressa in en ny.

7 Rengör alla komponenter ordentligt och montera dem i omvänd ordning. Använd en ny tätningsbricka för pluggen **(se bild).**

Vevaxel

8 Undersök vevlagertappar och ramlagertapparna beträffande skåror och repor. Kontrollera även lagertapparna beträffande ovalitet och konicitet. Om lagertapparnas mått inte ligger inom toleranserna som anges i specifikationerna i inledningen av kapitlet måste man slipa om vevlagertapparna och/eller ramlagertapparna.

9 Kontrollera vevaxeln beträffande skevhet genom att montera den i vevhuset endast på den främre och den bakre ramlagerskålen. Använd en mätklocka på den mittre ramlagertappen och rotera vevaxeln **(se bild).**

10 Vevlagertappens och vevstakstappens slitage yttrar sig dels genom ett distinkt metalliskt knackande som märks i synnerhet när motorn accelererar från låga varvtal samt även genom en viss förlust av oljetryck. Slitage av ramlager- och vevlagertappar yttrar sig dels genom extrema motorvibrationer som blir värre med ökande motorvarvtal samt återigen genom viss förlust av oljetryck.

11 Om vevaxeln måste slipas om skall man ta den till en specialist på motorrenoveringar som kan bearbeta den. Denne kan även tillhandahålla lagerskålar med korrekt underdimension.

12 På vissa motorer är vevaxelns lagertappar tillverkade med underdimension för att tillåta större tillverkningstoleranser.

Vevlagrens och ramlagrens lagerskålar

13 Inspektera vevstakslagrens och ramlagrens lagerskålar beträffande slitage, skåror, gropar och repor. Lagerytorna skall vara gråa och matta i ytstrukturen. Lager tillverkade av bly-indium med spår av kopparfärg indikerar att lagerytorna är mycket slitna, eftersom blyet i lagermaterialet är så nedslitet att indiumlagret syns. Byt lagerskålarna om det är i detta skick eller om det finns skåror eller gropar. Det rekommenderas att man byter lagerskålarna oberoende av deras skick vid större reparationer. Montering av begagnade lagerskålar är att spara på fel sätt **(se bilder).**

14 De tillgängliga underdimensionerna skall motsvara omslipade vevaxlar. Lagerskålarna är i själva verket lite större än den angivna underdimensionen eftersom man har tagit hänsyn till lagerspel vid tillverkningen.

Cylinderlopp

15 Cylinderloppen måste undersökas beträffande konicitet, ovalitet, skåror och repor. Börja med att noggrant undersöka cylinderloppens övre del. Ett tecken på slitage är om det finns en mycket liten kant på trycksidan. Detta markerar kolvens övre vändpunkt. Ägaren kan även få en indikering om cylinderloppens slitage innan motorn tas isär eller topplocket demonteras. Mycket stor oljeförbrukning och blå rök ur avgasröret kan vara orsakat av slitna cylinderlopp och kolvringar.

16 Mät cylinderloppens diameter vid motorblockets yta och precis under kanten. Detta kan utföras med en intern mikrometer eller en mätklocka. Jämför detta värde med

14.13a Märkning av ramlagerskålarna (utom den mittre)

14.13b Märkning av den mittre ramlagerskålen

14.13c Märkning av vevlagerskålarna

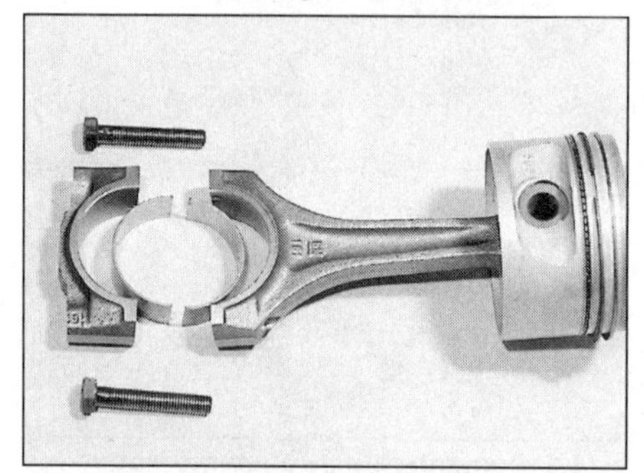

14.13d Kolv, vevstake och vevlagrets komponenter

måttet i cylinderloppets nedre del, som inte är utsatt för slitage. Om man inte har några mätverktyg kan man använda en cylinder utan kolvringar och mäta gapet mellan cylinderväggen och cylindern med ett bladmått.

17 Se specifikationerna. Om cylinderloppet är större än de tillåtna toleranserna måste cylinderloppen borras om.

18 Om cylindrarna redan har borrats upp till maxdimension kan man i vissa fall montera cylinderfoder. Denna situation uppkommer mycket sällan.

Vevstakar

19 Undersök kontaktytorna på vevlageröverfallen för att se om de har filats ner i ett misslyckat försök att kompensera slitage. I sådana fall måste den aktuella vevstaken bytas.

20 Kontrollera vevstakarna visuellt. Om det är något fel på dem kan de tas till en Opelverkstad där de kan kontrolleras mot en speciell jigg.

Kolvar och kolvringar

21 Om kolvarna och/eller kolvringarna skall användas på nytt skall man demontera ringarna från kolvarna. Tre foliebitar eller tre bladmått behövs. Öppna den övre ringen tillräckligt för att placera dem under ringen. Ringen kan därefter dras av kolven uppåt utan att kolven skadas.

22 Upprepa denna procedur för den andra och den tredje ringen.

23 Märk ringarna eller förvara dem i ordning så att de kan monteras i originalläget.

24 Undersök kolvarna för att säkerställa att de kan återanvändas. Kontrollera kolvarna beträffande sprickor, skador i kolvringspåren och mellanrummen mellan dessa samt beträffande skåror eller resningar i kolvväggarna.

25 Rengör kolvringarnas spår med en bit av en gammal kolvring som har slipats ner till lämplig bredd. Skrapa ut avlagringarna ur spåren, men se till att inte avlägsna metall eller skada mellanrummen mellan spåren. Skydda fingrarna - kolvringar är vassa.

26 Kontrollera ringarna i respektive cylinderlopp. Pressa ned ringen till cylinderloppets nedre icke slitna del (använd en kolv för detta ändamål, tryck ned ringen rakt i cylinderloppet). Mät ringens ändgap och kontrollera att det ligger inom den tillåtna toleransen (se specifikationerna) **(se bild)**. Kontrollera även ringarnas sidospel i kolvringspåret. Om dessa värden är större än de specificerade toleranserna måste ringarna bytas. Om kolvringspåren i kolvarna är slitna kan det vara nödvändigt att byta kolvarna.

27 Man kan införskaffa specialtillverkade kolvringar vars tillverkare hävdar att de kan minska oljeförbrukningen som beror på slitna cylinderlopp utan att man behöver hona cylinderloppen. Beroende på slitagenivån kan förbättringen med dessa kolvringar vara kortlivad.

14.26 Kontroll av en kolvrings ändgap

28 Om nya ringar (eller en ny kolv med ringar) skall monteras i ett cylinderlopp måste den övre ringen vara försedd med en avsats för att inte stöta i förslitningskanten i cylinderloppets övre del. Annars måste kanten i cylinderloppet avlägsnas. När man monterar ringarna skall man observera att den andra kompressionsringen har en konisk profil. Den måste monteras med "TOP" markeringen upåt.

29 Kontrollera spelet och ändgapet för eventuella nya ringar enligt paragraf 26. Om en ring sitter lite för hårt i spåret kan ringen slipas ner med ett slipmedel eller en smärgelduk som placeras på en glasskiva. Om ändgapet är för litet kan ringen försiktigt slipas ner tills gapet är tillräckligt stort.

30 Om nya kolvar skall monteras kan man välja bland de tillgängliga klasserna (se specifikationerna) när man har mätt cylinderloppen enligt paragraf 16. Vanligtvis kan verkstaden som har honat cylinderloppet leverera cylindrar med korrekta överdimensioner.

31 Demontering och montering av kolvarna på vevstakarna är ett jobb för en Opelverkstad eller en specialverkstad. En press och möjlighet att exakt kunna värma vevstaken behövs för att demontera och montera kolvbulten.

Kamaxel

32 När kamaxeln är demonterad kan man undersöka lagerytorna beträffande slitage. Om den är sliten behöver man troligtvis ett nytt kamaxelhus.

33 Kamaxeln får inte vara repad på lagerytorna eller kamlobernas ytor. Om så är fallet bör den bytas.

34 Tryckplattan får inte vara sliten och skall vara utan repor. Kontrollera alltid kamaxelns axialspel och montera en ny platta vid behov.

Kamrem

35 Undersök kamremmen noggrant beträffande sprickor, fransning eller deformering. Byt remmen vid behov. Remmen skall alltid bytas i de intervall som anges i "*Rutinunderhåll* längre fram i denna handbok.

36 När kamremmen återanvänds skall man alltid anteckna dess rotationsriktning för att undvika buller vid felaktig montering.

Hydrauliska ventillyftare, vipparmar och tryckbrickor

37 Om en hydraulisk ventillyftare är sliten kan detta endast åtgärdas genom att man byter hela komponenten, eftersom den inte kan tas isär.

38 Undersök vipparmarna och tryckbrickorna beträffande slitage eller repor, byt vid behov.

Svänghjul/drivplatta

39 Om kuggarna på startkransen är mycket slitna kan man byta enbart startkransen på svänghjulet.

40 Man kan spräcka ringen med en huggmejsel efter det att man har gjort ett spår mellan två kuggar med en bågfil. Man kan även använda en mjuk hammare (ej stål) för att knacka av ringen. Slå med jämnt fördelade slag över hela ringen. Se till att inte skada svänghjulet vid denna procedur och skydda ögonen från flygande metallflisor.

41 Rengör och polera fyra jämnt fördelade ytor på den nya startkransens yttre yta.

42 Värm ringen jämnt med en låga tills de polerade ytorna är mörkblå. Alternativt kan man värma ringen i ett oljebad till en temperatur på 200°C. (Om en öppen låga används skall man vidta nödvändiga brandförebyggande åtgärder.) Låt ringens temperatur vara konstant vid detta värde i fem minuter. Montera den därefter snabbt på svänghjulet. Se till att kuggarnas fasade yta vänds mot den sidan av svänghjulet som skall vara vänd mot växellådan. Torka av alla olja från ringen innan den monteras.

43 Ringen skall knackas på plats varefter den får svalna av sig själv. Ringens termiska sammandragning resulterar i att den sitter ordentligt. Man skall se till att inte ringen överhettas. Detta inträffar när färgen övergår till ljusblått. Om detta sker förstörs ringens härdning.

44 Om kopplingens kontaktyta på svänghjulet är repad eller om den vid närmare undersökning visar sig ha små sprickor som orsakats av överhettning bör man kunna slipa ner svänghjulets anliggningsyta. Detta under förutsättning att svänghjulets tjocklek inte minskar för mycket. Kontakta en professionell motorrenoveringsfirma. Om det inte går att slipa ner svänghjulet måste man införskaffa ett nytt.

45 Demontera nållagret i vevaxelflänsens mitt om det är slitet. Fyll det med fett och knacka dit en passande stång. En hydraulpress kan sedan användas för att pressa ut lagret. Montera det nya lagret och applicera lite fett **(se bild).**

14.45 Nållager i vevhusets bakre del

Motorblock

46 Kontrollera att alla interna olje- och vattenkanaler är fria från avlagringar och smuts.

47 Om en frostplugg **(se bild)** läcker kan den tas ur genom att man slår in en skruvmejsel i den och bänder ut den ur motorblocket. Rengör monteringshålet. Använd en stor dorn eller två hammare för att montera den nya pluggen. Man behöver i allmänhet inte använd tätmedel.

14.47 Frostpluggar i motorblocket

48 Ramlagerbultarna och topplockets bultar skall rutinmässigt bytas.

15 Topplock - översyn

1 Rengör topplockets utsida.

2 Demontera ventilerna genom att trycka ihop ventilfjädrarna med en lämplig ventilfjäderkompressor varefter ventilknastren kan demonteras. Släpp upp kompressorn och tag bort ventilfjädertallrikarna och fjädern. Demontera sedan insugsventilens fjädersäte **(se bilder).**

3 Tag ur ventilerna och identifiera dem så att de kan monteras tillbaka i originalläget **(se bild).**

4 Bänd ut ventilskaftets oljetätning ur ventil-

2A

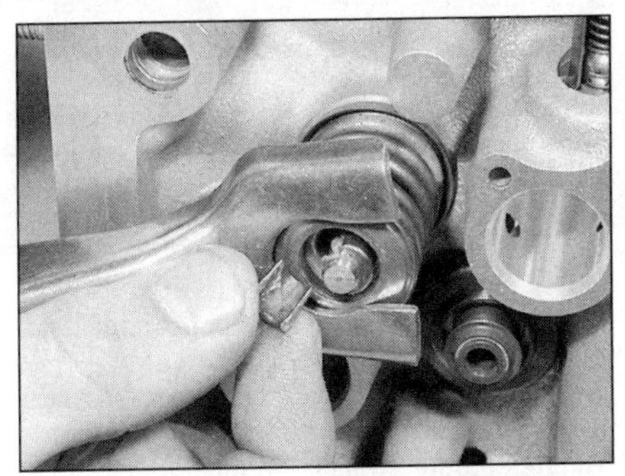

15.2a Tryck ihop ventilfjädern, demontera knastret

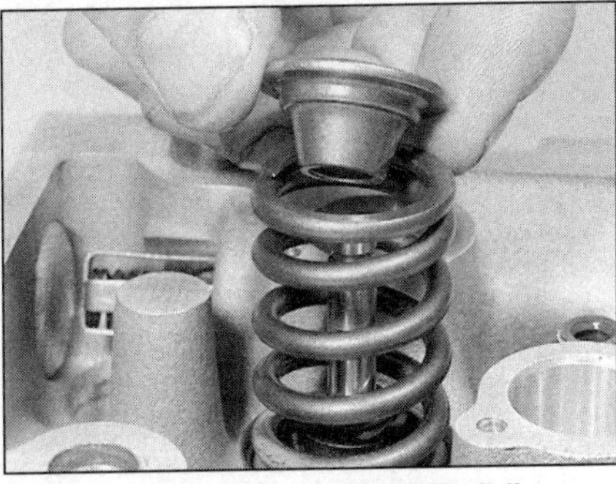

15.2b Demontering av ventiltallrik . . .

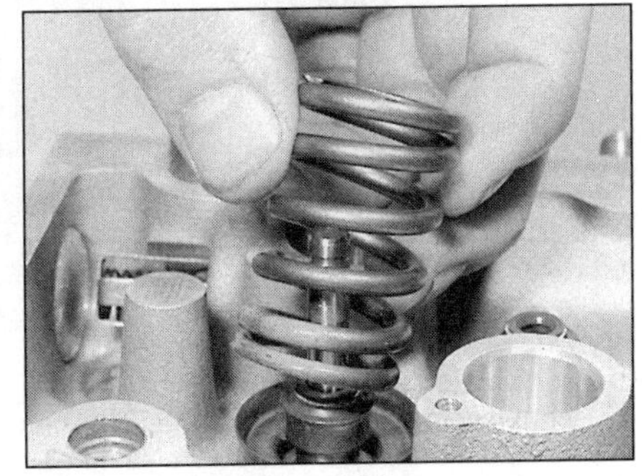

15.2c . . . fjäder . . .

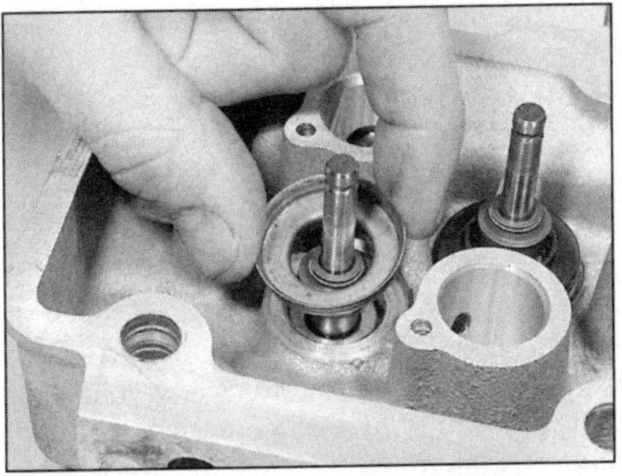

15.2d . . . insugsventilens ventilsäte . . .

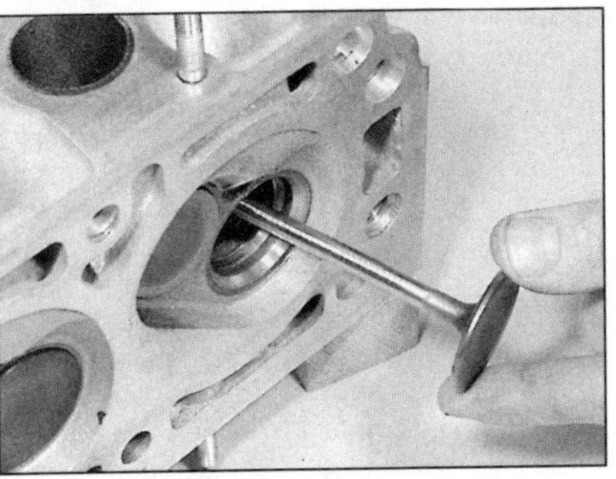

15.3 . . . och ventil

15.4a Oljetätningen för insugsventilens ventilskaft demonteras

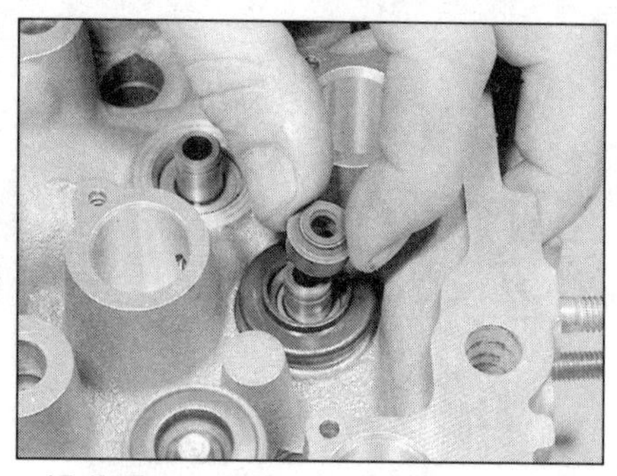
15.4b Demontering av oljetätningen för insugsventilens ventilskaft . . .

15.4c . . . och ventilens rotationsbricka

15.5 Kolvtopp

15.8 Slipning av ventiler

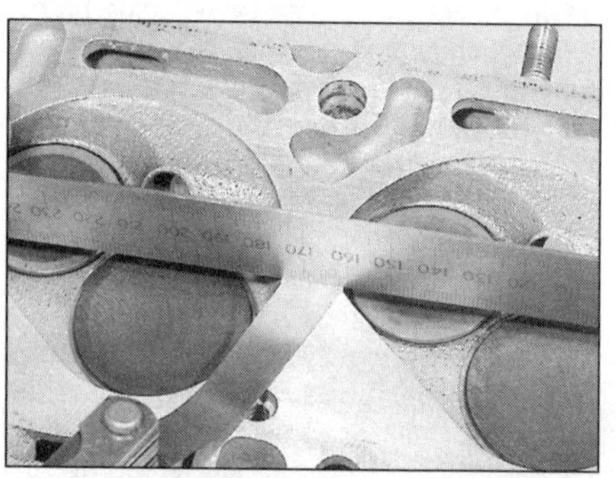
15.10 Kontroll av topplockets skevhet

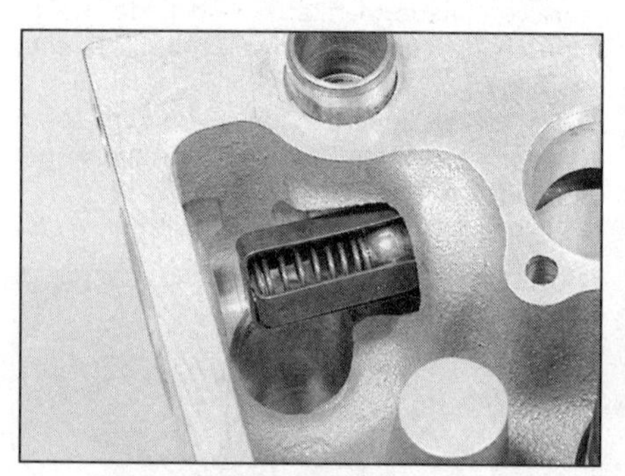
15.11 Oljetrycksventil i topplocket

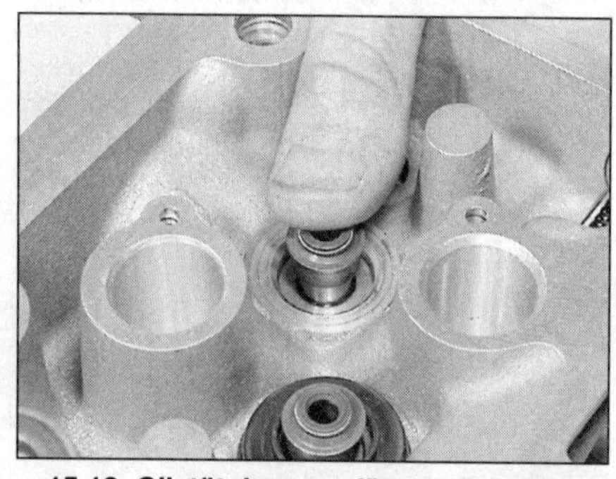
15.13 Oljetätningarna för ventilskaften trycks på plats

styrningen. Demontera avgasventilernas rotationsbrickor **(se bilder).**

5 Rengör ventilerna, förbränningskamrarna och öppningarna från sot och avlagringar. Kolvtopparna kan också rengöras nu, men se till att inte sot och smuts hamnar mellan kolvarna och cylinderloppen **(se bild).** Förhindra detta genom att rengöra två kolvar i taget när de är i den övre dödpunkten. Applicera lite fett mellan kolvarna och cylinderloppen. Täpp igen de övriga cylindrarna och oljekanalerna med papper. Pressa ned kolvarna i cylinderloppen efter rengöringen och torka bort fettet som innehåller sotresterna.

6 Undersök ventilhuvudena och ventilsätena beträffande gropar och brända ytor. Om groparna på ventilen och i ventilytan endast är ytliga kan de avlägsnas genom slipning. Först används grövre, därefter finare ventilslipningspasta. Om groparna är djupa måste ventilerna slipas ner med en ventilslipningsmaskin och sätena måste fräsas om med en ventilsätesfräs. Dessa två arbeten kan endast utföras av en Opelverkstad eller en motorrenoveringsfirma.

7 Kontrollera ventilstyrningarna beträffande slitage genom att montera ventilen i styrningen och röra den i sidled. Om spelet är större än det specificerade värdet skall ventilstyrningarna bytas av en Opelverkstad.

8 När man slipar ventiler som har ytliga gropar med ventilslippasta skall man göra på följande sätt. Applicera lite grov ventilslippasta på ventilhuvudet och sätt fast ventilen på ett ventilslipningsverktyg med en sugkopp. Slipa ventilen på sätet med en roterande rörelse. Lyft upp ventilen och vrid den med jämna mellanrum **(se bild).** En mjuk fjäder under ventilhuvudet underlättar detta arbete.

När ventilen och ventilsätet har fått en matt, jämn ytfinish skall man avlägsna den grova pastan. Upprepa proceduren med en fin pasta tills ventilen och ventilsätet har en grå ring som är ljusgrå i ytfinishen. Avlägsna noggrant alla rester av slippasta.

9 Kontrollera ventilfjädrarna beträffande skador och jämför längden helst med en ny fjäder. Byt dem vid behov.

10 Använd en linjal och ett bladmått för att kontrollera om topplocket är skevt **(se bild).** Om skevheten är större än maxvärdet i specifikationerna kan man eventuellt fräsa topplocket plant. Kontakta en Opelverkstad vid behov.

11 En oljetrycksventil i topplocket stabiliserar oljetrycket som appliceras på ventillyftarna **(se bild).** För att byta oljetrycksventilen måste man ta bort pluggen i topplocket. Den gamla ventilen måste krossas varefter resterna kan tas ur hålet. För att demontera ventilsätet skall därefter en M10 gänga skäras i sätet. En ny ventil och en ny plugg kan därefter pressas in. Se till att ingen smuts eller andra partiklar (som järnfilspån) tränger in i oljekanalerna. Det är säkrast att låta en Opelverkstad byta ventilen.

12 Börja ihopsättningen med att placera avgasventilernas rotationsbrickor på respektive ventilstyrningar.

13 Pressa in ventilskaftens oljetätningar i styrningarna **(se bild).**

14 Smörj ventilskaften med motorolja före montering och tryck in dem i ventilstyrningarna. Montera ventilfjädersätet på insugsventilerna.

15 Montera fjädern och fjädertallriken. Använd ventilfjäderkompressorn för att trycka ihop fjädern tills ventilknastret kan monteras på spåren i ventilskaftet. Släpp upp kompressorn sakta och kontrollera att knastret sitter korrekt.

16 När ventilerna har monterats skall man försiktigt knacka på fjädrarnas övre del för att kontrollera att ventilknastren sitter ordentligt.

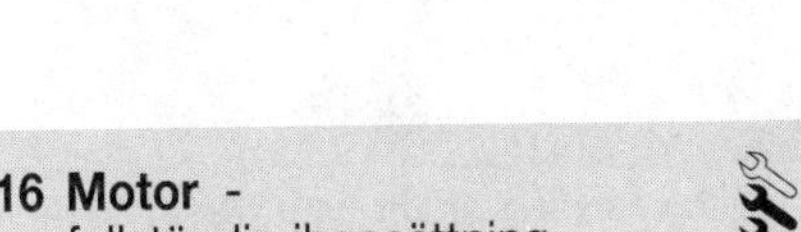

16 Motor - fullständig ihopsättning

Observera: *Nya bultar för vevlageröverfallen, ramlagren, svänghjulet/drivplattan, vevaxeldrevet och topplocket skall användas.*

1 Placera topplocket med ovansidan ned på arbetsbänken och torka ren sätena för ramlagerskålarna.

2 Tryck ned ramlagerskålarna i vevhuset. Se till att flikarna passas in i spåren. Observera att det mittre lagret har tryckflänsar.

3 Smörj skålarna med ren motorolja **(se bild).**

4 Sänk ned vevaxeln försiktigt i vevhuset. Vrid den några varv och kontrollera att den är korrekt monterad genom att försiktigt knacka på vevtappstyckena med en mjuk hammare **(se bild).**

5 Kontrollera att vevaxelns axialspel är inom gränserna som anges i specifikationerna. Använd antingen ett bladmått mellan det mittre ramlgrets flänsar och vevaxelns tryckyta eller en mätklocka på vevaxelns bakre fläns **(se bilder).**

6 Rengör ramlageröverfallens lagerskålar och lageröverfallen och tryck dem på plats. Smörj lagerskålarna med ren olja **(se bild).**

7 Applicera tätmedel på anliggningsytan på det bakre ramlageröverfallet (Opel rekommenderar tätmedel GM spec 15 04 200 (art nr 8 983 368) - kan erhållas hos Opelåterförsäljare). Fyll sidospåren på lageröverfallet med RTV tätningsmedel (Opel rekommenderar tätmedel GM spec 15 04 294 (art nr 90 001 851) **(se bilder).**

8 Montera det bakre ramlageröverfallet och skruva sedan i de nya bultarna för överfallet och drag åt dem med specificerat åtdragningsmoment **(se bild).** Vid behov kan man samtidigt montera den bakre oljetätningen.

9 Tryck in mera tätmedel i sidospåren tills det är säkert att de är fyllda **(se bild).**

10 Montera de övriga ramlageröverfallen, skruva i de nya bultarna för ramlagren och

16.3 Smörjning av de övre ramlagerskålarna

16.4 Knacka försiktigt på vevaxeln för att säkerställa att den är ordentligt monterad

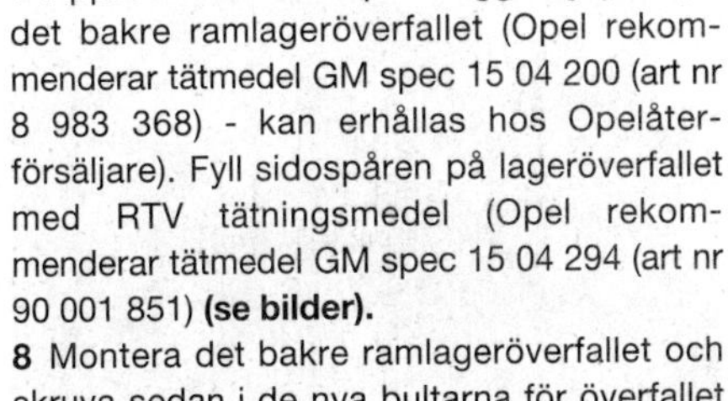

16.5a Vevaxelns axialspel kontrolleras med ett bladmått . . .

16.5b . . . och en mätklocka

16.6 Smörj ramlageröverfallens lagerskålar

16.7a Applicera tätmedel på det bakre ramlageröverfallets anliggningsytor

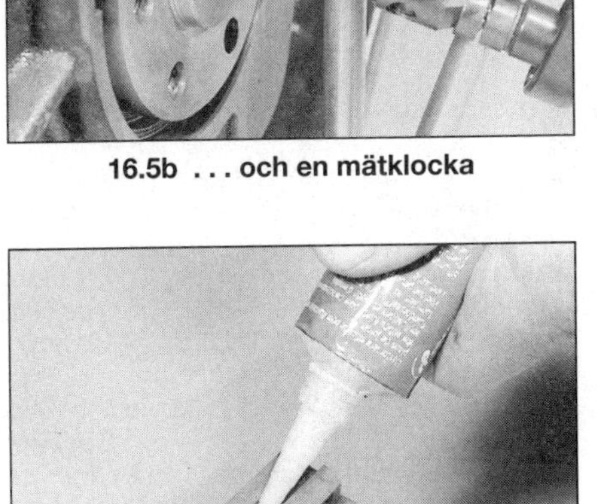

16.7b Spåren i det bakre ramlageröverfallet fylls med tätmedel av typ RTV

16.8 Montering av det bakre ramlageröverfallet

16.9 Se till att spåren är fyllda med tätmedel

2A

16.10a Momentdra ramlageröverfallens bultar

16.10b Vinkeldra ramlageröverfallens bultar

16.12a Använd en bit tunn plast (vid pilen) som styrhylsa vid monteringen av vevaxelns bakre oljetätning

16.12b Använd en del av en avdragare och den gamla oljetätningen för att montera den nya oljetätningen

16.17a Pilen på kolvtopparna skall riktas mot motorns främre del

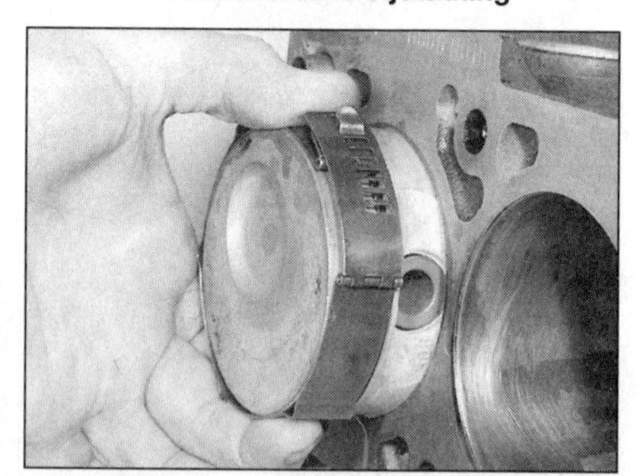

16.17b För in kolven (med kolvringkompressorn) i cylindern

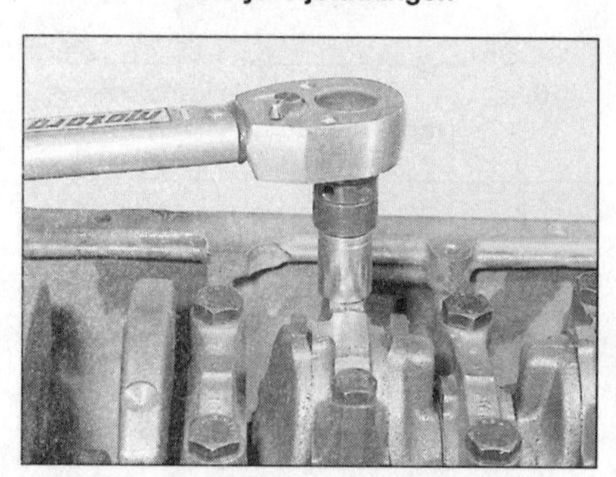

16.19a Momentdra vevlageröverfallens bultar

16.19b Vinkeldra vevlageröverfallen

16.23 Oljepumpens packning på motorblockets främre del

drag åt dem med specificerat åtdragningsmoment. Se till att det främre överfallet är exakt i linje med vevhusets ändyta. Observera att bultarna först måste dras till ett visst moment, varefter de skall vinkeldras **(se bilder)**.

11 Dra runt vevaxeln och kontrollera att den kan rotera fritt utan att kärva.

12 Smörj tätningsläpparna på vevaxelns nya bakre oljetätning med fett. Klipp till en bit tunn plast, placera den på vevaxelns bakre fläns och använd den som en styrhylsa för oljetätningen. Placera oljetätningen på styrhylsan och pressa in den i det bakre ramlagret tills den är i linje med ändytan. En del av en avdragare kan användas för att pressa in oljetätningen med hjälp av två svänghjulsbultar samt den gamla oljetätningen för att erhålla ett jämnt tryck **(se bilder)**. Tag bort avdragaren och plasten.

13 Placera motorblocket på sidan och smörj cylinderloppen och vevaxelns axeltappar rikligt med olja.

14 Placera kolvringarna så att ändgapen är vridna 180° i förhållande till varandra. Gapen i oljeskrapringens övre och nedre del skall vridas mellan 25 och 50 mm till vänster och till höger om ändgapet i den mittre sektionen.

15 Rengör vevlagerskålarna, vevlageröverfallen och vevstakarna. Pressa sedan lagerskålarna på plats.

16 Drag runt vevaxeln så att tappen för cylinder nr 1 är i den nedre dödpunkten.

17 Montera en kolvringskompressor på kolv nr 1. För in kolven i cylinder nr 1 så att pilen på kolvtoppen pekar mot motorns framsida **(se bilder)**. Kragarna på kolvens undersida, vevstaken och vevlageröverfallet skall riktas mot motorns bakre del.

18 Använd ett hammarskaft för att knacka ur kolven ur kolvringskompressorn samtidigt som vevstaken förs på vevlagertappen.

19 Montera vevlageröverfallet, se till att det är rättvänt. Montera de nya bultarna för vevlageröverfallen. Drag åt bultarna till åtdragningsmoment enligt steg 1. Vinkeldra därefter med föreskriven vinkel (se specifikationerna i början av detta kapitel) **(se bilder)**.

20 Kontrollera att vevaxeln kan rotera fritt. Tänk på att kolvringarna utövar en viss friktion.

21 Upprepa procedurerna i paragraf 16 till 20 för övriga kolvar.

22 Vänd motorblocket med ovansidan ned på arbetsbänken.

23 Placera en ny packning för oljepumpen på motorblocket. Fäst packningen med lite fett **(se bild)**.

24 Pressa vid behov ut den gamla oljetätningen för oljepumpen.

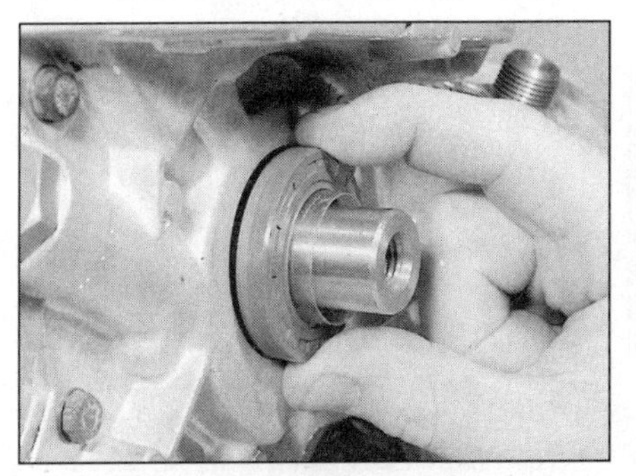
16.26a Använd en bit tunn plast som styrhylsa vid monteringen av vevaxelns främre oljetätning

16.26b Använd en hylsa för att pressa in vevaxelns främre oljetätning

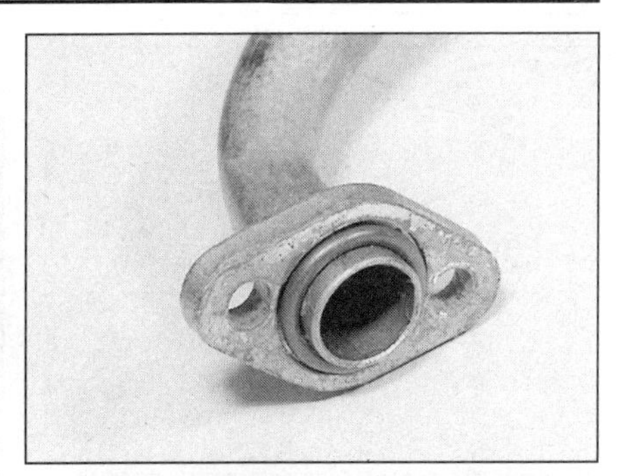
16.27 O-ringstätning på oljesugröret

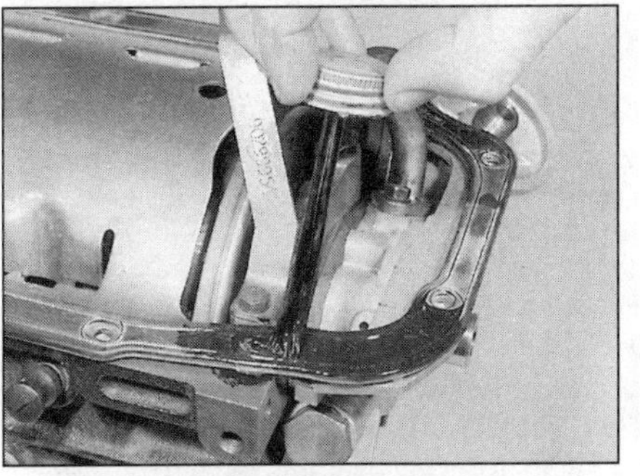
16.29 Applicera tätmedel i hörnen av sumpens packning

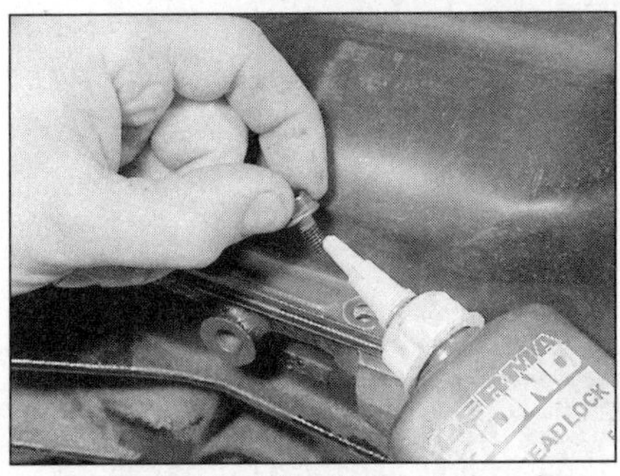
16.30 Applicera låsvätska på sumpens bultar

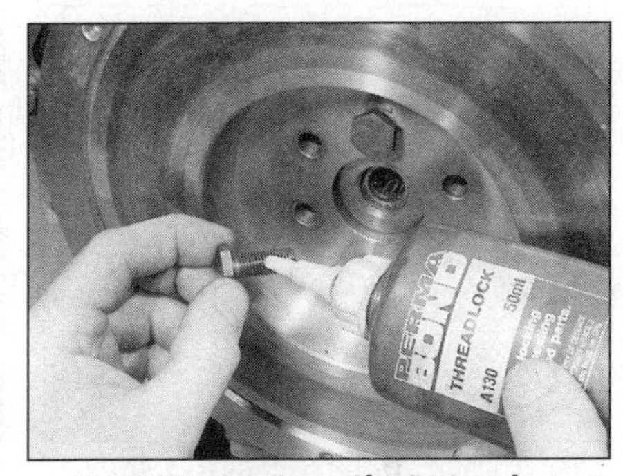

16.32a Applicera låsvätska på svänghjulets bultar

16.32b Momentdra svänghjulets bultar

16.32c Alternativ placering av svänghjulets låsningsverktyg

16.32d Vinkeldra svänghjulets bultar

25 Montera oljepumpen. Skruva i och dra åt bultarna.

26 Klipp till en bit tunn plast och rulla den runt vevaxelns spets. Applicera lite fett på den nya oljetätningens tätningsläppar och placera den på plasten. Pressa först in oljetätningen för hand, därefter kan man använda en lämplig hylsa och bulten för vevaxelns remskiva för att pressa in tätningen tills den ligger i linje med ändytan **(se bilder)**. Tag bort plasten och hylsan.

27 Montera en ny O-ringstätning på oljesugröret. Montera röret och drag åt bultarna **(se bild)**.

28 Montera en ny packning för oljesumpen.

29 Applicera lämpligt tätmedel (Opel rekommenderar tätmedel enligt GM spec 15 03 294 (art nr 90 001 871) kan erhållas hos Opel-återförsäljare) i packningens hörn på båda sidor. Placera flänsen på vevhuset **(se bild)**.

30 Montera sumpen. Applicera låsningsvätska på bultens gängor. Montera dem och drag åt stegvis i en diagonal ordningsföljd med specificerat åtdragningsmoment **(se bild)**.

31 Placera motorn på arbetsbänken med ovansidan upp. Stöd den med träblock.

32 Montera svänghjulet/drivplattan på vevaxelns bakre ände. Applicera låsningsvätska på de nya bultarnas gängor. Montera dem och drag åt dem stegvis. Håll samtidigt i svänghjulet enligt avsnitt 9. Observera att bultarna först måste dras till ett visst åtdragningsmoment varefter de skall vinkeldras **(se bilder)**.

33 Drag runt motorn så att kolv nr 1 och 4 är i den övre dödpunkten.

34 Kontrollera att de två styrstiften är monterade i motorblocket och att motorblockets och topplockets anliggningsytor är rena **(se bild)**.

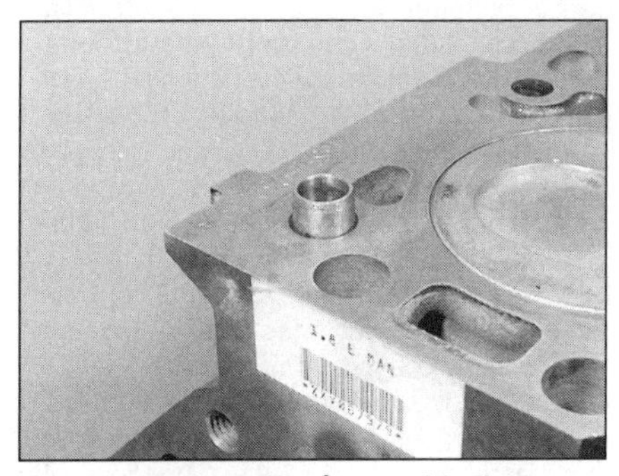
16.34 Styrstift på motorblocket

16.35 "TOP"-markering på topplockspackningen

16.36 Vipparmarnas montering vid ventilerna

16.37 Topplocket placeras på motorblocket

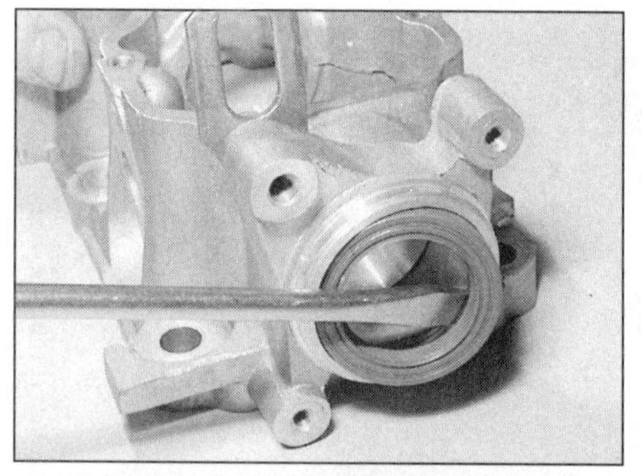

16.38 Bänd ut kamaxelhusets främre oljetätning

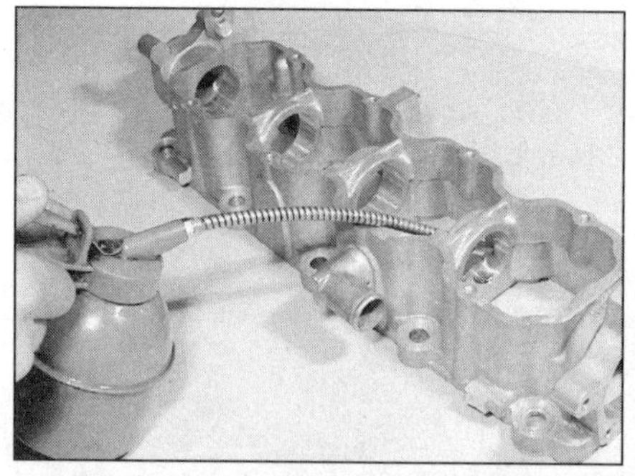

16.39 Smörj lagerytorna i kamaxelhuset

16.40 Kontroll av kamaxelns axialspel

16.41a Applicera tätmedel på topplocket . . .

16.41b . . . och använd en pensel för att fördela det jämnt

16.42a Kamaxelns styrstift riktas uppåt

16.42b Kamaxelhuset placeras på topplocket

35 Placera den nya topplockspackningen på topplocket med "TOP" markeringen överst och riktad framåt **(se bild).**

36 Montera de hydrauliska ventillyftarna, tryckbrickorna och vipparmarna på topplocket i sina respektive originallägen **(se bild).** Om nya hydrauliska ventillyftare monteras skall de först placeras i en behållare med ren motorolja och pressas samman för hand upprepade gånger för att de skall fyllas.

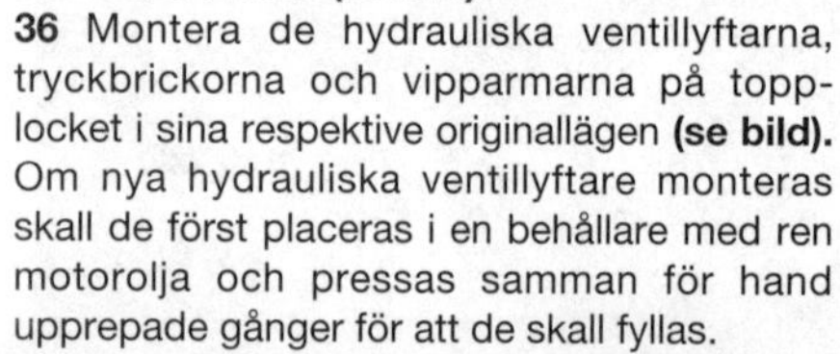

37 Placera topplocket på motorblocket så att styrstiften kan styras in i respektive hål **(se bild).**

38 Pressa ur den gamla oljetätningen ur kamaxelhusets främre del **(se bild).** Rengör sätet och pressa in den nya oljetätningen med ett träblock. Smörj oljetätningens tätningsläppar med fett.

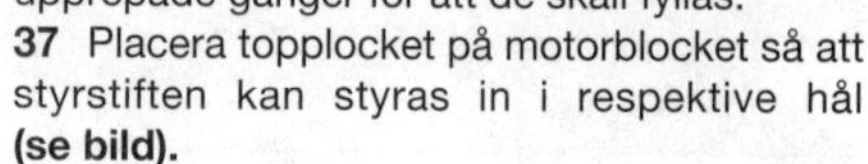

39 Olja lagerytorna i kamaxelhuset **(se bild).**

40 Montera kamaxeln försiktigt i kamaxelhuset. Montera kamaxelns tryckbricka och drag åt bultarna. Använd ett bladmått enligt bilden **(se bild)** för att kontrollera att kamaxelns axialspel stämmer överens med specifikationerna.

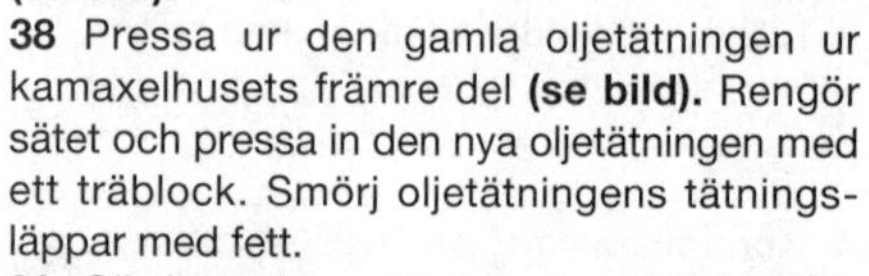

41 Applicera en jämn sträng med tätmedel på topplockets monteringsyta och använd en mjuk pensel för att fördela det jämnt **(se bilder).**

42 Drag runt vevaxeln så att styrstiftet i den främre änden är överst **(se bilder).** Montera därefter kamaxelhuset på topplocket.

43 Montera nya topplocksbultar och drag åt dem till specificerat åtdragningsmoment enligt ordningsföljden i **bild 12.21.** Observera att bultarna först måste dras till ett visst åtdragningsmoment och därefter vinkeldras stegvis **(se bilder).**

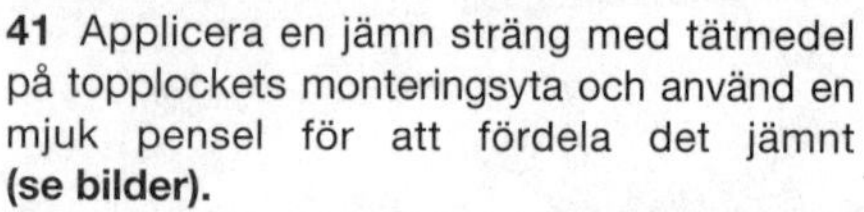

44 Montera vevaxelventilationens rör. Använd en ny packning och drag åt bultarna. Montera slangen på kamaxelhuset och drag åt slangklämmorna **(se bild).**

45 Montera det främre kylvätske- och termostathuset på topplocket. Använd en ny O-ringstätning. Montera och dra åt bultarna.

46 Montera hållaren för kylfläktens nav. Montera och drag åt bultarna.

47 Applicera lite olja på det nya oljefiltrets tätningsring. Skruva fast det i oljepumphuset för hand.

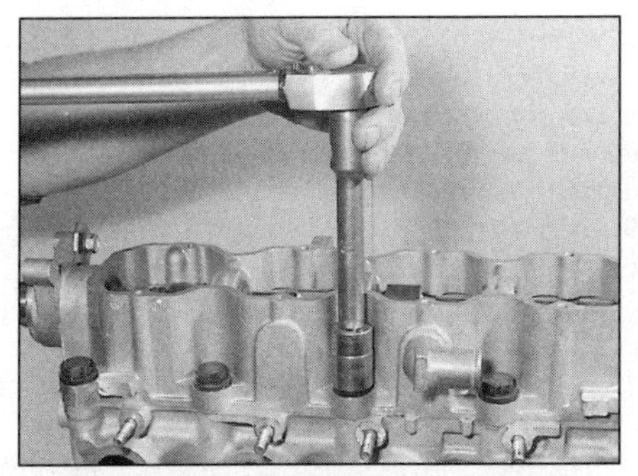
16.43a Momentdra topplockets bultar

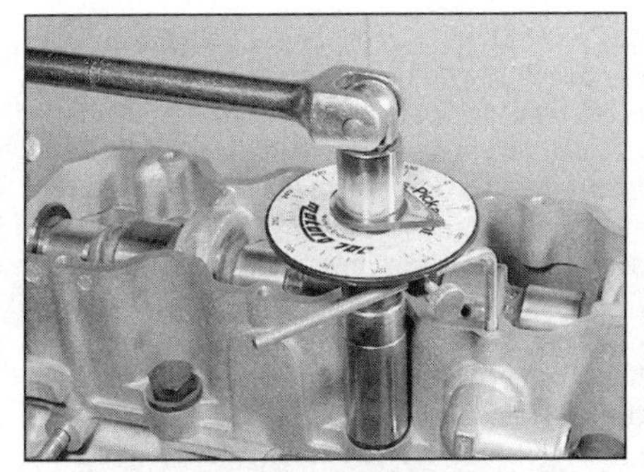
16.43b Vinkeldra topplockets bultar

16.44 Vevhusventilationens rör monteras

16.52a Lås kamaxeln med en blocknyckel

16.52b Kamaxeldrevets bult dras åt

16.54 De yttre bultarna på vevaxelns remskiva dras åt

48 Montera den bakre kamremskåpan. Montera och drag åt bultarna.

49 Applicera silikonfett eller motsvarande på vattenpumpens anliggningsytor mot motorblocket. Montera en ny O-ring.

50 Montera vattenpumpen i motorblocket med kamremskåpans klackar korrekt placerade. Skruva i monteringsbultarna och brickorna utan att dra åt dem.

51 På senare modeller (fr o m 1993), montera den fjäderbelastade kamremspännaren. Se till att dess styrstift placeras i hålet i oljepumphuset och montera fästbultarna. Justera styrstiftet på vattenpumpen mot markeringen på motorblocket och drag åt pumpbultarna.

52 Montera kamaxeldrevet på kamaxelns främre del och se till att styrstiftet placeras i hålet. Håll i kamaxeln och drag åt bulten till specificerat åtdragningsmoment. En blocknyckel kan vid behov användas på kamaxelns plana ytor **(se bild).**

53 Montera distansbrickan, Woodruff-kilen och vevaxeldrevet på kamaxelns främre del. Montera den nya fästbulten för vevaxeldrevet och drag åt till specificerat åtdragningsmoment enligt steg 1. Vinkeldra därefter enligt steg 2 och håll i svänghjulet/drivplattan enligt metoden i avsnitt 9.

54 Montera kamremmen tillfälligt på vevaxelns, kamaxelns och vattenpumpens drev samt (i förekommande fall) remspännaren. Placera vevaxelns remskivedämpare på vevaxeldrevet och drag åt dess bultar **(se bild).**

55 Tag loss kamremmen och justera tändlägesmarkeringarna på kamaxeldrevet och vevaxlelns remskiva mot pilen resp piggen på den bakre kamremskåpan. Montera kamremmen utan att rubba dreven. Spänn remmen.

56 På tidiga modeller (före 1993), spänn kamremmen enligt avsnitt 12, paragraf 25 till 28.

57 På senare modeller (fr o m 1993) med fjäderbelastad remspännare, spänn remmen enligt avsnitt 12, paragraf 29 till 31.

58 Montera och drag åt bulten som fäster vattenpumpsdelen av kamremskåpan mot oljepumphuset.

59 Montera de två kamremskåporna.

60 Montera kylfläktens remskiva. Montera och drag åt skruvarna.

61 Montera kamaxelkåpan med en ny korkpackning. Montera och drag åt bultarna.

62 Modeller med bränsleinsprutning: Montera fästet för tillsatsluftventilen på kamaxelhuset med en ny packning. Montera och drag åt bultarna.

63 Anslut slangen för vevhusventilationen till kamaxelkåpan.

64 Sätt i oljestickan.

65 Skruva i och drag åt oljetryckskontakten.

66 Montera med hjälp av ett träblock en ny oljetätning i den bakre delen av kamaxelhuset. Applicera lite fett på oljetätningsläpparna.

17 Motorns yttre komponenter - montering

Se avsnitt 8. Montera de angivna komponenterna och studera de angivna kapitlen vid behov.

18 Motor - montering

Monteringen av motorn sker genom att man följer anvisningarna för demontering i avsnitt 6 i omvänd ordningsföljd. Beakta följande anvisningar:

a) *Fetta in växellådans ingående axel resp momentomvandlarens tapp.*
b) *Modeller med automatväxellåda: Kontrollera att momentomvandlaren är ordentligt ansluten till växellådans oljepump enligt kapitel 7B.*
c) *Fyll motorn med rätt mängd av specificerad oljetyp.*
d) *Modeller med mauell växellåda: Justera kopplingsvajern enligt kapitel 6.*
e) *Justera drivremmarna till styrservopumpen, generatorn/fläkten samt luftkonditioneringen (i förekommande fall) (se kapitel 1).*
f) *Justera gasvajern samt (i förekommande fall) automatväxellådans kick-downvajer och farthållarens vajer enligt kapitel 4, 7B och 12.*
g) *Fyll kylsystemet (kapitel 1).*

19 Motor - första start efter större underhålls- eller reparationsarbete

1 Se till att batteriet är fulladdat och motorn är väl fylld med alla smörjmeldel och vätskor samt att det finns bränsle i tanken.

2 Dubbelkolla alla anslutningar och kopplingar.

3 Skruva ur tändstiften och demontera minuskabeln (nr 1) från tändspolen. Drag runt motorn med startmotorn tills oljetrycklampan släcks eller tills oljetrycket kan läsas av på mätaren. Detta säkerställer att motorn inte är tom på olja under de första kritiska minuterna efter start. Bränslesystemet fylls samtidigt.

4 Anslut tändspolens kablage och montera tändstiften och tändkablarna. Starta motorn.

5 När motorn har tänt och går skall man låta den gå med ett normalt varvtal (inte snabbare) tills den är uppe i normal arbetstemperatur.

6 När motorn värms upp kommer den att avge onormala lukter och viss rök från komponenter där oljerester förbränns. Man skall titta efter olje- eller vattenläckor som syns tydligt om de är allvarliga. Kontrollera även avgassystemets kopplingar vid motorn eftersom dessa inte är helt gastäta förrän de har utsatts för värme och vibrationer, varefter de kan dras åt en gång till. Detta skall naturligtvis utföras när motorn har stängts av.

7 När motorn är uppe i arbetstemperatur skall man justera tomgångsvarvtalet (se kapitel 4).

8 Stäng av motorn och vänta ett par minuter för att se om smörjmedel eller kylvätska droppar från motorn när den står stilla.

9 Under den första tiden som motorn körs är det inte ovanligt att de hydrauliska ventillyftarna avger en del oljud. Detta skall dock upphöra, senast efter ett par mils körning.

10 I synnerhet om många nya delar har monterats bör man byta motoroljan och oljefiltret efter 1000 km.

Kapitel 2 del B:
2,5, 2,6 och 3,0 liters (CIH) motorer

Innehåll

Svårighetsgrader

Enkelt, passar för novisen med lite erfarenhet 	**Ganska enkelt,** passar nybörjaren med viss erfarenhet 	**Ganska svårt,** passar kompetent hemmekaniker 	**Svårt,** passar hemmekaniker med erfarenhet 	**Mycket svårt,** för professionell mekaniker

2B

Specifikationer

Allmänt

Typ	Sexcylinders, rak, vattenkyld, med kamaxel i topplocket, 12 ventiler
Motorkoder:	
2,5 liters motor	25NE
2,6 liters motor	C26NE
3,0 liters motor:	
Modeller som inte har katalytisk avgasrening	30NE
Modeller som har katalytisk avgasrening	C30NE eller C30LE

Observera: *Motorkoden utgör de första siffrorna i motornumret*

Cylinderdiameter:	
2,5 liters motor	87,0 mm
2,6 liters motor	88,0 mm
3,0 liters motor	95,0 mm
Slaglängd (alla motorer)	69,8 mm
Slagvolym:	
2,5 liters motorer	2490 cc
2,6 liters motorer	2594 cc
3,0 liters motorer	2969 cc
Tändföljd	1-5-3-6-2-4 (cylinder nr 1 vid kamkedjeänden)
Vevaxelns rotation	Medurs
Kompressionsförhållande	9,2:1

Motorblock (vevhus)

Material	Gjutjärn
Maximal cylinderovalitet	0,005 mm
Maximal tillåten konicitet	0,005 mm
Maximal överdimension vid honing:	
2,5 liters motor	1,0 mm
2,6 och 3,0 liters motorer	0,5 mm

Vevaxel

Antal ramlager	7
Ramlagertapparnas diameter:	
Standard	57,987 till 58,003 mm
1:a underdimension (0,25 mm)	57,737 till 57,753 mm
2:a underdimension (0,5 mm)	57,487 till 57,503 mm
Vevtappens diameter:	
Standard	51,971 till 51,990 mm
1:a underdimension (0,25 mm)	51,721 till 51,740 mm
2:a underdimension (0,5 mm)	51,471 till 51,490 mm
Vevaxelns axialspel	0,04 till 0,16 mm
Ramlagerspel	0,02 till 0,06 mm
Vevlagerspel	0,01 till 0,06 mm
Vevlagrens sidospel	0,11 till 0,24 mm

Kamaxel

Axialspel:	
Standard	0,1 till 0,2 mm
Max	0,25 mm
Kamaxeltapparnas diametrar (nr 1 vid topplockets främre del):	
Axeltapp nr 1 (främre)	48,955 till 48,970 mm
Axeltapp nr 2	48,705 till 48,720 mm
Axeltapp nr 3	48,580 till 48,595 mm
Axeltapp nr 4	48,455 till 48,470 mm
Axeltapp nr 5	48,330 till 48,345 mm
Axeltapp nr 6	48,205 till 48,220 mm

Kolvar och kolvringar

Typ	Lättmetallegering, försänkning i kolvtoppen	
Antal kolvringar	2 kompressionsringar, 1 oljeskrapring	
Ringarnas ändgap:		
Första och andra kompressionsring:		
2,5 liters motor	0,30 till 0,50 mm	
2,6 och 3,0 liters motor	0,40 till 0,65 mm	
Oljeskrapring:		
2,5 och 3,0 liters motorer	0,25 till 0,40 mm	
2,6 liters motor	0,30 till 0,60 mm	
Ringgapets förskjutning (i förhållande till den intilliggande ringen)	180°	
Kolvtappens diameter:		
2,6 liters motor	22,0 mm	
2,5 och 3,0 liters motorer	23,0 mm	
Kolvdiametrar - 2,5 liters motor:	**Diameter (mm)**	**Märkning**
Produktionsklass 1	86,94	6
	86,96	8
Produktionsklass 2	86,98	00
	87,00	02
	87,02	04
Produktionsklass 3	87,04	06
	87,06	08
Överdimension (0,5 mm)	87,45	7 + 0,5
	87,46	8 + 0,5
	87,47	9 + 0,5
	87,48	0 + 0,5
Överdimension (1,0 mm)	87,95	7 + 1,0
	87,96	8 + 1,0
	87,97	9 + 1,0
	87,98	0 + 1,0
Kolvdiametrar - 2,6 liters motor:	**Diameter (mm)**	**Märkning**
Produktionsklass 1	88,72	5
	88,73	6
	88,74	7
Produktionsklass 2	88,75	04
	88,76	05
	88,77	06
	88,78	07
	88,79	08
	88,80	09

	Diameter (mm)	Märkning
Kolvdiamterar - 2,6 liters motor (forts)		
Produktionsklass 3	88,81	8
	88,82	99
	88,83	00
	88,84	01
	88,85	02
	88,86	03
Överdimension (0,5 mm)	89,24	7 + 0,5
	89,25	8 + 0,5
	89,26	9 + 0,5
	89,27	0 + 0,5
Kolvdiametrar - 3,0 liters motor:	**Diameter (mm)**	**Märkning**
Produktionsklass 1	94,92	6
	94,93	6
Produktionsklass 2	94,94	8
	94,96	00
	94,98	02
Produktionsklass 3	95,00	04
	95,02	06
	95,04	08
Överdimension (0,5 mm)	95,43	7 + 0,5
	95,44	8 + 0,5
	95,45	9 + 0,5
	95,46	0 + 0,5

Spel mellan kolv och cylinderlopp:
- 2,5 och 3,0 liters motorer:
  - Ny motor: 0,025 till 0,035 mm
  - Efter honing: 0,035 till 0,045 mm
- 2,6 liters motor:
  - Ny motor: 0,020 till 0,040 mm
  - Efter honing: 0,020 till 0,050 mm

Max tillåten ovalitet för kolvar: 0,005 mm
Max tillåten konicitet för kolvar: 0,005 mm

Topplock

Max tillåten skevhet för anliggningsytan:
- 2,5 och 3,0 liters motorer: 0,035 till 0,045 mm
- 2,6 liters motor: 0,025 mm

Topplockets totala höjd:
- 2,5 och 2,6 liters motorer: 101,45 till 101,95 mm
- 3,0 liters motor:
  - 30NE motor: 101,95 till 102,45 mm
  - C30NE motor: 101,45 till 101,95 mm
  - C30LE motor: 102,35 till 102,85 mm

Ventiler

Ventilspel: Automatiskt med hydrauliska ventillyftare

Spel mellan ventilskaft och ventilstyrning:
- Insugsventiler: 0,035 till 0,073 mm
- Avgasventiler: 0,045 till 0,085 mm

Ventilskaftens diametrar:
- Insugsventiler:
  - Standard: 8,977 till 8,990 mm
  - 1:a överdimension (0,075 mm): 9,052 till 9,065 mm
  - 2:a överdimension (0,150 mm): 9,127 till 9,140 mm
  - 3:e överdimension (0,300 mm): 9,277 till 9,290 mm
- Avgasventiler:
  - Standard: 8,965 till 8,980 mm
  - 1:a överdimension (0,075 mm): 9,040 till 9,055 mm
  - 2:a överdimension (0,150 mm): 9,115 till 9,130 mm
  - 3:e överdimension (0,300 mm): 9,265 till 9,280 mm

Ventilstyrningarnas diameter:
- Standrad: 9,025 till 9,050 mm
- 1:a överdimension (0,075 mm): 9,100 till 9,125 mm
- 2:a överdimension (0,150 mm): 9,175 till 9,200 mm
- 3:e överdimension (0,300 mm): 9,325 till 9,350 mm

Svänghjul

Maximal minskning av kontaktytans tjocklek	0,3 mm

Smörjning

Oljepump:	
Kuggspel (mellan kuggarna)	0,1 till 0,2 mm
Spel mellan kugghjul och pumphus (axialspel)	0,1 till 0,2 mm
Oljetryck vid tomgång (motorn vid arbetstemperatur)	1,0 bar

Åtdragningsmoment

Åtdragningsmoment	Nm
Vevlageröverfallens bultar	45
Kamaxeldrevets bultar	25
Bulten för vevaxelns remskiva	120
Topplockets bultar:	
Huvudbultarna:	
Steg 1	60
Steg 2	Vinkeldra ytterligare 90 till 100°
Vänta i ca 10 minuter, därefter:	
Steg 3	Vinkeldra ytterligare 30 till 40°
Kamkedjekåpans bultar mot topplocket	25
Motorinfästningarnas monteringsmuttrar	40
Bultar för motorns rörelsedämpare:	
Övre bult	40
Nedre bult	22
Bultar för svänghjulet/drivplattan:	
2,5 och 3,0 liters modeller	60
2,6 liters modeller:	
Steg 1	60
Steg 2	Vinkeldra ytterligare 30 till 45°
Ramlageröverfallens bultar	110
Fästbultarna för oljepumpens kåpa	10
Sumpens dräneringsplugg	45
Sumpens fästbultar	5
Bultarna för kamkedjekåpan	15
Kamkedjespännaren	50
Vattenpumpens bultar	15

1 Allmän beskrivning

1 Motorn är rak och sexcylindrig med ett 12-ventilers topplock med kamaxeln i topplocket (CIH). Motorn är konventionellt monterad i bilens främre del. Topplocket är tillverkat av en lättmetallegering och cylinderblocket av gjutjärn.

2 Vevaxeln har sju ramlager och det bakre ramlagret har flänsar för reglering av axialspelet.

3 Vevstakarna är monterade på vevaxeln med horisontellt delade lagerskålar och i kolvarna med kolvbultar som är presspassade i kolvarna. Kolvarna, som är tillverkade av en lättmetallegering, har tre kolvringar - två kompressionsringar och en oljeskrapring indelad i tre sektioner.

4 Kamaxeln drivs av en kedja från vevaxeln. Kamaxeln styr ventilerna via vipparmar och självjusterande hydrauliska ventillyftare. Vevaxeln är monterad direkt i topplocket. Insugs- och avgasventilerna stängs med spiralfjädrar och löper i styrningar som är inpressade i topplocket.

5 Motorsmörjningen ombesörjs av en kugghjulspump monterad i kamkedjekåpan vilken är monterad på topplockets främre del. Oljepumpen drivs av vevaxeln och oljepumpens axel driver även tändfördelarens rotor. Läckagegaser i vevhuset leds till kamaxelhuset via ett externt rör. Därefter sugs de in i insugsröret via en slang.

2 Kompressionsprov - beskrivning och tolkning

Se del A, avsnitt 2.

3 Omfattande åtgärder som kan utföras med motorn i bilen

Följande omfattande arbeten kan utföras utan att motorn demonteras:

a) Demontering och montering av topplocket.
b) Demontering och montering av sumpen.
c) Demontering och montering av oljepumpen
d) Demontering och montering av kolvar och vevstakar.
e) Demontering och montering av svänghjul/-drivplatta.
f) Demontering och montering av motorinfästningar.
g) Demontering och montering av kamaxlar.
h) Byte av vevaxelns främre och bakre oljetätningar.

4 Omfattande åtgärder som kräver demontering av motor

Följande omfattande arbeten kan endast utföras när motorn har demonterats.

a) Demontering och montering av vevaxel och ramlager.
b) Demontering och montering av kamkedjan.

5 Metod för demontering av motor

Eftersom det inte går att demontera enbart motorn krävs en kraftig lyft för att lyfta ur motorn och växellådan som en enhet. Motorn/växellådan demonteras uppåt ur motorrummet.

6 Motor - demontering

1 Parkera bilen på ett jämnt och stabilt underlag. Blockera bakhjulen och drag åt handbromsen. Lyft upp bilens framvagn med en domkraft och placera den på pallbockar (se *"Lyftning och stödpunkter"*). Demontera framhjulen och motorrummets nedre skyddsplåtar.

2 Demontera motorhuven (se kapitel 11).

3 Demontera batteriet (se kapitel 5).

4 Töm kylsystemet (kapitel 1).

5 Demontera kylfläkten och kylaren enligt kapitel 3. Demontera den övre och den nedre slangen till kylaren samt expansionskärlets slang. Koppla även loss slangarna från kylvätskepumpens hus. Koppla även loss slangarna från värmeelementets anslutningar på torpedväggen.

6 Följ anvisningarna i kapitel 1 och töm ur motoroljan. Montera tillbaka sumpens dräneringsplugg och drag åt den till specificerat åtdragningsmoment.

7 Lossa anslutningsmuttrarna och koppla loss oljekylarens rör från motorn. Lossa rören från oljekylarens ledningar och tag bort dem. Plugga oljekylarens ledningar och motoröppningarna så att inte smuts kan tränga in.

8 Demontera generatorn enligt kapitel 5. Tag loss generatorns hållare och tag bort den från motorn.

9 Följ anvisningarna i kapitel 10 och tag loss styrservopumpen och placera den vid sidan om motorn. Vätskeledningarna behöver inte kopplas loss.

10 Demontera farthållaren enligt kapitel 12.

11 Modeller med luftkonditionering: Tag loss kompressorn och placera den bredvid motorn. Tag loss hållaren från motorblocket (se kaptitel 11). Koppla inte loss ledningarna för kylmediumet från kompressorn och utsätt dem inte för belastningar.

12 Följ anvisningarna i kapitel 4B och demontera följande.

a) Demontera insugningens luftfördelningsrör och luftrenarhustes lock.

b) Markera bränsleslangarna och koppla loss dem från grenröret. På 2,6 liters motorer skall man ta loss fästbultarna och demontera fästet från motorblocket.

c) Demontera avgassystemets främre rör och tillhörande fästen. Demontera därefter katalysatorns värmesköld (i förekommande fall).

d) Koppla loss vakuum/ventilationsslangarna från insugsröret.

e) Tag loss gasvajern från trottelhuset.

f) På 2,6 liters modeller skall slangarna märkas. Koppla loss kablaget och slangarna från det dubbla trycksystemets ventil samt från avluftningsventilen.

13 Koppla loss kontaktdonen från följande enheter.

a) Termostathusets kontakter och givare (kapitel 3).

b) Lambdasond - i förekommande fall (kapitel 4B).

c) Tag loss jordningskablarna från insugsröret och från motorblockets sida.

d) Den induktiva pulsgivaren och tändfördelaren (kapitel 5). Tag även loss den inkommande tändkabeln från spolen.

e) Oljetryckskontakten/oljenivågivaren/oljetemperaturkontakten (som tillämpligt).

f) Insprutningsventilerna, luftflödesmätaren och tomgångsventilen. Lossa även kablaget från insugsröret.

g) Motorns kontaktdon som är placerade i mitten av motorrummets torpedvägg.

14 På modeller med manuell växellåda, utför följande arbeten enligt anvisningarna i kapitel 7A.

a) Modeller med hydraulisk koppling: Demontera värmeskölden och koppla loss hydraulröret från kopplingens slavcylinder. Tag loss röret från monteringsklämman på växellådan.

b) Modeller med vajerstyrd koppling: Tag loss vajern från frikopplingsarmen (se kapitel 6).

c) Tag loss kontaktdonen från backljuskontakten och hastighetsmätardrivningen.

d) Tag loss växellänkaget.

e) Koppla loss kardanaxeln från växellådans bakre del (se kapitel 8).

f) Stöd växellådan med en domkraft. Demontera den bakre tvärbalken från växellådan.

15 Modeller med automatväxellåda: Utför följande arbeten med hänsyn till instruktionerna i kapitel 7B.

a) Tag loss växellådans ventilationsslang och kontaktdon.

b) Koppla loss oljekylarens slangar och rulla upp dem för att förhindra att smuts tränger in. Tag loss kontaktdonet som är monterat bredvid rören.

c) Placera växelväljaren i läge "N". Skruva loss muttern och tag loss växelväljaren från växellådans ingående axel.

d) Tag loss kardanaxeln från växellådans bakre ände (se kapitel 8).

e) Stöd växellådan med en domkraft. Demontera den bakre tvärbalken från växellådan.

16 Alla modeller: Tag loss motorns rörelsedämpare från motorblockets vänstra och högra sida och för undan dem.

17 Placera motorlyften i läge och fäst den i topplockets lyftöglor. Höj lyftens arm tills den tar upp motorns vikt.

18 Tag loss det vänstra och högra motorfästet från motorn. Kontrollera en sista gång att alla komponenter som förhindrar demonteringen av motorn/växellådan har demonterats eller kopplats loss. Se till att komponenter som t ex styrservopumpen har placerats på ett sådant sätt att de inte skadas vid demonteringen av motorn.

19 Vinkla motorns främre del uppåt och lyft upp motorn/växellådan ur motorrummet. När motorn lyfts ur måste man vara mycket försiktig så att inte övriga komponenter i motorrummet skadas, i synnerhet luftkonditioneringsystemet.

20 När enheten med motor och växellåda är ute ur motorrummet skall den placeras på lämpliga träblock på en arbetsbänk (eller en ren yta på verkstadsgolvet).

21 Tag loss fästbultarna och tag bort svänghjulets/drivplattans täckplåt (i förekommande fall) från växellådan. Modeller med automatväxellåda: Tag hand om brickan och distansen som är monterad bakom drivplattan.

22 Modeller med automatisk växellåda: Tag loss bultarna som fäster momentomvandlaren mot drivplattan. Drag runt motorn med en hylsa på bulten för vevaxeldämparen för att komma åt alla bultar.

23 Lossa och tag bort bultarna. Demontera startmotorn från växellådan.

24 Se till att både motor och växellåda är stabilt placerade. Lossa och demontera de återstående bultarna som fäster växellådshuset mot motorn. Observera var de olika bultarna är monterade (och tillhörande fästen) när de tas loss. Detta är mycket viktigt för monteringen.

25 Tag försiktigt loss växellådan från motorn. Se till att inte växellådans vikt hänger på den ingående axeln när den demonteras från motorn.

26 Om de är lösa bör man ta bort styrstiften från motorn och växellådan och förvara dem på ett säkert ställe.

7 Motor, isärtagning - allmänt

1 Motorn bör tas isär på en ren yta fri från damm och smuts. Undvik att arbeta med motorn direkt på ett betonggolv eftersom grus och sandkorn kan orsaka allvarliga problem.

2 Det är lämpligt att använda olika behållare för smådelarna eftersom detta underlättar monteringen.

3 Rengör alla komponenter ordentligt med ett lämpligt lösningsmedel och torka dem före kontroll. Interna kanaler skall blåsas rena med tryckluft.

4 Köp alltid kompletta satser med packningar när motorn skall tas isär och använd alla vid ihopsättning.

5 Om det går skall man montera tillbaka muttrar, bultar och brickor i sina ursprungliga lägen eftersom detta skyddar gängorna och underlättar vid ihopsättning av motorn.

6 Spara delar som inte kan repareras tills de nya delarna finns tillgängliga. detta gör det möjligt att kontrollera att den nya delen verkligen är korrekt.

8 Motorns yttre komponenter - demontering

Nedanstående delar kan demonteras med motorn i bilen. Det är dock lämpligare att demontera dem när motorn har tagits ut ur motorrummet om man skall genomföra omfattande arbeten. Detta gäller följande komponenter:

a) Insugsrör och avgasgrenrör (kapitel 4B).
b) Koppling - modeller med manuell växellåda (kapitel 6).
c) Tändstift, tändfördelare och tändsystemets induktiva pulsgivare (kapitel 1 och 5).
d) Oljefilter (kapitel 1).

9 Motor - fullständig isärtagning

1 Demontera även komponenterna enligt avsnitt 8.

2 Skruva loss och tag bort oljetryckskontakten. Tag bort oljestickan.

3 Koppla loss vevhusventilationens slang från ventilkåpan.

4 Lossa bultarna för ventilkåpan och observera var hållarna för tändkablarna och slangarna (i förekommande fall) är placerade. Lyft av ventilkåpan och tag bort tätningen. Tag loss fästbultarna och demontera kamaxeldrevets skyddsplåt och packning från topplockets främre del.

5 Drag runt vevaxeln med en hylsa på bulten för vevaxelns remskiva tills pilen i öppningen på motorblockets högra sida är i linje med den upphöjda markeringen på svänghjulet/-drivplattan. I detta läge är cylinder nr 1 (längst fram) i den övre dödpunkten. Tändlägespunkten på kamaxeldrevet skall vara i linje med spåret i kamaxeldrevets stödplatta och urfräsningarna i kamaxeln bör vara i korrekt läge för att man skall kunna komma åt topplockets bultar **(se bild 12.9a och 12.9b).** Om detta inte går skall man dra runt vevaxeln ytterligare ett varv. Vrid inte vevaxeln eller kamaxeln från detta läge.

6 Tag loss plastbulten för axialspelet från kamaxelns ände. Lossa och demontera kamaxeldrevets fästbultar med en lämplig torxbit. Tag loss kamaxeldrevet från kamaxeln.

För att fästa kamkedjan på rätt sätt på kamaxeldrevet kan man använda ett buntband. Alternativt kan man rita justeringsmärken på både kamaxeldrevet och kedjan.

7 Tag loss de två små bultarna som fäster kamkedjekåpan mot topplockets främre del.

9.10 Verkyg för låsning av svänghjul/drivplatta

8 Följ proceduren i **bild 12.19** i omvänd ordningsföljd. När du lossar topplockets fästbultar stegvis ett halvt varv åt gången tills alla bultar kan demonteras för hand. Kassera bultarna, man skall använda nya vid ihopsättningen.

9 Tag hjälp av en assistent och lyft av topplocket. Tag bort packningen och tag reda på O-ringstätningen från kamkedjekåpans övre del. Tag även bort topplockets styrstift och förvara dem med topplocket.

10 Tag loss fästbulten och brickan och drag av vevaxelns remskiva från vevaxeln. För att undvika att vevaxeln roterar när bulten skall lossas kan man låsa svänghjulet/drivplattan med ett hemmagjort verktyg enligt bilden **(se bild).**

11 Undersök svänghjulets/drivplattans fästbultar noggrant. Lokalisera bulten som är märkt med "P" och markera dess läge på svänghjulet/drivplattan **(se bild).** Lås svänghjulet/drivplattan, demontera fästskruvarna och tag loss den från vevaxelns bakre ände. Modeller med automatisk växellåda: Tag reda på brickan och distansen som är monterad bakom drivplattan. Kassera bultarna, man skall använda nya vid ihopsättningen.

12 Tag loss bultarna och demontera vattenpumpen och packningen från kamkedjekåpan.

13 Tag loss kamkedjespännaren från kåpan och tag reda på dess tätningsbricka.

14 Vänd motorn upp och ned på arbetsbänken. Placera trasor runt motorn för att torka upp vatten och olja som kan rinna ur den.

15 Demontera fästbultarna och tag bort sumpen och tätningen/tätningarna. Observera att bultarna är olika långa. Tag loss luftintagsröret från oljepumpens nedre del och tag bort packningen.

16 Tag loss kamkedjekåpans fästbultar, observera att de är olika långa. Tag loss kåpan och dess två packningar. Tag loss styrstiften.

17 Rita justeringsmarkeringar på kamaxeldrevet och kamkedjan. Tag loss kamkedjan och tag bort den tillsammans med kamaxeldrevet.

18 Tag bort monteringsklämmorna och tag loss kamkedjespännarens spännblad.

19 Tag loss monteringsbulten och demontera

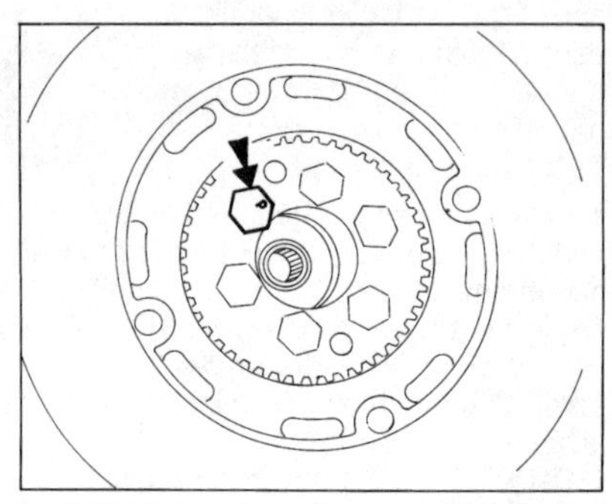

9.11 Markera placeringen av bulten som är märkt "P" (vid pilen) på svänghjulet/ drivplattan före demontering

kamkedjestyrningen från motorblockets främre del. Vid behov kan man även ta loss kamaxeldrevets stödplatta.

20 Markera placeringen av vevlageröverfallen och vevstakarna i förhållande till varandra med en körnare. Numrera dem från motorns främre del.

21 Lägg motorblocket på sidan och tag loss bultarna för vevlageröverfallen och knacka loss överfallen. Använd handtaget på en hammare för att knacka ut kolvarna med tillhörande vevstake ur motorblockets övre del. Montera tillfälligt tillbaka lageröverfallet på vevstaken med lagerskålarna i originallägena.

22 Upprepa proceduren på de övriga kolvarna och vevstakarna.

23 Ramlageröverfallen skall vara numrerade från motorns front. Om ingen numrering finns skall man märka dem med en körnare.

24 Placera blocket med ovansidan ned igen. Tag därefter loss ramlagerbultarna och demontera ramlageröverfallen. Se till att lagerskålarna förvaras tillsammans med tillhörande överfall.

25 Lyft ut vevaxeln ur vevhuset och tag bort oljetätningen. Vid behov kan man dra av oljepumpens och tändfördelarens gemensamma drivkugghjul och kamdrev. Observera åt vilket håll de är monterade och tag ur Woodruff-kilen ur spåret i vevaxeln. Om något av dreven sitter fast kan man använda en avdragare för att demontera dem.

26 Demontera de övre ramlagerskålarna ur vevhuset och placera dem tillsammans med tillhörande ramlageröverfall.

10 Sump - demontering och montering med motorn i bilen

Demontering

1 Drag åt handbromsen och använd domkraft och pallbockar för att palla upp bilens främre del (se "*Lyftning och stödpunkter*").

2 Skruva loss dräneringspluggen och töm oljan i en lämplig behållare. Torka av pluggen, skruva tillbaka den och drag åt när du är färdig.

3 Tag loss de övre muttrarna från motorinfästningarna och tag loss bultarna som fäster motorns rörelsedämpare mot monteringsfästena.

4 Använd en lyft eller ett motorlyftok över motorrummet och lyft upp motorn ca 25 mm. Se till att inte belasta något av rören eller slangarna. Denna lyftning säkerställer att det finns tillräckligt med utrymme för att demontera sumpen.

5 Vid behov skall man koppla loss kontaktdonet från oljenivågivaren.

6 Modeller med oljekylare: Demontera oljefiltret (se kapitel 1), tag loss anslutningsmuttrarna och tag loss rören från kylaren.

7 Tag loss oljesumpens bultar och tag bort den från motorn. Observera att bultarna är av olika längd. **Observera:** *På vissa modeller måste man demontera krängningshämmarens hållare och vrida ned krängningshämmaren lite för att kunna demontera sumpen.*

8 Tag bort gummi- och korkpackningarna från sumpen och motorblocket.

9 Vid behov kan man ta loss oljenivågivaren från sumpen och ta bort packningen.

Montering

10 Se till att sumpens och motorblockets ytor är rena och torra.

11 Applicera ett lager med lämpligt tätmedel (Opel rekommenderar ett tätmedel av typ GM spec 15 03 294 (art nr 90 001 851) - kan erhållas hos Opelåterförsäljare) på ytorna där kamkedjekåpan och det bakre ramlageröverfallet möter motorblocket.

12 Använd tätmedlet för att fästa packningarna i korrekt läge. Fäst gummipackningarna i spåren i kamkedjekåpan och ramlageröverfallet samt korkpackningarna på motorblockets undersida. Se till att anliggningsytorna mellan packningarna är täckta med tätmedel.

13 Rengör gängorna på oljesumpens fästbultar och applicera lämplig låsvätska på dem (Opel rekommenderar låsvätska av typ GM spec 15 10 177 (art nr 90 167 347) - kan erhållas hos Opelåterförsäljare).

14 Lyft upp sumpen mot motorblocket och montera fästbultarna. Se till att de monteras i originallägena. Drag åt alla bultar för hand och drag därefter åt dem till specificerat åtdragningsmoment.

15 Anslut kontaktdonet till oljenivåkontakten.

16 Sänk ned motorn igen och drag åt motorinfästningarnas muttrar till specificerat åtdragningsmoment. Montera rörelsedämparnas bultar och drag åt dem med specificerat åtdragningsmoment.

17 Sänk ned bilen och fyll motorn med specificerad mängd och typ av olja (se kapitel 1 och "*Veckokontroller*").

11 Motorinfästningar - byte

1 Drag åt handbromsen och använd domkraft och pallbockar för att palla upp bilens främre del (se "*Lyftning och stödpunkter*").

2 Tag loss muttrarna från de två motorinfästningarnas övre del och lossa bultarna som fäster motorns rörelsedämpare mot monteringsfästena.

3 Använd en lyft eller ett motorlyftok över motorrummet och lyft upp motorn ca 25 mm. Se till att inte belasta något av rören eller slangarna.

4 Tag loss de nedre muttrarna och tag bort motorinfästningarna. Det kan vara nödvändigt att ta loss motorfästena från motorn för att kunna göra detta.

5 Montera de nya motorinfästningarna genom att följa anvisningarna för demontering i omvänd ordning. se till att stiftet på infästningarna placeras i hålen på fästena.

12 Topplock - demontering och montering med motorn i bilen

Observera: *Nya topplocksbultar behövs för monteringen.*

Demontering

1 Koppla loss batteriets minuskabel.

2 Töm kylsystemet enligt kapitel 1.

3 Demontera insugs- och avgasgrenrören enligt kapitel 4B.

4 Demontera tändstiften, tändfördelarlocket och tändkablarna samt rotorn enligt kapitel 1 och 5.

5 Demontera kylfläkten (se kapitel 3).

6 Tag loss kontaktdonen från termostathusets givarenheter. Lossa slangklämmorna och tag loss kylsystemets slangar från termostathuset resp kylsystemets vinkelenhet.

7 Tag loss bultarna och observera var tändkablarnas respektive slangarnas fästen är placerade. Lyft av ventilkåpan och tag reda på tätningen.

8 Lossa fästbultarna och demontera kamaxeldrevets skyddsplåt och packningen från topplockets främre del.

9 Drag runt vevaxeln med en hylsa på bulten för vevaxelns remskiva tills pilen i öppningen på motorblockets högra sida är i linje med den upphöjda markeringen på svänghjulet/ drivplattan. I detta läge är cylinder nr 1 (längst fram) i den övre dödpunkten. Tändlägespunkten på kamaxeldrevet skall vara i linje med spåret i kamaxeldrevets stödplatta och urfräsningarna i kamaxeln bör vara i korrekt läge för att man skall kunna komma åt topplockets bultar **(se bilder).** Om detta inte går skall man dra runt vevaxeln ytterligare ett varv. Vrid inte vevaxeln eller kamaxeln från detta läge.

10 Tag loss plastbulten för axialspelet från kamaxelns ände. Lossa och demontera kamaxeldrevets fästbultar med en lämplig torxbit. Tag loss kamaxeldrevet från kamaxeln.

För att fästa kamkedjan på rätt sätt på kamaxeldrevet kan man använda ett buntband.

11 Tag loss de två små bultarna som fäster kamkedjekåpan mot topplockets främre del.

12 Följ proceduren i **bild 12.19 i** omvänd ordningsföljd. När topplockets fästbultar stegvis lossas ett halvt varv åt gången tills alla bultar kan demonteras för hand. Kassera bultarna, man skall använda nya vid ihopsättningen.

13 Tag hjälp av en assistent och lyft av topplocket. Tag bort packningen och tag reda på O-ringstätningen från kamkedjekåpans övre del. Tag även bort topplockets styrstift och förvara dem med topplocket. Kamaxeldrevet skall förbli placerat på dess stödplatta.

Montering

14 Rengör motorblockets och topplockets anliggningsytor noggrant. Kontrollera att cylinder nr 1 fortfarande är i den övre dödpunkten och att svänghjulets/drivplattans märke och pilmarkering är i linje med varandra. Se även till att kamaxeldrevets tändlägesmarkering är i linje med spåret i stödplattan.

15 Kontrollera att båda styrstiften är monterade i motorblocket och applicera ett lager

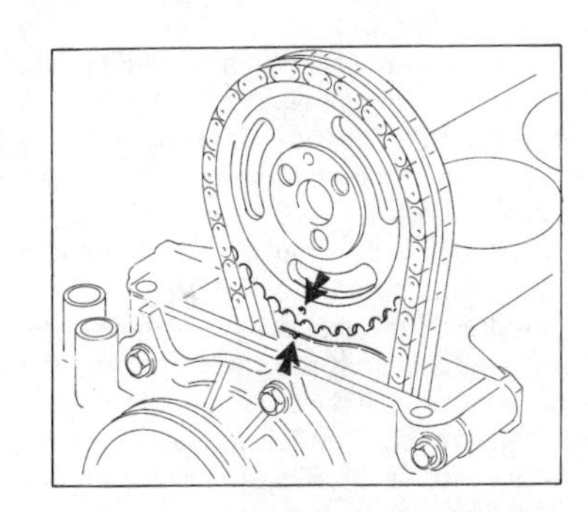

12.9a Placera cylinder 1 i den övre dödpunkten i kompressionstakten. Kontrollera att kamaxeldrevets tändlägesmarkering och stödplattans spår är i linje med varandra (i bilden är topplocket demonterat för ökad tydlighet) . . .

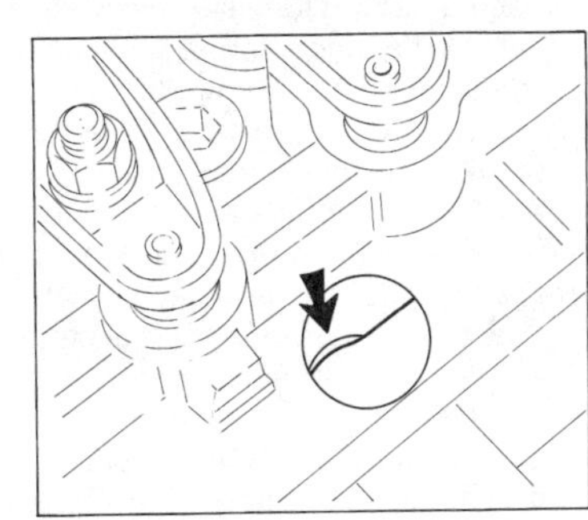

12.9b . . . och att urfräsningen i kamaxeln (vid pilen) är i korrekt läge så att man kommer åt topplocksbultarna

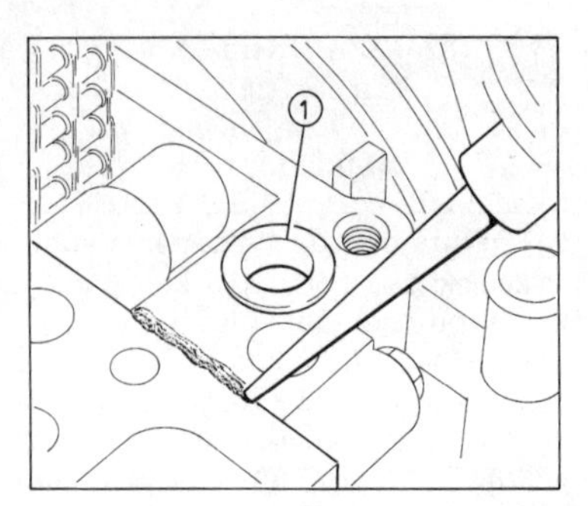

12.16 Montera O-ringstätningen (1) i hålet i kamkedjekåpan och applicera tätmedel i fogen mellan kåpan och cylinderblocket

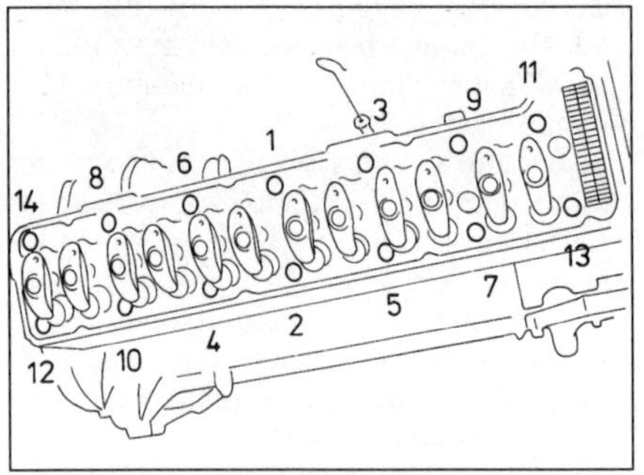

12.19 Åtdragningsföljd för topplocksbultarna

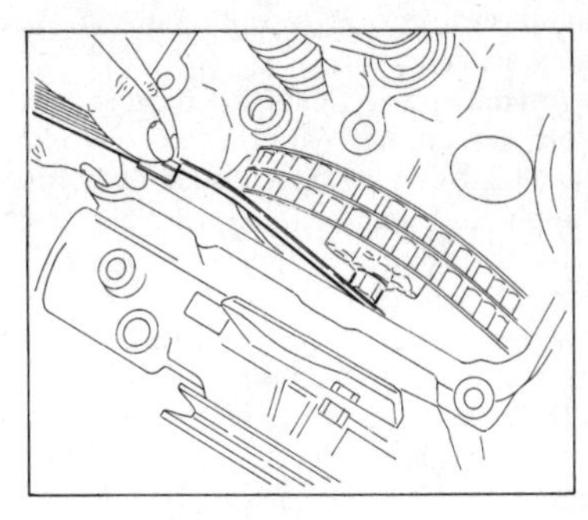

12.24 Kontrollera kamaxelns axialspel

med lämpligt tätmedel (Opel rekommenderar tätmedel av typ GM spec 15 03 294 (art nr 90 001 871) - kan erhållas hos Opelåterförsäljare) på ytorna där kamkedjekåpan möter topplocket.

16 Montera en ny O-ring i hålet i kamkedjekåpans övre del. Montera den nya topplockspackningen och se till att den är rättvänd och korrekt placerad på styrstiften **(se bild)**.

17 Se till att urfräsningarna i kamaxeln är i korrekt läge och placera topplocket försiktigt på plats.

18 Montera de nya topplocksbultarna försiktigt i hålen (*tappa inte ner dem*) och skruva åt dem för hand.

19 Arbeta stegvis i visad följd när topplockets bultar skall dras åt till åtdragningsmomentet som motsvarar steg 1. Använd en momentnyckel och en lämplig hylsa **(se bild)**.

20 När alla bultar har dragits åt till korrekt åtdragningsmoment enligt steg 1 skall man vinkeldra dem enligt steg 2. Arbeta i samma ordningsföljd som förut när bultarna vinkeldras enligt specifikationerna med en hylsa och en hylsnyckel. Man bör använda en vinkelmätare vid denna åtdragning för att erhålla tillräcklig noggrannhet.

21 Vänta i ca 10 minuter och vinkeldra dem därefter enligt specifikationerna i steg 3.

22 Montera de två mindre bultarna på topplockets främre del och drag åt dem till specificerat åtdragningsmoment.

23 Placera kamaxeldrevet på kamaxeln och drag åt monteringsbultarna till specificerat åtdragningsmoment. Kontrollera att svänghjulet/drivplattan samt kamaxeldrevets tändlägesmarkeringar är i korrekt läge.

24 Montera en ny plastbult för justering av axialspelet (levereras med packningarna) på kamaxelns ände. Montera skyddsplåten och den nya packningen på topplockets främre del. Använd ett bladmått för att mäta spelet mellan plastbulten och täckplåten; detta är kamaxelns axialspel **(se bild)**. Justera spelet enligt specifikationerna genom att skruva i eller ur plastbulten i kamaxeln enligt behov.

25 Om man har utfört underhållsarbeten eller reparerat topplocket måste ventillyftarna justeras enligt avsnitt 13.

26 Montera tätningen på ventilkåpan och montera kåpan på topplocket. Montera kåpans fästbultar, se till att hållarna för tändkablarna och slangarna är korrekt monterade och drag åt bultarna ordentligt.

27 Montera tändstiften, tändfördelarens rotor och fördelarlocket enligt kapitel 1 och 5.

28 Anslut kylsystemets slangar samt kontaktdonen på termostathusets/kylsystemets vinkelenhet. Se till att slangklämmorna är ordentligt åtdragna.

29 Montera insugs- och avgasgrenrören enligt kapitel 4B.

30 Montera kylfläkten enligt kapitel 3.

31 Fyll kylsystemet enligt kapitel 1.

13 Hydrauliska ventillyftare - justering

1 De hydrauliska ventillyftarna är konstruerade för att förebygga justeringar vid normal drift. De måste dock justeras enligt följande om vipparmarna rubbas under reparation av motorn.

Grundläggande justering - motorn avstängd

2 2,6 liters motorer: Demontera insugsrörets dubbla trycksystem och komponenterna för insugningens luftfördelningsrör enligt kapitel 4B.

3 Alla modeller: Tag loss ventilkåpans fästbultar. Observera hur hållarna för tändkablarna resp slangarna är monterade. Lyft av ventilkåpan och tag reda på tätningen.

4 Demontera tändstiften enligt kapitel 1.

5 Använd en hylsa på bulten för vevaxelns remskiva och drag runt vevaxeln tills markeringen i öppningen på motorblockets högra sida är i linje med den upphöjda markeringen på svänghjulet/drivplattan. I detta läge är kolvarna i cylinder 1 (längst fram) och cylinder 6 i den övre dödpunkten. Snäpp loss fördelarlocket och kontrollera att rotorn pekar mot tändkabeln för cylinder 1, vilket innebär att cylinder nr 1 är i den övre dödpunkten i kompressionstakten. Om rotorn pekar mot tändkabeln för cylinder 6 skall man dra runt motorn ett helt varv till (360°).

6 Med cylinder 1 i den övre dödpunkten i kompressionstakten skall den främre vipparmens monteringsmutter lossas tills det finns spelrum mellan vipparmen och ventillyftaren. Från detta läge skall man långsamt dra åt muttern tills det inte finns något spelrum. När det inte längre finns något spelrum skall man dra åt vipparmens mutter ytterligare ett varv (360°). Upprepa proceduren på de övriga ventilerna för cylinder nr 1.

7 Drag runt vevaxeln ett trejedels varv (120°) så att kolv nr 5 är i den övre dödpunkten (rotorn pekar mot tändkabeln för cylinder nr 5). Justera ventillyftarna för cylinder nr 5 enligt paragraf 6.

8 Drag runt vevaxeln ett trejedels varv (120°) så att kolv nr 3 är i den övre dödpunkten (rotorn pekar mot tändkabeln för cylinder nr 3). Justera ventillyftarna för cylinder nr 3 enligt paragraf 6.

9 Drag runt vevaxeln ett trejedels varv (120°) så att kolv nr 6 är i den övre dödpunkten (rotorn pekar mot tändkabeln för cylinder nr 6). Justera ventillyftarna för cylinder nr 6 enligt paragraf 6.

10 Drag runt vevaxeln ett trejedels varv (120°) så att kolv nr 2 är i den övre dödpunkten (rotorn pekar mot tändkabeln för cylinder nr 2). Justera ventillyftarna för cylinder nr 2 enligt paragraf 6.

11 Drag runt vevaxeln ett trejedels varv (120°) så att kolv nr 4 är i den övre dödpunkten (rotorn pekar mot tändkabeln för cylinder nr 4). Justera ventillyftarna för cylinder nr 4 enligt paragraf 6.

12 När alla hydrauliska ventillyftare har justerats skall man montera tätningen på ventilkåpan och montera kåpan på topplocket. Montera kåpans fästbultar och se till att hållarna för tändkablarna/slangarna är korrekt placerade. Drag åt kåpans fästbultar ordentligt.

13 Montera fördelarlocket och se till att den sitter i korrekt läge.

14 2,6 liters motorer: Montera insugsrörets dubbla trycksystem och komponenterna för insugningens luftfördelningsrör enligt kapitel 4B. På alla motorer utom 2,6 liters motorn kan ventillyftarna även justeras enligt nedanstående anvisning med motorn igång.

Justering med motorn igång - 2,5 och 3,0 liters motorer

Observera: *Eftersom denna justering kräver att motorn är igång kan man inte utföra denna justering för 2,6 liters motorer som har dubbelt trycksystem för insugningen. På dessa motorer måste insugningsystemet demonteras för att man skall kunna demontera ventilkåpan och dessa motorer kan inte startas utan insugningskomponenterna.*

15 Vid behov kan ventiljusteringen utföras enligt nedanstående anvisningar när motorn är igång och är uppe i normal arbetstemperatur.

16 Låt motorn gå tills den är uppe i normal arbetstemperatur. Stäng av motorn.

17 Demontera ventilkåpan (se paragraf 3).

18 Starta motorn och låt den gå på det specificerade tomgångsvarvtalet.

För att förhindra oljestänk i motorrummet när motorn är på kan man tillverka ett stänkskydd som monteras över kamaxeldrevets övre del. Se till att stänkskyddet är ordentligt monterat på topplocket, annars riskerar man att skyddet faller ner på motorn.

19 Börja med den främre ventillyftaren. Lossa vipparmens fästmutter tills armen börjar vibrera och drag därefter långsamt åt den tills vibrationen upphör. Drag därefter åt fästmuttern ytterligare ett kvarts varv (90°).

20 Vänta i ca 10 sekunder tills motorns tomgång är normal igen. Upprepa därefter anvisningarna i paragraf 19 ytterligare tre gånger.

21 När den främre ventillyftaren är korrekt justerad skall anvisningarna i paragraf 19 och 20 utföras på de övriga 11 ventillyftarna.

22 Stäng av motorn när alla ventillyftare har justerats.

23 Torka bort allt oljestänk och montera ventilkåpan (se paragraf 12).

14 Motorns komponenter - kontroll och renovering

Oljepump

1 Se kapitel 2C, avsnitt 14. Observera att man måste demontera den induktiva pulsgivaren enligt kapitel 5 innan pumpen kan demonteras.

Övertrycksventil för oljetryck

Observera: *Denna komponent kan demonteras med motorn i bilen.*

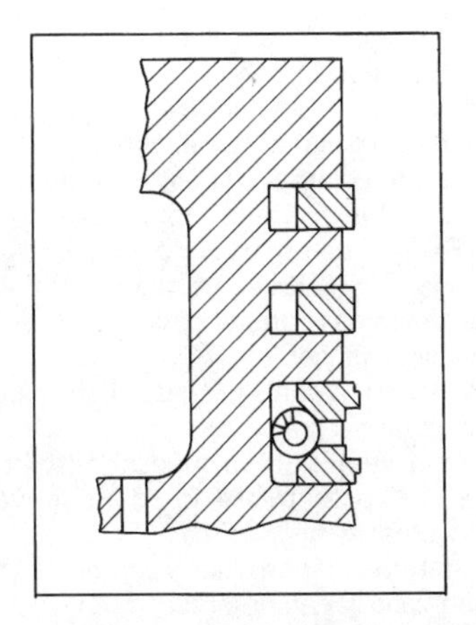

14.11 Kolvringarnas monteringsdetaljer

2 Rengör området runt övertrycksventilen som är monterad i oljepumpkåpan på kamkedjekåpans nedre del.

3 Lossa och tag bort kåpans bult tillsammans med tätningsbrickan, fjädern och kolven (observera åt vilket håll den är monterad).

4 Undersök alla komponenter beträffande slitage eller skador och byt ut vid behov. Om kolven är skadad måste man byta oljepumpens kåpa som levereras komplett med övertrycksventil och tillhörande komponenter.

5 Före monteringen skall alla komponenter rengöras och smörjas med ren motorolja. Montera fjädern på kolven och för in dem i pumpkåpan. Montera kåpans bult och tätningsbricka och drag åt ordentligt.

Vevaxel

6 Se kapitel 2A, avsnitt 14.

Vevlagrens och ramlagrens lagerskålar

7 Se kapitel 2A, avsnitt 14.

Cylinderlopp

8 Se kapitel 2A, avsnitt 14.

Vevstakar

9 Undersök kontaktytorna på vevlageröverfallen för att se om de har filats ner i ett misslyckat försök att kompensera slitage. I sådana fall måste den aktuella vevstaken bytas.

10 Kontrollera vevstakarna visuellt. Om det är något fel på dem kan de tas till en Opelverkstad där de kan kontrolleras mot en speciell jigg.

Kolvar och kolvringar

11 Se kapitel 2A, avsnitt 14. När kolvringarna monteras skall man observera att kompressionsringarna inte är symmetriska. De måste monteras med rätt sida upp. Den övre kompressionsringens övre kant är lite rundad och måste monteras med "TOPKL" markeringen uppåt. Den andra kompressionsringen har en konisk profil och måste monteras med "TOP" markeringen uppåt **(se bild)**.

Observera: *På 2,5 liters motorer kan den övre kompressionsringen vara symmetrisk och sakna markringar. I detta fall kan den monteras på valfritt sätt.*

Kamaxel, vipparmar och hydraulisk ventillyftare

12 När kamaxeln är demonterad kan man undersöka lagerytorna beträffande slitage. Om de är slitna är det troligt att topplockets kamaxellager måste bytas. Detta är ett arbete som en Opelverkstad eller en specialverkstad bör utföra.

13 Kamaxeln bör ej ha märken eller skåror på axeltapparna eller kamlobernas ytor. I annat fall måste kamaxeln bytas.

14 Kontrollera vipparmarna beträffande slitage eller skador på kontaktytorna och byt vid behov.

15 Om mekanismen för de hydrauliska ventillyftarna är defekt måste även ventillyftaren bytas. Det är inte möjligt att reparera lyftaren.

Kamkedja och kamkedjespännare

16 Undersök kamaxelns och vevaxelns drev beträffande slitage eller skador som t ex skadade, krökta eller avslagna kuggar. Om något av dreven är skadade bör både dreven och kamkedjan bytas.

17 Undersök kamkedjans länkar beträffande slitage eller skador på rullarna. Slitaget kan bedömas genom att man kontrollerar hur mycket kedjan kan böjas i sidled. En ny kedja kan endast böjas mycket lite i sidled. Om spelet i sidled i kamkedjan är för stort måste den bytas. Det är en vettig förebyggande åtgärd att byta kamkedjan om motorn har tillryggalagt en avsevärd körsträcka eller om man har observerat missljud från kedjan när motorn har varit igång.

18 Undersök kedjestyrningarna beträffande slitage eller skador på ytorna som kedjan löper över. Byt dem som är mycket slitna.

19 Kamkedjespännarens skick kan endast bedömas vid jämförelse med en ny enhet. Byt spännaren om Du är tveksam om dess skick.

Svänghjul/drivplatta

20 Se kapitel 2A, avsnitt 14.

Motorblock

21 Se kapitel 2A, avsnitt 14.

15 Topplock - översyn

Observera: *För att minimera slitaget måste vipparmarna, ventillyftarna, ventilerna och tillhörande komponenter monteras i originallägena. Man undviker enklast förväxlingar genom att man placerar dem i en behållare som är indelad i fack eller i numrerade påsar när man demonterar dem.*

1 När topplocket är demonterat skall vipparmarnas fästmuttrar tas loss, varefter ventillyftarnas brickor lyfts av. Demontera vipparmarna och förvara dem så att de kan monteras tillbaka i orignallägena.

2 Tag loss ventillyftarna från topplocket och förvara dem tillsammans med tillhörande vipparm.

3 Drag ut kamaxeln ur topplockets framsida.

4 Demontera ventilerna genom att pressa samman ventilfjädrarna med en lämplig ventilfjäderkompressor och ta bort ventilknastren. Lossa kompressorn och demontera ventilfjädertallrikarna, fjädern och fjädersätena.

5 Demontera ventilerna och förvara dem så att de kan monteras tillbaka i originallägena.

6 Bänd ut ventilskaftens oljetätningar ur ventilstyrningarna. Lyft ut ventilernas rotationsbrickor som är monterade på avgasventilerna och förvara dem med tillhörande ventil.

7 När ventilerna är demonterade skall ventilerna, förbränningskamrarna och öppningarna rengöras från sot och avlagringar. Även kolvtopparna kan rengöras nu, men se till att inte sot och smuts hamnar mellan kolvarna och cylinderloppen. Förhindra detta genom att rengöra två kolvar i taget när de är i den övre dödpunkten. Applicera lite fett mellan kolvarna och cylinderloppen. Täpp igen de övriga cylindrarna och oljekanalerna med papper. Pressa ned kolvarna i cylinderloppen efter rengöringen och torka bort fettet som innehåller sotresterna.

8 Undersök ventilhuvudena och ventilsätena beträffande gropar och brända ytor. Om groparna på ventilen och i ventilytan endast är ytliga kan de avlägsnas genom slipning. Först används grövre, därefter finare ventilslipningspasta. Om groparna är djupa måste ventilerna slipas ner med en ventilslipningsmaskin och sätena måste fräsas om med en ventilsätesfräs. Dessa två arbeten kan endast utföras av en Opelverkstad eller en motorrenoveringsfirma.

9 Kontrollera ventilstyrningarna beträffande slitage genom montera ventilen i styrningen och röra den i sidled. Om spelet är större än det specificerade skall ventilstyrningarna bytas av en Opelverkstad.

10 När man slipar ventiler som har ytliga gropar med ventilslippasta skall man göra på följande sätt. Applicera lite grov ventilslippasta på ventilhuvudet och sätt fast ventilen på ett ventilslipningsverktyg med en sugkopp. Slipa ventilen på sätet med en roterande rörelse. Lyft upp ventilen och vrid den med jämna mellanrum. En mjuk fjäder under ventilhuvudet underlättar detta arbete. När ventilen och ventilsätet har fått en matt, jämn ytfinish skall man avlägsna den grova pastan. Upprepa proceduren med en fin pasta tills dess att ventilen och ventilsätet har en grå ring som är ljusgrå i ytfinishen. Avlägsna noggrant alla rester av slippasta.

11 Kontrollera ventilfjädrarna beträffande skador och jämför längden helst med en ny fjäder. Byt dem vid behov.

12 Använd linjal och bladmått för att kontrollera om topplocket är skevt. Om skevheten är större än maxvärdet i specifikationerna kan man eventuellt fräsa topplocket plant. Kontakta en Opelverkstad vid behov.

13 Börja ihopsättningen med att placera avgasventilernas rotationsbrickor på respektive ventilstyrningar.

14 Pressa in ventilskaftens oljetätningar i styrningarna.

15 Smörj ventilskaften med motorolja före montering och tryck in dem i ventilstyrningarna.

16 Montera fjädern och fjädertallriken. Använd ventilfjäderkompressorn för att trycka ihop fjädern tills ventilknastret kan monteras på spåren i ventilskaftet. Släpp upp kompressorn sakta och kontrollera att knastret sitter korrekt.

17 När ventilerna har monterats skall man försiktigt knacka på fjädrarnas övre del för att kontrollera att ventilknastren sitter ordentligt.

18 Smörj kamaxelns lagerytor och kamlober med ren motorolja och tryck in kamaxeln i topplocket.

19 Smörj ventillyftarna och placera dem i originallägena i topplocket.

20 Smörj vipparmarna och montera dem på tillhörande stöd.

21 Smörj vipparmsbrickorna och montera dem på vipparmarna med den rundande sidan nedåt. Skruva på vipparmens fästmutter och justera alla ventillyftare enligt avsnitt 13. Se till att alla justeras med kamaxeln i läget som motsvarar den övre dödpunkten. Alternativt kan man vänta tills topplocket är monterat på motorblocket och justera ventillyftarna när ventilkåpan monteras.

16 Motor - fullständig ihopsättning

Observera: *Nya bultar för svänghjulet och drivplattan skall användas vid ihopsättning.*

1 Placera topplocket med ovansidan ned på arbetsbänken och torka ren sätena för ramlagerskålarna.

2 Tryck ned ramlagerskålarna i vevhuset. Se till att flikarna passas in i spåren. Observera att det mittre lagret har tryckflänsar.

3 Smörj skålarna med ren motorolja.

4 Sänk ned vevaxeln försiktigt i vevhuset. Vrid den några varv och kontrollera att den är korrekt monterad genom att försiktigt knacka på vevtappstyckena med en mjuk hammare.

5 Kontrollera att vevaxelns axialspel är inom gränserna som anges i specifikationerna. Använd antingen ett bladmått mellan det mittre ramlgrets flänsar och vevaxelns tryckyta eller en mätklocka på vevaxelns bakre fläns.

6 Rengör ramlageröverfallens lagerskålar och lageröverfallen och tryck dem på plats. Smörj lagerskålarna med ren olja.

7 Applicera tätmedel på anliggningsytan på den bakre ramlagerskålen (Opel rekommenderar tätmedel GM spec 15 04 200 (art nr 08 983 368) - kan erhållas hos Opelåterförsäljare) **(se bild).**

8 Fyll sidospåren på det bakre lageröverfallet med en sträng med RTV tätningsmedel (Opel rekommenderar tätmedel GM spec 15 03 294 (art nr 90 001 851) som är ca 6 mm i diameter **(se bild).**

9 Montera det bakre ramlageröverfallet. Montera de nya bultarna för överfallet och drag åt dem jämnt och stegvis med specificerat åtdragningsmoment. Kontrollera att spåren i det bakre ramlageröverfallet är väl fyllda med tätmedel. Torka bort eventuellt överflödigt tätmedel.

10 Dra runt vevaxeln och kontrollera att den kan rotera fritt utan att kärva.

11 Smörj tätningsläpparna på vevaxelns nya bakre oljetätning med fett. Placera oljetätningen på vevaxelns ände och pressa in den i det bakre ramlagret tills den är i linje med ändytan.

12 Placera motorblocket på sidan och smörj cylinderloppen och vevaxeltapparna rikligt med olja.

13 Placera kolvringarna så att ändgapen är vridna 180° i förhållande till varandra. Gapen i oljeskrapringens övre och nedre del skall vridas mellan 25 och 50 mm till vänster och till höger om ändgapet i den mittre sektionen.

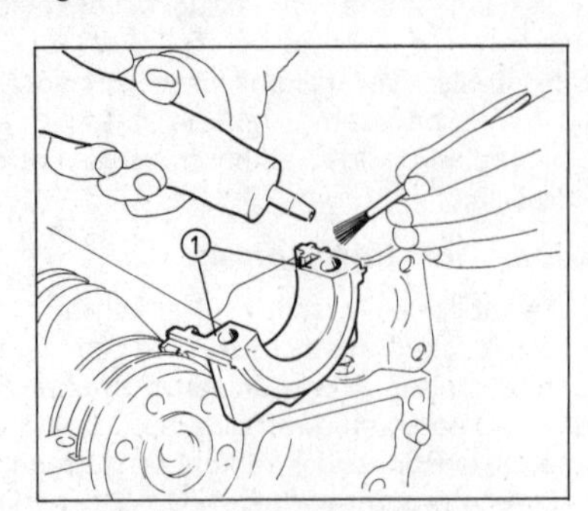

16.7 Applicera lämpligt tätmedel på det bakre ramlageröverfallets anliggningsytor (1) . . .

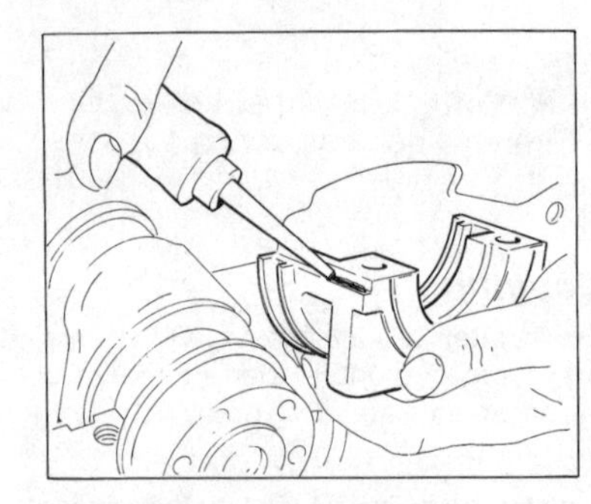

16.8 . . . och fyll de yttre spåren med tätmedel (se text)

14 Rengör vevlagerskålarna, vevlageröverfallen och vevstakarna. Pressa lagerskålarna på plats.

15 Drag runt vevaxeln så att tappen för cylinder nr 1 är i den nedre dödpunkten.

16 Montera en kolvringskompressor på kolv nr 1. För in kolven i cylinder nr 1 så att pilen på kolvtoppen pekar mot motorns framsida (där kamkedjan är monterad).

17 Använd ett hammarskaft för att knacka ur kolven ur kolvringskompressorn samtidigt som vevstaken förs på vevlagertappen.

18 Montera vevlageröverfallet, se till att det är rättvänt. Montera de nya bultarna för vevlageröverfallen. Drag åt bultarna jämnt och stegvis till specificerat åtdragningsmoment.

19 Kontrollera att vevaxeln kan rotera fritt. Tänk på att kolvringarna utövar en viss friktion.

20 Upprepa procedurerna i paragraf 15 till 19 för de övriga kolvarna.

21 Vänd motorblocket med ovansidan nedåt på arbetsbänken.

22 Om den har demonterats skall Woodruffkilen placeras i spåret i vevaxeln. Se till att de är rättvända och montera kamkedjedrevet samt oljepumpens/tändfördelarens kuggdrev. Knacka på kedjedrevet och kuggdrevet tills de ligger an mot vevaxelns ansats.

23 Rengör gängorna i bultarna för kamkedjestyrningen och kamaxeldrevets stödplatta och applicera låsningsvätska. Montera styrningen och plattan och drag åt bultarna ordentligt.

24 Om de nya bultarna för svänghjulet/drivplattan inte är täckta med låsningsvätska måste man utföra detta innan de monteras. Montera svänghjulet/drivplattan på vevaxeln och montera de nya fästbultarna. Se till att bulten som är märkt "P" placeras i hålet som markerades vid demonteringen. Modeller med automatväxellåda: Glöm inte att montera distansen och brickan mellan vevaxeln och drivplattan. Förhindra att den roterar med verktyget i **bild 9.10**. Drag därefter åt fästbultarna till specificerat åtdragningsmoment. På modeller med 2,6 liters motorer skall man dra bultarna ytterligare enligt steg 2.

25 Drag runt vevaxeln så att cylinder nr 1 är i den övre dödpunkten och justera märket på svänghjulet/drivplattan så att det är i linje med markeringen på motorblocket.

26 Montera kamaxeldrevet och kamkedjan i motorn. Placera kedjan så att den följer markeringarna som ritades vid demonteringen (i förekommande fall). Spänn den vänstra delen av kedjan och spänn därefter kedjans högra del. Kontrollera att tändlägespunkten på kamaxeldrevet är i linje med spåret i stödplattan **(se bild)**. Vid behov måste man lyfta av kedjan och justera kamaxeldrevets läge.

27 När kedjan är monterad så att märkena är korrekt placerade skall kedjespännarens blad monteras. Montera hållfjädern/fjädrarna.

28 Använd en lämplig skruvmejsel för att försiktigt bända ut oljetätningen ur kamkedjekåpans framsida. Montera en ny oljetätning.

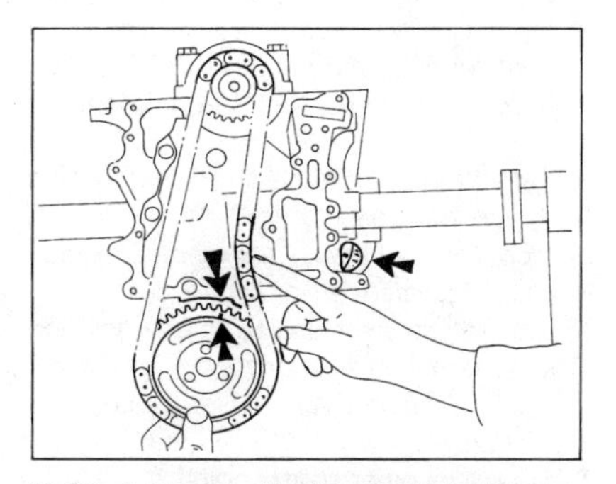

16.26 Justera svänghjulets/drivplattans märke mot pilen på cylinderblocket (vid pilen). Montera kamkedjan och kamaxeldrevet enligt bilden. Se till att kamaxeldrevets tändlägesmarkering är i linje med stödplattans spår (vid pilarna)

Se till att tätningsläppen är riktad inåt och pressa den på plats tills den är i linje med kamkedjekåpans yta.

29 Placera kamkedjekåpans styrstift i motorblocket och montera de nya packningarna.

30 Montera kamkedjekåpan och skruva i fästbultarna. Se till att de är monterade i korrekt läge och drag åt dem till specificerat åtdragningsmoment.

31 Rengör blockets och topplockets anliggningsytor ordentligt och skär till kanterna på kamkedjekåpans packning med en vass kniv.

32 Kontrollera att cylinder nr 1 fortfarande är i den övre dödpunkten och att svänghjulets/drivplattans märke och pilmarkering är i linje med varandra. Se även till att kamaxeldrevets tändlägesmarkering är i linje med spåret i stödplattan. Montera kamkedjespännaren och tätningsringen och skruva åt den ett par varv.

33 Kontrollera att båda styrstiften är monterade i motorblocket och applicera ett lager med lämpligt tätmedel (Opel rekommenderar tätmedel av typ GM spec 15 03 294 (art nr 90 001 871) som kan erhållas hos Opelåterförsäljare) på ytorna där kamkedjekåpan möter topplocket.

34 Montera en ny O-ring i hålet i kamkedjekåpans övre del. Montera den nya topplockspackningen och se till att den är rättvänd och korrekt placerad på styrstiften.

35 Se till att urfräsningarna i kamaxeln är i korrekt läge och placera topplocket försiktigt på plats.

36 Montera de nya topplocksbultarna försiktigt i hålen *(tappa inte ner dem)* och skruva åt dem för hand.

37 Arbeta stegvis enligt anvisningarna i **bild 12.19.** När topplockets bultar skall dras åt till åtdragningsmomentet som motsvarar steg 1. Använd en momentnyckel och en lämplig hylsa.

38 När alla bultar har dragits åt med korrekt åtdragningsmoment enligt steg 1 skall man vinkeldra dem enligt steg 2. Arbeta i samma ordningsföljd som förut när bultarna vinkeldras enligt specifikationerna med en hylsa och en hylsnyckel. Man bör använda en vinkelmätare vid denna åtdragning för att erhålla tillräcklig noggrannhet.

39 Vänta i ca 10 minuter och vinkeldra dem därefter enligt specifikationerna i steg 3.

40 Montera de två mindre bultarna på topplockets främre del och drag åt dem till specificerat åtdragningsmoment.

41 Placera kamaxeldrevet på kamaxeln och drag åt monteringsbultarna till specificerat åtdragningsmoment. Kontrollera att svänghjulets/drivplattans samt kamaxeldrevets tändlägesmarkeringar är i korrekt läge. Drag därefter åt kamkedjespännaren med specificerat åtdragningsmoment.

42 Montera en ny plastbult för justering av axialspelet (levereras med packningarna) på kamaxelns ände. Montera skyddsplåten och den nya packningen på topplockets främre del. Använd ett bladmått för att mäta spelet mellan plastbulten och täckplåten; detta är kamaxelns axialspel **(se bild 12.24).** Justera spelet enligt specifikationerna genom att skruva i eller ur plastbulten i kamaxeln enligt behov.

43 Montera luftintagsröret på kamkedjekåpans nedre del. Använd en ny packning. Applicera lämplig låsvätska på fästbultarna och drag åt dem ordentligt.

44 Se till att sumpen och blockets anliggningsytor är rena och torra.

45 Applicera ett lager med lämpligt tätmedel (Opel rekommenderar ett tätmedel av typ GM spec 15 03 294 (art nr 90 001 851) som kan erhållas hos Opelåterförsäljare) på ytorna där kamkedjekåpan och det bakre ramlageröverfallet möter motorblocket.

46 Använd tätmedlet för att fästa packningarna i korrekt läge. Fäst gummipackningarna i spåren i kamkedjekåpan och ramlageröverfallet samt korkpackningarna på motorblockets undersida. Se till att anliggningsytorna mellan packningarna är täckta med tätmedel.

47 Rengör gängorna på oljesumpens fästbultar och applicera lämplig låsvätska på dem (Opel rekommenderar låsvätska av typ GM spec 15 10 177 (art nr 90 167 347) - kan erhållas hos Opelåterförsäljare).

48 Lyft upp sumpen mot motorblocket och montera fästbultarna. Se till att de monteras i originallägena. Drag åt alla bultar för hand och drag därefter åt dem till specificerat åtdragningsmoment.

49 Montera vattenpumpen med en ny packning och montera fästbultarna i korrekt läge. Drag åt fästbultarna till specificerat åtdragningsmoment.

50 Montera vevaxelns remskiva försiktigt på plats. Se till att inte oljetätningens tätningsläpp skadas. Placera spåret i remskivan på vevaxelns kil. Montera remskivans fästbult och drag åt den till specificerat åtdragningsmoment. Använd låsningsverktyget på svänghjulet/drivplattan så att inte vevaxeln roterar.

51 Justera de hydrauliska ventillyftarna enligt avsnitt 13.

52 Montera tätningen på ventilkåpan och montera kåpan på topplocket. Montera kåpans fästbultar, kontrollera att tändkablarnas/slangarnas hållare är korrekt placerade och drag åt bultarna ordentligt.

53 Montera tändstiften, tändfördelarens rotor och fördelarlocket enligt kapitel 1 och 5.

54 Montera oljestickan.

55 Montera oljetryckskontakten och drag åt den ordentligt.

56 Montera komponenterna som anges i avsnitt 8.

17 Motorns yttre komponenter - montering

Se avsnitt 8. Montera de angivna komponenterna och se angivna kapitel vid behov.

18 Motor - montering

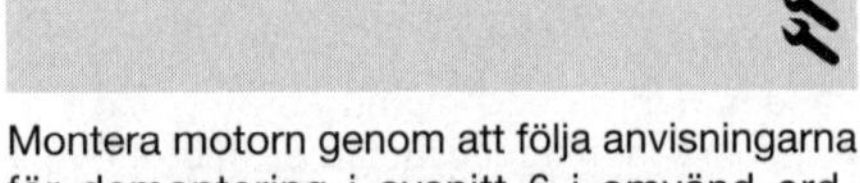

Montera motorn genom att följa anvisningarna för demontering i avsnitt 6 i omvänd ordningsföljd. Beakta följande anvisningar:

a) *Smörj växellådans ingående axel eller momentomvandlarens tapp (se kapitel 7A eller 7B).*

b) *Modeller med automatisk växellåda: Kontrollera att momentomvandlaren är kopplad till växellådans oljepump enligt kapitel 7B.*

c) *Fyll motorn med rätt mängd specificerad oljetyp (se kapitel 1).*

d) *Modeller med mauell växellåda: Justera kopplingsvajern enligt kapitel 6.*

e) *Justera gasvajern samt (i förekommande fall) automatväxellådans kick-downvajer och farthållarens vajer enligt kapitel 4B, 7B och 12.*

f) *Fyll kylsystemet enligt kapitel 1.*

19 Motor - första start efter omfattande underhåll eller reparation

1 Se till att batteriet är fulladdat och motorn är väl fylld med alla smörjmeldel och vätskor samt att det finns bränsle i tanken.

2 Dubbelkolla alla anslutningar och kopplingar.

3 Koppla loss den inkommande tändkabeln från tändfördelaren och anslut den till en jordningspunkt med en klämma. Drag runt motorn med startmotorn tills oljetrycklampan släcks eller tills oljetrycket kan läsas av på mätaren. Detta säkerställer att motorn inte är tom på olja under de första kritiska minuterna efter start. Bränslesystemet fylls samtidigt.

4 Anslut tändkabeln till tändfördelaren. Starta motorn.

5 När motorn har tänt och går skall man låta den gå med ett normalt varvtal (inte snabbare) tills den är uppe i normal arbetstemperatur.

6 När motorn värms upp kommer den att avge onormala lukter och viss rök från komponenter där oljerester förbränns. Man skall titta efter olje- eller vattenläckor som syns tydligt om de är allvarliga. Kontrollera även avgassystemets kopplingar vid motorn eftersom dessa inte är helt gastäta förrän de har utsatts för värme och vibrationer, varefter de kan dras åt en gång till. Detta skall naturligtvis utföras när motorn har stängts av.

7 När motorn är uppe i normal arbetstemperatur skall motorn stängas av. Vänta ett par minuter för att se om smörjmedel eller kylmedel rinner ut när motorn är avstängd.

8 Under den första tiden som motorn körs är det inte ovanligt att de hydrauliska ventillyftarna avger en del oljud. Detta skall dock upphöra, senast efter ett par mils körning.

9 I synnerhet om många nya delar har monterats bör man byta motoroljan och oljefiltret efter 1000 km.

Kapitel 2 del C:
3,0 liters (DOHC) motor

Innehåll

Svårighetsgrader

Enkelt, passar för novisen med lite erfarenhet 

Ganska enkelt, passar nybörjaren med viss erfarenhet 

Ganska svårt, passar kompetent hemmekaniker 

Svårt, passar hemmekaniker med erfarenhet 

Mycket svårt, för professionell mekaniker 

Specifikationer

Allmänt

Typ	Sex cylindrar, rak vätskekyld, dubbla kamaxlar med 24 ventiler
Motorkoder	C30SE eller C30SEJ

Observera: *Motorkoden utgör de första siffrorna i motornumret*

Cylinderdiameter	95,0 mm
Slaglängd	69,8 mm
Slagvolym	2969 cc
Tändföljd	1-5-3-6-2-4 (cylinder nr 1 vid kamkedjeänden)
Vevaxelns rotation	Medurs
Kompressionsförhållande	10,0:1

Motorblock (vevhus)

Material	Gjutjärn
Maximal cylinderovalitet	0,005 mm
Maximal tillåten konicitet	0,005 mm
Maximal överdimension vid honing	0,5 mm

Vevaxel

Antal ramlager	7
Ramlagertapparnas diameter:	
Standard	57,987 till 58,003 mm
Underdimensioner	
1:a underdimension (0,25 mm)	57,737 till 57,753 mm
2:a underdimension (0,5 mm)	57,487 till 57,503 mm
Vevtappens diameter:	
Standard	51,971 till 51,990 mm
Underdimensioner	
1:a underdimension (0,25 mm)	51,721 till 51,740 mm
2:a underdimension (0,5 mm)	51,471 till 51,490 mm
Vevaxelns axialspel	0,04 till 0,16 mm
Ramlagerspel	0,02 till 0,06 mm
Vevlagerspel	0,01 till 0,06 mm
Vevlagrens sidospel	0,11 till 0,24 mm

Kamaxel

Axialspel	0,04 till 0,14 mm
Kamaxeltapparnas diametrar	27,939 till 27,960 mm
Kamaxelöverfallens diametrar	28,000 till 28,020 mm

Kolvar och kolvringar

Typ	Lättmetallegering, försänkning i kolvtoppen	
Antal kolvringar	2 kompressionsringar, 1 oljeskrapring	
Ringarnas ändgap:		
Kompressionsring	0,40 till 0,65 mm	
Oljeskrapring	0,30 till 0,60 mm	
Ringgapets förskjutning (i förhållande till den intilliggande ringen)	180°	
Kolvtappens diameter	22,0 mm	
Kolvtappshålets diameter	22,004 till 22,010 mm	
Kolvdiametrar:	**Diameter (mm)**	**Märkning**
Produktionsklass 1	94,92	6
	94,93	6
Produktionsklass 2	94.94	8
	94,96	00
	94,98	02
Produktionsklass 3	95,00	04
	95,02	06
	95,04	08
Överdimension (0,5 mm)	95.43	7 + 0.5
	95,44	8 + 0,5
	95,45	9 + 0,5
	95,46	0 + 0,5
Spel mellan kolv och cylinderlopp:		
Ny motor	0,025 till 0,035 mm	
Efter honing	0,035 till 0,045 mm	
Max tillåten ovalitet för kolvar	0,005 mm	
Max tillåten konicitet för kolvar	0,005 mm	

Topplock

Material	Lättmetallegering
Max tillåten skevhet i tätningsytan	0,025 mm
Topplockets totala höjd	129,45 till 129,75 mm
Ventilsätenas bredd:	
Insugsventil	1,1 till 1,5 mm
Avgasventil	1,5 till 1,9 mm

Ventiler

Ventilspel	Automatiskt med hydrauliska ventillyftare (ventiltryckare)
Spel mellan ventilskaft och ventilstyrning:	
Insugsventiler	0,030 till 0,062 mm
Avgasventiler	0,039 till 0,068 mm
Ventilsätets vinkel	45°
Ventilstyrningens monterade höjd	12,7 till 13,0 mm
Ventilskaftens diametrar:	
Insugsventiler:	
Standard	6,955 till 6,970 mm
1:a överdimension (0,075 mm)	7,030 till 7,045 mm
2:a överdimension (0,150 mm)	7,105 till 7,120 mm
Avgasventiler:	
Standard	6,945 till 6,960 mm
1:a överdimension (0,075 mm)	7,020 till 7,035 mm
2:a överdimension (0,150 mm)	7,095 till 7,110 mm
Ventilstyrningarnas diameter:	
Standard	7,000 till 7,015 mm
1:a överdimension (0,075 mm)	7,075 till 7,090 mm
2:a överdimension (0,150 mm)	7,150 till 7,165 mm

Svänghjul

Maximal minskning av kontaktytans tjocklek	0,3 mm

Smörjning

Oljepump:	
Kuggspel (mellan kuggarna)	0,1 till 0,2 mm
Spel mellan kugghjul och pumphus (axialspel)	0,1 till 0,2 mm
Oljetryck vid tomgång (med motorn uppe i arbetstemperatur)	3,0 till 3,5 bar

Åtdragningsmoment	**Nm**
Vevlageröverfallens bultar	45
Fästmuttrarna för kamaxelns lageröverfall:	
Steg 1	5
Steg 2	10
Kamaxeldrevens bultar:	
Steg 1	90
Steg 2	Vinkeldra ytterligare 60°
Steg 3	Vinkeldra ytterligare 30°
Bultarna som fäster vevaxelns remskiva mot vibrationsdämparen	25
Topplockets bultar:	
Huvudbultarna:	
Steg 1	60
Steg 2	Vinkeldra ytterligare 90 till 100°
Vänta i ca 10 minuter, därefter:	
Steg 3	Vinkeldra ytterligare 30 till 40°
Kamkedjekåpans bultar mot topplocket	25
Ventilkåpans muttrar	20
Motorinfästningarnas monteringsmuttrar	40
Bultar för motorns rörelsedämpare:	
Övre bult	40
Nedre bult	22
Svänghjulets/drivplattans fästbultar:	
Steg 1	55
Steg 2	Vinkeldra ytterligare 30 till 45°
Ramlageröverfallens bultar	110
Oljetryckskontakten	45
Fästbultarna för oljepumpens kåpa	10
Bultarna för oljepumpens inloppsrör	8
Fästbult för den primära kamkedjans kedjestyrning	8
Den primära kamkedjans kedjespännare	60
Den sekundära kamkedjans kedjespännare	20
Sumpens dräneringsplugg	45
Sumpens fästbultar	20
Bultarna för kamkedjekåpan	15
Vibrationsdämparens fästbult:	
Steg 1	200
Steg 2	Vinkeldra ytterligare 50°
Steg 3	Vinkeldra ytterligare 15°
Vattenpumpens bultar	15
Vattenpumpens fästbultar:	
Steg 1	8
Steg 2	Vinkeldra ytterligare 30°
Steg 3	Vinkeldra ytterligare 15°

1 Allmän beskrivning

1 Motorn är rak och sexcylindrig med 24 ventiler. Topplocket har dubbla överliggande kamaxlar (DOHC). Motorn är konventionellt monterad i bilens främre del. Topplocket är av en lättmetallegering och motorblocket av gjutjärn.

2 Vevaxeln har sju ramlager och det bakre ramlagret har flänsar för reglering av axialspelet.

3 Vevstakarna är monterade på vevaxeln med horisontellt delade lagerskålar och i kolvarna med kolvbultar som är monterade med låsringar. Kolvarna, som är tillverkade av en lättmetallegering, har tre kolvringar: Två kompressionsringar och en oljeskrapring i tre segment.

4 Kamaxeln drivs av en kedja från vevaxeln. Vevaxeln är kopplad till avgaskamaxeln via den primära kamkedjan. Den sekundära kedjan sammankopplar kamaxlarna. Kamaxeln styr ventilerna via självjusterande hydrauliska ventillyftare som är monterade på ventiltryckarna. Båda kamaxlarna är lagrade i lageröverfall som är skruvade på topplockets topp. Insugs- och avgasventilerna stängs med spiralfjädrar och löper i styrningar som är inpressade i topplocket.

5 Motorsmörjningen ombesörjs av en kugghjulspump monterad i kamkedjekåpan vilken är monterad på topplockets främre del. Oljepumpen drivs av vevaxeln och oljepumpens axel driver även tändfördelarens rotor. Läckagegaser i vevhuset leds till kamaxelhuset via ett externt rör, därefter sugs de in i insugsröret via en slang.

2 Kompressionsprov - beskrivning och tolkning

Se del A, avsnitt 2

3 Omfattande åtgärder som kan utföras med motorn i bilen

Följande omfattande arbeten kan utföras utan att motorn demonteras:

a) Demontering och montering av topplocket.
b) Demontering och montering av sumpen.
c) Demontering och montering av oljepumpen
d) Demontering och montering av kolvar och vevstakar.

e) Demontering och montering av svänghjul/-drivplatta.
f) Demontering och montering av motor-infästningar.
g) Demontering och montering av kamaxlar.
h) Byte av vevaxelns främre och bakre oljetätningar.

4 Omfattande åtgärder som kräver demontering av motorn

Följande omfattande arbeten kan endast utföras när motorn har demonterats.

a) Demontering och montering av vevaxel och ramlager.
b) Demontering och montering av den primära kamkedjan.

5 Metod för demontering av motorn

Eftersom det inte går att demontera enbart motorn krävs en kraftig lyft för att lyfta ur motorn och växellådan som en enhet. Motorn/växellådan demonteras uppåt ur motorrummet.

6 Motor - demontering

1 Parkera bilen på ett jämnt och stabilt underlag. Blockera bakhjulen och drag åt handbromsen. Lyft upp bilens framvagn med en domkraft och placera den på pallbockar (se "*Lyftning och stödpunkter*"). Demontera framhjulen och motorrummets nedre skyddsplåtar.
2 Demontera motorhuven (se kapitel 11).
3 Demontera batteriet enligt kapitel 5.
4 Töm kylsystemet enligt anvisningarna i kapitel 1. Lossa muttern och koppla loss kylvätskeröret från den bakre högra delen av motorblocket och låt kylvätskan rinna ur motorblocket.
5 Demontera kylfläkten och kylaren enligt kapitel 3. Tag loss den övre och den nedre slangen till kylaren och expansionskärlets slang. Tag även loss slangarna från kylvätskepumpen.
6 Följ anvisningarna i kapitel 1 och töm ur motoroljan. Montera tillbaka sumpens dräneringsplugg och drag åt den med specificerat åtdragningsmoment.
7 Lossa anslutningsmuttrarna och koppla loss oljekylarens rör från motorn. Lossa rören från oljekylarens ledningar och tag bort dem. Plugga oljekylarens ledningar och motoröppningarna så att inte smuts kan tränga in.
8 Demontera generatorn enligt kapitel 5. Tag loss generatorns fäste och tag ut den ur motorrummet.
9 Följ anvisningarna i kapitel 10 vid demonteringen av styrservopumpen. För pumpen åt sidan så att motorn går fri; vätskeledningarna behöver inte kopplas loss.
10 Demontera farthållaren enligt kapitel 12.
11 Modeller med luftkonditionering: Tag loss kompressorn och placera den bredvid motorn. Tag loss hållaren från motorblocket (se kaptitel 11). **Koppla inte** loss ledningarna för kylmediumet från kompressorn och utsätt dem inte för belastningar.
12 Följ anvisningarna i kapitel 4B och demontera följande.

a) Demontera insugningens luftfördelningsrör och luftrenarhustes lock/luftflödesmätaren.
b) Demontera insusgsenheten med dubbelt trycksystem.
c) Demontera avgassystemets främre rör och tillhörande fästen. Demontera därefter katalysatorns värmesköld.
d) Koppla loss bränsleslangarna och de vakuum/ventilationsslangar från insugsröret som måste kopplas loss.

13 Koppla loss kontaktdonen från följande enheter.

a) Termostathusets kontakter och givare (kapitel 3).
b) Knacksensorerna och lambdasonden (kapitel 4B).
c) Tag loss jordningskablarna från insugsrörets bakre del och motorblockets sida.
d) Den induktiva pulsgivaren och tändfördelaren (kapitel 5). Tag även loss den inkommande tändkabeln från spolen.
e) Oljetryckskontakten och oljenivågivaren.
f) De tre kontaktdonen som är monterade under insugsröret.
g) Motorns kontaktdon som är placerade i mitten av motorrummets torpedvägg.

14 Modeller med manuell växellåda: Utför följande arbeten enligt anvisningarna i kapitel 7A.

a) Demontera värmeskölden och koppla loss hydraulröret från kopplingens slavcylinder. Tag loss röret från monteringsklämman på växellådan.
b) Koppla loss kontaktdonen från backljus-kontakten och hastighetsmätarens drivning.
c) Demontera växellänkaget.
d) Tag loss kardanaxeln från växellådans bakre ände (se kapitel 8).
e) Stöd växellådan med en domkraft. Demontera den bakre tvärbalken från växellådan.

15 Modeller med automatväxellåda: Utför följande arbeten med hänsyn till instruktionerna i kapitel 7B.

a) Tag loss ventilationsslangen och kontaktdonen som är monterade på motorrummets torpedvägg.
b) Koppla loss oljekylarens slangar och rulla upp dem för att förhindra att smuts tränger in. Tag loss kontaktdonet som är monterat bredvid rören.
c) Placera växelväljaren i läge "N". Skruva loss muttern och tag loss växelväljaren från växellådans ingående axel.
d) Tag loss kardanaxeln från växellådans bakre ände enligt beskrivningen i kapitel 8.
e) Stöd växellådan med en domkraft. Demontera den bakre tvärbalken från växellådan.

16 Alla modeller: Tag loss motorns rörelsedämpare från motorblockets högra och vänstra sida och för dem åt sidan.
17 Placera motorlyften i läge och fäst den i topplockets lyftöglor. Höj lyftens arm tills den tar upp motorns vikt.
18 Tag loss det vänstra och högra motorfästet från motorn. Kontrollera en sista gång att alla komponenter som förhindrar demonteringen av motorn/växellådan har demonterats eller kopplats loss. Se till att komponenter som t ex styrservopumpen har placerats så att de inte skadas vid demonteringen av motorn.
19 Vinkla motorns främre del uppåt och lyft upp motorn/växellådan ur motorrmummet. När motorn lyfts ur måste man vara mycket försiktig så att inte övriga komponenter i motorrummet skadas, i synnerhet luftkonditioneringsystemet.
20 När enheten med motor och växellåda är ute ur motorrummet skall den placeras på lämpliga träblock på en arbetsbänk (eller en ren yta på verkstadsgolvet).
21 Tag loss fästbultarna och tag bort svänghjulets/drivplattans täckplåt (i förekommande fall) från växellådan. Modeller med automatväxellåda: Tag hand om brickan och distansen som är monterad bakom drivplattan. Kassera bultarna, man bör använda nya vid monteringen.
22 Modeller med automatisk växellåda: Tag loss bultarna som fäster momentomvandlaren mot drivplattan. Drag runt motorn med en hylsa på bulten för vevaxeldämparen för att komma åt alla bultar.
23 Lossa och tag bort startmotorns fästbultar och demontera den från växellådan.
24 Se till att både motor och växellåda är stabilt placerade. Lossa och demontera de återstående bultarna som fäster transmissionshuset mot motorn. Observera var de olika bultarna är monterade (och tillhörande fästen) när de tas loss. Detta är mycket viktigt för monteringen.
25 Tag försiktigt loss växellådan från motorn. Se till att inte växellådans vikt hänger på den ingående axeln när den demonteras från motorn.
26 Om de är lösa bör man ta bort styrstiften från motorn och växellådan och förvara dem på ett säkert ställe.

7 Motor, isärtagning - allmänt

1 Motorn bör tas isär på en ren yta fri från damm och smuts. Undvik att arbeta med motorn direkt på ett betonggolv eftersom grus och sandkorn kan orsaka allvarliga problem.
2 Det är lämpligt att använda olika behållare för smådelarna eftersom detta underlättar monteringen.
3 Rengör alla komponenter ordentligt med ett lämpligt lösningsmedel och torka dem före kontroll. Interna kanaler skall blåsas rena med tryckluft.
4 Köp alltid kompletta satser med packningar när motorn skall tas isär och använd alla vid ihopsättning.
5 Om det går skall man montera tillbaka muttrar, bultar och brickor i sina ursprungliga lägen eftersom detta skyddar gängorna och underlättar vid ihopsättning av motorn.
6 Spara delar som inte kan repareras tills de nya delarna finns tillgängliga. detta gör det möjligt att kontrollera att den nya delen verkligen är korrekt.

8 Motorns yttre komponenter - demontering

Nedanstående delar kan demonteras med motorn i bilen. Det är dock lämpligare att demontera dem när motorn har tagits ut ur motorrummet om man skall genomföra omfattande arbeten. Detta gäller följande föremål:

a) Insugsrör och avgasgrenrör (kapitel 4B).
b) Koppling - modeller med manuell växellåda (kapitel 6).
c) Tändstift, tändfördelare och tändsystemets induktiva pulsgivare (kapitel 1 och 5).
d) Oljefilter (kapitel 1).

9 Motor - fullständig isärtagning

1 Demontera komponenterna i avsnitt 8.
2 Skruva loss och tag bort oljetryckskontakten.
3 Tag ut oljestickan.
4 Koppla loss vevhusets ventilationsslang från kamaxelkåpan.
5 Tag loss muttrarna, brickorna och tätningarna från kamaxelkåpans pinnbultar. Tag bort kamaxelkåpan och tag reda på tätningen.
6 Tag loss muttrarna och kabelklämmorna från den övre kamkedejekåpans främre del. Tag loss fästbultarna, observera placeringen av kabelklämmornas pinnbultar. Demontera kamkedjekåpan och packningen.
7 Drag runt vevaxeln med en hylsa på vevaxeldämparens bult tills pilen i öppningen på motorblockets högra sida är i linje med den upphöjda markeringen på svänghjulet/drivplattan. I detta läge är cylinder nr 1 (längst fram) i den övre dödpunkten. Pilarna på kamaxeldreven skall peka **mot** varandra. Om detta inte är fallet skall man dra runt vevaxeln ytterligare ett helt varv. Drag inte runt vevaxeln/kamaxlarna ytterligare.
8 Tag loss bultarna och demontera den sekundära kamkedjans spännare ur topplockets övre del.
9 Tag loss den primära kamkedjans kedjespännare ur topplocket och tag reda på dess tätningsring.
10 Tag loss bulten för insugskamaxelns kamaxeldrev. Lås samtidigt kamaxeln genom att hålla i kamaxelns bakre del med en ringnyckel. Demontera kamaxeldrevet och den sekundära kamkedjan. Kassera bulten, man bör använda en ny vid montering.
11 Tag loss avgaskamaxelns bult. Lås kamaxeln med en ringnyckel och demontera kamaxeldrevet. Kassera bulten, man bör använda en ny vid montering.
12 Tag loss de två små bultarna som fäster kamkedjekåpan mot topplockets främre del.
13 Följ anvisningarna i **bild 12.26a** i omvänd ordningsföljd och lossa de 14 topplocksbultarna stegvis ett halvt varv åt gången tills alla kan tas loss för hand. Kassera bultarna, man bör använda nya vid montering.
14 Tag loss topplocket. Observera hur det är kopplat till kamkedjespännarens blad. Tag bort packningen, tag reda på topplockets styrstift och förvara dem tillsammans med topplocket.
15 Tag loss bultarna och demontera vevaxelns remskiva från vibrationsdämparen. Håll i dämparen med en hylsa när bultarna skall lossas.
16 Tag loss remskivan från vattenpumpen. Modeller med luftkonditionering: Tag även loss drivremmens extra drev från motorn.
17 Tag loss fästbulten och demontera vibrationsdämparen från vevaxeln. För att undvika att vevaxeln roterar när bulten skall lossas kan man låsa svänghjulet/drivplattan med ett hemmagjort verktyg enligt bilden. Man kan vid behov ta bort rullpinnen och separera vibrationsdämparen från navet **(se bilder).** Kassera vibrationsdämparens bult, man bör använda en ny vid montering.
18 Lås svänghjulet/drivplattan, demontera fästskruvarna och tag loss den från vevaxelns bakre ände. Modeller med automatisk växellåda: Tag reda på brickan och distansen som är monterad bakom drivplattan.
19 Tag loss bultarna och demontera vattenpumpen med packning från kamkedjekåpan.
20 Vänd motorn upp och ned på arbetsbänken. Placera trasor runt motorn för att torka upp vatten och olja som kan rinna ur den.
21 Tag loss sumpens bultar och demontera sumpen med tillhörande tätning. Observera att bultarna är olika långa.
22 Tag loss oljesugröret från oljepumpens nedre del och tag bort dess packning.
23 Tag loss kamkedjekåpans fästbultar. Observera att bultarna är olika långa. Demontera kåpan med de två tillhörande packningarna. Tag loss styrstiften.
24 Tag loss monteringsklämman och tag loss kamkedjespännaren från dess axel. Demontera axeln om den är lös.
25 Tag loss kamkedjestyrningens bult från topplockets främre del. Demontera styrningens styrpinne om den är lös.
26 Demontera kamkedjan.
27 Markera placeringen av vevlageröverfallen på vevstakarna med hjälp av en körnare. Numrera dem från motorns framsida.
28 Lägg motorblocket på sidan och tag loss bultarna för vevlageröverfallen och knacka loss överfallen. Använd handtaget på en hammare för att knacka ut kolvarna med tillhörande vevstake ur motorblockets övre del. Montera tillfälligt tillbaka lageröverfallet på vevstaken med lagerskålarna i originallägena.
29 Upprepa proceduren på de övriga kolvarna och vevstakarna.
30 Ramlageröverfallen skall vara numrerade från motorns front. Om ingen numrering finns skall man märka dem med en körnare.
31 Placera blocket med ovansidan ned igen. Tag därefter loss ramlageröverfallen. Se till att lagerskålarna förvaras tillsammans med tillhörande överfall.

9.17a Verkyg för låsning av svänghjul/drivplatta

9.17b Vid behov kan man demontera rullpinnen (vid pilen) och ta loss vibrationsdämparen från navet

32 Lyft ut vevaxeln ur vevhuset och tag bort oljetätningen. Vid behov kan man dra av oljepumpens och tändfördelarens gemensamma drivkugghjul och kamdrev. Observera åt vilket håll de är monterade och tag ur Woodruff-kilen ur spåret i vevaxeln. Om något av dreven sitter fast kan man använda en avdragare för att demontera dem.

33 Demontera de övre ramlagerskålarna ur vevhuset och placera dem tillsammans med tillhörande ramlageröverfall.

10 Sump - demontering och montering med motorn i bilen

Demontering

1 Drag åt handbromsen och använd domkraft och pallbockar för att palla upp bilens främre del (se "*Lyftning och stödpunkter*").

2 Skruva loss dräneringspluggen och töm oljan i en lämplig behållare. Torka av pluggen, skruva tillbaka den och drag åt när du är färdig.

3 Demontera den främre tvärbalken enligt anvisningarna i kapitel 10.

4 Modeller med luftkonditionering: Tag loss kompressorns fäste från oljesumpen.

5 Demontera det mittre parallellstaget enligt anvisningarna i kapitel 10.

6 Koppla loss kontaktdonet från oljenivågivaren.

7 Tag loss sumpens bultar och demontera sumpen från motorn. Observera att bultarna är av olika längd.

8 Tag bort gummipackningen från sumpen.

9 Vid behov kan man ta loss oljenivågivaren från sumpen och ta bort packningen.

Montering

10 Se till att sumpens och motorblockets anliggningsytor är rena och torra. Montera en ny tätning i oljesumpens spår.

11 Applicera ett lager med lämpligt tätmedel (Opel rekommenderar ett tätmedel av typ GM spec 15 03 294 (art nr 90 001 851) - kan erhållas hos Opelåterförsäljare) på ytorna där kamkedjekåpan och det bakre ramlageröverfallet möter motorblocket.

12 Lyft upp sumpen mot motorblocket och montera fästbultarna. Se till att de monteras i originallägena. Drag åt alla bultar för hand och drag därefter åt dem till specificerat åtdragningsmoment.

13 Anslut kontaktdonet till oljenivåkontakten.

14 Montera det mittre parallellstaget och fjädringens tvärstag enligt kapitel 10.

15 Sänk ned bilen.

16 Fyll motorn med specificerad mängd och typ av olja (se kapitel 1 och "*Veckokontroller*").

11 Motorinfästningar - byte

1 Drag åt handbromsen och använd domkraft och pallbockar för att palla upp bilens främre del (se "*Lyftning och stödpunkter*").

2 Tag loss muttrarna från de två motorinfästningarnas övre del och lossa bultarna som fäster motorns rörelsedämpare mot monteringsfästena.

3 Använd en lyft eller ett motorlyftok över motorrummet och lyft upp motorn ca 25 mm. Se till att inte belasta någon av rören eller slangarna.

4 Tag loss de nedre muttrarna och tag bort motorinfästningarna. Det kan vara nödvändigt att ta loss motorfästena från motorn för att kunna göra detta.

5 Montera de nya motorinfästningarna genom att följa anvisningarna för demontering i omvänd ordning. Se till att stiftet på motorinfästningarna placeras i hålen på fästena.

12 Topplock - demontering och montering med motorn i bilen

Observera: *Nya skruvar för topplocket och kamdreven skall användas vid monteringen.*

Demontering

1 Koppla loss batteriets minuskabel.

2 Töm kylsystemet (se kapitel 1).

3 Demontera insugs- och avgasgrenröret enligt kapitel 4B.

4 Demontera tändstiften, tändfördelarlocket och tändkablarna samt rotorn enligt kapitel 1 och 5.

5 Demontera kylfläkten enligt anvisningarna i kapitel 3.

6 Tag loss kontaktdonen från termostathusets givarenheter. Lossa slangklämmorna och tag loss kylsystemets slangar från termostathuset/kylsystemets vinkelenhet.

7 Tag loss styrservons rör från fästena på torpedväggen (vid behov).

8 Koppla loss vevhusventilationens slang från kamaxelkåpan.

9 Tag loss kamaxelkåpans muttrar och brickor från pinnbultarna. Demontera kamaxelkåpan och tag reda på tätningarna **(se bilder)**.

10 Tag loss muttrarna och kabelklämmorna från den övre kamkedejekåpans främre del. Tag loss fästbultarna, observera placeringen av kabelklämmornas pinnbultar och demontera kamkedjekåpan och packningen **(se bild)**.

11 Drag runt vevaxeln med en hylsa på vevaxeldämparens bult tills pilen i öppningen på motorblockets högra sida är i linje med den upphöjda markeringen på svänghjulet/drivplattan. I detta läge är cylinder nr 1 (längst fram) i den övre dödpunkten. Pilarna på kamaxeldreven skall peka **mot** varandra **(se bilder, inkl 12.34)**. Om detta inte är fallet skall man dra runt vevaxeln ytterligare ett helt varv. Drag inte runt vevaxeln/kamaxlarna ytterligare.

12 Tag loss bultarna och demontera den sekundära kamkedjans spännare ur topplockets övre del **(se bilder)**.

13 Tag loss den primära kamkedjans kedjespännare ur topplocket och tag reda på dess tätningsring **(se bild)**.

14 Tag loss bulten för insugskamaxelns kamaxeldrev. Lås samtidigt kamaxeln genom att hålla i kamaxelns bakre del med en ringnyckel. Demontera kamaxeldrevet och den sekundära kamkedjan. Kassera bulten, man bör använda en ny vid montering.

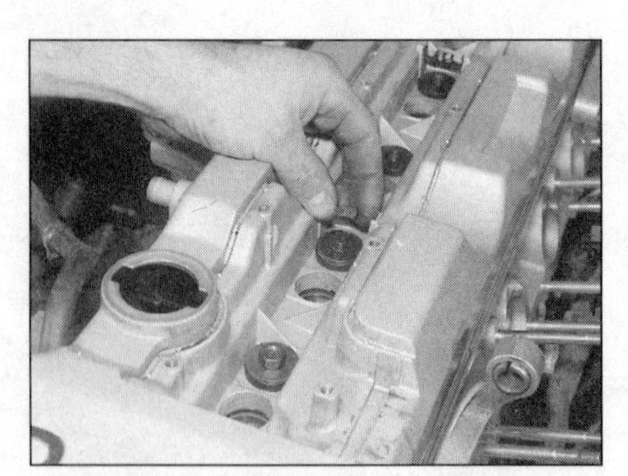

12.9a Tag loss monteringsmuttrarna och brickorna . . .

12.9b . . . och tag bort tätningarna från kamaxelkåpans pinnbultar

12.10 Lossa muttrarna och tag loss kabelklämmorna från den främre delen av den övre kamkedjekåpan

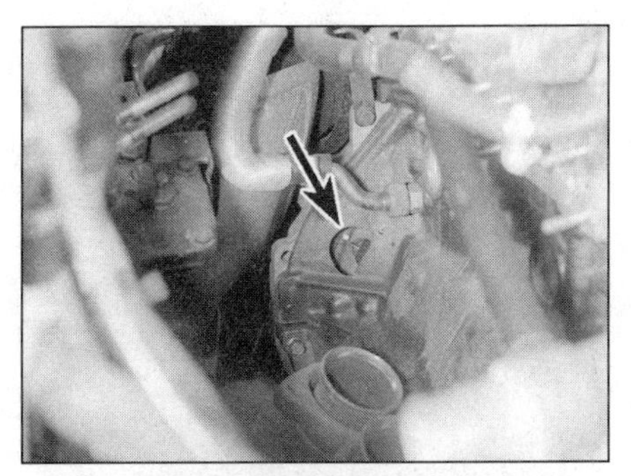

12.11a Justera svänghjulets/drivplattans markering med pilen på cylinderblockets högra sida (vid pilen) . . .

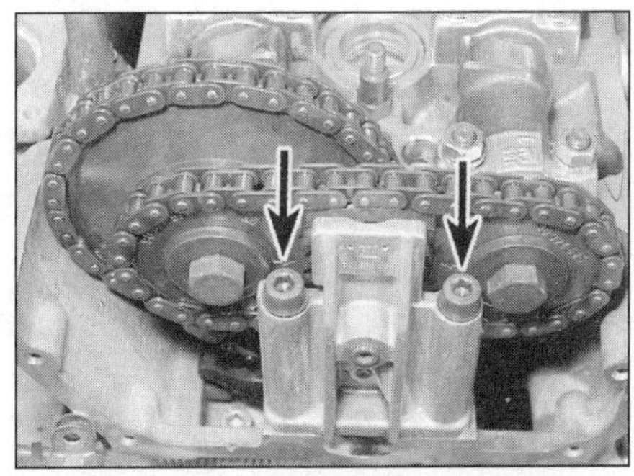

12.11b . . . så att kamaxeldrevets tändlägespilar (vid pilarna) pekar rakt mot varandra

12.12a Tag loss fästbultarna. . .

12.12b . . . och demontera den sekundära kamkedjans kedjespännare från topplocket

12.13 Tag loss den primära kamkedjespännaren från topplockets högra sida

12.16 Demontera de två mindre fästbultarna (vid pilarna) som fäster kamkedjekåpan mot topplocket

15 Tag loss avgaskamaxelns bult. Lås kamaxeln med en ringnyckel och demontera kamaxeldrevet. Kassera bulten, man bör använda en ny vid montering.

16 Tag loss de två små bultarna (8 mm) som fäster kamkedjekåpan mot topplockets främre del **(se bild)**.

17 Följ anvisningarna i **bild 12.26a** i omvänd ordningsföljd och lossa de 14 topplocksbultarna stegvis ett halvt varv åt gången tills alla kan tas loss för hand. Kassera bultarna, man bör använda nya vid montering.

18 Tag loss topplocket. Observera hur det är kopplat till kamkedjespännarens blad. Tag bort packningen, tag reda på topplockets styrstift och förvara dem tillsammans med topplocket. **Observera:** *På vissa modeller måste man sänka motorn lite för att kunna demontera topplocket. Om detta är fallet skall man demontera motorinfästningarna (se avsnitt 11) och se till att man inte skadar rör och slangar när man sänker ned motorn.*

Montering

19 Rengör motorblockets och topplockets anläggningsytor noggrant.

20 Kontrollera att cylinder nr 1 fortfarande är i den övre dödpunkten och att svänghjulets/drivplattans märke och pilmarkering är i linje med varandra.

21 Kontrollera att båda styrstiften är monterade i motorblocket och applicera ett lager med lämpligt tätmedel (Opel rekommenderar tätmedel av typ GM spec 15 03 294 (art nr 90 001 871) som kan erhållas hos Opel-återförsäljare) på ytorna mellan kamkedjekåpan och topplocket **(se bild)**.

22 Montera den nya topplockspackningen och se till att den är rättvänd och korrekt placerad på styrstiften **(se bild)**.

23 Kontrollera att kamaxlarna är placerade så att kamaxeldrevens inställningsmärken är överst. Kontrollera även att svänghjulets/drivplattans märke fortfarande är i korrekt läge.

24 Placera topplocket försiktigt på plats. Mata upp kamkedjan ur topplocket och placera topplocket på styrstiften. Se till att stiftet på topplockets främre del placeras på rätt sätt i kamkedjestyrningens spår **(se bild)**.

25 Montera de nya topplocksbultarna försiktigt i hålen (*tappa inte ner dem*) och skruva åt dem för hand.

12.21 Applicera lämpligt tätmedel på anliggningsytorna mellan kamkedjekåpan och topplocket . . .

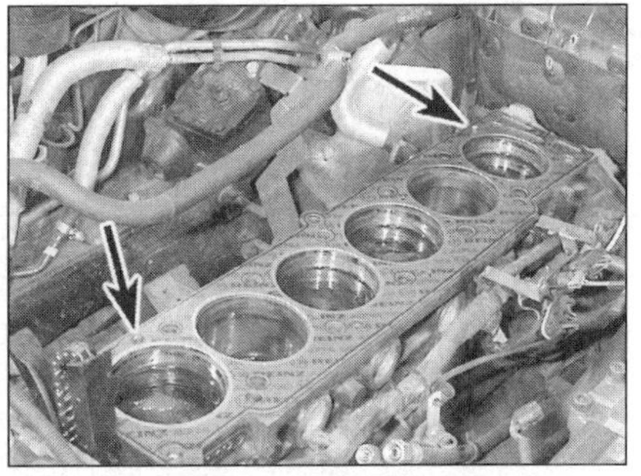

12.22 . . . och montera topplockspackningen. Se till att den är korrekt placerad på styrstiften (vid pilarna)

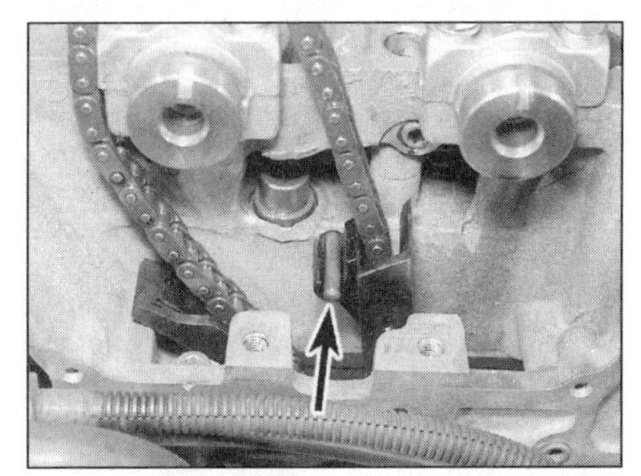

12.24 Placera topplocket på plats. Se till att styrstiftet förs in i kamkedjestyrningen på korrekt sätt

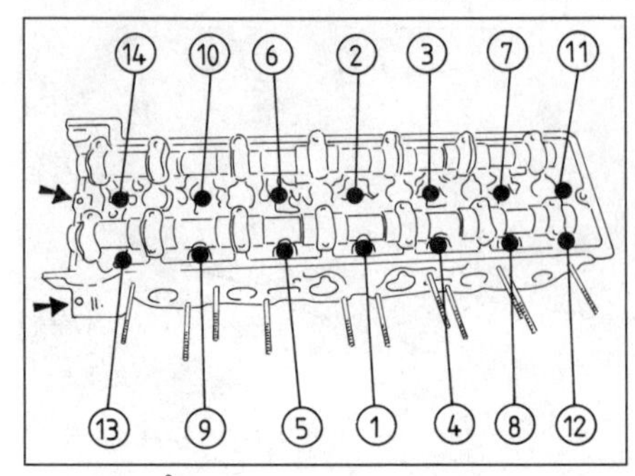

12.26a Åtdragningsföljd för topplockets bultar (två 8 mm bultar vid pilarna)

12.26b Drag åt först åt topplockets bultar till specificerat åtdragningsmoment . . .

12.27 . . . och vinkeldra därefter enligt specifikationerna

12.30 Se till att de två kamaxlarnas spår för kamaxeldreven är riktade uppåt

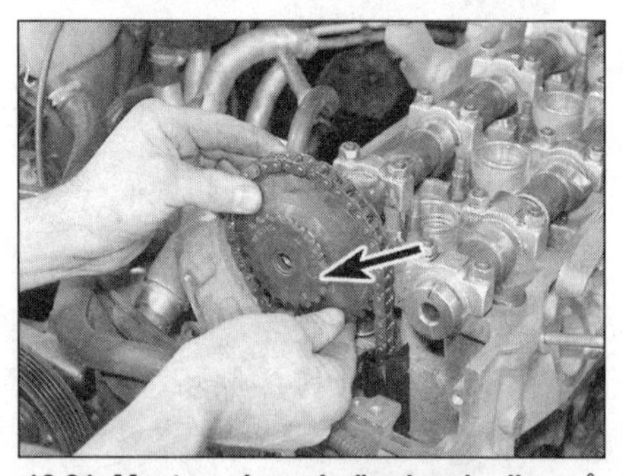

12.31 Montera den primära kamkedjan på avgaskamaxelns kedjedrev så att dess tändlägespil (vid pilen) är horisontell och är riktad mot insugskamaxeln

12.33 Montera insugskamaxelns kedjedrev och den sekundära kamkedjan på avgaskamaxeln . . .

12.34 . . . och se till att tändlägespilarna (vid pilarna) är riktade rakt mot varandra

12.35a Drag åt kamkedjedrevets fästbult till specificerat åtdragningsmoment . . .

12.35b . . . och vinkeldra därefter enligt specifikationerna

26 Arbeta stegvis i den följd som visas när topplockets bultar skall dras åt till åtdragningsmomentet som motsvarar steg 1. Använd en momentnyckel och en lämplig hylsa **(se bilder)**.

27 När alla bultar har dragits åt till korrekt åtdragningsmoment enligt steg 1 skall man vinkeldra dem enligt steg 2. Arbeta i samma ordningsföljd som förut när bultarna vinkeldras enligt specifikationerna med en hylsa och en hylsnyckel **(se bild)**. Man bör använda en vinkelmätare vid vinkeldragningen för att erhålla tillräcklig noggrannhet.

28 Vänta i ca 10 minuter och vinkeldra dem därefter enligt specifikationerna i steg 3.

29 Montera de två mindre bultarna (8 mm) på topplockets främre del och drag åt dem till specificerat åtdragningsmoment.

30 Kontrollera att svänghjulet/drivplattan är inställd mot sin pilmarkering samt att kamaxeldrevens styrspår på kamaxlarna är riktade uppåt **(se bild)**.

31 Håll kamkedjan spänd och montera avgaskamaxelns kedjedrev. Placera kamaxeldrevet så att tändlägespilen är horisontell och pekar mot insugskamaxeln **(se bild)**. När drevet är korrekt monterat i kedjan skall man justera drevet mot spåret och föra på drevet på kamaxeln. Montera en ny fästbult för kamaxeldrevet.

32 Montera den sekundära kamkedjan på insugningens kamaxeldrev.

33 Placera insugningens kamaxeldrev och kedjan i läge. Montera den på avagaskamaxelns drev så att tändlägespilen på drevet är horisontellt och pekar mot avgaskamaxeln **(se bild)**. När kamaxeldrevet är korrekt monterat skall man justera det mot spåret och montera det på kamaxeln. Montera en ny fästbult för kamaxeldrevet.

34 När de två kamaxeldreven är monterade skall man kontrollera att märket på svänghjulet/drivplattan pekar mot tillhörande pil samt att tändlägesmarkeringarna på båda kamaxeldreven är horisontella och pekar mot varandra **(se bild)**. Om detta inte är fallet måste man demontera kamaxeldrevens fästbult/bultar och vrida på kamaxeldrevet/-dreven enligt behov.

35 När alla tändlägesmarkeringar är korrekt justerade skall man låsa avgaskamaxeln med en ringnyckel. Drag därefter åt kamaxeldrevets bult till specificerat åtdragningsmoment enligt steg 1. Därefter vinkeldrar man enligt steg 2. Använd en vinkelmätare för att erhålla erforderlig noggrannhet **(se bilder)**.

12.37 Montera den primära kamkedjans spännare och drag åt till specificerat åtdragningsmoment

12.38a Montera den sekundära kamkedjans spännare och skruva därefter ur stoppskruven . . .

12.38b . . . och fyll kedjespännaren med olja

12.40a Montera tändstiftens tätningar i topplocket . . .

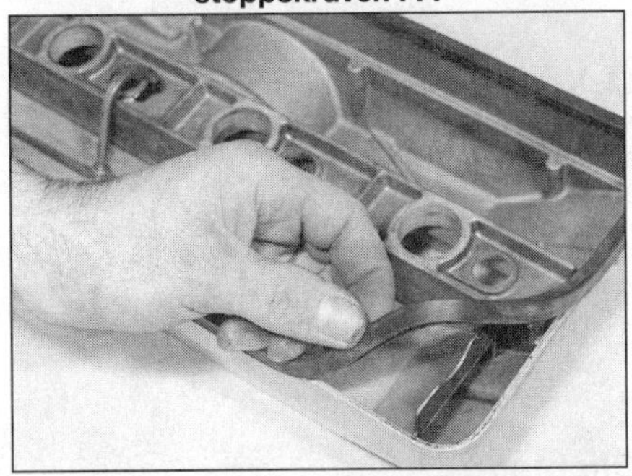

12.40b . . . och montera tätningen på kamaxelkåpan

12.41a Applicera tätmedel på anliggningsytorna mellan kamkedjekåpan och topplocket . . .

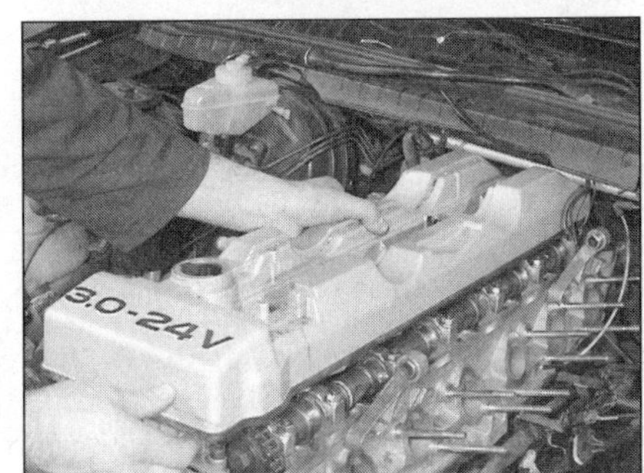

12.41b . . . och montera kamaxelkåpan

36 Lås insugskamaxeln med en ringnyckel. Drag därefter åt kamaxeldrevets bult till specificerat åtdragningsmoment enligt steg 1. Därefter vinkeldrar man enligt steg 2 och steg 3. Använd en vinkelmätare för att erhålla erforderlig noggrannhet.

37 Montera en ny tätningsring på den primära kamkedjans kedjespännare. Skruva in spännaren i topplocket och drag åt till specificerat åtdragningsmoment **(se bild)**.

38 Montera den sekundära kamkedjans kedjespännare på topplockets övre del. Oljehålskruven ska peka framåt. Drag åt spännarens fästbult till specificerat åtdragningsmoment. Tag loss oljehålets stoppskruv och fyll spännaren med ren motorolja. Använd en lämplig oljekanna. När spännaren är fylld med olja skall man montera tillbaka stoppskruven och dra åt den ordentligt **(se bilder)**.

39 Montera en ny packning och den övre kamkedjekåpan. Montera kåpans fästbultar, se till att kabelklämmornas pinnbultar är korrekt placerade och drag åt bultarna till specificerat åtdragningsmoment. Montera kabelklämmorna på pinnbultarna och drag åt fästmuttrarna.

40 Montera de nya tätningarna för tändstiftshålen i topplocket och se till att de är rättvända. Montera tätningen på kamaxelkåpan **(se bilder)**.

41 Applicera ett lager med lämpligt tätmedel (se paragraf 21) på ytorna där den övre kamkedjekåpan ligger an mot topplocket och montera kamaxelkåpan **(se bilder)**.

42 Montera tätningarna och brickorna på kamaxelkåpans pinnbultar. Montera sedan fästmuttrarna. Drag åt dem till specificerat åtdragningsmoment.

43 Montera tändstiften, tändfördelarens rotor och fördelarlocket (se kapitel 1 och 5).

44 Anslut kylsystemets slangar samt kontaktdonen på termostathusets/kylsystemets vinkelenhet. Se till att slangklämmorna är ordentligt åtdragna.

45 Montera insugs- och avgasgrenröret (se kapitel 4B).

46 Montera kylfläkten enligt anvisningarna i kapitel 3.

47 Fyll kylsystemet (se kapitel 1).

13 Kamaxlar och ventillyftare - demontering och montering med motorn i bilen

Observera: *Man skall använda nya fästbultar för kamaxeldreven vid monteringen.*

Demontering

1 Koppla loss batteriets minusledare.

2 Demontera tändstiften och fördelarlocket med tillhörande kablage enligt kapitel 1 och 5.

3 Demontera kylfläkten enligt kapitel 3.

4 Följ anvisningarna i paragraf 8 till 15 i avsnitt 12.

5 Kamaxelöverfallen är numrerade för att möjliggöra korrekt placering. Insugskamaxelns överfall är numrerade från 1 till 7 och avgaskamaxelns från 8 till 14. Topplocket har också nummer för att undvika förväxling. **Observera:** *Överfall nummer 6 och 9 har en punkt bredvid numret för att undvika förväxling. Siffran skall läsas med punkten längst ned.*

6 Börja med avgaskamaxeln. Lossa kamaxelöverfallens fästmuttrar jämnt och stegvist ett varv i taget. Detta ger en jämn och stegvis avlastning av ventilfjädrarnas tryck på lageröverfallen. När ventilfjädrarnas tryck har avlastats kan man demontera muttrarna och brickorna **(se bild)**.

13.6 Tag loss kamaxelöverfallets muttrar enligt texten

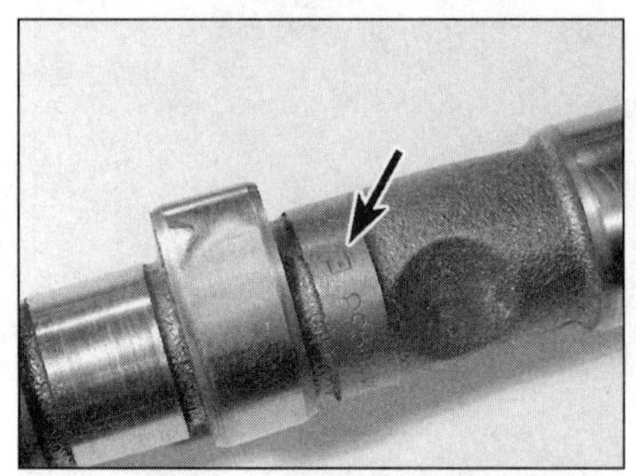

13.7 Kamaxlarna kan identifieras med hjälp av de instansade bosktäverna. Avgaskamaxeln har ett "A" instansat (vid pilen)

13.10 Demontering av en ventillyftare

13.15 Drag åt kamaxelöverfallens monteringsmuttrar enligt texten

7 Demontera lageröverfallen och observera åt vilket håll de är monterade. Lyft ur kamaxeln **(se bild)**. **Observera:** *Kamaxlarna är märkta på följande sätt: Avgaskamaxeln har ett "A" instansat och insugskamaxeln ett "E".*

8 Upprepa anvisningarna i paragraf 6 och 7 och demontera insugskamaxeln.

9 Om ventiltryckarna skall demonteras skall man använda 24 små plastbehållare och numrera dem från 1 till 24. Alternativt kan man dela in en större behållare i fack.

10 Lyft ut den första ventillyftaren ur topplocket. Förvara den i korrekt fack i behållaren **(se bild)**. Demontera de övriga ventillyftarna. **Observera:** *Förväxla inte ventillyftarna eftersom detta ökar slitaget.*

Montering

11 Smörj ventiltryckarnas lopp med ren motorolja och placera tillbaka ventiltryckarna i originalläget i topplocket.

12 Kontrollera att cylinder nr 1 fortfarande är i den övre dödpunkten och att svänghjulets/-drivplattans märke och pil är riktade mot varandra.

13 Placera insugskamaxeln (se paragraf 7) på plats i topplocket. Placera den så att spåret för kamaxeldrevet är riktat uppåt.

14 Smörj kamaxelloberna och kamaxeltapparna med ren motorolja. Montera lageröverfallen och se till att de monteras åt rätt håll.

15 Montera brickorna och fästmuttrarna och drag åt dem för hand. Drag åt lageröverfallens fästmuttrar jämnt och stegvis ett halvt varv åt gången och se till att vevaxeln pressas ned jämnt mot topplocket. Börja med det mittre lagret och arbeta utåt. När alla lageröverfall ligger an mot topplocket skall man dra åt dem till specificerat åtdragningsmoment enligt steg 1. Därefter drar man åt dem enligt steg 2 **(se bild)**. ***Varning: Om fästmuttrarna dras åt oförsiktigt kommer lageröverfallet att gå sönder. Lageröverfallen kan inte köpas separat (de är matchade mot huvudet för att lagerspelet skall vara korrekt) och kan endast införskaffas tillsammans med ett nytt topplock.***

16 Upprepa anvisningarna i paragraf 13 till 15 och montera kamaxeln.

17 Montera kamaxeldreven och tillhörande komponenter enligt paragraf 30 till 43 i avsnitt 12.

18 Montera kylfläkten (se kapitel 3).

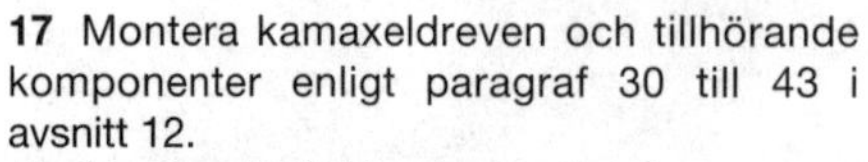

14 Motorns komponenter - kontroll och renovering

Oljepump

Observera: *Oljepumpen kan demonteras med motorn i bilen.*

1 Tag loss skruvarna och demontera pumplocket från kamkedjekåpans nedre del. Om motorn är vågrät skall man ta emot oljepumpens kuggdrev när pumpen demonteras.

2 Använd en linjal och ett bladmått för att kontrollera de två kuggdrevens axialspel. Kontrollera även kuggspelet.

3 Om något av spelen är större än angivna toleranser skall båda kuggdreven bytas. **Observera:** *Det finns två storlekar av oljepumpsdrev, standard och 0,2 mm övermått. Om kuggdrev med övermått skall användas är kamkedjekåpan märkt med "0.2" på oljepumphusets vänstra sida.*

4 Vid montering skall man se till att de är rena och torra samt smörja dem med ren motorolja. Applicera ett lager med lämpligt tätmedel (Opel rekommenderar ett tätmedel av typ GM spec 15 03 166 (art nr 90 094 714) - kan erhållas hos Opelåterförsäljare) på oljepumpens tätningsyta. Se till tätmedel inte hamnar på kuggdreven.

5 Montera kuggdreven och kåpan. Drag åt kåpans bultar till specificerat åtdragningsmoment.

Övertrycksventil för oljetryck

Observera: *Övertrycksventilen kan demonteras med motorn i bilen.*

6 Rengör ytan runt övertrycksventilen vid kamkedjekåpans nedre del.

7 Använd en låsringstång för att demontera låsringen. Tag loss kåpan, kolven (observera åt vilket håll den är monterad), fjädern och fjädersätet från kåpan.

8 Undersök alla komponenter beträffande slitage eller skador och byt vid behov. Lockets tätningsring skall alltid bytas som en rutinåtgärd.

9 Vid monteringen skall man rengöra alla komponenter och smörja dem med ren motorolja. Montera fjädersätet på fjädern och montera båda komponenterna i kamkedjekåpan.

10 Montera kolven. Se till att den vänds rätt.

11 Montera en ny tätning på kåpan. Montera kåpan med hjälp av låsringen.

Oljekylarens termostatventil

Observera: *Denna ventil kan demonteras med motorn i bilen.*

12 Demontera motorns oljefilter (kapitel 1).

13 Rengör ytan runt termostatventilen vid kamkedjekåpans nedre del.

14 Tag loss kåpans bult och bricka. Demontera fjädern (observera åt vilket håll den är monterad) och ventilen.

15 Kontrollera komponenterna beträffande slitage eller skador och byt vid behov.

16 Vid montering skall ventilen och fjädern rengöras samt smörjas med ren motorolja.

17 Montera ventilen och fjädern. Observera att fjädern skall monteras med den mindre diametern mot ventilen. Montera kåpans bult och tätningsbricka och drag åt bulten ordentligt.

Vevaxel

18 Se kapitel 2A, avsnitt 14.

Vevlagrens och ramlagrens lagerskålar

19 Se kapitel 2A, avsnitt 14.

Cylinderlopp

20 Se kapitel 2A, avsnitt 14.

Vevstakar

21 Undersök kontaktytorna på vevlageröverfallen för att se om de har filats ner i ett misslyckat försök att kompensera slitage. I sådana fall måste den aktuella vevstaken bytas.

22 Kontrollera vevstakarna visuellt. Om det är något fel på dem kan de tas till en Opelverkstad där de kan kontrolleras mot en speciell jigg.

Kolvar och kolvringar

23 Se kapitel 2A, avsnitt 14. Observera att kolvarna kan demonteras enligt följande anvisningar.

24 Observera åt vilket håll kolven är monterad på vevstaken. Tag därefter försiktigt loss en av kolvbultarnas låsringar. Knacka försiktigt ur kolvbulten och tag loss kolven från vevstaken.

25 Observera följande när kolven skall monteras på vevstaken: Pilen på kolvtoppen skall vara riktad mot motorns främre del (där kamkedjan är monterad) och märket på vevstakens skaft skall vara riktat mot den bakre delen (där svänghjulet/drivplattan är monterad) **(se bild)**. Se till att kolven och vevstaken är korrekt placerad. För in kolvbulten. Montera kolvbulten med hjälp av nya låsringar. Se till att båda låsringarna är korrekt monterade i kolvens spår.

Kamaxel

26 Med kamaxeln demonterad skall man undersöka lagerytorna beträffande slitage. Om kamaxelns lagerytor är slitna skall man även undersöka topplockets lagerytor. Om de är slitna måste hela topplocket bytas.

27 Om kamaxeln har skåror eller märken på lagertapparna eller lobernas ytor skall den bytas.

Ventillyftare

28 Undersök ventiltryckarnas ytor beträffande slitage och byt dem vid behov.

29 Om den hydrauliska ventillyftarmekanismen till en viss ventillyftare är defekt måste även ventillyftaren bytas. Man kan inte reparera ventillyftaren.

Kamkedjor och kedjespännare

30 Undersök kuggarna på kamaxelns och vevaxelns drev beträffande slitage eller skador som t ex skadade, krökta eller avslagna kuggar. Om något av kedjehjulen är skadade bör alla kedjehjul och båda kamkedjorna bytas.

31 Undersök kamkedjans länkar beträffande slitage eller skador på rullarna. Slitaget kan bedömas genom att man kontrollerar hur mycket kedjan kan böjas i sidled. En ny kedja kan endast böjas mycket lite. Om spelet i sidled i kamkedjan är för stort måste den bytas. Det är en vettig förebyggande åtgärd att byta kamkedjan om motorn har tillryggalagt en avsevärd körsträcka eller om man har observerat missljud från kedjan när motorn har varit igång.

32 Undersök kedjestyrningarna beträffande slitage eller skador på ytorna som kedjan löper över. Byt dem som är mycket slitna.

33 Kamkedjespännarens skick kan endast bedömas vid jämförelse med en ny enhet. Byt spännaren/spännarna om du är tveksam beträffande skicket.

Svänghjul/drivplatta

34 Se kapitel 2A, avsnitt 14.

Motorblock

35 Se kapitel 2A, avsnitt 14.

15 Topplock - översyn

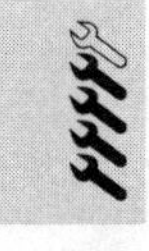

Observera: *För att minimera slitaget måste vipparmarna, ventillyftarna, ventilerna och tillhörande komponenter monteras i originallägena. Man undviker enklast förväxlingar genom att man placerar dem i en behållare som är indelad i fack eller i numrerade påsar när man demonterar dem.*

1 Demontera kamaxlarna och ventiltryckarna enligt anvisningarna i avsnitt 13.

2 Demontera ventilerna genom att pressa samman ventilfjädrarna med en lämplig ventilfjäderkompressor och ta bort ventilknastren. Lossa kompressorn och demontera ventilfjädertallrikarna, fjädern och fjädersätena.

3 Demontera ventilerna och förvara dem så att de kan monteras tillbaka i originallägena.

4 Bänd ut ventilskaftens oljetätningar ur ventilstyrningarna.

5 När ventilerna är demonterade skall ventilerna, förbränningskamrarna och öppningarna rengöras från sot och avlagringar. Även kolvtopparna kan rengöras nu, men se till att inte sot och smuts hamnar mellan kolvarna och cylinderloppen. Förhindra detta genom att rengöra två kolvar i taget när de är i den övre dödpunkten. Applicera lite fett mellan kolvarna och cylinderloppen. Täpp igen de övriga cylindrarna och oljekanalerna med papper. Pressa ned kolvarna i cylinderloppen efter rengöringen och torka bort fettet som innehåller sotresterna.

6 Undersök ventilhuvudena och ventilsätena beträffande gropar och brända ytor. Om groparna på ventilen och i ventilytan endast är ytliga kan de avlägsnas genom slipning. Först används grövre, därefter finare ventilslipningspasta. Om groparna är djupa måste ventilerna slipas ner med en ventilslipningsmaskin och sätena måste fräsas om med en ventilsätesfräs. Dessa två arbeten kan endast utföras av en Opelverkstad eller en motorrenoveringsfirma.

7 Kontrollera ventilstyrningarna beträffande slitage genom att montera ventilen i styrningen och röra den i sidled. Om spelet är större än det specificerade skall ventilstyrningarna bytas av en Opelverkstad.

8 När man slipar ventiler som har ytliga gropar med ventilslippasta skall man göra på följande sätt. Applicera lite grov ventilslippasta på ventilhuvudet och sätt fast ventilen på ett ventilslipningsverktyg med en sugkopp. Slipa ventilen på sätet med en roterande rörelse. Lyft upp ventilen och vrid den med jämna mellanrum. En mjuk fjäder under ventilhuvudet underlättar detta arbete. När ventilen och ventilsätet har fått en matt, jämn ytfinish skall man avlägsna den grova pastan. Upprepa proceduren med en fin pasta tills dess att ventilen och ventilsätet har en grå ring som är ljusgrå i ytfinishen. Avlägsna noggrant alla rester av slippasta.

9 Kontrollera ventilfjädrarna beträffande skador och jämför längden helst med en ny fjäder. Byt dem vid behov.

10 Använd en linjal och ett bladmått för att kontrollera om topplocket är skevt. Om skevheten är större än maxvärdet i specifikationerna kan man eventuellt fräsa topplocket plant. Kontakta en Opelverkstad vid behov.

11 Inled monteringen genom att montera ventilsätena och pressa in ventilskaftens oljetätningar på ventilstyrningarna.

12 Smörj ventilskaftet med motorolja och montera ventilen i ventilstyrningen.

13 Montera fjädern och fjädertallriken. Använd ventilfjäderkompressorn för att trycka ihop fjädern tills ventilknastret kan monteras på spåren i ventilskaftet. Släpp upp kompressorn sakta och kontrollera att knastret sitter korrekt.

14 När ventilerna har monterats skall man försiktigt knacka på fjädrarnas övre del för att kontrollera att ventilknastren sitter ordentligt.

15 Montera kamaxlarna och ventillyftarna enligt avsnitt 13.

16 Motor - fullständig ihopsättning

Observera: *Nya bultar för topplocket, svänghjulet/drivplattan och vibrationsdämparen skall användas.*

1 Placera topplocket med ovansidan ned på arbetsbänken och torka ren sätena för ramlagerskålarna.

2 Tryck ned ramlagerskålarna i vevhuset. Se till att flikarna passas in i spåren. Observera att det mittre lagret har tryckflänsar.

3 Smörj skålarna med ren motorolja.

4 Sänk ned vevaxeln försiktigt i vevhuset. Vrid den några varv och kontrollera att den är korrekt monterad genom att försiktigt knacka på vevtappstyckena med en mjuk hammare.

5 Kontrollera att vevaxelns axialspel är inom gränserna som anges i specifikationerna. Använd antingen ett bladmått mellan det mittre ramlgrets flänsar och vevaxelns tryckyta eller en mätklocka på vevaxelns bakre fläns.

6 Rengör ramlageröverfallens lagerskålar och lageröverfallen och tryck dem på plats. Smörj lagerskålarna med ren olja.

7 Applicera tätmedel på anliggningsytan på den bakre ramlagerskålen i **bild 16.7** (Opel rekommenderar tätmedel GM spec 15 03 166 (art nr 90 094 714) - kan erhållas hos Opelåterförsäljare).

8 Applicera tätmedel på anliggningsytan på det bakre ramlageröverfallet (Opel rekommenderar tätmedel GM spec 15 04 201 (art nr

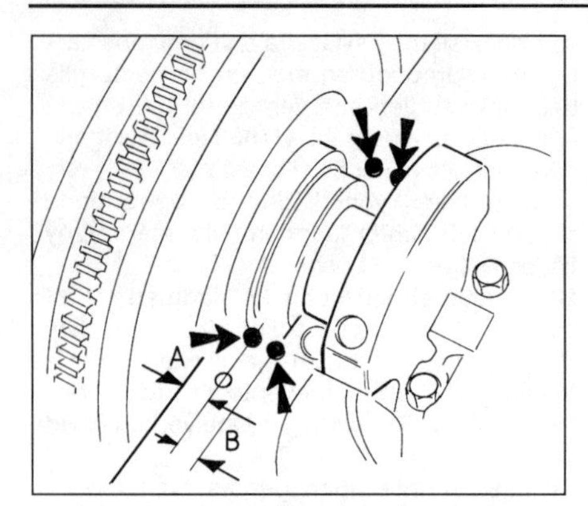

16.7 Applicera tätmedel på cylinderblockets bakre anliggningsytor i de fyra punkterna enligt bilden

A = 12 ± 0,5 mm B = 12 ± 0,5 mm

90 350 544) som kan erhållas hos Opelåterförsäljare).

9 Montera de övriga ramlageröverfallen och montera tillhörande bultar. Drag åt bultarna för hand varefter de dras åt jämnt och stegvis till specificerat åtdragningsmoment.

10 Dra runt vevaxeln och kontrollera att den kan rotera fritt utan att kärva.

11 Smörj tätningsläpparna på vevaxelns nya bakre oljetätning med fett. Placera oljetätningen på vevaxelns ände och pressa in den i det bakre ramlagret tills den är i linje med ändytan.

12 Placera motorblocket på sidan och smörj cylinderloppen och vevaxeltapparna rikligt med olja.

13 Placera kolvringarna så att ändgapen är vridna 180° i förhållande till varandra. Gapen i oljeskrapringens övre och nedre del skall vridas mellan 25 och 50 mm till vänster och till höger om ändgapet i den mittre sektionen.

14 Rengör vevlagerskålarna, vevlageröverfallen och vevstakarna. Pressa lagerskålarna på plats.

15 Drag runt vevaxeln så att tappen för cylinder nr 1 är i den nedre dödpunkten.

16 Montera en kolvringskompressor på kolv nr 1. För in kolven i cylinder nr 1 så att pilen på kolvtoppen pekar mot motorns framsida.

17 Använd ett hammarskaft för att knacka ur kolven ur kolvringskompressorn samtidigt som vevstaken förs på vevlagertappen.

18 Montera vevlageröverfallet, se till att det är rättvänt. Montera de nya bultarna för vevlageröverfallen. Drag åt bultarna jämnt och stegvis till specificerat åtdragningsmoment.

19 Kontrollera att vevaxeln kan rotera fritt. Tänk på att kolvringarna utövar en viss friktion.

20 Upprepa procedurerna i paragraf 15 till 19 för de övriga kolvarna.

21 Vänd motorblocket med ovansidan nedåt på arbetsbänken.

22 Om den har demonterats skall Woodruffkilen placeras i spåret i vevaxeln. Se till att de är rättvända och montera kamkedjedrevet samt oljepumpens/tändfördelarens drev. Knacka på kedjedrevet och drevet tills de ligger an mot vevaxelns ansats.

23 Se till att styrstiftet är korrekt placerat och montera kamkedjestyrningen. Se till att kedjan förs på korrekt sätt över kedjestyrningen. Applicera lämpligt tätmedel på kedjestyrningens låsningsbult och drag åt den med lämpligt åtdragningsmoment.

24 Montera kamkedjespännaren på tillhörande axel och fäst den med monteringsklämman.

25 Använd en lämplig skruvmejsel för att försiktigt bända ut oljetätningen ur kamkedjekåpans framsida. Montera en ny oljetätning. Se till att tätningsläppen är riktad inåt och pressa den på plats tills den är i linje med kamkedjekåpans yta.

26 Placera kamkedjekåpans styrstift i motorblocket och montera de nya packningarna.

27 Montera kamkedjekåpan och skruva i fästbultarna. Se till att de är monterade i sina rätta lägen och drag åt dem till specificerat åtdragningsmoment.

28 Montera luftintagsröret på kamkedjekåpan med en ny packning. Applicera ett lämpligt tätmedel på fästbultarna och drag åt dem till specificerat åtdragningsmoment.

29 Se till att sumpens och motorblockets anliggningsytor är rena och torra. Montera en ny tätning i oljesumpens spår.

30 Applicera ett lager med lämpligt tätmedel (Opel rekommenderar ett tätmedel av typ GM spec 15 03 294 (art nr 90 001 851) - kan erhållas hos Opelåterförsäljare) på ytorna där kamkedjekåpan och det bakre ramlageröverfallet möter motorblocket.

31 Lyft upp sumpen mot motorblocket och montera fästbultarna. Se till att de monteras i originallägena. Drag åt alla bultar för hand och drag därefter åt dem till specificerat åtdragningsmoment.

32 Montera vattenpumpen med en ny packning. Montera fästbultarna i originallägena. Drag åt dem till specificerat åtdragningsmoment.

33 Montera svänghjulet/drivplattan på vevaxeln och montera de nya fästbultarna. Modeller med automatväxellåda: Glöm inte att montera distansen och brickan mellan vevaxeln och drivplattan. Förhindra att den roterar med verktyget i **bild 9.17a.** Drag därefter åt fästbultarna till specificerat åtdragningsmoment enligt steg 1. Vinkeldra därefter enligt steg 2. Använd en vinkelmätare för att erhålla tillräcklig noggrannhet. Låt låsningsverktyget sitta kvar på plats.

34 Om den har demonterats skall vibrationsdämparen monteras på navet. Fäst den på plats med rullpinnen.

35 Montera vevaxelns vibrationsdämpare försiktigt på plats. Se till att inte oljetätningens tätningsläpp skadas. Placera spåret på vevaxelns kil.

36 Smörj gängorna på den nya skruven för vibrationsdämparen med ren motorolja. Låt överflödig olja rinna av bulten. Montera bulten och drag åt till specificerat åtdragningsmoment enligt steg 1. Vinkeldra därefter enligt steg 2 och därefter enligt steg 3. Använd en vinkelmätare för att erhålla erforderlig noggrannhet. När bulten är åtdragen skall man demontera svänghjulets/drivplattans låsningsverktyg.

37 Montera den extra drivremmens drev på vattenpumpen. Drag åt dess fästskruvar till specificerat åtdragningsmoment och vinkeldra därefter enligt specifikation. Om de har demonterats skall remmens extra drev monteras. Drag åt tillhörande fästbultar.

38 Kontrollera att anliggningsytorna är rena och montera vevaxelns remskiva mot vibrationsdämparen. Drag åt monteringsbultarna till specificerat åtdragningsmoment.

39 Rengör motorblockets och topplockets anliggningsytor.

40 Drag runt vevaxeln tills kolv nr 1 är i den övre dödpunkten. Justera svänghjulets/drivplattans markering med pilen på motorblockets högra sida.

41 Kontrollera att båda styrstiften är monterade i motorblocket och applicera ett lager med lämpligt tätmedel (Opel rekommenderar tätmedel av typ GM spec 15 03 294 (art nr 90 001 871) som kan erhållas hos Opelåterförsäljare) på ytorna mellan kamkedjekåpan och topplocket.

42 Montera den nya topplockspackningen och se till att den är rättvänd och korrekt placerad på styrstiften.

43 Se till att kamaxlarna är i rätt läge så att kamaxeldrevens spår är riktade uppåt. Kontrollera att svänghjulet/drivplattan fortfarande är i korrekt läge.

44 Placera topplocket försiktigt på plats. Mata upp kamkedjan ur topplocket och placera topplocket på styrstiften. Se till att stiftet på topplockets främre del placeras på rätt sätt i kamkedjestyrningens spår.

45 Montera de nya topplocksbultarna försiktigt i hålen *(tappa inte ner dem)* och skruva åt dem för hand.

46 Arbeta stegvis i den ordningsföljd som avbildas i **bild 12.26a.** När topplockets bultar skall dras åt till åtdragningsmomentet som motsvarar steg 1. Använd en momentnyckel och en lämplig hylsa.

47 När alla bultar har dragits åt med korrekt åtdragningsmoment enligt steg 1 skall man vinkeldra dem enligt steg 2. Arbeta i samma ordningsföljd som förut när bultarna vinkeldras enligt specifikationerna med en hylsa och en hylsnyckel. Man bör använda en vinkelmätare vid denna åtdragning för att erhålla tillräcklig noggrannhet.

48 Vänta i ca 10 minuter och vinkeldra dem därefter enligt specifikationerna i steg 3.

49 Montera de två mindre bultarna (8 mm) på topplockets främre del och drag åt dem till specificerat åtdragningsmoment.

50 Kontrollera att svänghjulets/drivplattans märke är i linje med pilen samt att kamaxeldrevets spår i kamaxeln är riktat uppåt.

51 Håll kamkedjan spänd och montera avgaskamaxelns kedjedrev. Placera kamaxeldrevet så att tändlägespilen är horisontell och pekar mot insugskamaxeln. När drevet är korrekt monterat i kedjan skall man justera drevet mot spåret och föra på drevet på kamaxeln. Montera en ny fästbult för kamaxeldrevet.

52 Montera den sekundära kamkedjan på insugningens kamaxeldrev.

53 Placera insugningens kamaxeldrev och kedjan i läge. Montera den på avagaskamaxelns drev så att tändlägespilen på drevet är horisontellt och pekar mot avgaskamaxeln. När kamaxeldrevet är korrekt monterat skall man justera det mot spåret och montera det på kamaxeln. Montera en ny fästbult för kamaxeldrevet.

54 När de två kamaxeldreven är monterade skall man kontrollera att märket på svänghjulet/drivplattan pekar mot tillhörande pil samt att tändlägesmarkeringarna på båda kamaxeldrev är horisontella och pekar mot varandra **(se bild 12.34)**. Om detta inte är fallet måste man demontera kamaxeldrevens fästbult/bultar och vrida på kamaxeldrevet/-dreven enligt behov.

55 När alla tändlägesmarkeringar är korrekt justerade skall man låsa avgaskamaxeln med en ringnyckel. Drag därefter åt kamaxeldrevets bult till specificerat åtdragningsmoment enligt steg 1. Därefter vinkeldrar man enligt steg 2 och steg 3. Använd en vinkelmätare för att erhålla erforderlig noggrannhet.

56 Lås insugskamaxeln med en ringnyckel. Drag därefter åt kamaxeldrevets bult till specificerat åtdragningsmoment enligt steg 1. Därefter vinkeldrar man enligt steg 2 och steg 3. Använd en vinkelmätare för att erhålla erforderlig noggrannhet.

57 Montera en ny tätningsring på den primära kamkedjans kedjespännare. Skruva in spännaren i topplocket och drag åt till specificerat åtdragningsmoment.

58 Montera den sekundära kamkedjans kedjespännare på topplockets övre del. Se till att dess oljehålskruv pekar framåt. Drag åt spännarens fästbult till specificerat åtdragningsmoment. Tag loss oljehålets stoppskruv och fyll spännaren med ren motorolja. Använd en lämplig oljekanna. När spännaren är fylld med olja skall man montera tillbaka stoppskruven och dra åt den ordentligt.

59 Montera en ny packning och den övre kamkedjekåpan. Montera kåpans fästbultar, se till att kabelklämmornas pinnbultar är korrekt placerade och drag åt bultarna till specificerat åtdragningsmoment. Montera kabelklämmorna på pinnbultarna och drag åt fästmuttrarna.

60 Montera de nya tätningarna för tändstiftshålen i topplocket och se till att de är rättvända. Montera tätningen på kamaxelkåpan.

61 Applicera ett lager med lämpligt tätmedel (se paragraf 41) på ytorna där den övre kamkedjekåpan ligger an mot topplocket och montera kamaxelkåpan.

62 Montera tätningarna och brickorna på kamaxelkåpans pinnbultar. Montera fästmuttrarna. Drag åt dem till specificerat åtdragningsmoment.

63 Sätt i oljestickan.

64 Montera oljetryckskontakten och drag åt den till specificerat åtdragningsmoment.

65 Montera alla komponentera enligt avsnitt 8.

17 Motorns yttre komponenter - montering

Se avsnitt 8. Montera de angivna komponenterna och studera de angivna kapitlen vid behov.

18 Motor - montering

Monteringen av motorn sker genom att man följer anvisningarna för demontering i avsnitt 6 i omvänd ordningsföljd. Beakta följande anvisningar:

a) *Smörj växellådans ingående axel eller momentomvandlarens tapp (se kapitel 7A eller 7B).*
b) *Modeller med automatisk växellåda: Kontrollera att momentomvandlaren är kopplad till växellådans oljepump enligt kapitel 7B.*
c) *Fyll motorn med rätt mängd specificerad oljetyp (se kapitel 1).*
d) *Modeller med mauell växellåda: Justera kopplingsvajern enligt kapitel 6.*
e) *Justera gasvajern samt (i förekommande fall) automatväxellådans kick-downvajer och farthållarens vajer enligt kapitel 4, 7B och 12.*
f) *Fyll kylsystemet (se kapitel 1).*

19 Motor - första start efter större underhåll eller reparation

1 Se till att batteriet är fulladdat och motorn är väl fylld med alla smörjmeldel och vätskor samt att det finns bränsle i tanken.

2 Dubbelkolla alla anslutningar och kopplingar.

3 Koppla loss den inkommande tändkabeln från tändfördelaren och anslut den till en jordningspunkt med en klämma. Drag runt motorn med startmotorn tills oljetrycklampan släcks eller tills oljetrycket kan läsas av på mätaren. Detta säkerställer att motorn inte är tom på olja under de första kritiska minuterna efter start. Bränslesystemet fylls samtidigt.

4 Anslut tändkabeln till tändfördelaren. Starta motorn.

5 När motorn har tänt och går skall man låta den gå med ett normalt varvtal (inte snabbare) tills den är uppe i normal arbetstemperatur.

6 När motorn värms upp kommer den att avge onormala lukter och viss rök från komponenter där oljerester förbränns. Man skall titta efter olje- eller vattenläckor som syns tydligt om de är allvarliga. Kontrollera även avgassystemets kopplingar vid motorn eftersom dessa inte är helt gastäta förrän de har utsatts för värme och vibrationer, varefter de kan dras åt en gång till. Detta skall naturligtvis utföras när motorn har stängts av.

7 När motorn är uppe i normal arbetstemperatur skall den stängas av. Vänta ett par minuter för att se om smörjmedel eller kylmedel rinner ut när motorn är avstängd.

8 Under den första tiden som motorn körs är det inte ovanligt att de hydrauliska ventillyftarna avger en del oljud. Detta skall dock upphöra, senast efter ett par mils körning.

9 I synnerhet om många nya delar har monterats bör man byta motoroljan och oljefiltret efter 1000 km.

Kapitel 3
Kyl-, värme- och luftkonditioneringssystem

Innehåll

Svårighetsgrader

Enkelt, passar för novisen med lite erfarenhet 

Ganska enkelt, passar nybörjaren med viss erfarenhet 

Ganska svårt, passar kompetent hemmekaniker 

Svårt, passar hemmekaniker med erfarenhet

Mycket svårt, för professionell mekaniker 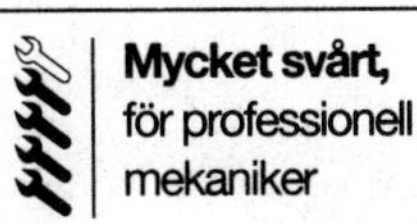

Specifikationer

System typ

Motorer med 4 cylindrar och överliggande kamaxel (OHC)	Trycksystem med kylare som genomströmmas vertikalt, remdriven fläkt med oljekoppling, centrifugalvattenpump som drivs av kamremmen, förbikopplingstermostat, expansionskärlet antingen externt eller inbyggt i kylaren
Sexcylindriga motorer med underliggande kamaxel (CIH) samt motorer med dubbla överliggande kamaxlar (DOHC)	Trycksystem med kylare som genomströmmas horisontellt, kylfläkten med oljekoppling drivs av huvudremmen och är termostatkyld, elektrisk kylfläkt, centrifugalvattenpump som drivs av huvudremmen, förbikopplingstermostat och externt expansionskärl.

Allmänt

Högtryckslockets öppningstryck	1,2 till 1,5 bar
Systemets nominella förångningstemperatur	125°C
Termokontakt för elfläkten:	
Inkopplingstemperatur	105°C
Frånkopplingstemperatur	100°C

Termostat

Öppningförlopp startar vid	92°C
Helt öppen vid	107°C

Kylvätska

Typ	Eltylenglykolbaserat frostskyddsmedel, enligt Opels specifikation GME L 6368, och mjukt vatten.
Volym:	
4-cylindriga motorer med överliggande kamaxel (OHC)	6,4 liter
Motorer med underliggande kamaxel (CIH):	
Manuell växellåda:	
Med luftkonditionering	11,3 liter
Utan luftkonditionering	10,2 liter
Automatväxellåda:	
Med luftkonditionering	11,2 liter
Utan luftkonditionering	10,1 liter
6-cylindriga motorer med dubbla överliggande kamaxlar (DOHC):	
Manuell växellåda:	
Med luftkonditionering	10,4 liter
Utan luftkonditionering	10,0 liter
Automatväxellåda:	
Med luftkonditionering	10,2 liter
Utan luftkonditionering	9,8 liter

3

Åtdragningsmoment

	Nm
Kylvätskepump:	
OHC-motor	25
DOHC-motorer	15
CIH-motorer	15
Temperaturmätarens givare	10
Termostathusets kåpa:	
OHC-motor	15
DOHC-motor	20
CIH-motor	8
Kylfläktens remskiva (endast OHC-motor)	8
Kylfläkt med oljekoppling	50

1 Allmän beskrivning

Kylsystemet innehåller en genomströmningskylare, en remdriven kylfläkt med oljekoppling, en kylvätskepump som drivs av kamremmen eller huvudremmen (beroende på motortyp), en termostat samt ett expansionskärl. Expansionskärlet är antingen inbyggd i kylaren eller en plastbehållare som är monterad på motorrummets högra sida.

Systemet fungerar på följande sätt: Kall kylvätska pumpas runt motorblocket och topplocket och därefter via en förbikopplingsslang tillbaka till kylvätskepumpens inlopp. Vätskan cirkulerar även via värmepaketet. När motortemperaturen når ett visst värde öppnas termostatventilen och kylvätskan cirkulerar nu även via kylaren, vilket ger extra kylning. Kylfläkten med oljekoppling styrs av lufttemperaturen bakom kylaren. När motortemperaturen når ett visst värde öppnas en intern ventil. Detta leder till att den hydrauliska kopplingen möjliggör att fläkten roterar. Vid lägre temperaturer minskas rotationen proportionellt mot temperaturen. Fläkten arbetar alltså endast när det behövs. Jämfört med direktdrivna fläktar innebär detta avsevärda minskningar i bränsleförbrukning, slitage av drivrem och fläktljud.

2 Kylsystem - tömning, spolning och påfyllning

Tömning

1 Tag loss påfyllningslocket från expansionskärlet eller kylaren (beroende på motortyp). Om motorn är varm skall man placera en tjock trasa över locket innan man långsamt skruvar av locket. Annars riskerar man brännskador.

2 Placera en lämplig behållare under kylarens högra sida.

3 Lossa slangklämman och koppla loss kylarens nedre slang. Töm kylvätskan i behållaren.

4 Kassera den använda kylvätskan eller förvara den i en sluten behållare om den skall återanvändas.

Spolning

5 Det skall inte vara nödvändigt att spola systemet om man regelbundet har bytt kylvätska och använt föreskriven kylvätskeblandning. Om kylvätskan är rostfärgad eller mörk är det dock nödvändigt att spola systemet. Gör på följande sätt.

6 Töm systemet enligt ovanstående instruktion.

7 Börja med att spola expansionskärlet (i förekommande fall). Värmeenheten kan spolas genom att man kopplar loss slangarna från torpedväggen och för in en trädgårdsslang.

8 Spola kylaren genom att placera trädgårdsslangen i kylarens övre anslutning. Spola genom kylaren tills det rinner rent vatten ur den nedre anslutningen. Om vattnet inte blir rent även efter en längre stunds spolning kan kylaren spolas med ett speciellt rengöringsmedel.

9 Spola genom motorn mot den normala flödesriktningen på följande sätt: Demontera termostaten (avsnitt 5), placera trädgårdsslangen i hålet och spola tills vattnet som rinner ur det nedre röret är rent. I förekommande fall skall man även skruva loss motorblockets dräneringsplugg som är monterad på den främre vänstra motorsidan. Spola tills vattnet är rent.

10 Om kylaren är mycket förorenad skall man demontera kylaren, vända den upp och ned och spola den mot den normala flödesriktningen. Skaka samtidigt kylaren försiktigt för att eventuella avlagringar skall lossna.

Påfyllning

11 Anslut slangarna och drag åt slangklämmorna. Montera och drag åt motorblockets dräneringsplugg.

12 Förgasarmotorer: Koppla loss varmluftskanalen för att komma åt termostathuset.

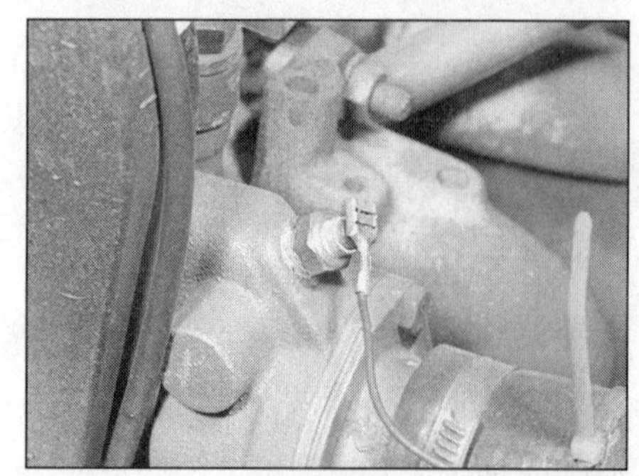

2.13 Temperaturgivaren på termostathuset OHC-motor

13 Koppla loss kablaget och skruva loss temperaturgivaren ur termostathusets övre del **(se bild).**

14 Motorer med bränsleinsprutning: Koppla även loss kylvätskeslangen från trottelhuset.

15 Fyll kylaren eller expansionskärlet (beroende på motortyp) med specificerad kylvätska tills den rinner ur temperaturgivarens hål. Montera och drag åt givaren och anslut kablaget.

16 Montera varmluftskanalen på förgasarmotorer.

17 Insprutningsmotorer: Fortsätt att hälla i kylvätska tills den rinner ur trottelhuset. Anslut slangen.

18 Alla motortyper: Fortsätt att hälla i kylvätska tills vätskenivån är vid "COLD"-markeringen. På kylaren är denna nivå oftast markerad med en nivåplatta i påfyllningsröret. Alternativt gäller att nivån är 50,0 mm under påfyllningsrörets övre kant. På den externa expansionstanken finns en "cold"-markering.

19 Skruva på påfyllningslocket.

20 Starta motorn och låt den gå med ett högt varvtal tills den är uppe i normal arbetstemperatur. Detta indikeras genom att termostaten öppnar och att den övre slangen blir hetare. Observera eventuell överhettning och kontrollera beträffande läckor.

21 Stäng av motorn och låt den kallna i två till tre timmar. Kontrollera kylvätskenivån och fyll vid behov på till "COLD"-markeringen. Skruva på påfyllningslocket.

3 Kylare - demontering och montering

Demontering

1 Demontera i förekommande fall plåten under motorn.

2 Töm kylsystemet enligt avsnitt 2. Koppla loss och ta bort kylarens övre slang från kylaren och termostathuset **(se bild).**

Endast 6-cylindrig DOHC-motor

3 På modeller där motorns oljekylare är integrerad i kylaren skall man följa de aktuella avsnitten i kapitel 2 och tömma ur motoroljan. Tag loss anslutningarna och koppla loss inflödes och utflödesledningarna från motorns oljekylare. Stäng öppningarna för att undvika att föroreningar tränger in.

3.2 Kylarens övre slanganslutning OHC-motor

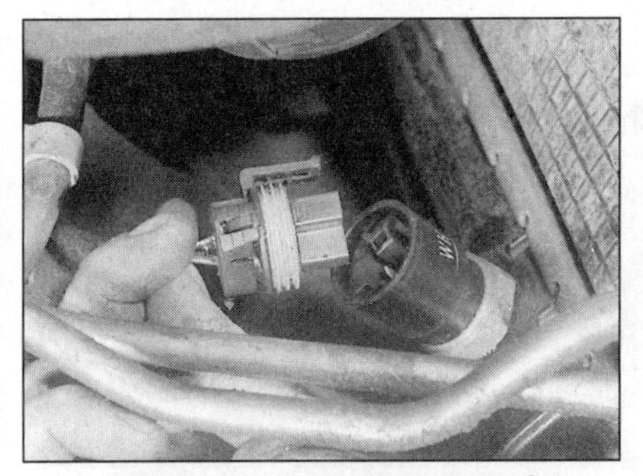

3.4 Koppla loss kontaktdonet från elfläktens temperaturkontakt

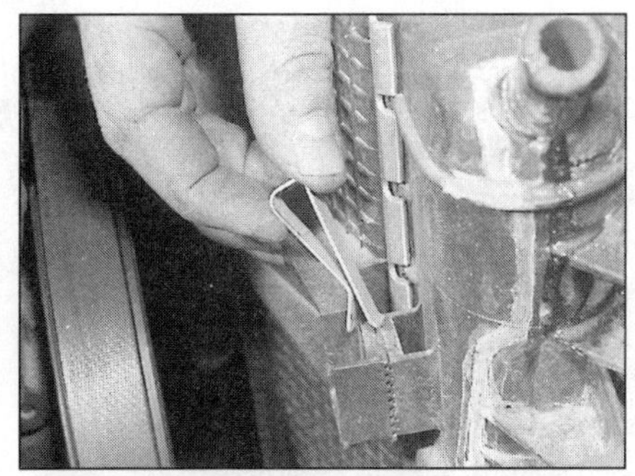

3.6a Demontering av en fjäderklämma till fläktens hölje

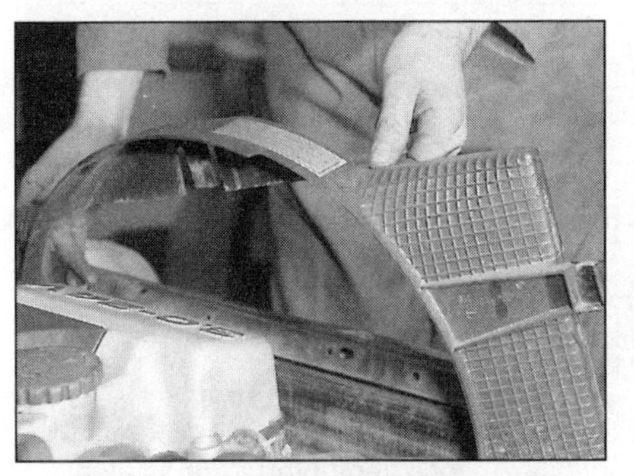

3.6b Demontering av kylfläktens hölje

3.7 Tag loss anslutningsmuttrarna och koppla loss rören till växellådans oljekylare

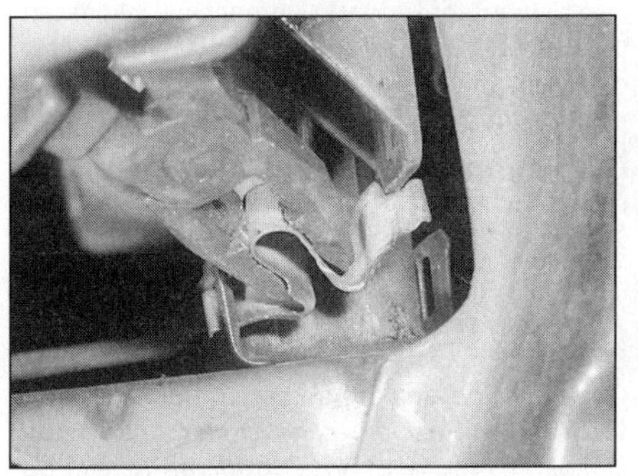

3.9 Kylarens fästen

3.10 Demontering av kylare - DOHC-motor med 24 ventiler

4 Koppla loss kontaktdonet från elfläktens temperaturkontakt **(se bild).**

5 Se aktuellt avsnitt i kapitel 4 och demontera luftintagsslangen från trottelhuset och luftrenaren.

Alla motorer

6 Drag ut de övre klämmorna och tag loss kylfläktens hölje från spåren i kylarens nedre del. Nu kan man placera höljet över fläktbladen. För att få mera arbetsutrymme bör man dock ta loss motorkablaget och helt ta bort fläkthöljet **(se bilder).**

7 Motorer med automatisk växellåda: Placera en behållare under kylaren, tag loss anslutningsmuttrarna och koppla loss vätskekylarens rör från kylaren **(se bild).** Töm ur vätskan och plugga rören för att undvika att smuts och damm tränger in.

8 I förekommande fall, koppla loss expansionskärlets slang från kylarens högra sida.

9 Pressa samman och demontera fjäderklämmorna som fäster kylarens gummifästen i sidorna **(se bild).**

10 Lyft kylaren rakt upp från sidofästena och de nedre fästena. Tag ut den ur motorrummet **(se bild).**

11 Kontrollera sidofästena av gummi och byt dem vid behov. Om en ny kylare skall monteras skall sidofästena flyttas till den nya enheten.

Montering

12 Följ anvisningarna för demontering i omvänd ordningsföljd vid monteringen. Fyll kylsystemet enligt avsnitt 2. Modeller med automatisk växellåda: Drag åt vätskekylarens anslutningar till specificerat åtdragningsmoment. Fyll även på växellådsolja. I förekommande fall skall man även dra åt anslutningarna till motorns oljekylare med specificerat åtdragningsmoment. Därefter skall man följa aktuell del av kapitel 2 och fylla motorn med korrekt mängd olja av föreskriven typ.

4 Elektrisk kylfläkt - demontering och montering

Demontering

1 Se kapitel 11 och demontera kylargrillen.

2 Koppla loss kylfläktens kablage vid kontaktdonet.

3 Tag loss de tre skruvarna som fäster elfläkten mot dess hållare.

4 Tag ut elfläkten ur motorrummet. Se till att du inte skadar kylflänsarna på luftkonditioneringens värmeväxlare (i förekommande fall).

Montering

5 Följ anvisningarna för demontering av fläkten i omvänd ordningsföljd vid monteringen. Observera följande (i förekommande fall):

a) När du är klar skall motorn fyllas med rätt mängd kylvätska med korrekt koncentration.

b) Motorer med oljekylare: Fyll motorn med rätt mängd olja av korrekt typ enligt aktuell del av kapitel 2.

c) Modeller med kylare för växellådsoljan: Se kapitel 7 del B och fyll vid behov på med växellådsolja.

5 Termostat - demontering och montering

Demontering

1 Töm kylsystemet enligt avsnitt 2.

2 Modeller med förgasarmotor: Koppla loss varmluftskanalen för att komma åt termostathuset.

5.3 Lossa slangklämman och demontera den övre slangen från termostathusets kåpa

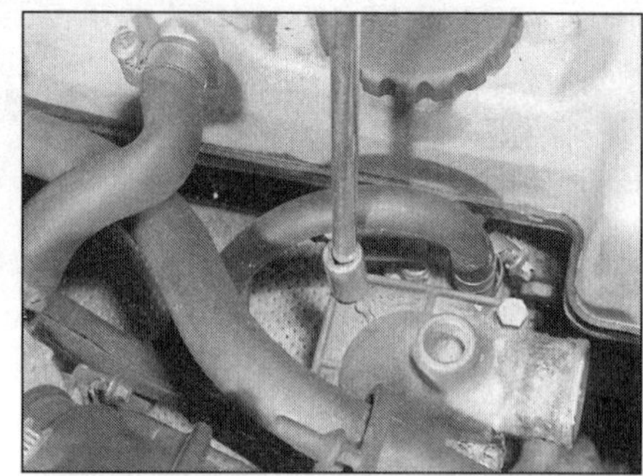

5.4a Tag loss bultarna . . .

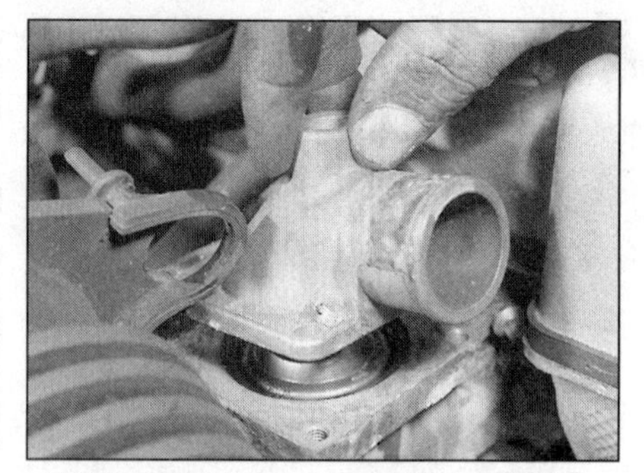

5.4b . . och demontera termostathusets kåpa - 6-cylindrig motor

5.4c Demontering av termostat med termostathusets kåpa - OHC-motor

5.5a 6-cylindriga motorer: Bänd loss O-ringen av gummi från huset . . .

5.5b . . . och demontera termostaten

3 Lossa slangklämman och koppla loss den övre slangen från termostathusets kåpa **(se bild).**

4 Markera kåpans placering på huset. Tag därefter loss bultarna och demontera kåpan. OHC-motorer: Termostaten är en integrerad del av kåpan **(se bilder).**

5 6-cylindriga motorer: Bänd ut O-ringen av gummi ur huset och demontera temostaten **(se bilder).** OHC-motorer: Bänd ur O-ringen av gummi ur kåpan.

6 OHC-motorer: Det är inte lämpligt att ta loss termostaten från kåpan, eftersom de levereras som en enhet.

7 Rengör kåpans och husets anliggningsytor och införskaffa en ny O-ring av gummi.

Montering

8 Följ anvisningarna för demontering i omvänd ordningsföljd vid monteringen. Fyll kylsystemet enligt avsnitt 2.

6 Termostat - kontroll

1 En grundläggande kontroll av termostaten kan utföras genom att man fäster den i en trådbit och placerar den i en vattenfylld kastrull. Koka vattnet och kontrollera att termostaten öppnar. I annat fall skall den bytas.

2 Om en termometer finns tillhands kan man kontrollera den exakta öppningstemperaturen. Jämför med värdet som anges i specifikationerna.

3 En termostat som inte stänger när vattnet kallnar skall också bytas.

7 Kylfläkt med oljekoppling - demontering och montering

Demontering

1 Förgasarmotorer: Koppla loss varmluftskanalen och för den åt sidan.

2 Vid behov kan kylfläktens hölje föras åt sidan. Drag ur de övre klämmorna, tag loss kablaget och lyft upp höljet mot topplocket, över fläktbladen.

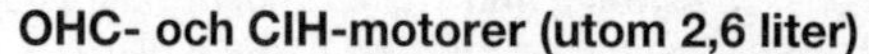

OHC- och CIH-motorer (utom 2,6 liter)

3 Använd två blocknycklar för att hålla i navet och skruva loss fläktens mutter. Observera att den är vänstergängad. Demontera kylfläkten **(se bild)**. **Observera:** *Specialnycklar för demontering av kylfläktar med oljekoppling tillhandahålls på biltillbehörsbutiker.*

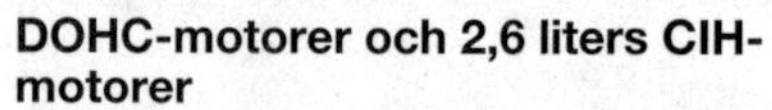

DOHC-motorer och 2,6 liters CIH-motorer

4 Använd en blocknyckel för att hålla i navet. Använd ett spärrhandtag och en insexbit för att demontera insexskruven från navets mitt. Skruva loss fläkten från vattenpumpens axel. Observera att den är vänstergängad. **Observera:** *Specialnycklar för demontering av kylfläktar med oljekoppling tillhandahålls på biltillbehörsbutiker.*

5 Oljekopplingen kan demonteras från fläkten genom att man tar loss de tre fästskruvarna.

Montering

6 Följ anvisningarna för demontering i omvänd ordning vid monteringen.

7.3 Demontering av kylfläkten - OHC och CIH (utom 2,6 liter) motorer

8 Kylvätskepump - demontering och montering

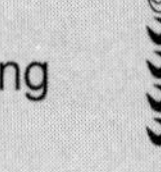

OHC-motorer

Demontering

1 Demontera fläkten med oljekoppling (avsnitt 7) och huvudremmen (avsnitt 9).

2 Demontera kylaren (avsnitt 3).

3 Tag loss skruvarna och demontera huvudremmens remskiva från kylfläktens nav.

4 Tag loss kamremskåporna.

8.9 Demontering av kylvätskepump - OHC-motor

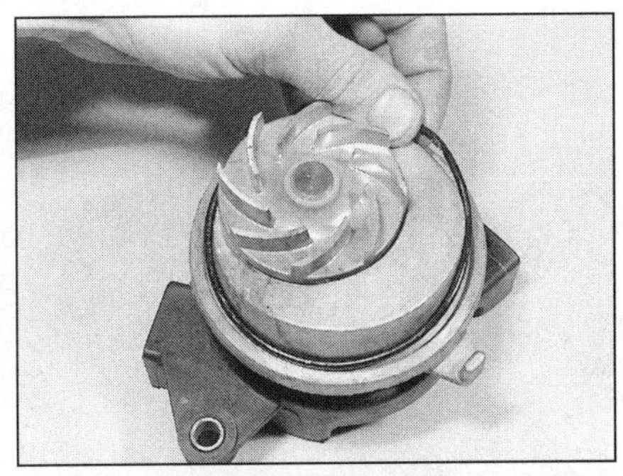
8.10 Tag loss gummiringen från spåret i kylvätskepumpen - OHC-motor

8.11a Vrid loss kamremskåpans del från plattan (vid pilen) på kylvätskepumpen - OHC-motor

8.11b Vattenpump med kamremskåpan demonterad - OHC-motor

5 Drag runt motorn med en nyckel på bulten för vevaxelns remskiva tills markeringen på kamaxeldrevet är i linje med pilen på den övre delen av den bakre kamremskåpan. Justera även spåret i vevaxelns remskiva mot pilen på den nedre delen av den bakre kamremskåpan.

6 Använd en insexnyckel för att lossa de tre bultarna som fäster kylvätskepumpen mot motorblocket.

7 Tag loss bulten som fäster den delen av kamremskåpan som är en del av kylvätskepumpen mot oljepumphuset.

8 Vrid den övre delen av vattenpumphuset moturs. Lossa kamremmen från vattenpumpens drev och fäst den löst på den ena sidan.

9 Tag loss de tre fästbultarna och brickorna. Demontera vattenpumpen från motorblocket **(se bild).**

10 Bänd ut O-ringen av gummi ur spåret i vattenpumpen **(se bild).**

11 Om en ny vattenpump skall monteras skall delen av kamremskåpan monteras på den nya pumpen. Justera in de två spåren och vrid av kamremskåpans del **(se bilder).** Montera denna enhet på samma sätt på den nya kylvätskepumpen.

Montering

12 Inled monteringen genom att applicera silikonfett eller motsvarande på kylvätskepumpens anliggningsytor mot motorblocket. Om man inte gör detta kan pumpen fastna i motorblocket.

13 Applicera även fettet på O-ringen av gummi och placera den i spåret.

14 Montera kylvätskepumpen i motorblocket med flänsarna för kamremskåpan i korrekt läge. Montera fästbultarna och brickorna löst.

15 Montera kamremmen på kylvätskepumpens drev. Vrid kylvätskepumpen medurs för att spänna remmen. Avsluta remspänningen enligt kapitel 1. Se till att tändlägesmarkeringarna är korrekt justerade. Drag åt vattenpumpens fästbultar med korrekt åtdragningsmoment.

16 Montera bulten som fäster kamremskåpan mot oljepumphuset.

17 Montera kamremskåporna.

18 Montera remskivan på kylfläktens nav och drag åt skruvarna.

19 Montera kylaren (avsnitt 3).

20 Montera generatorns/fläktens drivrem, (se avsnitt 9) och kylfläkten med oljekoppling (se avsnitt 7).

6-cylinders DOHC- och 2,6 liters CIH-motorer

Demontering

21 Tag loss fästskruvarna och tag bort motorns underplåt från motorns undersida.

22 Se avsnitt 3 och demontera kylaren och kylfläktens hölje.

23 Se avsnitt 7 och demontera den oljekopplade kylfläkten från kylpumpen.

24 Se aktuellt avsnitt i kapitel 2 och demontera huvudremmen.

25 Lossa slangklämmorna och koppla loss slangarna från kylvätskepumpens anslutningar. Observera hur de är anslutna **(se bild).**

26 Modeller med luftkonditionering: Remskivan för luftkonditioneringsremmens spännare är i vägen för kylvätskepumpens nedre högra fästbult. För demontering av remskiva och nav se kapitel 2, Del A eller B (beroende på motortyp) och demontera generatorns/styrservopumpens hållare från motorblocket.

27 Se kapitel 2 del B eller C beroende på motortyp och följ följande anvisningar:

a) *Tag loss skruvarna. Demontera remskivan från vevaxelns vibrationsdämpare.*

b) *Demontera vibrationsdämparen från vevaxelns fläns.* ***Observera:*** *Vevaxelns bult måste bytas vid demonteringen och skall vid monteringen dras åt till ett väldigt högt åtdragningsmoment.*

28 Lossa och demontera kylvätskepumpens fästbultar. Observera att bultarna är olika långa. Notera placeringen av de olika bultarna för att kunna montera dem korrekt **(se bild).**

29 Tag loss kylvätskepumpen från motorn och tag reda på tätningen **(se bilder).**

3

Montering

30 Rengör kylvätskepumpens och motorblockets anliggningsytor. Montera pumpen genom att följa anvisningarna för demonteringen i omvänd ordning. Observera följande anvisningar:

a) *Montera en ny tätning på kylvätskepumpen.*

b) *Drag åt kylvätskepumpens fästbultar stegvis till specificerat åtdragningsmoment.*

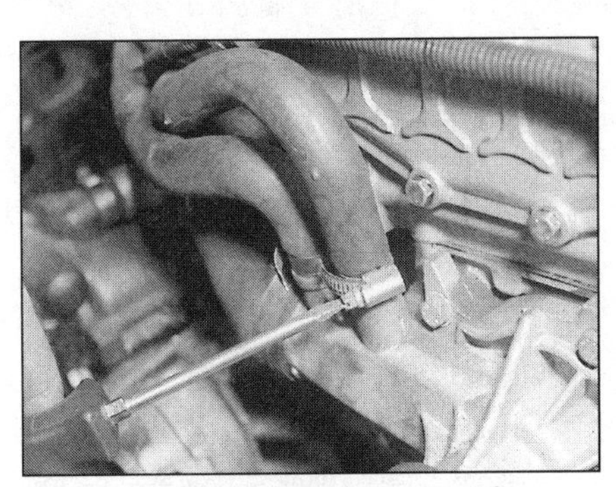
8.25 Koppla loss slangarna från kylvätskepumpens anslutningar

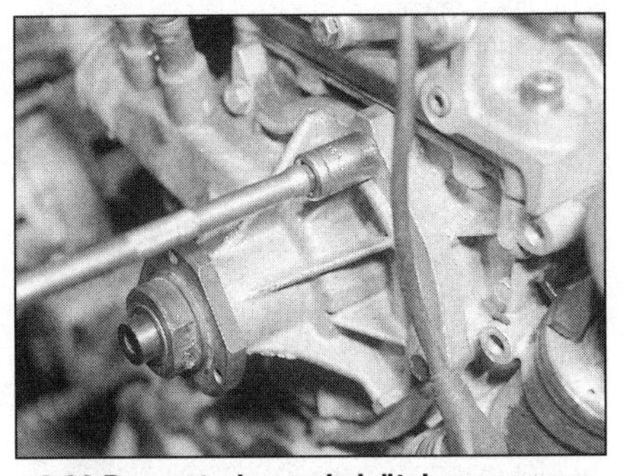
8.28 Demontering av kylvätskepumpens fästbultar

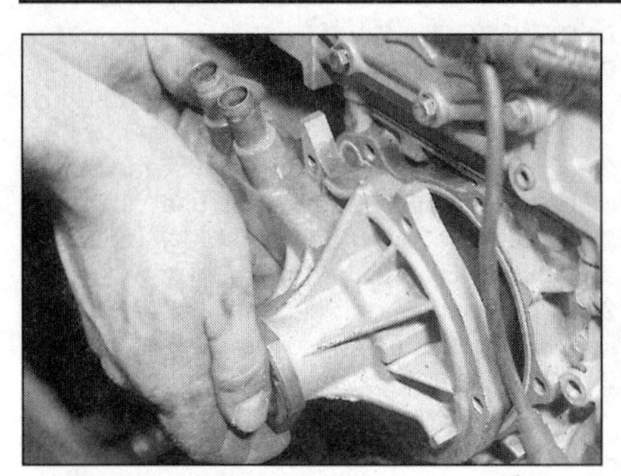

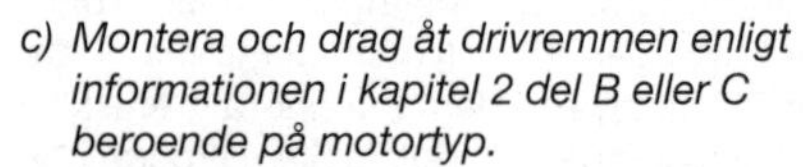

8.29a Tag loss kylvätskepumpen från motorn . . .

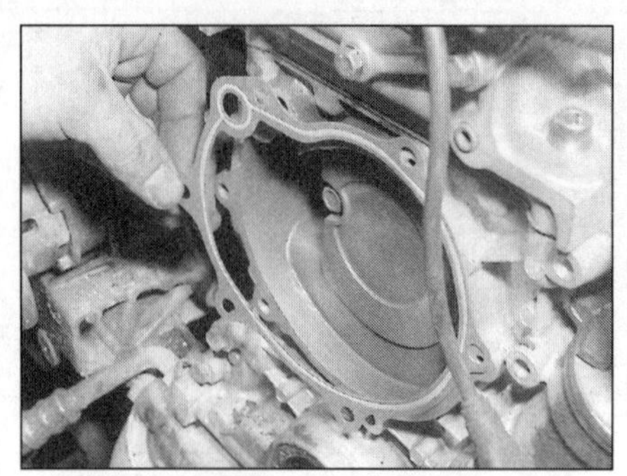

8.29b . . . och tag bort tätningen

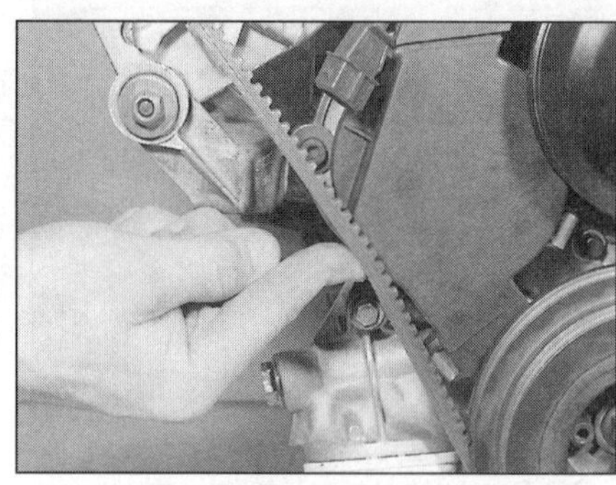

9.4 Kontroll av drivremmens spänning

c) Montera och drag åt drivremmen enligt informationen i kapitel 2 del B eller C beroende på motortyp.

d) Fyll kylsystemet med specificerad mängd kylmedel när du är klar.

CIH-motorer (utom 2,6 liters)

Demontering

31 Demontera i förekommande fall underplåtens skruvar och tag loss den från bilens undersida.

32 Se avsnitt 3 och demontera kylfläktens hölje från kylaren.

33 Se avsnitt 7 och demontera kylfläkten med oljekoppling från kylvätskepumpen.

34 Se aktuell del i kapitel 2 och följ följande anvisningar:

a) Demontera oljepumpens/generatorns drivrem.

b) Modeller med luftkonditionering: Demontera drivremmen till luftkonditioneringens kompressor.

c) Demontera remskivan från vevaxeln.

Varning: Var beredd på ett visst oljeläckage från vevaxelns oljetätning när remskivan demonteras. Placera en lämplig behållare under axeln för att fånga upp eventuellt spill och placera trasor runt arbetsområdet.

35 Lossa slangklämmorna och koppla loss slangarna från kylvätskepumpens anslutningar. Observera hur de är monterade.

36 Lossa och demontera kylvätskepumpens fästbultar. Observera att bultarna är olika långa. Notera placeringen av de olika bultarna för att kunna montera dem korrekt.

37 Tag loss kylvätskepumpen från motorn och tag reda på tätningen.

Montering

38 Rengör kylvätskepumpens och motorblockets anliggningsytor. Montera pumpen genom att följa anvisningarna för demonteringen i omvänd ordning. Observera följande anvisningar:

a) Montera en ny tätning på kylvätskepumpen.

b) Montera och drag åt kylvätskepumpens fästbultar stegvis till specificerat åtdragningsmoment.

Varning: Se till att bultarna monteras på rätt ställe.

c) Anslut kylvätskeslangarna och drag åt slangklämmorna ordentligt. Se dock till att inte dra dem för hårt.

Varning: Kontrollera att slangarna är anslutna till rätt anslutningar på kylvätskepumpen enligt ritningen från demonteringen.

d) Montera och spänn drivremmen/remmarna enligt anvisningarna i kapitel 2 del B eller C (i beroende på motortyp).

e) Fyll kylsystemet med specificerad mängd kylmedel när du är klar.

9 Kylfläktens/generatorns drivrem - byte och justering

OHC-motorer

1 I förekommande fall skall drivremmen för styrservopumpen/oljepumpen demonteras enligt anvisningarna i kapitel 10.

2 Koppla loss varmluftskanalerna (förgasarmotorer) eller trottelhusets luftkanal (insprutningsmotorer) för att komma åt tändfördelaren.

3 Lossa generatorns svängtapp och justeringsbultar. Vrid generatorn mot motorn och tag loss drivremmen från generatorns, kylfläktens och vevaxelns remskiva. För drivremmen över kylfläktens fläktblad.

4 Placera den nya drivremmen på remskivorna. Vrid generatorn för att spänna remmen. Det underlättar om justeringsbulten dras åt en aning så att generatorn hålls kvar i det spända läget. När drivremmen är korrekt justerad kan man trycka ner den ca 13,0 mm med jämnt fingertryck på mittpunkten mellan generatorns och vevaxelns remskiva **(se bild)**.

5 Drag åt generatorns svängtapp och justeringsbultar.

CIH-motorer

6 I förekommande fall skall drivremmen för styrservopumpen/oljepumpen demonteras enligt anvisningarna i kapitel 10.

7 Lossa spännblockets justeringsbultar så att drivremmen lossas. Tag försiktigt loss drivremmen från remskivorna och för drivremmen över kylfläktens fläktblad.

8 Drag åt spännblockets låsmutter.

DOHC-motorer

9 Se anvisningarna i kapitel 2 del C.

10 Expansionskärl - demontering och montering

Demontering

1 Töm kylsystemet enligt avsnitt 2.

2 Skruva loss påfyllningslocket.

3 I förekommande fall skall man lossa slangklämman till kylarens ventilationsslang och ta loss den.

4 Tag loss expansionskärlet från det främre fjädertornet.

5 Lossa klämmorna och koppla loss matnings- och returslangarna för kylvätskan.

6 Tag ur expansionskärlet ur motorrummet.

Montering

7 Följ anvisningarna för demontering i omvänd ordning vid monteringen. Därefter skall kylsystemet fyllas enligt anvisningarna i avsnitt 2.

11 Temperaturmätarens givare - demontering och montering

Demontering

1 Temperaturmätarens givare är monterad på termostathuset. Om motorn är varm skall man vänta tills den är kall innan man försöker demontera enheten.

2 Skruva loss påfyllningslocket från kylaren eller expansionskärlet för att släppa ut eventuellt övertryck. Skruva tillbaka locket eftersom vakuumet minskar kylvätskespillet.

3 Koppla loss kablaget från anslutningen på givaren.

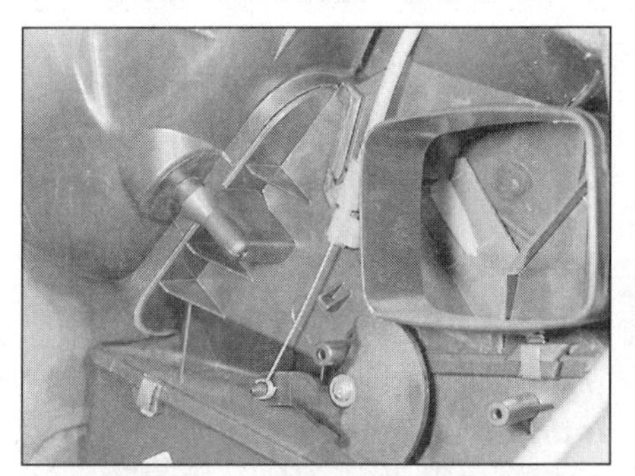

12.3 Koppla loss vajern för luftfördelarens klaff

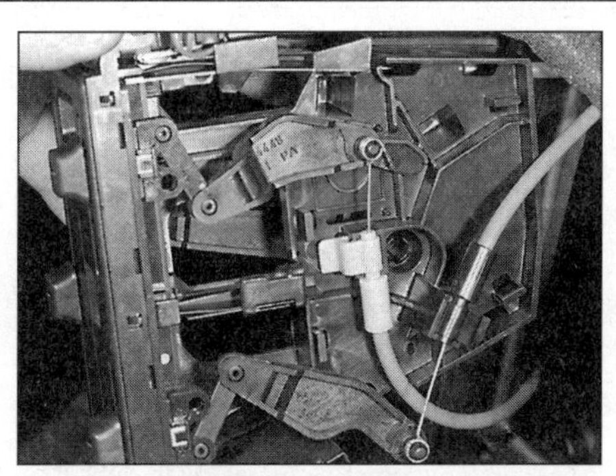

12.5a Vajern för den högra sidans värmereglage

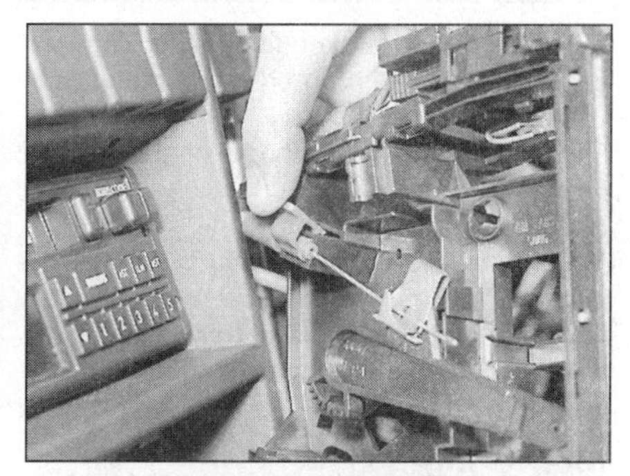

12.5b Vajerhöljet för den vänstra sidans värmereglage

4 Skruva loss givaren. Tag reda på tätningsringen (i förekommande fall). Plugga igen hålet tillfälligt med en lämplig propp. **Observera:** *Var beredd på visst kylvätskespill. Placera en lämplig behållare under termostathuset och placera trasor runt arbetsområdet.*

Montering

5 Följ anvisningarna för demontering i omvänd ordning vid monteringen. Använd en ny tätningsring. Fyll på kylsystemet vid behov.

12 Värmereglagepanel - demontering och montering

Demontering

Omega

1 Koppla loss batteriets minuskabel.
2 Bänd loss kåpan från cigarettändaren.
3 Koppla loss vajern för luftfördelarens klaff vid värmeenheten **(se bild).**
4 Skruva loss de två nedre skruvarna. Tag loss kontrollpanelens övre del och drag ut den tills multikontaktdonet och belysningskabeln kan kopplas loss.
5 Koppla loss styrvajrarna och demontera panelen **(se bilder).**
6 Följ anvisningarna för demontering i omvänd ordning vid monteringen.

Senator

7 Se kapitel 12 och följ följande anvisningar:

a) *Demontera radion/kasettbandspelaren/ CD-spelaren och förstärkarenheten från instrumentpanelen.*
b) *Demontera alla strömställare som är monterade över radions/kasettbandspelarens monteringshål.*

8 Se kapitel 11 och demontera mittkonsolens stoppning.
9 Öppna askkoppens lock halvvägs. Drag ut mittkonsolens panel bort från ramen en aning. Nu kan man ta loss strömställarnas fästen från mittkonsolens panel.
10 Tag loss kablaget från temperaturväljarens omkopplare samt fläktomkopplaren vid multikontaktdonet. Märk alla kontakterna för att kunna montera dem korrekt.

Observera: *Om styrenheten skall bytas måste fläktomkopplaren tas loss och monteras i den nya enheten.*
11 Bänd loss rattarna från fläkten och luftfördelningsreglagen. Tag loss luftfördelningsvajrarna från kontrollpanelen.
12 Demontera fästskruvarna och tag loss kontrollpanelen från mittkonsolens panel.

Modeller med luftkonditionering

13 Koppla loss kablaget från den elektroniska styrenheten och omkopplarna för kompressorn/luftåtercirkulationen vid multikontaktdonen. **Observera:** *Om styrenheten skall bytas måste omkopplaren för kompressorn/ luftåtercirkulationen flyttas till den nya enheten.*

Montering

14 Enheten monteras genom att man följer anvisningarna för demonteringen i omvänd ordningsföljd. **Observera:** *Om en ny styrenhet skall monteras måste styrstiftet på fläktomkopplarens styrspak föras in i tillhörande styrspår i justeringssliden på styrenheten.*

13 Värmepaket - demontering och montering

Demontering

Alla modeller

1 Demontera pedalens fäste (kapitel 9). Detta ger tillräckligt arbetsutrymme för att man skall kunna demontera värmeenhetens element utan att det skadas.

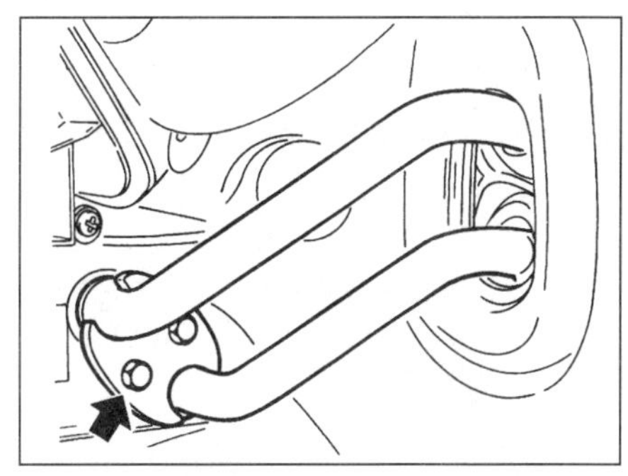

13.5 Hållaren för värmepaketets rör (vid pilen)

2 Töm kylsystemet (avsnitt 2).

Senator

3 Se kapitel 11 och demontera mittkonsolen.
4 Demontera fästskruvarna och tag loss de gjutna luftkanalerna för det främre och bakre golvutrymmet.

Alla modeller

5 Tag loss värmeenhetens rörhållare **(se bild)** och koppla loss enhetens rör. Var beredd på visst kylvätskespill.
6 Skruva loss fästskruvarna och tag bort värmeelementet från värmeenheten.

Montering

7 Följ anvisningarna för demontering i omvänd ordning vid monteringen. Montera nya O-ringstätningar på de två rören till värmeelementet. Fyll kylsystemet (se avsnitt 2).

14 Värmeenhetens fläktmotor - demontering och montering

Demontering

1 Koppla loss batteriets minuskabel.
2 Demontera torkararmarna och bladen (kapitel 12).
3 Tag loss muttrarna från torkaraxlarnas kåpor.
4 Tag bort tätningslisten och demontera vattenavvisaren **(se bild).**
5 Koppla loss multikontaktdonet. Skruva loss och ta bort torkarmotorn.
6 Koppla loss kontaktdonet från fläktmotorn.

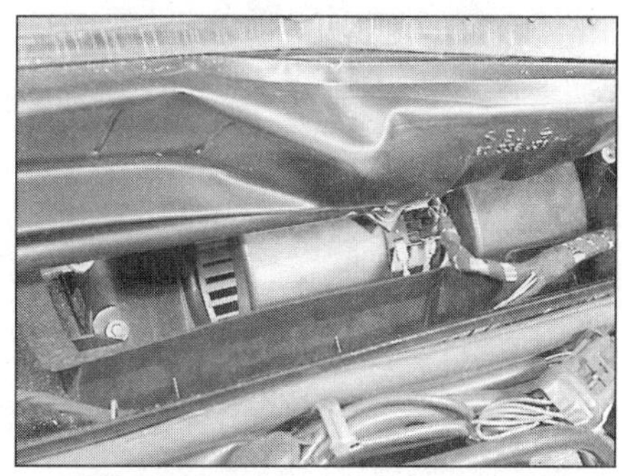

14.4 Värmeenhetens fläktmotor med vattenavvisningsplåten demonterad

7 Modeller med luftkonditionering: Tag loss skruvarna och demontera återcirkulationsventilen.
8 Tag loss skruvarna och demontera fläktens hölje.
9 Demontera fläkthjulens kåpor.
10 Skruva loss fästskruvarna. Tag ut motorenheten ur bilen. Observera att motorn måste vridas för att kunna passera torkarfästet.
11 Koppla loss kablarna och demontera serieresistansen från fästet.

Montering

12 Följ anvisningarna för demontering i omvänd ordning vid monteringen.

15 Luftkonditioneringssystem - beskrivning och säkerhetsåtgärder

1 Luftkonditionering är standard på senare extrautrustade modeller och fanns tidigare som ett extra tillval för vissa standardutrustade modeller. Tillsammans med värmeenhten möjliggör systemet inställning av en behaglig lufttemperatur i bilen. Luftkonditioneringen reducerar även den inkommande luftens fuktighet även när kylning av luften inte är nödvändig.
2 Luftkonditioneringens kylsida fungerar i princip som ett hushållskylskåp. En kompressor som drivs med en drivrem från vevaxelns remhjul pumpar kylmedel i gasform från en förångare. Det komprimerade kylmedlet passerar genom en kondensor, avger värme och övergår i flytande tillstånd. Efter avfuktning återvänder kylmedlet till förångaren där det tar upp värme från luften som passerar över förångarens flänsar. Kylmedlet övergår i gasform varefter cykeln upprepas.
3 Olika styrningar och givare skyddar systemet mot förhöjda temperaturer och tryck. När systemet aktiveras ökas dessutom motorns tomgångsvarvtal för att kompensera för den högre belastningen som kompressorn utgör.
4 Trots att kylmedlet i sig inte är giftigt bildar det vid en öppen låga (eller en tänd cigarett) en mycket giftig gas. Flytande kylmedel ger köldskador på huden.
5 Med hänsyn till ovanstående anmärkningar och eftersom man behöver specialverktyg för att tömma och fylla systemet måste man lämna arbeten som kräver att kylmedelsrör kopplas loss till en specialist.
6 Utsätt inte kylmedelsledningar för temperaturer över 110°C t ex vid svetsning eller torkning av färg.
7 Använd inte luftkonditioneringen om du vet att systemet inte är helt fyllt med kylmedel. I annat fall kan systemet skadas.

16 Luftkonditioneringssystemets komponenter - demontering och montering

Elfläkt

1 Se avsnitt 4 .

Kompressor (med kylmedelsledningarna anslutna)

2 Koppla loss kontaktdonen från följande enheter på kompressorn: Magnetkopplingen, säkerhetskontakten för trycköverbelastning samt elfläktens kontakt.
3 Lossa svängtappen och justeringsbultarna.
4 Tag loss den yttre justeringens låsmutter så att drivremmen kan lossas. Demontera drivremmen från remhjulet. (6-cylindriga DOHC-motorer med ribbad huvudrem: Se kapitel 2C för detaljerade anvisningar beträffande demonteringen av drivremmen.)
5 Demontera svängtappen och justeringsbultarna och stöd kompressorns ena sida.
6 Följ anvisningarna för demontering i omvänd ordning vid monteringen. Spänn drivremmen enligt aktuell del i kapitel 2 eller i avsnitt 9.

Kapitel 4 del A: Bränsle- och avgassystem - förgasarmotorer

Innehåll

Svårighetsgrader

Enkelt, passar för novisen med lite erfarenhet 	**Ganska enkelt,** passar nybörjaren med viss erfarenhet 	**Ganska svårt,** passar kompetent hemmekaniker 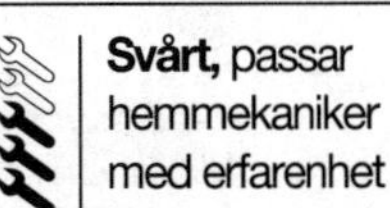	**Svårt,** passar hemmekaniker med erfarenhet	**Mycket svårt,** för professionell mekaniker

Specifikationer

Bränslepump

Funktionssätt	Mekanisk, drivs av kamaxeln
Tryck	0,25 till 0,36 bar

Förgasare

Typ	Pierburg 2E3
Flottörnivå	28 till 30 mm
Accelerationspumpens kapacitet:	
Modeller med manuell växellåda	1,20 till 1,40 cc
Modeller med automatväxellåda	0,85 till 1,05 cc
Trottelventilens spel:	
Modeller med manuell växellåda	0,95 till 1,05 mm
Modeller med automatväxellåda	1,15 till 1,25 mm
Chokeventilens spel:	
"Mindre" ventilspel	2,0 till 2,3 mm
"Större" ventilspel	3,0 till 3,3 mm
Justering av snabbtomgångens styrkam	0,7 till 1,1 mm
Forcerad öppning av chokeventilen:	
Modeller med manuell växellåda	1,5 till 3,5 mm
Modeller med automatväxellåda	3,0 till 5,0 mm
Huvudmunstycke:	
Primär	X107,5
Sekundär	Z132,5
Tomgångsmunstycke	137,5
Fullastberikning	90
Nålventil	1,5
Munstycke för luftkorrigering:	
Primär	110
Sekundär	90

Justeringsdata

Tomgångsvarvtal:	
Modeller med manuell växellåda	850 till 900 r/min
Modeller med automatväxellåda	750 till 800 r/min
Snabb tomgång	1900 till 2300 r/min
CO-nivå vid tomgång	0,5 till 1,0%

Rekommenderad bränsletyp

Lägsta oktantal:

Tidigare modeller (före 1990)	98 oktan blyad eller blyfri bensin*
Senare modeller (fr o m 1990)	95 oktan blyad eller blyfri

**Om nödvändiga åtgärder vidtas kan 95 oktan blyfri användas (se avsnitt 8 för närmare information)*

Åtdragningsmoment

	Nm
Insugsrör	25
Avgasgrenrör	25

1 Allmän information

1 Bränslesystemet består av en bränsletank som är monterad under bilens bakre del, en mekanisk bränslepump och en förgasare. Bränslepumpen drivs av en excenter på kamaxeln och är monterad på kamaxelhuset. Luftrenaren innehåller ett utbytbart pappersfilter samt har ett styrsystem för lufttemperaturen. Det består av en klaffventil som leder in kalluft från bilens utsida och varm luft från avgasgrenröret i korrekta proportioner till luftrenaren.

2 Bränslepumpen suger upp bränsle från bränsletanken via ett filter och leder vidare bränslet till förgasaren. Överskottsbränslet leds via kolfiltret till bränsletanken.

Varning: Många av åtgärderna i detta kapitel kräver att man demonterar bränsleledningar och bränsleanslutningar. Detta kan leda till bränslespill. Innan något arbete på bränslesystemet utförs, studera instruktionerna i "Säkerheten främst!" i början av denna handbok och följ dem noggrant. Bensin är en mycket farlig och explosiv vätska och man måste vara mycket försiktig vid hanteringen.

2 Luftrenare - demontering och montering

Demontering

1 Koppla loss luftintagskanalen och varmluftsröret från luftrenaren.

2 Tag loss de tre monteringsmuttrarna och lyft upp luftrenaren från förgasaren. Koppla loss vakuumslangen för insugsluftens temperaturstyrning.

3 Tag bort luftrenarens packning/tätningsring.

Montering

4 Följ anvisningarna för demontering i omvänd ordning vid monteringen. Se till att packningen/tätningsringen är korrekt placerad på förgasaren.

3 Bränslepump - kontroll, demontering och montering

Observera: *Se varningsinformationen i avsnitt 1 innan du fortsätter.*

Kontroll

1 För att testa bränslepumpen på motorn måste man koppla loss utloppsröret som leder till förgasaren. Håll en trasa över pumpens utlopp samtidigt som en assistent drar runt motorn med startmotorn. *Håll undan händerna från den elektriska kylfläkten.* Det skall pumpas ut regelbundna strålar med bränsle när motorn dras runt.

2 Pumpen kan även testas när den har demonterats. Koppla loss pumpens utlopprör men låt inloppsröret sitta kvar. Håll en trasa vid utloppet. Driv pumpens hävarm för hand genom att pumpa den in och ut. Om pumpen är i gott skick skall hävarmens rörelse vara jämn och pumpen skall avge en kraftig bränslestråle.

Demontering

3 Märk pumpens inlopps- och utloppsslangar så att de kan skiljas åt. Lossa de två slangklämmorna. Placera trasor under slanganslutningarna för att ta upp eventuellt bränslespill. Koppla loss båda slangarna från pumpen och plugga slangarna för att minimera bränslespillet.

4 Tag loss pumpens monteringsmuttrar och tag loss pumpen från kamaxelhuset. Tag reda på distansringen/packningen **(se bild)**.

Montering

5 Följ anvisningarna för demontering i omvänd ordning vid monteringen. Montera en ny distansring/packning.

3.4 Demontering av bränslepump (förgasarmotorer)

4 Bränslemätarens givare - demontering och montering

Observera: *Se varningsinformationen i avsnitt 1 innan arbetet påbörjas.*

Demontering

1 Koppla loss batteriets minuskabel.

2 Demontera tankens påfyllningslock och pumpa ut allt bränsle om det är möjligt.

3 Blockera framhjulen, lyft upp bilen och palla upp den på pallbockar (se *"Lyftning och stödpunkter"*). Koppla loss kablaget från bränslemätarens givare.

4 Om bränslematnings- och returrören är anslutna till givaren skall dessa kopplas loss och märkas så att de kan monteras korrekt. Var beredd på bränslespill.

5 Om en bajonettring är monterad skall man använda två korslagda skruvmejslar för att vrida den moturs. I annat fall skall man enbart ta loss bultarna. Tag bort metallringen och givaren.

6 Tag bort O-ringstätningen eller packningen.

Montering

7 Rengör anliggningsytorna på givaren och bränsletanken.

8 Om givaren har en O-ring skall man applicera lite fett på den nya ringen och placera den i givarens spår.

9 Montera givaren i tanken med bränslesugröret nedåt. Använd en ny packning i förekommande fall.

10 Om en bajonettring var monterad skall denna dras åt helt medurs.

11 Om givaren har bultar skall man applicera låsvätska på gängorna och dra åt dem i en diagonal ordningsföljd.

12 Montera slangarna och kablarna. Anslut batteriets minuskabel. Sänk ner bilen.

13 Fyll tanken och skruva på påfyllningslocket.

5 Bränsletank - demontering och montering

Observera: *Se varningsinformationen i avsnitt 1 innan arbetet påbörjas.*

Demontering

1 Koppla loss batteriets minuskabel.

2 Skruva av tankens påfyllningslock och pumpa ur allt bränsle ur tanken om det är möjligt (det finns ingen tömningsplugg).

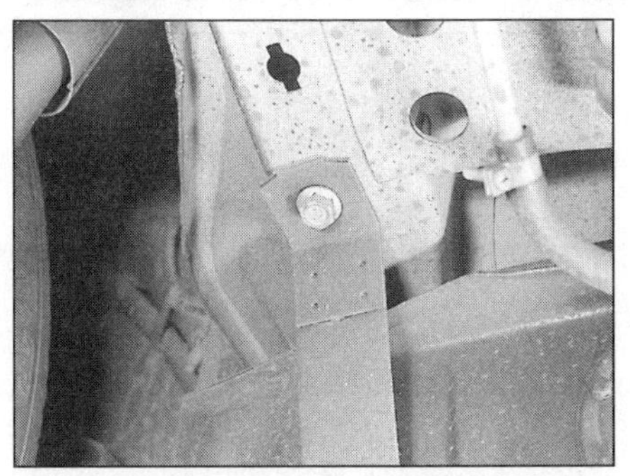
5.10 Monteringsbultar för bränsletanken

3 Blockera framhjulen, lyft upp bilens bakvagn och palla upp den på pallbockar (se "*Lyftning och stödpunkter*").
4 Koppla loss kablaget från bränslemätarens givare och, om den är monterad i tanken, bränslepumpen.
5 Placera en lämplig behållare under bränsletanken för eventuellt bränslespill.
6 Märk bränslematnings- och returrören och montera slangklammer på dem. Koppla loss slangarna och plugga ändarna.
7 Koppla vid behov loss ventilationsröret.
8 Modeller med reglerbara bakre luftstötdämpare: Tag loss tryckledningen från bränsletankens kant.
9 Stöd bränsletanken med ett träblock och en garagedomkraft.
10 Tag loss de två fästbyglarna från underredet **(se bild).**
11 Sänk ner bränsletanken försiktigt samtidigt som påfyllningsröret förs ut ur gummihylsan i sidopanelen.
12 Demontera gummihylsan från sidopanelen.
13 Observera placeringen av ventilationsrören och koppla därefter loss dem.
14 Demontera bränslemätarens givare och i förekommande fall bränslepumpen.
15 Lossa slangklämmorna och demontera påfyllningsröret, ventilationsbehållaren och slangen.
16 Töm ur det resterande bränslet ur tanken.
17 Om tanken innehåller föroreningar som smuts eller vatten måste den spolas med rent bränsle. Om tanken läcker eller är skadad skall den repareras av en specialverkstad eller bytas. **Försök inte** under några omständigheter att löda eller svetsa en bränsletank.
18 Undersök ventilationsrören, slangarna samt slangklämmorna beträffande skador och byt dem vid behov.

Montering

19 Följ anvisningarna för demontering i omvänd ordning vid monteringen. Observera följande:

a) Se till att ventilationsrören och slangarna inte är vridna eller klämda
b) Montera gummihylsan med "U"-markeringen nedåt
c) Drag inte åt påfyllningsrörets nedre slangklämma förrän det är korrekt monterat

6 Gasvajer - demontering, montering och justering

Demontering

1 Demontera luftrenaren (avsnitt 2). Öppna trotteln för hand och haka av vajern från den spårförsedda styrkammen.
2 Tag loss vajerhöljets bussning från monteringsfästet.
3 Arbeta i förarutrymmet och koppla loss vajern från gaspedalen.
4 Tag loss genomföringen från torpedväggen och drag in vajern i motorrummet.

Montering och justering

5 Följ anvisningarna för demontering i omvänd ordning vid monteringen. Justera vajern genom att placera fjäderklämman bakom kabelhöljets bussning så att vajern nästan är helt spänd när gaspedalen är helt uppe.

7 Gaspedal - demontering och montering

Demontering

1 Tag loss gasvajern från pedalen enligt avsnitt 6.
2 Bänd loss fjäderklämman från svängtappens inre ände. Tag loss bussningarna, brickorna och returfjädern **(se bild).**
3 Demontera pedalen från hållaren.

Montering

4 Följ anvisningarna för demontering i omvänd ordning vid monteringen. Justera vajern enligt avsnitt 6.

8 Blyfri bensin - allmän information och användning

Observera: *Informationen i detta kapitel är i skrivande stund korrekt och gäller endast tillgängliga bensintyper i Sverige. Uppdaterad information tillhandahålls av närmaste Opelåterförsäljare. Vid utlandsresa kontakta närmaste motororganisation (eller liknande) för information om bensintillgången för din bil.*

7.2 Gaspedal och hållare

1 Bensin som rekommenderas av Opelåterförsäljare finns i specifikationerna i detta kapitel. Detta gäller också bensin som för närvarande säljs i Sverige.

Modeller före 1990

3 Dessa modeller är tillverkade för att drivas med 98 oktan blyad eller blyfri bensin (se specifikationerna). En oktanplugg sitter på tändsystemets kablage. Pluggen sitter på motorrummets högra sida och ställs under produktionen in för att få maximal effekt från motorn vid körning på 98 oktan. Om bilen skall köras på 95 oktan blyfri bensin kan oktanpluggens läge ställas om för att förändra tändsystemets tändlägesinställning. För att ställa om oktanpluggen, lossa dess låsning och rotera pluggen ett halvt varv (180°). Se till att märkningen "95" är på samma sida som låsningen innan du sätter tillbaka den.
Observera: *Om du efter justeringen upptäcker knackningar från motorn pga för lågt oktantal, kontakta din Opelverkstad.*

Modeller efter 1990

4 Dessa modeller är tillverkade för att drivas med 95 oktan blyad eller blyfri bensin (se specifikationer).

9 Förgasare - allmän information

Förgasaren är av typ Pierburg 2E3 med en automatchoke som styrs av kylvätsketemperaturen och elektroniken. Den har två cylindrar med stegvis styrning av trottelventilerna. Den primära trottelventilen styrs mekaniskt. Den sekundära trotteln öppnas av vakuumet som uppstår i båda munstycken. Primära och sekundära övergångssystem och en upprikningsventil för delbelastningar ger effektiv drift vid alla varvtal och belastningar. En strypventil för tomgången stryper bränsletillförseln till tomgångskretsen när tändningen är avslagen.

10 Förgasare - justering

Justering av tomgångsvarvtal och -blandning.

1 En varvräknare och en avgasanalysator (CO-mätare) behövs för noggrann justering.
2 Justeringen skall utföras med luftrenaren monterad, gasvajern korrekt justerad och

10.4 Justeringsskruven (1) för tomgångsvarvtalet samt justeringsskruven för tomgångsblandningen (2) under plomberingen

motorn vid normal arbetstemperatur. Se till att justeringsskruven inte tar i styrkammen för snabbtomgången. Modeller med automatväxellåda: Placera växelväljaren i läge "P".

3 Anslut varvräknaren och avgasanalysatorn till motorn enligt tillverkarens instruktioner. Starta motorn och låt den gå på tomgång.

4 Avläs varvtalet på varvräknaren och jämför det med värdet i specifikationerna. Om justering krävs skall skruven för tomgångsvarvtalet vridas enligt behov **(se bild)**.

5 Kontrollera CO-halten och jämför med specifikationerna. Om värdet ej är korrekt skall man ta loss plomberingen och justera skruven för tomgångsblandningen enligt behov.

6 Om det är nödvändigt skall man upprepa anvisningarna i paragraf 4.

7 Stäng av motorn och koppla loss varvräknaren och avgasanalysatorn.

Justering av snabbtomgången

8 Justera tomgångsvarvtalet och blandningen enligt paragraf 1 till 6. Stäng av motorn.

9 Placera justerskruven för snabbtomgången i det näst högsta läget på snabbtomgångens styrkam. Anslut en varvräknare enligt tillverkarens instruktioner. Se till att chokeplattan är helt öppen.

10 Starta motorn utan att vidröra gaspedalen. Jämför motorvarvtalet med det som anges i specifikationerna. Om justering krävs skall man ta bort plomberingen från snabbtomgångens justerskruv genom att krossa den med en tång. Justera med hjälp av en skruvmejsel **(se bild)**.

10.10 Justeringsskruven för snabbtomgången under plomberingen (vid pilen)

11 När varvtalet är korrekt skall motorn stängas av och varvräknaren kopplas loss.

Justering av dämparen för förgasarens trottelventil - modeller med automatväxellåda

12 Justera tomgångsvarvtalet och blandningen enligt instruktionerna i detta avsnitt.

13 Placera trottelarmen i tomgångsläget. Lossa låsmuttern på dämparen och justera enheten tills spelet mellan kolvens ände och trottelarmen är 0,05 mm. Vrid **ner** dämparen 2,5 varv från detta läge. Drag därefter åt låsmuttern **(se bild)**.

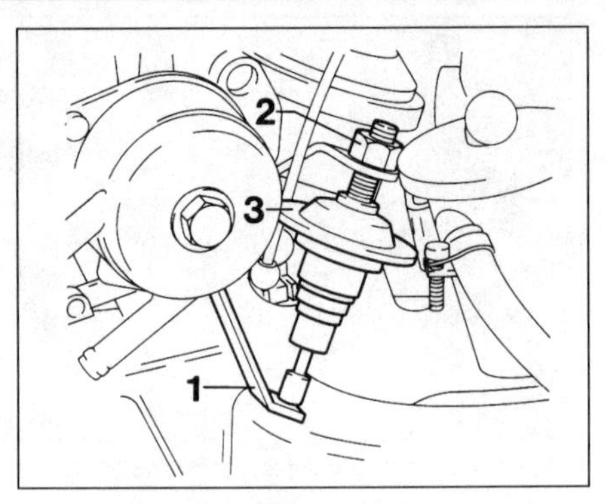

10.13 Trottelventilens dämpare på modeller med automatväxellåda

1 Trottelns hävarm
2 Justeringsmutter
3 Dämpare

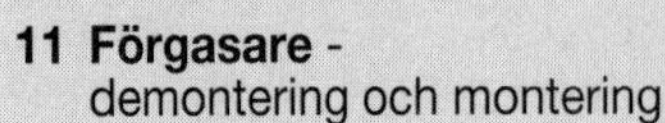

11 Förgasare - demontering och montering

Demontering

1 Koppla loss batteriets minuskabel.

2 Demontera luftrenaren (se avsnitt 2).

3 Töm kylsystemet (kapitel 1) eller montera alternativt slangklammer på automatchokens kylvätskeslangar.

4 Lossa slangklämmorna och koppla loss kylvätskeslangarna från automatchokens kåpa.

5 Lossa slangklämmorna och koppla loss bränslematnings- och (i förekommande fall) returledningen/ledningarna.

6 Koppla loss gasvajern (avsnitt 6).

7 Koppla loss kabeln från tomgångens strypventil, temperaturventilen och automatchoken.

8 Observera placeringen av vakuumslangarna och koppla loss dem.

9 Tag loss fästmuttrarna och lyft av förgasaren från dess pinnbultar. Tag reda på packningen.

Montering

10 Följ anvisningarna för demontering i omvänd ordning vid monteringen. Använd en ny packning vid behov. Justera gasvajern enligt avsnitt 6. Fyll kylsystemet (kapitel 1) och montera luftrenaren (avsnitt 2).

12 Förgasare - översyn

1 Demontera förgasaren. Töm ut bränslet ur flottörhuset och ångseparatorn. Rengör förgasarens utsida.

2 Demontera slangarna och kablarna från förgasaren. Märk dem för att säkerställa korrekt montering **(se bild)**.

3 Demontera den övre delen av förgasaren som är monterad med fem skruvar för att

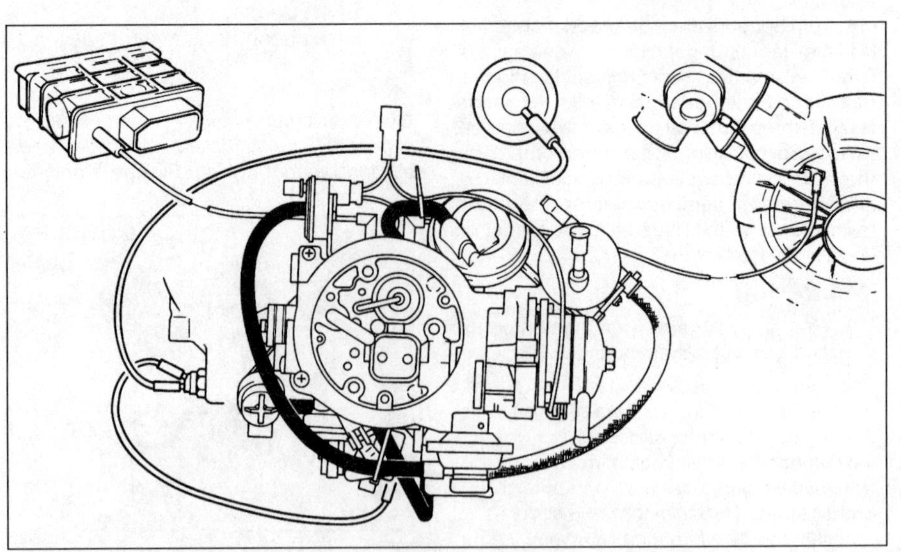

12.2 Vakuum- och bränsleanslutningar på förgasaren

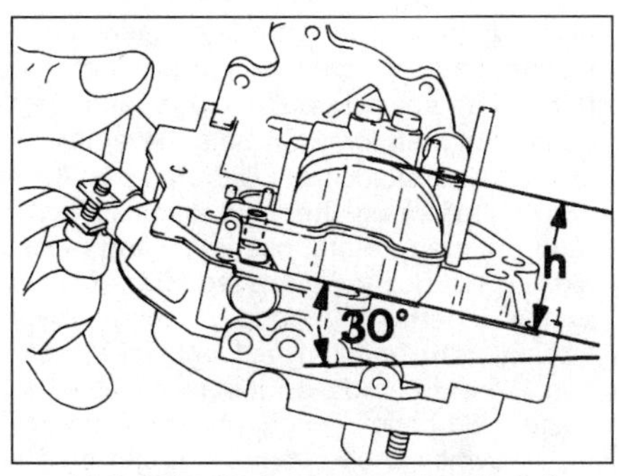

12.6 Mått för kontroll av flottörnivå
h = 28 till 30 mm

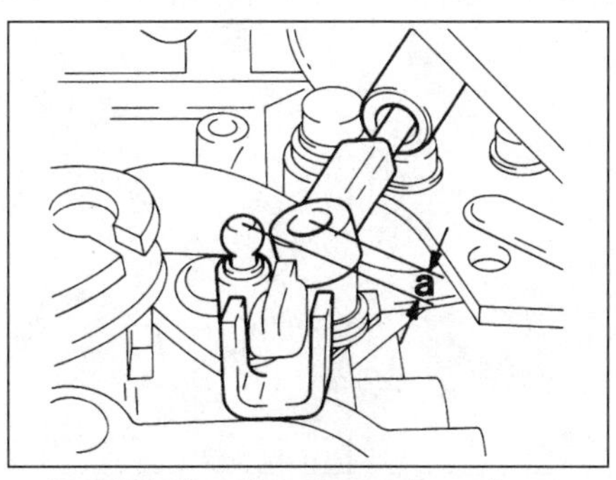

12.8 Viloläge för vakuumdragstången
a = 0.5 till 2.0 mm

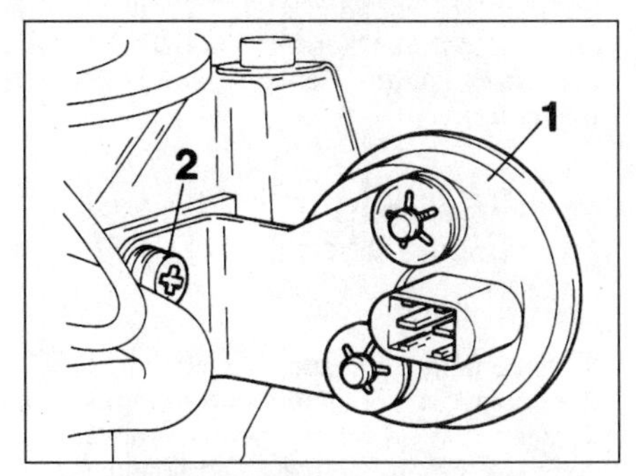

12.9 Temperaturventil (1) och monteringsskruv (2)

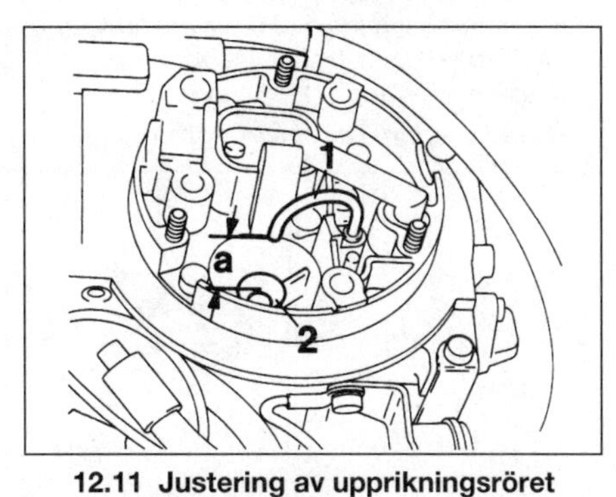

12.11 Justering av upprikningsröret
a = 24 till 26 mm *2 Munstycke*
1 Upprikningsrör

komma åt munstyckena och flottörhuset. Blås ren munstyckena och kanalerna med tryckluft eller luft från en fotpump. *Försök inte rengöra med ståltråd. Om man vill demontera munstyckena skall detta utföras med passande verktyg.*

4 Demontera bränslefiltret från insugsröret genom att haka av det med en liten skruvmejsel.

5 Rengör flottörhuset från alla typer av föroreningar. Byt insugningens nålventil om den är synbart sliten, eller om bilen har tillryggalagt en längre körsträcka. Byt flottören om den är punkterad eller på annat sätt skadad.

6 Det går inte att justera flottörnivån eftersom den beror på att flottörens vikt ligger mellan 5,75 och 5,95 gram. Det går dock att kontrollera inställningen på följande sätt. Vänd förgasarens kåpa upp och ned och mät avståndet från anliggningsytan till flottörens bortre ände **(se bild).** Den fjäderbelastade kulan i nålventilen skall inte tryckas ned under kontrollen. Avståndet skall vara enligt specifikationerna.

7 Byt membranen i upprikningsventilen för delbelastningar och i accelerationspumpen. Byt insugsrörets bränslefilter. Köp en sats med nya packningar.

8 För att demontera det andra stegets vakuumenhet måste dragstången bändas loss från hävarmens kulpinne. Demontera hållarens skruvar. När enheten monteras är dragstångens viloläge mellan 0,5 och 2,0 mm från hävarmens kulpinne enligt bilden **(se bild).** Detta säkerställer att dragstången är förspänd när den monteras.

9 Temperaturventilen kan demonteras genom att man tar loss hållarens skruv **(se bild).**

10 Följ anvisningarna för demontering i omvänd ordning vid monteringen. Använd nya

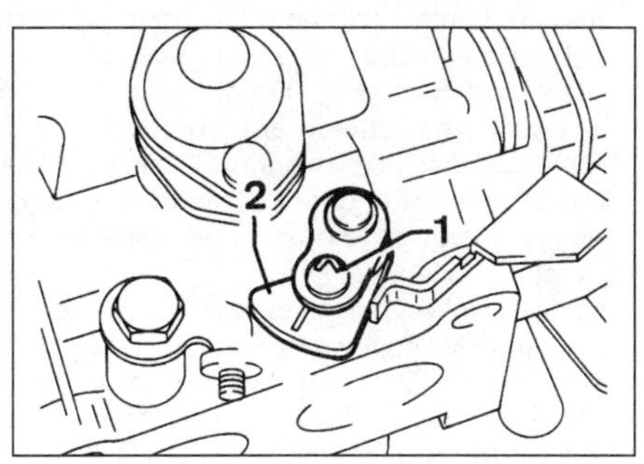

12.12 Accelerationspumpens justerbult (1) och styrkam (2)

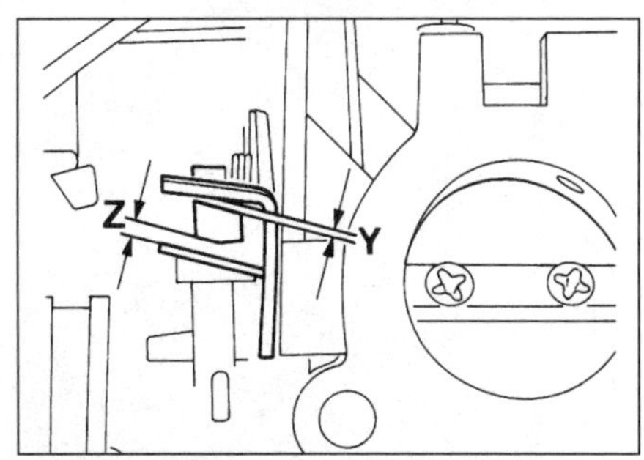

12.14 Spelet för det andra stegets länkage
Y = 0,6 till 1,0 mm *Z = 0,2 till 0,6 mm*

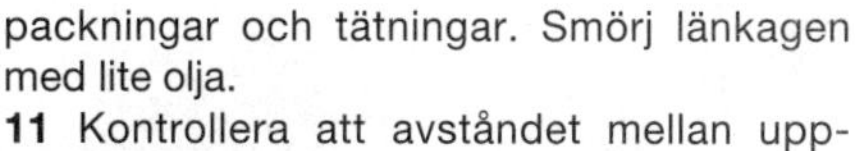
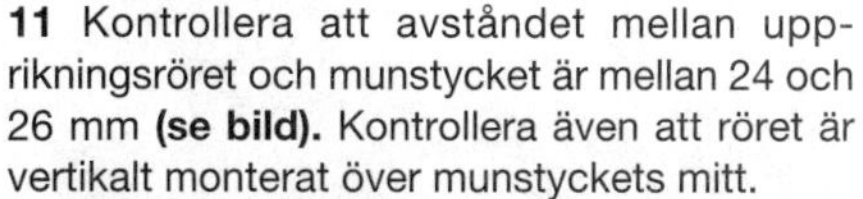

packningar och tätningar. Smörj länkagen med lite olja.

11 Kontrollera att avståndet mellan upprikningsröret och munstycket är mellan 24 och 26 mm **(se bild).** Kontrollera även att röret är vertikalt monterat över munstyckets mitt.

12 Accelerationspumpens kapacitet kan kontrolleras enligt följande anvisningar. Bränslenivån måste dock hållas vid korrekt nivå i flottörhuset. Modeller med automatväxellåda: Justera först dämparen uppåt (avsnitt 10). Vrid undan automatchokens styrkam från snabbtomgångens justerskruv. Placera förgasaren över en lämplig behållare. Öppna och stäng trottelventilen tio gånger med ungefär ett slag per sekund. Vänta tre sekunder mellan varje slag. Dela den erhållna bränslemängden med tio och jämför med värdet i specifikationerna. Om justering krävs måste man lossa skruven och vrida styrkammen enligt behov. Observera att en vridning medurs ökar pumpens kapacitet och en vridning moturs minskar kapaciteten **(se bild).**

13 Kontrollera att accelerationspumpens stråle är riktad mot spåret enligt bilden. Man måste demontera förgasarens kåpa för att rikta om strålen **(se bild).**

14 Kontrollera att spelet för det andra stegets länkage är enligt bilden. Första stegets trottelventil skall vara i tomgångsläget **(se bild).** Justera genom att böja gaffeln enligt behov.

15 Vänd förgasaren upp och ned. Placera snabbtomgångens justerskruv i det högsta läget på styrkammen. Använd en borr för att kontrollera att spelet mellan den primära trottelventilen och loppet är enligt specifikationerna för trottelventilens spel **(se bild).**

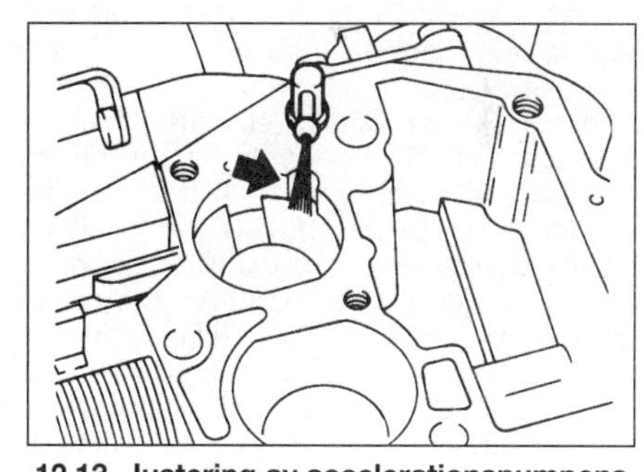

12.13 Justering av accelerationspumpens stråle

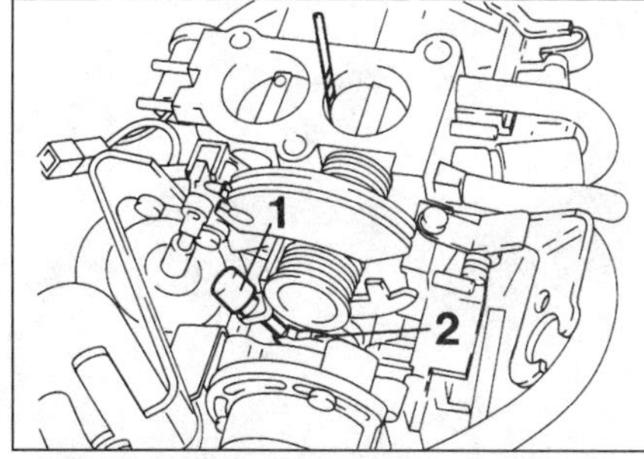

12.15 Kontroll av trottelventilens spel
1 Snabbtomgångsskruv *2 Skiva med steg*

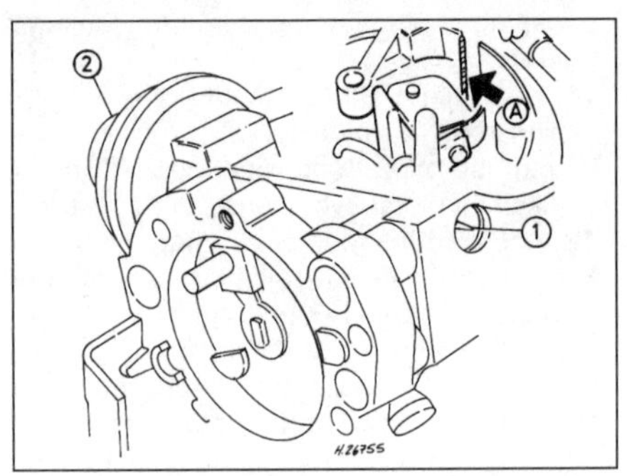

12.16 Kontroll av chokeventilens spel

1 Returmembranets stång
2 Returenhetens justerskruv
A Borr för kontroll av chokeventilens spel

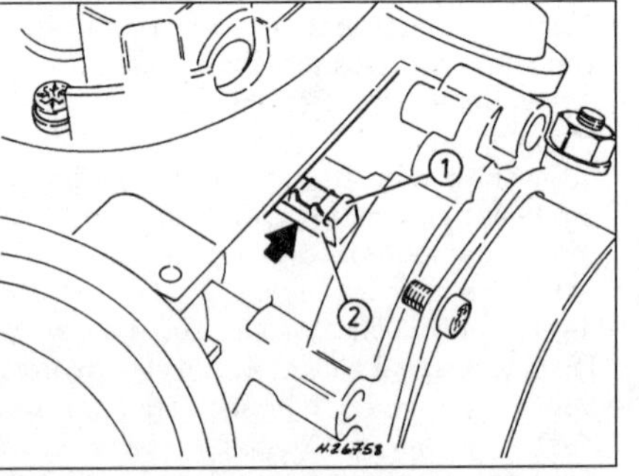

12.17b Justera snabbtomgångens styrkam genom att böja hävarmen. Se till att inte skada returfjädern (vid pilen)

1 Snabbtomgångens styrkam
2 Hävarm för justering

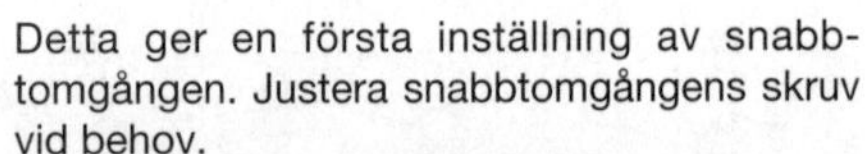

Detta ger en första inställning av snabbtomgången. Justera snabbtomgångens skruv vid behov.

16 Kontrollera chokeventilens spel på följande sätt: Kontrollera att returmembranet inte läcker. Koppla loss vakuumslangen från membranet. Stäng chokeventilen helt och placera justerskruven på det högsta steget på snabbtomgångens styrkam. Använd en liten skruvmejsel för att trycka in returmembranets stång till den första tryckpunkten. Håll stången i detta läge. Använd en borr för att kontrollera det "mindre" chokeventilspelet mellan chokeventilen och dess lopp **(se bild).**

12.19a Chokens drivarm (1) monteras i kåpans fjäder (2)

12.17a Kontroll av snabbtomgångens styrkam

1 Snabbtomgångens styrkam
2 Justeringshävarm
3 Chokens hävarm
4 Snabbtomgångs skruv
A Borr för kontroll av chokeventilens spel

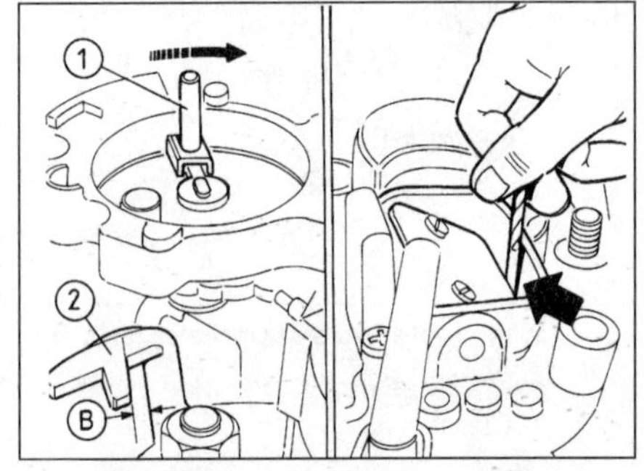

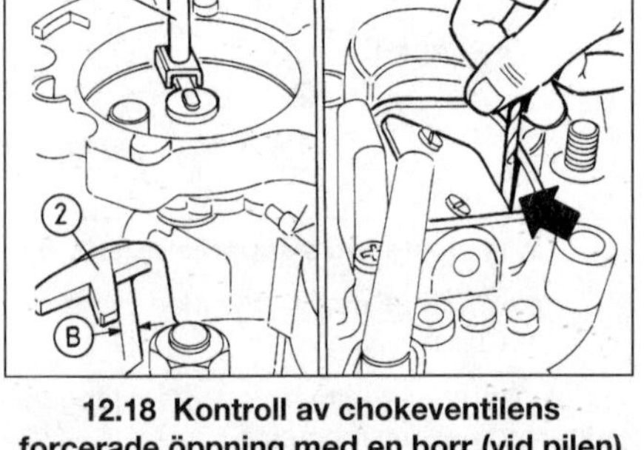

12.18 Kontroll av chokeventilens forcerade öppning med en borr (vid pilen)

1 Chokens hävarm 2 Justeringssegment
B Mått för chokeventilens forcerade öppning

Justera spelet vid behov genom att vrida justerskruven på returenheten. Tryck in returstången helt i membranet när det "mindre" ventilspelet är korrekt. Upprepa mätningen och kontrollera det "större" chokeventilspelet. Återigen kan man vid behov justera spelet genom att vrida justerskruven på returenheten.

17 När chokeventilens spel är korrekt justerat skall snabbtomgångens styrkam justeras på följande sätt. Öppna trottelventilen och tryck chokens hävarm en aning i pilens riktning. Stäng trottelventilen igen. Justerskruven bör nu vara placerad på styrkammens andra steg.

12.19b Justeringsmarkeringar på automatchokens kåpa (vid pilen)

Använd en borr för att kontrollera spelet mellan chokeventilen och dess lopp. Vid behov kan snabbtomgångens spel justeras genom att man försiktigt böjer hävarmen. Se till att du inte skadar returfjädrarna **(se bilder).**

18 Kontrollera därefter chokeventilens forcerade öppning. Vrid chokens hävarm i pilens riktning tills den tar stopp **(se bild).** Håll hävarmen i detta läge med ett gummiband. Öppna trottelventilen helt och mät chokeventilens forcerade öppning (avstånd "B"). Justera vid behov genom att öka spelet med en skruvmejsel eller minska spelet med en spetsig tång. Tag loss gummibandet från chokens hävarm när spelet är korrekt justerat.

19 Montera chokens kåpa. Se till att hävarmen monteras korrekt i fjädern i kåpan. Justera kåpan enligt markeringarna **(se bilder).**

13 Förgasarens temperaturventil - kontroll

1 Demontera luftrenaren (avsnitt 2).

2 Koppla loss kontaktdonet från temperaturventilen. Slå på tändningen och använd en voltmeter för att kontrollera att spänningen är minst 11,5 Volt.

3 Använd en ohmmeter för att kontrollera att resistansen över ventilens anslutningar är 6,0 ± 1,5 Ohm vid en temperatur mellan 20 och 30°C.

4 Koppla loss vakuumslangarna. Anslut därefter vakuum till anslutningen närmast förgasaren. Om kontaktdonet är bortkopplat skall ventilen vara öppen.

5 Anslut kontaktdonet och låt vakuumet vara anslutet med tändningen påslagen. När kontaktdonet ansluts skall ventilen stänga efter fyra till tio sekunder vid en temperatur på 20°C. Byt ventilen om så inte är fallet (avsnitt 12).

6 Slå av tändningen och montera luftrenaren.

14 Insugsrörets förvärmningselement - demontering, kontroll och montering

Demontering

1 Förvärmningselementet är monterat under insugsröret. Koppla först loss kablaget.

2 Tag loss skruvarna och demontera elementet från insugsröret. Demontera O-ringstätningen **(se bild).**

Kontroll

3 Använd en ohmmeter för att kontrollera att resistansen mellan elementets anslutningar är ca 1,5 Ohm. Annars är elementet troligtvis defekt.

Montering

4 Följ anvisningarna för demontering i omvänd ordning vid monteringen. Använd en ny O-ringstätning.

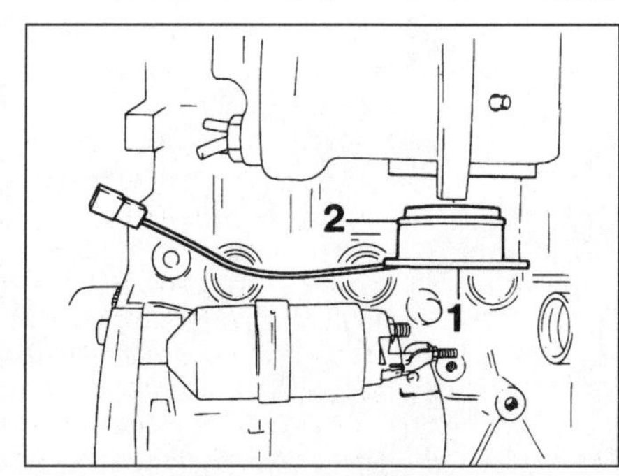

14.2 Insugsrörets värmeelement (1) och O-ringstätning (2)

15 Insugsrör - demontering och montering

Demontering

1 Insugsröret kan demonteras med eller utan förgasaren. Demontera först luftrenaren (avsnitt 2).

2 Töm kylsystemet (kapitel 1).

3 Koppla loss alla vevhusventilations-, kylvätske- och luftslangar.

4 Koppla loss alla elektriska kablar.

5 Koppla loss gasvajern och (i förekommande fall) kick-downvajern.

6 Skruva stegvis loss muttrarna. Tag loss insugsröret från pinnbultarna på topplocket. Tag bort packningen.

7 Rengör anliggningsytorna på insugsröret och topplocket.

Montering

8 Följ anvisningarna för demontering i omvänd ordning vid monteringen. Använd en ny packning och nya fästmuttrar. Drag åt muttrarna till specificerat åtdragningsmoment.

16 Avgasgrenrör - demontering och montering

Demontering

1 Koppla loss tändkablarna från tändstiften och tändspolen.

2 Tag loss bultarna som fäster avgassystemets främre rör mot grenröret. Sänk ner det främre röret och tag reda på rörkopplingen.

3 Lossa muttrarna stegvis och demontera grenröret från pinnbultarna på topplocket. Tag bort packningen.

4 Rengör anliggningsytorna på grenröret och topplocket.

Montering

5 Följ anvisningarna för demontering i omvänd ordning vid monteringen. Använd en ny packning och drag åt de nya fästmuttrarna till specificerat åtdragningsmoment.

17 Avgassystem - demontering och montering

Demontering

1 Avgassystemet är indelat i tre delar.

2 För att demontera hela systemet skall bilen placeras över en smörjgrop eller lyftas och pallas upp på pallbockar (se "*Lyftning och stödpunkter*").

3 Tag loss bultarna som fäster avgassystemets främre rör mot grenröret. Sänk ner det främre röret och tag reda på rörkopplingen.

4 Tag hjälp av en assistent och skruva loss den främre rörklammern och haka av gummifästena. De mittre gummifästena är monterade med metallklämmor. På vissa modeller är det främre fästet av gummi i stället för en rörklammer.

5 Sänk ned avgassystemet på marken.

6 Separera delarna genom att ta loss flänsen och demontera klammern.

Montering

7 Följ anvisningarna för demontering i omvänd ordning vid monteringen. Montera en ny grenrörspackning. Drag åt grenrörsbultarna med avgassystemet löst monterat i den främre rörklammern. Drag därefter åt klammern.

Kapitel 4 del B:
Bränsle- och avgassystem - insprutningsmotorer

Innehåll

Svårighetsgrader

Enkelt, passar för novisen med lite erfarenhet 	**Ganska enkelt,** passar nybörjaren med viss erfarenhet 	**Ganska svårt,** passar kompetent hemmekaniker 	**Svårt,** passar hemmekaniker med erfarenhet 	**Mycket svårt,** för professionell mekaniker

Specifikationer

Systemtyp

1,8 liters motorer	L3 Jetronic
2,0 liters motorer:	
Före 1990	Motronic ML4.1
Modeller fr o m 1990	Motronic M1.5
2,5 liters motorer	LE2 Jetronic
2,6 liters motorer	Motronic M1.5, insugning med dubbelt trycksystem
3,0 liters motorer (CIH) med 12 ventiler:	
30NE motorer	LE2 Jetronic
C30NE motorer:	
Före 1990	Motronic ML4.1
Modeller fr o m 1990	Motronic M1.5
C30LE motorer	Motronic ML4.1
3,0 liters motorer (DOHC) med 24 ventiler	Motronic M1.5, insugning med dubbelt trycksystem

Bränslepump

Kapacitet (ca)	120 liter/timme
Bränslepumpens arbetstemperatur (motorn går med specificerat tomgångsvarvtal):	
Tryckregulatorns vakuumslang ansluten:	
1,8 liters motorer	2,0 till 2,2 bar
2,0 liters motorer	
Motronic ML4.1	2,3 till 2,7 bar
Motronic M1.5	1,8 till 2,2 bar
2,5 liters motorer	2,3 till 2,7 bar
2,6 liters motorer	2,3 till 2,7 bar
3,0 liters motorer (CIH) med 12 ventiler:	
30NE motorer	2,3 till 2,7 bar
C30NE motorer:	
Motronic ML4.1	2,8 till 3,2 bar
Motronic M1.5	2,3 till 2,7 bar
3,0 liters motorer (DOHC) med 24 ventiler	2,3 till 2,7 bar

Bränslepump (fortsättning)

Bränslepumpens arbetstemperatur (motorn går med specificerat tomgångsvarvtal):	
Tryckregulatorns vakuumslang demonterad och pluggad:	
1,8 liters motorer	2,3 till 2,7 bar
2,0 liters motorer:	
Motronic ML4.1	3,1 till 3,3 bar
Motronic M1,5	2,5 till 3,0 bar
2,5 liters motorer	2,8 till 3,2 bar
2,6 liters motorer	3,0 till 3,5 bar
3,0 liters motorer (CIH) med 12 ventiler:	
30NE motorer	2,8 till 3,2 bar
C30NE motorer:	
Motronic ML4.1	3,6 till 3,9 bar
Motronic M1.5	3,0 till 3,5 bar
3,0 liters motorer (DOHC) med 24 ventiler	3,0 till 3,5 bar

Inställning av tomgångsvarvtal och blandning

Specificerat tomgångsvarvtal:	
1,8 liters motorer	850 till 900 r/min
2,0 liters motorer	720 till 880 r/min*
2,5 liters motorer	775 till 825 r/min*
2,6 liters motorer	670 till 830 r/min*
3,0 liters motorer (CIH) med 12 ventiler:	
30NE motorer	775 till 825 r/min*
C30NE motorer	670 till 830 r/min*
C30LE motorer	570 till 670 r/min*
3,0 liters motorer (DOHC) med 24 ventiler	570 till 730 r/min*
Tomgångsblandningens CO-halt:	
1,8 liters motorer	0,5 till 1,0%
2,0 liters motorer:	
Modeller utan katalysator	0,5 till 1,0%
Modeller med katalysator	Mindre än 0,4%*
2,5 liters motorer	Mindre än 0,5%
2,6 liters motorer	Mindre än 0,4%*
3,0 liters motorer (CIH) med 12 ventiler:	
Modeller utan katalysator	Mindre än 0,5%
Modeller med katalysator	Mindre än 0,4%*
3,0 liters motorer (DOHC) med 24 ventiler	Mindre än 0,4%*

**Kan ej justeras - styrs av den elektroniska styrenheten (ECU)*

Åtdragningsmoment

	Nm
Kylvätskans temperaturgivare	15
Avgasgrenrör:	
1,8 och 2,0 liters motorer	25
2,5 och 2,6 liters motorer	35
3,0 liters motorer:	
12 ventilers motorer (CIH)	35
24 ventilers motorer (DOHC)	22
Insugsrör:	
1,8 och 2,0 liters motorer	25
2,5 och 2,6 liters motorer	35
3,0 liters motorer:	
12-ventilers motorer (CIH)	35
24-ventilers motorer (DOHC)	22
Lambdasond	30

1 Allmän information

Bränslesystemet består av en bränsletank som är monterad under bilens bakre underrede, en elektrisk bränslepump, ett bränslefilter samt bränslematnings- och returledningar. Bränslepumpen matar bränsle till bränslefördelningsröret som utgör en buffert för bränsleinsprutarna som sprutar in bränsle i cylindrarna. Bränslefiltret är inte-grerat i matningsledningen från pumpen till bränslefördelningsröret. Detta säkerställer att bränslet som matas till bränsleinsprutarna är rent.

Se avsnitt 6 för ytterligare information angående de olika insprutningssystemens funktion.

Varning: Många av åtgärderna i detta kapitel kräver att man demonterar bränsleledningar och bränsleanslutningar. Detta kan leda till bränslespill. Innan du utför något arbete på bränslesystemet bör du studera instruktionerna i "Säkerheten främst!" i början av denna handbok och följa dem noggrant. Bensin är en mycket farlig och explosiv vätska och man måste vara mycket försiktig vid hanteringen.

Observera: *Ett visst övertryck kommer att kvarstå i bränsleledningarna en längre tid efter det att bilen har använts. Innan man kopplar loss någon av bränsleledningarna måste man tryckavlasta bränslesystemet enligt avsnitt 7.*

3.1a Gasvajerns anslutning vid trottelhuset

3.1b Gasvajern kopplas loss

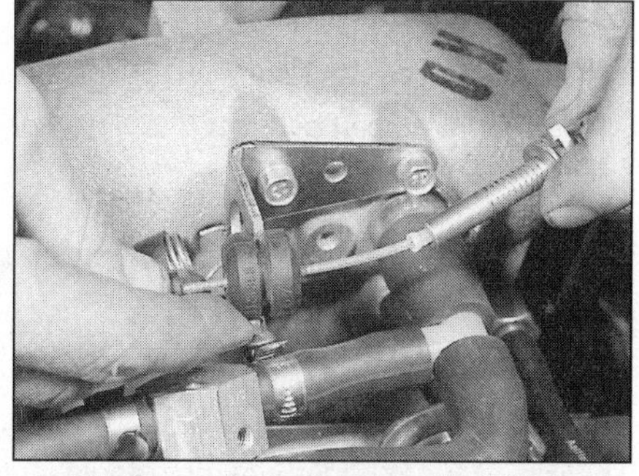

3.2 Demontering av gasvajerhöljets bussning

2 Luftrenare - demontering och montering

Demontering

1 Koppla loss kontaktdonet från luftflödesmätaren.

2 Lossa monteringsklämman och koppla loss insugningskanalen från luftrenarhuset.

3 Tag loss luftrenarhuset och tag ur det ur motorrummet.

Montering

4 Följ anvisningarna för demontering i omvänd ordning vid monteringen.

3 Gasvajer - demontering, montering och justering

Demontering

1 Demontera den mindre fjäderklämman och tag loss vajerns kulände från hävarmen på trottelhuset **(se bilder)**.

2 Tag loss vajerhöljets bussning från hållaren **(se bild)**.

3 Arbeta i förarutrymmet och koppla loss vajern från gaspedalen.

4 Lossa genomföringen från torpedväggen och drag in vajern i motorrummet.

Montering och justering

5 Följ anvisningarna för demontering i omvänd ordning vid monteringen. Justera vajern genom att placera fjäderklämman bakom kabelhöljets bussning så att vajern nästan är helt spänd när gaspedalen är helt uppe.

4 Gaspedal - demontering och montering

Se kapitel 4A, avsnitt 7.

5 Blyfri bensin - allmän information och användning

Observera: *Informationen i detta kapitel är i skrivande stund korrekt och gäller endast tillgängliga bensintyper i Sverige. Uppdaterad information tillhandahålls av närmaste Opelåterförsäljare. Vid utlandsresa, kontakta närmaste motororganisation (eller liknande) för information om bensintillgången för din bil.*

1 Bensin som rekommenderas av Opelåterförsäljare finns i specifikationerna i detta kapitel. Detta gäller också bensin som för närvarande säljs i Sverige.

1,8 och 2,0 liters motorer

3 Alla 1,8 och 2,0 liters motorer är konstruerade för att drivas med 98-oktanig bensin (se specifikationerna).

4 På modeller med katalysator **måste** man använda blyfri bensin. Man får under inga omständigheter använda blyad bensin, eftersom detta förstör katalysatorn. På modeller utan katalysator kan man använda både blyad och blyfri bensin.

5 En oktanplugg för inställning av bilens oktantal sitter på tändsystemets kablage **(se bild)**. Pluggen sitter på motorrummets högra sida och ställs under produktionen in för att få maximal effekt från motorn vid körning på 98 oktan. Om bilen skall köras på 95 oktan blyfri bensin kan oktanpluggens läge ställas om för att förändra tändsystemets tändlägesinställning. För att ställa om oktanpluggen, lossa dess låsning och rotera pluggen ett halvt varv (180°). Se till att märkningen "95" är på samma sida som låsningen innan du sätter tillbaka den. **Observera:** *Om du efter justeringen upptäcker knackningar från motorn pga för lågt oktantal, kontakta din Opelverkstad.*

2,5 liters motorer

6 Alla 2,5 liters motorer är tillverkade för att drivas med 98 oktan blyad eller blyfri bensin (se Specifikationer). Om du vill köra bilen på 95 oktan blyfri bensin **måste** tändningsvinkelns inställning minskas med 3° (se kapitel 5 för detaljer). Detta är nödvändigt för att undvika misständningar och knackningar som kan skada motorn.

Använd inte 95 oktan blyfri bensin om du ej har minskat tändningsvinkelns inställning.

Observera: *Om du efter justeringen upptäcker knackningar från motorn p g a för lågt oktantal, kontakta din Opelverkstad.*

2,6 liters motorer

7 Alla 2,6 liters motorer är utrustade med katalysator och är konstruerade för 98 oktan blyfri bensin. Man får under inga omständigheter använda blyad bensin, eftersom detta förstör katalysatorn.

8 En oktanplugg sitter på tändsystemets kablage (se paragraf 5). Pluggen sitter på motor-rummets högra sida och ställs under produktionen in för att få maximal effekt från motorn vid körning på 98 oktan. Om bilen skall köras på 95 oktan blyfri bensin kan oktanpluggens läge ställas om för att förändra tändsystemets tändlägesinställning. För att ställa om oktan-pluggen, lossa dess låsning och rotera pluggen ett halvt varv (180°). Se till att märkningen "95" är på samma sida som låsningen innan du sätter tillbaka den. **Observera:** *Om du efter justeringen upptäcker knackningar från motorn så finns det en speciell oktanplugg för en tredje oktantalinställning. Denna plugg kan erhållas från din Opelverkstad.*

5.5 Oktanplugg (vid pilen)

3,0 liters motorer

Motorer av typ 30NE

9 Se informationen i paragraf 6 (samma som 2,5 liters motorer).

Motorer av typ C30NE och C30LE

10 Se informationen i paragraf 7 och 8 (samma som 2,6 liters motorer).

Motorer av typ C30SE och C30SEJ (DOHC)

11 Dessa motorer måste drivas med blyfri bensin. Man får under inga omständigheter använda blyad bensin, eftersom detta förstör katalysatorn. Alla blyfria bensintyper som finns i Sverige kan användas eftersom tändsystemet automatiskt ställer om tändlägesinställningen genom information från knacksensorerna (se kapitel 5B).

6 Insprutningssystem - allmän information

1,8 liters motorer

1 Insprutningssystemet L3 Jetronic från Bosch är monterat på alla 1,8 liters motorer. Se kapitel 5 för information angående systemets tändningssida. Systemets bränslesida fungerar på följande sätt.

2 Bränslepumpen matar bränsle från tanken till bränslefördelningsröret via ett filter som är monterat på bilens undersida. Bränslematningstrycket regleras av tryckregulatorn i bränslefördelningsröret. När trycket i bränslesystemet överstiger det optimala arbetstrycket leder regulatorn överskottsbränslet till tanken via returledningen.

3 Det elektriska styrsystemet består av ECU:n med följande givare:

a) Trottelventilens kontakt - informerar ECU:n om gaspådraget.

b) Luftflödesgivare - informerar ECU:n om mängden och temperaturen för luften som sugs in i insugskanalen.

c) Kylvätskans temperaturgivare - informerar ECU:n om motortemperaturen.

d) Tillsatsluftventilen - fungerar som en extra luftförsörjning när motorn är kall. Detta ökar motorns tomgångsvarvtal.

4 Alla ovanstående signaler analyseras av ECU:n som ställer in korrekt bränsle för dessa värden. ECU:n styr bränsleinsprutarna (pulsbredden - tiden som insprutarna är öppna - styrs för att erhålla en fetare eller magrare bränsleblandning). Blandningen varieras konstant av ECU:n för att ge bästa förutsättningar för högt vridmoment, vid start (med varm eller kall motor), uppvärmning, tomgång, körning med konstant varvtal samt acceleration.

2,0 liters motorer

5 Alla 2,0 liters motorer är utrustade med ett Motronic motorstyrningssystem från Bosch. Detta system skiljer sig från Jetronic-systemet i och med att ECU:n styr både bränsleinsprutnings- och tändsystemet. Se kapitel 5 för information angående systemets tändningssida.

6 Systemets bränslesida är mycket likt ovanstående system för 1,8 liters motorer. Den viktigaste skillnaden består i att tillsatsluftventilen är ersatt med en tomgångsstyrning. Styrningen styrs av ECU:n och håller tomgångsvarvtalet konstant under alla omständigheter.

7 En annan fördel med Motronic-systemet är att det kan lagra felkoder. Om något av mätvärdena från systemets givare är onormalt tänder ECU:n en varningslampa på instrumentpanelen och lagrar tillhörande felkod i minnet. Om varningslampan tänds bör bilen omedelbart lämnas in hos en Opelverkstad. De kan läsa av felkoden från ECU:n och använda den för att lokalisera felet.

8 Tidiga modeller (före 1990) är utrustade med Motronic ML4.1-systemet. Från och med 1990 ersattes ML4.1-systemet med Motronic M1.5-systemet. Frånsett interna förändringar i ECU:ns kretsar är systemen i princip identiska. Den enda förändringen är att systemet har en trottelpotentiometer i stället för en trottelventilkontakt. Fördelen med en potentiometer är att den även känner av hastigheten som ventilen stängs respektive öppnas samt att den känner av dess läge. Detta möjliggör exaktare styrning av bränsletillförseln.

9 På modeller med katalysator är systemet ett återkopplat reglersystem. En lambdasond (syre) i avgassystemet utgör återkopplingen till insprutnings/tändsystemet. Detta möjliggör för ECU:n att justera blandningen så att katalysatorn får bästa möjliga driftvillkor. Lambdasondens spets är uppvärmd för att värma upp avgaserna till korrekt temperatur vid kallstarter. För att ytterligare minska utsläppen finns även ett bränsleavdunstningssystem. Bränsletankens påfyllningslock är tätt och ett kolfilter filtrerar bort bensinångorna som uppstår i tanken när bilen står parkerad. Kolfiltret lagrar ångorna tills de kan tömmas ur filtret via en solenoidventil (som styrs av ECU:n). När ventilen öppnas leds bensinångorna till insugsröret så att de kan förbrännas i motorn.

2,5 liters motorer

10 Alla 2,5 liters motorer är utrustade med ett bränsleinsprutningssystem av typ LE2 Jetronic från Bosch. Se kapitel 5 för information om systemets tändningssida.

11 Systemets bränslesida är mycket likt ovanstående system för 1,8 liters motorer. Den viktigaste skillnaden består i att tillsatsluftventilen är ersatt med en tomgångsstyrning. Styrningen kontrolleras av ECU:n och håller tomgångsvarvtalet konstant under alla omständigheter.

2,6 liters motorer

12 Alla 2,6 liters motorer har ett motorstyrsystem av typ Motronic M1.5 från Bosch (se avsnitt 5 till 9). ECU:n styr även insugningens dubbla trycksystem.

3,0 liters motorer

Motorer av typ 30NE

13 Dessa motorer är utrustade med ett motorstyrsystem av typ LE2 Jetronic från Bosch. Det är samma system som för 2,5 liters motorerna (se avsnitt 10 och 11).

Motorer av typ C30NE och C30LE

14 Dessa motorer är utrustade med ett Bosch Motronic motorstyrsystem som även finns på 2,0 liters motorerna (se avsnitt 5 till 9).

Motorer av typ C30SE och C30SEJ

15 Dessa motorer har ett system av typ Bosch Motronic M1.5 (se avsnitt 5 till 9). ECU:n styr även insugningens dubbla trycksystem. Se avsnitt 16 för närmare information.

7 Bränslesystem - tryckavlastning

Observera: *Se varningen i avsnitt 1 innan du fortsätter.*

Varning: Nedanstående instruktioner tryckavlastar endast systemet. Kom ihåg att det fortfarande finns bränsle i systemets komponenter och tag hänsyn till detta innan någon av dem kopplas loss.

1 Med bränslesystemet menas i detta avsnitt den tankmonterade bränslepumpen, bränslefiltret, bränsleinsprutarna, bränslefördelningsröret och tryckregulatorn samt metallrören och de flexibla bränsleslangarna mellan dessa komponenter. Alla dessa innehåller bränsle under tryck när motorn är igång och/eller när tändningen är påslagen. Trycket kvarstår en stund efter det att tändningen har slagits från. Systemet måste tryckavlastas på ett säkert sätt om någon av ovanstående komponenter skall repareras eller underhållas.

2 Koppla loss batteriets minuskabel och följ nedanstående anvisningar.

2,6 liters motorer och 3,0 liters motorer med 24 ventiler

3 På dessa motorer finns en ventil på bränslefördelningsröret för att underlätta tryckavlastningen. Skruva loss dammskyddet från bränslefördelningsörets ände, håll en

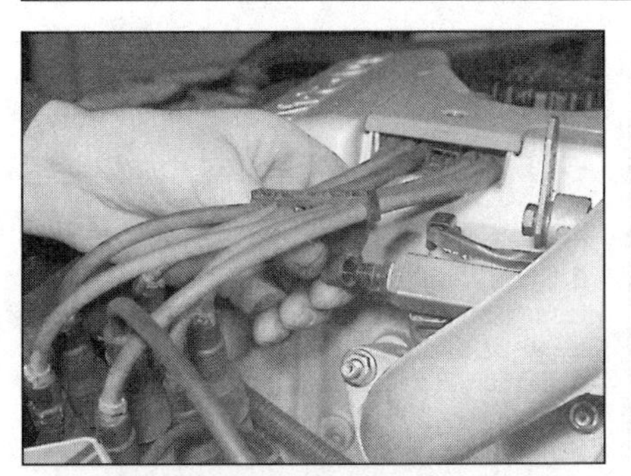

7.3 Demontering av tryckavlastningsventilens dammskydd - 3,0 liters motorer med 24 ventiler

8.4 Sammankoppling av anslutningar i kontaktdonet för bränslepumpens relä

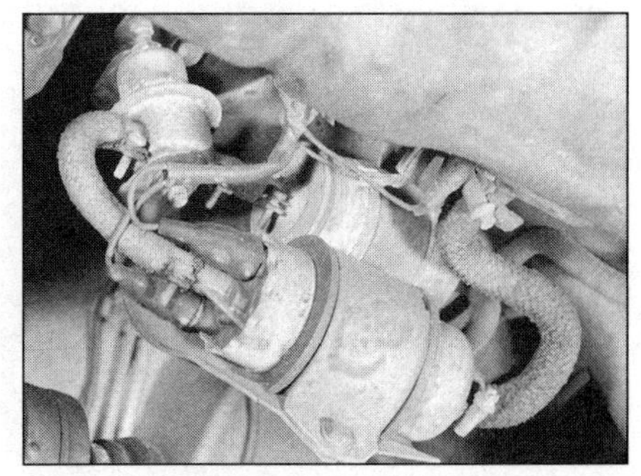

8.7 Extern bränslepump

trasa över ventilen och tryck in ventilens mitt **(se bild).** Torka upp eventuellt bränslespill och skruva på dammskyddet.

Alla andra modeller

4 Slå av tändningen. Tag loss bränslepumpens relä från kontaktdonet i motorrummets relädosa. Detta kontaktdon är svart.

5 Drag runt motorn på startmotorn i minst 5 sekunder för att tryckavlasta bränslesystemet.

6 Slå av tändningen och montera reläet i dess kontaktdon.

8 **Bränslepump** - kontroll, demontering och montering

Kontroll

1 Beroende på utförandet kan bränslepumpen var monterad i bränsletanken eller externt framför bränsletanken.

2 Koppla loss pumpens matningsslang vid bränslefördelningsröret i motorrummet för att kontrollera pumpens kapacitet. Rikta slangen mot en behållare som rymmer 5 liter eller mer.

3 Slå av tändningen. Tag loss bränslepumpens relä från kontaktdonet i motorrummets relädosa. Detta kontaktdon är svart.

4 Använd en kopplingssladd för att koppla anslutning 30 till anslutning 87B under exakt en minut **(se bild).**

5 Kontrollera att mellan 1,6 och 2,4 liter bränsle har pumpats upp. Om detta inte är fallet kan bränslefiltret var blockerat eller bränslepumpen defekt. När du är färdig skall tändningen slås av och reläet monteras i kontaktdonet.

Demontering

6 Innan man demonterar bränslepumpen skall man blockera framhjulen, lyfta upp bilen och palla upp den på pallbockar (se *"Lyftning och stödpunkter"*). Tryckavlasta bränslesystemet enligt avsnitt 7.

7 Om pumpen är externt monterad skall kablaget kopplas loss. Montera därefter slangklammer på båda slangarna och koppla loss dem. Ta loss hållarens bult och tag loss bränslepumpen **(se bild).**

8 Tankmonterad bränslepump: Tag loss påfyllningslocket och pumpa ur bränslet. Tag loss kontaktdonet. Montera slangklammer på bränslematnings- och returslangarna och koppla loss dem. Tag loss bultarna och demontera bränslepumpen. Tag reda på packningen **(se bild).**

Montering

9 Följ anvisningarna för demontering i omvänd ordning vid monteringen. Tankmonterad bränslepump: Montera en ny packning och applicera låsvätska på bultarna innan de monteras och dras åt stegvis.

9 **Bränslemätarens givare** - demontering och montering

Se kapitel 4A avsnitt 4. Om givaren även innehåller bränslematnings- och returledningarna skall bränslesystemet tryckavlastas enl avsnitt 7 före demonteringen.

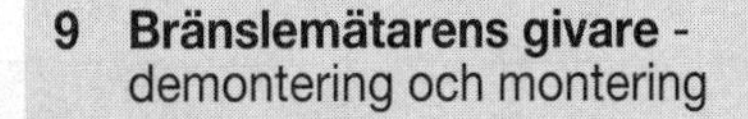

10 **Bränsletank** - demontering och montering

Se kapitel 4A, avsnitt 5 samt tryckavlasta bränslesystemet enligt avsnitt 7 innan bränsleslangarna kopplas loss.

11 **Insprutningssystem** - justering av tomgångsvarvtal och blandning

1,8 liters motorer

1 Låt motorn gå tills den är uppe i normal arbetstemperatur och stäng av den. Anslut en varvräknare enligt tillverkarens instruktioner.

2 Låt motorn gå på tomgång och jämför tomgångsvarvtalet med det som anges i specifikationerna. Vrid justerskruven på

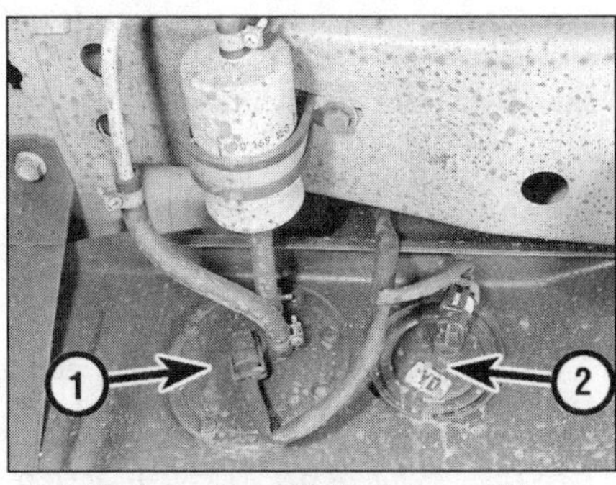

8.8 Tankmonterad bränslepump (1) och bränslemätarens givare (2)

trottelhuset för att justera tomgången korrekt **(se bild).**

3 Stäng av motorn och anslut en avgasanalysator enligt tillverkarens instruktioner.

4 Låt motorn gå med specificerat tomgångsvarvtal. Avläs CO-halten och jämför den med specifikationerna. Justera genom att vrida skruven på luftflödesgivaren medurs för att göra blandningen fetare eller moturs för att göra den magrare **(se bild).**

5 Justera om tomgångsvarvtalet vid behov och koppla loss varvräknaren.

Alla andra modeller

Modeller med katalysator

6 På dessa modeller styrs både tomgångsvarvtalet och blandningens CO-halt av ECU:n

11.2 Justering av tomgångsvarvtal - 1,8 liters motor

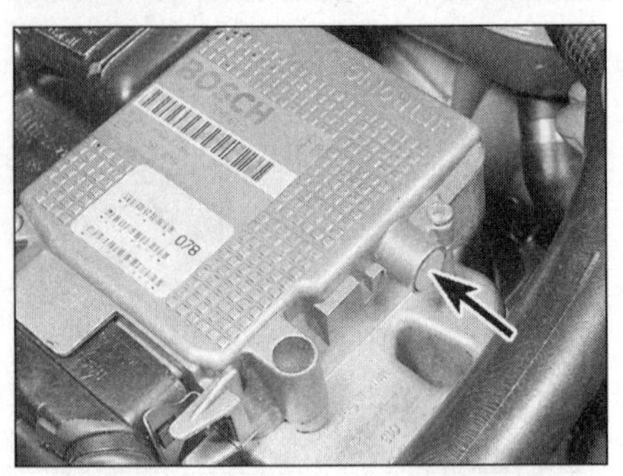
11.4 Justerskruv för tomgångsblandningen (vid pilen) - 1,8 liters motor

11.8 Justering av tomgångsblandningen - 2,0 liters motorer

och kan inte justeras. Om tomgångsvarvtalet eller tomgångsblandningen (CO-halten) inte är korrekt föreligger ett fel i insprutningssystemet.

Modeller utan katalysator

7 På dessa modeller styrs tomgångsvarvtalet av ECU:n och tomgångsstyrningen och kan inte justeras. Om tomgångsvarvtalet inte är korrekt föreligger ett fel i insprutningssystemet. Blandningen (CO-halten) kan justeras på följande sätt.

8 Låt motorn gå tills den är uppe i normal arbetstemperatur. Anslut en avgasanalysator enligt tillverkarens instruktioner. Låt motorn gå med specificerat varvtal, avläs CO-halten och jämför med specifikationerna. Justera vid behov med hjälp av skruven på luftflödesgivaren. Vrid skruven medurs för att göra blandningen fetare eller moturs för att göra den magrare **(se bild).** Koppla loss varvräknaren när CO-halten är inom det specificerade intervallet.

12 Insprutning, komponenter (1,8 och 2,0 l motorer) - demontering och montering

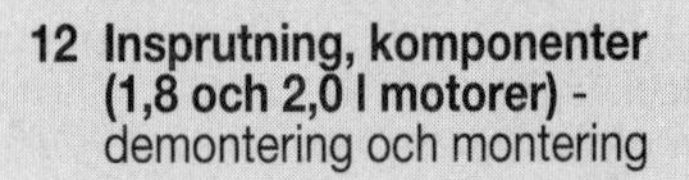

1,8 liters motorer

Trottelventilens kontakt

1 Koppla loss kontaktdonet från kontakten **(se bild).**

2 Tag loss alla monteringsskruvar och demontera kontakten från trottelventilens axel.

3 Följ anvisningarna för demontering i omvänd ordning vid monteringen. Justera kontakten enligt följande.

4 Koppla loss kontaktdonet. Anslut en ohmmeter mellan den mittre anslutningen (18) på kontakten och de yttre anslutningarna. Alternera mellan dessa anslutningar (2 och 3) **(se bild).** Resistansen mellan anslutning 2 och 18 bör vara noll och oändlig mellan 3 och 18. Om detta inte är fallet skall man lossa de två skruvarna och vrida kontakten medurs. Vrid den därefter långsamt moturs tills det hörs ett klick från mikrobrytaren. Drag åt skruvarna med kontakten i detta läge och kontrollera resistanserna. När kontakten fungerar korrekt skall man dra åt fästskruvarna och ansluta kontaktdonet.

Bränsleinsprutare

5 Tryckavlasta bränslesystemet (avsnitt 7). Koppla därefter loss batteriets minuskabel.

6 Koppla loss kontaktdonen från insprutarna och tag loss de fyra bultarna som fäster bränslefördelningsröret mot insugsröret **(se bild).**

7 Använd en skruvmejsel för att bända ut klämmorna som fäster insprutarna på bränslefördelningsröret.

8 Skruva loss anslutningsmuttern och koppla loss bromsservons vakuumrör från insugsröret **(se bild).**

9 Demontera bränslematningsrörets hållare.

10 Placera trasor runt insprutarna för eventuellt bränslespill. Tag därefter försiktigt loss bränslefördelningsröret från insprutarna.

11 Drag ut insprutarna ur insugsröret och tag reda på tätningarna.

12 Följ anvisningarna för demontering i omvänd ordning vid monteringen. Byt vid behov insprutarnas tätningsringar.

Luftflödesgivare och elektronisk styrenhet (ECU)

13 Lossa klämmorna och koppla loss luftkanalen från luftflödesgivaren **(se bild).** Koppla loss multikontaktdonet.

14 Tag loss fjäderklämmorna och lyft av luftflödesgivaren och kåpan från luftrenarhuset.

15 Rengör givarens luftventil och kontrollera att den kan röra sig fritt.

16 Styrenheten är monterad i givarens kåpa som kan demonteras genom att de fyra skruvarna tas loss.

17 Följ anvisningarna för demontering i omvänd ordning vid monteringen.

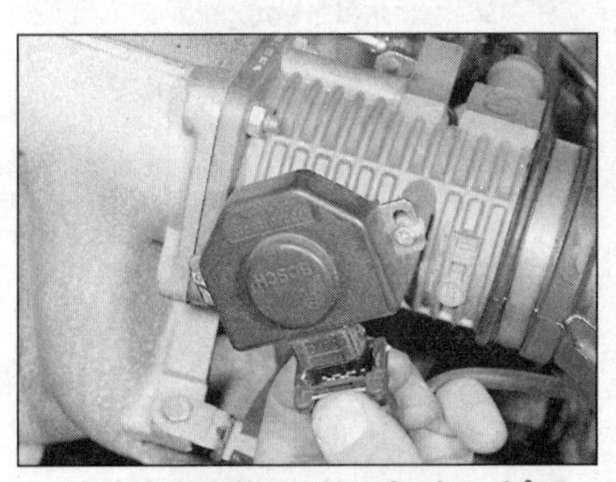
12.1 Kontaktdonet kopplas loss från trottelventilens kontakt

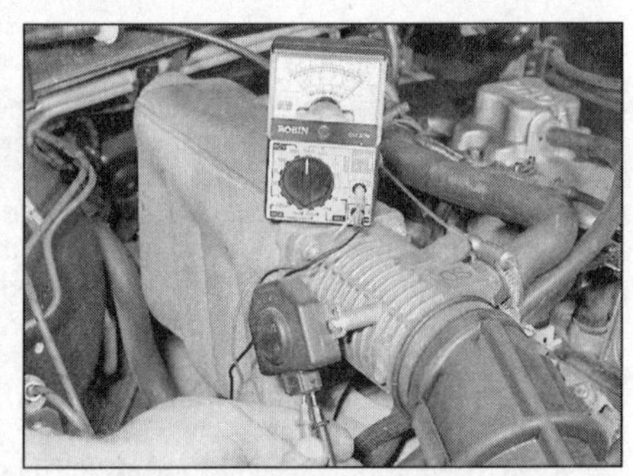
12.4 Kontroll av resistansen över trottelventilens kontakt

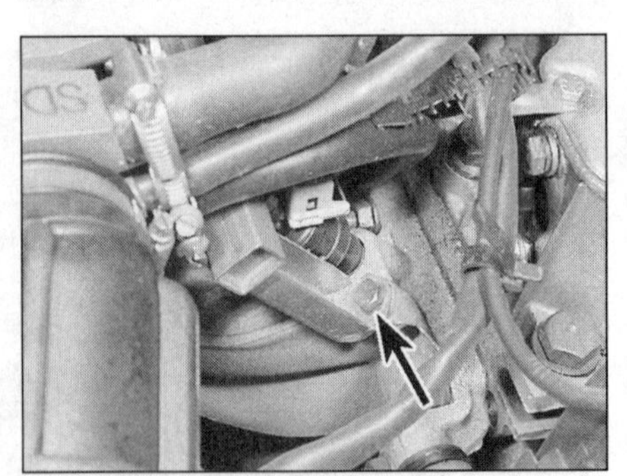
12.6 Bränslefördelningsrörets monteringsbult (vid pilen)

12.8 Bromsservoröret kopplas loss

12.13 Luftkanalen kopplas loss från luftflödesgivaren

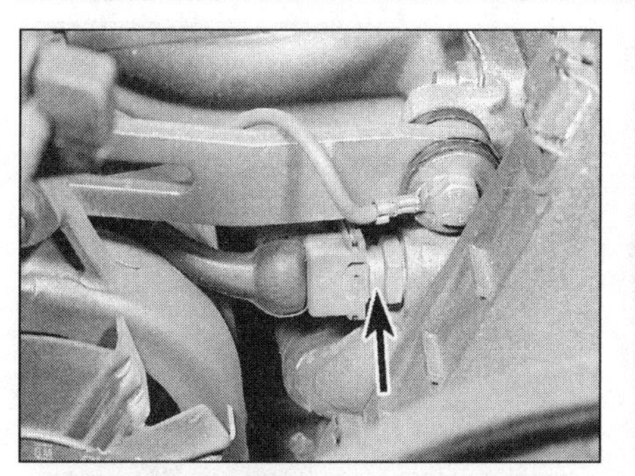

12.18 Insprutningssystemets givare för kylvätsketemperaturen (vid pilen)

12.25a Lossa slangklämmorna . . .

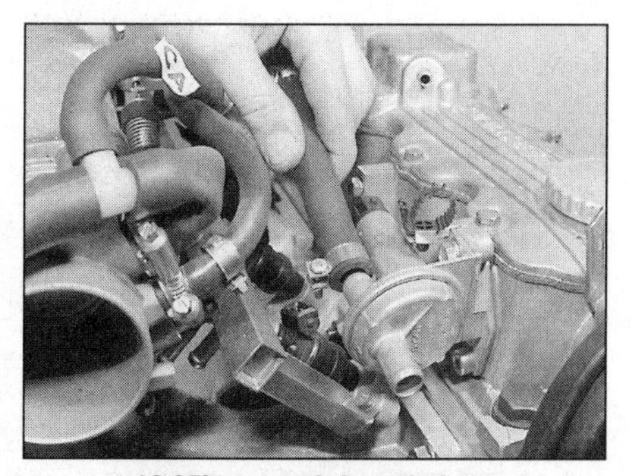

12.25b . . . och koppla loss tillsatsluftventilens slangar

12.26 Demontering av tillsatsluftventilen

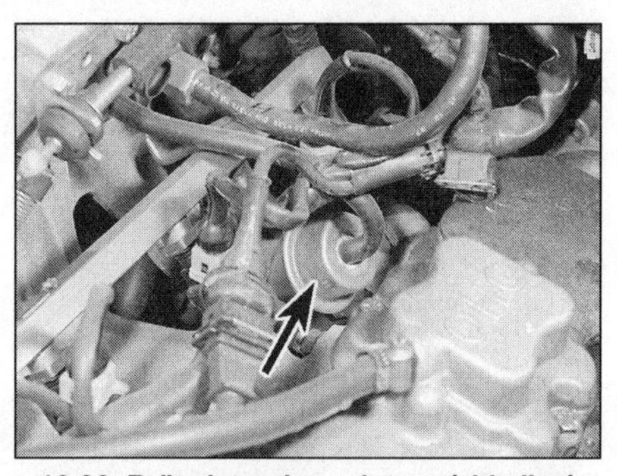

12.32 Bränsletryckregulatorn (vid pilen)

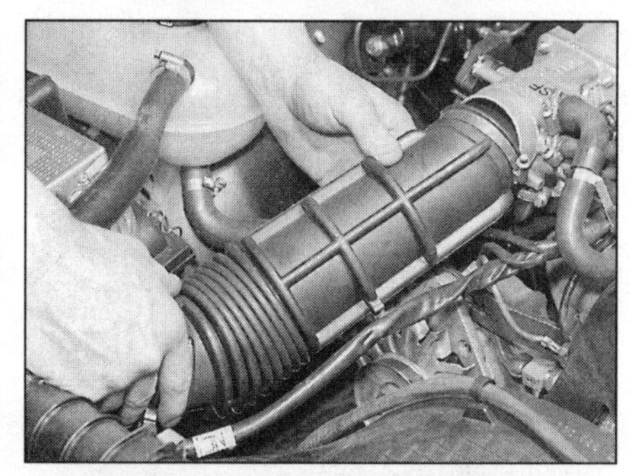

12.37a Koppla loss insugskanalen . . .

12.37b . . . och tillsatsluftventilens slang från trottelventilhuset

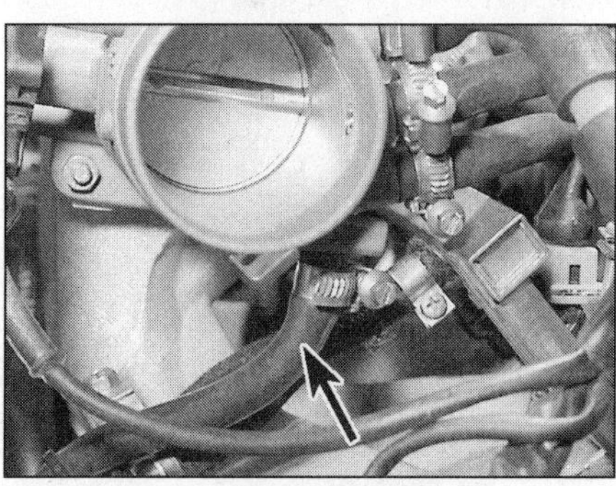

12.38a Trottelventilens nedre kylvätskeslang (vid pilen)

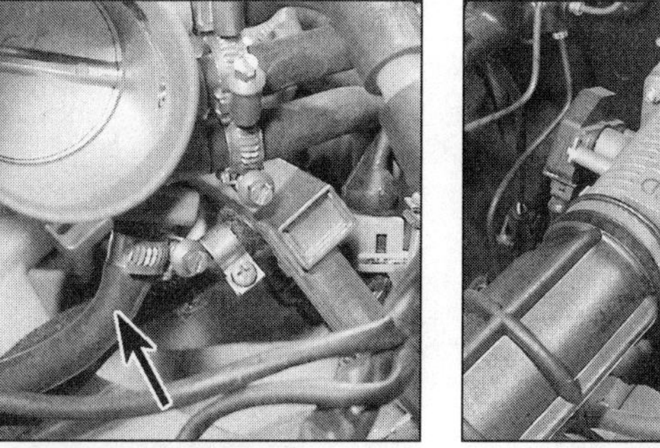

12.38b Slanganslutningar på trottelventilhuset

1 Tillsatsluftslang
2 Vevhusets ventilationsslang
3 Kylvätskeslang

Kylvätskans temperaturgivare

18 Kylvätskans temperaturgivare är monterad vid generatorn på motorblockets sida **(se bild)**.

19 Töm kylsystemet (kapitel 1).

20 Koppla loss kontaktdonet.

21 Skruva loss givaren och tag ut den ur motorrummet.

22 Följ anvisningarna för demontering i omvänd ordning vid monteringen. Fyll kylsystemet enligt kapitel 1.

Tillsatsluftventil

23 Tillsatsluftventilen är monterad med bultar på kamaxelhusets sida.

24 Koppla loss kontaktdonet från ventilen.

25 Lossa slangklämmorna och koppla loss luftslangarna **(se bilder)**.

26 Tag loss och demontera ventilen **(se bild)**.

27 Ventilens funktion kan kontrolleras genom att man tittar genom slanganslutningarnas hål. När ventilen är kall skall den vara lite öppen. När temperaturen ökar (genom att man ansluter 12 Volt till dess anslutningar) skall styrskivan rotera och blockera hålet.

28 Följ anvisningarna för demontering i omvänd ordning vid monteringen.

Styrrelä

29 Styrreläet är monterat i motorrummets bakre vänstra hörn. När man demonterar reläet deaktiveras bränslepumpen.

30 Tag loss kåpan och demontera reläet ur hållaren. Sockeln är svart.

31 Följ anvisningarna för demontering i omvänd ordning vid monteringen.

Bränsletryckregulator

32 Bränsletryckregulatorn är monterad mellan insprutningsmunstycke 3 och 4 **(se bild)**.

33 Placera en trasa runt regulatorn för eventuellt bränslespill.

34 Koppla loss bränsle- och vakuumslangarna och demontera regulatorn.

35 Följ anvisningarna för demontering i omvänd ordning vid monteringen.

Trottelventilhus

36 Koppla loss batteriets minuskabel.

37 Lossa slangklämmorna och koppla loss luftinsugskanalens och tillsatsluftventilens slangar **(se bilder)**.

38 Montera slangklammer på kylvätskeslangarna och koppla loss dem från trottelventilhuset **(se bilder)**.

39 Koppla loss gasvajern och i förekommande fall automatväxellådans kickdownvajer och farthållarens vajer.

40 Koppla loss kontaktdonet från trottelventilens kontakt.

41 Tag loss trottelns returfjäder.

42 Koppla loss vevhusventilationens slang.

43 Tag loss muttrarna och demontera trottelventilhuset från insugsröret. Tag bort packningen.

12.50 Kontaktdonet kopplas loss från en bränsleinsprutare

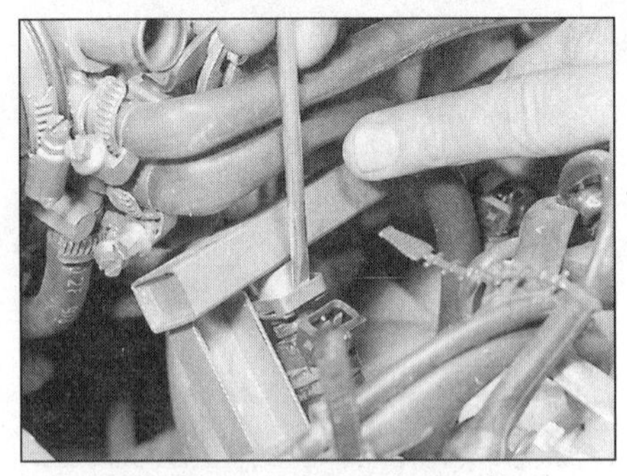
12.52 Demontering av insugningsventilernas klämmor

12.53 Bromsservons vakuumrör kopplas loss

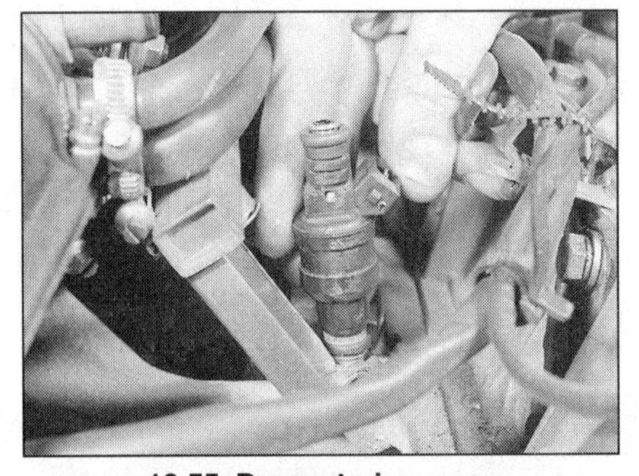
12.55 Demontering av en bränsleinsprutare från insugsröret

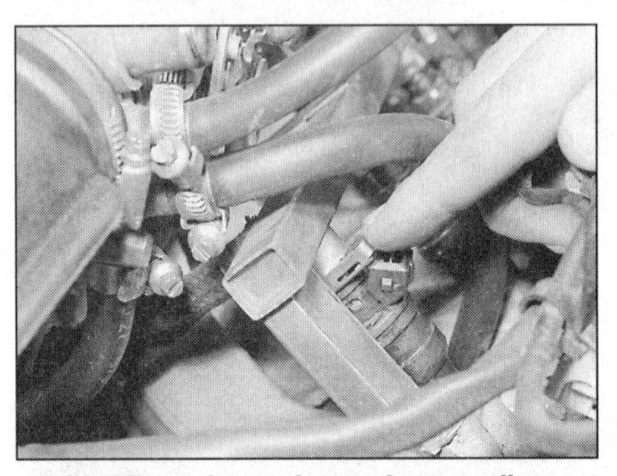
12.56 Montering av insugningsventilernas klämmor

12.58 Multikontaktdonet kopplas loss från luftflödesgivaren

44 Följ anvisningarna för demontering i omvänd ordning vid monteringen. Montera en ny packning och justera vajrarna vid behov. Fyll på kylvätskan.

2,0 liters motorer

Trottelventilens kontakt - Motronic ML4.1

45 Se paragraf 1 till 3 och justera kontakten enligt följande.

46 Inled justeringen med att lossa fästskruvarna och vrid kontakten helt medurs. Vrid kontakten långsamt moturs tills man känner att det tar emot. Drag åt skruvarna med kontakten i detta läge. Öppna trotteln försiktigt. Om kontakten är korrekt justerad skall den klicka när trotteln öppnas.

Trottelventilens potentiometer - Motronic M1.5

47 Se paragraf 1 till 3 och observera att justering inte är nödvändig.

Bränsleinsprutare

48 Tryckavlasta bränslesystemet (avsnitt 7). Koppla loss batteriets minuskabel.

49 Koppla loss kontaktdonet från tomgångsstyrningen. Koppla loss slangarna och demontera styrningen.

50 Koppla loss kontaktdonen från bränsleinsprutarna **(se bild).**

51 Tag loss de fyra skruvarna som fäster bränslefördelningsröret mot insugsröret.

52 Använd en skruvmejsel för att bända ut klämmorna som fäster bränsleinsprutarna på bränslefördelningsröret **(se bild).**

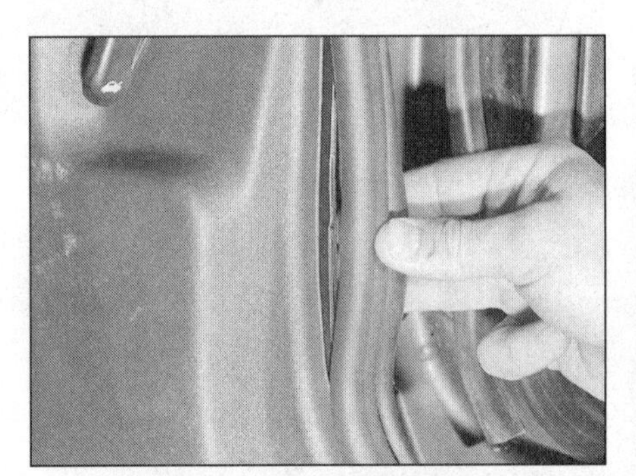
12.63 Tag loss tätningslisten och demontera täckpanelen

53 Skruva loss anslutningsmuttern och koppla loss bromsservons vakuumrör från insugsröret **(se bild).**

54 Demontera bränslematningsrörets hållare.

55 Placera trasor runt bränsleinsprutarna för eventuellt bränslespill. Tag därefter försiktigt loss bränslefördelningsröret från insprutarna **(se bild).** Testa insprutarna.

56 Följ anvisningarna för demontering i omvänd ordning vid monteringen. Byt bränsleinsprutarnas tätningsringar vid behov **(se bild).**

Luftflödesgivare

57 Lossa slangklämman och koppla loss luftkanalen från luftflödesgivaren.

58 Koppla loss multikontaktdonet **(se bild).**

59 Tag loss fjäderklämmorna och lyft av luftflödesgivaren och kåpan från luftrenarhuset.

12.64 Styrenhet och övre monteringsskruvar

60 Demontera vid behov givaren från kåpan.

61 Torka ren givarens luftventil och kontrollera att den kan röra sig fritt.

62 Följ anvisningarna för demontering i omvänd ordning vid monteringen.

Elektronisk styrenhet (ECU)

63 Tag loss gummilisten och demontera täckpanelen från den högra sidan av förarens fotbrunn **(se bild).**

64 Tag loss monteringsskruvarna **(se bild).**

65 Drag bort fjäderklämman och koppla loss kontaktdonet **(se bild).** Demontera styrenheten.

66 Följ anvisningarna för demontering i omvänd ordning vid monteringen.

Kylvätskans temperaturgivare

67 Se paragraf 18 till 22.

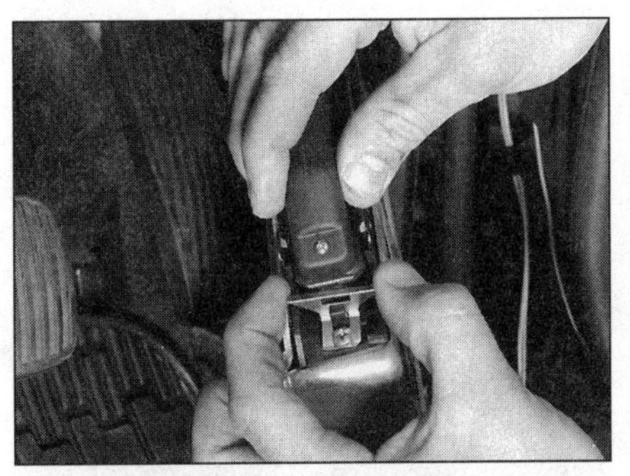
12.65a Drag tillbaka fjäderklämman . . .

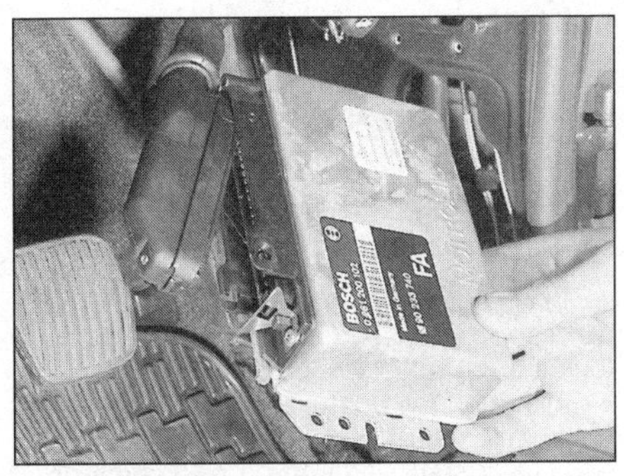
12.65b . . . och koppla loss multikontaktdonet

Tomgångsstyrning

68 Koppla loss kontaktdonet från styrningens baksida **(se bild)**.

69 Lossa klämmorna och koppla loss luftslangarna.

70 Demontera tomgångsstyrningen ur motorrummet.

71 Följ anvisningarna för demontering i omvänd ordning vid monteringen.

Styrrelä

72 Se paragraf 29 till 31.

Bränsletryckregulator

73 Se paragraf 32 till 35

Trottelventilhus

74 Följ anvisningarna i paragraf 36 till 44 förutom demonteringen av tillsatsluftventilens slang.

Lambdasond - modeller med katalysator

Observera: *Lambdasonden måste skruvas loss från avgassystemets främre rör när motorn är vid normal arbetstemperatur. Sonden är känslig och kommer inte att fungera om man tappar den, slår i den, om dess matningsspänning kopplas från eller om man försöker göra ren den med rengöringsmedel eller lösningsmedel.*

75 Låt motorn gå tills den är uppe i normal arbetstemperatur och stäng därefter av den. Drag åt handbromsen ordentligt, blockera framhjulen, lyft upp bilen och palla upp den på pallbockar (se *"Lyftning och stödpunkter"*).

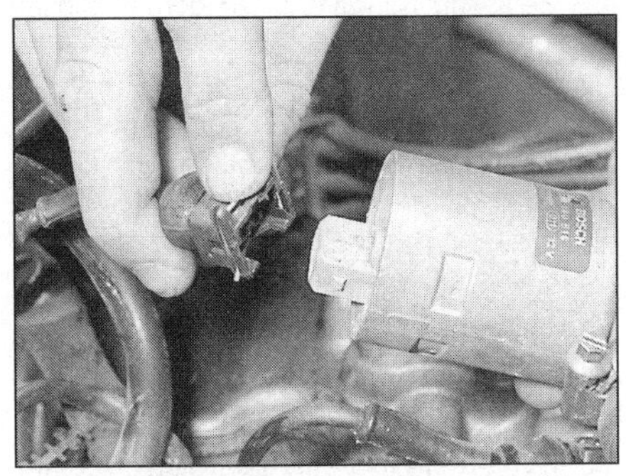
12.68 Koppla loss kontaktdonet från tomgångsstyrningen

76 Se till att du inte bränner dig på det heta avgasröret. Tag loss sondens kontaktdon och lossa kablaget från hållarna.

77 Skruva försiktigt ut lambdasonden och tag bort den från avgassystemet med tillhörande tätningsbricka.

78 Om den gamla lambdasonden skall monteras tillbaka måste man ta bort alla rester av antikärvmedel från gängorna. Applicera specialfett (art nr 19 48 602) på sondens gängor. Detta fett kan erhållas från Opelåterförsäljare. Om man inte har tillgång till specialfettet kan man använda vanligt högtemperatur antikärvmedel av hög kvalitet. Observera att nya lambdasonder levereras med fett i gängorna. Undersök tätningsbrickan beträffande skador och byt den vid behov.

79 Montera tätningsbrickan på lambdasondens ände och skruva in sonden i avgassystemets främre rör. Drag åt den till specificerat åtdragningsmoment.

80 Kontrollera att kablaget är korrekt monterat. Anslut kontaktdonet och fäst kablaget i hållarna. Kontrollera en sista gång att kablaget inte kan komma i kontakt med avgassystemet och sänk ned bilen.

Kolfilter - modeller med katalysator

81 Kolfiltret är monterat på torpedväggen i motorrummet. Lossa slangklämmorna och koppla loss slangarna från filtret. Observera hur de var monterade. Lossa och demontera klämbulten för kolfiltrets hållare. Demontera hållaren och lyft ut kolfiltret ur motorrummet.

82 Följ anvisningarna för demontering i omvänd ordning vid monteringen. Se till att slangarna är monterade på korrekt sätt och att slangklämmorna är åtdragna.

Avluftningsventil - modeller med katalysator

83 Följ kolfiltrets utloppsslang från kolfiltret (som är monterat på torpedväggen i motorrummet) till avluftningsventilen. Observera hur de är monterade, lossa slangklämmorna och koppla loss slangarna från ventilen.

84 Koppla loss ventilens kontaktdon. Tag loss fästskruven och demontera ventilen ur motorrummet.

85 Följ anvisningarna för demontering i omvänd ordning vid monteringen. Se till att vakuumslangarna monteras korrekt och att slangklämmorna dras åt.

13 Insprutning, komponenter (2,5 och 2,6 l motorer) - demontering och montering

2,5 liters motorer

Trottelventilens kontakt

1 Se paragraf 1 till 4 i avsnitt 12.

Bränsleinsprutare

2 Tryckavlasta bränslesystemet (avsnitt 7) och koppla loss batteriets minuskabel.

3 Observera att bränsleinsprutarna skall demonteras parvis och koppla loss kontaktdonen från de aktuella insprutarna.

4 Lossa slangklämmorna och koppla loss bränsleslangarna från insprutarna.

5 Tag loss fästbulten och demontera bränsleinsprutarnas hållare med tillhörande insprutarpar.

6 Tag loss bränsleinsprutarna från hållaren och tag reda på den mindre och den större insprutningstätningen från insugsröret.

7 Följ anvisningarna för demontering i omvänd ordning vid monteringen. Använd nya tätningar.

Luftflödesgivare

8 Koppla loss kontaktdonet från givaren. Lossa klämman och koppla loss insugskanalen.

9 Lossa fästklämman och lyft av luftrenarens lock. Vid behov kan man ta loss fästmuttrarna/skruvarna och demontera luftflödesgivaren och tätningen.

10 Följ anvisningarna för demontering i omvänd ordning vid monteringen. Se till att gummitätningen monteras korrekt. Applicera låsvätska på fästbultarna före monteringen.

Elektronisk styrenhet (ECU)

11 Se avsnitt 12, paragraf 63 till 66.

Kylvätskans temperaturgivare

12 Koppla loss en av de små kylvätskeslangarna från termostathuset och töm ur kylvätskan.

13 Koppla loss kontaktdonet och skruva loss givaren från termostathuset. Tag reda på tätningsbrickan.

14 Följ anvisningarna för demontering i omvänd ordning vid monteringen. Drag åt givaren till specificerat åtdragningsmoment.

Tomgångsstyrning

15 Koppla loss kontaktdonet från styrningen.

16 Lossa slangklämmorna och koppla loss luftslangarna. Demontera styrningen.

17 Följ anvisningarna för demontering i omvänd ordning vid monteringen.

Tomgångsstyrningens styrenhet

18 Tag loss gummitätningen från den övre delen av torpedväggen i motorrummet. Lyft upp vattenavvisaren för att komma åt styrenheten. För att komma åt lättare kan man demontera torkararmarna och axelmuttrarna (se kapitel 12).

19 Koppla loss kontaktdonen. Tag loss bultarna och demontera styrenheten.

20 Följ anvisningarna för demontering i omvänd ordning vid monteringen.

Styrrelä

21 Se avsnitt 12, paragraf 29 till 31.

Bränsletryckregulator

22 Tryckavlasta bränslesystemet (avsnitt 7).

23 Koppla loss vakuumslangen från regulatorn.

24 Lossa slangklämmorna. Koppla loss bränsleslangarna och demontera regulatorn från insugsröret.

25 Följ anvisningarna för demontering i omvänd ordning vid monteringen.

2,6 liters motorer

Trottelventilens potentiometer

26 Lossa slangklämmorna och tag loss ventilationsslangen som är monterad mellan trottelhuset och ventilkåpan.

27 Koppla loss kontaktdonet. Tag loss fästskruvarna och demontera potentiometern från trottelhusets sida.

28 Följ anvisningarna för demontering i omvänd ordning vid monteringen. Drag åt fästskruvarna ordentligt.

Bränsleinsprutare

29 Tryckavlasta bränslesystemet (avsnitt 7).

30 Demontera trottelhuset och insugskanalerna (avsnitt 15).

31 Demontera det dubbla trycksystemets styrmembran från insugsröret (avsnitt 16)

32 Tag loss insugsrörets hållare från topplocket.

33 Koppla loss vakuumslangen från tryckregulatorn.

34 Koppla loss kontaktdonen från termostathuset och bränsleinsprutarna.

35 Tag loss vajerstyrningen.

36 Koppla loss bränslematningsrören och returrören från bränslefördelningsröret.

37 Lossa och demontera bränslefördelningsrörets monteringsbultar.

38 Demontera bultarna som fäster den mittre och den bakre insprutaradaptern mot insugsröret.

39 Lyft försiktigt ut de främre insprutarna ur deras adaptrar. Demontera därefter den mittre och bakre adaptern från insprutarna. Tag reda på insprutartätningarna.

40 Tag försiktigt ut bränslefördelningsröret och bränsleinsprutarna som en enhet ur motorrummet. Tag reda på packningarna mellan adaptrarna och insugsröret.

41 Bänd försiktigt loss fjäderklämman för den aktuella insprutaren och demontera den från bränslefördelningsröret. Tag reda på tätningen.

42 Följ anvisningarna för demontering i omvänd ordning vid monteringen. Montera nya tätningar och adapterpackningar för insprutarna.

Luftflödesgivare

43 Se paragraf 8 och 10.

Elektronisk styrenhet (ECU)

44 Se avsnitt 12, paragraf 63 till 66.

Kylvätskans temperaturgivare

45 Se paragraf 12 till 14.

Tomgångsstyrning

46 Tag loss fästskruvarna och demontera locket från insugskanalernas övre del.

47 Koppla loss kontaktdonet och pressa ut styrenheten ur dess gummihållare.

48 Lossa slangklämmorna på insugsrörets sida och koppla loss luftslangarna och demontera styrningen.

49 Följ anvisningarna för demontering i omvänd ordning vid monteringen. Se till att styrningen är korrekt monterad i gummihållaren.

Styrrelä

50 Se avsnitt 12, paragraf 29 till 31.

Bränsletryckregulator

51 Demontera bränslefördelningsröret och bränsleinsprutarna som en enhet enligt paragraf 29 till 40.

52 Lossa fästskruvarna och demontera regulatorn.

53 Följ anvisningarna för demontering i omvänd ordning vid monteringen.

Lambdasond

54 Se avsnitt 12, paragraf 75 till 80.

Kolfilter

55 Se paragraf 81 och 82 i avsnitt 12. Observera att kolfiltret på vissa modeller är monterat under skärmen.

Avluftningsventil

56 Tag loss monteringsskruvarna och demontera kåpan från insugskanalernas övre del.

57 Observera hur de är monterade och koppla loss slangarna. Lossa fästbulten och demontera ventilen.

58 Följ anvisningarna för demontering i omvänd ordning vid monteringen.

14 Insprutning, komponenter (3,0 l motorer) - demontering och montering

Modeller med CIH-motor (30NE) utan katalysator

1 Se informationen i avsnitt 13 för 2,5 liters motorn.

Modeller med CIH-motor (C30NE och C30LE) och katalysator

Trottelventilens kontakt - Motronic ML4.1

2 Koppla loss kontaktdonet från kontakten.

3 Tag loss de två fästskruvarna och tag loss kontakten från trottelventilens axel.

4 Följ anvisningarna för demontering i omvänd ordning vid monteringen. Justera kontakten enligt följande.

5 Inled justeringen med att lossa fästskruvarna och vrid kontakten helt medurs. Vrid kontakten långsamt moturs tills man känner att det tar emot. Drag åt skruvarna med kontakten i detta läge. Öppna trotteln försiktigt. Om kontakten är korrekt justerad skall den klicka när trotteln öppnas.

Trottelventilens potentiometer - Motronic M1.5

6 Se paragraf 2 till 4 och observera att ingen justering behöver utföras.

Bränsleinsprutare - C30LE-motor

7 Se paragraf 2 till 7, avsnitt 13

Bränsleinsprutare - C30NE-motor

8 Tryckavlasta bränslesystemet (avsnitt 7).

9 Koppla loss bränslematnings- och bränslereturslangarna från bränslefördelningsröret. Tag loss bränslefördelningsrörets fästbultar. Lyft försiktigt ut bränslefördelningsröret och bränsleinsprutarna som en enhet ur motorrummet. Tag reda på insprutarnas tätningar.

10 Bänd försiktigt loss fjäderklämman för aktuell insprutare och demontera den från fördelningsröret. Tag reda på tätningen.

11 Följ anvisningarna för demontering i omvänd ordning vid monteringen. Använd nya insprutartätningar.

Luftflödesgivare

12 Se avsnitt 13, paragraf 8 och 10.

Elektronisk styrenhet (ECU)

13 Se avsnitt 12, paragraf 63 till 66.

Kylvätskans temperaturgivare

14 Se avsnitt 13, paragraf 12 till 14.

Tomgångsstyrning

15 Se avsnitt 13, paragraf 15 till 17.

Styrrelä

16 Se avsnitt 12, paragraf 29 till 31.

Bränsletryckregulator - C30LE-motor

17 Se avsnitt 13, paragraf 22 till 25.

Bränsletryckregulator - C30NE-motor

18 Tryckavlasta bränslesystemet (se avsnitt 7).

19 Koppla loss vakuumslangen från regulatorn. Tag därefter loss regulatorn från bränslefördelningsröret.

20 Följ anvisningarna för demontering i omvänd ordning vid monteringen.

Lambdasond

21 Se avsnitt 12, paragraf 75 till 80.

Kolfilter

22 Se avsnitt 12, paragraf 81 och 82. Observera att kolfiltret är monterat under skärmen på vissa modeller.

Avluftningsventil

23 Se avsnitt 12, paragraf 83 till 85. Observera att ventilen är monterad på fjädertornet.

Modeller med DOHC-motorer (C30SE och C30SEJ)

Trottelventilens potentiometer

24 Se avsnitt 13, paragraf 26 till 28.

Bränsleinsprutare

25 Demontera insugsröret och bränsleinsprutarna enligt avsnitt 15.

26 Tag loss bränslefördelningsrörets fäst-

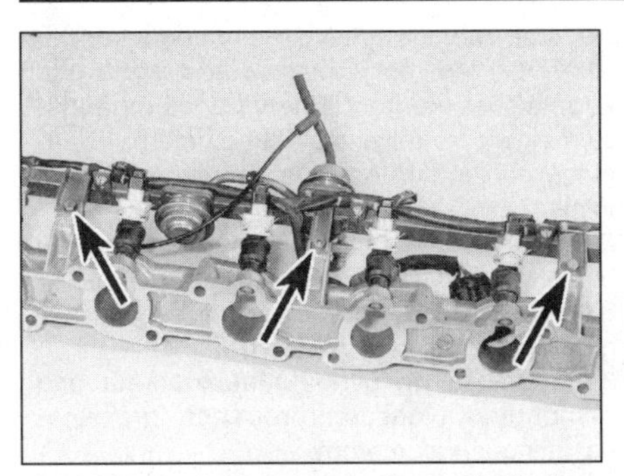
14.26 Bränslefördelningsrörets fästbultar (vid pilarna)

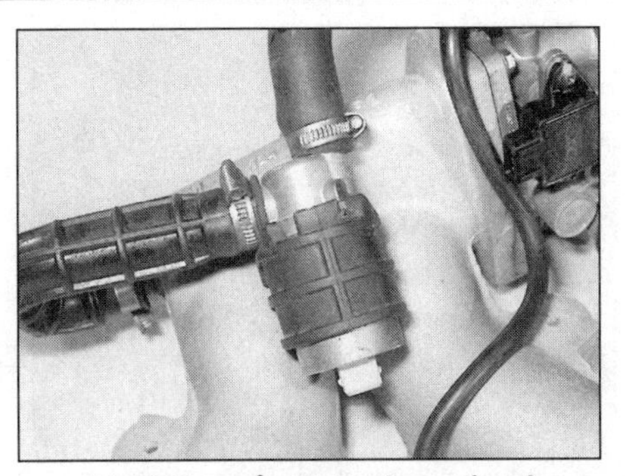
14.34 Tomgångsstyrningen (med insugskanalerna demonterade)

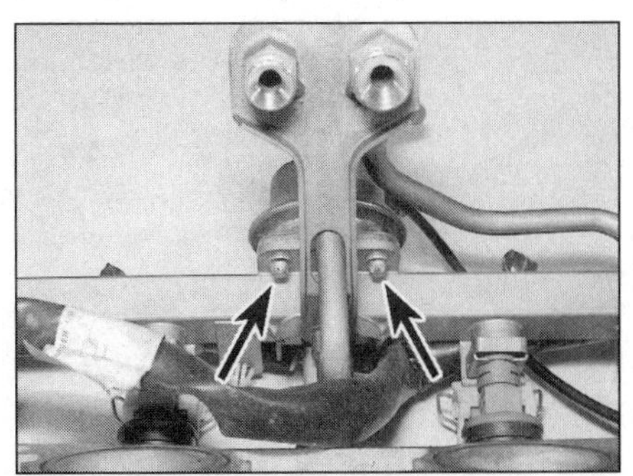
14.38 Bränsletryckregulatorns fästbultar (vid pilen)

14.40 Membrandämparens fästskruvar (vid pilarna)

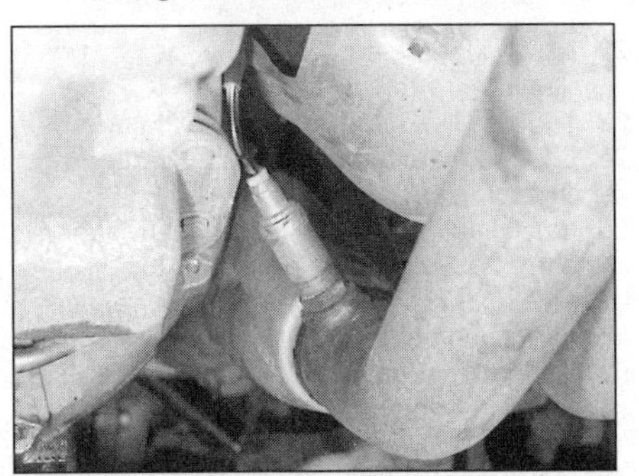
14.41 Lambdasonden är monterad på avgassystemets främre rör

14.42 Kolfiltret demonteras

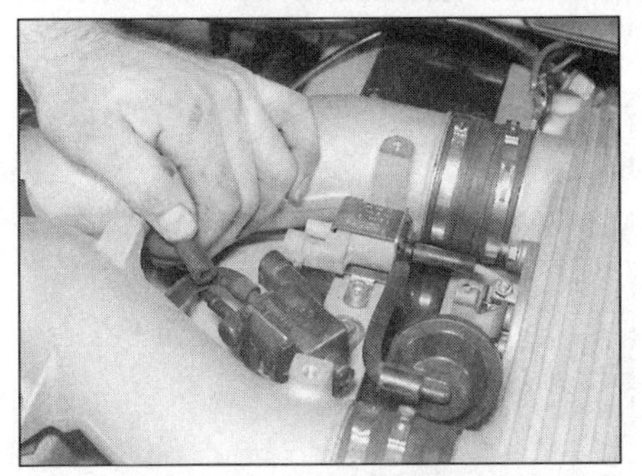
14.44 Avluftningsventilens slangar kopplas loss

bultar och tag loss bränslefördelningsröret och bränsleinsprutarna som en enhet från den gjutna delen **(se bild).** Tag reda på insprutarnas tätningar.

27 Koppla loss kontaktdonen, tag loss klämman och demontera aktuell insprutare ur fördelningsröret. Tag reda på tätningarna.

28 Följ anvisningarna för demontering i omvänd ordning vid monteringen. Använd nya insprutartätningar.

Luftflödesgivare

29 Se avsnitt 13, paragraf 8 och 10

Elektronisk styrenhet (ECU)

30 Se avsnitt 12, paragraf 63 till 66.

Kylvätskans temperaturgivare

31 Se avsnitt 13, paragraf 12 till 14.

Tomgångsstyrning

Observera: *För att komma åt lättare kan man demontera trottelhuset och insugskanalen (avsnitt 15).*

32 Demontera fästskruvarna och tag loss kåpan från insugskanalernas ovansida.

33 Koppla loss kontaktdonet och tryck ut styrningen från gummihållaren.

34 Arbeta från insugsrörets undersida och lossa slangklämmorna. Koppla loss luftslangarna och demontera styrningen **(se bild).**

35 Följ anvisningarna för demontering i omvänd ordning vid monteringen. Se till att styrningen är korrekt monterad i gummihållaren.

Styrrelä

36 Se avsnitt 12, paragraf 29 till 31.

Bränsletryckregulator

37 Demontera insugsröret och bränsleinsprutarna enligt avsnitt 15.

38 Tag loss fästbultarna och demontera regulatorn från bränslefördelningsröret **(se bild).**

39 Följ anvisningarna för demontering i omvänd ordning vid monteringen. Använd nya insprutningstätningar.

Membrandämpare

40 Se paragraf 37 till 39 **(se bild).**

Lambdasond

41 Se avsnitt 12, paragraf 75 till 80 **(se bild).**

Kolfilter

42 Se avsnitt 12, paragraf 81 och 82. Observera att kolfiltret är monterat under skärmen på vissa modeller **(se bild).**

Avluftningsventil

43 Lossa fästskruvarna och demontera kåpan från insugskanalernas ovansida.

44 Koppla loss kontaktdonet och slangarna. Observera hur de är monterade, lossa fästskruven och demontera ventilen **(se bild).**

45 Följ anvisningarna för demontering i omvänd ordning vid monteringen.

15 Insugsrör - demontering och montering

Demontering

1,8 och 2,0 liters motorer

1 Tryckavlasta bränslesystemet (avsnitt 7). Koppla loss batteriets minuskabel.

2 Koppla loss luftinsugskanalen från trottelhuset.

3 Koppla loss alla vevhusventilations-, kylvätske-, bränsle- och luftslangar **(se bild).**

4 Koppla loss alla elektriska kablar.

5 Koppla loss gasvajern och (i förekommande fall) kick-downvajern.

15.3 Tomgångsstyrningens slang kopplas loss från insugsröret (2,0 liters motorer)

15.6a Demontering av insugsröret (1,8 liters motor)

15.6b Insugsrörets packning på topplocket (1,8 liters motor)

6 Lossa alla muttrar stegvis. Tag loss insugsröret från pinnbultarna på topplocket. Tag bort packningen **(se bilder)**.
7 Rengör anliggningsytorna på insugsröret och topplocket.

2,5 liters motorer

Observera: *Insugsröret och avgasgrenröret är monterade på samma packning. Om insugsröret skall demonteras måste även avgasgrenröret demonteras för att man skall kunna byta packningen.*
8 Tryckavlasta bränslesystemet (avsnitt 7). Koppla loss batteriets minuskabel.
9 Tag loss avgassystemets främre rör från grenröret.
10 Demontera insugskanalerna som sammankopplar luftflödesgivaren och insugsröret.
11 Koppla loss kylvätskeslangarna från trottelhuset. Plugga ändarna för att minimera kylvätskespillet.
12 Koppla loss vevhusventilationens slang och vakuumslangen/slangarna från insugsröret.
13 Koppla loss bränslematnings- och bränslereturslangarna från fördelningsröret.
14 Tag loss gasvajern och/eller kick-downvajern (i förekommande fall).
15 Koppla loss kontaktdonen från bränsleinsprutarna, trottelventilens kontakt och (i förekommande fall) insugsrörets temperaturkontakt. Koppla även loss jordningskabeln från insugsröret.
16 Lossa anslutningsmuttrarna och lossa återcirkulationsventilen för avgaserna från avgasgrenröret och insugsröret.
17 Tag loss insugsrörets fästmuttrar/bultar och demontera röret. Tag reda på insugsrörets styrstift (i förekommande fall).
18 Tag loss de övriga fästskruvarna och demontera avgasgrenrören och grenrörspackningen från motorn.

2,6 liters motorer

Observera: *Insugsröret och avgasgrenröret är monterade på samma packning. Om insugsröret skall demonteras måste även avgasgrenröret demonteras för att man skall kunna byta packningen.*
19 Tryckavlasta bränslesystemet (avsnitt 7). Koppla loss batteriets minuskabel.
20 Tag loss avgassystemets främre rör från grenröret.
21 Tag loss gasvajern och/eller kick-downvajern (i förekommande fall).
22 Lossa klämman och koppla loss insugskanalen från trottelhuset.
23 Tag loss kylvätskeröret från insugsröret.
24 Lossa fästskruvarna och demontera kåpan från insugskanalerna.
25 Lossa hållarna som fäster insugskanalerna mot insugsröret och tag loss fästbultarna. Koppla loss kablaget och vakuumslangarna och observera hur de är monterade. Demontera insugskanalen och trottelhuset som en enhet från motorn.
26 Lossa fästmuttrarna och demontera dubbla trycksystemets ventil och membran från insugsröret.
27 Tag loss jordningskabeln från insugsröret.
28 Tag loss insugsrörets hållare.
29 Koppla loss vakuumslangen från bränsletryckregulatorn.
30 Koppla loss kontaktdonen från termostathuset och kontaktdonet med gummiskydd placerat i motorrummets främre högra hörn.
31 Observera hur kablarna är dragna och koppla loss kontaktdonen från tomgångsstyrningen, trottelventilpotentiometern, avluftningsventilen och det dubbla trycksystemets ventil.
32 Skruva loss bränsleslangarna från bränslefördelningsröret.
33 Tag loss de sex fästskruvarna och demontera insugsröret ur motorrummet.
34 Tag loss de övriga fästskruvarna och demontera avgasgrenrören och grenrörspackningen från motorn.

3,0 liters motorer (CIH) med 12 ventiler

35 Se paragraf 8 till 18.

3,0 liters motorer (DOHC) med 24 ventiler

36 Tryckavlasta bränslesystemet (avsnitt 7). Koppla loss batteriets minuskabel.
37 Koppla loss kontaktdonet från luftflödesgivaren.
38 Demontera insugskanalerna som sammankopplar luftfiltret och trottelhuset.
39 Tag loss skruvarna och demontera det övre locket från insugskanalerna **(se bilder)**.
40 Markera slangarna och koppla loss dem från avluftningsventilen samt det dubbla trycksystemets luftventil och membran. Koppla även loss kontaktdonen från ventilerna **(se bild)**.
41 Koppla loss vakuum- och kylvätskeslangarna från trottelhuset. Plugga kylvätskeslangarna för att minimera kylvätskespillet **(se bild)**.

15.39a Demontering av fästskruvarna på 3,0 liters motorer med 24 ventiler . . .

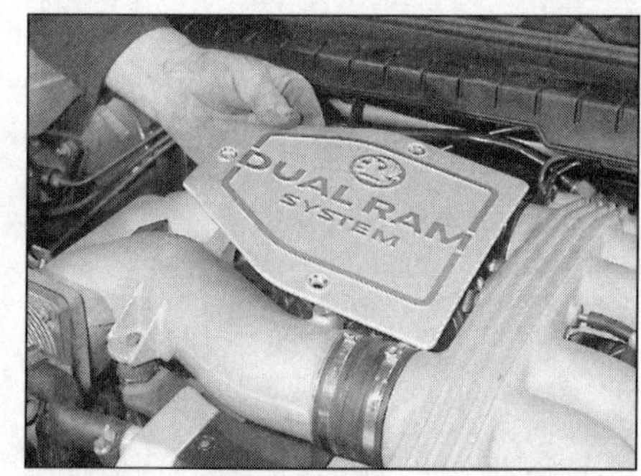

15.39b . . . insugskanalernas övre kåpa lyfts av

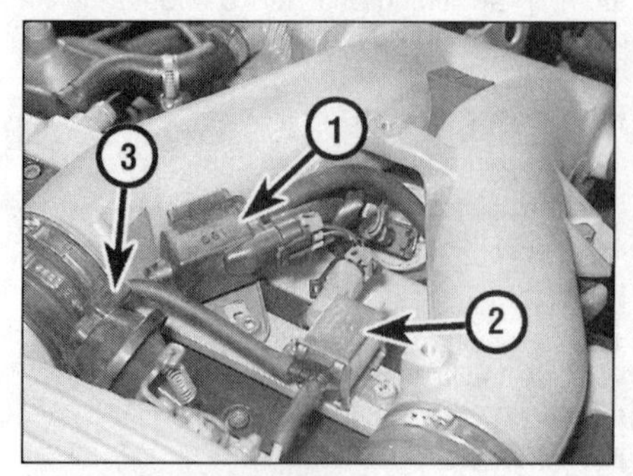

15.40 Koppla loss slangarna och kablarna från avluftningsventilen (1), det dubbla trycksystemets ventil (2) samt membranet (3)

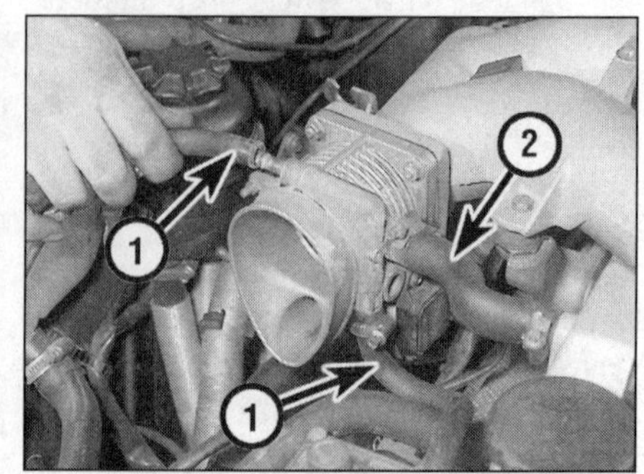

15.41 Koppla loss kylvätskeslangarna (1) och ventilationsslangen (2) från trottelhuset

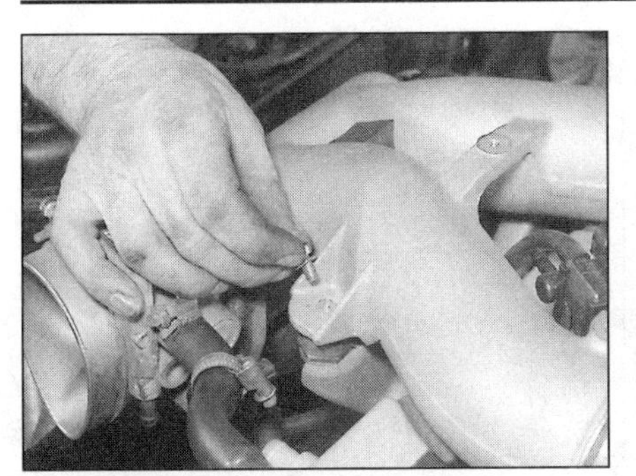

15.45a Tag loss fästbultarna

15.45b Lossa klämmorna och demontera insugskanalerna och trottelhuset från motorn

15.46 Tag loss jordningskablarna från insugsröret

15.47 Skruva loss bromsservoslangens anslutning

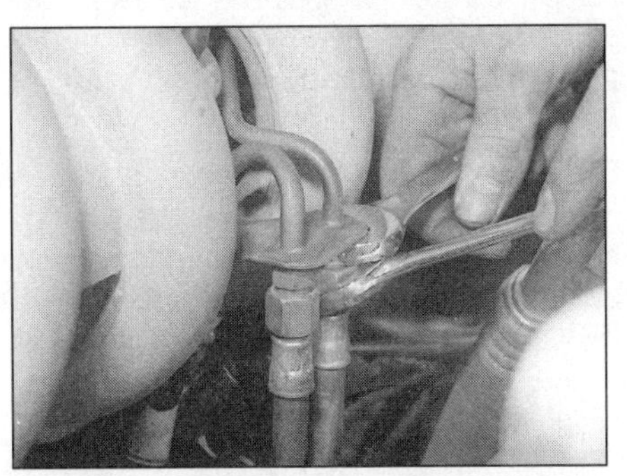

15.49 Skruva loss bränsleslangarna från bränslefördelningsröret

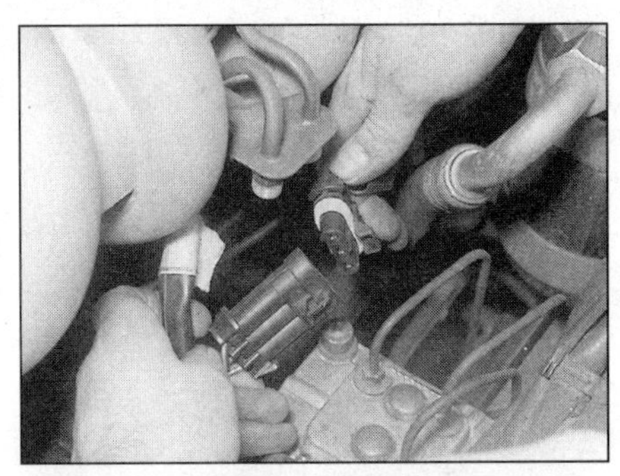

15.50 Koppla loss bränsleinsprutarnas kontaktdon

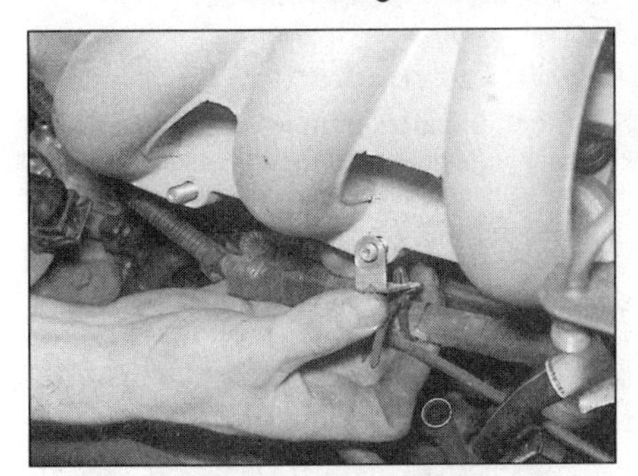

15.53 Skruva loss insugsrörets muttrar och tag loss kabelklämmorna från pinnbultarna

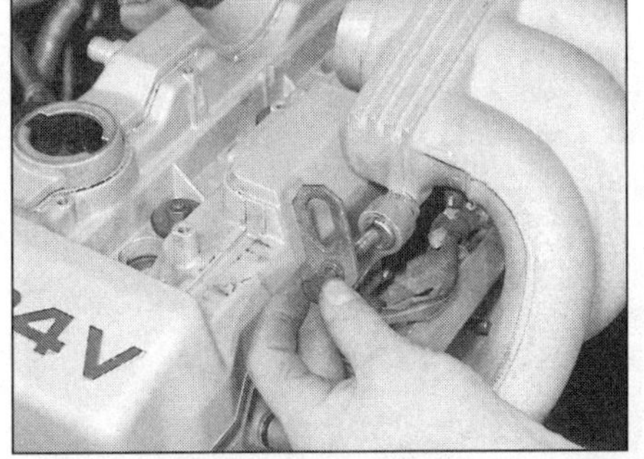

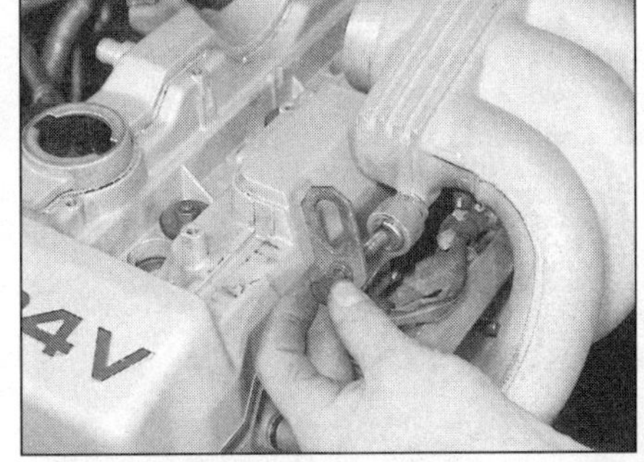

15.54a Tag loss insugsrörets övre skruvar och observera placeringen av motorlyftöglan . . .

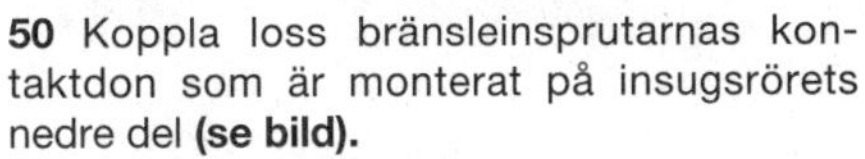

15.54b . . . och tag reda på brickorna

42 Lossa klämmorna och koppla loss ventilationsslangen som sammankopplar trottelhuset och kamaxelkåpan.

43 Tag loss gasvajern och/eller kick-downvajern (som tillämpligt).

44 Koppla loss kontaktdonet från trottelpotentiometern och tomgångsstyrningen.

45 Lossa hållarna som fäster insugskanalerna mot insugsröret och tag loss fästbultarna. Demontera insugskanalen och trottelhuset som en enhet från motorn **(se bilder).**

46 Tag loss jordningsanslutningarna från insugsrörets bakre del **(se bild).**

47 Koppla loss bromsservoslangen från insugsröret **(se bild).**

48 Koppla loss vakuumslangen från bränsletryckregulatorn.

49 Skruva loss bränslematnings- och returslangarna från fördelningsröret **(se bild).**

50 Koppla loss bränsleinsprutarnas kontaktdon som är monterat på insugsrörets nedre del **(se bild).**

51 Tag ur motoroljestickan.

52 Modeller med farthållare: Demontera enheten enligt kapitel 12.

53 Lossa fästmuttrarna och lossa kabelklämmorna från insugsrörets nedre pinnbultar. Observera var de är monterade **(se bild).** Kassera muttrarna. Man bör använda nya vid monteringen.

54 Tag loss de främre och bakre bultarna som är monterade på grenrörets ovansida. Tag reda på brickorna som är monterade mellan grenröret och infästningen. Observera att motorlyftöglan också är monterad på den främre bulten **(se bilder).**

55 Tag försiktigt bort insugsröret från topplocket **(se bild).**

56 Demontera insprutningens gjutna del från topplocket och tag reda på packningar och tätningsringar **(se bilder).**

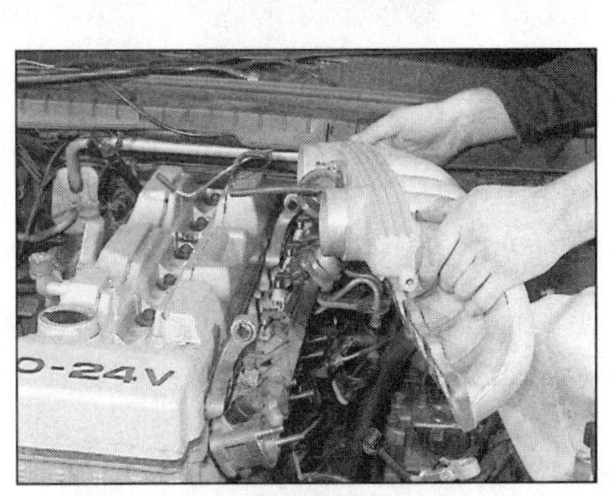

15.55 Demontering av insugsröret

Montering

57 Följ anvisningarna för demontering i omvänd ordning vid monteringen. Använd en

15.56a Demontera insprutningssystemet gjutna del . . .

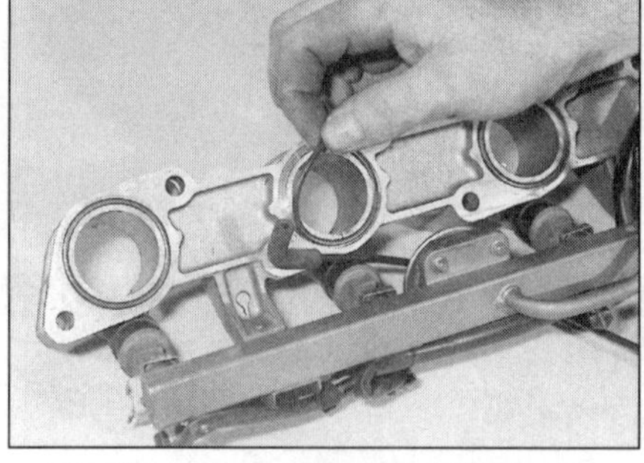
15.56b . . . och tag reda på tätningsringarna . . .

15.56c . . . och packningarna

ny packning/packningar och tätningsringar (som tillämpligt). Drag åt fästbultarna till specificerat åtdragningsmoment. 3,0 liters motorer (DOHC) med 24 ventiler skall förses med nya fästmuttrar för insugsröret.

16 Avgasgrenrör - demontering och montering

Demontering

1,8 och 2,0 liters motorer

1 Koppla loss tändkablarna från tändstiften och tändspolen.

2 Tag loss bultarna som fäster avgassystemets främre rör mot grenröret. Sänk ner det främre röret och tag reda på rörkopplingen **(se bild).**

3 Lossa muttrarna stegvis. Tag loss grenröret från pinnbultarna på topplocket **(se bild).** Tag bort packningen.

2,5 och 2,6 liters motorer

4 Se avsnitt 15.

3,0 liters motorer (CIH) med 12 ventiler

5 Se avsnitt 15.

3,0 liters motorer (DOHC) med 24 ventiler

6 Drag åt handbromsen ordentligt, lyft upp bilens framvagn och palla upp den på pallbockar (se *"Lyftning och stödpunkter"*).

7 Demontera trottelhuset och insugskanalen enligt avsnitt 15.

8 Tag loss bultarna som fäster den bakre delen av det främre röret mot dess hållare.

9 Tag loss fästbultarna och demontera värmeskölden från grenröret **(se bild).**

10 Tag loss grenrörets fästmuttrar. Observera motorlyftöglans korrekta läge **(se bild).**

11 Tag bort grenrören och packningarna **(se bilder).**

Montering

12 Följ anvisningarna för demontering i omvänd ordning vid monteringen. Använd en ny packning och drag åt monteringsmuttrarna till specificerat åtdragningsmoment. Observera att nya fästmuttrar skall användas för grenröret på 3,0 liters motorer (DOHC) med 24 ventiler.

17 Insugning med dubbelt trycksystem (2,6 l och 3,0 l motorer med 24 ventiler) - allmänt

Allmän information

1 2,6 och 3,0 liters motorer med 24 ventiler har en insugning med dubbelt trycksystem för

16.2 Avgassystemets främre rör och packning

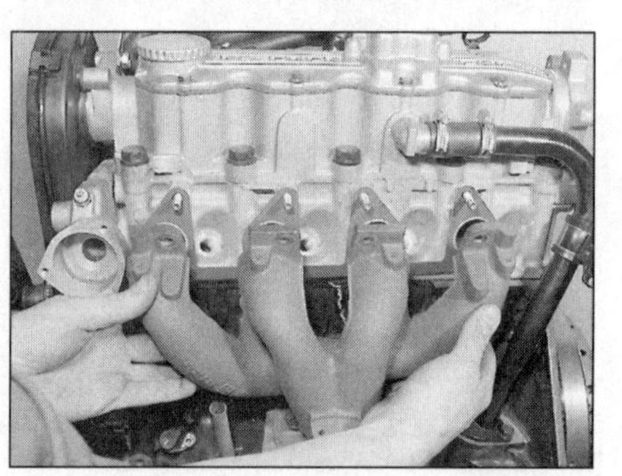
16.3 Demontering av grenröret

16.9 Demontering av värmeskölden från grenröret - 3,0 liters motorer med 24 ventiler

16.10 Demontera grenrörets fästmuttrar och observera placeringen av motorlyftöglan

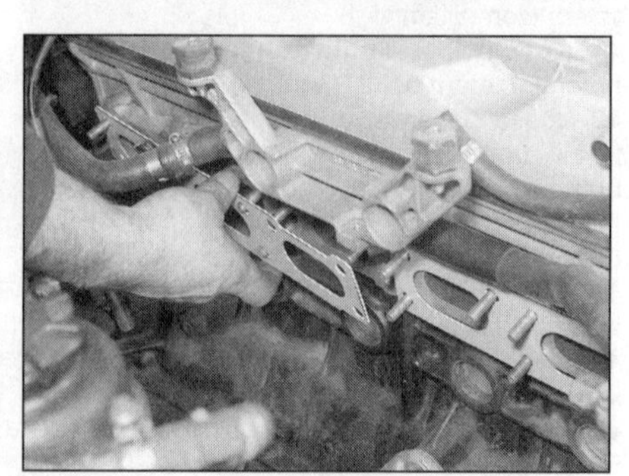
16.11a Demontera grenrören . . .

16.11b . . . och tag reda på packningarna

att förbättra vridmomentet vid låga varvtal. Insugsröret har två insugskanaler, en för de främre tre cylindrarna och en för de bakre tre. Insugsröret har en spjällventil mellan insugskanalerna för cylinder nr 3 och 4. Ventilen har ett vakuummembran och styrs av ECU:n via en solenoidventil.

2 Vid varvtal upp till 4000 r/min är spjällventilen stängd. Detta ökar effektivt insugningssträckan och ökar motorns vridmoment vid lägre varvtal. Vid varvtal över 4000 r/min kopplar ECU:n in solenoidventilen. Detta innebär att vakuum appliceras till membranet, vilket öppnar spjällventilen. Insugningssträckan minskas vilket ökar motorns vridmoment vid högre varvtal.

Byte av komponenter

Solenoidventil

3 Lossa fästskruvarna och demontera kåpan från insugskanalernas ovansida.

4 Koppla loss kontaktdonet och vakuumslangarna från solenoidventilen. Tag loss fästbulten och tag därefter bort ventilen från motorn **(se bild).**

5 Följ anvisningarna för demontering i omvänd ordning vid monteringen.

Membranenhet och ventil

6 Demontera avluftningsventilen enligt avsnitt 14.

7 Koppla loss vakuumslangen från membranet. Tag loss fästmuttrarna och demontera enheten från insugsröret **(se bild).** Vid behov

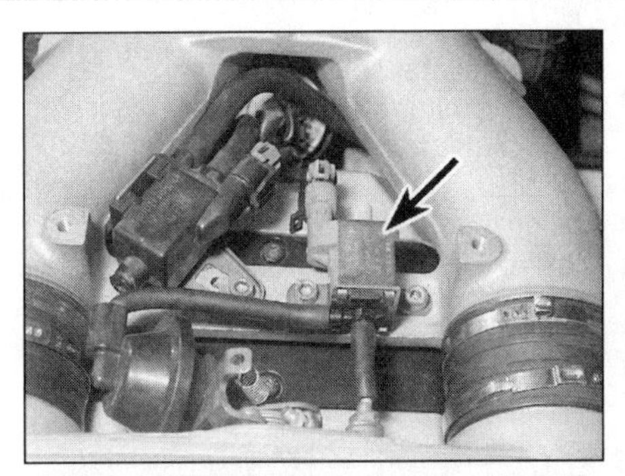

17.4 Det dubbla trycksystemets solenoidventil (3,0 liters motorer med 24 ventiler)

kan ventilen och membranet tas isär och bytas var för sig.

8 Följ anvisningarna för demontering i omvänd ordning vid monteringen.

18 Avgassystem - demontering och montering

Demontering

1,8 och 2,0 liters motorer

1 På modeller utan katalysator är avgassystemet indelat i tre delar, var och en med en egen ljuddämpare. På modeller med katalysator består systemet av fyra delar. Det främre röret är kortare och katalysatorn är monterad mellan det främre och det mittre röret.

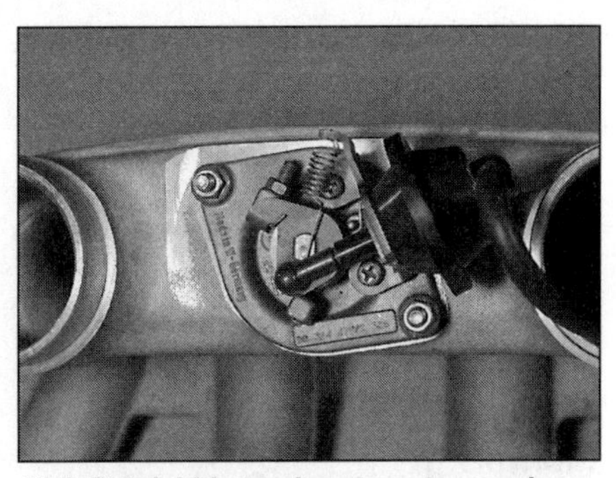

17.7 Det dubbla trycksystemets membran- och ventilenhet

2 För att demontera hela systemet skall bilen placeras över en smörjgrop eller lyftas och pallas upp på pallbockar (se *"Lyftning och stödpunkter"*). Modeller med katalysator: Koppla loss lambdasondens kontaktdon och tag loss kablaget från hållarna.

3 Tag loss bultarna som fäster avgassystemets främre rör mot grenröret. Sänk ner det främre röret och tag reda på rörkopplingen.

4 Tag hjälp av en assistent och skruva loss den främre rörklammern och haka av gummifästena. De mittre gummifästena är monterade med metallklämmor **(se bilder).** På vissa modeller är det främre fästet av gummi i stället för en rörklammer.

5 Sänk ned avgassystemet på marken.

6 Separera delarna genom att ta loss flänsen och demontera klämman **(se bilder).**

18.4a Avgassystemets främre rörklammer

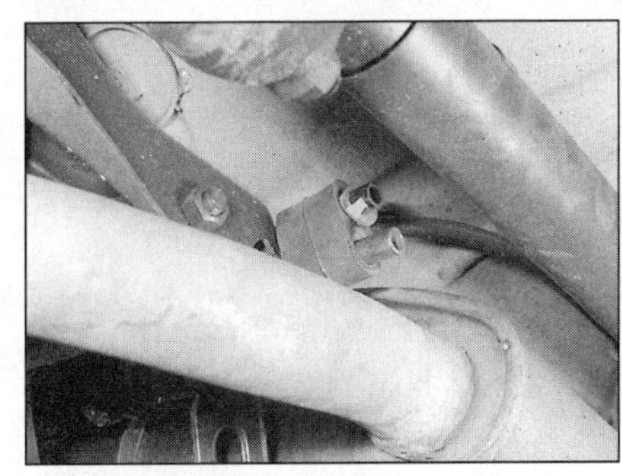

18.4b Avgassystemets mittre fäste med avgassystemets monterat

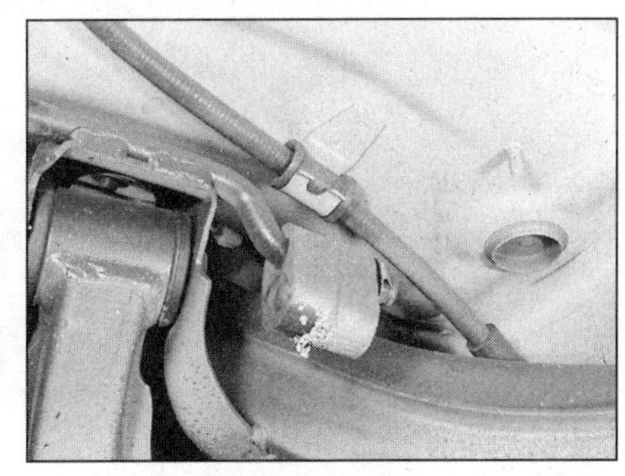

18.4c Avgassystemets mittre gummifäste med avgassystemets demonterat

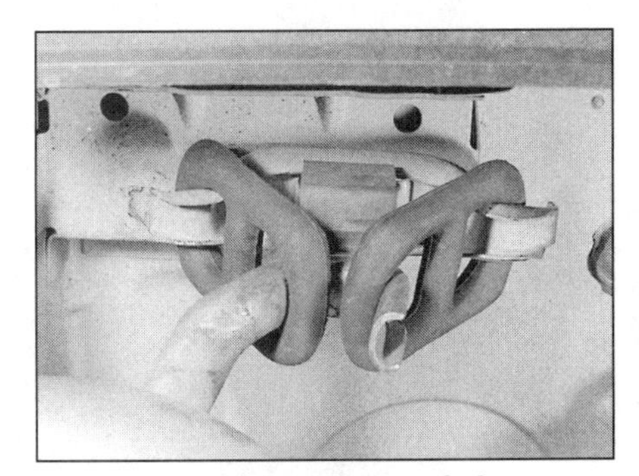

18.4d Avgassystemets bakre gummihållare

18.6a Flänsen mellan avgassystemets främre rör och det mittre röret

18.6b Rörklämma mellan det mittre och det bakre röret

2,5, 2,6 och 3,0 liters motorer

7 På modeller utan katalysator består avgassystemet av fyra delar: De två främre rören, det mellanliggande röret och det bakre röret. Modeller med katalysator har ett liknande system där katalysatorerna är monterade mellan de främre rören och det mellanliggande röret. De två rörgrenarna har en katalysator var.

8 Se paragraf 2 till 6 för detaljerade demonteringsanvisningar.

Montering

9 Följ anvisningarna för demontering i omvänd ordning vid monteringen. Använd nya packningar (i förekommande fall). Drag åt grenrörets bultar med avgassystemet löst monterar i den främre klammern. Drag därefter åt klammern.

19 **Katalysator** - allmän information och säkerhetsåtgärder

1 Katalysatorn är en enkel och pålitlig enhet som inte kräver något underhåll. Man bör dock som ägare ta hänsyn till vissa omständigheter för att katalysatorn skall fungera tillfredsställande under hela sin livslängd.

a) Tanka aldrig blyad bensin i en bil med katalysator. Blyet kommer att minska ädelmetallernas katalyserande egenskaper vilket snabbt förstör katalysatorn.

b) Underhåll tändnings- och bränslesystemen enligt tillverkarens underhållsschema.

c) Om motorn feltänder skall man inte köra med bilen (eller i varje fall så lite som möjligt) tills felet är åtgärdat.

d) Starta ALDRIG bilen genom att rulla eller bogsera den. Detta fyller katalysatorn med oförbränt bränsle som gör att katalysatorn överhettas när motorn slutligen startar.

e) Stäng INTE av motorn vid höga varvtal.

f) Använd INTE olje- eller bränsletillsatser. Dessa kan innehålla ämnen som är skadliga för katalysatorn.

g) Kör INTE med bilen om motorn förbränner olja så att den avger blå rök ur avgasröret.

h) Kom ihåg att katalysatorn arbetar vid mycket höga temperaturer. Parkera ALDRIG bilen över torr undervegetation, högt gräs eller torra löv efter en längre körning.

i) Kom ihåg att katalysatorn är KÄNSLIG. Slå inte i den med verktyg under service.

J) I vissa fall kan avgassystemet avge en svavelaktig lukt (luktar som ruttna ägg). Detta är vanligt för många bilar med katalysator, efter ett par tusen kilometer bör problemet upphöra.

k) En katalysator på en välskött och förnuftigt körd bil bör hålla i mellan 50 000 och 140 000 km. När katalysatorn inte längre fungerar måste den bytas.

Kapitel 5 del A: Start- och laddningssystem

Innehåll

Svårighetsgrader

Enkelt, passar för novisen med lite erfarenhet 	**Ganska enkelt,** passar nybörjaren med viss erfarenhet 	**Ganska svårt,** passar kompetent hemmekaniker 	**Svårt,** passar hemmekaniker med erfarenhet 	**Mycket svårt,** för professionell mekaniker

Specifikationer

System typ	12 Volt, negativ jord
Batteri	
Typ	Blyackumulator, underhållsfritt
Kapacitet:	
1,8 och 2,0 liters motorer	44 amperetimmar
2,5, 2,6 och 3,0 liters motorer	44, 55 eller 66 amperetimmar (beroende på utrustning)
Laddningstillstånd	
Dålig	12,5
Normal	12,6
God	12,7
Generator	
Typ	Delco eller Bosch (beroende på modell)
Startmotor	
Typ	Delco eller Bosch (beroende på modell)
Åtdragningsmoment	**Nm**
Generator	
10 mm bultar	35
8 mm bultar	25
Startmotor:	
1,8 och 2,0 liters motorer:	
På motorsidan	45
På växellådssidan	60
2,5, 2,6 och 3,0 liters motorer	70

1 Allmän information och säkerhetsföreskrifter

Allmän information

1 Motorns elsystem består i huvudsak av laddnings- och startsystemen. Eftersom dessa komponenter är motorrelaterade behandlas de inte samtidigt som chassits elektriska komponenter (strålkastare, instrumentpanel etc som behandlas i kapitel 12). Se del B beträffande information om tändsystemet.

2 Elsystemet är ett 12-Voltssystem med negativ jord.

3 Batteriet är underhållsfritt (permanent förseglat) och laddas av generatorn som drivs av vevaxeln via en drivrem.

4 Startmotorn kuggar i före start och har en inbyggd solenoid. Vid start förflyttar solenoiden drivaxeln så att den kuggar i svänghjulets startkrans innan startmotorn aktiveras. När bilmotorn har startat förhindrar en envägskoppling startmotorn från att dras runt av bilmotorn innan solenoiden frikopplar startmotorn från svänghjulet.

Säkerhetsföreskrifter

5 Ytterligare föreskrifter beträffande de olika systemen finns i tillhörande avsnitt i detta kapitel. Ibland ges anvisningar beträffande reparation av de olika komponenterna, men det är oftast lämpligt att byta den aktuella komponenten.

6 Man bör vara extra försiktig när man arbetar med elsystemet. Man förebygger på detta sätt skador på halvledarkomponenter (dioder och transistorer) samt personskador. Förutom föreskrifterna i "*Säkerheten främst!*" i början av denna handbok bör man även iaktta följande instruktioner när man arbetar med elsystemet:

Tag alltid av dig ringar och klocka innan du börjar arbeta med elsystemet. Även om man har kopplat loss batteriet kan kapacitiv urladdning inträffa om en komponents pluspol jordas via ett metallföremål. Detta kan orsaka stötar eller brännskador.

Förväxla inte batteriets anslutningar. Komponenter som generatorn, de elektroniska styrenheterna och andra komponenter som innehåller halvledare kan skadas allvarligt.

Om motorn startas med hjälp av startkablar med ett externt batteri måste man sammankoppla batteriernas positiva respektive negativa poler med varandra (se "Starthjälp"). Detta gäller även när man ansluter en batteriladdare.

Koppla aldrig loss polskorna, generatorn, kablar eller testinstrument när motorn är igång.

Låt inte motorn dra runt generatorn när den inte är ansluten.

"Testa" aldrig generatorn genom att generera gnistor med utgångskabeln mot jord.

Använd aldrig en ohmmeter som har en inbyggd generator med handvev för att testa elsystemet.

Kontrollera alltid att batteriets minuskabel har kopplats loss när du skall arbeta på elsystemet.

Innan man börjar elsvetsa på en bil skall man alltid koppla loss batteriet, generatorn och komponenter som styrenheten för bränsleinsprutningen och tändningen. Detta förebygger skador på dessa enheter.

Radio/kasettbandspelaren som monteras som standardutrustning av Opel är utrustad med en säkerhetskod för att förebygga stölder. Om spänningen till enheten bryts aktiveras stöldskyddssystemet. Även om spänningen kopplas in direkt igen kommer radio/kasettbandspelaren inte att fungera förrän korrekt säkerhetskod har matats in. Om du inte känner till säkerhetskoden för radio/kasettbandspelaren bör du alltså inte koppla loss batteriets minuskabel eller demontera radio/kasettbandspelaren. Se "Stöldskyddsystem för radio/kasettbandspelare".

2 Elektrisk felsökning - allmän information

Se kapitel 12.

3 Batteri - kontroll och laddning

Standard- och lågunderhålls-batteri - kontroll

1 Om bilen endast körs ett mindre antal mil per år är det lämpligt att kontrollera elektrolytens densitet var tredje månad för att kontrollera batteriets tillstånd. Använd en syraprovare vid kontrollen och jämför resultatet med nedanstående tabell. Temperaturerna i tabellen är lufttemperaturen. Observera att densiteterna anges för en elektrolyttemperatur på 15°C. För varje 10°C under 15°C skall man minska värdet med 0,007. För varje 10°C över 15°C skall man öka värdet med 0,007.

	Över 25°C	Under 25°C
Fulladdat	*1,210 till 1,230*	*1,270 till 1,290*
70% laddat	*1,170 till 1,190*	*1,230 till 1,250*
Urladdat	*1,050 till 1,070*	*1,110 till 1,130*

2 Om man misstänker att batteriet inte är i bra skick skall man först kontrollera densiteten i varje cell. Variationer på mer än 0,040 eller mer mellan cellerna tyder på dålig elektrolyt eller försämrade interna plattor i cellen.

3 Om variationerna i densitet är 0,040 eller mer bör batteriet bytas. Om variationerna är mindre men batteriet urladdat, bör det bytas enligt anvisningarna längre fram i detta avsnitt.

Underhållsfritt batteri - kontroll

4 Om bilen har ett helt slutet underhållsfritt batteri är det inte möjligt att fylla på eller kontrollera elektrolyten i varje cell. Batteriets tillstånd kan därför endast kontrolleras med en batteritestare eller en voltmeter.

5 Vissa modeller kan vara utrustade med ett underhållsfritt batteri av typ "Delco" med en inbyggd indikator för batteriets laddning **(se bild)**. Indikatorn är placerad längst upp på batteriet och indikerar med färger batteriets tillstånd. Om indikatorn visar grönt är batteriet laddat. Om indikatorn blir mörkare och till slut svart behöver batteriet laddas enligt nedanstående instruktioner. Om indikatorn är genomskinlig eller gul är elektolytnivån för låg för att batteriet skall kunna användas och man bör byta det. Försök **inte** ladda, belasta eller använda starthjälp för ett batteri vars indikator är genomskinlig eller gul.

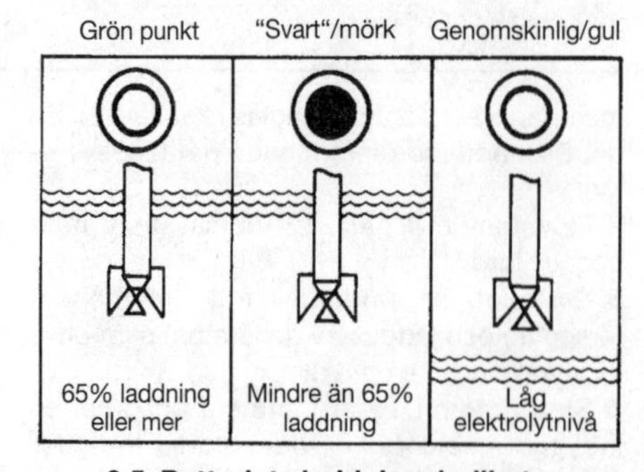

3.5 Batteriets laddningsindikator (syraprovare)

6 Om batteriet skall kontrolleras med hjälp av en voltmeter skall den anslutas över batteripolerna. Jämför resultatet med specifikationerna i "Laddningstillstånd". Testen är endast korrekt om batteriet inte har laddats de senaste sex timmarna. Om detta inte är fallet kan man slå på strålkastarna i 30 sekunder varefter man väntar fyra till fem minuter innan man genomför mätningen. Alla elektriska kretsar skall vara frånkopplade, så man bör kontrollera att dörrarna och bakluckan är stängda under mätningen.

7 Om spänningen är lägre än 12,2 Volt är batteriet urladdat. Ligger spänningen mellan 12,2 och 12,4 Volt är batteriet delvis laddat.

8 Om batteriet skall laddas skall det demonteras ur bilen (avsnitt 4) och laddas enligt nedanstående anvisningar.

Standardbatteri och lågunderhållsbatteri - laddning

Observera: *Följande anvisningar är endast avsedda som en allmän instruktion. Kontrollera alltid tillverkarens rekommendationer (finns oftast på en etikett på batteriet) innan du laddar ett batteri.*

9 Ladda batteriet med en ström på 3,5 till 4 Ampére. Fortsätt att ladda med denna ström tills elektrolytens densitet inte ökar märkbart under en fyratimmarsperiod.

10 Alternativt kan man underhållsladda med 1,5 Ampére under natten.

11 Extremt snabba "boost"-laddningar som skall återställa batteriet på 1 eller 2 timmar rekommenderas ej, eftersom de allvarligt kan skada batteriplattorna p g a överhettning.

12 När batteriet laddas skall elektrolyttemperaturen inte överstiga 37,8°C.

Underhållsfritt batteri - laddning

Observera: *Följande anvisningar är endast avsedda som en allmän instruktion. Kontrollera alltid tillverkarens rekommendationer (finns oftast på en etikett på batteriet) innan du laddar ett batteri.*

13 Denna batterityp tar avsevärt längre tid att ladda än standardbatterier. Laddningstiden beror på hur urladdat batteriet är, men kan ta upp till tre dagar.

14 Man behöver en laddare med konstant utspänning mellan 13,9 och 14,9 Volt. Laddningsströmmen skall vara lägre än 25 Ampére. Med denna metod bör batteriet vara användbart inom tre timmar och ger en spänning på 12,5 Volt. Detta gäller ett delvis urladdat batteri men kan ibland ta avsevärt längre tid (se ovan).

15 Om batteriet är helt urladdat (batteritest ger en spänning som är lägre en 12,2 Volt) och skall laddas är det lämpligt att lämna det till en Opelverkstad eller en bilelektriker eftersom laddningsströmmen är högre och det krävs kontinuerlig övervakning vid laddningen.

4.4 Batteriets monteringsklämma och bult

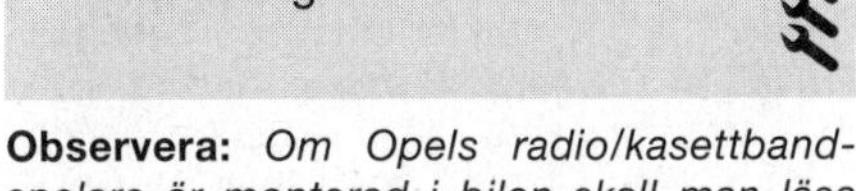

4 Batteri - demontering och montering

Observera: *Om Opels radio/kasettbandspelare är monterad i bilen skall man läsa igenom "Stöldskyddssystem för radio/kasettbandspelare" i referensavsnittet i denna bok.*

Demontering

1 Batteriet är monterat på vänster sida i motorrummet.

2 Lossa polskons mutter/bult och tag loss polskon från batteriets minuspol.

3 Tag bort isolationskåpan (i förekommande fall) och tag loss den positiva polskon på samma sätt.

4 Tag loss bulten och demontera batteriets fästklämma **(se bild).**

5 Lyft ut batteriet ur motorrummet. Vid behov kan man ta loss fästbultarna, lossa alla tillhörande kabelklämmor och demontera batterihyllan ur motorrummet.

Montering

6 Följ anvisningarna för demontering i omvänd ordning vid monteringen. Applicera vaselin på polskorna efter anslutningen. Anslut alltid först pluspolen och sedan minuspolen.

5 Laddningssystem - test

Observera: *Läs igenom instruktionerna i "Säkerheten främst!" och i avsnitt 1 i detta kapitel innan arbetet påbörjas.*

1 Om tändningens varningslampa inte tänds när tändningen slås på kan man först kontrollera att generatorns kontaktdon är ordentligt anslutna. Om denna anslutning är tillfredsställande kan man kontrollera om varningslampan är hel samt att lamphållaren är korrekt monterad på instrumentpanelen. Om lampan fortfarande inte tänds bör man kontrollera sladden från generatorn till varningslampans lamphållare. Ger dessa kontroller inget resultat är generatorn defekt och måste bytas eller repareras av en verkstad.

2 Om tändningens varningslampa tänds när motorn är igång skall man stänga av motorn och kontrollera att drivremmen är korrekt spänd (se kapitel 1) samt generatorns anslutningar. Ger dessa kontroller inget resultat måste generatorn testas och eventuellt repareras av en verkstad.

3 Om man misstänker att generatorns utgångsspänning är felaktig trots att varningslampan är hel kan spänningen kontrolleras på följande sätt.

4 Anslut en voltmeter till batteripolerna och starta motorn.

5 Öka motorns varvtal tills voltmetern visar ett konstant värde. Detta värde bör vara ca 12 till 13 Volt. Det får inte överskrida 14 Volt.

6 Koppla in så många elektriska enheter som möjligt (t ex strålkastare, eluppvärmd bakruta och kupévärmarens fläkt) och kontrollera att generatorn håller spänningen vid ett konstant värde mellan 13 och 14 Volt.

7 Om den reglerade spänningen avviker från detta värde kan det bero på slitna borstar, svaga fjädrar för borstarna, en trasig spänningsregulator, en defekt diod, en bränd motorlindning eller slitna/skadade släpringar. Generatorn skall bytas eller tas till en verkstad för test och reparation.

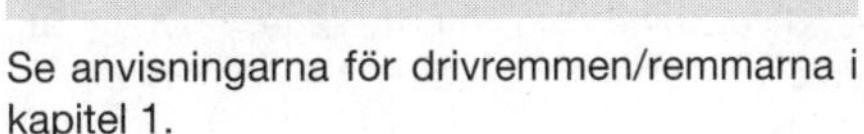

6 Generatorns drivrem - demontering, montering och spänning

Se anvisningarna för drivremmen/remmarna i kapitel 1.

7 Generator - demontering och montering

Demontering

1 Koppla loss batteriets minuskabel. För att komma åt bättre kan man dra åt handbromsen, lyfta upp bilens framvagn och palla upp den på pallbockar (se *"Lyftning och stödpunkter"*).

2 Lossa drivremmen enligt kapitel 1 och tag loss den från generatorns remskiva.

3 Observera de elektriska anslutningarnas lägen på generatorns bakre del och koppla därefter loss dem.

4 Tag loss justerings- och svängbultarna och demontera generatorn från motorn. Vid behov kan man ta loss fästet från motorblocket **(se bilder).**

Montering

5 Följ anvisningarna för demontering i omvänd ordning vid monteringen. Spänn drivremmen enligt kapitel 1.

8 Generator - kontroll och översyn

Om man misstänker att generatorn är defekt skall den demonteras ur bilen och tas till en verkstad för kontroll. De flesta verkstäder kan tillhandahålla borstar och montera dem till ett överkomligt pris. Jämför dock reparationskostnaderna med kostnaden för att köpa en generator som reservdel.

9 Startsystem - test

Observera: *Läs igenom instruktionerna i "Säkerheten främst!" och i avsnitt 1 i detta kapitel innan arbetet påbörjas.*

1 Om startmotorn inte fungerar när man vrider runt tändningsnyckeln till korrekt läge kan det bero på någon av följande orsaker.

a) Batteriet är defekt.
b) De elektriska kopplingarna mellan tändlåset, solenoiden, batteriet och startmotorn leder inte strömmen från batteriet via startmotorn till jord.
c) Solenoiden är defekt.
d) Startmotorn är mekaniskt eller elektriskt defekt.

2 Kontrollera batteriet genom att tända strålkastarna. Om skenet blir svagare efter ett par sekunder tyder detta på att batteriet är

5A

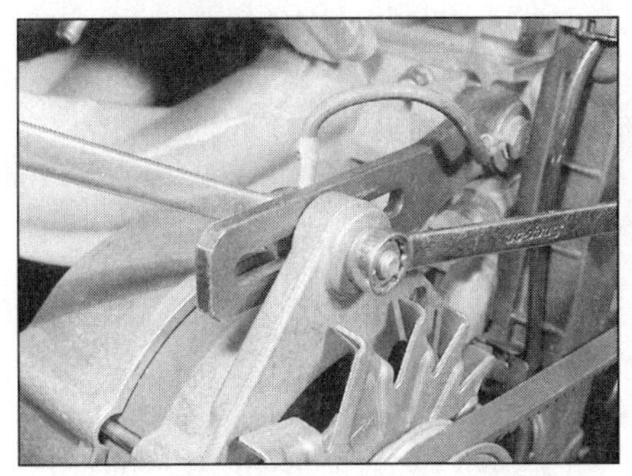

7.4a Generatorn justeringsbult lossas - 1,8 liters motorer

7.4b Generatorn demonteras - 1,8 liters motorer

urladdat. Ladda (se avsnitt 3) eller byt batteriet. Om strålkastarna lyser med starkt sken kan man vrida runt tändningsnyckeln och iaktta strålkastarna. Om skenet blir svagare betyder detta att det flyter ström genom startmotorn. Om strålkastarnas ljus inte minskar i intensitet (och om man inte hör något klickande ljud från startmotorn) betyder detta att det är något fel i kretsen eller solenoiden. Se nedanstående paragrafer i sådana fall. Om startmotorn roterar långsamt trots att batteriet är i gott skick betyder detta antingen att startmotorn är defekt eller att det föreligger en avsevärd resistans någonstans i kopplingen.

3 Om man misstänker att det är något fel i kretsen kan man koppla loss batteriets kablar (inklusive jordningskabeln till chassit), startmotorns/solenoidens kablar samt motorns/växellådans jordningskabel. Rengör anslutningarna ordentligt, anslut kablarna och använd en voltmeter eller testlampa för att kontrollera att batteriets spänning finns tillgänglig på kabeln mellan batteriets positiva pol och solenoiden samt att enheterna är jordade. Applicera vaselin på batterianslutningarna för att förebygga korrosion. Korroderade kopplingar är bland de vanligaste orsakerna till fel i elsystemet.

4 Om batteriet och alla tillhörande anslutningar är i gott skick kan man kontrollera kopplingarna genom att koppla loss kabeln från solenoidens kabelskoanslutning. Anslut en voltmeter eller en testlampa mellan kabeln och en ren jordningspunkt (som batteriets minuspol) och kontrollera att kabeln för spänning när tändlåset vrids till läge "Start". Om kabeln för spänning är kopplingen i gott skick - i annat fall kan kablarna kontrolleras enligt kapitel 12.

5 Solenoidens kontakter kan kontrolleras genom att man ansluter en voltmeter eller testlampa mellan den positiva anslutningen på solenoidens startmotorsida och jord. När tändlåset vrids till läge "Start" skall lampan tändas eller mätinstrumentet ge utslag. Om inget sker är solenoiden defekt och skall bytas.

6 Om kopplingen och solenoiden fungerar måste felet ligga i startmotorn. I detta fall kan man låta en specialist reparera den. Jämför dock först kostnaden för en utbytesstartmotor med reparationskostnaden.

10 Startmotor - demontering och montering

Demontering

1 Koppla loss batteriets minuskabel.

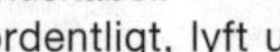

2 Drag åt handbromsen ordentligt, lyft upp bilens framvagn och palla upp den på pallbockar (se *"Lyftning och stödpunkter"*).

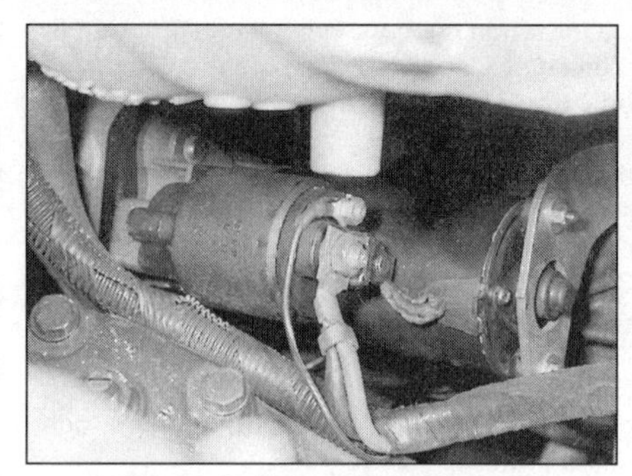

10.3 Elektriska anslutningar på startmotorns solenoid (1,8 liters motor)

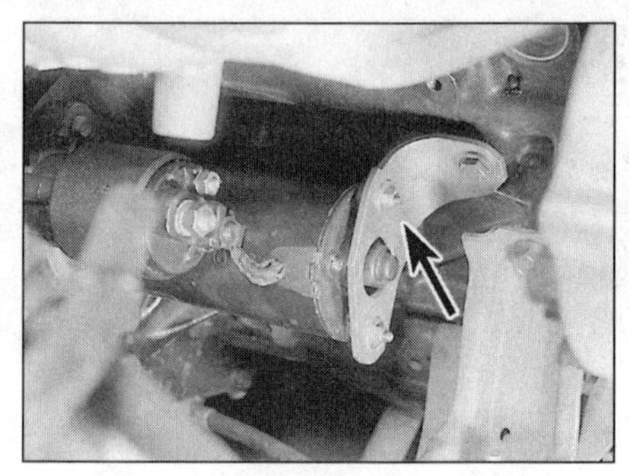

10.4 Startmotorns främre fäste (1,8 liters motor)

För att komma åt lättare på 3,0 liters motorer med 24 ventiler, tag loss farthållarens vajer från dess hållare och koppla loss kontaktdonet från den bakre knacksensorn.

3 Notera de elektriska anslutningarnas läge på solenoiden och koppla därefter loss dem **(se bild)**.

4 Tag loss den främre startmotorns fäste från motorblocket **(se bild).**Tag därefter loss fästbultarna och demontera motorn underifrån. Tag loss den främre hållaren.

Observera: *För att komma åt lättare på 3,0 liters motorer med 24 ventiler, tag loss bränsleledningarna från insugsröret (se kapitel 4B) för att få tillräckligt utrymme för att demontera motorn.*

Montering

5 Följ anvisningarna för demontering i omvänd ordning vid monteringen. Drag åt fästena till specificerat åtdragningsmoment.

11 Startmotor - kontroll och översyn

Om man misstänker att startmotorn är defekt skall den demonteras ur bilen och tas till en verkstad för kontroll. De flesta verkstäder kan tillhandahålla borstar och montera dem till ett överkomligt pris. Jämför dock reparationskostnaderna med kostnaden för att köpa en startmotor som reservdel.

12 Tändlås - demontering och montering

Se kapitel 12.

13 Oljetryckkontakt - demontering och montering

Demontering

1 På 1,8 och 2,0 liters motorer är kontakten/givaren monterad på motorblockets främre del ovanför oljefiltret. På 2,5, 2,6 och 3,0 liters motorer är kontakten/givaren antingen skruvad in i kamkedjekåpans vänstra sida eller i motorblockets vänstra sida (beroende på modellen). Observera att man på vissa modeller kommer åt kontakten lättare om man lyfter upp bilens framvagn och pallar upp den på pallbockar (se *"Lyftning och stödpunkter"*) så att man kan komma åt den underifrån.

2 Koppla loss batteriets minuskabel.

3 Demontera skyddshylsan från kontaktdonet (i förekommande fall). Koppla loss kontaktdonet från kontakten.

4 Skruva loss kontakten från motorblocket och tag reda på tätningsbrickan. Var beredd på oljespill och plugga hålet i motorblocket om kontakten skall vara demonterad en längre tid.

Montering

5 Undersök tätningsbrickan beträffande skador och byt den vid behov.

6 Montera kontakten med tillhörande bricka och drag åt ordentligt. Anslut kontaktdonet.

7 Sänk ned bilen och kontrollera oljenivån. Fyll på vid behov enligt kapitel 1.

14 Oljenivågivare - demontering och montering

Demontering

1 Töm motoroljan i en ren behållare (kapitel 1). Skruva i dräneringspluggen och drag åt den.

2 Koppla loss kontaktdonet från nivågivaren som är monterad på oljesumpens sida.

3 Lossa fästskruvarna, demontera givaren från sumpen och tag bort packningen.

Montering

4 Följ anvisningarna för demontering i omvänd ordning vid monteringen. Använd en ny packning, drag åt givarens bultar ordentligt och fyll motorn med motorolja (kapitel 1).

Kapitel 5 del B: Tändsystem

Innehåll

Svårighetsgrader

Enkelt, passar för novisen med lite erfarenhet 	**Ganska enkelt,** passar nybörjaren med viss erfarenhet 	**Ganska svårt,** passar kompetent hemmekaniker 	**Svårt,** passar hemmekaniker med erfarenhet 	**Mycket svårt,** för professionell mekaniker 

Specifikationer

Systemtyp

1,8 liters motorer	MSTS (mikroprocessorstyrt tändsystem)
2,0 liters motorer	Integrerad i motorstyrningssystemet Motronic från Bosch
2,5 liters motorer	MSTS (mikroprocessorstyrt tändsystem)
2,6 liters motorer	Integrerad i motorstyrningssystemet Motronic från Bosch
3,0 liters motorer:	
Modeller utan katalysator (motor 30NE)	MSTS (mikroprocessorstyrt tändsystem)
Modeller med katalysator (alla andra motorer)	Integrerad i motorstyrningssystemet Motronic från Bosch

Tändspole

Primärlindningens resistans (ca)	0,7 till 0,8 Ohm
Sekundärlindningens resistans (ca)	7000 Ohm
Tändföljd:	
1,8 och 2,0 liters motorer	1-3-4-2 (nr 1 vid motorns främre del)
2,5, 2,6 och 3,0 liters motorer	1-5-3-6-2-4 (nr 1 vid motorns främre del)

Tändlägesinställning

Vid specificerat tomgångsvarvtal med vakuumröret (i förekommande fall) icke anslutet och pluggat:

1,8 liters motorer	10° ± 2° före ÖD*
2,0 liters motorer	8° till 12° före ÖD*
2,5 liters motorer	10° ± 2° före ÖD**
2,6 liters motorer	8° till 12° före ÖD*
3,0 liters motorer:	
Modeller utan katalysator (motor 30NE)	10° ± 2° före ÖD**
Modeller med katalysator (alla andra motorer)	8° till 12° före ÖD*

**Kontrollera att oktanpluggen för bränslets oktantal (i förekommande fall) är i läget för 95 oktan (se kapitel 4)*

***Modeller med 2,5 och 3,0 liters (30NE) motorer: Om 95-oktanig bränsle skall användas måste tändningen ställas in på 7° före ÖD*

Åtdragningsmoment

	Nm
Knacksensorns bult - 3,0 liters motorer med 24 ventiler	25

1 Allmän information

1 För att man skall erhålla optimala prestanda från en motor och för att möta de lagstagade avgaskraven måste bränsle/luftblandningen i förbränningskamrarna tändas i exakt rätt tidpunkt med hänsyn till motorns varvtal och belastning. Tändsystemet genererar gnistan som tänder blandningen och varierar tidpunkten för detta i enlighet med motorns driftvillkor.

2 Tändsystemet består av en primärkrets (lågspänning) och en sekundärkrets (högspänning). När tändningen slås på matas spolens primärlindning med ström och ett magnetiskt fält genereras. Vid tändpunkten bryts primärkretsen elektroniskt av sensorskivan som är monterad på vevaxeln. Det magnetiska fältet försvinner och en högspänning induceras i sekundärlindningarna. Denna högspänning matas via tändfördelarens rotor till korrekt tändstift. När gnistan har genererats matas spolens primärsida med ström och förloppet upprepas.

3 Tändläget styrs av en mikroprocessor i styrenheten. På modeller med 1,8 liters, 2,5 liters och 3,0 liters motorer utan katalysator finns en separat styrenhet för tändsystemet. På modeller med 2,0 liters, 2,6 liters och 3,0 liters motorer med katalysator är styrenheten integrerad i Motronic-motorstyrenheten (kapitel 4B). Styrenheten får information om motorns varvtal, belastning och temperatur och beräknar ur detta det korrekta tändläget.

2 Tändsystem - test

Varning: Det elektroniska tändsystemet genererar spänningar som är mycket högre än spänningarna i ett konventionellt tändsystem. Man måste vara extremt försiktig när man arbetar med systemet med tändningen påslagen. Personer med inopererad pacemaker skall hålla sig undan från tändsystemets kretsar, komponenter och testutrustning.

Observera: *Se säkerhetsinstruktionerna i del A, avsnitt 1 i detta kapitel innan du börjar. Slå alltid av tändningen innan du kopplar loss eller ansluter någon komponent och när du använder en multimeter för att kontrollera resistanser.*

Allmänt

1 Komponenterna i elektroniska tändsystem är vanligtvis mycket pålitliga. De flesta felen uppstår i stället p g a lösa eller korroderade anslutningar eller avledning av högspänningen p g a smuts, fukt eller defekt isolation. Kontrollera **alltid** alla kablar innan en systemkomponent döms ut. Man måste arbeta metodiskt för att eliminera alla andra felorsaker innan man kan anse att en komponent är defekt.

2 Den gamla felsökningsmetoden att generera en gnista genom att hålla en tändkabel vid motorn rekommenderas ej. Dels föreligger det en stor risk att man får en kraftig elektrisk stöt samt att högspänningsspolen eller styrningen skadas. Man skall heller **aldrig** försöka "felsöka" genom att koppla loss en högspänningskabel åt gången.

Motorn startar ej

3 Om motorn inte dras runt alls eller endast mycket långsamt måste man kontrollera batteriet och startmotorn. Anslut en voltmeter till batteripolerna (voltmeterns positiva kabel till batteriets positiva pol). Koppla loss tändspolens tändkabel från fördelarlocket och jorda den. Drag runt motorn med startmotorn under 10 sekunder (men inte mer) och läs av spänningen. Om detta värde är lägre än 9,5 Volt skall man först kontrollera batteriet, startmotorn och laddningsystemet enligt anvisningarna i detta kapitel.

4 Om motorn dras runt med normal hastighet utan att starta bör man kontrollera högspänningssystemet genom att ansluta en tändningskontrollampa (enligt tillverkarens instruktioner) och dra runt motorn med startmotorn. Om lampan blinkar matas tändstiften med spänning, vilket innebär att man bör kontrollera dessa. Om lampan inte blinkar bör man kontrollera tändkablarna, fördelarlocket, kolborsten och rotorn enligt informationen i kapitel 1.

5 Om det generas tändningsgnistor måste man kontrollera bränslesystemet enligt kapitel 4.

6 Om det fortfarande inte genereras tändningsgnistor måste man kontrollera spänningen vid tändspolens positiva anslutning. Det skall vara batterispänningen (d v s minst 11,7 Volt). Om spänningen vid spolen är mer än 1 Volt lägre än vid batteriet måste man kontrollera förbindelsen via säkringsdosan och tändlåset till batteriet samt spolens jordning tills man upptäcker felet.

7 Om matningen till tändspolen är OK måste man kontrollera spolens primär- och sekundärresistans enligt anvisningarna som ges senare i detta avsnitt. Byt spolen om den är defekt. Kontrollera dock lågspänningsanslutningarna först så att inte felet beror på smutsiga eller dåligt monterade kontaktdon.

8 Om tändspolen är i gott skick ligger felet troligtvis i styrenheten, den induktiva impulssensorn eller, på 2,5, 2,6 och 3,0 liters motorer, i tändfördelaren. Kontroll av dessa komponenter skall utföras av en Opelverkstad.

Motorn feltänder

9 Oregelbunden feltändning tyder antingen på en lös anslutning, ett oregelbundet fel i primärkretsen, eller ett högspänningsfel på rotorns spolsida.

10 Slå av tändningen. Kontrollera hela systemet ordentligt och se till att alla anslutningar är rena och att kontaktdonen sitter som de skall. Om du har rätt utrustning kan lågspänningskretsen kontrolleras enligt ovanstående anvisningar.

11 Kontrollera att tändspolen, fördelarlocket och tändkablarna är rena och torra. Kontrollera kablarnas och tändstiftens skick (t ex genom att flytta dem). Kontrollera därefter fördelarlocket, kolborsten och rotorn enligt kapitel 1.

12 Regelbunden feltändning beror troligen på fel i fördelarlocket, tändkablarna eller tändstiften. Använd en tändningskontrollampa (paragraf 4 ovan) för att kontrollera att alla tändkablar är spänningsförande.

13 Om det inte finns någon högspänning på en viss tändkabel ligger felet i den kabeln eller i fördelarlocket. Om alla kablar för högspänning ligger felet i tändstiften. Kontrollera och byt dem om de är i dåligt skick.

14 Om ingen högspänning kan mätas måste man kontrollera tändspolen. Sekundärlindningens isolering kan vara ledande vid belastning.

3 Tändfördelare - demontering och montering

Demontering

1,8 och 2,0 liters motorer

1 Det är inte lätt att komma åt tändfördelaren eftersom den är monterad på kamaxelhusets bakre del vid torpedväggen.

2 På förgasarmotorer, demontera luftrenaren (kapitel 4A).

3 Tag loss fördelarlockets fästskruvar och demontera locket **(se bild).** Koppla loss tändkablarna från tändstiften och tändspolen. Kablarna skall vara markerade beträffande deras placering. Fäst annars etiketter på dem.

4 Demontera kondensationstätningen från rotorn **(se bild).**

5 Observera rotorns läge. Tag loss de två insexskruvarna. Demontera rotorn från den bakre delen **(se bilder).**

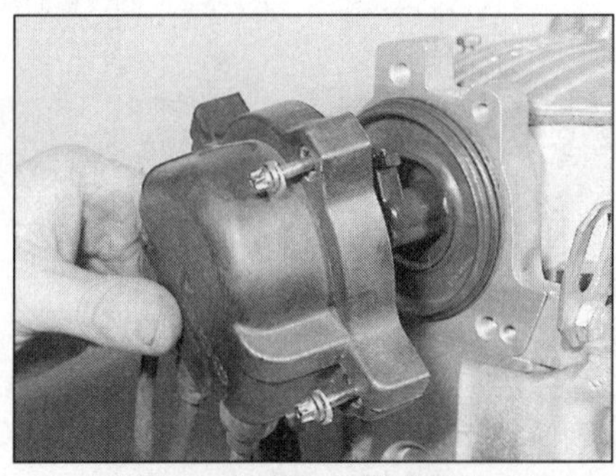

3.3 Demontering av fördelarlock - 1,8 liters motor (motorn demonterad för ökad tydlighet)

3.4 Kondensationstätningen tas loss

3.5a Skruva loss skruvarna . . .

3.5b . . . och demontera rotorn

3.6 Den bakre delen demonteras

3.8 Fördelarlockets insida

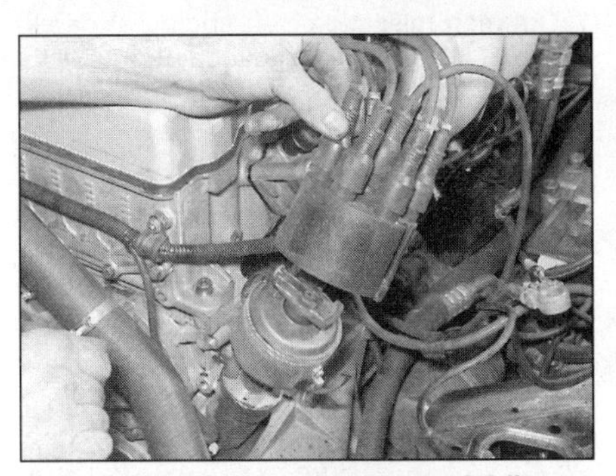
3.10a Fördelarlocket tas loss - 3,0 liters motorer med 24 ventiler

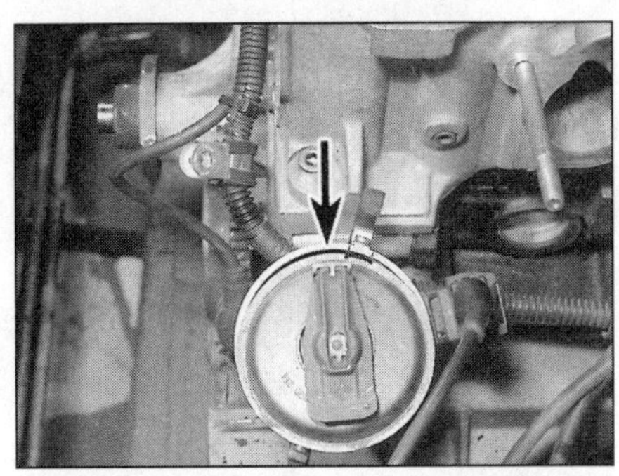
3.10b Se till att rotorn är riktad mot anslutningen för cylinder 1 och i linje med markeringen (vid pilen) på fördelarhuset (3,0 liters motor med 24 ventiler)

6 Tag loss den bakre delen ur oljetätningen **(se bild).**
7 Markera kamaxelns ände med en prick i den riktning som rotorn var riktad. Detta säkerställer korrekt montering.
8 Undersök fördelarlocket och rotorn beträffande högspänningsöverslag. Dessa syns som tunna svarta linjer med sot. Rengör alla sotavlagringar från metalldelarna. Se till att inte skrapa av någon metall eftersom detta ökar gnistgapet. Kontrollera att kolborsten i fördelarlocket kan röra sig fritt mot den spända fjädern **(se bild).**

2,5, 2,6 och 3,0 liters motorer

9 Använd en hylsa på bulten för vevaxelns remskiva för att dra runt vevaxeln tills pilen i öppningen på motorblockets högra sida är i linje med den upphöjda markeringen på svänghjulet/drivplattan.
10 Snäpp loss fördelarlocket och kontrollera att rotorn är riktad mot anslutningen för tändkabeln till cylinder nr 1 (längst fram). Om rotorn är riktad mot anslutning nr 6 måste man dra runt vevaxeln ett helt varv (360°) tills rotorn är i korrekt läge. Rotorns spets skall vara i linje med markeringen på fördelarhuset. Om det inte finns några märken måste man rita sådana för att underlätta vid monteringen **(se bilder).**
11 Drag av rotorn och demontera isolationskåpan **(se bild).**
12 Koppla loss kontaktdonet och (i förekommande fall) vakuumslangen från tändfördelaren.
13 Rita justeringsmarkeringar på fördelarhuset och motorn. Tag därefter loss bulten och fästklämman.
14 Demontera tändfördelaren och observera hur rotorn vrids när drivningen kopplas loss. Tag reda på tätningsringen. Observera att fördelarhuset är en sluten enhet. Den enda komponenten som kan bytas separat är vakuummembranet (i förekommande fall).

Montering

1,8 och 2,0 liters motorer

15 Följ anvisningarna för demontering i omvänd ordning vid monteringen. Applicera lite tätmedel på bultarnas huvuden innan den bakre delen monteras.

2,5, 2,6 och 3,0 liters motorer

16 Montera isolationskåpan på tändfördelaren och tryck fast rotorarmen.
17 Kontrollera att markeringen på svänghjulet/drivplattan fortfarande är i korrekt läge. Montera en ny tätning på tändfördelaren och placera rotorn vid dess inställningsmarkering. Detta kompenserar för att rotorn roterar medurs när man monterar den på motorblocket.
18 Montera tändfördelaren på motorblocket. Justera dess drivklack i linje med oljepumpens när dreven kuggar i. Placera tändfördelaren på plats och justera den mot markeringarna som ritades vid demonteringen. Kontrollera att rotorns spets är i linje med markeringen på fördelarhuset. I annat fall måste man lyfta ut fördelarhuset lite och vrida rotorn enligt behov.
19 När alla markeringar är i korrekt läge kan man montera fästklämman och bulten. Drag åt ordentligt **(se bild).**
20 Anslut tändfördelarens kontaktdon och vakuumslang (i förekommande fall).
21 Montera fördelarlocket. Se till att det sitter ordentligt. Vid behov kan man kontrollera tändlägesinställningen enligt avsnitt 4.

4 Tändlägesinställning - kontroll

Tidiga modeller (före 1990), 1,8 liter

1 Tändlägesinställningen kan kontrolleras enligt nedanstående paragrafer. Man kan dock inte justera något eftersom styrningen sker automatiskt av den elektroniska styrenheten. Proceduren kan användas om man misstänker att ett fel föreligger eller om man har bytt någon av tändsystemets komponenter.
2 Låt motorn gå tills den når normal arbetstemperatur och stäng därefter av den.
3 Förgasarmotorer: Koppla loss vakuumslangen från den elektroniska styrenheten som är monterad i motorrummets bakre högra hörn.
4 Insprutningsmotorer: Koppla loss kontaktdonet från trottelventilens kontakt. Koppla ihop anslutning 18, 3 och 2 i kontaktdonet med kopplingssladdar.
5 Anslut en varvräknare och en tändinställningslampa (stroboskop) till motorn (cylinder nr 1 är längst fram i motorn).

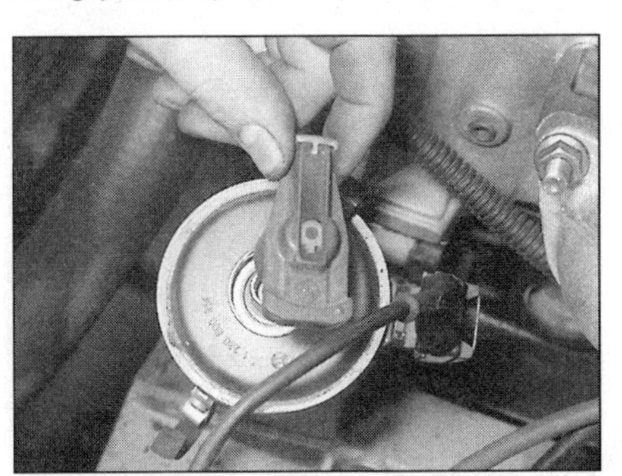
3.11 Demontering av rotorarmen

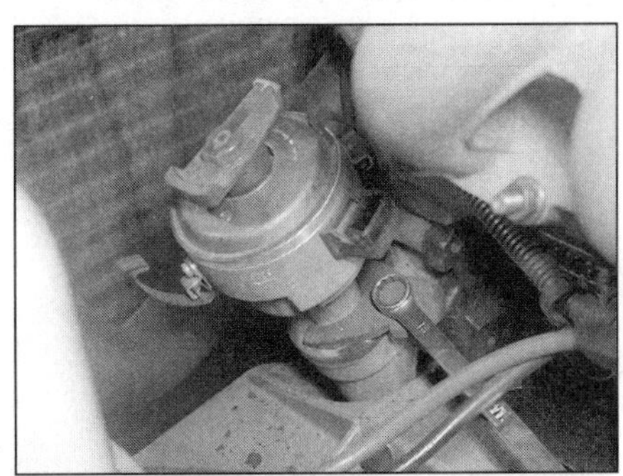
3.19 Justera fördelarhuset enligt markeringarna som gjordes vid demonteringen och drag åt bulten

6 Kontrollera att oktanpluggen för oktantalet vid bromsens vakuumservo är inställt på 95 oktan. I sådana fall är "95"-markeringen på samma sida som den svarta plastklämman (se kapitel 4). Om den är inställd på 98 måste man ta loss oktanpluggen och vrida den.

7 Starta motorn och låt den gå med specificerat tomgångsvarvtal.

8 Rikta tändinställningslampan mot den vänstra delen av vevaxelns remskiva. Kontrollera att spåret i remskivan är i linje med pilen på den bakre kamkedjekåpan.

9 Stäng av motorn. Montera kontaktdonet för trottelventilens kontakt eller styrenhetens slang (beror på modell).

10 Koppla loss varvräknaren och tändinställningslampan när motorn är avstängd.

11 Återställ vid behov oktanpluggen för oktaninställningen i korrekt läge.

Senare modeller (fr o m 1990) med 1,8 liters motorer samt alla med 2,0 och 2,6 liters motorer

12 På dessa motorer förändras tändlägesinställningen kontinuerligt av styrenheten för att anpassas till motorns driftvillkor. Tändlägesinställningen kan kontrolleras enligt ovanstående anvisningar. Utan tillgång till Opels speciella testutrustning har man dock mycket lite användning av denna kontroll.

2,5 liters motorer

13 För att kontrollera och justera tändlägesinställningen på dessa motorer behöver man Opels speciella testutrustning. I första hand beror detta på att det inte finns några tändlägesmarkeringar på vevaxelns remskiva. Om man monterar en temporär visare och gör korrekta markeringar (en för ÖD på cylinder nr 1 samt en vid korrekt vinkel före ÖD) på remskivan kan tändningen kontrolleras och justeras på följande sätt.

14 Låt motorn gå tills den når normal arbetstemperatur och stäng därefter av den.

15 Anslut en varvräknare och en tändinställningslampa till motorn (cylinder nr 1 är längst fram i motorn).

16 Koppla loss kontaktdonet från trottelkontakten och koppla samman anslutning 2, 3 och 18 på kontaktdonet med kopplingssladdar.

17 Koppla loss vakuumslangen från tändförställningsenheten (i förekommande fall) och plugga igen dess ände.

18 Starta motorn och låt den gå med specificerat tomgångsvarvtal. Rikta tändinställningslampan mot remskivan och kontrollera att tändlägesmarkeringen på remskivan är i linje med pilen. För att justera kan man lossa tändfördelarens klämbult och vrida fördelarhuset tills markeringarna är i linje med varandra. Drag åt klämbulten ordentligt.

19 Stäng av motorn och koppla loss varvräknaren och tändinställningslampan.

20 Anslut kontaktdonet till trottelventilens kontakt och (i förekommande fall) tändfördelarens vakuumslang.

5.2 Tändspolens tändkabel (vid pilen) kopplas loss

3,0 liters motorer

Modeller utan katalysator (motor 30NE)

21 Se anvisningarna i paragraf 13 till 20. Observera att man på modeller med automatväxellåda av typ AW 03-71 LE skall koppla samman anslutning 4, 5 och 6 i kontaktdonet för trottelventilens kontakt (se paragraf 16). Modeller med automatväxellåda: När justeringen är färdig måste man radera eventuella felkoder ur minnet genom att en kort stund koppla loss batteriets minuskabel.

Modeller med katalysator

22 Se paragraf 12

5 Tändspole - demontering, kontroll och montering

Demontering

1 Koppla loss batterikablarna.

2 Koppla loss tändkabeln från tändspolen **(se bild)**.

3 Koppla loss lågspänningssidans kontaktdon från spolen. Observera deras korrekta lägen.

4 Tag loss fästbultarna och demontera spolen ur motorrummet. Vid behov kan man lossa klämskruven och demontera spolen ur dess hållare.

Kontroll

5 För att kontrollera spolen behöver man en multimeter som skall vara inställd på Ohmmätning. Vid mätning av primärsidan (mellan lågspänningens "+" och "-" anslutningar) och sekundärsidan (mellan lågspänningens "+" och högspänningsanslutningen) skall man tänka på att en tändspole med fyra utgångar har två omgångar av varje lindning. Jämför resultatet med värdena i inledningen av detta kapitel. Observera att spolens resistanser är olika vid olika temperaturer. Värdena i specifikationerna gäller vid 20°C.

6 Kontrollera att resistansen är oändlig mellan högspänningsanslutningen och spolens hållare.

7 Om man misstänker att spolen är defekt bör man låta en Opelverkstad bekräfta detta innan man byter spolen.

Montering

8 Följ de aktuella anvisningarna för demontering i omvänd ordning vid monteringen. Se till att alla kontaktdon ansluts på korrekt sätt.

6 Tändsystemets komponenter - demontering och montering

Induktiv impulssensor

1 Den induktiva impulssensorn är monterad på den främre vänstra sidan av motorblocket på 1,8 och 2,0 liters motorer och på kamkedjekåpans främre del på 2,5, 2,6 och 3,0 liters motorer.

2 På 2,5, 2,6 och 3,0 liters motorer med 12 ventiler måste man lyfta upp bilens framvagn och palla upp den på pallbockar (se *"Lyftning och stödpunkter"*) för att kunna komma åt.

3 Vid behov kan man på 3,0 liters motorer med 24 ventiler demontera drivremmen för att lättare komma åt sensorn (kapitel 1).

4 Använd en insexnyckel för att ta loss sensorns fästskruv. Demontera sensorn **(se bilder)**.

5 Koppla loss kontaktdonet och lossa kabeln från kamrems-/kamkedjekåpan.

6 Följ anvisningarna för demontering i omvänd ordning vid monteringen. Se till att sensorns och hållarens anliggningsytor är absolut rena.

6.4a Skruva loss insexskruven till den induktiva pulssensorn . . .

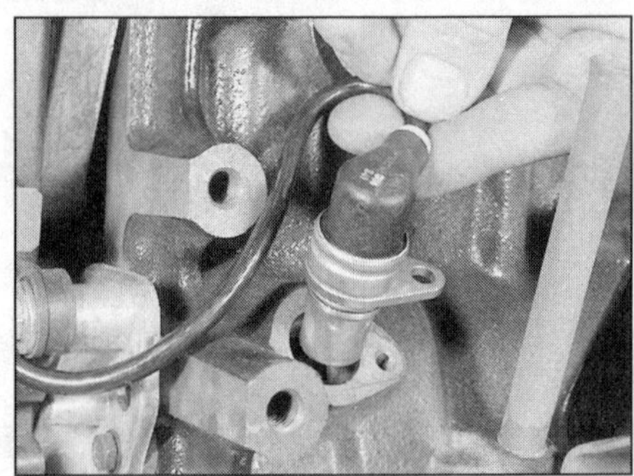

6.4b . . . och tag loss sensorn (1,8 liters motorer)

Tändningens styrenhet

1,8 och 2,5 liters motorer

7 Tändningens styrenhet är monterad i motorrummets bakre högra hörn. Koppla först loss batteriets minuskabel.

8 Lyft upp motorhuvens tätningslist och plastkåpa från torpedväggens högra sida.

9 Koppla loss multikontaktdonet och (i förekommande fall) vakuumslangen från enheten.

10 Tag loss fästbultarna och demontera styrenheten.

2,0 och 2,6 liters motorer

11 Tändsystemet styrs av Motronics ECU (se kapitel 4B).

3,0 liters motorer utan katalysator (motor 30 NE)

12 Se paragraf 7 till 10.

3,0 liters motorer med katalysator

13 Tändsystemet styrs av Motronics ECU (se kapitel 4B).

Oljetemperaturkontakt - Modeller utan katalysator med 2,5 liters eller 3,0 liters motorer

14 Lyft upp bilens framvagn och palla upp den på pallbockar (se *"Lyftning och stödpunkter"*).

15 Koppla loss kontaktdonet. Skruva loss kontakten från kamkedjekåpans nedre del. Plugga kontaktens hål för att undvika oljespill och att smuts tränger in. Vid test skall kontakten leda ström under 65°C och ha oändlig resistans mellan anslutningarna över 65°C.

16 Följ anvisningarna för demontering i omvänd ordning vid monteringen.

Insugsluftens temperaturkontakt - modeller utan katalysator med 2,5 liters eller 3,0 liters motorer

17 Koppla loss kontaktdonet och skruva loss kontakten från insugsröret. Vid test skall kontakten leda ström över 17°C och ha oändlig resistans mellan anslutningarna under 17°C.

18 Följ anvisningarna för demontering i omvänd ordning vid monteringen.

Givare för delbelastning - modeller utan katalysator med 2,5 eller 3,0 liters motorer

19 Kontakten för delbelastning är monterad på det högra fjädertornet.

20 För att demontera kontakten måste man koppla loss vakuumslangen och skruva loss kontaktens fästbult. Kontakten är justerbar, men justeringen kräver en vakuumpump.

21 Följ anvisningarna för demontering i omvänd ordning vid monteringen.

6.22 Knacksensor - 3,0 liters motor med 24 ventiler

Knacksensorer - 3,0 liters motorer med 24 ventiler

22 Knacksensorerna är monterade på motorblockets högra sida. Det finns två sensorer, en för de tre främre cylindrarna och en för de tre bakre **(se bild).**

23 Koppla loss kontaktdonet från den aktuella sensorn. Skruva loss dess fästbult och demontera den från motorblocket.

24 Se vid monteringen till att knacksensorn och motorblockets anliggningsytor är rena och torra. Drag åt bulten till specificerat åtdragningsmoment.

Kapitel 6
Koppling

Innehåll

Svårighetsgrader

Enkelt, passar för novisen med lite erfarenhet 	**Ganska enkelt,** passar nybörjaren med viss erfarenhet 	**Ganska svårt,** passar kompetent hemmekaniker 	**Svårt,** passar hemmekaniker med erfarenhet 	**Mycket svårt,** för professionell mekaniker

Specifikationer

Allmänt

Kopplingstyp	Enkel torrlamell, tryckplatta med tallriksfjäder
Manövrering	Vajer eller hydraulisk (beror på modell)

Lamellcentrum

Diameter	
1,8 liters motorer:	
18 SV motorer	200 mm
18 SEH motorer	216 mm
2,0 liters motorer	216 mm
2,5, 2,6 och 3,0 liters motorer	240 mm
Kopplingsbeläggens totala tjocklek (nya):	
1,8 liters motorer:	
18 SV motorer	10,5 ± 1,0 mm
18 SEH motorer	9,0 ± 1,0 mm
2,0 liters motorer	9,0 ± 1,0 mm
2,5, 2,6 och 3,0 liters motorer	9,4 ± 1,0 mm
Maximal skevhet i sidled (alla modeller)	0,4 mm

Åtdragningsmoment

	Nm
Tryckplattans bultar:	
7 mm bultar	15
8 mm bultar	28
Huvudcylinderns fästbultar	20
Hydraulrörens/slangarnas anslutningsmutter	16
Hydraulrörets anslutningsbult	25
Slavcylinderns fästmuttrar	25
Bultar till slavcylinderns värmesköld	20
Slavcylinderns avluftningsskruv	9

1 Allmän information

1 Alla modeller med manuell växellåda har ett torrlamellcentrum med tallriksfjäder. Tryckplattan är monterad med bultar på svänghjulets bakre sida.

2 Lamellcentrum är monterat mellan svänghjulet och tryckplattan, och löper på växellådans ingående axel som är försedd med splines. När kopplingen släpps upp pressar tallriksfjädern tryckplattan mot lamellcentrum som i sin tur trycks mot svänghjulet. Drivkraften kan därefter överföras från svänghjulet, via lamellcentrum till växellådans ingående axel. När kopplingspedalen trycks ned lyfts tryckplattan från lamellcentrum och växellådan frikopplas från motorn.

3 Kopplingen manövreras med en fotpedal i förarutrymmet. Beroende på modell är kopplingsmekaniken antingen hydraulisk eller vajerstyrd.

4 När man trycker ner kopplingspedalen trycker frikopplingsarmen urtrampningslagret mot tryckplattans tallriksfjäder. Fjädern är monterad mellan två ringar som utgör dess stöd. När fjäderns centrum trycks in förflyttas den yttre delen utåt vilket lyfter lamellcentrum och frikopplar motorn. Det omvända sker när pedalen släpps upp.

5 I och med att lamellcentrum slits kommer kopplingspedalens läge stegvis att flyttas uppåt relativt originalläget. På modeller med vajerstyrd koppling måste man därför regelbundet justera kopplingsvajern. På modeller som har hydraulisk koppling justeras mekanismen automatiskt.

2 Kopplingsvajer - demontering och montering

Demontering

1 Drag åt handbromsen. Lyft upp bilens framvagn och placera den på pallbockar.

2 Använd en stållinjal för att mäta avståndet från låsmuttern till den gängade vajerskruvens ände **(se bild).** Detta ger ett utgångsvärde för monteringen av vajern.

3 Lossa låsmuttern och justeringsmuttern. Observera att den inre änden av justeringsmuttern är kulformad **(se bild).**

4 Demontera vajerfästet från frikopplingsarmen. Tag loss vajern och vajerhöljet från hålet i kopplingshuset **(se bild).**

5 Arbeta i förarutrymmet och lossa hållarna för instrumentpanelens nedre panel på förarsidan genom att vrida dem moturs. För upp handen bakom instrumentpanelen och tag loss vajern från den övre böjda delen av kopplingspedalen.

6 Vid behov kan man skruva loss vajerclipset från styrväxeln.

7 Tag loss kopplingsvajern från torpedväggen och tag bort den från motorrummet. **(se bild).**

Montering

8 Följ anvisningarna för demontering i omvänd ordning vid monteringen. Se till att vajern är korrekt monterad på kopplingspedalen, torpedväggen och kopplingshuset. Genomför en första justering av vajern enligt värdet från paragraf 2. Justera pedalen noggrant enligt kapitel 1.

3 Kopplingspedal - demontering och montering

Demontering

Modeller med vajerstyrd koppling

1 Tag loss kopplingsvajern från pedalen enligt avsnitt 2.

2 Arbeta i förarutrymmet och koppla loss kablaget från bromspedalens strömbrytare. Tag loss bromspedalens returfjäder och koppla loss servotryckstången från bromspedalen.

3 Lossa muttern på pedalstångens ände. Tag loss kopplingspedalens returfjäder.

4 Skruva loss muttrarna som fäster pedalhållaren mot torpedväggen. Vrid hållaren runt rattstången så att pedalaxeln kan demonteras. Observera att man på senare modeller

2.2 Mät placeringen av kopplingsvajerns justeringsmutter och låsmutter

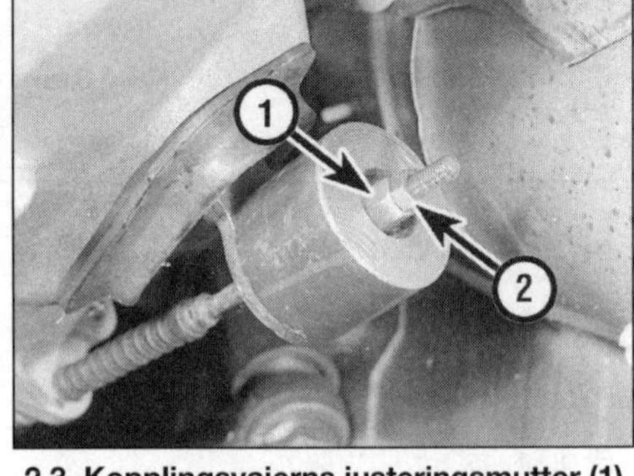

2.3 Kopplingsvajerns justeringsmutter (1) och låsmutter (2)

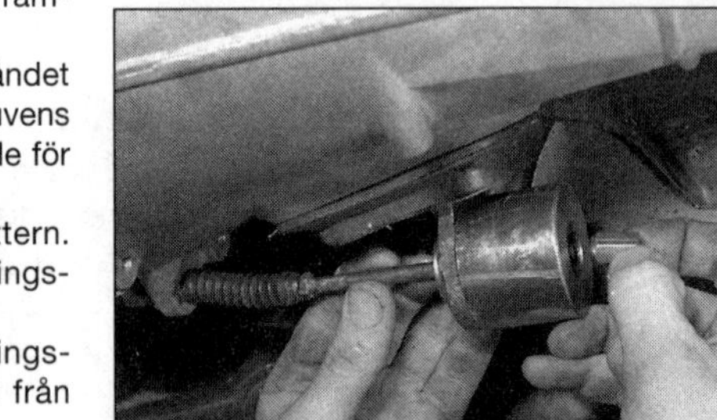

2.4 Demontering av kopplingsvajerns fäste från frikopplingsarmen

2.7 Kopplingsvajerns placering vid torpedväggen

kan behöva demontera rattstången för att kunna ta loss pedalhållaren från dess pinnbultar. Rattstången kan demonteras enligt kapitel 10, avsnitt 22. Observera att rattstången kan demonteras utan att man behöver demontera ratten och låscylindern.

5 Demontera kopplingspedalens låsklammer. Skruva loss muttern, tag loss brickan och därefter axeln så att kopplingspedalen kan tas loss från hållaren. Tag reda på pedalens tryckbrickor.

Modeller med hydraulisk koppling

6 Arbeta i förarutrymmet och lossa hållarna för instrumentpanelens nedre panel på förarsidan genom att vrida dem moturs.

7 För upp handen bakom instrumentpanelen och tag loss monteringsklämman som fäster returfjädern mot pedalen. Tag bort monteringsklämman och sprinten som fäster fjädern mot pedalens hållare. För ut enheten från instrumentpanelens undersida. Observera exakt hur den är monterad.

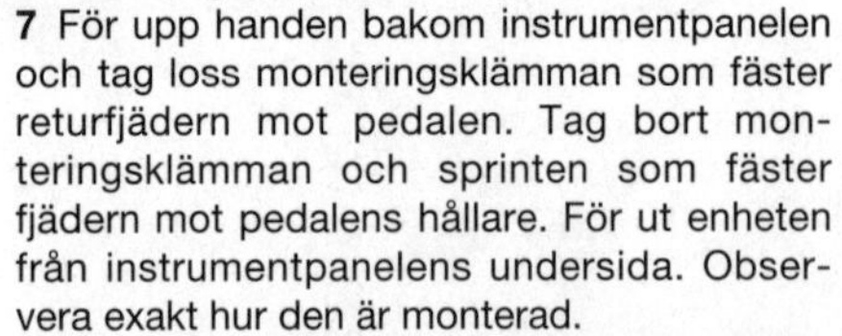

8 Tag loss monteringsklämman (i förekommande fall) och drag ut sprinten som fäster huvudcylinderns tryckstång mot pedalen.

9 Tag loss pedalen enligt paragraf 2 till 5. Se till att du inte överbelastar hydraulröret/slangen. Vid behov kan man koppla loss röret och slangen från huvudcylindern (se avsnitt 4) så att pedalhållaren enklare kan vridas runt.

Montering

Modeller med vajerstyrd koppling

10 Följ anvisningarna för demontering i omvänd ordning vid monteringen. Smörj pedalaxeln med fett. När man är klar skall man justera kopplingsvajern enligt kapitel 1.

Modeller med hydraulisk koppling

11 Följ anvisningarna för demontering i omvänd ordning vid monteringen. Smörj pedalaxeln med fett. Om kopplingsröret/-slangen kopplades loss måste man fylla på kopplingsolja och lufta hydraulsystemet enligt avsnitt 7.

4 Huvudcylinder (hydraulisk koppling) - demontering, översyn och montering

Observera: *Se anvisningarna i början av avsnitt 7 beträffande hydraulvätskor innan du påbörjar arbetet.*

Demontering

1 Koppla loss batteriets minuskabel. På vänsterstyrda modeller måste man demontera relädosan från fjädertornet (se kapitel 12) för att komma åt huvudcylinderns hydraulrör/-slang.

2 Skruva loss locket till kopplingens oljebehållare och använd en sughävert för att tömma behållaren. **Observera:** *Använd inte munnen när behållaren skall tömmas. Använd en spruta eller dylikt.* Alternativt kan man öppna luftningsskruven på slavcylindern, ansluta en plastslang på luftningsskruven och försiktigt pumpa ur vätskan med kopplingspedalen (se avsnitt 7).

3 Tag loss gummitätningen från torpedväggen i motorrummet på förarsidan. Lyft av vattenavvisaren för att komma åt hydraulröret/slangen.

4 Lossa slangklämman och koppla loss den nedre delen av behållarens slang från huvudcylindern. Plugga eller tejpa över slangänden och huvudcylinderns rör. Detta förebygger oljespill och att smuts tränger in i systemet. Tvätta omedelbart bort spilld olja med kallvatten.

5 Följ anvisningarna i paragraf 6 till 8 i avsnitt 3.

6 Placera en trasa under huvudcylindern och tag fram en lämplig behållare för att fånga upp eventuellt vätskespill.

7 Högerstyrda modeller: Skruva loss anslutningsmuttern och koppla loss hydraulröret från huvudcylindern. Plugga eller tejpa över röränden och huvudcylinderns öppning. Detta förebygger oljespill och att smuts tränger in i systemet.

8 Vänsterstyrda modeller: Skruva loss anslutningsmuttern, tag reda på tätningsbrickorna från röranslutningens båda sidor. Plugga eller tejpa över röränden och huvudcylinderns öppning. Detta förebygger oljespill och att smuts tränger in i systemet. Kassera tätningsbrickorna. Man måste använda nya brickor vid montering.

9 Lossa och demontera fästbultarna och för ut huvudcylindern från instrumentpanelens undersida. Se till att inte dess matarrör skadas. Tag reda på gummitätningen från torpedväggen och byt den om den är skadad eller sliten.

Översyn

10 Man kan inte reparera huvudcylindern. Om cylindern är trasig eller om den fungerar dåligt måste den bytas.

Montering

11 Följ anvisningarna för demontering i omvänd ordning vid monteringen. Observera följande anvisningar.

a) Montera gummitätningen på torpedväggen och placera huvudcylindern på plats. Drag åt huvudcylinderns fästskruvar till specificerat åtdragningsmoment.

b) Högerstyrda modeller: Anslut hydraulröret till huvudcylindern och drag åt dess anslutningsmutter till specificerat åtdragningsmoment.

c) Vänsterstyrda modeller: Montera en ny tätningsbricka på röranslutningens båda sidor. Montera anslutningsbulten och drag åt den till specificerat åtdragningsmoment.

d) När man är klar skall man fylla oljebehållaren och lufta systemet enligt avsnitt 7.

5 Slavcylinder (hydraulisk koppling) - demontering, översyn och montering

Observera: *Se anvisningarna i början av avsnitt 7 beträffande hydraulvätskor innan du påbörjar arbetet.*

Demontering

1 Koppla loss batteriets minuskabel. Minimera vätskespillet genom att först skruva loss huvudcylinderns lock. Drag därefter åt det med en bit plast som tätning.

2 Drag åt handbromsen. Lyft upp bilens framvagn och placera den på pallbockar.

3 Om man behöver komma åt slavcylindern kan man skruva loss plastsköldens fästskruvar och demontera den från motorns/-växellådans undersida.

4 Skruva loss fästbultarna och demontera värmeskölden från kopplingens slavcylinder.

5 Torka rent runt slavcylinderns röranslutning och placera trasor under anslutningen för att fånga upp eventuellt vätskespill. Skruva loss anslutningsmuttern och drag försiktigt ut röret. Plugga eller tejpa över röränden och huvudcylinderns öppning.

6 Skruva loss fästmuttrarna och demontera slavcylindern från växellådan.

Översyn

7 Man kan inte reparera slavcylindern. Om cylindern är trasig eller om den fungerar dåligt måste den bytas.

Montering

8 Följ anvisningarna för demontering i omvänd ordning vid monteringen. observera följande anvisningar.

a) Kontrollera att cylinderns och växellådans anliggningsytor är rena och torra. Montera slavcylindern. För hydraulröret i läge och drag åt anslutningsmuttern ett par varv. Drag därefter åt cylinderns fästmuttrar till specificerat åtdragningsmoment.

b) Drag därefter åt rörets anslutningsmutter till specificerat åtdragningsmoment.

c) Innan värmeskölden monteras måste oljebehållaren fyllas. Lufta systemet enligt avsnitt 7.

6 Hydrauliskt kopplingsrör/slang - byte

1 Om någon del av röret/slangen skall bytas kan vätskespillet minimeras genom att man först skruvar loss huvudcylinderns lock. Drag därefter åt det med en bit plast som tätning. Slangar kan alternativt tätas genom att man använder en slangklammer för bromsslangar. Metallrör kan pluggas (om man ser till att inte smuts tränger in i systemet) eller stängas med lock direkt efter det att de har tagits loss. Placera trasor under de anslutningar som skall kopplas loss för att fånga upp eventuellt vätskespill.

2 Om man skall koppla loss en slang måste man först skruva loss röranslutningen innan man demonterar fjäderklämman som fäster slangen mot slanghållaren.

3 För att skruva loss anslutningsmuttrarna skall man helst använda öppna ringnycklar. Dessa kan erhållas från de flesta större biltillbehörsbutiker. Alternativt kan man använda en blocknyckel av korrekt dimension. Om muttern sitter hårt eller har rostat riskerar man att dra sönder muttern om nyckeln inte passar perfekt. I detta fall måste man använda en polygrip för att lossa muttern. Man måste i detta fall byta muttern och röret. Rengör alltid anslutningar som skall lossas. Om en komponent som har mer än en anslutning skall lossas måste man anteckna anslutningarnas placering innan de tas loss.

4 Anslutningar som är monterade med bult: Tag reda på brickorna på båda sidor om anslutningen och kassera dem. Man skall använda nya brickor vid montering.

5 Om ett rör skall bytas kan det erhållas från en Opelåterförsäljare. Alternativt kan man låta en bilverkstad tillverka ett rör. Detta kräver dock att man noggrant mäter originalröret så att reservröret får korrekt längd. Det är alltid säkrast att ta originaldelen till verkstaden som mall.

6 Vid montering skall anslutningsmuttern/-bulten dras åt till specificerat åtdragningsmoment. Man behöver inte använda våld för att erhålla god tätning.

7 Kontrollera att rören och slangarna är korrekt placerade och att de inte är inklämda. Se till att de är monterade i tillhörande klämmor eller hållare. Efter monteringen skall plasttätningen tas bort från oljebehållaren. Lufta systemet enligt avsnitt 7. Tvätta bort utspilld vätska och kontrollera noggrant beträffande läckage.

7 Hydraulsystem - luftning

Varning: ***Hydraulolja är giftig. Avlägsna den omedelbart vid hudkontakt och kontakta läkare om vätskan sväljs eller hamnar i ögonen. Vissa hydrauloljor är lättantändliga och kan självantända om de kommer i kontakt med någon het komponent. När man arbetar på ett hydraulsystem är det säkrast att man antar att hydrauloljan är lättantändlig och vidtar brandsäkerhetsåtgärder som om det vore fråga om bensin. Hydraulolja är ett effektivt färgborttagningsmedel. Den angriper även plast. Om man spiller ut olja bör man tvätta bort den omedelbart med rikliga mänger vatten. Hydraulolja är även hygroskopiskt, dvs det tar upp fuktighet från luften. Gammal hydraulolja kan innehålla vatten och är därigenom oanvändbar. När man fyller på eller byter olja skall man alltid använda den specificerade oljetypen och se till att den kommer från en nyöppnad behållare.***

1 Ett hydraulsystem kan endast fungera korrekt om det har luftats på rätt sätt.

2 Under luftning skall man endast fylla på oanvänd kopplingsolja av specificerad typ. Återanvänd aldrig olja som har tömts ur systemet. Se till att du har tillräckligt med olja innan du påbörjar luftningen.

3 Om man misstänker att systemet innehåller felaktig olja måste man spola hela systemet med ren olja av rätt typ. Man bör även montera en ny huvud- och slavcylinder.

4 Om oljenivån har minskat eller om luft har kommit in i systemet p g a en läcka måste man åtgärda felet innan man luftar systemet.

5 Drag åt handbromsen ordentligt. Lyft upp bilens framvagn och placera den på pallbockar.

6 Om man behöver komma åt slavcylindern kan man skruva loss plastsköldens fästskruvar och demontera den från motorns/ växellådans undersida.

7 Skruva loss fästbultarna och demontera värmeskölden från kopplingens slavcylinder för att komma åt luftningsskruven.

8 Kontrollera att alla rör och slangar är korrekt monterade samt att anslutningarna är åtdragna och att luftningsskruvarna är stängda. Rengör runt luftningsskruvarna.

9 Skruva loss locket till kopplingens oljebehållare och fyll på huvudcylinderns behållare till "MAX"-markeringen. Skruva löst tillbaka locket och kom ihåg att vätskenivån inte får sjunka under "MIN"-markeringen under arbetets gång. Annars riskerar man att luft kommer in i systemet.

10 Det finns ett antal bromsluftare för en person på marknaden. Man bör använda någon av dessa eftersom det avsevärt underlättar luftningen och minskar risken för att luft och hydraulolja sugs tillbaka in i systemet. Om man inte har tillgång till en bromsluftare måste man vara två personer och noggrant följa nedanstående anvisningar.

11 Om man skall använda en bromsluftare måste man förbereda fordonet enligt ovanstående anvisningar och följa tillverkarens instruktioner. Olika bromsluftare kräver lite olika metoder. I allmänhet gäller dock nedanstående anvisningar i aktuellt delavsnitt.

Luftning - grundläggande metod (två personer)

12 Tag fram ett ren glasburk, en lämplig plast- eller gummislang som utan läckage kan monteras på tömningsskruven samt en ringnyckel för skruven. Man behöver även hjälp av en assistent.

13 Tag loss skyddslocket från slavcylinderns luftningsskruv. Montera slangen och nyckeln på skruven. Placera rörets andra ände i burken och fyll den med olja så att slangänden täcks.

14 Se till att kopplingsoljans nivå under luftningen aldrig sjunker under "MIN"-markeringen i behållaren.

15 Låt medhjälparen trycka ner kopplingspedalen flera gånger så att ett tryck byggs upp. Därefter skall pedalen hållas nedtryckt.

16 Samtidigt som pedalen hålls nedtryckt skall man lossa luftningsskruven (ca ett varv) och låta oljan och eventuell luft rinna ner i burken. Assistenten skall hålla pedalen nedtryckt och inte släppa upp den förrän han/hon blir tillsagd. När flödet upphör skall luftningsskruven dras åt igen. Låt assistenten släppa upp pedalen långsamt och kontrollera oljenivån.

17 Upprepa anvisningarna i paragraf 15 och 16 tills oljan från luftningsskruven är fri från luftbubblor. Om huvudcylindern har tömts helt innan den fylldes måste man vänta ca fem sekunder mellan pumpningarna så att huvudcylinderns kanaler kan fyllas.

18 När det upphör att komma luftbubblor skall man dra åt luftningsskruven till specificerat åtdragningsmoment. Tag bort slangen och nyckeln och sätt tillbaka skyddslocket. Drag inte åt luftningsskruven för mycket.

Luftning - med hjälp av en bromsluftare

19 En bromsluftare har en slang med en backventil som förhindrar att luftbubblor och olja dras in i systemet igen. Vissa bromsluftare har även en genomskinlig behållare som kan placeras så att man lättare kan se att luftbubblorna strömmar ut ur slangänden.

20 Bromsluftaren ansluts till luftningsskruven som därefter öppnas. Därefter sätter man sig på förarsätet. Tryck ned kopplingspedalen med en jämn rörelse och släpp upp den långsamt. Detta upprepas tills oljan är fri från luftbubblor.

21 Observera att bromsluftaren underlättar arbetet så mycket att det finns risk att man glömmer oljenivån i behållaren. Se till att oljenivån aldrig är lägre än "MIN"-markeringen.

Luftning - med hjälp av en tryckluftningsenhet

22 Dessa enheter kräver i allmänhet tryckluft från reservhjulet. Observera att man oftast måste minska trycket under den normala nivån. Se anvisningarna som medföljer enheten.

23 Genom att ansluta en oljefylld behållare som är satt under tryck till kopplingens oljebehållare kan man utföra luftningen genom att öppna luftningsskruven och därefter låta vätskan rinna ut tills inga fler bubblor strömmar ut.

24 Denna metod har den fördelen att den stora behållaren fungerar som en extra reserv så att inte luft kan dras in i systemet vid luftning.

25 Tryckluftning är extra användbart när man skall lufta "svåra" system eller när man luftar hela systemet samtidigt som man byter kopplingsvätska.

Alla metoder

26 När luftningen är färdig och man har rätt känsla i pedalen skall man tvätta bort eventuellt vätskespill. Drag åt luftningsskruven till specificerat åtdragningsmoment och sätt tillbaka skyddslocket.

27 Montera värmeskölden på växellådan och drag åt dess fästbultar till specificerat åtdragningsmoment. I förekommande fall skall man montera det undre skyddet och dra åt dess fästbultar.

28 Sänk ned bilen på marken och kontrollera oljenivån i kopplingsbehållaren. Fyll på vid behov (se "Veckokontroller" och kapitel 1).

29 Kassera all hydraulvätska som har tömts ur systemet. Den kan inte återanvändas.

30 Kontrollera kopplingspedalens svar. Om kopplingen fortfarande inte fungerar korrekt måste det fortfarande finnas luft i systemet och man måste lufta ytterligare. Om detta inträffar efter upprepade luftningar kan det bero på slitna tätningar i huvud- eller slavcylindern.

8 **Koppling** - demontering, kontroll och montering

Demontering

1 Demontera växellådan (se kapitel 7A).

2 Markera tryckplattans placering på svänghjulet **(se bild).**

3 1,8 och 2,0 liters motorer: Skruva stegvis loss bultarna som fäster tryckplattan mot svänghjulet. Arbeta korsvis. Man skall se till att man skruvar loss bultarna jämnt för att undvika att tallriksfjädern skadas. Opelverkstäder använder ett specialverktyg som pressar samman tallriksfjädern. Tryckplattan hålls därefter i detta läge med specialklämmor, varefter bultarna kan skruvas loss **(se bild).** Man behöver en press för att ta loss klämmorna och montera dem på den nya tryckplattan. Ser man till att skruva loss bultarna i en jämn följd bör inte tallriksfjädern skadas.

4 2,5, 2,6 och 3,0 liters motorer: Skruva loss bultarna stegvis i en jämn följd och tag bort dem.

8.2 Markering på kopplingens tryckplatta och svänghjulet

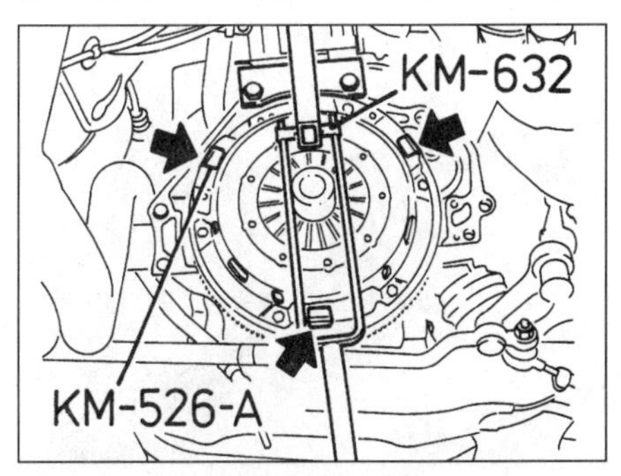

8.3 GM-verktyg för att pressa in tallriksfjädern.

Pilarna visar var tryckplattans monteringsklämmor är placerade

5 Alla typer: Tag loss tryckplattan från svänghjulet och demontera lamellcentrum. Observera åt vilket håll lamellcentrum är monterat **(se bild).**

Kontroll

6 Undersök tryckplattans och svänghjulets ytor beträffande repor. Om de eventuella reporna är ytliga kan delarna återanvändas. Om det rör sig om djupa repor måste både tryckplattan och svänghjulet bytas.

7 Om delar av tryckplattan har en blåaktig färgton har kopplingen överhettats vid något tillfälle och måste bytas.

8 Undersök tryckplattan beträffande lösa delar och skador på tallriksfjädern.

9 Byt lamellcentrum om beläggen är nedslitna till eller nära nitarna. Om det finns oljestänk på beläggen måste oljeläckaget omedelbart åtgärdas. Läckaget beror troligtvis på en defekt oljetätning för växellådans ingående axel eller vevaxelns bakre oljetätning. Kontrollera lamellcentrums nav och centrumsplines beträffande slitage.

10 Drag runt urtrampningslagret med tryckplattan och kontrollera att den roterar jämnt. Om den går ojämnt måste man byta urtrampningslagret (se avsnitt 9).

Montering

Observera: *2,5 och 3,0 liters motorer: Svänghjulet och tillhörande delar modifierades under 1988 för att förhindra att kopplingen överhettas. Det modifierade svänghjulet har spår i periferin för att ge högre kylning än det gamla som inte hade spår. Alla kopplingar som levereras av Opel är försedda med det modifierade svänghjulet. Om en ny tryckplatta skall monteras på ett originalsvänghjul måste man montera distansbrickor mellan tryckplattan och svänghjulet för att kopplingen skall fungera felfritt. Kontakta en Opelåterförsäljare för ytterligare information.*

11 Rengör tryckplattans och svänghjulets anliggningsytor med en ren trasa. Vid monteringen måste man se till att inte olja eller fett hamnar på beläggen eller friktionsytorna.

12 Placera lamellcentrum på svänghjulet med den upphöjda sidan av navet utåt.

8.5 Lamellcentrum tas loss

8.14 Centrering av lamellcentrum med specialverktyg

Märkningen "GETRIEBESEITE" på navet skall vara riktat utåt **(se bild).**

13 Montera tryckplattan (på tidiga 2,5 och 3,0 liters motorer skall man observera anvisningarna i inledningen av detta avsnitt) och skruva i bultarna löst. Justera enligt markeringarna om den gamla tryckplattan monteras.

14 Lamellcentrum skall därefter centreras. Detta säkerställer att växellådans ingående axel passar in i lamellcentrums splines och kan föras in i stödlagret vid vevaxelns ände vid monteringen av växellådan. Helst skall man använda ett universalverktyg för centrering av kopplingar **(se bild)** eller en ingående axel från en gammal växellåda. Alternativt kan man använda en stång eller en centreringshylsa av trä. I detta fall beror noggrannheten på verktygens precision.

15 Se till att centreringsverktyget placeras

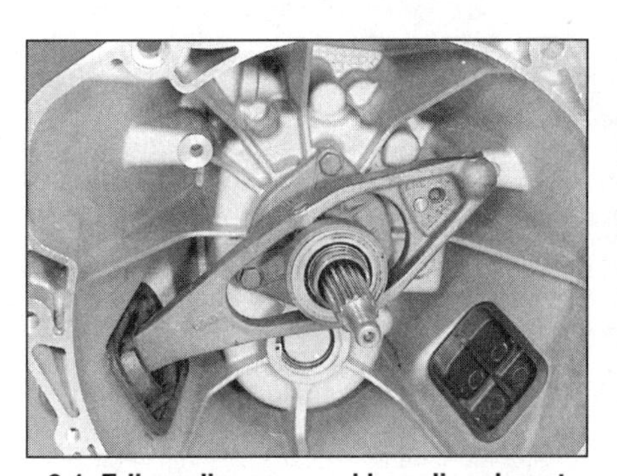

9.1 Frikopplingsarmen i kopplingshuset

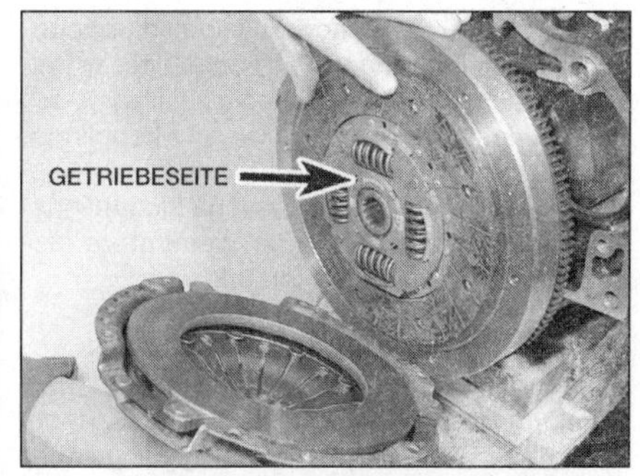

8.12 Lamellcentrum och tryckplattan monteras

8.15 Tryckplattans bultar dras åt

korrekt i lamellcentrum och stödlager. Drag därefter åt tryckplattans bultar korsvis och stegvis till specificerat åtdragningsmoment **(se bild).** Tag bort centreringsverktyget.

16 Montera växellådan (se kapitel 7A).

9 Urtrampningslager och frikopplingsarm - demontering, kontroll och montering

Demontering

1 Demontera växellådan för att komma åt kopplingen. Observera urtrampningslagret som är monterat i tryckplattan **(se bild).**

2 Modeller med vajerstyrd koppling: Tag ur gummitätningen ur kopplingshuset och tag loss den från frikopplingsarmen. Observera pilen som skall peka framåt **(se bild).**

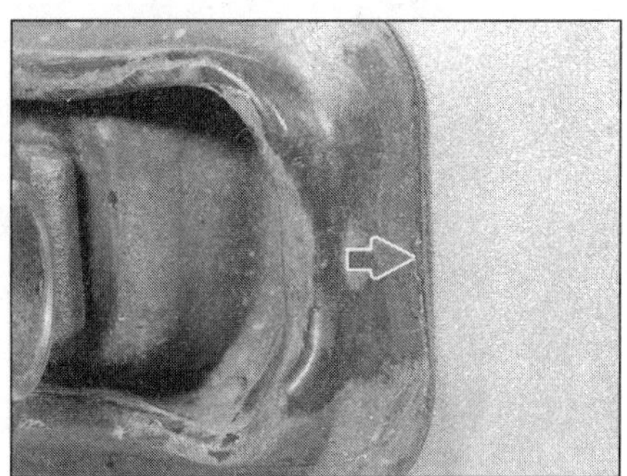

9.2 Pil på kopplingshusets gummigenomföring som skall riktas framåt

3 Drag försiktigt ut frikopplingsarmen ur kopplingshuset tills urtaget och fjädern lossar från kulpinnen **(se bild).** Tag därefter loss lagret och frikopplingsarmen från styrhylsan i kopplingshuset.

4 Tag loss lagret från hållarna på frikopplingsarmen. Vid behov kan man demontera låsringen och balansvikten **(se bilder).**

Kontroll

5 Kontrollera frikopplingsmekanismen. Byt alla komponenter som är slitna eller skadade. Kontrollera alla lagerytor och anliggningsytor.

6 Vid kontroll av urtrampningslagret skall man observera att man oftast bör byta det som en rutinåtgärd. Kontrollera att anliggningsytan roterar lätt och jämnt utan missljud eller ojämnheter. Kontrollera även att ytan är slät och oskadad utan tecken på sprickor, gropar eller spår. Om man är tveksam skall man byta lagret.

Montering

7 Följ anvisningarna för demontering i omvänd ordning vid monteringen. Applicera lite högtemperaturfett på kulpinnens anliggningsytor, urtaget på frikopplingsarmen, styrhylsan samt urtrampningslagrets anliggningsytor. Vid montering skall frikopplingsarmen ligga an mot kulpinnen. Om detta inte är fallet skall man trycka den U-formade fjädern mot frikopplingsarmen för att spänna den extra mycket **(se bild).**

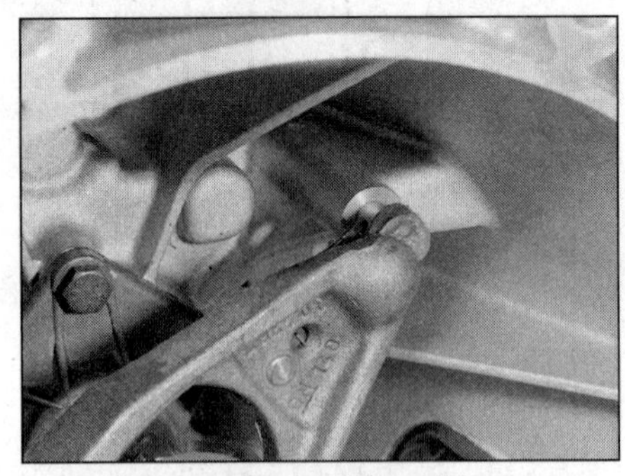

9.3 Demontering av frikopplingsarmen från kulpinnen

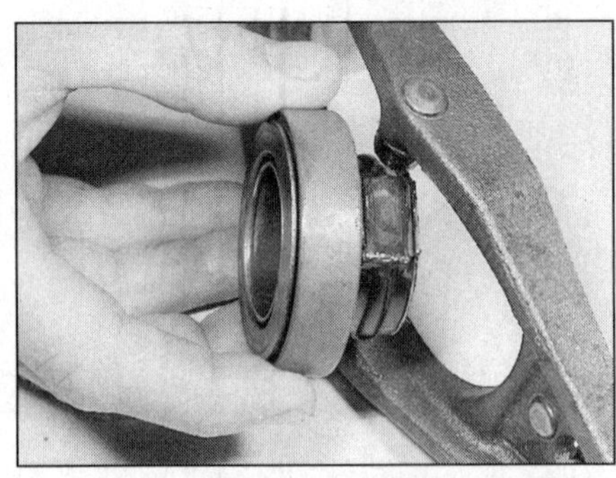

9.4a Urtrampningslagret tas loss från frikopplingsarmen

9.4b Frikopplingsarmens balansvikt och låsring

9.7 Den U-formade fjädern på frikopplingsarmen

Kapitel 7 del A:
Manuell växellåda

Innehåll

Svårighetsgrader

Enkelt, passar för novisen med lite erfarenhet 	**Ganska enkelt,** passar nybörjaren med viss erfarenhet 	**Ganska svårt,** passar kompetent hemmekaniker 	**Svårt,** passar hemmekaniker med erfarenhet 	**Mycket svårt,** för professionell mekaniker 

Specifikationer

Allmänt

Typ	Femväxlad med backväxel, alla växlar är synkroniserade
Typbeteckning:	
3,0 liters motorer med 24 ventiler	R28
Alla andra modeller	R25

Smörjmedel

Typ/specifikation	Växellådsolja, GM typ 19 40 761 (nr 90 297 261)
Volym (ca)	1,9 liter

Åtdragningsmoment

	Nm
Utgående fläns	180
Den bakre tvärbalkens bultar	45
Urtrampningslagrets styrhylsa	22
Backljuskontakt	20
Växellådans påfyllnings/nivåplugg	30
Växellådans tömningsplugg	30
Bultar som fäster växellådan mot motorn:	
Normal stångdiameter	75
Mindre stångdiameter	60

1 Allmän information

Den manuella växellådan är femväxlad med synkronisering på alla växlar, även på backväxeln. Alla växeldrev, inklusive backväxelns mellandrev drivs hela tiden av bottenstocken. Växling sker genom att motsvarande växeldrev kopplas till huvudaxeln via synkroniseringsenhetens glidmuffar. När växeln läggs i synkroniserar synkringarna huvudaxelns varvtal med varvtalet för det tillhörande växeldrevet. Detta ger ett mjukt växlingsförlopp.

2 Växellåda - tömning och påfyllning

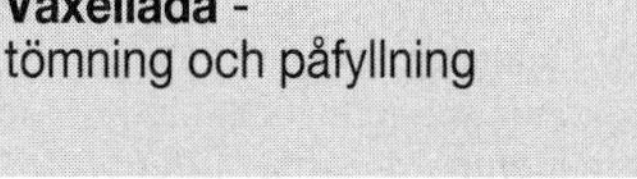

1 Detta arbete underlättas avsevärt om bilen först körs så att motorn och växellådan värms upp till arbetstemperatur.
2 Parkera bilen på ett jämnt underlag. Slå av tändningen och drag åt handbromsen ordentligt. För att komma åt lättare kan man lyfta upp bilens framvagn och placera den på pallbockar (se *"Lyftning och stödpunkter"*). Bilen måste dock sänkas ner så att den står vågrätt när man skall fylla på olja och kontrollera oljenivån.
3 Gör rent runt påfyllnings-/nivåpluggen som är placerad på växellådans högra sida. Skruva loss växellådans påfyllnings-/nivåplugg och tag reda på tätningsbrickan.
4 Placera en lämplig behållare under tömningspluggen och skruva ur den.
5 Töm växellådan helt på olja. Om motorn är het skall man förebygga brännskador. Rengör påfyllnings-/nivåpluggen och tömningspluggen. Se till att torka bort alla metallpartiklar från magnetinsatserna. Kassera de gamla tätningsbrickorna. De skall alltid bytas när man tar loss dem.
6 När växellådan är helt tömd skall man rengöra tömningspluggens gängor och gängorna i växellådshuset. Använd en ny tätningsbricka och skruva i tömningspluggen. Drag åt den till specificerat åtdragningsmoment. Om bilen har lyfts för tömning, sänk ner den.
7 Påfyllning av växellådsolja är mycket besvärligt. Man måste vänta en lång stund för att oljan skall kunna rinna undan innan oljenivån kontrolleras. Bilen måste placeras vågrätt när man kontrollerar oljenivån.

3.6 Demontering av kardanaxeln från den utgående flänsen

3.7a Vrid vibrationsdämparen så att . . .

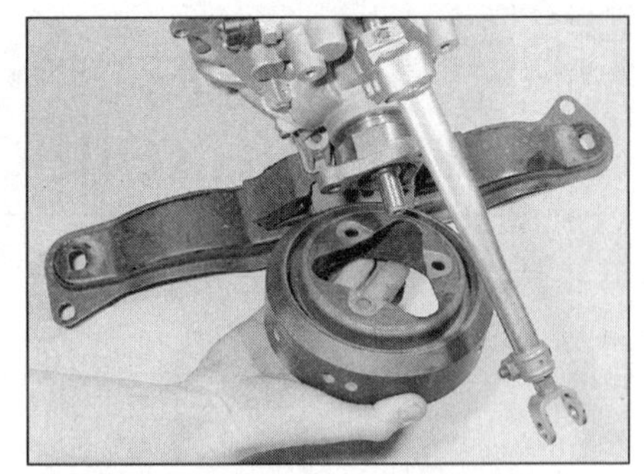
3.7b . . . den kan demonteras

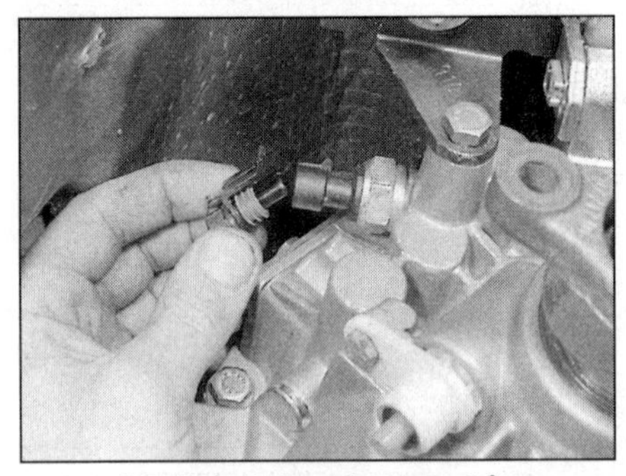
3.9 Kabeln kopplas loss från backljuskontakten

3.10 Tömningspluggen skruvas loss

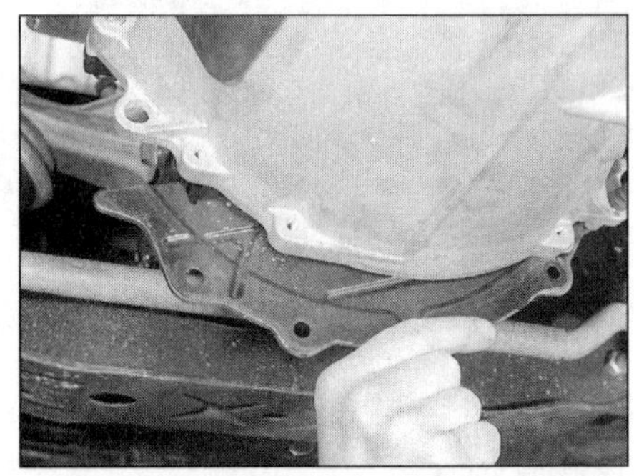
3.13 Demontering av växellådans främre kåpa

3.15a Växellänkagets koppling till växelspaken

3.15b Sprinten demonteras från växellänkaget

8 Fyll växellådan med specificerad oljemängd och korrekt oljetyp. Kontrollera därefter oljenivån enligt kapitel 1. Om rätt mängd fylls i växellådan och en större mängd rinner över när nivån kontrolleras måste man skruva åt påfyllnings-/nivåpluggen och köra bilen lite för att oljan skall fördelas i växellådan. Kontrollera därefter oljenivån.

3 Växellåda - demontering och montering

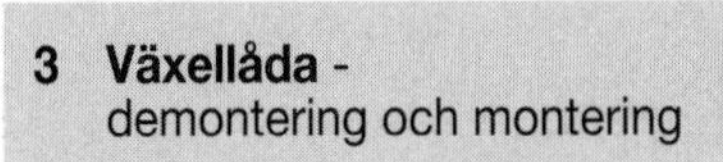

Demontering

1 Förgasarmotorer: Demontera luftrenaren enligt kapitel 4A. Modeller med katalysator: Koppla loss lambdasondens kontaktdon.

2 Placera bilen över en smörjgrop eller kör upp bilens framvagn på ramper. Alternativt kan man lyfta upp bilens framvagn och placera den på pallbockar (se *"Lyftning och stödpunkter"*). Drag åt handbromsen. Tag loss motorns nedre skyddsplåt.

3 Lossa glidkopplingens mutter på den främre kardanaxeldelen ett helt varv (kapitel 8).

4 Tag loss avgassystemets främre rör från mellandelen, hållaren och grenröret. Demontera även hållaren från växellådan. Tag bort avgassystemets värmesköldar.

5 Använd en vanlig hylsa eller en Torxhylsa (beroende på utförande) för att skruva loss bultarna som fäster kardanaxelns främre gummikoppling mot vevaxelns utgående fläns.

6 Sänk ned kardanaxeln bakåt från den utgående flänsen och häng upp den på den ena sidan **(se bild).**

7 I förekommande fall skall man demontera vibrationsdämparen från den utgående flänsen genom att vrida den så att hålet stämmer överens med flänsens form. **(se bilder).**

8 Koppla loss hastighetsmätarens vajer (i förekommande fall) och häng upp den på den ena sidan.

9 Koppla loss kablaget från backljuskontakten/hastighetsmätarens givare **(se bild).**

10 Placera en behållare under växellådan. Använd en insexbit för att skruva loss tömningspluggen. Töm ur oljan **(se bild).** Skruva i tömningspluggen när växellådan är tömd.

11 Motorer med vajerstyrd koppling: Tag loss vajern från frikopplingsarmen (kapitel 6).

12 Modeller med hydraulisk koppling: Koppla loss röret från slavcylindern och tag loss den från växellådan (kapitel 6).

13 Skruva loss kåpan från växellådans framsida **(se bild).**

14 Skruva loss de två nedre bultarna som fäster växellådan mot motorn.

15 För upp handen över kardanaxeln och tag loss växellänkaget från växelspakens nedre del. Detta görs enklast genom att man tar loss låsringen från sprintens ena ände och drar ut den **(se bilder).**

16 Skruva loss de två bultarna som fäster växelspakens hållare mot växellådans bakre del **(se bild).**

17 För att komma åt lättare bör man demontera underredets tvärbalk som är monterad bakom växellådan.

18 Stöd växellådan med en garagedomkraft.

19 Tag loss växellådans bakre tvärbalk från underredet.

3.16 Växelväljarens hållare demonteras

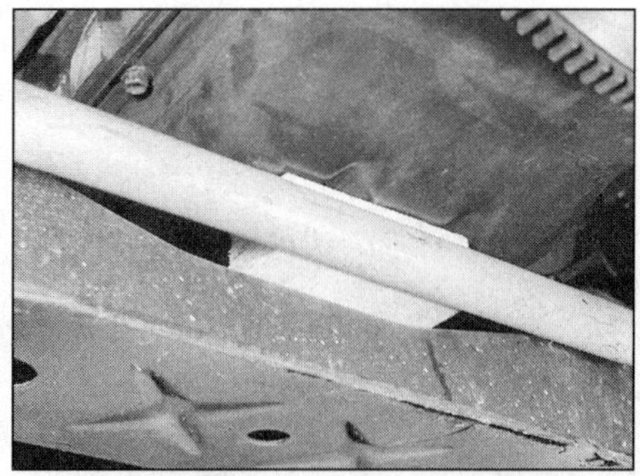
3.20 Placera ett träblock mellan oljesumpen och den främre tvärbalken

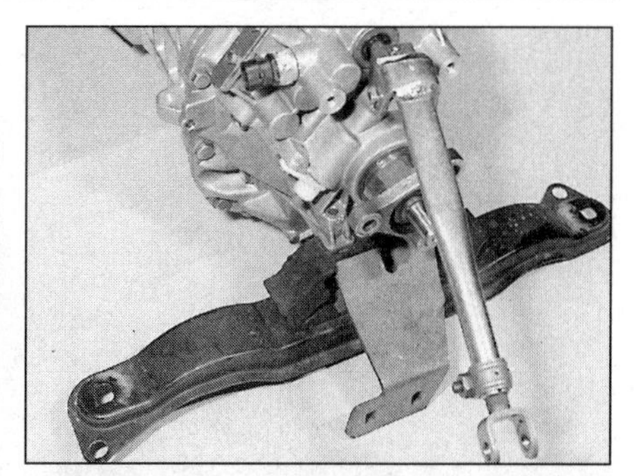
3.24a Bakre tvärbalk med avgassystemets hållare

3.24b Växellänkagets koppling till växellådan

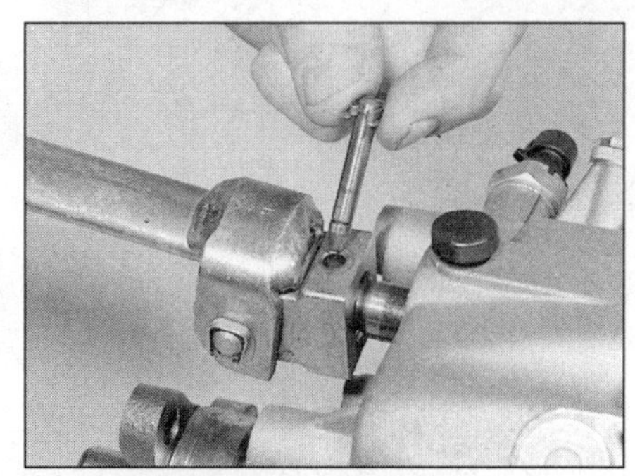
3.24c Växellänkaget demonteras

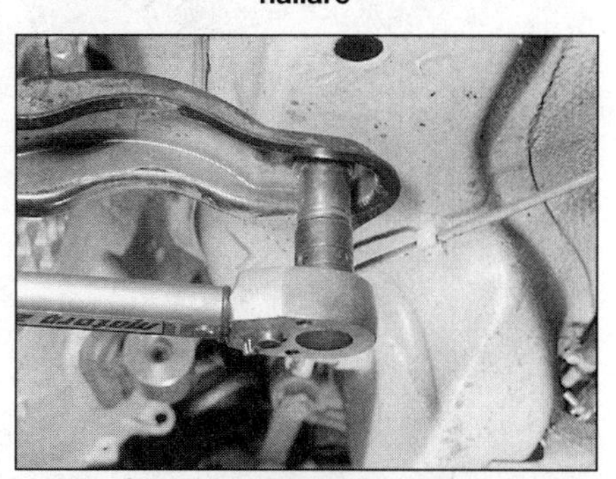
3.26a Åtdragning av bultarna som fäster växellådans bakre del mot tvärbalken

20 Placera en tunn träbit under motorns oljesump på den främre tvärbalken **(se bild).** Alternativt kan man hålla i motorn med en lyft och tillhörande kedjor.

21 Sänk ner växellådan tills motorns oljesump vilar mot träbiten.

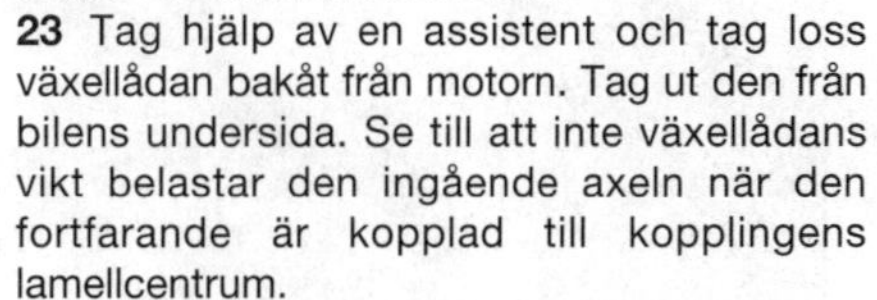

22 Skruva loss de kvarvarande bultarna som fäster växellådan mot motorn.

23 Tag hjälp av en assistent och tag loss växellådan bakåt från motorn. Tag ut den från bilens undersida. Se till att inte växellådans vikt belastar den ingående axeln när den fortfarande är kopplad till kopplingens lamellcentrum.

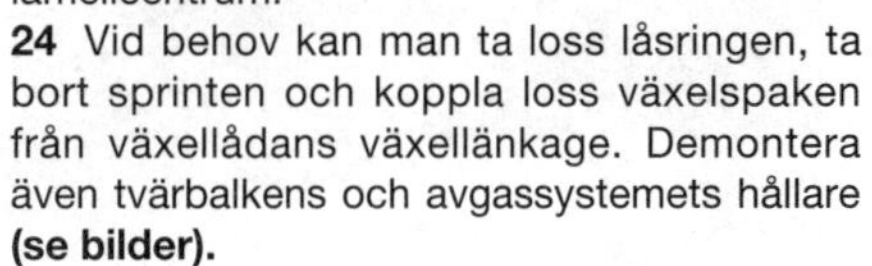

24 Vid behov kan man ta loss låsringen, ta bort sprinten och koppla loss växelspaken från växellådans växellänkage. Demontera även tvärbalkens och avgassystemets hållare **(se bilder).**

Montering

25 Följ anvisningarna för demontering i omvänd ordning vid monteringen. Kontrollera att frikopplingsarmen och urtrampningslagret är korrekt monterade. Applicera lite fett på den ingående axelns splines.

26 För att underlätta monteringen av den ingående axeln i kopplingens lamellcentrum kan man lägga i 4:ans växel och långsamt vrida den utgående flänsen. Observera att lamellcentrum måste vara centrerat enligt anvisningarna i kapitel 6 för att växellådans ingående axel skall kunna föras in i stödlagret vid vevaxeln. Kontrollera och justera vid behov kopplingsvajern. Drag åt alla muttrar och bultar till specificerat åtdragningsmoment. Innan man monterar tvärbalkens

3.26b Bultarna som fäster tvärbalken mot underredet dras åt

bultar skall man applicera lite låsvätska på gängorna. Fyll växellådan med specificerad oljemängd och korrekt oljetyp. Skruva åt påfyllnings-/nivåpluggen när du är klar **(se bilder).**

4 Växelspak - demontering och montering

Montering

1 Drag åt handbromsen. Lyft upp bilens framvagn och placera den på pallbockar (se *"Lyftning och stödpunkter"*).

2 För upp handen över kardanaxeln och tag loss växellänkaget från växelspakens nedre del. Detta görs enklast genom att man tar loss låsringen från sprintens ena ände och drar ut den.

3 Skruva loss de fyra bultarna som fäster

3.26c Åtdragning av torxbultarna för kardanaxelns främre gummikoppling

växelspaken mot hållaren **(se bilder).**

4 Arbeta i förarutrymmet och tag loss gummidamasken från mittkonsolens ram **(se bild).** Lyft upp damasken så att den vänds ut och in. Tag loss bandet och tag bort damasken.

5 Tag loss de två skruvarna och demontera mittkonsolens ram **(se bild).**

6 Klipp av monteringbandet som fäster gummibälgen på växelspaken. Lossa bälgen från den nedre plattan och växellådan **(se bild).**

7 Lyft ut växelspaken och fäst den i ett skruvstycke.

8 Bänd loss de två bussningshalvorna från växelspakens nedre del.

9 Tag bort den nedre skumringen och knacka ut växelspaken med hjälp av en klubba.

10 Tag loss låsringen från huset.

11 Använd en drivdorn för att knacka loss rullpinnen från växelspakens ändrör. Knacka därefter loss växelväljarens ände. Demontera även den övre rullpinnen och stopphylsan.

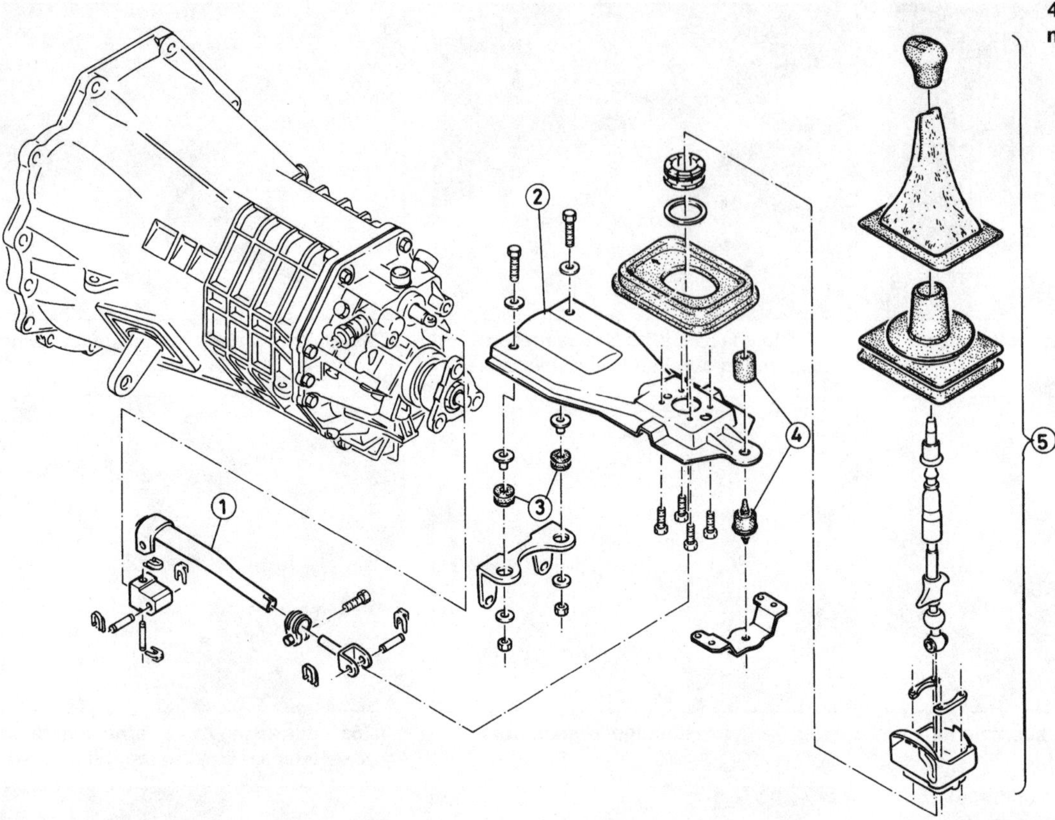

4.3a Sprängskiss med den manuella växellådans delar

1 Växellänkage
2 Växelspakens hållare
3 Främre gummibussningar för växelspakens hållare
4 Bakre gummibussningar för växelspakens hållare
5 Växelspakens delar

12 Vid behov kan man demontera växelspaksknoppen genom att såga isär den med en bågfil. Se till att inte skada växelspaken.

13 Demontera backväxelblocket genom att bända loss låsningen.

14 Använd en låsringstång för att ta loss låsringen. Drag ut röret, gummigenomföringen, låsringen, gummiskyddet och växelspakens ändrör **(se bild).**

15 Demontera vajerhållaren och fjädern.

16 Rengör alla delar och undersök dem beträffande slitage och skador. Byt dem vid behov och införskaffa en ny växelspaksknopp.

Montering

17 Inled ihopsättningen genom att montera fjädern på vajerhållaren.

18 För in vajerhållaren i växelspakens ändrör.

19 Tryck fast gummiskyddet med det öppna spåret uppåt. Montera låsringen och gummigenomföringen.

20 Montera växelspakens ändrör på växelspakens rör med spåret i linje med styrpinnen. Montera låsningen.

21 I förekommande fall skall man montera

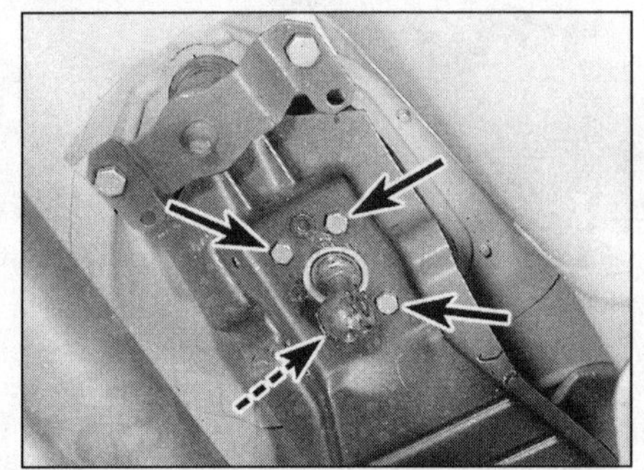

4.3b Växelspakshusets bultar (vid pilarna)

4.4 Demontering av växelspakens damask

4.5 Demontering av mittkonsolens ram

4.6 Växelspakens delar (mittkonsolen demonterad)

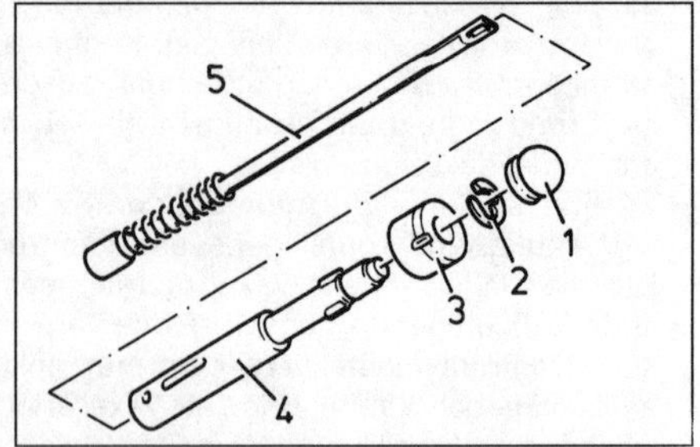

4.14 Växelspakens delar

1 Gummiskydd
2 Låsring
3 Gummigenomföring
4 Växelspakens ändrör
5 Vajerhållare och fjäder

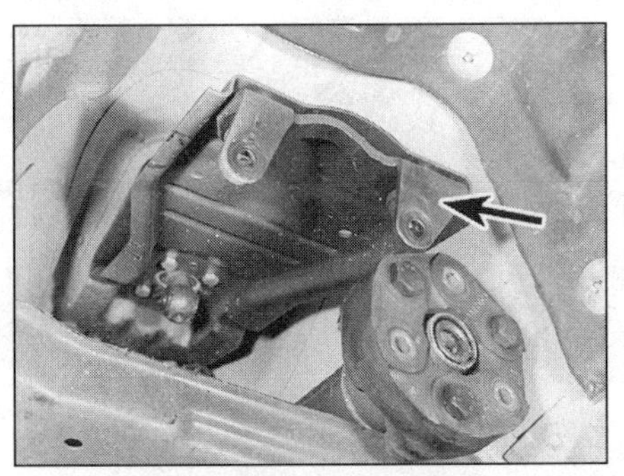
5.4 Växelspakens hållare

O-ringen på växelspaksröret. För därefter in backväxelblocket.

22 Tryck in vajerfästet och fäst det i styrpinnen.

23 Montera stopphylsan och pressa in rullpinnen. Den övre, längre pinnen skall vara riktad åt höger.

24 Montera växelspakens ände och pressa in rullpinnen. Se till att stoppet kan röra sig fritt.

25 Montera låsringen på växelspakens kula. Montera enheten i växlingshuset.

26 Pressa in de två halvbussningarna i växelspakens nedre del.

27 Värm den nya växelspaksknoppen till ca 70°C. Knacka därefter på den på växelspaken med en träbit och en klubba.

28 Applicera lite fett på de gängade plattorna och montera dem i växlingshuset.

29 Montera skumpackningen under växlingshuset med lite fett.

30 Montera växelspaken i fordonet och justera bulthålen.

31 Arbeta under fordonet. Montera och drag åt de fyra skruvarna.

32 Montera växellänkagets sprint och fäst den med låsringen.

33 Montera växelspakens gummibälg med ett nytt buntband. Det underlättar om man smörjer bälgen i såpvatten.

34 Montera mittkonsolens ram och damasken.

35 Sänk ned bilen.

5 Växelspakens hållare - demontering och montering

Demontering

1 Drag åt handbromsen. Lyft upp bilens framvagn och placera den på pallbockar (se *"Lyftning och stödpunkter"*).

2 För upp handen över kardanaxeln och tag loss växellänkaget från växelspakens nedre del. Detta görs enklast genom att man tar loss låsringen från sprintens ena ände och drar ut den.

3 Skruva loss de fyra skruvarna som fäster växelspaken mot hållaren.

4 Demontera den bakre växellådsbalken från

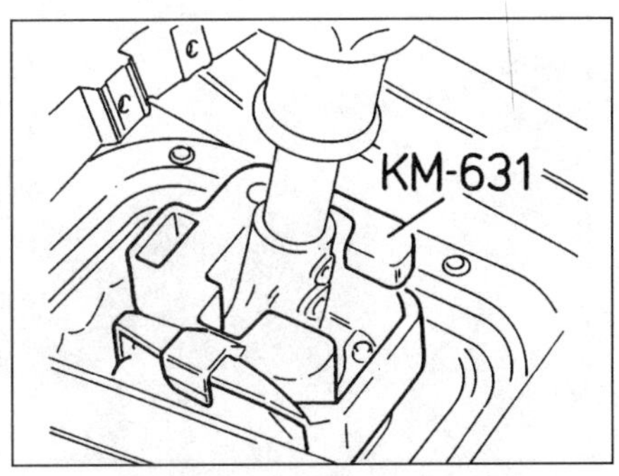

6.4 Verktyg KM-631 för att hålla i växelspaken vid justering av länkaget

underredet och hållarens främre del från växellådan **(se bild)**.

5 Tag bort hållaren från bilens underrede.

6 Demontera gummifästena. Undersök dem och byt vid behov.

Montering

7 Följ anvisningarna för demontering i omvänd ordning vid monteringen. Om de gängade plattorna på växelspakens övre del har rubbats kan man komma åt dem enligt anvisningarna i avsnitt 4.

6 Växellänkage - justering

Observera: *Justering kan endast utföras med Opelverktyg nr KM-631*

1 Drag åt handbromsen. Lyft upp bilens framvagn och placera den på pallbockar (se *"Lyftning och stödpunkter"*). Lägg i friläget.

2 Lossa klämbulten på länkaget.

3 Arbeta i förarutrymmet. Tag loss gummidamasken från mittkonsolens ram och lyft upp damasken. Skruva loss de två skruvarna och demontera mittkonsolens ram. Tag loss gummibälgen och vik upp den.

4 Montera verktyg nr KM-631 i växlingshuset samtidigt som växelspaken förs åt höger **(se bild)**.

5 Använd en nyckel på de plana ytorna och vrid länkaget medurs (sett från förarsätet) tills det tar stopp.

6 Drag åt klämbulten.

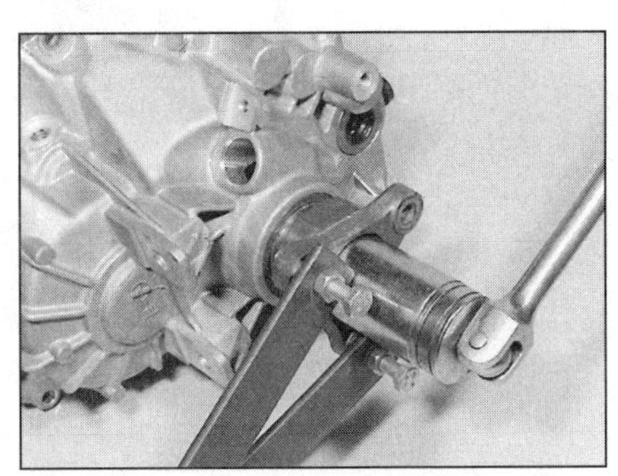
8.2 Skruva loss drivflänsens fästmutter . . .

7 Tag bort verktyget och kontrollera att växlarna kan läggas i på rätt sätt.

8 Montera gummibälgen, mittkonsolens ram och damasken.

9 Sänk ned bilen.

7 Backljuskontakt - demontering, kontroll och montering

Demontering

1 Lyft upp bilens framvagn och placera den på pallbockar (se *"Lyftning och stödpunkter"*).

2 Koppla loss kontaktdonet från backljuskontakten som är placerad på vänster sida på växellådans övre del.

3 Skruva loss kontakten från växellådshuset med tillhörande bricka.

Kontroll

4 För att kontrollera kontakten kan man använda en multimeter (i läget för resistansmätning) eller en kontaktprovare.

Montering

5 Montera en ny tätningsbricka på kontakten. Skruva den på plats på växellådshusets övre del och drag åt den till specificerat åtdragningsmoment. Anslut kontaktdonet och kontrollera att kretsen fungerar.

8 Oljetätningar - byte

Oljetätning för kardanaxelns fläns

1 Demontera kardanaxeln från växellådan (se kapitel 8) och tag bort vibrationsdämparen.

2 Skruva fast en lämplig metallstång på flänsen. Skruva loss flänsens fästmutter samtidigt som du håller i den med stången **(se bild)**.

3 Tag ut drivflänsen ur växellådan **(se bild)**.

4 Bänd ut oljetätningen med en lämplig skruvmejsel.

5 Undersök flänsens tätningsyta beträffande slitage och skador och byt den vid behov.

8.3 . . . och demontera drivflänsen (i bilden är växellådan demonterad)

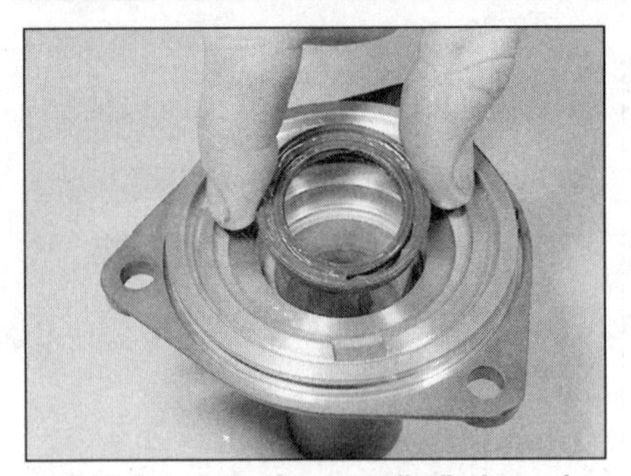

8.14 Pressa in den nya oljetätningen i styrhylsan

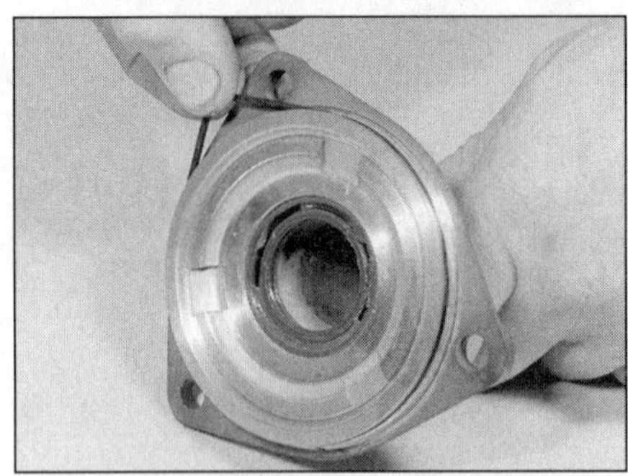

8.15a Montera en ny tätningsring

8.15b Montera urtrampningslagrets styrhylsa och drag åt dess fästbultar till specificerat åtdragningsmoment

Avlägsna alla rester av låsmedel från växellådsaxeln och fästmuttern.

6 Pressa in en ny oljetätning. Se till att tätningsläppen riktas inåt.

7 För drivflänsen försiktigt på plats. Se till att inte skada oljetätningen.

8 Applicera låsmedel på fästmutterns gängor. Montera fästmuttern och drag åt den till specificerat åtdragningsmoment.

9 Montera kardanaxeln (kapitel 8).

Den ingående axelns oljetätning

10 Demontera växellådan enligt avsnitt 3.

11 Demontera frikopplingsarmen och urtrampningslagret enligt kapitel 6.

12 Skruva loss bultarna och drag av urtrampningslagrets styrhylsa från den ingående axeln. Tag loss tätningsringen och kassera den.

13 Bänd försiktigt ut oljetätningen från styrhylsans mitt.

14 Pressa in den nya oljetätningen med tätningsläppen riktad mot växellådan (hylsan monterad) **(se bild).**

15 Montera en ny tätningsring på styrhylsan och för den försiktigt på den ingående axeln. Montera fästbultarna och drag åt den till specificerat åtdragningsmoment **(se bilder).**

16 Montera urtrampningslagret och frikopplingsarmen (kapitel 6). Montera växellådan enligt avsnitt 3.

Kapitel 7 del B: Automatväxellåda

Innehåll

Svårighetsgrader

Enkelt, passar för novisen med lite erfarenhet 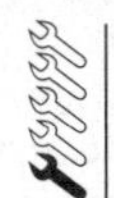

Ganska enkelt, passar nybörjaren med viss erfarenhet 

Ganska svårt, passar kompetent hemmekaniker 

Svårt, passar hemmekaniker med erfarenhet 

Mycket svårt, för professionell mekaniker

Specifikationer

Typ

1,8 och 2,5 liters motorer och tidiga (före 1990) 2,0 och 3,0 liters motorer:	
Tillverkare	Aisin-Warner, fyra växellägen och en backväxel, 4:e växelläget direktkopplat
Typbeteckning	AW03-71L eller AW03-71LE
Senare (fr o m 1990) 2,0 och 3,0 liters motorer samt alla 2,6 liters motorer:	
Tillverkare	GM Powertrain, datorstyrd med tre driftlägen, fyra växellägen framåt och backväxel
Typbeteckning	AR25 eller AR35

Åtdragningsmoment

	Nm
Växellåda AW03-71L och AW03-71LE	
Tömningsplugg	20
Oljekylarens ledningar	35
Spärrkontakt	22
Bakre tvärbalk	45
Momentomvandlarens fästbultar mot drivplattan	30
Växellådans fästbultar mot motorn:	
M10 bultar	35
M12 bultar	55
Växellåda AR25 och AR35	
Tömningsplugg	25
Spärrkontaktens bultar	12
Den bakre tvärbalkens bultar	45
Muttern på växellådans hävarm	20
Bultar som fäster momentomvandlaren mot drivplattan	30
Bultar som fäster växellådan mot motorn	45

1 Allmän information

1,8 och 2,5 liters motorer och tidiga (före 1990) 2,0 och 3,0 liters motorer - växellåda AW03-71L och AW03-71LE

1 Denna växellåda har fyra växellägen. När den fjärde växeln är ilagd låses momentomvandlaren via en intern koppling vilket eliminerar slirning. Med växelväljaren i läge Drive (D) kan man antingen välja en växlingsföljd i tre eller fyra steg genom att trycka in en knapp på spaken. Man kan även välja läge "1" och "2" separat. Växellådan har en normal kick-down för att underlätta acceleration vid alla växellägen. Dessutom finns en kick-downknapp på gaspedalen för växling från växelläge 4 till 3.

Senare (fr o m 1990) 2,0 liters och 3,0 liters motorer samt alla 2,6 liters motorer - växellåda AR25 och AR35

2 Från och med 1990 års modeller monterades en ny elektroniskt styrd automatväxellåda med fyra växellägen. Denna nya växellåda har tre körlägen: Economy, Sport och Winter. Economy-läget är avsett för normal körning då växellådan växlar upp vid

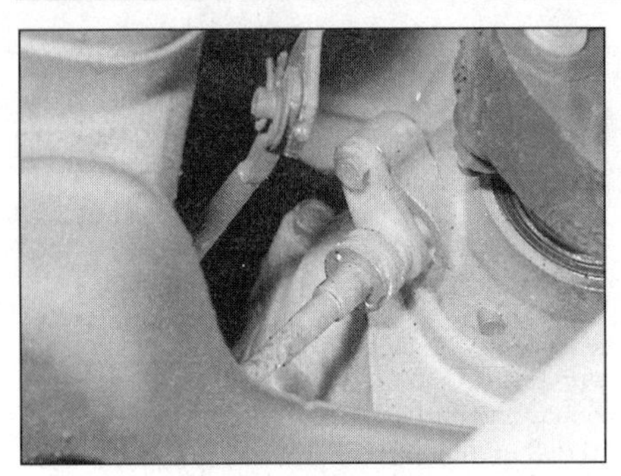

2.11 Anslutning för hastighetsmätarens vajer

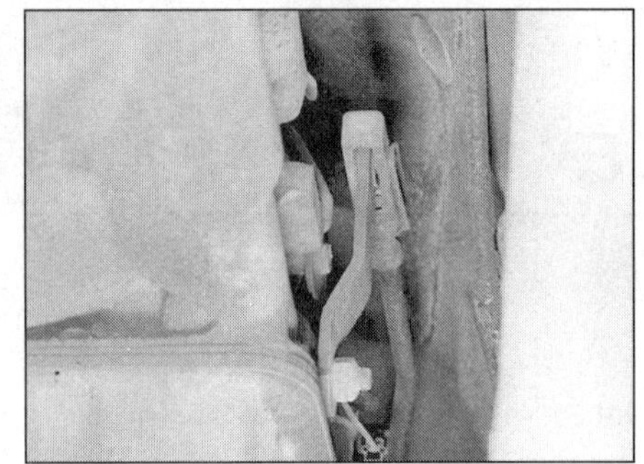

2.12 Väljarstångens koppling till växellådans hävarm

2.13 Växellådans tömningsplugg

relativt låga motorvarvtal för att ge bästa bränsleekonomi. Växellådan är automatiskt inställd i Economy-läget när tändningen slås på.

3 För att erhålla högre accelerationsförmåga finns det ett Sport-läge. Detta kopplas in med knappen på växelväljarens ände. När växellådan är i Sport-läge tänds en lampa till vänster på instrumentbrädan. I detta läge växlar växellådan upp vid högre varvtal så att man får förbättrad accelerationsförmåga. För att återgå till Economy-läget trycker man en gång till på knappen.

4 Winter-läget kopplas in med knapp på mittkonsolen. När Winter-läget är inkopplat tänds lysdioden vid knappen. I detta läge startar bilen från stillastående i det 3:e växelläget. Detta minskar vridmomentet till drivhjulen och möjliggör start på hala underlag som snö och is. Winter-läget kan endast väljas när växelväljaren är i "D"-läget. För att återgå till Economy-läget trycker man in knappen en andra gång eller för växelväljaren till läge "3" eller "R". Observera att växellådan automatiskt övergår från Winter- till Economy-läget när bilens hastighet övergår 80 km/h eller när kick-downknappen trycks in i mer än 2 sekunder.

2 Växellåda - demontering och montering

Demontering

Växellåda AW03-71L och AW03-71LE

1 Koppla loss batteriets minuskabel.

2 För växelväljaren till läge "N".

3 Tag ut växellådans oljemätsticka ur röret.

4 Skruva loss mätstickans rör från hållaren. Klipp av monteringsbandet och drag ut påfyllningsröret från matningsröret.

5 Tag loss kylfläktens hölje från kylaren.

6 Koppla loss kick-downvajern från trottellänkaget. Tryck samman vajerhöljet och tag loss den från fästet. På förgasarmotorer: Demontera först luftrenaren enligt kapitel 3.

7 Tag loss spärrkontaktens kontaktdon som är placerad på torpedväggen. Klipp av kablarnas monteringsband från påfyllningsröret.

8 Demontera avgassystemets främre rör från mellanrörets hållare och från grenröret. Demontera även hållaren och värmeskölden.

9 Lossa glidkopplingens mutter på den främre kardanaxeldelen ett helt varv.

10 Skruva loss bultarna som fäster kardanaxelns främre gummikoppling mot vevaxelns utgående fläns. Sänk ned kardanaxeln bakåt från den utgående flänsen och häng upp den på den ena sidan.

11 Skruva loss den räfflade muttern och koppla loss hastighetsmätarens vajer från växellådan **(se bild).**

12 Koppla loss väljarstången från växellådans hävarm genom att lossa monteringsklämman och sprinten **(se bild).**

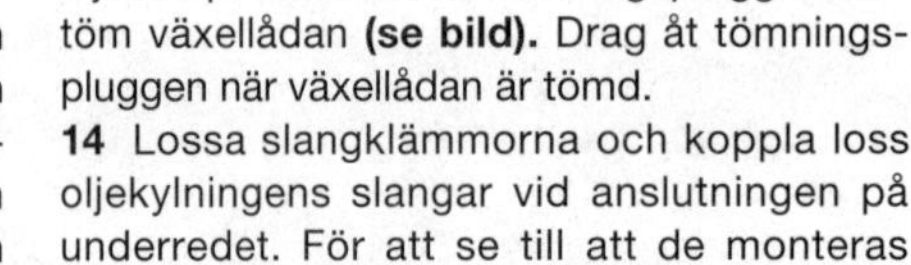

13 Placera en behållare under växellådans oljesump. Skruva loss tömningspluggen och töm växellådan **(se bild).** Drag åt tömningspluggen när växellådan är tömd.

14 Lossa slangklämmorna och koppla loss oljekylningens slangar vid anslutningen på underredet. För att se till att de monteras korrekt och för att förhindra att damm och smuts tränger in kan man koppla loss dem på två ställen och ansluta dem enligt bilden **(se bild).**

15 Tag loss bultarna som fäster de främre hållarna mot motorn.

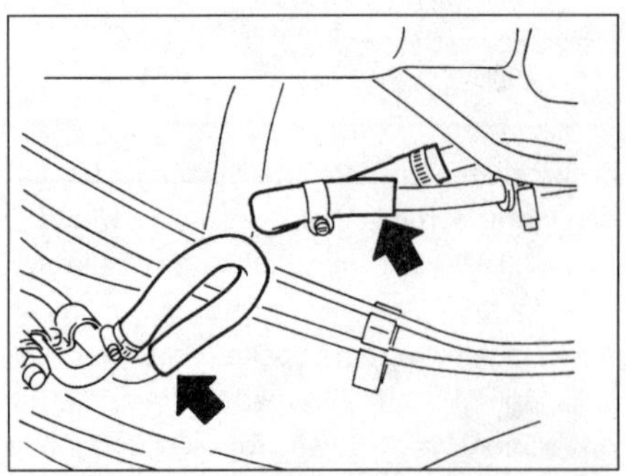

2.14 Koppla loss växellådans oljeslangar och anslut dem enligt bilden

16 Demontera växellådans främre kåpa och främre hållare.

17 Skruva loss bultarna som fäster momentomvandlaren mot drivplattan. För att komma åt alla bultar måste man dra runt motorn med en nyckel på bulten för vevaxelns remskiva.

18 Bänd loss momentomvandlaren från drivplattan.

19 Stöd växellådan med en garagedomkraft.

20 Skruva loss de två nedre bultarna som fäster växellådan mot motorn.

21 Demontera växellådans bakre tvärbalk från underredet. Sänk ned växellådan en aning.

22 Koppla loss kontaktdonen för solenoidventilen och kick-downkontakten.

23 Skruva loss de övriga bultarna som fäster växellådan mot motorn.

24 Tag hjälp av en medhjälpare. Sänk ned växellådan och tag loss den från motorn. Se till att momentomvandlaren fortfarande är kopplad till oljepumpen.

25 Om en ny växellåda skall monteras måste man använda följande delar från den gamla växellådan:

a) Växellådans bakre tvärbalk.
b) Oljeledningarna.
c) Spärrkontakten med kablage.
d) Vajerfästet.
e) Växelväljare.
f) Solenoidventil.
g) Kick-downkontakt.
h) Hastighetsmätarens drev.

Växellåda AR25 och AR35

26 Drag åt handbromsen ordentligt. För växelväljaren i läge "N". Koppla loss batteriets minuskabel.

27 Tag ur mätstickan ur påfyllningsröret. Skruva loss bulten och brickan för mätstickans rör och tag loss röret från växellådan. Observera dess O-ringstätning.

28 Följ kabeln för växellådans spärrkontakt till dess kontaktdon (som är fäst på mitten av torpedväggen i motorrummet). Koppla loss kontaktdonet och tag loss kablaget från dess klämmor och monteringsband.

29 Arbeta i motorrummet och lossa växellådans ventilationsslang från dess fästen och hållare.

30 Blockera bakhjulen och lyft upp bilens framvagn och placera den på pallbockar (se *"Lyftning och stödpunkter"*).

31 Arbeta från bilens undersida och lossa spärrkontaktens kablage och ventilationsslangen från de övriga monteringsklämmorna.

32 Se kapitel 4B. Modeller utan katalysator: Demontera avgasrörets främre rör samt avgasrörets hållare och värmesköld. Modeller med katalysator: Demontera det främre röret och katalysatorn. Demontera därefter hållaren och katalysatorns värmesköldar.

33 Koppla loss de två kontaktdonen från växellådshusets vänstra sida och för kablaget åt sidan. **Observera:** *När kontaktdonen kopplas loss skall man hålla i den nedre delen av kontaktdonet ordentligt. Annars kan den dras ur växellådan.*

34 Lossa hastighetsgivarens kabel från dess monteringsklämma och koppla loss kabeln från kontaktdonet.

35 Skruva loss den främre tvärbalkens fyra skruvar och demontera den från bilens underrede.

36 Följ anvisningarna i paragraf 9 till 17.

37 Placera en garagedomkraft under växellådan med ett träblock som mellanlägg. Höj domkraften tills den stöder upp växellådans vikt.

38 Skruva loss muttrarna och skruvarna som fäster den bakre tvärbalken mot växellådan samt de fyra bultarna som fäster tvärbalken mot underredet. Tag ut tvärbalken från bilens undersida.

39 Låt domkraften ta upp växellådans vikt och lossa de övriga skruvarna som fäster växellådshuset mot motorn. Observera bultarnas placering så att de kan monteras korrekt. Kontrollera en sista gång att alla komponenter har kopplats loss.

40 När bultarna har tagits loss kan man dra domkraften och växellådan bakåt för att lossa den från dess styrstift. När växellådan är fri kan man sänka ner domkraften och dra ut den från bilens undersida. Se till att momentomvandlaren inte lossnar från växellådans axel. Om de är lösa kan man ta bort styrstiften från växellådan eller motorn och förvara dem på ett säkert ställe.

Montering

Växellåda AW03-71L och AW03-71LE

41 Följ anvisningarna för demontering i omvänd ordning vid monteringen. Observera dessutom följande:

a) Innan växellådan kopplas till motorn skall man kontrollera att momentomvandlaren har monterats så att måttet i **bild 2.41** *är enligt angivelsen.*

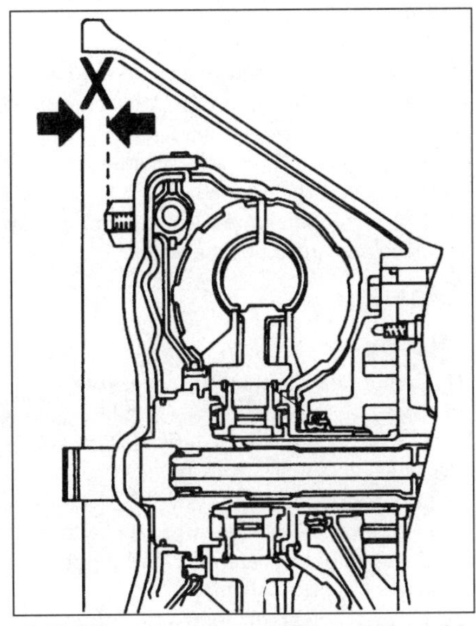

2.41 När momentomvandlaren är korrekt monterad skall måttet "X" vara ca 14,25 mm

b) Applicera lite fett på momentomvandlarens centrumpinne.

c) Applicera låsvätska på bultarna för den bakre tvärbalken innan de skruvas i och dras åt.

d) Drag åt alla muttrar och bultar till specificerat åtdragningsmoment.

e) Justera kick-downvajern (avsnitt 3) och växelväljarens länkage (avsnitt 4).

f) Fyll växellådan med specificerad oljetyp (kapitel 1).

Växellåda AR25 och AR35

42 Följ anvisningarna för demontering i omvänd ordning vid monteringen. Observera följande punkter.

a) Applicera lite högtemperaturfett på växellådans ingående axel. Använd inte för mycket fett, då kan momentomvandlaren påverkas.

b) Se till att styrstiften är korrekt placerade innan växellådan kopplas till motorn.

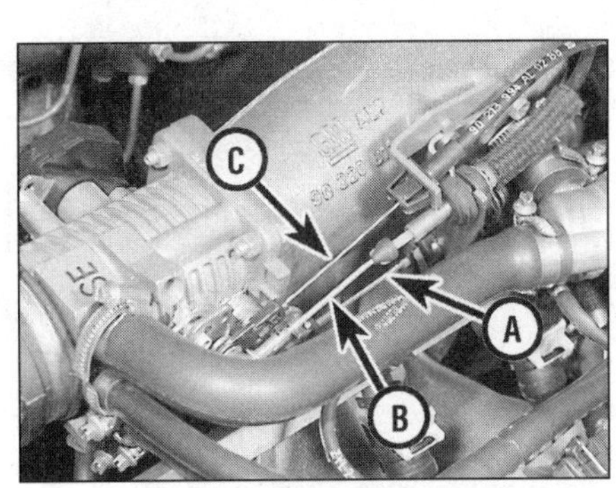

3.2 Kick-downvajer (A), gasvajer (B) och farthållarens vajer (C)

c) Drag åt alla muttrar och bultar till specificerat åtdragningsmoment (där det finns angivet).

d) Före monteringen skall man applicera låsvätska på bultarna för den bakre tvärbalken.

e) Kontrollera att ventilationsslangen och kablarna är korrekt placerade och monterade på tillhörande hållare och monteringsband.

f) När den är monterad skall man fylla växellådan med korrekt mängd av specificerad oljetyp (kapitel 1). Kontrollera justeringen av väljarlänkaget (se avsnitt 4).

3 Kick-downvajer (växellåda AW03-71L/LE) - demontering, montering och justering

Observera: *På växellåda AR25 och AR35 styrs kick-downfunktionen elektroniskt av ECU:n.*

Demontering

1 Förgasarmotorer: Demontera luftrenaren (kapitel 4A). Tag loss fjäderklämman och låsfjädern. Koppla loss vajerhöljet från segmentskivan och tag loss låsningsklämman vid behov.

2 Insprutningsmotorer: Koppla loss vajern från fästet. Pressa samman plasthållaren och tag loss kabelhöljet från hållaren **(se bild)**.

3 Klipp av monteringsbandet för växellådans oljepåfyllningsrör.

4 Lyft upp bilens framvagn och placera den på pallbockar (se *"Lyftning och stödpunkter"*).

5 Placera en behållare under växellådans oljesump. Skruva ur tömningspluggen och töm ur vätskan. Skruva i pluggen och drag åt den när växellådan är tömd.

6 Demontera växellådans oljesump och tag bort anslutningen och påfyllningsröret.

7 Tillverka ett verktyg av ståltråd enligt bilden **(se bild)**. Använd verktyget för att vrida den böjda skivan så att vajern kan kopplas loss.

8 Koppla loss och demontera kick-downvajern.

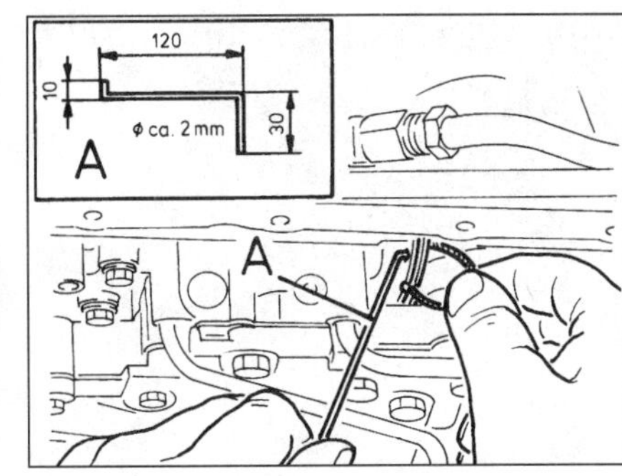

3.7 Använd en bit ståltråd (A) för att vrida runt den böjda skivan

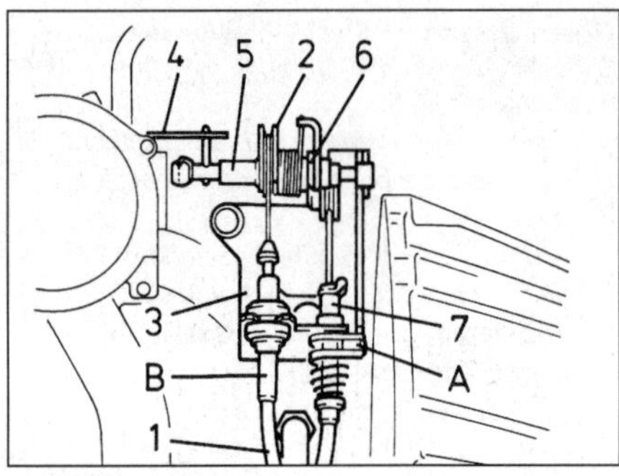

3.18 Övre koppling av kick-downvajer på förgasarmotorer

1 Gasvajer
2 Styrkam
3 Hållare
4 Trottelventilens arm
5 Axel
6 Hävarm
7 Kick-downvajer
A Fjäderklämma
B Vajerhöljets skydd

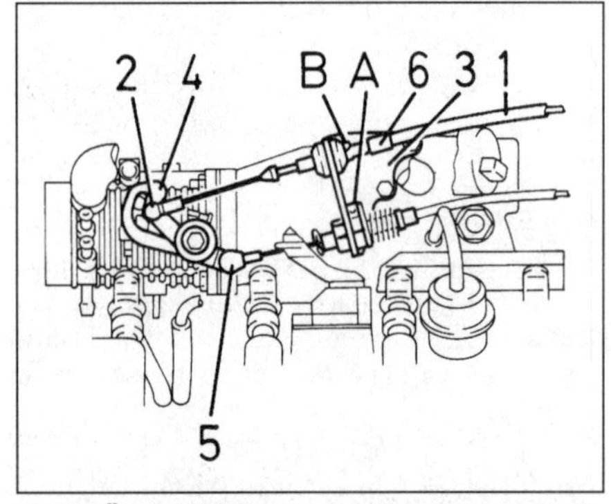

3.23 Övre koppling av kick-downvajer på insprutningsmotorer

1 Gasvajer
2 Fäste
3 Hållare
4 Trottelventilens arm
5 Kick-downvajer
6 Vajerhöljets skydd
A Fjäderklämma
B Säkerhetsklämma

Montering

9 Montera den nya vajern på växellådans påfyllningsrör med ett monteringsband.
10 Applicera lite fett på vajertätningen.
11 Anslut vajern till den böjda skivan med ståltrådsverktyget. Kontrollera att vajern och skivan kan röra sig fritt.
12 Justera vajern enligt nedanstående delavsnitt och anslut vajerns övre ände.
13 Montera växellådans oljesump med en ny O-ring för anslutningen och påfyllningsröret och drag åt oljesumpens skruvar.
14 Förgasarmotorer: Montera luftrenaren.
15 Sänk ned bilen på marken.
16 Fyll växellådan med korrekt mängd av specificerad oljetyp enligt avsnitt 2.

Justering

Förgasarmotorer

17 Demontera luftrenaren (kapitel 4A).
18 Lossa fjäderklämman (A) **(se bild).**
19 Lossa gasvajerns justering. Drag vajerhöljets skydd (B) tills trottelns hävarm (4) vilar mot trottelstoppet utan att del (5) och (6) kan rotera mot varandra. Fäst skyddet i detta läge.
20 Justera gaspedalen så att inget spel föreligger i tomgångsläget.
21 Låt en assistent försiktigt trycka ned gaspedalen tills kick-downkontakten trycks in helt. Montera fjäderklämman (A).
22 Montera luftrenaren (kapitel 4A).

Insprutningsmotorer

23 Lossa säkerhetsklämman (B) **(se bild).**
24 Låt en assistent trycka ned gaspedalen så att den precis vidrör kick-downkontakten **(se bild).**
25 Drag vajerhöljets skydd tills trottelns hävarm vilar mot trottelstoppet. Montera fjäderklämman (B).
26 Justera gaspedalen så att inget spel föreligger i tomgångsläget.
27 Lossa fjäderklämman (A).
28 Låt en assistent försiktigt trycka ned gaspedalen tills kick-downkontakten trycks in helt. Montera fjäderklämman (A).

4 Växelväljarens länkage - justering

1 Placera bilen över en smörjgrop eller lyft upp bilens framvagn och placera den på pallbockar (se *"Lyftning och stödpunkter"*).

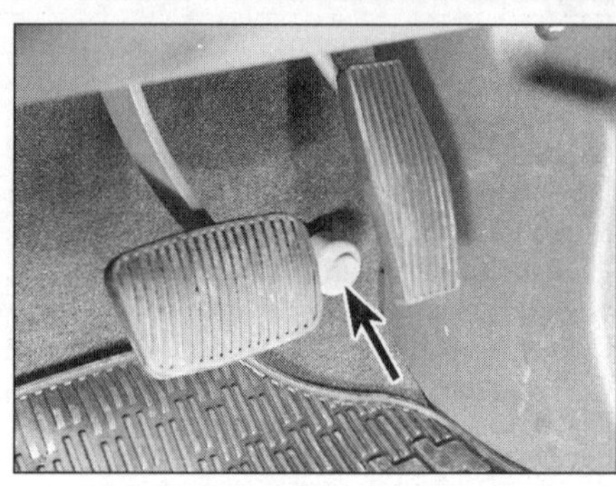

3.24 Kick-downkontakt (vid pilen)

2 För växelväljaren till läge "N".
3 Tag loss länkstaget från hävarmen på växellådan genom att ta loss låsringen och sprinten.
4 Kontrollera att växelväljaren är i läge "N".
5 För länkstaget bakåt så att växelväljaren trycks mot den främre delen av "N"-läget. Placera växelföraren på växellådans hävarm. Kontrollera hålens placering och vrid växelföraren så att hålen är exakt justerade.
6 Från detta läge skall växelföraren vridas ett helt varv medurs på länkstaget.
7 Montera fjäderklämman och sprinten.
8 Kontrollera att växelväljaren fungerar korrekt. Kontrollera även att spärrkontakten fungerar korrekt. Med växelväljaren i läge R, D, 2 och 1 skall man inte kunna starta motorn. Vid behov skall kontakten justeras enligt avsnitt 6.

5 Växelväljare - demontering och montering

Demontering

Växellåda AW03-71L och AW03-71LE

1 Använd en liten skruvmejsel för att bända ut växelväljarens panel och demontera den från växelväljaren **(se bilder).**
2 Lyft ut skyddet **(se bild).**

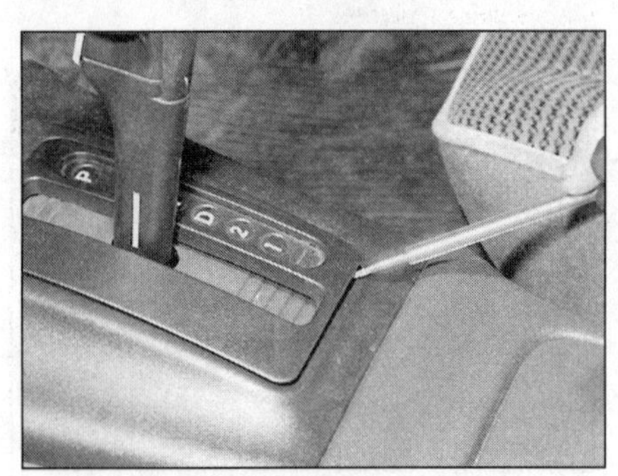

5.1a Bänd ut växelväljarens panel . . .

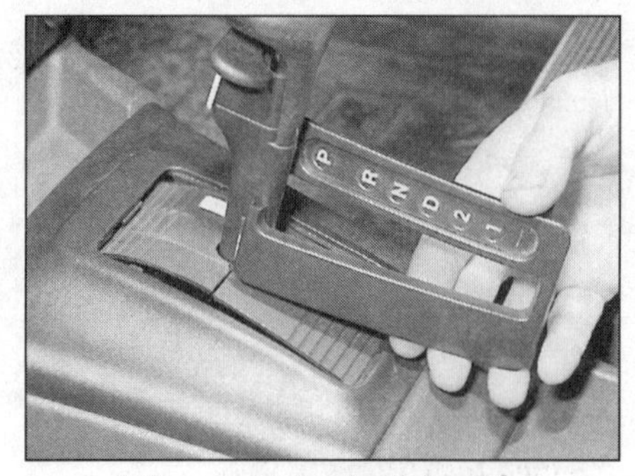

5.1b . . . och tag bort den från växelväljaren

5.2 Demontering av skyddet

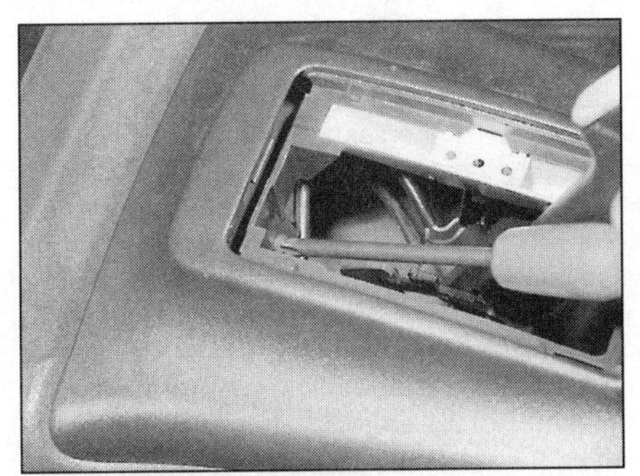
5.3a Skruva loss skruven . . .

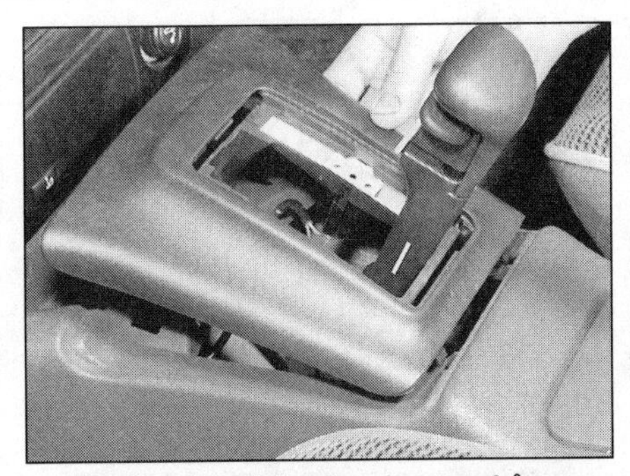
5.3b . . . och tag loss ramen från mittkonsolen

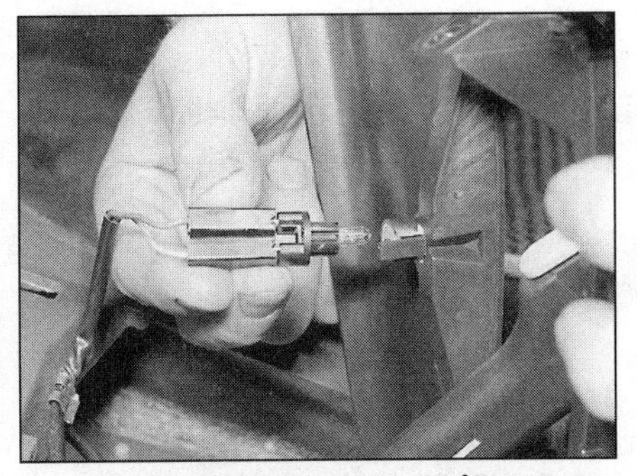
5.4 Demontering av lamphållaren

5.9a Växelspakens högra sida

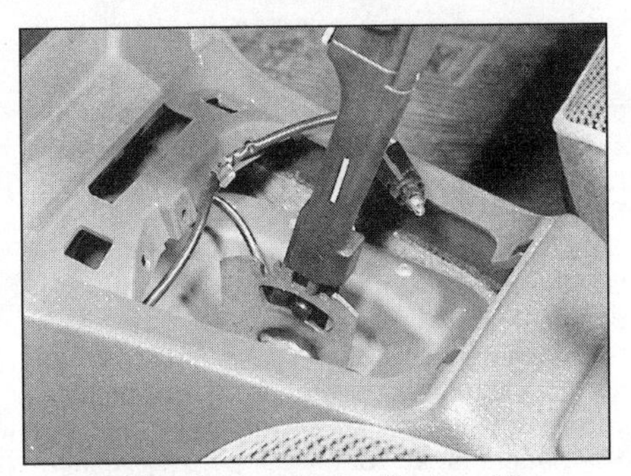
5.9b Växelspakens vänstra sida

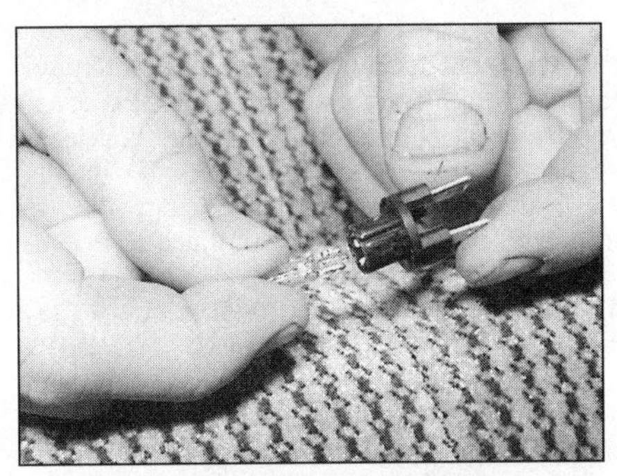
5.10 Lampan tas ur lamphållaren

3 Skruva loss den främre fästskruven och tag loss ramen från de bakre styrhålen **(se bilder)**.
4 Drag ut lamphållaren och tag bort ramen **(se bild)**.
5 Placera ett träblock på den högra sidan om växelväljaren för att hålla den i läge.
6 Lyft upp bilens framvagn och placera den på pallbockar (se *"Lyftning och stödpunkter"*).
7 Koppla loss väljarstången från växellådans hävarm genom att ta loss låsringen och sprinten.
8 Skruva loss muttern och koppla loss länkaget från växelväljaren. Tag reda på taggbrickan och gummiringen. Tag bort träblocket.
9 Koppla loss kontaktdonet. Tag loss växelväljaren genom att föra ut den i sidled från styrningen **(se bilder)**.
10 Vid behov kan man koppla loss sladden från lamphållaren och dra ut lampan **(se bild)**.

Växellåda AR25 och AR35

11 Demontera mittkonsolenheten enligt kapitel 11.
12 Drag åt handbromsen ordentligt och lyft upp bilens framvagn och placera den på pallbockar (se *"Lyftning och stödpunkter"*).
13 Arbeta från bilens undersida. Koppla loss väljarstången från växelväljarens nedre del genom att ta loss låsringen och sprinten.
14 Arbeta från förarutrymmet och borra försiktigt ut de fem nitarna som fäster växelväljarhuset mot chassit. Lyft ut växelväljarhuset ur bilen.

Montering

Växellåda AW03-71L och AW03-71LE

15 Följ anvisningarna för demontering i omvänd ordning vid monteringen. Justera länkaget enligt avsnitt 4.

Växellåda AR25 och AR35

16 Tag bort allt tätningsmedel från växelväljarhusets nedre del och bilens chassi.
17 Applicera en sträng med tätningsmedel på växelväljarhusets undersida. Montera huset i bilen.
18 Fäst växelväljarhuset med hjälp av popnitar.
19 Arbeta från bilens undersida och koppla länkstaget till växelväljarens nedre del. Fäst sprinten med hjälp av låsringen.
20 Montera mittkonsolen enligt kapitel 11.
21 Kontrollera justeringen av växelväljarens länkage enligt avsnitt 4.

6 **Spärrkontakt** - demontering, montering och justering

Demontering

Växellåda AW03-71L och AW03-71LE

1 För växelväljaren till läge "N".
2 Tag loss spärrkontaktens kontaktdon som är placerad på torpedväggen. Klipp av kablarnas monteringsband från påfyllningsröret.
3 Lyft upp bilens framvagn och placera den på pallbockar (se *"Lyftning och stödpunkter"*).
4 Tag loss kablaget från underredet och från klämman på växellådan.
5 Koppla loss oljekylarens rör från växellådan **(se bild)**. Plugga de öppna ändarna för att undvika att damm och smuts tränger in.
6 Skruva loss låsningsmuttern från kontaktens främre kontaktdon. För kontaktdonet åt sidan och plugga det.
7 Skruva loss den bakre skruven. Böj låsblecket och skruva loss muttern.
8 Tag loss spärrkontakten från växellådan.

Växellåda AR25 och AR35

9 Drag åt handbromsen ordentligt och för växelväljaren till läge "N".

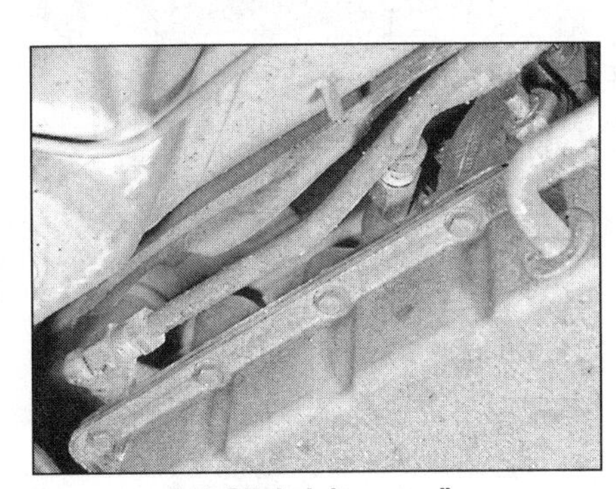
6.5 Oljekylningens rör

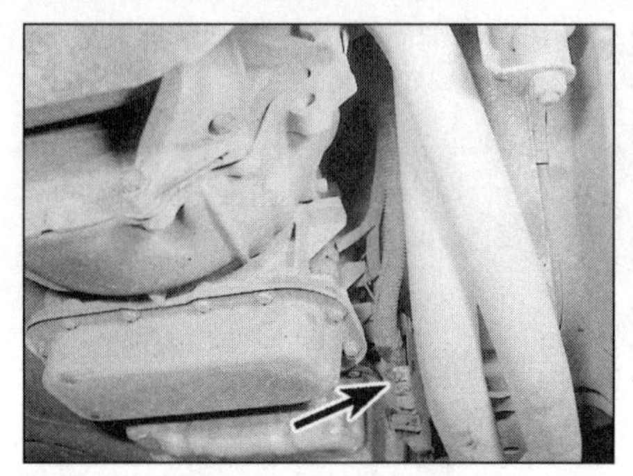

6.12 Spärrkontaktens placering (vid pilen) - växellåda AR25 och AR35

10 Följ kabeln för växellådans spärrkontakt till dess kontaktdon (som är fäst på mitten av torpedväggen i motorrummet). Koppla loss kontaktdonet och tag loss kablaget från dess klämmor och monteringsband.

11 Blockera bakhjulen och lyft upp bilens framvagn och placera den på pallbockar (se *"Lyftning och stödpunkter"*).

12 Arbeta från bilens undersida och lossa spärrkontaktens kabel från övriga fästklämmor **(se bild)**.

13 Tag loss spärrkontaktens kåpa. Lossa och demontera muttern som fäster växellådans hävarm på väljaraxeln. Drag loss hävarmen från väljaraxeln.

14 Lossa de två fästbultarna och drag av spärrkontakten från väljaraxeln.

Montering och justering

Växellåda AW03-71L och AW03-71LE

15 Följ anvisningarna för demontering i omvänd ordning vid monteringen. Innan den bakre bulten dras åt måste kontakten justeras på följande sätt. Placera en stållinjal eller en stång på väljaraxelns bakre plana yta. Med växellådan i neutralläge skall linjen på kontakten justeras mot linjalen. Drag därefter åt kontakten till specificerat åtdragningsmoment **(se bild)**.

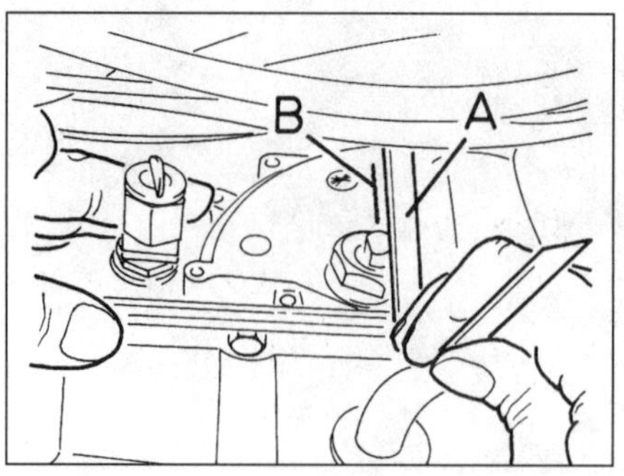

6.15 Justering av spärrkontakten
A Linjal B Justeringsmärke

Växellåda AR25 och AR35

16 Innan kontakten monteras skall väljaraxelns oljetätning undersökas beträffande skador eller oljeläckage. Byt den vid behov. Demontera oljetätningen genom att försiktigt bända ut den med en liten spårskruvmejsel. Applicera lite fett på oljetätningens tätningsläpp. För på tätningen på axeländen och pressa in den i växellådan. Vid behov kan tätningen knackas på plats med hjälp av ett rör som endast ligger an mot oljetätningens yttre kant.

17 Placera spärrkontakten på väljaraxeln. Skruva i dess två fästbultar för hand. Justera kontakten enligt nedanstående anvisningar. Innan man fortsätter skall man temporärt montera växellådans hävarm på axeln för att kontrollera att växellådan fortfarande är i neutralläget ("N").

18 Det finns två sätt att justera kontakten: Mekaniskt eller elektriskt. Den elektriska metoden är mycket noggrannare, men kräver en multimeter.

19 För att elektriskt justera kontakten skall man ansluta en multimeter inställd för motståndsmätning till anslutning 1 och 2 på dess kontaktdon **(se bild)**. Med växellådan i neutralläge skall resistansen vara noll mellan anslutningarna. Vrid kontakten försiktigt för att kontrollera läget där kontakten slår om. Detta område utgör ca 5°. Placera kontakten i mitten av detta område och drag åt dess bultar till specificerat åtdragningsmoment.

20 För den mekaniska justeringen krävs en svetstråd med en diameter på 2,0 till 2,3 mm. Med växellådan i neutralläge vrider man kontakten tills spåren i kontakten och för växellådans hävarm är i linje med varandra och svetstråden kan föras in **(se bild)**. Håll kontakten i detta läge och drag åt dess fästskruvar till specificerat åtdragningsmoment. Kontrollera att spåren fortfarande är korrekt justerade och tag bort svetstråden.

21 När spärrkontakten är korrekt justerad kan man montera växellådans hävarm på väljaraxeln och dra åt dess mutter till specificerat åtdragningsmoment.

22 För upp kontaktens kabel i motorrummet och se till att den dras korrekt.

23 Anslut kontaktdonet i motorrummet och fäst kabeln med nya monteringsband.

24 Kontrollera väljarlänkagets justering enligt avsnitt 4. Kontrollera därefter att spärrkontakten fungerar korrekt.

25 Montera spärrkontaktens kåpa och sänk ner bilen på marken.

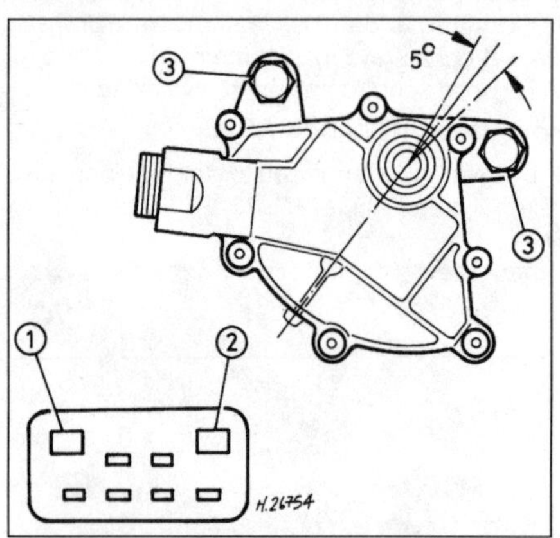

6.19 Elektrisk justering av spärrkontakten - växellåda AR25 och AR35

1 Kontaktdonets anslutning 1
2 Kontaktdonets anslutning 2
3 Kontaktens fästbultar

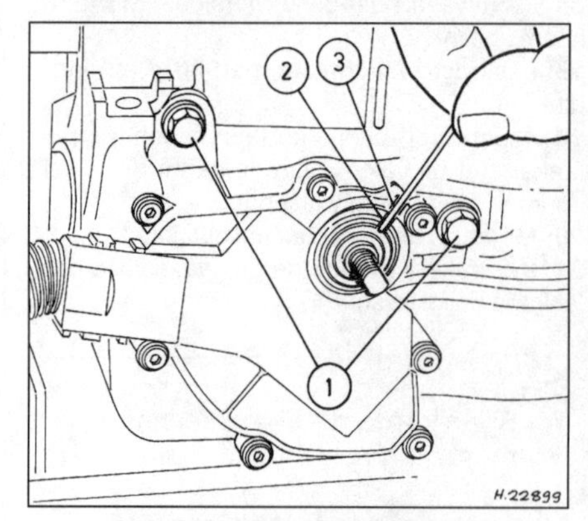

6.20 Justering av spärrkontakten med en lämplig svetstråd - växellåda AR25 och AR35

1 Kontaktens fästbultar
2 Spärrkontaktens spår
3 Spåret för växellådans hävarm

7 Styrenhet och kontakter (växellåda AR25/AR35) - demontering och montering

Elektronisk styrenhet (ECU)

1 Den elektroniska styrenheten är monterad under motorhuven (bakom den vänstra delen av vattenavvisaren av plast).

2 Öppna motorhuven för att demontera enheten. Tag loss tätningslisten från vattenavvisarens vänstra ände. Lyft vattenavvisaren försiktigt för att komma åt styrenheten **(se bild)**.

3 Lossa fästskruven och tag loss styrenheten. Koppla loss kontaktdonet när du kommer åt det.

4 Följ anvisningarna för demontering i omvänd ordning vid monteringen. Se till att vattenavvisaren och tätningslisten monteras korrekt.

7.2 Den elektroniska styrenhetens placering - växellåda AR25 och AR35 (vattenavvisaren demonterad)

Reglage för Sport-läge

5 Använd en liten spårskruvmejsel, bänd försiktigt ut växelväljarens panel och skydd från ramen. Tag bort dem från växelväljaren.
6 Skruva loss fästskruven och tag bort ramen från mittkonsolen. Drag ut lamphållaren ur ramen och tag bort den från växelväljaren.
7 För försiktigt in kabeln till reglaget för Sport-läget genom växelväljarens nedre del tills reglaget trycks ur sitt läge.
8 Använd en lödkolv för att försiktigt löda loss de två sladdarna. Demontera reglaget.
9 Följ anvisningarna för demontering i omvänd ordning vid monteringen. Se till att sladdarna löds på rätt sätt på reglaget. Kontrollera reglagets funktion innan ramen monteras.

Reglage för Winter-läge

10 Snäpp loss mittkonsolens kåpa och tag bort den från mittkonsolen. Koppla loss reglagets/reglagens kontaktdon när du kommer åt dem.
11 Kläm ihop reglagets fästen och tag loss reglaget från kåpan.
12 Följ anvisningarna för demontering i omvänd ordning vid monteringen.

Kick-downkontakt

13 Kick-downkontakten är monterad under gaspedalen.
14 För att demontera kontakten måste kablarna kopplas loss. Därefter kan man försiktigt bända loss kontakten från hållaren.
15 Vid monteringen måste man se till att kontakten är korrekt monterad på hållaren. Därefter kan kontaktdonet anslutas.

Kapitel 8
Slutväxel, drivaxlar och kardanaxel

Innehåll

Svårighetsgrader

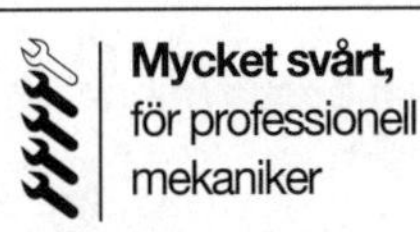

Enkelt, passar för novisen med lite erfarenhet

Ganska enkelt, passar nybörjaren med viss erfarenhet

Ganska svårt, passar kompetent hemmekaniker

Svårt, passar hemmekaniker med erfarenhet

Mycket svårt, för professionell mekaniker

Specifikationer

Slutväxel

Typ	Ofjädrad, monterad på den bakre fjädringens tvärbalk och underredet
Antal kuggar:	
Kronhjul	37
Pinjonger	10
Slutväxelns utväxling:	
Alla motorer med sex cylindrar	3,70 : 1
1,8 och 2,0 liters motorer med katalysator	3,90 : 1
1,8 och 2,0 liters motorer utan katalysator med manuell växellåda	3,70 : 1
1,8 liters motorer utan katalysator med automatväxellåda	3,90 : 1
2,0 liters motorer utan katalysator med automatväxellåda	3,70 : 1

Drivaxel

Typ	Underhållsfri dubbel yttre drivknut

Kardanaxel

Typ	Tvådelad cylindrisk axel med ett mittre lager, kardanknut och gummikopplingar mot växellådan och differentialen

Smörjning

Slutväxelns smörjmedel:	
Icke slirningsbegränsad differential	Hypoid växellådsolja, viskositet SAE 90
Slirningsbegränsad differential	GM specialsmörjmedel 19 42 382 (9 293 688)
Slutväxelns smörjmedelsvolym:	
Sedan	0,8 liter
Kombi	1,0 liter
Modeller med ribbad bakre kåpa (fr o m 08/90)	Enligt ovan plus 0,1 liter
Fett för drivaxelns drivknut	GM specialfett 19 41 522 (90 007 999)

Åtdragningsmoment

	Nm
Bakre dämpningsblock mot underredet:	
Steg 1	30
Steg 2	Vinkeldra 30° till 45°
Bakre dämpningsblock mot slutväxel	110
Slutväxelns bakre kåpa	60
Slutväxeln mot tvärbalken:	
Steg 1	110
Steg 2	Vinkeldra ytterligare 30° till 45°
Drivaxeln mot navet:	
Steg 1	50
Steg 2	Vinkeldra 45° till 60°
Slutväxelns påfyllningsplugg	22
Muttern för kardanaxelns glidkoppling	40
Hållaren för kardanaxelns mittre lager	20
Kardanaxelns montering mot gummikopplingen (sexkantsbult)	100
Kardanaxelns montering mot gummikopplingen (Torxbult):	
Steg 1	50
Steg 2	Vinkeldra 45° till 60°
Krängningshämmarens överfall	22
Hastighetsgivarens hållare (bilar med ABS)	60
Hastighetsgivarens montering på hållarens (bilar med ABS)	7
Kardanaxelns gummikoppling mot växellådan resp differentialen:	
Sexkantsbult	10
Torxbult:	
Steg 1	50
Steg 2	Vinkeldra 45° till 60°
Kardanaxelns mittre lager mot hållaren	22
Kardanaxelns mittre lagerhållare mot underredet	20
Muttern för kardanaxelns glidkoppling	40

1 Allmän beskrivning

1 Slutväxeln är skruvad direkt på den bakre fjädringens tvärbalk och är alltså ofjädrad. Ett dämpningsblock av gummi som är monterat på den bakre delen av slutväxeln utgör fäste för den bakre fjädringens tvärbalk. Två drivaxlar utgör kraftöverföringen från slutväxeln till bakhjulen som är monterade i bakfjädringen.

2 Nya bilar kan utrustas med en slirningsbegränsad differential som tillval. Alternativt kan den monteras vid reparation av bilen. Det krävs dock specialverktyg och det existerande kronhjulet måste värmas till en viss temperatur innan den slirningsbegränsade differentialen skruvas fast. Av denna anledning ingår detta arbete inte i detta kapitel. Allmän översyn av slutväxeln ingår inte heller.

3 Bilarna har en tvådelad cylindrisk kardanaxel med ett mittre lager som är monterad i en gummiupphängning. Den bakre delen har en kardankoppling i framänden och den främre delen har en glidkoppling i bakänden. Kardanaxeln är monterad på växellådan och differentialen via gummikopplingar. Man kan inte reparera kardankopplingen.

2 Slutväxel - demontering och montering

Demontering

1 Blockera framhjulen. Lyft upp bilens bakvagn och placera den på pallbockar (se *"Lyftning och stödpunkter"*). Demontera båda bakhjulen.

2 Demontera båda drivaxlar enligt anvisningarna i avsnitt 8.

3 Lossa den mittre glidkopplingens mutter på kardanaxeln ett helt varv.

4 Lossa avgassystemets gummihållare och sänk ner systemets bakre del ca 300 mm. Fäst systemet i detta läge.

5 Demontera hållaren för kardanaxelns mittre lager från underredet och observera placeringen av eventuella justeringsmellanlägg.

6 Skruva loss kardanaxelns bakre fläns från gummikopplingen och bänd loss kardanaxeln från kopplingen. Stöd kardanaxeln med en pallbock.

7 Stöd slutväxeln med en garagedomkraft.

8 Skruva endast loss bultarna som fäster det bakre dämpningsfästet mot slutväxeln.

9 Modeller med låsningsfritt bromssystem (ABS): Demontera givarhållarna från slutväxelns bakre del **(se bild)**.

10 Demontera det bakre dämpningsfästet från underredet **(se bild)**.

11 Koppla loss de bakre bromsslangarna från länkarmarna genom att dra av klämmorna.

12 Sänk ner slutväxeln och den bakre

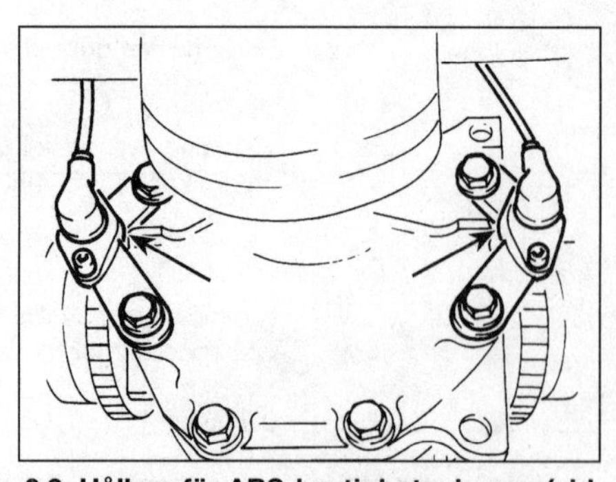

2.9 Hållare för ABS-hastighetsgivarna (vid pilarna) på slutväxelns bakre del

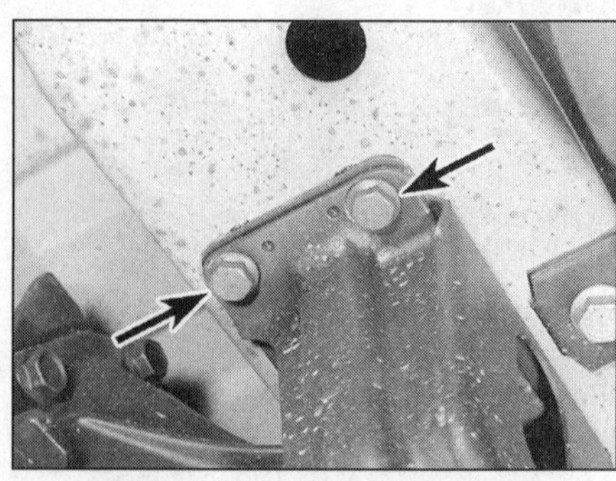

2.10 Det bakre dämpningsfästets monteringsbultar (vid pilarna)

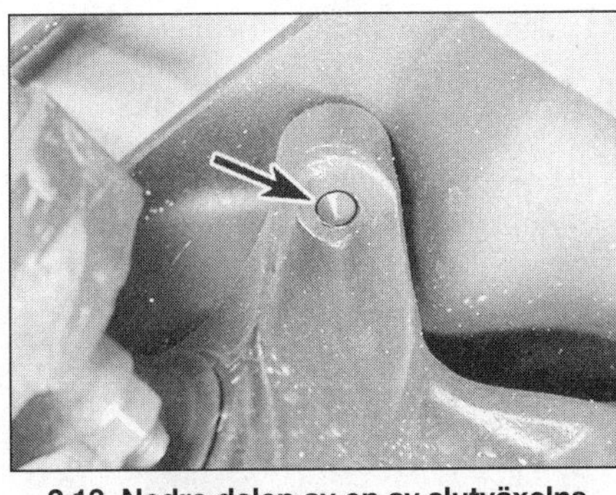

2.13 Nedre delen av en av slutväxelns främre monteringsbultar (vid pilen)

fjädringens tvärbalk ca 10 cm. Skruva loss bultarna som fäster den bakre- krängningshämmarens överfall mot tvärbalken. Vrid undan krängningshämmaren uppåt.

13 Skruva loss slutväxelns bakre och främre fästbultar från den bakre fjädringens tvärbalk **(se bild).**

14 Sänk ned slutväxeln och tag ut den från bilens undersida. Demontera det bakre dämpningsfästet och gummikopplingen.

Montering

15 Följ anvisningarna för demontering i omvänd ordning vid monteringen. Drag åt alla muttrar och bultar till specificerat åtdragningsmoment. Montera drivaxlarna enligt avsnitt 8. Kontrollera oljenivån i slutväxeln enligt avsnitt 3.

3 Slutväxel - kontroll av oljenivå

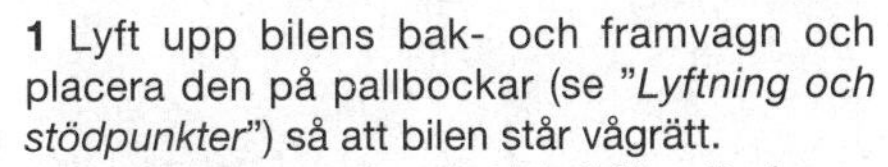

1 Lyft upp bilens bak- och framvagn och placera den på pallbockar (se *"Lyftning och stödpunkter"*) så att bilen står vågrätt.

2 Använd en sexkantsnyckel för att skruva loss påfyllningspluggen från slutväxelns högra sida.

3 Kontrollera att oljenivån är i linje med den nedre kanten av oljepåfyllningshålet med hjälp av en (ren) böjd ståltrådsbit eller en mindre skruvmejsel som mätsticka.

4 Fyll på vid behov. Använd rätt oljetyp enligt specifikationerna.

5 Skruva i och drag åt påfyllningspluggen till specificerat åtdragningsmoment och torka rent.

6 Kontrollera oljetätningarna för slutväxelns pinjongdrev och differentiallagret beträffande läckage. Byt dem vid behov.

7 Sänk ned bilen på marken.

4 Slutväxelns dämpningsfäste - byte

1 Blockera framhjulen. Lyft upp bilens bakvagn och placera den på pallbockar (se *"Lyftning och stödpunkter"*).

2 Stöd slutväxeln med en garagedomkraft.

3 Lossa bultarna som fäster det bakre dämpningsfästet mot slutväxeln.

4 Demontera det bakre dämpningsfästet från underredet.

5 Sänk ned slutväxeln och den bakre fjädringens tvärbalk. Skruva loss skruvarna och demontera dämpningsfästet (se bild 2.10).

6 Montera nya skruvar och följ anvisningarna för demontering i omvänd ordning vid monteringen. Drag åt alla muttrar och skruvar till specificerat åtdragningsmoment.

5 Gummipackning för slutväxelns bakre kåpa - byte

Observera: *Slutväxelns bakre kåpa som används fr o m 08/90 har ett antal kylribbor på utsidan av gjutgodset. Tidigare enheter hade en slät yta. Observera följande avvikelser när du arbetar med en slutväxel av nyare typ:*

a) Det finns ingen papperspackning mellan kåpan och huset. Vid montering skall man se till att kåpans och husets anliggningsytor är rena och torra. Applicera därefter ett lager med lämpligt tätningsmedel på kåpans anliggningsyta.

b) Alla fästbultar för den bakre kåpan måste bytas om de har demonterats.

c) De nyare slutväxlarna har en större oljevolym än de tidigare. Se specifikationerna för ytterligare information.

1 Demontera dämpningsfästet enligt avsnitt 4.

2 Placera en lämplig behållare under slutväxeln. Demontera kåpan. Avlägsna packningen och låt oljan rinna ut.

3 Rengör kåpans och slutväxelns anliggningsytor ordentligt.

4 Placera den nya packningen på slutväxeln med hjälp av lite fett.

5 Placera kåpan på plats. Skruva i och drag åt bultarna stegvis till specificerat åtdragningsmoment. Man bör använda nya bultar.

6 Montera dämpningsfästet enligt avsnitt 4.

7 Ställ bilen på ett plant underlag. Skruva loss påfyllningspluggen ur slutväxeln. Häll i olja av specificerad typ tills oljenivån är i linje med hålets nedre kant. Skruva i och drag åt påfyllningspluggen till specificerat åtdragningsmoment.

8 Sänk ned bilen.

6 Oljetätning för slutväxelns pinjonger - byte

1 Demontera slutväxeln enligt avsnitt 2.

2 Placera enheten i ett skruvstycke.

3 Markera hur drivflänsens mutter sitter på drivflänsen och pinjongen.

4 Håll i drivflänsen genom att skruva fast en metallstång på den. Skruva loss muttern och anteckna det exakta antalet varv som krävs för att skruva loss den.

5 Använd en lämplig avdragare för att dra av drivflänsen från pinjongen.

6 Bänd ut oljetätningen ur slutväxelhuset med en skruvmejsel. Rengör oljetätningens säte.

7 Applicera lite olja på den nya oljetätningens tätningsläpp. Pressa in den i huset tills den är i linje med den yttre kanten. Använd helst ett metallrör som passar till oljetätningen, men det går även att använda träblock på båda sidor om pinjongen.

8 Placera drivflänsen på pinjongen i originalläget och drag åt muttern tills även den är i originalläget.

9 För att kontrollera att slutväxelns lager är korrekt förspända skall man kontrollera att drivflänsens vridningsmoment är mellan 90 och 120 Ncm. Detta kan utföras antingen med hjälp av en hylsa på pinjongmuttern, en vridmomentsmätare eller en ståltråd och en fjädervåg.

10 Montera slutväxeln enligt avsnitt 2.

7 Oljetätning för slutväxelns differentiallager - byte

1 Blockera framhjulen. Lyft upp bilens bakvagn och placera den på pallbockar (se *"Lyftning och stödpunkter"*). Demontera det aktuella bakhjulet.

2 Demontera den aktuella drivaxeln enligt avsnitt 8.

3 Observera hur djupt oljetätningen är monterad i slutväxelhuset.

4 Använd en skruvmejsel eller en krok för att bända ut oljetätningen **(se bild).** Rengör oljetätningens tätning.

5 Applicera lite olja på den nya oljetätningens tätningsläpp. Använd ett lämpligt metallrör för att pressa in oljetätningen. Pressa in den lika djupt som den gamla oljetätningen var monterad.

6 Montera drivaxeln enligt avsnitt 8.

7 Montera hjulet och sänk ner fordonet på marken.

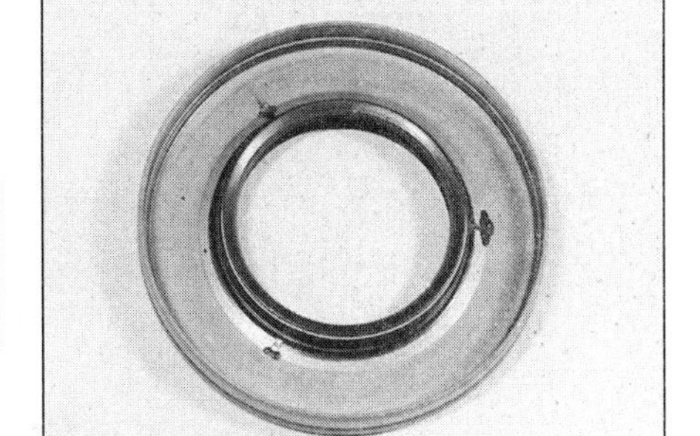

7.4 Differentiallagrets oljetätning

8.9a Momentdra drivaxelns bultar

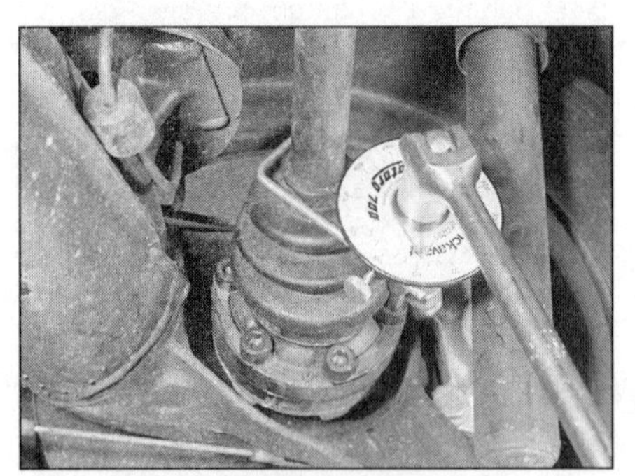

8.9b Vinkeldra drivaxelns bultar

8 Drivaxel - demontering och montering

Demontering

1 Blockera framhjulen. Lyft upp bilens bakvagn och placera den på pallbockar (se *"Lyftning och stödpunkter"*).

2 Skruva loss insexskruvarna som fäster drivaxeln mot bakhjulsnavet samtidigt som du håller i hjulet. Tag reda på låsbrickorna.

3 Bänd loss drivaxeln från bakhjulsnavet och stöd det mot skivbromsenheten.

4 Demontera bakhjulet.

5 Placera en behållare under slutväxeln för att fånga upp eventuellt oljespill.

6 Bänd försiktigt loss drivaxeln från slutväxelns differential. På modeller med låsningsfria bromsar skall man se till att hastighetsgivaren och givarhjulet inte skadas.

7 Drag ut drivaxeln från bilens sida.

8 Kontrollera låsringen på drivaxelns inre ände och byt den vid behov.

Montering

9 Följ anvisningarna för demontering i omvänd ordning vid monteringen. Se till att drivaxeln har tryckts in helt i slutväxelns sidodrev och att låsringen är korrekt monterad i spåret. Drag åt fästbultarna i två steg enligt specifikationerna **(se bilder)**. Kontrollera och fyll vid behov på olja i slutväxeln (se avsnitt 3).

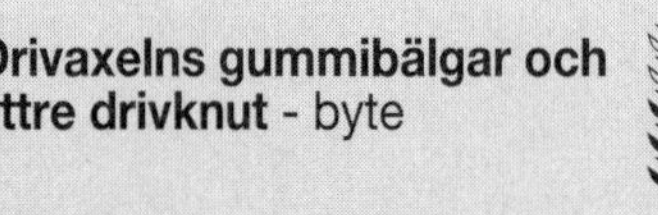

9 Drivaxelns gummibälgar och yttre drivknut - byte

1 Demontera drivaxeln enligt avsnitt 8 och placera den i ett skruvstycke.

2 Använd en liten dorn för att ta loss metallkåpan från den yttre drivknuten.

3 Lossa och demontera båda klämmor från gummibälgarna.

4 Använd en skarp kniv, skär loss gummibälgarna och tag bort dem från drivaxeln.

5 Tag bort fettet från drivknuten och gör ren drivaxeln.

6 Använd en låsringstång för att ta loss låsringen från drivaxelns yttre ände.

7 Placera den yttre drivknuten på ett skruvstycke och knacka därefter ut drivaxeln.

8 Fyll den inre drivknuten med specificerad fettyp. Använd en träspackel.

9 Montera den inre bälgen. Kontrollera att den inte är vriden. Montera och drag åt klämmorna.

10 Montera den yttre bälgen på drivaxeln.

11 Montera den yttre drivknuten med hjälp av ett metallrör när drivaxeln är monterad i ett skruvstycke. Se till att knutarna stöder mot ansatsen.

12 Montera låsringen och se till att den sitter korrekt i spåret.

13 Använd träspackeln för att fylla den yttre knuten med fett.

14 Placera den yttre bälgen på plattan. Kontrollera att den inte är vriden. Montera och drag åt klämmorna.

15 Montera kåpan på drivknuten med hjälp av två drivaxelbultar så att den hamnar i korrekt läge. Knacka på kåpan på drivknuten med en klubba.

16 Tag loss låsringen från drivaxelns inre ände och montera en ny.

17 Montera drivaxeln enligt avsnitt 8.

10 Kardanaxel - demontering och montering

Demontering

1 Blockera framhjulen. Lyft upp bilens bakvagn och placera den på pallbockar (se *"Lyftning och stödpunkter"*).

2 Modeller med katalysator: Arbeta på bilens undersida. Lossa fästbultarna och demontera katalysatorns större och mindre värmesköld från underredet.

3 Drag åt handbromsen. Lossa glidkopplingens mutter på kardanaxelns främre del ett varv **(se bild)**.

4 Använd en vanlig eller en Torxhylsa (beroende på utförande) för att skruva loss bultarna som fäster den främre gummikopplingen mot växellådans utgående fläns **(se bild)**.

5 Arbeta vid kardanaxelns bakre ände. Lossa bultarna som fäster den bakre gummikopplingen mot differentialflänsen **(se bild)**.

6 Stöd kardanaxelns mitt på en pallbock. Skruva därefter loss det mittre lagrets hållare från underredet. Observera placeringen av eventuella justeringsmellanlägg.

7 Tryck bak den främre delen längs glidkopplingens splines tills den har passerat växellådans utgående fläns.

8 Drag ut kardanaxeln framåt. Se till att den främre delen sitter kvar på glidkopplingens splines.

9 Demontera hållaren från det mittre lagret. Observera placeringen av eventuella justeringsmellanlägg.

10 Demontera den främre och den bakre gummikopplingen från kardanaxeln. Observera att vissa modeller har en vibrationsdämpare på kardanaxelns framände.

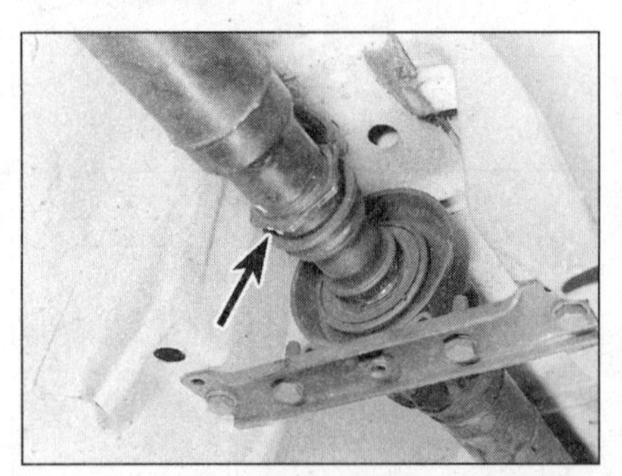

10.3 Mutter för kardanaxelns glidkoppling (vid pilen)

10.4 Kardanaxelns främre gummikoppling

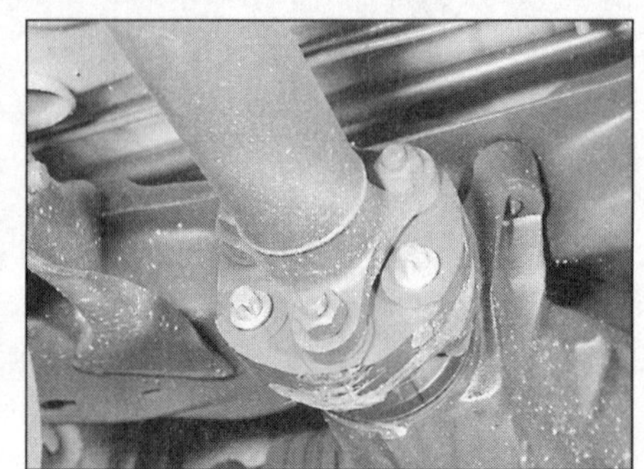

10.5 Kardanaxelns bakre gummikoppling

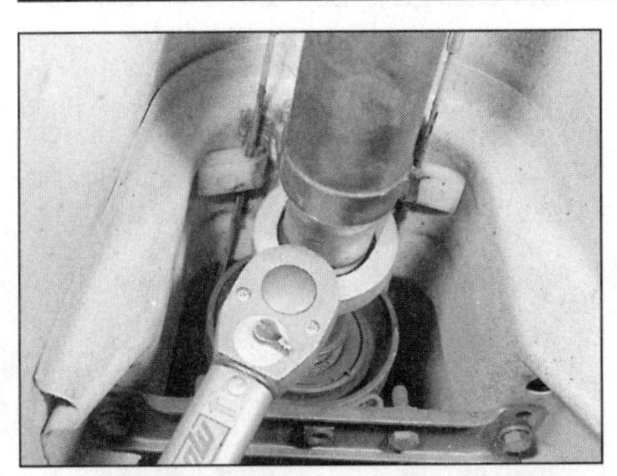

10.11 Glidkopplingens mutter dras åt

Montering

11 Följ anvisningarna för demontering i omvänd ordning vid monteringen. Drag åt alla muttrar och skruvar till specificerat åtdragningsmoment. Drag åt glidkopplingens mutter sist för att undvika belastning av gummikopplingen **(se bild).** Om en ny kardanaxel skall monteras måste man lossa glidkopplingens mutter innan man inleder monteringen.

11 Kardanaxelns mittre lager - byte

1 Demontera kardanaxeln enligt avsnitt 10.
2 Placera kardanaxelns bakre del i ett skruvstycke. Använd träblock så att den inte skadas.
3 Markera den bakre delens placering relativt den främre delen. Drag därefter av den främre delen från splinesaxeln.
4 Använd en låsringstång för att demontera låsringen från spåret i det mittre lagret **(se bild).**
5 Stöd det mittre lagret på ett skruvstycke och pressa eller knacka ut kardanaxelns bakre del ur lagret.
6 Använd samma metod för att pressa eller knacka ut kullagret ur det mittre lagrets hållare. Tag bort dammskyddet.
7 Rengör de demonterade delarna och kardanaxelns ände. Smörj splinesaxeln med lite fett.
8 Pressa eller knacka in det nya kullagret i huset och justera in dammskyddet.
9 Stöd den bakre delens kardankoppling mot ett skruvstycke. Pressa eller knacka på det mittre lagret på splinesaxeln med ett metallrör på den inre styrningen. Se till att lagret ligger an mot lagersätets inre ansats.
10 Placera den bakre delen i ett skruvstycke. Montera det främre dammskyddet och låsringen. Se till att den är korrekt monterad i spåret.
11 Placera dammskyddet på splinesaxeln. Montera därefter glidkopplingens mutter, bricka och plasthylsan.
12 Montera den främre delen av den bakre delens splinesaxel. Se till att markeringarna från demonteringen är i korrekt läge. Observera att det finns en speciell spline för att säkerställa korrekt montering **(se bild).**
13 Skruva på glidkopplingens mutter, men drag inte åt förrän kardanaxeln har monterats.

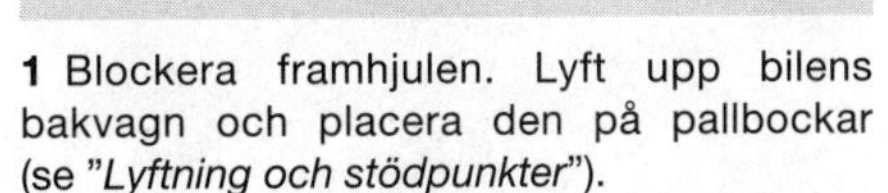

12 Kardanaxelns gummikopplingar - byte

1 Blockera framhjulen. Lyft upp bilens bakvagn och placera den på pallbockar (se *"Lyftning och stödpunkter"*).
2 Drag åt handbromsen. Lossa glidkopplingens mutter på kardanaxelns främre del. Observera följande på bilar med katalysator: Man måste demontera den mindre värmeskölden från underredet för att komma åt muttern.
3 Demontera kardanaxelns fläns/flänsar från gummikopplingen/kopplingarna.
4 Demontera gummikopplingen från växellådans och/eller slutväxelns drivfläns/flänsar.
5 Tryck den aktuella kardanaxeldelen mot det mittre lagret och demontera gummikopplingen/kopplingarna. Vid behov kan man använda en hävarm för att frigöra kardanaxeln från drivflänsen/flänsarna.
6 Montera den/de nya gummikopplingen/-kopplingarna genom att följa anvisningarna för demontering i omvänd ordning vid monteringen. Drag åt glidkopplingens mutter sist för att undvika att gummikopplingarna belastas. Om enheten har Torxbultar skall man vinkeldra dem enligt specifikationerna.

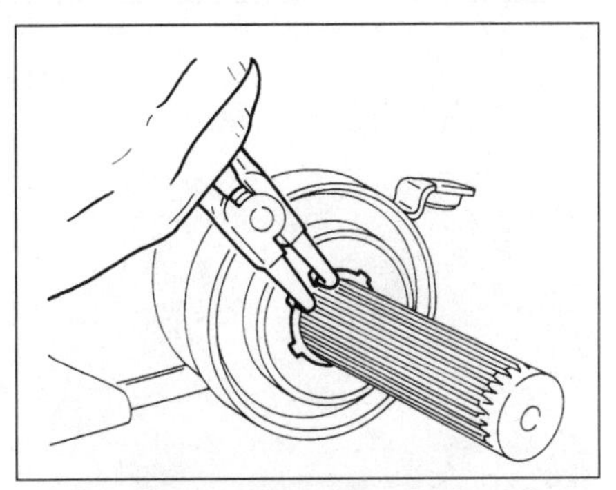

11.4 Spårringen demonteras från spåret framför det mittre lagret

11.12 Specialspline på glidkopplingen (vid pilen)

Kapitel 9
Bromssystem

Innehåll

Svårighetsgrader

Enkelt, passar för novisen med lite erfarenhet 

Ganska enkelt, passar nybörjaren med viss erfarenhet 

Ganska svårt, passar kompetent hemmekaniker 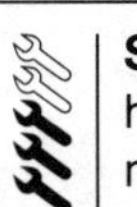

Svårt, passar hemmekaniker med erfarenhet

Mycket svårt, för professionell mekaniker

Specifikationer

System typ	Främre och bakre bromsskivor, flytande främre bromsok, fast bakre bromsok, dubbel huvudcylinder med separat främre och bakre bromssystem, bromsservoenhet; bakre bromsutjämningsventil på vissa modeller. Elektroniska låsningsfria bromsar (ABS) på vissa modeller. Handbromsvajer till bromsklossar på insidan av de bakre bromsskivorna.

Främre bromsar

Skivdiameter:	
Modeller med 4-cylindriga motorer	258 mm
Modeller (före 1990) med 6-cylindriga motorer	280 mm
Modeller (fr o m 1990) med 6-cylindriga motorer (inklusive DOHC)	296 mm
Skivtjocklek:	
Modeller med 4-cylindriga motorer:	
Ej ventilerade:	
Nya	12,7 mm
Minimum	9,7 mm
Ventilerade:	
Nya	24,0 mm
Minimum	21,0 mm
Variation i tjocklek (max)	0,007 mm
Modeller (före 1990) med 6-cylindriga motorer:	
Ventilerade:	
Nya	24,0 mm
Minimum	21,0 mm
Variation i tjocklek (max)	0,007 mm
Modeller (fr o m 1990) med 6-cylindriga motorer (inklusive DOHC):	
Ventilerade:	
Nya	28,0 mm
Minimum	25,0 mm
Variation i tjocklek (max)	0,007 mm
Bromsskivornas skevhet (monterade) (max)	0,1 mm
Bromsklossarnas minsta tillåtna tjocklek (inklusive fästplatta)	7,0 mm
Bromsokets kolvdiameter:	
Modeller med 4-cylindriga motorer	54,0 mm
Modeller (före 1990) med 6-cylindriga motorer	60,0 mm
Modeller (fr o m 1990) med 6-cylindriga motorer (inklusive DOHC)	57,0 mm

Bakre bromsar

Skivor:	
Diameter, nya	270 mm
Minsta tillåtna tjocklek	7,0 mm
Variation i tjocklek (max)	0,007 mm
Bromsskivornas skevhet (monterade på fordonet) (max)	0,1 mm
Bromsokets kolvdiameter:	
Före 1990:	
Sedanmodeller med 4-cylindriga motorer	35,0 mm
Sedanmodeller med 6-cylindriga motorer samt kombimodeller med 4-cylindriga motorer	38,0 mm
Kombimodeller med 6-cylindriga motorer	40,0 mm
Fr o m 1991:	
Sedanmodeller med 4-cylindriga motorer	35,0 mm
Sedanmodeller med 6-cylindriga motorer	38,0 mm
Alla kombimodeller	40,0 mm
Bromsklossarnas slitagegräns (inklusive fästplatta)	7,0 mm
Handbromsbackarnas slitagegräns (endast beläggen)	1,0 mm

Allmänt

Bromsvätsketyp/specifikation	Hydraulvätska enligt FMVSS 571 eller 116, DOT 3 eller 4, eller SAE J1703
Spel mellan bakhjulens hastighetsgivare och pulshjul	0,5 till 1,5 mm

Åtdragningsmoment

	Nm
Bromsokets luftningsskruv	9
Bromsskivans låsskruv	4
Huvudcylinderns främre infästning	20
Bromsservo	20
Bakre bromsokets fästbultar	65
Främre bromsokets bultar mellan ram och hus (GM-bromsok)	95
ABS-modulator	8
ABS-modulator främre del	10
Handbromsspak	20
Bromsservons stöd	18
Huvudcylinder mot bromsservo	22
Bromsrörens anslutningsmuttrar/-bultar	11
Hjulbultar	90
Bromsokets styrbult (ATE-bromsok)	30
Bromsokets styrstift (Girling-bromsok)	30
Bultar mellan främre bromsokets fäste och styrspindeln (alla bromsok):	
Steg 1	95
Steg 2	Vinkeldra 30° till 45°
Anslutningsbult för bromsokets bromsslang	40

1 Allmän beskrivning

1 Bromssystemet är av tvåkretstyp med bromsskivor fram och bak. Den främre och den bakre bromskretsen arbetar oberoende av varandra. Detta innebär att om en krets går sönder så fungerar fortfarande den andra. Handbromsen styrs av en vajer som går till handbromsbackar på insidan av de bakre bromsskivorna. Den inre delen av skivan är konstruerad en som bromstrumma. Skivbromsarna är självjusterande. Handbromsen justeras manuellt.

2 Bakbromsen på alla kombimodeller och några sedanmodeller är utrustade med inbromsningsberoende utjämningsventiler. Ventilen hindrar bakhjulen från att låsas pga den förändrade viktfördelningen vid inbromsning.

3 Opels låsningsfria bromssystem (ABS) är standard på vissa modeller och tillhör extrautrustningen på andra modeller. Systemet förhindrar effektivt att ett hjul låses före det andra genom att bromstrycket regleras separat på varje hjul. Systemet innehåller en elektronisk styrenhet som tar emot signaler från hjulens hastighetssensorer. Signalerna från hjulen jämförs med varandra. Om något hjul bromsar mer än de andra utjämnas bromstrycket tills alla hjul roterar med samma hastighet. För detta ändamål moduleras de två främre bromsarna separat. De bakre moduleras dock tillsammans. ABS-enheten är monterad i bromsledningarna mellan huvudcylindern och bromsarna. Bromsservon och huvudcylindern är av samma typ för modeller med och utan ABS.

4 Om det uppstår ett fel i ABS-systemet rekommenderas en omfattande kontroll hos en Opelverkstad. De har den nödvändiga utrustningen för att ställa en korrekt diagnos.

2 Främre bromsklossar - kontroll och byte

Varning: Byt alla fyra främre bromsklossar vid samma tillfälle. Byt aldrig klossar på enbart ett hjul eftersom detta kan leda till ojämn bromsverkan. Bromsklossarnas damm kan innehålla asbest som är mycket hälsofarligt. Blås aldrig bort dammet och andas inte in det. En godkänd ansiktsmask skall användas när man arbetar med bromsarna. Använd EJ oljebaserade lösningsmedel utan använd bromsrengöringsmedel eller metylalkohol.

Demontering

GM bromsok - Omegamodeller med 1,8 och 2,0 liters motorer, före 1989

1 Drag åt handbromsen. Lyft upp bilens framvagn och placera den på pallbockar (se

"Lyftning och stödpunkter"). Demontera framhjulen.

2 Vrid ratten helt åt höger och kontrollera bromsbeläggens slitage på de högra bromsklossarna. Kontrollera tjockleken på bromsbelägget plus fästplattan med en stållinjal eller ett skjutmått. Se specifikationerna för minsta tillåtna tjocklek.

3 Vrid ratten helt åt vänster och kontrollera de vänstra bromsklossarna på samma sätt.

4 Om någon bromskloss är tunnare än den minsta tillåtna tjockleken så skall alla främre bromsklossar bytas tillsammans. Montera även nya antivibrationsfjädrar.

5 Tag loss fjäderspärren från låspinnen på insidan av bromsklossen (i förekommande fall).

6 Notera antivibrationsfjäderns placering. Använd en smal drivdorn från insidan för att driva ut låspinnarna **(se bild).**

7 Tag bort antivibrationsfjädern. Tag samtidigt (i förekommande fall) loss slitagevarnarens givare från den inre klossen. Koppla därefter loss givarens kabel från kablaget i motorrummet **(se bild).** Lossa även kabeln från klämmorna och antivibrationsfjädern. Observera att både givare och kabel alltid måste bytas när du byter bromsklossar eftersom givaren slits.

8 Pressa isär bromsklossarna något.

9 Drag ut bromsklossarna ur bromsoket **(se bild).** Om bromsklossarna sitter fast kan man använda en tång för att ta tag i fästplattorna och dra ut dem. Tag också (i förekommande fall) bort mellanplattorna.

ATE-bromsok - Omega med 1,8 och 2,0 liters motorer fr o m 1989

10 Drag åt handbromsen. Lyft upp bilens framvagn och placera den på pallbockar (se *"Lyftning och stödpunkter"*). Demontera båda framhjulen.

11 Bromsklossarnas tjocklek (belägg och fästplatta) kan mätas genom öppningen i bromsoket. Om någon bromskloss är sliten under slitagegränsen (se specifikationerna) skall samtliga klossar fram eller bak bytas vid samma tillfälle. En noggrannare kontroll kan dock göras om man först demonterar bromsoket. Följ nedanstående anvisningar.

12 Bänd försiktigt ut den stora fjädern och ta bort den från bromsoket **(se bild).**

13 På bilar med slitagevarnare, lossa slitagegivaren från okets öppning och för den åt sidan **(se bild).**

14 Lossa dammskyddet från hålet för okets styrbultar. Skruva loss de två styrbultarna och drag ut dem ur oket **(se bilder).**

15 Demontera oket från bromsskivan genom att lossa den yttre bromsklossen från den yttre delen av bromsoket. Fäst oket i fjäderbenet med ståltråd.

Varning: Var försiktig så att du inte viker eller belastar bromsslangen.

16 Demontera den yttre bromsklossen från bromsokets fäste.

2.6 Demontering av det främre bromsokets låspinnar - GM-bromsok

2.7a Koppla loss slitagegivaren och antivibrationsfjädern

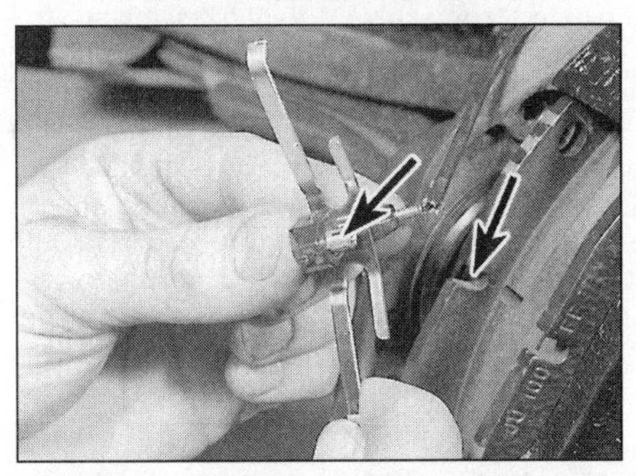

2.7b Slitagegivarens monteringsklack och spår (vid pilarna)

2.9 Demontering av den yttre främre bromsklossen

ATE-bromsok - alla Senatormodeller före 1990 och 6-cylinders Omegamodeller före 1990

17 Drag åt handbromsen. Lyft upp bilens framvagn och placera den på pallbockar (se *"Lyftning och stödpunkter"*). Demontera båda framhjulen.

18 Bromsklossarnas tjocklek (belägg och fästplatta) kan mätas genom öppningen i bromsoket. Om någon bromskloss är sliten under slitagegränsen (se specifikation) skall samtliga klossar fram eller bak bytas vid samma tillfälle. En noggrannare kontroll kan dock göras om man först demonterar bromsoket. Följ nedanstående anvisning.

2.12 Bänd försiktigt ut den större fjädern

2.13 Demontering av slitagegivaren

2.14a Tag bort styrbultarnas dammskydd . . .

2.14b . . . och skruva loss styrbultarna

19 På bilar med slitagevarnare, lossa slitagegivaren från okets öppning och för den åt sidan.

20 Lossa dammskyddet från hålet för okets styrstift. Skruva loss de två styrstiften och drag ut dem ur oket.

21 Demontera oket från bromsskivan genom att lossa den yttre bromsklossen från den yttre delen av bromsoket. Fäst oket i fjäderbenet med ståltråd.

Varning: Var försiktig så att du inte viker eller belastar bromsslangen.

22 Demontera båda bromsklossarna från okets hållare.

Girling bromsok - alla Senatormodeller fr o m 1990 och 6-cylindriga Omegamodeller fr o m 1990

23 Drag åt handbromsen. Lyft upp bilens framvagn och placera den på pallbockar (se "*Lyftning och stödpunkter*"). Demontera båda framhjulen.

24 Bromsklossarnas tjocklek (belägg och fästplatta) kan mätas genom öppningen i bromsoket. Om någon bromskloss är sliten under slitagegränsen (se specifikation) skall samtliga klossar fram eller bak bytas vid samma tillfälle. En noggrannare kontroll kan dock göras om man först demonterar bromsoket. Följ nedanstående anvisningar.

25 På bilar med slitagevarnare, lossa slitagegivaren från okets öppning och för den åt sidan.

26 Skruva loss bromsokets styrstift - använd en blocknyckel för att hålla fast styrstiftet när du lossar den.

27 Demontera oket från bromsskivan genom att lossa den yttre bromsklossen från den yttre delen av bromsoket. Bind fast oket i fjäderbenet med ståltråd för att undvika att bromsslangen belastas. Demontera båda bromsklossarna från okets hållare.

Kontroll

28 Mät tjockleken på alla bromsklossar (belägg och fästplatta). Om någon bromskloss är nedsliten under den minsta tillåtna tjockleken måste alla fyra klossar (fram eller bak) bytas. Man skall även byta klossarna om det finns olja eller fett på dem eftersom det inte finns någon bra metod för att avfetta bromsbelägg. Om någon av klossarna är ojämnt sliten eller nedsmutsad med olja eller fett måste man ta reda på orsaken innan man byter dem. På bilar med slitagevarnare måste man kontrollera om någon av slitagegivarna har varit i kontakt med bromsskivorna. Om så är fallet måste även givaren bytas.

29 Om bromsklossarna fortfarande kan användas skall man rengöra dem försiktigt med en stålborste eller liknande. Var extra noggrann med sidorna och baksidan av fästplattan. Tag bort eventuella repor och större smutspartiklar från beläggen. Rengör noggrant bromsklossarnas infästning på hållaren och bromsoket. Kontrollera att styrstiften löper lätt i okets bussningar. Borsta bort damm och smuts från bromsoket och bromskolven. Andas inte in dammet eftersom det är hälsofarligt. Kontrollera att dammskyddet runt bromskolven är helt. Kontrollera även att det inte finns tecken på läckage runt kolven och att den inte har rostat eller är skadad. Om någon av dessa komponenter kräver åtgärder skall man följa anvisningarna i följande delavsnitt.

30 Om nya bromsklossar skall monteras måste bromskolven tryckas tillbaka in i cylindern så att de tjockare bromsbeläggen får plats. Använd en tving eller liknande. Alternativt kan man använda lämpliga träklossar som hävarmar. Förutsatt att huvudcylindern inte blivit överfylld med bromsvätska skall det inte uppstå något oljespill. Iakttag noga oljenivån i behållaren när du trycker tillbaka cylindern. Om nivån överstiger maxläget skall överskottet sugas ut med hjälp av en spruta för att undvika att det rinner över.

Montering

GM bromsok - Omega med 1,8 och 2,0 liters motorer, före 1989

31 Pressa in bromskolven helt i bromsoket för att kunna montera de nya bromsklossarna. I förekommande fall skall spåret i bromskolven placeras enligt bilden **(se bild).**

32 Montera de nya bromsklossarna och mellanplattorna i oket. Kontrollera att de kan röra sig fritt.

33 Placera antivibrationsfjädern på klossarna. Montera dit låspinnarna från utsidan med fjädrarna placerade under låspinnarna **(se bild).**

34 Montera fjäderspärren på låspinnen på bromsklossens insida (i förekommande fall).

35 I förekommande fall skall den nya slitagegivaren monteras i sitt spår på den inre bromsklossen. Drag sedan upp givarens kabel till motorrummet och anslut den på korrekt plats i kablaget. Sätt fast kabeln i klämmorna.

36 Montera det andra framhjulets bromsklossar på samma sätt.

37 Tryck upprepade gånger på bromspedalen för att återställa bromsklossarna till normal position.

38 Montera framhjulen och sänk ned bilen.

ATE bromsok - Omega med 1,8 och 2,0 liters motorer, fr o m 1989

39 Kontrollera innan du monterar den inre bromsklossen att spåret på bromskolven är horisontellt jämfört med bromsokets hus **(se bild).** Vrid vid behov kolven så att spåret kommer i rätt läge.

40 Placera den inre bromsklossen i rätt läge på kolven när den är korrekt monterad. Montera därefter den yttre klossen i bromsokets fäste. Kontrollera att bromsbelägget ligger mot bromsskivan **(se bild).**

2.31 Spåren i kolven (vid pilen) skall vara horisontella relativt bromsoket

2.33 Montering av framhjulsbromsarnas låspinnar

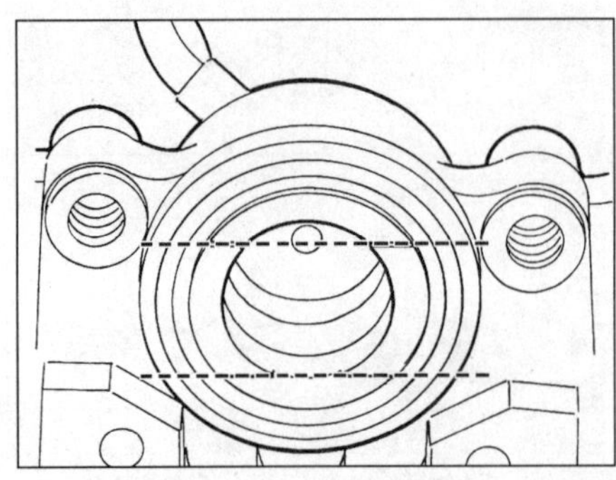

2.39 Kontrollera att spåret på bromskolven är horisontellt relativt bromsoket

2.40 Snäpp fast den inre bromsklossen på bromskolven . . .

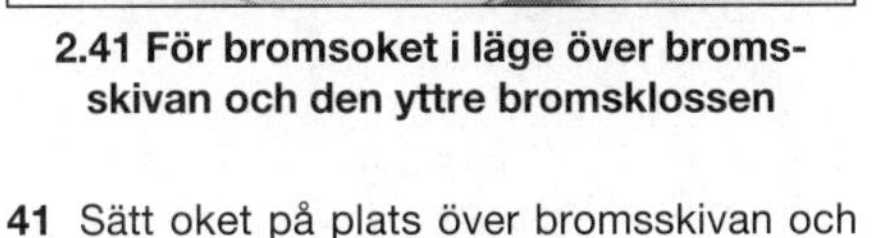

2.41 För bromsoket i läge över bromsskivan och den yttre bromsklossen

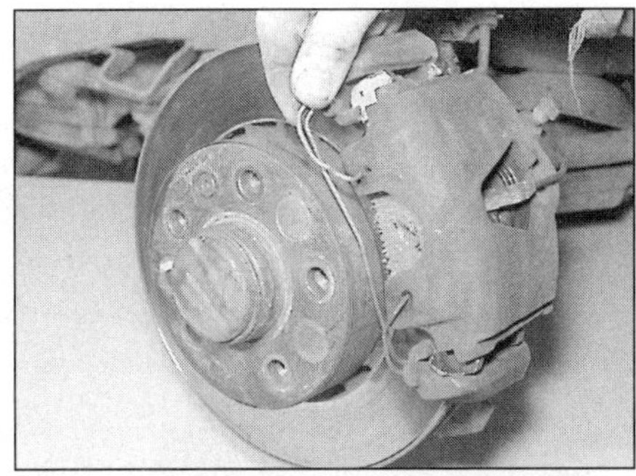

2.44 Montering av bromsokets fjäder

41 Sätt oket på plats över bromsskivan och den yttre bromsklossen **(se bild)**.

42 Rengör noggrant gängorna på styrbultarnas bultar och applicera några droppar låsvätska. Skruva in dem i okets hål och drag åt till specificerat åtdragningsmoment. Montera därefter dammskydden.

43 På bilar med slitagevarnare skall slitagegivaren monteras på den inre bromsklossen. Följ den gamla givarens kabel till kontaktdonet om en ny givare skall monteras. Koppla loss kontaktdonet och tag bort den gamla givaren. Anslut den nya givarens kontaktdon. Montera kabeln på rätt sätt och fäst den i alla tillhörande klämmor.

44 Montera bromsokets fjäder. Kontrollera att fjäderns ändar sitter ordentligt i hålen på bromsoket **(se bild)**.

45 Kontrollera att bromsoket löper lätt på styrbultarna. Tryck därefter på bromspedalen tills bromsklossarna kommer i kontakt med bromsskivorna och normalt pedaltryck (utan aktiverat bromsservo) återställs.

46 Upprepa ovanstående anvisningar på det andra framhjulets bromsok.

47 Montera framhjulen och sänk ned bilen. Drag åt hjulbultarna till specificerat åtdragningsmoment.

48 Kontrollera bromsoljenivån och fyll på vid behov.

ATE bromsok - Senator före 1990 och Omega med 6-cylindriga motorer före 1990

49 Innan du monterar bromsoket bör man försäkra sig om att spåret på bromskolven är horisontellt jämfört med bromsokets hus. Vrid vid behov kolven så att spåret kommer i rätt läge.

50 Applicera lite högtemperaturfett på okets hållare i de punkter som kommer i kontakt med bromsklossarnas fästplattor.

Varning: Se till att inte få fett på bromsbeläggen eller bromsskivan.

51 Montera bromsklossarna i bromsokets hållare. Kontrollera att bromsbelägget ligger mot bromsskivan.

52 Sätt oket på plats över bromsskivan och bromsklossarna. Kontrollera att fjädern på den yttre bromsklossens fästplatta hakar i bromsokets kant. Se till att båda bromsklossarnas spännfjädrar ligger an mot bromsokets insida och att de inte sticker ut ur öppningen i oket.

53 Rengör noga gängorna på styrbult arnas bultar och applicera några droppar låsvätska. Skruva in dem i okets hål och drag åt till specificerat åtdragningsmoment. Montera därefter dammskydden.

54 På bilar med slitagevarnare skall slitagegivaren monteras på den inre bromsklossen. Följ den gamla givarens kabel till kontaktdonet om en ny givare skall monteras. Koppla loss kontaktdonet och tag bort den gamla givaren. Anslut den nya givarens kontaktdon. Montera kabeln på rätt sätt och fäst den i alla tillhörande klämmor.

55 Kontrollera att bromsoket löper lätt på styrbultarna. Tryck därefter på bromspedalen tills bromsklossarna kommer i kontakt med bromsskivorna och normalt (utan servoassistans) pedaltryck återställs.

56 Upprepa den ovanstående proceduren på det andra framhjulets bromsok.

57 Montera framhjulen och sänk ned bilen. Drag åt hjulbultarna till specificerat åtdragningsmoment.

58 Kontrollera bromsoljenivån och fyll på vid behov.

Girling bromsok - Alla Senator fr o m 1990 och Omega med 6-cylindriga motorer fr o m 1990

59 Kontrollera innan du monterar bromsoket att spåret på bromskolven är horisontellt jämfört med bromsokets hus. Vrid vid behov kolven så att spåret kommer i rätt läge.

60 Applicera lite högtemperaturfett på okets fäste i de punkter som kommer i kontakt med bromsklossarnas fästplattor **(se bild)**.

Varning: Se till att inte få fett på bromsbeläggen eller bromsskivan.

61 Applicera lite högtemperaturfett på bromsklossarnas fästplattor och montera bromsklossarna i okens hållare. Kontrollera att bromsklossarnas belägg ligger mot bromsskivan **(se bilder)**.

62 Placera bromsoket på bromsskivan och bromsklossarna. Se till att bromsklossarnas två spännfjädrar ligger an mot okets insida och att de inte sticker upp ur öppningen i oket.

63 Rengör noga styrstiftens gängor och applicera lämplig låsvätska **(se bild)**. Montera låspinnarna i bromsokets hållare och drag åt

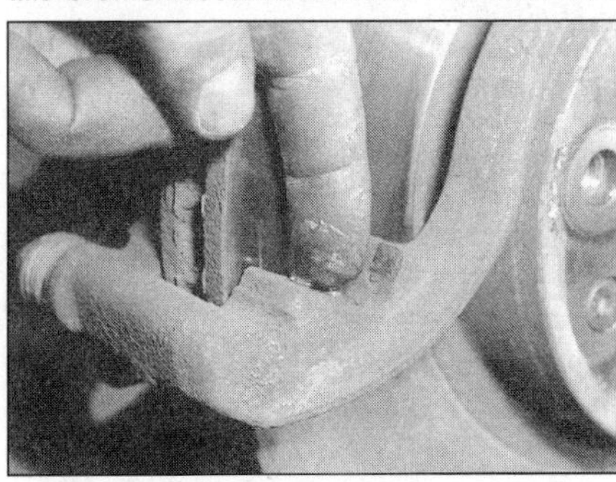

2.60 Applicera lite högtemperaturfett på bromsokets hållare i den punkten som ligger an mot bromsklossarnas basplatta

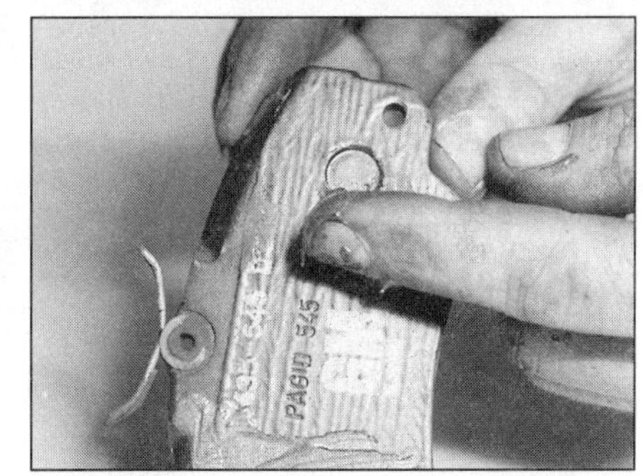

2.61a Applicera lite högtemperaturfett på bromsklossarnas basplatta

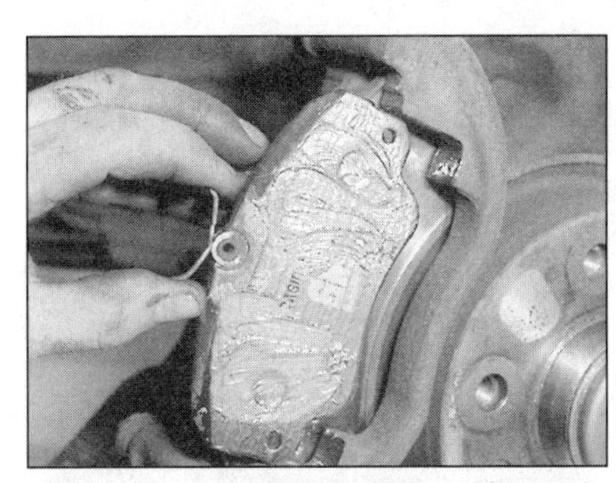

2.61b Montera därefter i bromsklossen i bromsokets hållare

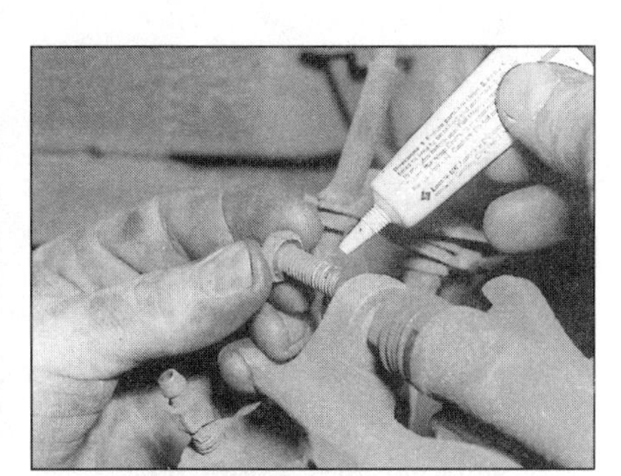

2.63 Applicera några droppar låsningsvätska på styrstiftens gängor

3.4 Demontering av de bakre bromsklossarnas låspinnar

3.6 Demontering av den inre bakre bromsklossen

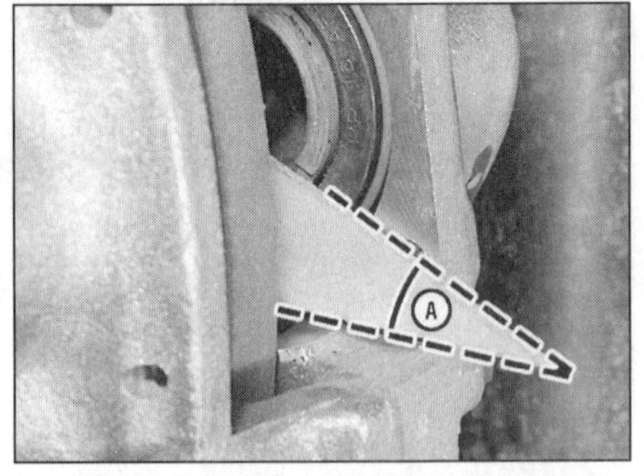

3.9 Kontroll av spårens vinkel på det bakre bromsokets kolv med hjälp av en mall av kartong
Vinkeln A = 23°

till specificerat åtdragningsmoment. Håll emot med en blocknyckel.

64 På bilar med slitagevarnare skall slitagegivaren monteras på den inre bromsklossen. Följ den gamla givarens kabel till kontaktdonet om en ny givare skall monteras. Koppla loss kontaktdonet och tag bort den gamla givaren. Anslut den nya givarens kontaktdon. Montera kabeln på rätt sätt och fäst den i alla tillhörande klämmor.

65 Kontrollera att bromsoket löper lätt på styrbultarna. Tryck därefter på bromspedalen upprepade gånger tills bromsklossarna kommer i kontakt med bromsskivorna och normalt (utan servoassistans) pedaltryck återställs.

66 Upprepa den ovanstående proceduren på det andra framhjulets bromsok.

67 Montera framhjulen och sänk ned bilen. Drag åt hjulbultarna till specificerat åtdragningsmoment.

68 Kontrollera bromsoljenivån och fyll på vid behov.

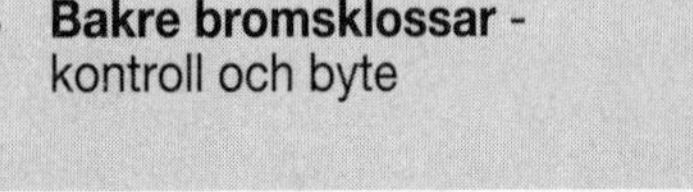

3 Bakre bromsklossar - kontroll och byte

Observera: *Innan arbete påbörjas bör du läsa igenom inledningen av avsnitt 2 angående faror vid hantering av bromsvätska och asbestdamm.*

1 Blockera framhjulen. Lyft upp bilens bakvagn och placera den på pallbockar (se "*Lyftning och stödpunkter*"). Lossa handbromsen. Demontera bakhjulen.

2 Kontrollera bromsklossarnas slitage. Använd en stållinjal eller ett skjutmått för att mäta om klossarnas tjocklek (belägg och fästplatta) är över slitagegränsen.

3 Om någon bromskloss är sliten under minsta tillåtna tjocklek måste alla bakre bromsklossar bytas. Byt även antivibrationsfjädern.

4 Observera antivibrationsfjäderns placering. Använd en tunn drivdorn från utsidan för att driva ut låspinnarna **(se bild).**

5 Tag bort antivibrationsfjädern.

6 Tryck isär bromsklossarna något och drag ut dem ur bromsoket tillsammans med mellanplattorna **(se bild).** Om bromsklossarna sitter fast kan man använda en tång för att dra ut dem.

7 Borsta bort damm och smuts från bromsoket och mellanplattorna. Andas inte in dammet. Avlägsna eventuell rost från bromsskivans kant.

8 Pressa in hela bromskolven i cylindern genom att använda en träbit eller ett hammarskaft.

9 Kontrollera att spåret i bromskolven är i 23° vinkel jämfört med horisontalplanet. Man kan tillverka en mall av kartong för att underlätta kontrollen **(se bild).** Vrid bromskolven till rätt läge vid behov.

10 Applicera lite bromsfett på den övre och nedre kanten på de nya bromsklossarnas fästplattor.

11 Montera de nya bromsklossarna och mellanplattorna i bromsoket och kontrollera att de kan röra sig fritt.

12 Montera antivibrationsfjädern på klossarna. Tryck ned fjädern och för in låspinnarna från insidan. Knacka försiktigt in låspinnarna i bromsoket.

13 Upprepa proceduren enligt paragraf 4 till 12 på det andra bakhjulet.

14 Tryck ned bromspedalen upprepade gånger för att återställa bromsklossarna till deras normala läge.

15 Montera bakhjulen och sänk ned bilen.

4 Främre bromsok - demontering, översyn och montering

Demontering

Observera: *Innan arbetet påbörjas bör du läsa igenom inledningen av avsnitt 2 angående faror vid hantering av bromsvätska och asbestdamm.*

1 Drag åt handbromsen. Lyft upp bilens framvagn och placera den på pallbockar (se "*Lyftning och stödpunkter*"). Demontera framhjulet.

2 Montera en slangklämma på bromsokets bromsslang **(se bild).** Alternativt kan man ta loss bromsvätskebehållarens lock och sätta dit en polyetenplastfilm som tätning. På så vis minskas spillet av bromsvätska när man tar bort slangen.

3 Demontera bromsklossarna enligt avsnitt 3.

4 Rengör området kring anslutningen. Skruva därefter loss bromsslangens anslutningsbult och lossa slangen från oket **(se bild).** Sätt en plugg i slangen och okets öppning för att förhindra smuts från att tränga in i systemet. Kassera tätningsbrickorna, de måste bytas ut.

GM bromsok - Omega med 1,8 och 2,0 liters motorer, före 1989

5 Bänd loss locken från okets fästbultar med en skruvmejsel **(se bild).**

4.2 Bromsrörsklämma monterad på en bromsslang

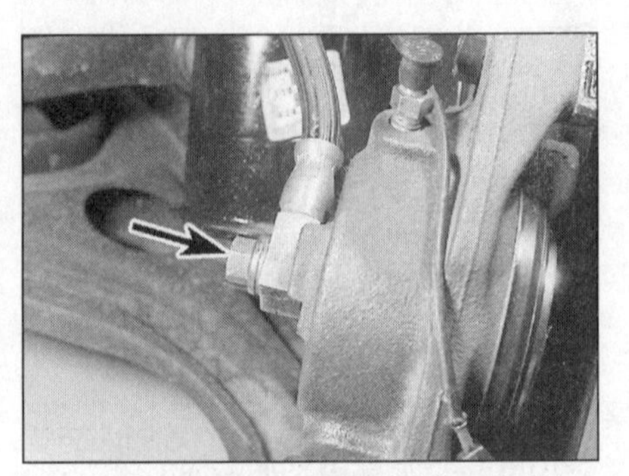

4.4 Bromsslangens anslutningsbult (vid pilen) - GM-bromsok

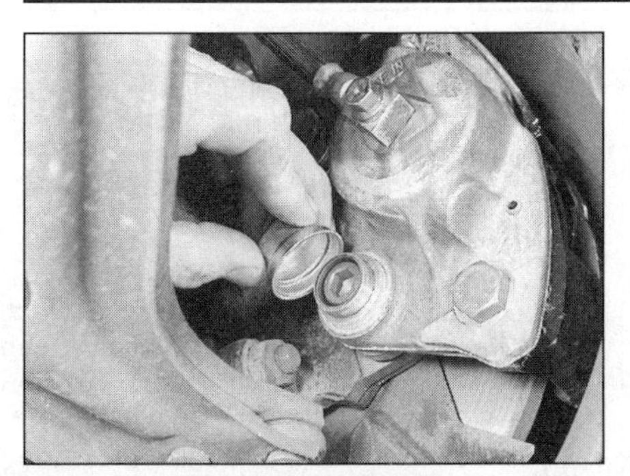

4.5 Demontering av locken för det främre bromsokets fästbultar

6 Skruva loss fästskruvarna med en insexnyckel och tag loss oket från styrspindeln.
7 Tag loss de yttre plastlocken på glidhylsorna.
8 Tryck in hylsorna en aning och tag loss de inre locken från monteringsspåren.
9 Tag loss glidhylsorna och märk dem för att kunna montera dem rätt.
10 Placera bromsoket i ett skruvstycke och tag isär det.

ATE bromsok (alla versioner)

11 Se avsnitt 2 och demontera bromsklossarna från det aktuella bromsoket. Tag bort bromsoket från bilen och rengör det grundligt.

Girling-bromsok

12 Se avsnitt 2 och demontera bromsklossarna från det aktuella bromsoket. Skruva loss den övre styrstiftet och lyft bort oket från hållaren.

Översyn - alla bromsok

13 Lägg bromsoket på en arbetsbänk. Torka bort allt damm och smuts genom att använda stora mängder rengöringsvätska för bromsar.

Varning: Andas inte in dammet eftersom det kan innehålla asbest, som är mycket hälsofarligt.

14 Girling-bromsok: Bänd upp de tre flikarna och tag loss skyddsplattan från bromscylinderns yta **(se bild).**
15 Drag ut bromskolven ur cylinderhuset och tag bort dammskyddet. Kolven kan dras ut för hand eller (vid behov) med hjälp av tryckluft som kopplas till bromsrörets anslutningshål. Det krävs endast lågt lufttryck (t ex från en fotpump). Placera en träkloss mellan kolven och bromsokets hus för att undvika skador på kolven när den åker ur cylindern.

Varning: Använd skyddsglasögon vid detta arbete eftersom det kan stänka bromsvätska när kolven trycks ur cylinderloppet under tryck.

16 Använd ett trubbigt plastföremål (t ex änden på ett buntband) för att lossa kolvens hydraultätning. Var försiktig så du inte skadar bromskolvens lopp **(se bild).**
17 Pressa ut styrhylsorna ur oket genom att använda lämplig hylsa.
18 Rengör noggrant alla delar med T-sprit, isopropanol eller ren bromsvätska. Använd aldrig mineraloljebaserade lösningsmedel som t ex bensin eller fotogen eftersom dessa kan förstöra bromssystemets gummidelar. Torka genast delarna med tryckluft eller en ren luddfri trasa. Använd tryckluft för att blåsa igenom vätskepassagerna. Använd alltid skyddsglasögon när du använder tryckluft!
19 Kontrollera alla komponenter och byt om de är slitna eller skadade. Var extra uppmärksam på bromskolven och dess lopp. Dessa måste alltid bytas om de är det minsta repade, slitna eller rostiga.

Varning: Använd inte slipmedel eller verktyg för att avlägsna rost från kolven eller loppet. Kolven och bromsoket måste bytas som en komplett enhet.

20 I förekommande fall skall man kontrollera styrstiftens/-bultarnas skick. Båda styrstiften/-bultarna skall vara oskadade och efter rengöring löpa tämligen lätt i sina hylsor. Vid tveksamheter beträffande någon komponents skick skall man byta den.
21 Om delarna kan användas igen skall man införskaffa ny bromskolv och nya dammskydd samt en tub bromscylinderfett från en Opelåterförsäljare.
22 Smörj bromskolvens lopp med lite bromscylinderfett. Smörj även kolven och dess hydraultätning.
23 Montera bromskolvens tätning i kolvloppet. Använd fingrarna som hjälpmedel för att föra in den i spåret - använd inga verktyg som kan skada den nya tätningen. Montera det nya dammskyddet på den sida av kolven som normalt är längst in i cylindern. För kolven och dammskyddet mot cylinderloppet och styr in skyddets ände i spåret på cylindern.
24 Tryck försiktigt in bromskolven i cylinderloppet. Använd en vridande rörelse och se till att du för in kolven rakt i loppet.
25 Tryck in kolven helt tills dammskyddets yttre kant glider in i spåret i den yttre änden av kolven. I förekommande fall skall kolven vridas så att markeringen på kontaktytan för bromsklossen är horisontell relativt bromsokets hus **(se bild 2.39).**
26 Girling-bromsok: Montera skyddsplattan på bromscylinderns yta och tryck in de tre flikarna i tillhörande urfräsningar.
27 Vid behov kan bromsokets styrhylsor smörjas med lite såpvatten innan de monteras i okets hus.

Montering

GM-bromsok

28 Montera ihop bromsoket och drag åt till specificerat åtdragningsmoment. Placera bromsoket på plats på styrspindeln och montera fästbultarna. Drag åt dem till specificerat åtdragningsmoment.
29 Montera plastlocken över fästskruvarna.
30 Kontrollera att bromsoket rör sig fritt i glidhylsorna.
31 Montera bromsklossarna (se avsnitt 2).

ATE bromsok - alla versioner

32 Se avsnitt 2 för monteringen av den andra bromsklossen. Placera bromsoket på plats över bromsskivan och den yttre klossen.
33 Rengör noggrant styrbultens gängor och applicera några droppar låsvätska på gängorna. Montera styrbultarna, drag åt till specificerat åtdragningsmoment och montera dammskydden.
34 På bilar med slitagevarnare monteras slitagegivaren på den inre bromsklossen.
35 Montera bromsokets fjäder. Kontrollera att fjäderns ändar sitter ordentligt i hålen på bromsoket.

Girling-bromsok

36 Se avsnitt 2 för monteringen av den andra bromsklossen. Placera bromsoket på plats över bromsskivan och den yttre klossen.
37 Rengör noggrant styrbultens gängor och applicera några droppar låsvätska på gängorna. Montera styrbultarna, drag åt till specificerat åtdragningsmoment och montera dammskydden.
38 På bilar med slitagevarnare monteras slitagegivaren på den inre bromsklossen.

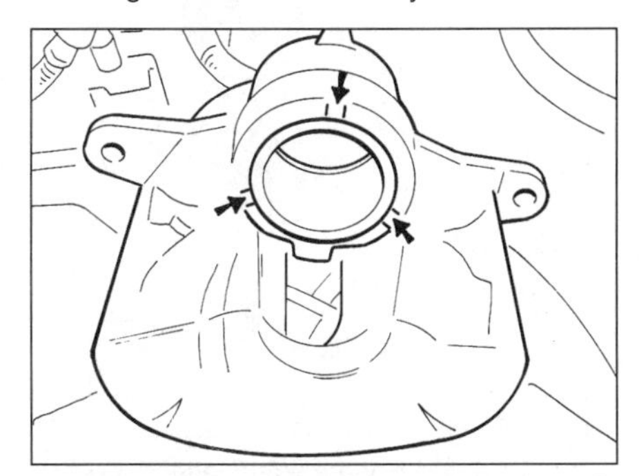

4.14 Bänd upp de tre flikarna (vid pilarna) och demontera skyddsplattan från kolvens framsida

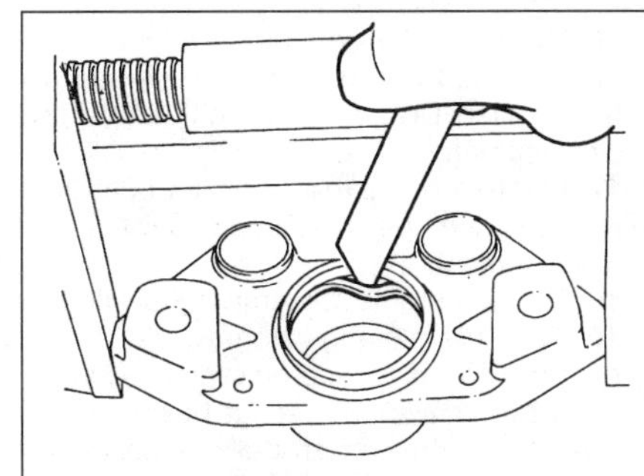

4.16 Kolvens hydraultätning bänds ut ur bromsokets cylinderlopp

39 Montera bromsokets fjäder. kontrollera att fjäderns ändar sitter ordentligt i hålen på bromsoket.

Alla bromsok

40 Montera en ny tätningsbricka på båda sidor av bromsslangens anslutning. Montera bromsslangens anslutningsbult. Kontrollera att slangens anslutning är i rätt position i förhållande till okets fäste och drag åt anslutningsbulten till specificerat åtdragningsmoment.

41 Om en slangklämma monterats på bromsslangen, tag då bort den. Lufta bromssystemet enligt beskrivningen i avsnitt 12. Observera att man endast behöver lufta det aktuella bromsoket. På så sätt undviker man onödigt vätskespill.

42 Montera hjulet, sänk ned bilen och drag åt hjulbultarna till specificerat åtdragningsmoment.

43 Kontrollera noga bromssystemets funktion innan du kör bilen på allmän väg.

5 Bakre bromsok - demontering, översyn och montering

Demontering

1 Blockera framhjulen. Lyft upp bilens bakvagn och placera den på pallbockar (se *"Lyftning och stödpunkter"*). Demontera framhjulet.

2 Montera en slangklämma på bromsslangen som leder till bromsoket **(se bild 4.02)**. Alternativt kan man skruva loss locket på bromsvätskebehållaren och skruva åt det igen med en bit plast som tätning. Detta förebygger bromsvätskespill när man lossar bromsokets slang.

3 Demontera bromsklossarna (se avsnitt 3).

4 Skruva loss bromsrörets anslutningsmutter från bromsoket och demontera bromsröret.

5 Skruva loss de sexkantiga fästbultarna och demontera bromsoket från länkarmen **(se bild)**.

Översyn

6 Rengör bromsokets yta.

7 Observera att man ej får separera bromsokets två delar.

8 Bänd loss dammskyddsringarna och lossa

5.5 Demontering av det bakre bromsokets monteringsbultar

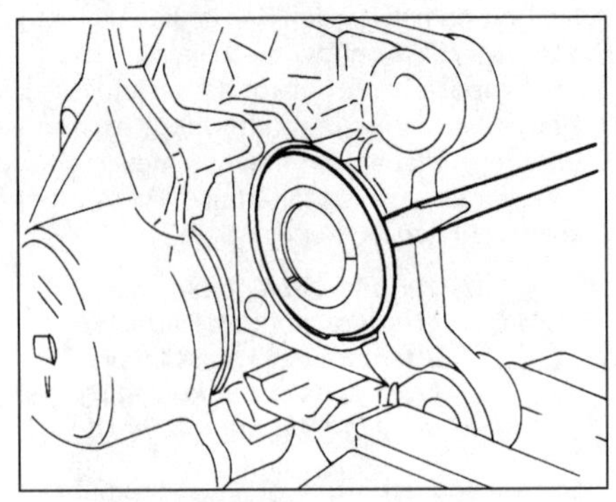

5.8 Demontering av det bakre bromsokets dammskyddsring

dammskydden på båda sidor av oket och drag loss skyddet från spåren i bromskolven **(se bild)**.

9 Placera en tunn träkloss mellan bromskolvarna. Använd tryckluft från en kompressor eller en fotpump kopplad till anslutningen för bromsvätskan för att försiktigt trycka ut kolvarna ur bromscylindrarna. Tag loss kolvarna.

10 Bänd loss kolvarnas tätningar från cylindrarna. Var försiktig så att inte loppets ytor repas.

11 Rengör kolvarna och cylindrarna med T-sprit och låt dem torka. Kontrollera kolvarnas och loppens ytor så att de inte är repade, skadade eller rostiga. Om så är fallet skall hela oket bytas. Är ytorna i gott skick skall man införskaffa en reparationssats som innehåller kolvtätningar och dammskydd. Införskaffa även en tub bromscylinderfett.

12 Applicera lite fett på kolvarna, i loppen och på kolvtätningarna.

13 Placera kolvtätningarna i spåren i cylindrarna och för försiktigt in kolvarna tills de glider in i tätningarna. Det kan vara nödvändigt att vrida kolvarna för att undvika att de fastnar i tätningarna.

14 Montera dammskydden i kolvarnas spår och placera dem i okets hus. Pressa fast ringarna på dammskydden.

15 Pressa in kolvarna i dess cylindrar och vrid dem så att spåret pekar nedåt med cirka 23° vinkel. Gör en mall av kartong för att kontrollera vinkeln **(se bild 3.9)**.

Montering

16 Montera oket genom att placera det på bärarmen och drag fast oket med dess fästskruvar. Drag åt till specificerat åtdragningsmoment.

17 Montera bromsröret på oket och drag åt anslutningsmuttern till specificerat åtdragningsmoment.

18 Montera bromsklossarna (se avsnitt 3).

19 Demontera slangklämman eller tag bort plasten från locket till bromsvätskebehållaren. Lufta bromssystemet enligt beskrivningen i avsnitt 12. Förutsatt att det inte har uppstått något vätskeläckage behöver bara det aktuella bromsoket luftas. Om läckage uppstått skall hela systemet luftas.

20 Montera hjulet och sänk ned bilen.

6 Bromsskivor - kontroll, demontering och montering

Kontroll

1 Lyft upp bilens fram- eller bakvagn och placera den på pallbockar (se *"Lyftning och stödpunkter"*). Lossa handbromsen och blockera framhjulen om du skall kontrollera de bakre bromsskivorna. Demontera det aktuella hjulet.

2 Kontrollera att bromsskivans låsskruv är åtdragen. Montera och drag åt en hjulbult med en ca 10,0 mm tjock distansbricka på motstående sida **(se bild)**.

3 Vrid bromsskivan och kontrollera om den har några djupa spår eller repor. Små repor är normalt. Om det finns några allvarligare repor skall skivan bytas eller slipas om inom toleranserna av en verkstad. Det kan vara värt att nämna att vissa verkstäder kan slipa om skivan medan den sitter kvar på bilen genom att använda en specialtillverkad elektrisk slipmaskin.

4 Använd en mätklocka eller en passbit och bladmått för att kontrollera att skivans skevhet inte överstiger givna specifikationer. Mät 10,0 mm från den yttre kanten av skivan. Kontrollera skevheten i flera punkter runt skivan.

5 Om skevheten är för stor skall man demontera skivan och kontrollera att skivans och navets anliggningsytor är absolut rena. Montera skivan och kontrollera skevheten igen.

Demontering

6 Demontera bromsskivan genom att först ta loss bromsklossarna enligt beskrivningen i avsnitt 2 eller 3 (beroende på utförande).

7 Demontera en frambromsskiva genom att först ta loss skivans låsskruv. Drag därefter loss skivan och vrid den för att komma förbi bromsoket. På vissa modeller kan det vara nödvändigt att demontera okets yttre del.

8 Demontera en bakre bromsskiva genom att ta loss bromsoket från bärarmen. Tag loss oket från skivan och var försiktig så att du

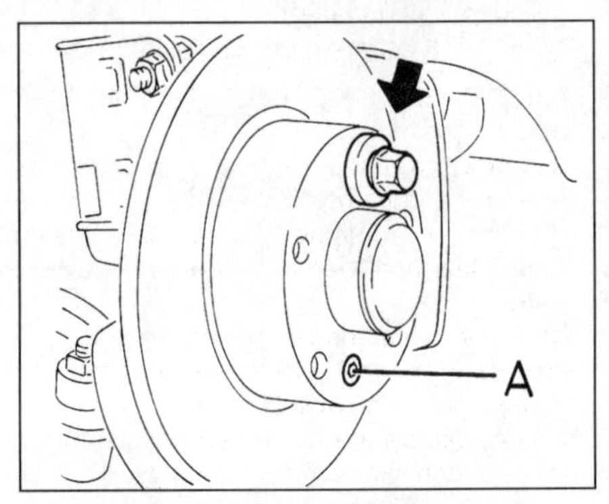

6.2 Drag åt bromsskivans låsskruv. Skruva i en hjulbult med en 10 mm distansbricka (vid pilen) vid montering av skivan
A Bromsskivans låsskruv

6.8a Den bakre bromsskivans låsskruv skruvas ut

inte skadar bromsröret. Skruva loss skivans låsskruv och drag loss skivan från navet **(se bilder).**

Montering

9 Följ anvisningarna för demontering i omvänd ordning vid monteringen. Se till att anliggningsytorna på skivan och navet är helt rena och applicera lite låsvätska på låsskruven innan den skruvas dit den. Montera bromsklossarna enligt beskrivningen i avsnitt 2 och 3 (beroende på utförande).

7 **Handbromsbackar** - kontroll, demontering och montering

Kontroll

1 Demontera de bakre bromsskivorna enligt beskrivningen i avsnitt 6.

2 Borsta bort damm och smuts från bromsbackarna, den bakre kåpan och insidan av bromstrumman.

3 Kontrollera tjockleken på backarnas belägg. Om de understiger specifikationerna skall man byta backar på båda sidor.

4 Kontrollera även ytan på bromstrummornas insida. Dessa skall inte vara slitna om inte handbromsen har legat an en längre tid.

Demontering

5 Haka av returfjädern från hävarmen på den bakre kåpan. Koppla sedan loss handbromsvajern.

6 Använd en skruvmejsel genom ett hål i navflänsen för att vrida loss bromsbacksfjädern **(se bild).**

7 Märk bromsbackarnas läge. Observera även returfjädrarnas placering.

8 Bänd loss bromsbackarna från justeringen och hävarmen. Demontera returfjädrarna **(se bild).**

9 Tag loss justeringen och hävarmen.

10 Rengör den bakre kåpan, fjädrarna, justeringen och hävarmen.

11 Applicera lite bromsfett på justeringens gängor och skruva ihop den så långt det går.

Montering

12 Montera en bromsback och fäst den mot den bakre kåpan med bromsbacksfjädern.

6.8b Demontering av den bakre bromsskivan

13 Montera hävarmen.

14 För in den andra bromsbacken och fäst den med bromsbacksfjädern.

15 Haka fast den nedre returfjädern i bromsbackarna.

16 Montera justeringen mellan de övre delarna av bromsbackarna. Haka fast den övre returfjädern i backarna.

17 Montera handbromsvajern och returfjädern på den bakre kåpan.

18 Montera den bakre bromsskivan (se avsnitt 6), men montera ännu inte på hjulet.

19 Följ ovanstående anvisningar på det andra hjulet.

20 För att kunna hålla skivorna centrerade under justeringen kan man skruva fast en av hjulbultarna med en cirka 10,0 mm tjock distansbricka på motstående sida av låsskruven.

21 Skruva handbromsvajerns justeringsmutter till änden av handbromsens gängade stång på den främre delen av vajern.

7.6 Handbromsens bromsbacksfjäder (vid pilen)

7.8b Hävarmen för handbromsens bromsbackar

22 Arbeta på en bakre bromsskiva i taget. Stick in en skruvmejsel genom det ogängade hålet i skivan och navet. Vrid justeringen uppåt tills skivan/trumman låses. Vrid tillbaka tills trumman precis kan vridas fritt **(se bild).**

23 Montera bakhjulen.

24 Drag åt handbromsen till det sjätte hacket. Drag åt handbromsvajerns justeringsmutter tills båda bakhjulen är låsta. Justeringsmuttern är självlåsande. Kontrollera justeringen genom att lossa och dra åt handbromsen två eller tre gånger.

25 Sänk ned bilen.

8 **Handbromsvajer** - demontering och montering

Demontering

1 Blockera framhjulen. Lyft upp bilens bakvagn och placera den på pallbockar (se "*Lyftning och stödpunkter*"). Demontera bakhjulen och lossa på handbromsen.

2 Skruva loss justeringsmuttern från handbromsens stång på den främre delen av handbromsvajern. Demontera balansstången **(se bild).**

3 Arbeta på en sida i taget. Haka loss returfjädern från hävarmen på den bakre kåpan och haka loss handbromsvajern.

4 Drag ut den bakre delen av vajerhöljet ur dess klämma på bärarmen på båda sidor.

5 Bänd upp de mellanliggande klämmorna och lossa vajrarna.

7.8a Handbromsbackarnas justering (A) och fjäder (B)

7.22 Justering av handbromsbackar (den bakre bromsskivan är demonterad för ökad tydlighet)

8.2 Den främre delen av handbromsens vajrar med balansstång

6 Drag ur den främre delen av vajerhöljet ur dess hållare **(se bild)**, och haka ur vajrarna. Tag bort vajerenheten från bilen.

Montering

7 Följ anvisningarna för demontering i omvänd ordning vid monteringen. Observera att den kortare vajern som har svart hölje sitter på den högra sidan. Applicera lite molybdendisulfidfett på plaststyrningen på den främre delen av vajern. Justera slutligen handbromsens backar och vajern enligt beskrivningen i avsnitt 7.

9 Handbromsspak - demontering och montering

Demontering

1 Blockera framhjulen. Lyft upp bilens bakvagn och placera den på pallbockar (se *"Lyftning och stödpunkter"*).

2 På bilar med katalysator, skruva loss skruvarna för värmeskölden och sänk ned den från underredet.

3 Skruva loss justeringsmuttern från handbromsens gängade stång på den främre delen av handbromsvajern. Demontera balansstången.

4 Bänd loss gummibälgen från underredet och demontera den från handbromsspakens stång.

5 Se kapitel 11 och följ nedanstående anvisningar:

a) På bilar med manuell växellåda, lossa växelspakens damask från mittkonsolens

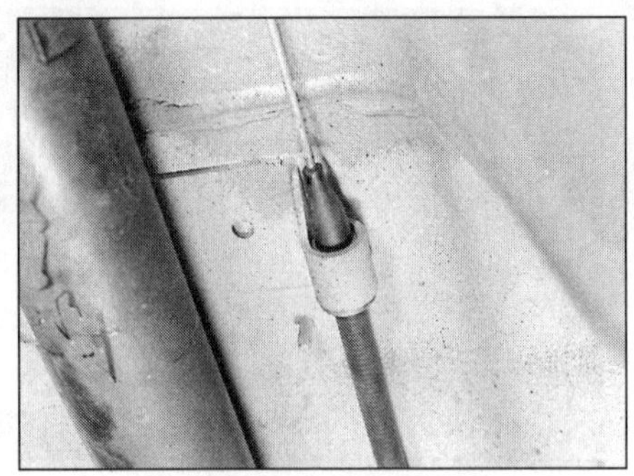

8.6 Den främre hållaren för handbromsvajerns hölje

insida. Drag den över växelspaken så att den vänds ut och in. Tag loss monteringsbandet och demontera damasken. Skruva loss skruvarna till växelspakens ram och tag loss den.

b) På bilar med automatväxellåda, snäpp loss växelväljarens panel och tillhörande skydd. Skruva loss skruven och lyft bort växelväljarens kåpa och koppla loss glödlampan samt knappens kabel.

c) Demontera mittkonsolen.

6 Skruva loss handbromsens fästbultar. Koppla loss kablaget från varningsknappen **(se bilder)**.

7 Tag ut handbromsspaken ur bilen.

Montering

8 Följ anvisningarna för demontering i omvänd ordning vid monteringen. Justera därefter handbromsens vajer enligt beskrivningen i avsnitt 7.

10 Huvudcylinder - demontering, översyn och montering

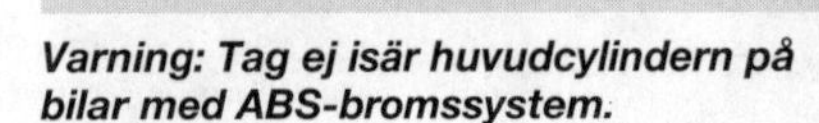

Varning: Tag ej isär huvudcylindern på bilar med ABS-bromssystem.

Demontering

1 Tryck upprepade gånger på bromspedalen för att avlägsna vakuumet i servoenheten.

2 Koppla loss kablaget för bromsvätskenivåns varningslampa från vätskebehållarens påfyllningslock.

3 Om du har tillgång till en spruta eller sughävert kan du använda dessa för att tömma behållaren för att senare undvika spill av bromsvätska.

4 Placera en behållare under huvudcylindern för att fånga upp vätskespill.

5 Märk bromsrören för dess placering. Skruva loss anslutningsmuttrarna och lossa rören från huvudcylindern.

6 Skruva loss det främre fästet.

7 Skruva loss fästmuttrarna och drag ur huvudcylindern från pinnbultarna i servoenheten. Se till att inte spilla någon bromsvätska på bilens lack. Skölj genast bort med rikliga mängder kallt vatten om du av misstag skulle råka spilla.

Översyn

8 Rengör utsidan av huvudcylindern. Bänd sedan ut vätskebehållaren och gummitätningarna.

9 Tryck försiktigt ned huvudkolven med en skruvmejsel och tag loss låsringen från huvudcylinderns öppning.

10 Drag ut huvudkolven.

11 Tryck ned sekundärkolven och skruva loss stoppskruven från cylinderhuset.

12 Drag ut sekundärkolven genom att knacka enheten försiktigt mot arbetsbänken.

13 Rengör alla delar med T-sprit och kontrollera dem beträffande slitage och skador. Kontrollera kolvarnas och loppens ytor extra noga beträffande repor och rost. Om loppen är slitna skall hela huvudcylindern bytas. Annars bör man införskaffa en reparationssats som innehåller både kolvar och tätningar. Om kolvarna är i gott skick kan man även enbart införskaffa gummitätningarna.

14 Kontrollera att in- och utloppens öppningar är fria från föroreningar. Fäst tätningarna genom att enbart använda fingrarna. Tätningarnas öppna ändar måste monteras på rätt sida av kolven.

15 Doppa sekundärkolven i ren bromsvätska och för in den i cylindern. Pressa ned sekundärkolven och skruva åt stoppskruven i cylinderhuset.

16 Doppa huvudkolven i ren bromsvätska och för in den i cylindern. Pressa ned den och montera låsringen.

17 Pressa in gummitätningarna och montera vätskebehållaren.

18 Vid behov skall O-ringen på huvudcylinderns fläns bytas.

Montering

19 Följ anvisningarna för demontering i omvänd ordning vid monteringen. Drag åt fäst- och anslutningsmuttrarna till specificerat åtdragningsmoment. Lufta slutligen systemet enligt anvisningarna i avsnitt 12.

11 Bakbromsens utjämningsventil - demontering och montering

Demontering

1 Blockera framhjulen. Lyft upp bilens bakvagn och placera den på pallbockar (se *"Lyftning och stödpunkter"*).

9.6a Handbromsspakens fästbultar (vid pilarna)

9.6b Placering av handbromskontaktens kabel

2 Skruva loss locket på bromsvätskans behållare. Skruva åt det med en bit plastfilm för att täta ordentligt. Detta förebygger spill när ventilen demonteras.

3 Skruva loss anslutningsmuttrarna och koppla bort de två bromsrören från ventilen. Plugga ändarna på rören.

4 Drag ut låsplattan och demontera ventilen från fästet.

Montering

5 Följ anvisningarna för demontering i omvänd ordning vid monteringen. Lufta systemet enligt anvisningarna i avsnitt 12.

12 Bromssystem - luftning

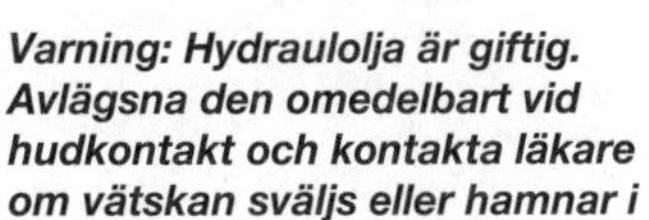

Varning: Hydraulolja är giftig. Avlägsna den omedelbart vid hudkontakt och kontakta läkare om vätskan sväljs eller hamnar i ögonen. Vissa hydrauloljor är lättantändliga och kan självantända om de kommer i kontakt med någon het komponent. När man arbetar på ett hydraulsystem är det säkrast att man antar att hydrauloljan är lättantändlig och vidtar brandsäkerhetsåtgärder som om det vore fråga om bensin. Hydraulolja är ett effektivt färgborttagningsmedel och den angriper även plast. Om man spiller ut olja bör man tvätta bort den omedelbart med rikliga mänger vatten. Hydraulolja är även hygroskopisk, dvs det tar upp fuktighet från luften. Gammal hydraulolja kan innehålla vatten och är därigenom oanvändbar. När man fyller på eller byter olja skall man alltid använda den specificerade oljetypen och se till att den kommer från en nyöppnad förpackning.

Allmänt

1 Alla hydrauliska bromssystems korrekta funktion är beroende av att vätskan som används inte kan komprimeras. Annars kan trycket från bromspedalen och huvudcylindern inte överföras korrekt till bromsok och bromscylindrar. Om det finns föroreningar i vätskan resulterar detta i en fjädrande känsla i bromsarna och otillförlitlig funktion. Detta kan innebära lägre bromsverkan eller i värsta fall att bromsarna inte fungerar. Bromsvätskan försämras dessutom med tiden p g a att den oxideras och absorberar vatten. Detta sänker vätskans kokpunkt och kan orsaka ångbildning vilket påverkar bromsförmågan vid hård inbromsning. Pga detta måste gammal och förorenad vätska bytas. Detta sker genom att man tömmer systemet helt och fyller på ny bromsvätska.

2 När du fyller på systemet, använd endast ren och ny bromsvätska av rekommenderad typ. Återanvänd *aldrig* vätska som redan har tömts ur ett system. Försäkra Dig om att du har tillräckligt med vätska innan du börjar arbetet.

3 Föreligger det misstankar om att det finns felaktig vätska i systemet måste hela systemet spolas med korrekt vätska. Tätningarna skall även bytas i hela systemet.

4 Om bromsvätska har läckt ut eller om luft har kommit in i systemet måste man kontrollera att detta fel har åtgärdats innan man fortsätter.

5 Ställ bilen på plan mark och stäng av motorn. Lägg i ettans växel eller backväxeln (manuell växellåda) eller växelläge 'Park' (automatväxellåda). Blockera alla hjul och lossa handbromsen.

6 Kontrollera att alla rör och slangar är hela och att alla anslutningar och luftningsskruvar är åtdragna. Tag loss dammskydden på luftningsskruvarna och rengör runt dem.

7 Skruva loss huvudcylinderns påfyllningslock och fyll på till "MAX"-markeringen. Skruva på locket ordentligt och se till att nivån aldrig understiger "MIN"-markeringen under luftningen. Annars kan mer luft komma in i systemet när nivån sjunker.

8 Det finns ett antal gör-det-själv bromsluftare för en person på marknaden. Man bör använda någon av dessa eftersom det avsevärt underlättar luftningen och minskar risken för att luft och hydraulvätska sugs tillbaka in i systemet. Om man inte har tillgång till en sådan sats måste man vara två personer och noggrant följa nedanstående anvisningar.

9 Om man använder en bromsluftare skall man förbereda bilen enligt ovanstående anvisningar och följa tillverkarens instruktioner. I allmänhet gäller dock nedanstående anvisningar i aktuellt delavsnitt.

10 Oavsett vilken metod man använder måste man följa alla anvisningar i angiven ordning för att säkerställa korrekt luftning av systemet.

Varning: På sedanmodeller med låsningsfritt bromssystem (ABS) måste framhjulens bromskrets luftas före bakhjulens.

Observera: *På kombimodeller med låsningsfritt bromssystem (ABS) är endast* ***manuell*** *luftning möjlig.*

Luftningsanvisning

11 Man kan lufta systemet delvis dvs endast ett bromsrör och bromsok i taget. Förutsatt att vätskespillet är mycket litet och att ingen luft återgår i systemet är det inte nödvändigt att lufta de övriga bromsrören.

12 Hela systemet kan luftas helt om detta är nödvändigt. Det spelar ingen roll i vilken ordning man luftar eftersom alla bromsok har egna anslutningar till huvudcylindern. Se kapitel 1 för anvisningar om hur man byter bromsvätska.

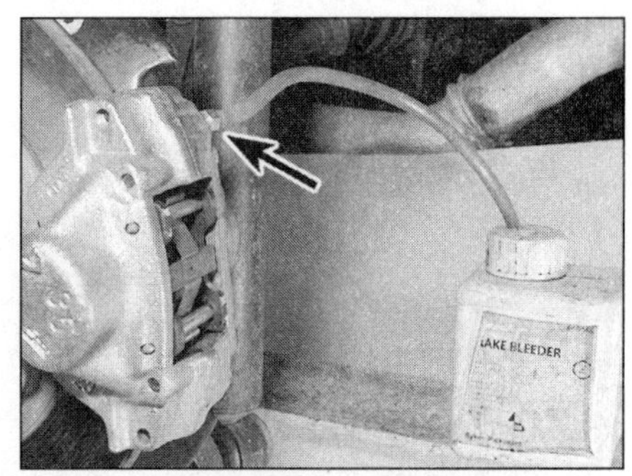

12.14 Bromsluftare ansluten till bromsokets luftningsnippel (vid pilen)

Luftning - grundläggande metod (två personer)

13 Tag fram en ren glasburk, en lämplig plast- eller gummislang som utan läckage kan anslutas till luftningsskruven samt en ringnyckel för skruven. Alternativt kan man använda en bromsluftare. **Observera:** *Man behöver även hjälp av en assistent.*

14 Tag loss dammskyddet från det första okets luftningsskruv. Montera slangen och nyckeln på skruven **(se bild).** Placera slangens andra ände i burken och fyll den med bromsvätska så att slangänden täcks.

15 Se till att bromsvätskans nivå under luftningen aldrig sjunker under "MIN"-markeringen på behållaren. Fyll på med ny bromsvätska om nödvändigt.

16 Låt medhjälparen trycka upprepade gånger på bromspedalen så att ett tryck byggs upp. Därefter skall pedalen hållas nedtryckt.

17 Samtidigt som pedalen hålls nedtryckt skall man lossa luftningsskruven (cirka ett varv) och låta vätska och eventuell luft rinna ned i burken. Assistenten skall hålla pedalen nedtryckt och inte släppa upp den förrän han/hon blir tillsagd. När flödet upphör skall skruven dras åt igen. Låt assistenten släppa upp pedalen långsamt. Kontrollera vätskenivån och fyll på vid behov.

18 Om det finns luft i bromsrören visar det sig som bubblor i vätskan som rinner ur slangen. Upprepa de två ovanstående punkterna tills all vätska är fri från luftbubblor. Om huvudcylindern har tömts och återfyllts och luftning sker på den första bromskretsen skall man vänta cirka fem sekunder mellan varje luftning så att huvudcylinderns passager hinner återfyllas.

19 När det upphör att komma bubblor skall man dra åt luftningsskruven till specificerat åtdragningsmoment. ***Varning: Drag inte åt luftningsskruven för hårt.***

20 Upprepa ovanstående anvisningar på de återstående bromsrören tills all luft har tömts ur systemet och bromspedalen känns normal igen. **Observera:** *På modeller med ABS-bromsar krävs minst femton pedaltryckningar för att lufta hela det bakre bromssystemet.*

Luftning - med hjälp av en bromsluftare

21 En bromsluftare består av en slang med en backventil, som förhindrar att luftbubblor och bromsvätska dras in i systemet igen, och en behållare, som oftast är genomskinlig så att man lättare kan se att luftbubblorna strömmar ut ur slangänden.

22 Bromsluftaren ansluts till luftningsskruven som därefter öppnas. Placera behållaren helst så att den kan observeras från förarplatsen. Tryck därefter ned bromspedalen med en jämn rörelse och släpp sedan upp den långsamt. Detta upprepas tills bromsvätskan är fri från luftbubblor.

23 Observera att bromsluftaren underlättar arbetet så mycket att det finns risk att man glömmer nivån i behållaren. Se till att vätskenivån aldrig är lägre än "MIN"-markeringen.

Luftning - med hjälp av tryckluft

24 Dessa enheter drivs i allmänhet av tryckluften från reservhjulet. Observera att man oftast måste minska trycket under den normala nivån. Se anvisningarna som medföljer enheten.

25 Genom att ansluta ett vätskefyllt kärl som är satt under tryck till huvudcylinderns behållare kan man utföra luftningen genom att öppna luftningsskruven och därefter låta vätskan rinna ut tills inga fler bubblor strömmar ut.

26 Denna metod har fördelen att den stora behållaren fungerar som extra reserv så att inte luft kan dras in i systemet under luftningen.

27 Tryckluftning är extra användbart när man skall lufta besvärliga system eller när man luftar hela systemet samtidigt som man byter bromsvätska.

Alla metoder

28 När luftningen är färdig och man har rätt känsla i pedalen skall man tvätta bort eventuellt vätskespill. Drag åt luftningsskruvarna och sätt tillbaka dammskydden (i förekommande fall).

29 Kontrollera vätskenivån i huvudcylinderns behållare. Fyll på med ny vätska vid behov.

30 Kassera all bromsvätska som har tömts ur systemet - den kan inte återanvändas.

31 Kontrollera hur bromspedalen känns vid nedtryckning. Om den fjädrar är det förmodligen fortfarande luft i systemet och man måste lufta ytterligare. Om detta inträffar efter upprepade luftningar kan det bero på slitna tätningar i huvudcylindern. Se avsnitt 10 för anvisningar beträffande översyn av huvudcylindern.

13 Bromsrör och bromsslangar - demontering och montering

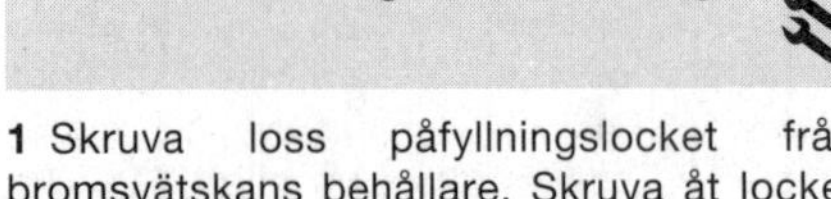

1 Skruva loss påfyllningslocket från bromsvätskans behållare. Skruva åt locket med en bit plast som mellanlägg för att täta ordentligt. Detta förebygger vätskespill.

2 Lyft upp bilen och placera den på pallbockar (se *"Lyftning och stödpunkter"*).

Främre bromsslang

3 Demontera framhjulet.

4 Vrid ratten till fullt rattutslag. Skruva loss bulten som fäster slangen till bromsoket och tag reda på kopparbrickorna.

5 Drag ut låsplattorna från fästena. På bilar med ABS-bromsar skall man lossa slangen från dess klämmor.

6 Skruva loss bromsrörets anslutning och tag loss slangen.

7 Följ anvisningarna för demontering i omvänd ordning vid monteringen. Se till att slangen inte är vriden. Lufta systemet enligt anvisningar i avsnitt 12.

Bakre bromsslang

8 Drag loss låsplattorna ur dess fästen.

9 Skruva loss bromsrörens anslutningar och tag loss slangen.

10 Följ anvisningarna för demontering i omvänd ordning vid monteringen. Se till att slangen inte är vriden. Lufta systemet enligt anvisningarna i avsnitt 12.

Bromsrör

11 Vissa vanliga bromsrör kan man införskaffa hos en Opelåterförsäljare. Dessa är redan korrekt bockade och har anslutningar. Övriga bromsrör måste tillverkas av bromsrör med 4,75 mm diameter. Sats för tillverkning av bromsrör kan införskaffas från vissa biltillbehörsbutiker.

12 Demontera bromsröret genom att skruva loss anslutningarna på båda sidor och lossa röret från hållarna.

13 Följ anvisningarna för demontering i omvänd ordning vid monteringen. Lufta systemet enligt anvisningarna i avsnitt 12.

14 Vakuumservoslang och backventil - byte

1 När bilen tillverkas krymps vakuumslangen på backventilen i en speciell värmeprocess. När man byter backventilen första gången måste man byta till en vanlig vakuumslang som man fäster med en slangklämma. Därefter kan man byta slang och ventil separat.

2 Skruva loss vakuumslangens anslutningsmutter på insugsröret.

3 Drag eller bänd loss det vinklade anslutningsdonet från servon.

4 Tag loss slangen från plasthållarna.

5 Skär loss slangen från backventilen, det vinklade anslutningsdonet och insugsrörets anslutning.

6 Kapa de nya slangarna i rätt längd (de finns i 5,0 meters längder) och fäst dem på backventilen, det vinklade anslutningsdonet och insugsrörets anslutning med slangklämmor. Se till att pilarna på ventilen är riktade mot insugsrörets ände.

7 Pressa in anslutningsdonet i servons gummitätning och drag åt anslutningsmuttern på insugsröret. Montera nya plasthållare.

15 Bromsservoenhet - kontroll, demontering och montering

Kontroll

1 Följ nedanstående anvisningar för att kontrollera om servon fungerar.

2 Stäng av motorn. Tryck upprepade gånger på bromspedalen för att avlägsna vakuumet ur servoenheten.

3 Håll bromspedalen nedtryckt och starta motorn. Pedalen skall röra sig en bit mot golvet eftersom vakuumservon aktiveras. Annars måste man kontrollera vakuumslangarna och backventilen. Om dessa är i gott skick är det fel på servoenheten. Byt den.

Demontering

4 Tryck upprepade gånger på bromspedalen för att avlägsna vakuumet ur servoenheten.

5 Demontera kablaget till bromsvätskenivåns varningslampa från behållarens påfyllningslock.

6 Skruva loss huvudcylinderns främre fäste.

7 Skruva loss huvudcylinderns fästmuttrar och drag loss enheten från vakuumservons pinnbultar för att kunna demontera servoenheten. Låt bromsrören sitta kvar på huvudcylindern.

8 Drag eller bänd ut vakuumslangens vinklade anslutningsdon. Flytta torpedväggens kablage åt sidan.

9 Arbeta inifrån förarutrymmet och haka av bromspedalens returfjäder.

10 Tryck ihop fjäderklämman och drag ut axeltappen som fäster servocylinderns tryckstång i bromspedalen **(se bild)**.

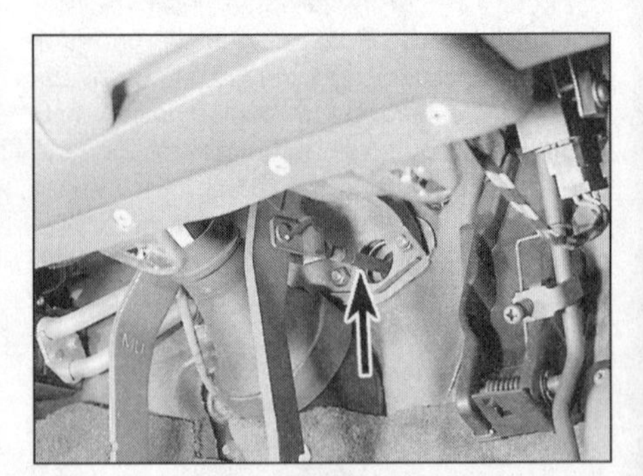

15.10 Tryckstång mellan bromsservon och bromspedalen

11 Skruva loss fästmuttrarna, vinkla servoenheten och demontera den från torpedväggen i motorrummet. Tag reda på packningen.
12 Lossa låsmuttern och skruva loss axeltappens hävarm från tryckstången. Skruva loss låsmuttern.
13 Skruva loss muttrarna och tag loss fästet och packningen från servoenheten.

Montering

14 Inled monteringen genom att montera låsmuttern och axeltappens hävarm på tryckstången. Ställ tryckstången i sitt utgångsläge. Justera hävarmen så att avståndet mellan servons fästyta och axeltappens centreringslinje är 211,0 + 1,0 mm. Drag åt låsmuttern.
15 Montera fästet på servoenheten med en ny packning. Montera och drag åt muttrarna.
16 Montera servoenheten på torpedväggen med en ny packning. Montera och drag åt fästmuttrarna.
17 Montera tryckstången på bromspedalen med hjälp av axeltappen och fjäderklämman.
18 Haka fast bromspedalens returfjäder.
19 Tryck fast vakuumslangens vinklade anslutningsdon i servons gummitätning.
20 Byt även-O-ringen på huvudcylinderns fläns. Placera huvudcylindern på servons pinnbultar och drag åt fästmuttrarna.
21 Montera och drag åt bultarna för huvudcylinderns främre hållare till specificerat åtdragningsmoment.
22 Anslut kablarna på vätskebehållarens påfyllningslock.

16 Bromspedal - demontering och montering

Demontering

1 Arbeta inifrån bilen och koppla loss kablarna till bromsljusets kontakt. Demontera kontakten från pedalfästet och notera dess placering **(se bild)**.
2 Haka av returfjädern både för broms- och kopplingspedalen.
3 Tryck ihop fjäderklämman och drag ut axeltappen som fäster servocylinderns tryckstång i bromspedalen.
4 Demontera vajern från kopplingspedalen enligt anvisningarna i kapitel 6.

16.1 Bromsljusets kontakt

5 Skruva loss muttern från änden av pedalaxeln och tag loss brickan.
6 Skruva loss muttrarna som håller pedalfästet mot torpedväggen. Vrid fästet runt rattstången för att kunna demontera pedalaxeln. Observera att man på senare årsmodeller kan behöva demontera rattstången för att kunna lossa fästet från dess pinnbultar. Rattstången demonteras enligt anvisningarna i kapitel 10. Observera att man inte behöver demontera ratten och låscylindern eftersom rattstången kan demonteras utan att dessa tas loss.
7 Demontera pedalernas lägesklämmor från pedalaxeln och drag ut den tills bromspedalen kan lossas. Tag reda på tryckbrickorna.

Montering

8 Följ anvisningarna för demontering i omvänd ordning vid monteringen. Smörj pedalaxeln med fett. I förekommande fall skall man justera kopplingsvajern och kontrollera kopplingspedalens justering enligt anvisningarna i kapitel 6.

17 ABS (Låsningsfritt bromssystem) - information och demontering/montering av delar

Allmän information

1 Om ABS-systemet inte fungerar felfritt bör hela systemet kontrolleras av en Opelverkstad. De har den rätta specialutrustningen för att göra en snabb och säker diagnos av orsaken. Pga systemets elektroniska uppbyggnad är det inte lämpligt för gör-det-självaren att genomföra testproceduren.
2 För att förhindra skador på de integrerade kretsarna skall man alltid koppla loss kontaktdonet från ABS-systemets elektroniska styrenhet innan man påbörjar arbete med elsvetsutrustning. Om bilen skall utsättas för höga temperaturer (t ex vissa färgtorkningsprocesser) är det säkrast att demontera styrenheten ur bilen innan arbetet påbörjas. ***Varning: Koppla aldrig ur styrenhetens multikontaktdon med tändningen påslagen. Använd aldrig en batteriladdare för att starta motorn.***

ABS-systemets hydraulmodulator

Demontering

3 Koppla loss batteriets minuskabel.
4 Skruva loss locket på bromsvätskans behållare. Skruva åt det med en bit plastfilm för att täta ordentligt. Detta hjälper till att förebygga vätskespill.
5 Skruva loss bulten till hållaren för styrservons behållare. Vrid undan behållaren och fäst den på lämpligt sätt.
6 Skruva loss skruven och demontera kåpan till hydraulmodulatorn.
7 Skruva loss skruvarna och tag loss kablagets klämma.
8 Tag loss kontaktdonet. Använd vid behov en skruvmejsel för att bända loss det.
9 Markera bromsrörens placeringar på modulatorn. Skruva därefter loss alla anslutningsmuttrar och drag loss rören från modulatorn. Skydda rörens ändar och plugga dem om möjligt för att förhindra att damm och smuts tränger in i systemet. Täck även över modulatorns in- och utlopp.
10 Skruva loss modulatorns fästmuttrar och demontera kåpan.
11 Luta försiktigt modulatorn och drag den framåt från fästet. Skruva loss jordkabelns mutter och koppla loss kabeln.
12 Tag ut modulatorn ur motorrummet. Var försiktig så att du inte spiller bromsvätska på bilens lack.
13 Om en ny modulator skall monteras skall man flytta över de två reläerna till den nya modulatorn. Försök inte att skruva isär modulatorn.
14 Kontrollera att modulatorns fästbultar är oskadade och att modulatorns gummiupphängningar är i gott skick.

Montering

15 Följ anvisningarna för demontering i omvänd ordning vid monteringen. Drag åt alla muttrar och bultar till specificerat åtdragningsmoment och lufta systemet enligt anvisningarna i avsnitt 12. Kontrollera att ABS-bromsens varningslampa släcks vid första trycket på bromspedalen efter start av motorn. När du är klar skall du ta bilen till en Opelverkstad för kontroll av hela ABS-systemet.

ABS-systemets elektriska styrenhet (modeller före 1989)

Demontering

16 Koppla loss batteriets minuskabel med tändningen frånslagen.
17 Arbeta inifrån bilen. Demontera täckpanelen på den vänstra sidan av förarens golvutrymme.
18 Drag i motorhuvens öppningsspak och demontera den elektroniska styrenheten från fästet.
19 Koppla loss kablagets kontaktdon och tag ut enheten.

Montering

20 Följ anvisningarna för demontering i omvänd ordning vid monteringen. Kontrollera att ABS-bromsens varningslampa slocknar vid första trycket på bromspedalen efter start av motorn. När du är klar skall du ta bilen till en Opelverkstad för kontroll av hela ABS-systemet.

ABS-systemets elektriska styrenhet (modeller fr o m 1989)

Demontering

21 På modeller fr o m 1989 sitter ABS-systemets styrenhet under främre förarsätet. För att demontera enheten skall batteriets minuskabel kopplas loss.
22 Flytta förarsätet så långt fram det går för att komma åt enheten från sätets baksida.
23 Öppna plastkåpan och tag ut enheten ur plasthöljets baksida. Koppla loss kablagets kontaktdon och tag ut enheten ur bilen.

Montering

24 Följ anvisningarna för demontering i omvänd ordning vid monteringen.

ABS-systemets hastighetsgivare för framhjulen

Demontering

25 Koppla loss batteriets minuskabel.

26 Lyft upp bilens framvagn och placera den på pallbockar (se *"Lyftning och stödpunkter"*).

27 Demontera framhjulen.

28 Koppla loss givarens kontaktdon inne i motorrummet och tag isär kontaktdonets två halvor.

29 Tag loss givarens kablage från slang-klämmorna i hjulhuset.

30 Tag loss kabelgenomföringen från slang-hållarna.

31 Använd en insexnyckel för att skruva loss bulten som fäster givaren i styrspindeln och bänd ut givaren med en skruvmejsel.

32 Bänd loss kabelgenomföringen från skyddspanelen och demontera givaren för hjulhastigheten.

Montering

33 Följ anvisningarna för demontering i omvänd ordning vid monteringen. Smörj lite fett på givarnas hölje innan de monteras. Kontrollera hela ABS-systemet på en Opelverkstad.

ABS-systemets hastighetsgivare för bakhjulen

Demontering

34 Koppla loss batteriets minuskabel och se till att den inte kan komma åt batteriets minuspol.

35 Blockera framhjulen. Lyft upp bilens bakvagn och placera den på pallbockar (se *"Lyftning och stödpunkter"*).

36 Demontera bakhjulen.

37 Tag loss hastighetsgivarens kontaktdon från dess fäste på bilens underrede. Bänd försiktigt isär kontaktdonet med en skruvmejsel.

38 Skruva loss bulten som fäster givaren på fästet för differentialen med en insexnyckel. Drag ut givaren och eventuella justerings-mellanlägg från flänsens undersida.

Montering

39 Följ anvisningarna för demontering i omvänd ordning vid monteringen. Smörj lite fett på givarens hölje innan den monteras. Kontrollera när bulten har dragits åt att öppningen mellan givaren och impulshjulet är enligt specifikationerna genom att använda ett bladmått. Ändra shimsens tjocklek vid behov. Låt slutligen en Opelverkstad kontrollera hela systemet.

Solenoidventilens och pumpmotorns reläer

Demontering

40 Solenoidventilen och pumpmotorns reläer är monterade på hydraulmodulatorn. Koppla först loss batteriet.

41 Skruva loss bulten till hållaren för styrservons behållare. Vrid undan behållaren och fäst den på lämpligt sätt.

42 Skruva loss skruven och demontera kåpan till hydraulmodulatorn.

43 Demontera det aktuella reläet. Det mindre reläet styr solenoidventilen och det större styr returpumpmotorn.

Montering

44 Följ anvisningarna för demontering i omvänd ordning vid monteringen av nya reläer.

Relä för överspänningsskyddet

Demontering

45 Reläet för överspänningsskyddet sitter i motorrummet bakom det vänstra främre fjädertornet. Koppla först loss batteriet.

46 Tag loss reläkåpan och drag ur reläet.

Montering

47 Montera ett nytt relä och reläkåpa och anslut batteriets minuskabel.

Kapitel 10
Fjädring och styrning

Innehåll

Svårighetsgrader

Enkelt, passar för novisen med lite erfarenhet 	**Ganska enkelt,** passar nybörjaren med viss erfarenhet 	**Ganska svårt,** passar kompetent hemmekaniker 	**Svårt,** passar hemmekaniker med erfarenhet 	**Mycket svårt,** för professionell mekaniker 

Specifikationer

Framhjulsfjädring

Typ	Individuella MacPherson fjäderben, spiralfjädrar och krängningshämmare, dubbelverkande gasstötdämpare

Bakhjulsfjädring

Typ	Individuella bärarmar och spiralfjädrar, krängningshämmare, dubbelverkande teleskopstötdämpare. Reglerbara luftstötdämpare på vissa modeller. Justerbara parallellstag på senare Senator och 3,0 Omegamodeller
Bakre stötdämparens lufttryck (i förekommande fall):	
Olastad	0,8 bar
Lastad	3,0 bar

Styrning

Typ	Kulkoppling för styrväxeln, snäckdrev och mutter med sektoraxel samt pitmanarm, servostyrd
Utväxling:	
Alla modeller utom Omega 3000 GSi	14,5:1
Omega GSi	13,5:1
Smörjmedel	Dexron II
Smörjmedelsmängd	1,0 liter

Framhjulsinställning

Cambervinkel:
- Omegamodeller utom 3000 GSi .... -1°55' till -0°25'
- Omega 3000 GSi och Senator .... -2°15' till -0°45'
- Maximal avvikelse mellan vänster och höger hjul .... 1° 0'

Toe-inställning (totalt) .... 0° till 0°2' toe-in

Bakhjulsinställning (lastad*)

Cambervinkel:
- Omega sedan (utom GSi) .... -2°20' till -1°
- Senator, Omega 3000 GSi .... -2°40' till -1°20'
- Omega kombi .... -2° 5' till -0° 45'
- Maximal avvikelse mellan vänster och höger hjul .... 0° 45'

Toe-inställning:
- Omega sedan (utom GSi) .... 0°5' toe-out till 0°45' toe-in (0,5 till 5,5 mm)
- Senator, Omega 3000 GSi .... 0°10' till 0°30' toe-in (1,0 till 4,0 mm)
- Kombi (utom 3,0 liters 24v) .... 0°10' toe-out till 0°40' toe-in (1,0 till 5,0 mm)
- Kombi, 3,0 liters 24v .... 0° till 0°50' toe-in (0,0 till 6,0 mm)
- Maximal avvikelse mellan vänster och höger hjul .... 0°25'

Observera: **Lastat fordon: Två personer i framsätet och halvfylld bränsletank.*

Fälgar

Typ .... Plåt eller lättmetall
Storlek .... 5,5J x 14, 6J x 15, 7J x 15, beroende på modell

Däck

Storlekar

Fyrcylindriga Omegamodeller .... 175 R 14, 185/70 R 14
Sexcylindriga Omegamodeller .... 195/65 R 15, 205/65 R 15
Senator .... 195/65 R 15, 205/65 R 15

** Se handbok som medföljer bilen eller kontakta Opelåterförsäljare för hjulens hastighetsspecifikationer.*

Däcktryck

Se slutet av *"Veckokontroller"*

Åtdragningsmoment — Nm

Framhjulsfjädring

Nedre bärarmens ledbult:*
- Fram:
  - Steg 1 120
  - Steg 2 .... Vinkeldra 30° till 45°
- Bak:
  - Steg 1 70
  - Steg 2 .... Vinkeldra 45° till 60°

Krängningshämmarens främre fäste 40

Fjäderbenets montering mot styrspindel:*
- Steg 1 50
- Steg 2 100
- Steg 3 .... Vinkeldra 30° till 45°

Navmutter 320
Fjäderbenets övre fäste 70
Krängningshämmarlänk 65
Främre tvärbalk 170
- Nedre kulledens montering mot styrspindel 100
- Nedre kulled mot bärarm 35

Observera: **Bultar som vinkeldras skall alltid bytas efter demontering.*

Bakhjulsfjädring

Tvärbalk 125

Drivaxel mot bakhjulsnav:
- Steg 1 50
- Steg 2 .... Vinkeldra 45° till 60°

Parallellstag mot bärarm 60
Parallellstag mot tvärbalk 90
Bärarmens ledbult 100
Krängningshämmare 22
Bakhjulsnavets mutter 300

Åtdragningsmoment (forts)

	Nm
Bakhjulsfjädring	
Stötdämparens nedre fäste	110
Stötdämparens övre fäste	20
Styrning	
Rattstång	22
Ratt	25
Gummikoppling	22
Låsmutter för styrväxelns justering	30
Styrväxelns fäste	40
Styrväxelns kåpa	30
Lageröverfallets låsmutter	150
Pitmanarm	160
Styrservopumpens anslutning	42
Styrservopump	25
Styrstagets kulledsmutter	60
Klämbult för yttre styrstag	10
Styrsnäcksarmens fäste	55
Styrsnäcksarm	45
Hjul	
Hjulbultar	90

1 Allmän beskrivning

Framhjulsfjädringen har oberoende MacPherson fjäderben med spiralfjädrar och dubbelverkande teleskopstötdämpare. Krängningshämmaren är placerad framför bärarmarna.

Bakhjulsfjädringen är individuell med spiralfjädrar, dubbelverkande teleskopstötdämpare och bärarmar. 3,0 liters Omegamodeller och Senatormodeller från 1990 har en bakhjulsfjädring av multi-link-typ med justerbara parallellstag. Krängningshämmaren är monterad på tvärbalken. Vissa modeller har reglerbara bakre luftstötdämpare, som möjliggör nivåjustering av bilens bakvagn med hjälp av tryckluft.

Alla modeller har servostyrning. Styrväxeln har snäckdrev och sektoraxel med en invändig kulkoppling. På modeller med bränsleinsprutning och automatväxellåda har servosystemet en tryckvakt. Denna tryckvakt styr en tillsatsluftventil som ökar motorns tomgångsvarvtal vilket kompenserar för den extra belastningen som servopumpen utgör.

2 Främre fjäderben - demontering och montering

Demontering

1 Drag åt handbromsen. Lyft upp bilens framvagn och placera den på pallbockar (se *"Lyftning och stödpunkter"*). Demontera framhjulet.

2 Bänd loss metallkåporna. Skruva loss bromsokets fästbultar med en insexnyckel.

3 Tag loss bromsoket och fäst det så att bromsslangen inte belastas.

4 Drag ut klämman och tag loss bromsslangen från hållaren på fjäderbenet.

5 På modeller med ABS, demontera hjulets hastighetsgivare och tillhörande kabel enligt kapitel 9.

6 Skruva loss muttern och tag loss länkens nedre del från krängningshämmaren. För att förhindra att kulpinnen roterar kan man hålla i den med en nyckel på dess två plana ytor.

7 Skruva loss muttern från styrstagskulleden och använd en kulledsavdragare för att lossa kulpinnen från styrspindeln.

8 Skruva loss och kassera klämbulten. Drag ned den nedre bärarmen för att ta loss kulleden från styrspindeln.

9 Stöd fjäderbenet och skruva sedan loss muttern från det övre fästet. Drag ut fjäderbenet från bilens undersida **(se bilder).**

Montering

10 Inled monteringen genom att föra upp fjäderbenet i det övre fästet. Montera muttern och drag åt den till specificerat åtdragningsmoment. Håll samtidigt i kolvstången med en insexnyckel.

11 För in kulleden i styrspindeln. Montera en ny klämbult med huvudet bakåt. Drag åt till specificerat åtdragningsmoment. **Observera:** *Man får inte återanvända den gamla klämbulten.*

12 Anslut kulleden för stystaget och drag åt muttern till specificerat åtdragningsmoment.

13 Anslut länken till krängningshämmaren och drag åt muttern till specificerat åtdragningsmoment.

14 På modeller med ABS, montera hjulhastighetsgivaren och kabeln.

15 Montera hydraulslangen på fjäderbenets hållare.

16 Montera bromsoket enligt kapitel 9.

17 Montera framhjulet och sänk ned bilen.

18 Kontrollera framhjulsinställningen och justera vid behov. Om fjäderbenet har tagits isär måste även camberinställningen kontrolleras av en Opelverkstad med specialutrustning.

2.9a Det främre fjäderbenets övre fäste

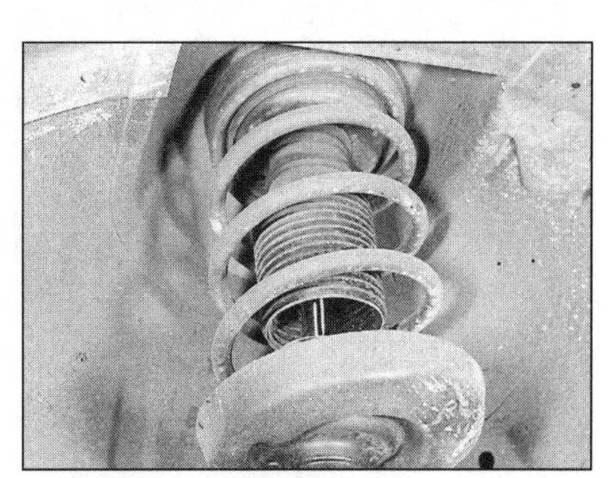

2.9b Det främre fjäderbenet sett från hjulhuset

3 Främre fjäderben - översyn

Observera: *En specialtillverkad fjäderkompressor måste användas. Om man använder felaktiga verktyg kan detta resultera i personskador.*

1 Demontera fjäderbenet enligt avsnitt 2 och placera det i ett skruvstycke.
2 Montera fjäderkompressorn och drag åt den för att avlasta det övre sätet och fästet.
3 Håll i kolvstången med en insexnyckel. Skruva loss muttern och tag ut det övre sätet och fästet. Tag loss lagringen från fästet och tag reda på kolvstångens stoppbrickor.
4 Demontera spiralfjädern och det övre sätet. Tag loss damasken, dämpringar och gummistoppet.
5 Skruva loss krängningshämmarlänken från fjäderbenet.
6 Markera placeringen av styrspindelns övre del relativt fjäderbenet för att kunna återställa camberinställningen. Skruva loss bultarna och demontera styrspindeln **(se bild).** Notera att bultarnas huvuden är riktade framåt.
7 Man kan inte ta loss stötdämparen från fjäderbenet. Om stötdämparen är defekt måste hela fjäderbenet bytas. Stötdämparen kan kontrolleras genom att man placerar den lodrätt i ett skruvstycke och för kolvstången in och ut. Om kolvstångens rörelsemotstånd är ojämnt, svagt eller löst måste enheten bytas.
8 Rengör alla delar och undersök dem beträffande slitage och skador. Om man byter spiralfjäder bör man byta båda framfjädrar vid samma tillfälle.
9 Inled ihopsättningen genom att montera styrspindeln på fjäderbenet. Om det gamla fjäderbenet skall monteras för man in de nya bultarna framifrån. Justera mot markeringarna som ritades vid demonteringen och drag åt de nya muttrarna till specificerat åtdragningsmoment. Om ett nytt fjäderben monteras skall styrspindeln monteras med de gamla bultarna. Drag åt dem till specificerat åtdragningsmoment och låt en Opelverkstad justera cambervinkeln när arbetet är avslutat. De nya bultarna skall användas vid justeringen av cambervinkeln.
10 Montera krängningshämmarlänken och drag åt muttern.
11 Placera fjäderbenet i ett skruvstycke och drag ut kolvstången helt.
12 Montera den nedre dämpringen och därefter spiralfjädern på fjäderbenet.
13 Fäst fjäderkompressorn på spiralfjädern.
14 Montera gummistoppet.
15 Montera damasken och den övre dämpringen på spiralfjäderns övre säte.
16 Placera stoppbrickan på kolvstången med den konkava sidan riktad nedåt och placera det övre sätet på spiralfjädern. Det lilla hålet (8 mm) i det övre sätet måste placeras på motsatt sida relativt styrspindeln **(se bild).**
17 Montera styrningen i det övre fästet med den gula inre delen riktad utåt. Montera fästet på kolvstången.
18 Montera en stoppbricka på kolvstången med den konkava sidan uppåt. Montera och drag åt muttern.
19 Tag loss fjäderkompressorn och se till att spiralfjädrarna sitter korrekt på dämpringarna.
20 Det främre fjäderbenet kan därefter monteras enligt avsnitt 2.

4 Främre nedre bärarm - demontering och montering

Demontering

1 Drag åt handbromsen. Lyft upp bilens framvagn och placera den på pallbockar (se *"Lyftning och stödpunkter"*). Demontera framhjulet.
2 Skruva loss klämbulten. Drag ned den nedre bärarmen så att kulleden lossar från styrspindeln.
3 Skruva loss muttrarna och lossa de nedre delarna av länkarna från krängningshämmaren. Avlasta krängningshämmaren så långt upp som möjligt.
4 Skruva loss den vertikala främre fästbulten och den horisontella bakre fästbulten och kassera dem. Drag ut den nedre bärarmen från bilens undersida. Observera att den horisontella bultens huvud är riktat framåt.
5 Se avsnitt 5 om fjädringens kulled skall bytas. Undersök gummibussningarna i armen och byt dem vid behov genom att pressa ut de gamla och trycka in nya. Använd en lång bult, en mutter, ett metallrör och stålbrickor. Doppa de nya bussningarna i såpvatten innan de monteras. Den vertikala bussningen skall demonteras uppåt ur armen och den nya skall pressas in uppifrån. Den horisontella bussningen skall demonteras bakåt och den nya skall monteras bakifrån. Den smala styrningen på den horisontella bussningen skall riktas framåt.

Montering

6 Inled monteringen genom att placera bärarmen mot underredet och föra in de nya fästbultarna. **Observera:** *Man får inte återanvända den gamla klämbulten.*
7 Håll bärarmen horisontellt och drag åt muttrarna och bultarna till specificerat åtdragningsmoment.
8 För in kulleden i styrspindeln och montera klämbulten med huvudet bakåt. Drag åt till specificerat åtdragningsmoment.
9 Fäst länkarna i krängningshämmaren och drag åt muttrarna.
10 Montera framhjulet och sänk ned bilen.
11 Kontrollera och justera vid behov framhjulsinställningen (avsnitt 26).

5 Framhjulsfjädringens nedre kulled - byte

1 Demontera den nedre bärarmen enligt avsnitt 4.
2 Kulleden är fastnitad på bärarmen när den är ny. Kulleder som har monterats senare är fastskruvade. Vid behov skall man borra ur nitarna med en 12,0 mm borr. Nitarnas ena sida har ett märke som underlättar centreringen av borren. Detta förhindrar att man förstorar hålen i bärarmen **(se bild).**
3 Använd endast de medlevererade specialbultarna för att montera den nya kulleden och drag åt muttrarna till specificerat åtdragningsmoment. Muttern skall riktas nedåt.
4 Montera den främre nedre bärarmen enligt avsnitt 4.

3.6 Det främre fjäderbenets fäste i styrspindeln

3.16 Korrekt placering av den främre spiralfjäderns övre säte relativt styrspindeln

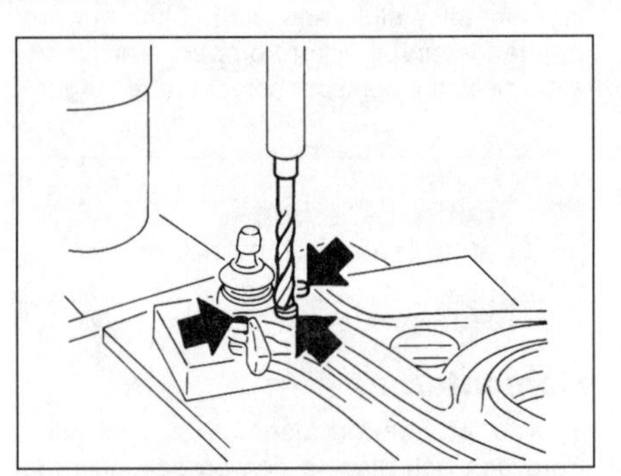

5.2 Nitarna för framhjulsfjädringens nedre kulled borras ut

6 Främre krängningshämmare - demontering och montering

Demontering

1 Drag åt handbromsen. Lyft upp bilens framvagn och placera den på pallbockar (se *"Lyftning och stödpunkter"*). Demontera framhjulen.

2 Skruva loss muttern och tag loss länkarnas nedre del från krängningshämmaren **(se bild).** Förhindra att länkens kulpinne roterar genom att hålla i den med en nyckel på de två plana ytorna.

3 Arbeta inifrån motorrummet och skruva loss bultarna för krängningshämmarens fäste. Tag loss fästena **(se bild).**

4 Tag loss krängningshämmaren från bilen underrede.

Montering

5 Undersök fästenas gummibussningar beträffande slitage och skador och bänd vid behov loss dem från krängningshämmaren. Smörj de nya bussningarna med silikonolja och montera dem på krängningshämmaren med skårorna framåt.

6 För in krängningshämmaren från bilens framsida och montera fästena. Montera bultarna löst.

7 Fäst länkarna och drag åt muttrarna till specificerat åtdragningsmoment.

8 Drag åt fästet till specificerat åtdragningsmoment.

9 Montera framhjulen och sänk ned bilen.

7 Främre krängningshämmarlänk - demontering och montering

Demontering

1 Drag åt handbromsen. Lyft upp bilens framvagn och placera den på pallbockar (se *"Lyftning och stödpunkter"*). Demontera aktuellt framhjul.

2 Notera åt vilket håll länken är monterad. Skruva loss muttrarna samtidigt som du håller i kulpinnarna med en nyckel på de två plana ytorna **(se bild).**

3 Demontera länken från fjäderbenet och krängningshämmaren.

Montering

4 Följ anvisningarna för demontering i omvänd ordning vid monteringen. Drag åt muttrarna till specificerat åtdragningsmoment.

8 Styrspindel - demontering och montering

Demontering

1 Demontera framhjulsnavet enligt avsnitt 9.

2 Demontera bromsskölden från styrspindeln.

3 Skruva loss muttern från styrstagets kulled och använd en kulledsavdragare för att demontera kulpinnen.

4 På modeller med ABS-system, demontera hjulhastighetsgivaren och kabeln enligt kapitel 9.

5 Skruva loss klämbulten. Drag ned den nedre bärarmen så att kulleden lossar från styrspindeln.

6 Markera placeringen av styrspindelns övre del relativt fjäderbenet för att kunna återställa camberinställningen. Skruva loss och kassera bultarna och demontera styrspindeln. Notera att bultarnas huvuden är riktade framåt.

Montering

7 Följ anvisningarna för demontering i omvänd ordning vid monteringen. Använd nya bultar och muttrar. Man skall inte återanvända de gamla bultarna. Drag åt till specificerat åtdragningsmoment. Låt en Opelverkstad vid behov kontrollera hjulinställningen.

9 Främre nav och hjullager - demontering och montering

Observera: *Man måste använda en momentnyckel som är avsedd för höga moment vid monteringen av framhjulens navmuttrar. Om man inte har tillgång till en sådan momentnyckel skall man lämna detta arbete till en Opelverkstad.*

Demontering

1 Drag åt handbromsen. Lyft upp bilens framvagn och placera den på pallbockar (se *"Lyftning och stödpunkter"*). Demontera det aktuella framhjulet. Tag loss skivan i hjulets mitt om bilen har lättmetallfälgar.

6.2 Montering av den främre krängningshämmarlänken

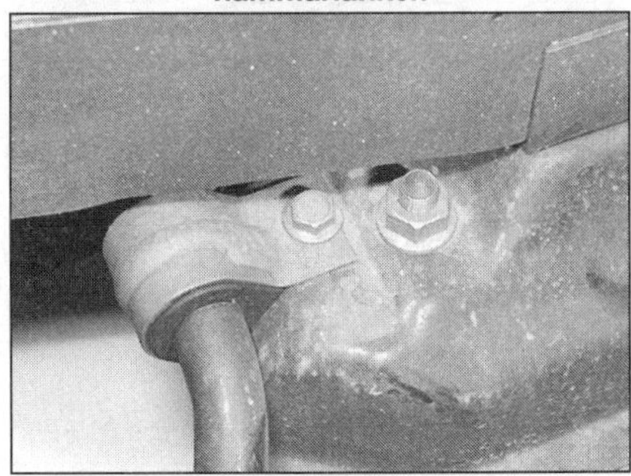

6.3 Främre krängningshämmarfästet

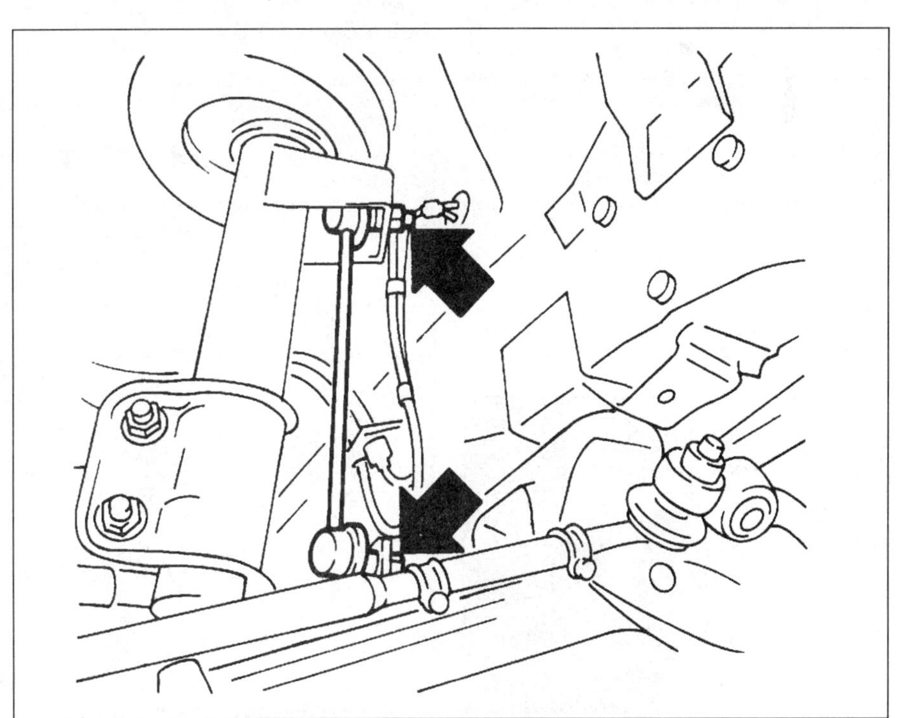

7.2 Främre krängningshämmarlänkens fästmuttrar

9.9a Skruva loss framhjulsnavets mutter . . .

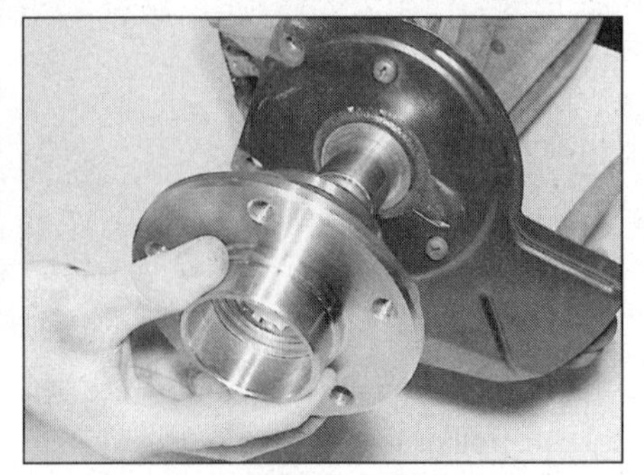

9.9b . . . och det främre navet

9.10 Plasthylsa som håller i lagrets inre lagerbana vid montering

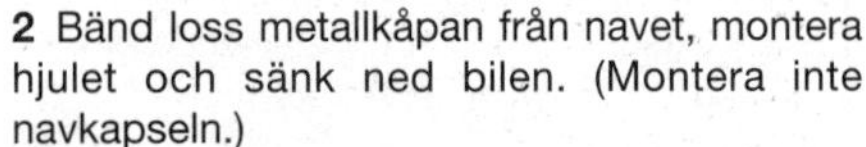

2 Bänd loss metallkåpan från navet, montera hjulet och sänk ned bilen. (Montera inte navkapseln.)

3 Placera träklossar eller liknande bakom alla hjul för att säkerställa att bilen inte kan rulla åt något håll.

4 Använd en hylsa, ett kraftigt T-handtag och ett långt rör som extra hävarm för att lossa navmuttern ett halvt varv. Observera att muttern är åtdragen med ett extremt högt åtdragningsmoment och stor kraft behövs för att lossa den.

5 Lyft upp bilens framvagn och placera den på pallbockar (se "*Lyftning och stödpunkter*"). Demontera det aktuella hjulet.

6 Bänd loss metallkåporna och skruva loss bromsokets fästbultar med hjälp av en insexnyckel.

7 Tag loss bromsoket och fäst det så att bromsslangen inte belastas.

8 Skruva loss låsskruven och demontera bromsskivan.

9 Skruva loss navmuttern och drag loss navet från axeltappen. Om det inre lagrets lagerbana sitter fast på axeltappen måste man använda en avdragare för att demontera lagerbanan. Tag reda på oljetätningen som har dragits ut ur navet **(se bilder).**

10 Man kan inte separera lager och nav. Detta innebär att man måste byta hela navet om lagren är slitna eller om oljetätningen läcker. Det nya navet innehåller en plasthylsa som håller ihop lagrens inre lagerbanor när man monterar navet **(se bild).**

11 Placera navet och plasthylsan på axeltappen. Tryck försiktigt på de inre lagerbanorna på axeltappen med en lämplig hylsa eller metallrör **(se bild).** Tag bort plasthylsan.

9.11 Montering av hjullagrets inre lagerbana på axeltappen

Montering

12 Följ anvisningarna för demontering i omvänd ordning vid monteringen av delarna. Observera följande:

a) Drag åt alla muttrar och bultar till specificerat åtdragningsmoment.

b) Applicera låsningsvätska på bromsskivans låsskruv och drag åt den till 4 Nm.

c) Montera bromsoket enligt kapitel 9.

10 Främre tvärbalk - demontering och montering

Demontering

1 Drag åt handbromsen. Lyft upp bilens framvagn och placera den på pallbockar (se "*Lyftning och stödpunkter*") som placeras under underredets balkar.

2 Demontera båda främre nedre bärarmar enligt avsnitt 4.

3 Arbeta inifrån motorrummet och skruva loss bultarna för krängningshämmarens fäste. Tag loss fästena.

4 Skruva loss muttrarna som fäster motorinfästningarna mot tvärbalken och motorfästena. Tag reda på brickorna.

5 Lyft upp motorn med en lyft eller ett motorlyftok **(se bild).** Om man använder en lyft måste man demontera motorhuven först (kapitel 11).

6 Stöd tvärbalken med en garagedomkraft och en träregel.

7 Skruva loss de fyra fästbultarna och sänk ned tvärbalken. Tag reda på motorinfästningarna.

Montering

8 Följ anvisningarna för demontering i omvänd ordning vid monteringen. Drag åt alla muttrar och skruvar till specificerat åtdragningsmoment.

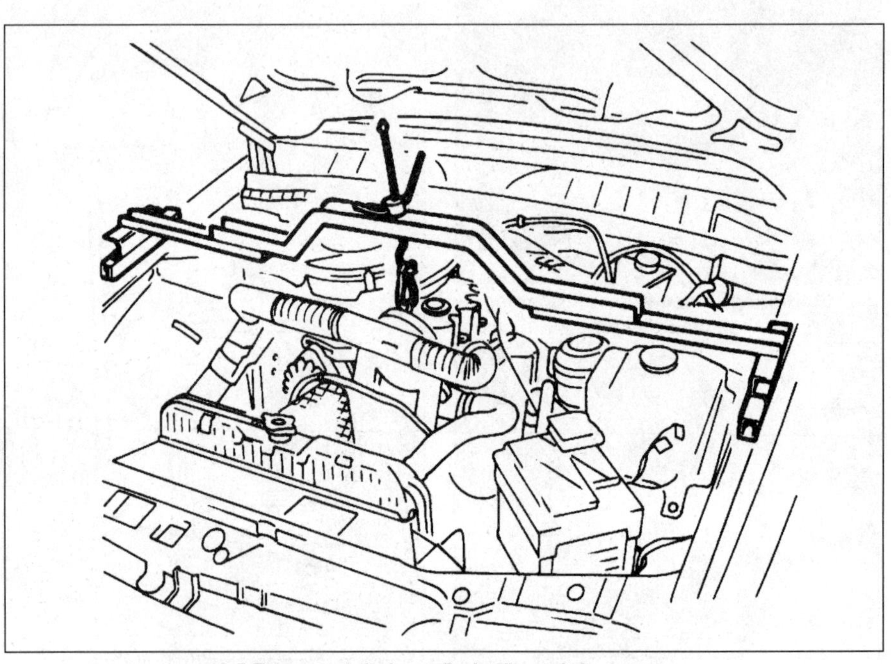

10.5 Ett motorlyftok används för att lyfta motorn

11.2a Bakre stötdämparens övre fäste - sedan

11.2b Bakre stötdämparens övre fäste - kombi

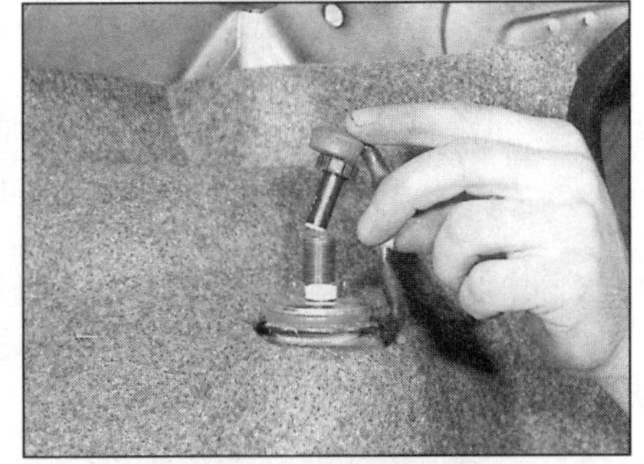
11.3 Kabeln kopplas loss från stötdämparens övre del - fordon med reglerbara luftstötdämpare

11 Bakre stötdämpare - demontering och montering

Demontering

1 Placera bilen över en smörjgrop eller på ramper. Bakvagnen kan lyftas med domkraft och placeras på pallbockar under bärarmarna. Eftersom bärarmarna är vinklade kan det vara svårt att placera pallbockarna på ett säkert sätt. Alternativt kan man lyfta bärarmarna med en garagedomkraft och ett lämpligt mellanlägg av trä.

2 På sedanmodeller, öppna bagageluckan och tag bort gummilocket från stötdämparens övre del. På kombimodeller, skruva loss skruvarna och tag bort kåpan från stötdämparen **(se bilder)**.

3 Skruva loss de övre fästmuttrarna och tag bort brickan och gummistoppet. **Observera:** *På bilar med elektronisk nivåreglering av bakvagnen skall kontaktdonet kopplas loss från stötdämparen* **(se bild)**.

4 På modeller med reglerbara bakre stötdämpare skall trycket släppas ut med tryckventilen. Koppla därefter loss tryckledningen från stötdämparen.

5 Skruva loss den nedre monteringsbulten och tag loss stötdämparen **(se bilder)**.

6 Inled monteringen med att placera stötdämparen på bärarmen. För in den nedre monteringsbulten. Se till att bussningen monteras korrekt i det nedre fästet **(se bild)**.

7 På modeller med reglerbara bakre stötdämpare skall tryckledningen försiktigt monteras tillbaka. Fyll därefter stötdämparen till den sticker upp ur det övre fästhålet.

8 Montera det övre gummistoppet och brickan. Drag åt muttern till specificerat åtdragningsmoment. Avståndet mellan låsmuttern och stötdämparens pinnbult måste vara 13,0 mm.

9 Drag åt den nedre fästbulten till specificerat åtdragningsmoment.

10 Montera kåpan (kombimodeller) eller gummilocket (sedanmodeller).

11 Sänk ned bilen.

Montering

12 På modeller med reglerbara bakre stötdämpare ska systemet fyllas till specificerat tryck.

12 Bakre bärarm - demontering och montering

Demontering

1 Blockera framhjulen. Lyft upp bilens bakvagn och placera den på pallbockar under tvärbalkens fästen.

2 Använd en insexnyckel för att skruva loss insexskruvarna som fäster drivaxeln mot bakhjulsnavet. Håll samtidigt i hjulet. Tag reda på låsbrickorna.

3 Sänk ned drivaxeln från bakhjulet och stöd det på den ena sidan.

4 Koppla loss bromsslangen från hållaren på bärarmen.

5 Demontera bakhjulet. Tag loss bromsoket och fäst det på den ena sidan utan att belasta bromsslangen.

6 Skruva loss låsskruven och demontera bromsskivan.

7 Haka loss returfjädern och koppla loss handbromsvajern från hävarmen på bärarmen. Koppla loss vajern från hållaren.

8 Använd en hylsa genom de ogängade hålen i navet för att skruva loss fästskivans bultar och demontera låsplattan.

9 Demontera bakhjulsnavet enligt avsnitt 18. Tag därefter loss fästskivan och bromsbackarna som en enhet.

10 På fordon med multi-link fjädring, skruva loss muttern från kulleden mellan parallellstaget och bärarmen. Använd en lämplig kulledsavdragare för att demontera kulleden från bärarmen **(se bild)**.

11.5a Skruva loss den nedre fästbulten . . .

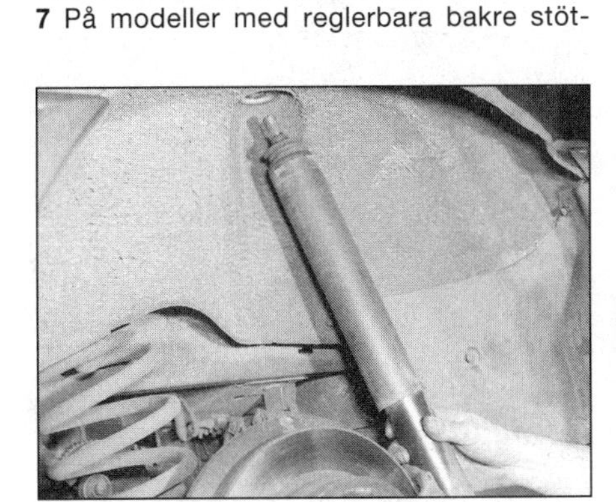
11.5b . . . och tag loss stötdämparen

11.6 Se till att bussningen monteras i hålet i det nedre fästet (vid pilarna)

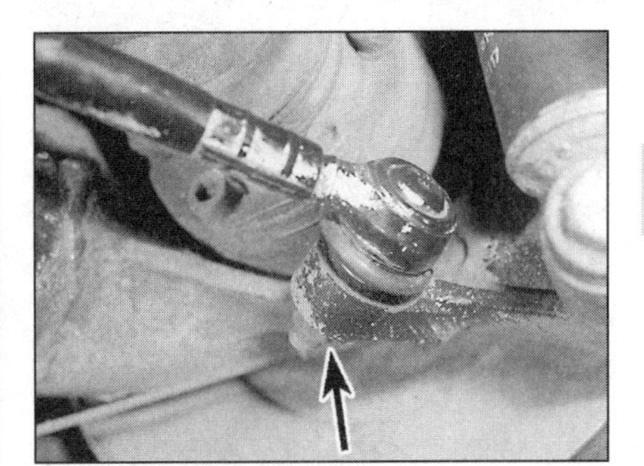
12.10 Skruva loss muttern (vid pilen) och tag loss parallellstaget

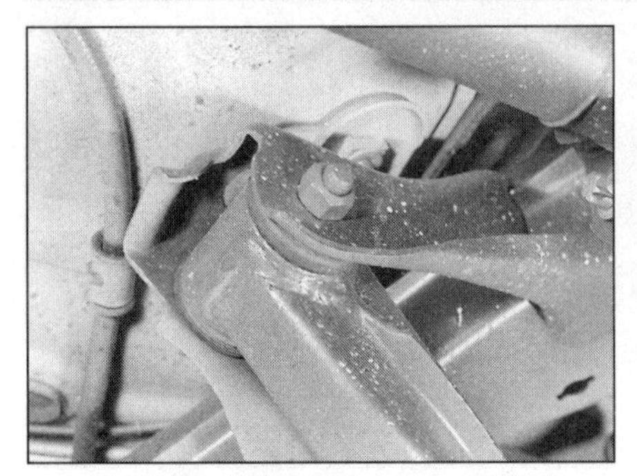

12.19 Den bakre bärarmens ledbult

12.22 Det bakre parallellstagets justeringsmutter och låsklämmor

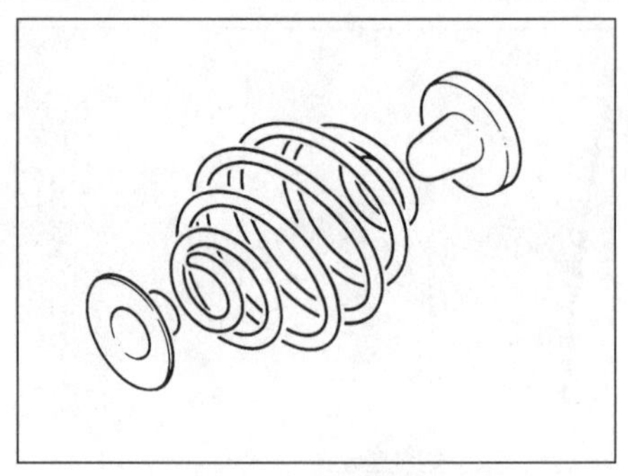

13.9 Bakre spiralfjäder och gummidämpningar

11 Om den vänstra bärarmen skall demonteras måste man ta loss de bakre gummiupphängningarna för avgassystemet och sänka ned avgassystemet ca 30 cm. Fäst avgassystemet i detta läge med en ståltråd.

12 Demontera den bakre krängningshämmarlänken från bärarmen och vrid länken uppåt. Tag loss gummifästet från bärarmen.

13 Använd en garagedomkraft för att försiktigt lyfta bärarmen.

14 På modeller med justerbara bakre stötdämpare skall trycket släppas ut med tryckventilen. Koppla därefter loss tryckledningen från stötdämparen.

15 Skruva loss stötdämparens nedre monteringsbult.

16 Sänk ned garagedomkraften tills den bakre fjädern och gummidämpningarna kan tas loss.

17 Sänk ned domkraften.

18 Stöd slutväxeln med garagedomkraften och skruva loss det bakre dämpningsfästet från underredet.

19 Sänk ned slutväxeln en aning. Skruva loss ledbultarna och tag loss bärarmen från tvärbalken **(se bild).**

20 Byt ledbussningarna om de är slitna. Skär bort gummiflänsarna från de gamla bussningarna och pressa ut bussningen med en lång bult, mutter, brickor och lämpligt metallrör. Montera de nya bussningarna på samma sätt. Man kan smörja dem med såpvatten för att underlätta montering.

Montering

21 Följ anvisningarna för demontering i omvänd ordning vid monteringen. Justera handbromsen enligt kapitel 9. På modeller med justerbara bakre stötdämpare måste systemet fyllas enligt specifikation. Drag åt alla muttrar och bultar till specificerat åtdragningsmoment. Observera att huvudena på bärarmarnas ledbultar måste vara riktade mot varandra.

22 På bilar med multi-link bakvagnsfjädring, låt en Opelverkstad kontrollera och vid behov justera bakhjulens toe-in **(se bild).**

13 Bakre spiralfjäder - demontering och montering

Demontering

1 Blockera framhjulen. Lyft upp bilens bakvagn och placera den på pallbockar under tvärbalkens fästen. Demontera aktuellt bakhjul.

2 Koppla loss bromsslangen från hållaren på bärarmen genom att dra ut låsplattan.

3 Använd en garagedomkraft för att försiktigt lyfta upp bärarmen.

4 På modeller med justerbara bakre stötdämpare skall trycket släppas ut med tryckventilen. Koppla därefter loss tryckledningen från stötdämparen.

5 Skruva loss stötdämparens nedre monteringsbult.

6 Om den vänstra spiralfjädern skall demonteras måste man ta loss de bakre gummiupphängningarna för avgassystemet och sänka ned avgassystemet ca 30 cm. Fäst avgassystemet i detta läge med en ståltråd.

7 På modeller med ABS, snäpp loss hjulhastighetsgivarens kabel från underredet.

8 Använd ytterligare en garagedomkraft eller en domkraft av pelarmodell för att lyfta upp slutväxeln. Skruva loss det bakre dämpfästet från underredet.

9 Sänk ned slutväxeln och bärarmen tills den bakre spiralfjädern och gummidämpningarna kan demonteras. Observera att den övre gummidämpningen även har ett gummistopp **(se bild).**

Montering

10 Följ anvisningarna för demontering i omvänd ordning vid monteringen. Drag åt alla muttrar och skruvar till specificerat åtdragningsmoment.

14 Bakre krängningshämmare - demontering och montering

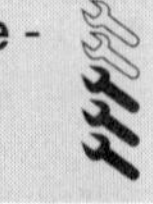

Demontering

1 Blockera framhjulen. Lyft upp bilens bakvagn och placera den på pallbockar (se *"Lyftning och stödpunkter"*).

2 Lyft slutväxeln med en garagedomkraft. Skruva loss det bakre dämpfästet från underredet. Sänk ned slutväxeln en aning.

3 Tag loss de två länkarna från bärarmarna och demontera gummifästena **(se bild).**

4 Skruva loss klämbultarna från tvärbalken, tag loss fästena och drag ut krängningshämmaren från fordonets underrede.

5 Demontera länkarna och gummifästena från krängningshämmaren. Vid behov kan fästena pressas av från länkarna med hjälp av ett metallrör, brickor och en lång bult med mutter. Doppa de nya gummidelarna i såpvatten för att underlätta monteringen.

Montering

6 Följ anvisningarna för demontering i omvänd ordning vid monteringen. Drag åt alla muttrar och skruvar till specificerat åtdragningsmoment.

15 Bakaxel (komplett) - demontering och montering

Demontering

1 Blockera framhjulen. Lyft upp bilens bakvagn och stöd den på pallbockar under bakvagnens balkar. Demontera båda bakhjulen.

14.3 Bakre krängningshämmarlänk

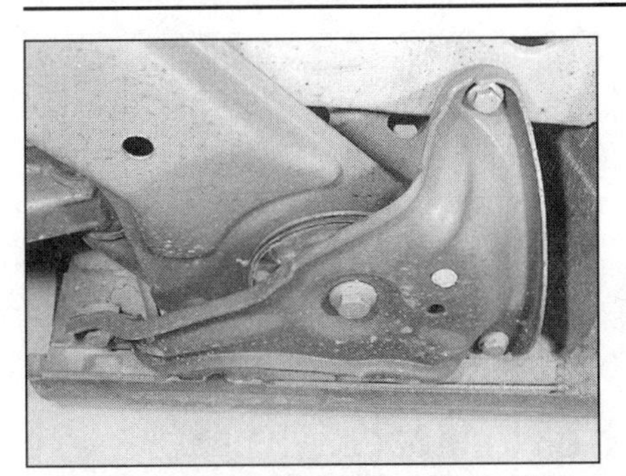
15.15 Den bakre tvärbalkens främre fäste

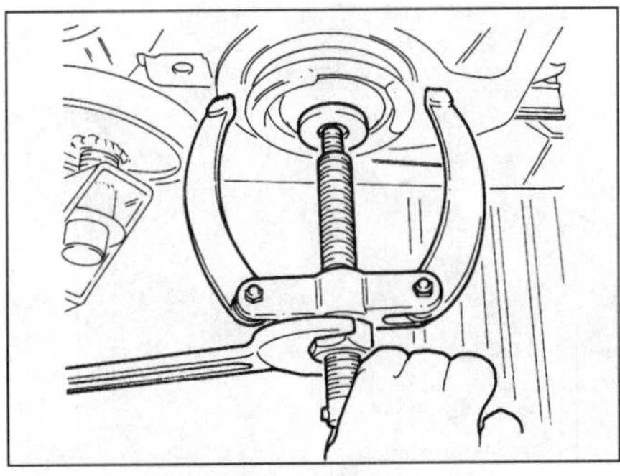
17.6 Tvärbalkens fästen dras ut

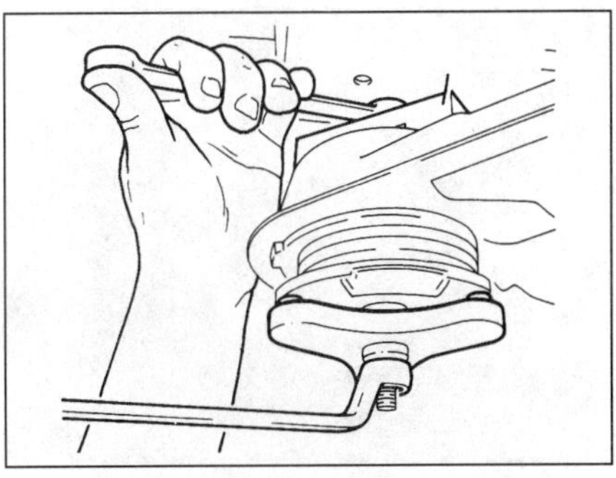
17.7 Tvärbalkens fästen pressas in

2 Demontera avgassystemets mittre och bakre del enligt kapitel 4.

3 Observera placeringen av justermuttern på handbromsstången. Skruva loss muttern och drag loss balansstången.

4 Arbeta på ena sidan. Koppla loss returfjädern och haka av handbromsvajern från bromsbackens hävarm. Tag loss vajern från hållaren på bärarmen.

5 Koppla loss bromsslangen från hållaren på bärarmen genom att dra ut låsplattan.

6 Skruva loss det bakre bromsoket från bärarmen och häng upp det vid sidan om bromsskivan. Se till att inte skada bromsröret.

7 Upprepa proceduren i paragraferna 4, 5 och 6 på bilens andra sida.

8 På modeller med ABS, skruva loss hjulhastighetsgivarna från slutväxeln.

9 Lossa glidkopplingens mutter på kardanaxelns främre del ett helt varv.

10 Skruva loss bultarna som fäster den bakre gummikopplingen mot differentialens fläns vid kardanaxelns bakre ände. Tryck kardanaxeln framåt och koppla loss den från flänsen. Stöd axeln på en pallbock.

11 Placera en träregel under bärarmen och stöd under dess mitt med en garagedomkraft.

12 Skruva loss slutväxelns bakre dämpfäste från underredet och sänk ned enheten på träregeln.

13 Skruva loss stötdämparens nedre fästbultar på båda sidor.

14 Sänk ned garagedomkraften tills båda bakre spiralfjädrar och gummidämpningar kan demonteras. Notera att de övre gummidämpningarna även har gummistopp.

15 Höj domkraften tills det bakre dämpfästet vidrör underredet. Skruva därefter loss hållarens tre bultar och den mittre bulten från tvärbalkens främre fäste **(se bild).** För säkerhets skull bör en assistent hålla i enheten så att den inte faller ned från garagedomkraften.

16 Sänk ned bakaxeln på marken och för ut den från bilens undersida.

Montering

17 Följ anvisningarna för demontering i omvänd ordning vid monteringen. Drag åt alla muttrar och skruvar till specificerat åtdragningsmoment.

16 Bakre tvärbalk - demontering och montering

Demontering

1 Demontera bakaxeln enligt avsnitt 15.

2 Skruva loss bultarna för krängningshämmarens fästen från tvärbalkens övre del och tag loss dem.

3 Skruva loss slutväxelns fästbultar och sänk ned enheten från tvärbalken.

4 Skruva loss bärarmens ledbultar. Notera att bultarnas huvuden är riktade mot varandra på varje arm. Tag loss tvärbalken.

5 Vid behov kan man byta fästena enligt avsnitt 17.

Montering

6 Följ anvisningarna för demontering i omvänd ordning vid monteringen. Drag åt alla muttrar och bultar till specificerat åtdragningsmoment. Bärarmarna bör placeras horisontellt innan man drar åt ledbultarna.

17 Bakre tvärbalkens fästen - byte

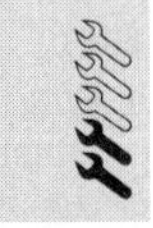

1 Blockera framhjulen. Lyft upp bilens bakvagn och stöd den på pallbockar under bakvagnens balkar. Demontera båda bakhjul.

2 Ta loss de bakre gummiupphängningarna för avgassystemet och sänk ned avgassystemet ca 30 cm. Fäst avgassystemet i detta läge med en ståltråd.

3 Koppla loss bromsslangarna från hållarna på bärarmarna genom att dra ut låsplattorna.

4 Stöd slutväxeln med en garagedomkraft.

5 Skruva loss hållarens tre bultar och den mittre bulten från tvärbalkens fästen på båda sidor och demontera hållarna.

6 Fästena måste dras loss från tvärbalken. Opelverktyget för detta ändamål visas i bilden **(se bild).** Tvärbalken sänks ned en aning och monteringsbulten förs in ovanifrån. Därefter placeras avdragaren enligt bilden. Muttern dras åt för att dra ut fästet. Om man inte kan göra på samma sätt med en vanlig avdragare kan mananvända ett metallrör och större brickor eller en metallplatta för att demontera fästet.

7 Opelverktyget för montering av fästena visas i bilden **(se bild).** Även i detta fall kan ett liknande verktyg tillverkas av en metallplatta och en lång bult.

8 Följ anvisningarna för demontering i omvänd ordning vid monteringen.

18 Bakre nav och hjullager - demontering och montering

Observera: *Man måste använda en momentnyckel som är avsedd för höga moment för monteringen av bakhjulens navmuttrar. Om man inte har tillgång till en sådan momentnyckel skall man lämna detta arbete till en Opelverkstad.*

Demontering

1 Blockera framhjulen. Lyft upp bilens bakvagn och placera den på pallbockar (se *"Lyftning och stödpunkter"*).

2 Skruva loss insexskruvarna som fäster drivaxeln mot bakhjulsnavet samtidigt som du håller i hjulet. Tag reda på låsbrickorna.

3 Sänk ned drivaxeln från bakhjulet och stöd det på den ena sidan.

4 Demontera bakhjulet.

5 Koppla loss bromsslangen från hållaren på bärarmen genom att dra ut låsplattan.

6 Demontera bromsoket och fäst det på den ena sidan utan att belasta bromsslangen.

7 Skruva loss låsskruven och demontera bromsskivan.

8 Använd en insexnyckel genom ett ogängat hål i navets drivfläns för att skruva loss

18.9 Drivaxelns fläns och bakhjulsnavets mutter

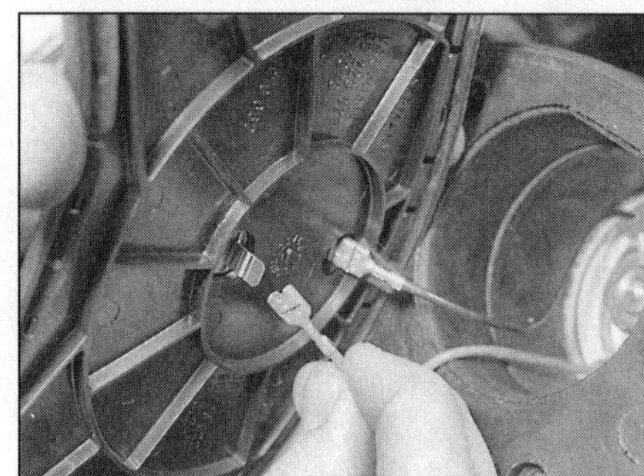

19.3 Koppla loss kablarna för signalhornets strömställare

19.5a Skruva loss fästmuttern . . .

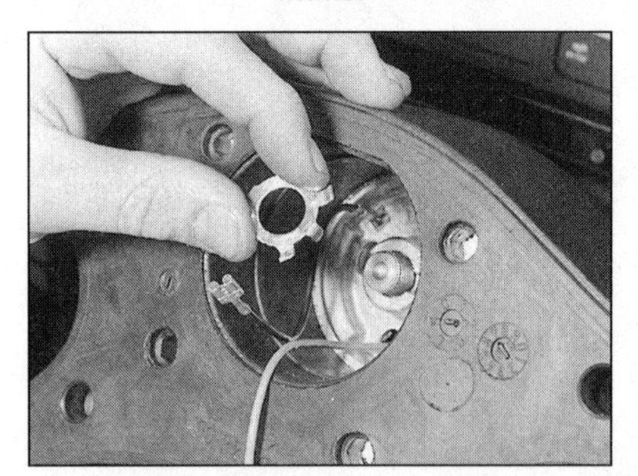

19.5b . . . och tag bort låsbrickan

19.6 Demontering av ratten

19.8 Fjädern på rattstångens övre del

bromssköldens fästbultar. Notera att de övre bultarna är kortare och monterade med en låsningsplatta.

9 För in hjulbultarna och använd en lång stång för att hålla fast navet. Skruva loss centrummuttern från navets innersida **(se bild).**

10 Drag av drivaxelns fläns med hjälp av en lämplig avdragare.

11 Pressa ut bakhjulsnavet från lagret med hjälp av en lämplig avdragare som skruvas fast i bärarmen.

12 Tag loss låsringen från bärarmen. Pressa ut lagret med en avdragare som skruvas i bärarmen.

13 Om det inre lagrets lagerbana har fastnat i navet kan den demonteras med en avdragare.

14 Rengör alla delar och undersök dem beträffande slitage och skador. Införskaffa ett nytt lager.

Montering

15 Pressa in det nya lagret i bärarmen genom att trycka på den yttre lagerbanan. Vid behov kan en lång bult och brickor användas.

16 Montera lagrets låsring.

17 Stöd lagrets inre lagerbana på insidan med ett metallrör. Tryck försiktigt in bakhjulsnavet från utsidan.

18 Montera drivaxelns fläns på navets insida. Vid behov kan man stöda navets utsida och pressa in flänsen helt från insidan.

19 Montera navmuttern och drag åt till specificerat åtdragningsmoment samtidigt som du håller i navet. Tryck in specialhylsan för att låsa muttern.

20 Följ anvisningarna för demontering i omvänd ordning vid monteringen. Observera följande:

a) Drag åt alla muttrar och bultar till specificerat åtdragningsmoment.

b) Justera handbromsen enligt kapitel 9.

19 Ratt - demontering och montering

Demontering

1 Koppla loss batteriets minuskabel.

2 Rikta framhjulen rakt framåt.

3 Bänd loss signalhornets tryckplatta från ratten och koppla loss de två kablarna **(se bild).**

4 Sätt i tändningsnyckeln och kontrollera att rattlåset är olåst.

5 Böj tillbaka låsfliken och skruva loss fästmuttern. Demontera låsfliken **(se bilder).**

6 Märk rattstångens placering relativt ratten. Tag loss ratten genom att försiktigt lirka av den **(se bild).** Använd inte hammare eller klubba för att demontera den.

7 Vid behov kan man ta loss signalhornets kontaktring från ratten. Notera att blinkerns returklack är riktat åt vänster.

8 Kontrollera att fjädern är monterad på rattstången **(se bild).** Smörj signalhornets kontaktbleck med kopparfett.

Montering

9 Följ anvisningarna för demontering i omvänd ordning vid monteringen. Drag åt muttern till specificerat åtdragningsmoment och böj upp låsfliken för att låsa muttern.

20 Rattstång - demontering och montering

Demontering

1 Koppla loss batteriets minuskabel.

2 Arbeta inifrån förarutrymmet. Märk rattstångens placering i förhållande till gummikopplingen. Skruva loss klämskruven.

3 Demontera ratten enligt avsnitt 19.

4 I förekommande fall skall höjdjusteringsspaken skruvas loss.

5 Skruva loss skruvarna och drag av höljets delar från rattstången **(se bilder).**

6 Vrid tändningsnyckeln till läge II. Tryck in den mindre låsfjädern och drag ut låscylindern. Koppla även loss kontaktdonet.

7 Tryck in plastklämmorna och demontera blinkerns strömställare och vindrutetorkarens strömställare **(se bild).**

8 Koppla loss kabeln från signalhornets kontaktbleck.

9 Skruva loss den nedre fästbulten.

10 Styrstångens övre fäste består av en mutter och en säkerhetsbult. Helst skall man använda en skruvutdragare för att demontera säkerhetsbulten. Borra ett 3,2 mm hål i bulten

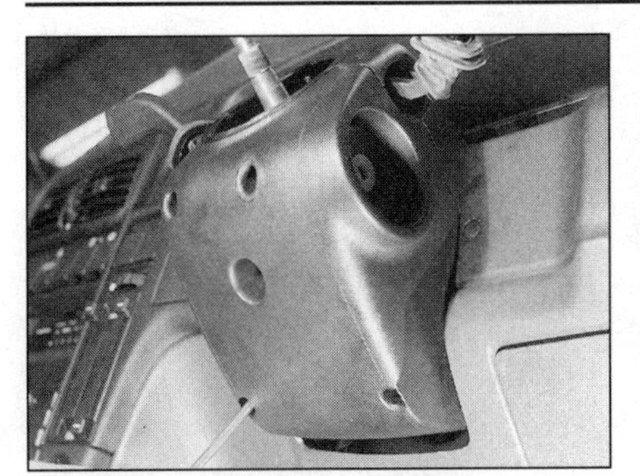

20.5a Demontera skruvarna . . .

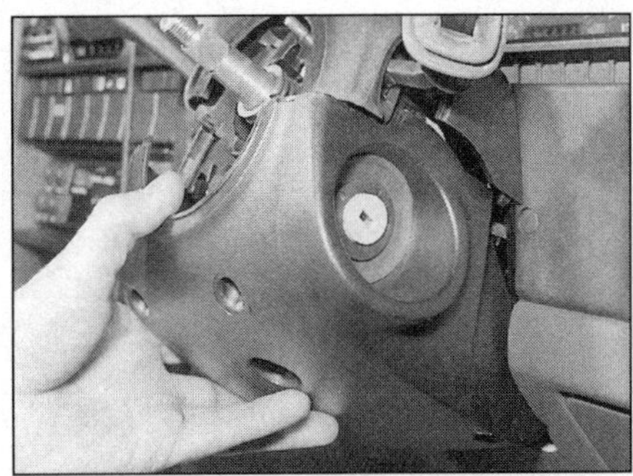

20.5b . . . och tag loss det nedre höljet . . .

20.5c . . . och det övre höljet

20.7 Demontering av vindrutetorkarens reglage

20.12 Montering av reglagets gummiskydd i det övre höljet

och använd utdragaren för att skruva ut bulten. Alternativt kan man borra av huvudet och använda en tång för att skruva ut resten av bulten senare.

11 Skruva loss den övre fästmuttern och drag ut rattstången bakåt från gummikopplingen. Rattstången skall hanteras varsamt så att varken den inre eller den yttre stången skadas.

Montering

12 Följ anvisningarna för demontering i omvänd ordning vid monteringen. Drag åt alla muttrar och bultar till specificerat åtdragningsmoment. Innan man drar åt säkerhetsbulten skall man kontrollera att rattstången är korrekt justerad. Drag därefter åt bulten tills huvudet vrids av. Rikta framhjulen rakt fram. Kontrollera att klämbultens övre del på gummikopplingen är riktad horisontellt och att rattens ekrar är centrerade och är riktade nedåt. Innan man drar åt klämbulten skall man dra rattstången uppåt tills den tar i stoppet på kullagret. Håll den i detta läge samtidigt som du drar åt bulten. Se till att strömställarens gummiskydd är korrekt placerade i det övre höljet **(se bild)**.

21 Styrväxel - demontering och montering

Demontering

1 I förekommande fall, ta loss fästena och sänk ned underplåten från motorrummet.

2 Arbeta inifrån förarutrymmet vid pedalerna. Lyft av kåpan och skruva loss klämbulten från rattstångens gummikoppling.

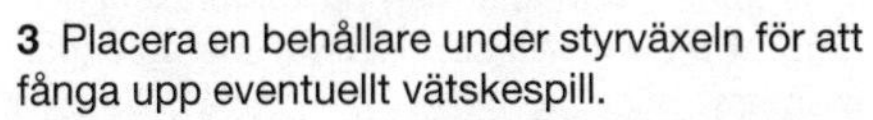

3 Placera en behållare under styrväxeln för att fånga upp eventuellt vätskespill.

4 Notera tryck- och returledningarnas placeringar. Skruva loss anslutningarnas muttrar och tag loss ledningarna från styrväxeln. Plugga ledningarnas ändar och styrväxelns portar.

5 På Senatormodeller med automatväxellåda, demontera hållarna och koppla loss oljekylarens ledningar från anslutningarna på chassit.

6 Drag åt handbromsen. Lyft upp bilens framvagn och placera den på pallbockar (se "*Lyftning och stödpunkter*").

7 På Omegamodeller med ABS, demontera avgassystemets främre rör (se kapitel 4).

8 Skruva loss muttern som fäster pitmanarmen mot styrväxelns nedre del. Använd en lämplig avdragare för att dra av armen från den splinesförsedda delen av sektoraxeln **(se bild)**.

9 Skruva loss fästbultarna och muttern. Drag ned styrväxeln från bilens undersida **(se bild)**. Tag reda på eventuella shims från det övre stödet. I förekommande fall skall avgassystemets värmesköld demonteras.

10 Skruva loss klämbulten och demontera gummikopplingen från styrväxeln.

Montering

11 Inled monteringen med att montera gummikopplingen på snäckdrevets splinesförsedda axel. Se till att klämbultens hål på kopplingens rattstångsida är horisontell överst när snäckdrevet är i det mittre läget. Axeln och huset är märkta enligt bild **(se bild)**.

21.8 Styrväxelns pitmanarm

21.9 Den servostyrda styrväxeln (motorn demonterad för ökad tydlighet)

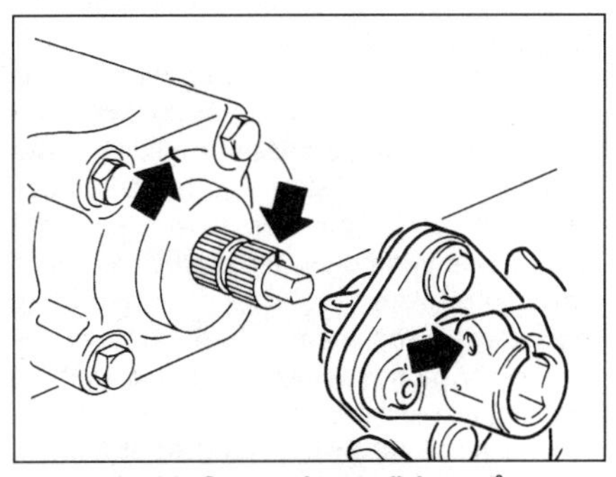

21.11 Centreringsmärken på snäckdrevets axel och drevhus

Montera och drag åt klämskruven. Kontrollera att gummilocket på styrväxeln inte är tryckt mot huset.

12 Vrid ratten rakt fram. Lyft styrväxeln på plats och montera gummikopplingen på rattstången.

13 För in fästbultarna och drag åt för hand.

14 Montera shimsen och drag åt den övre fästmuttern för hand.

15 Drag åt gummikopplingens övre klämbult och därefter styrväxelns fästbultar och mutter till specificerat åtdragningsmoment.

16 Montera avgassystemets värmesköld i förekommande fall.

17 Montera pitmanarmen på sektoraxeln och drag åt muttern till specificerat åtdragningsmoment.

18 Montera avgassystemets främre rör på modeller med ABS.

19 Sänk ned bilen.

20 Tag bort pluggarna och montera tryck- och returledningarna. Drag sedan åt anslutningsmuttrarna till specificerat åtdragningsmoment.

21 Montera kåpan på torpedväggen.

22 Kontrollera och fyll vid behov på specificerad vätska i styrservons vätskebehållare. Skruva åt locket.

23 Låt motorn gå på tomgång och vrid ratten från ändläge till ändläge för att lufta systemet. Kontrollera vätskenivån igen och fyll på vid behov.

22 Styrväxel - justering på plats

1 Styrväxeln kan justeras i bilen. Lyft upp bilens framvagn och placera den på pallbockar (se *"Lyftning och stödpunkter"*).

2 Skruva loss muttern som fäster pitmanarmen mot styrväxelns nedre del. Använd en lämplig avdragare för att dra av armen från den splinesförsedda delen på sektoraxeln.

3 Bänd loss signalhornets tryckplatta från rattens centrum.

4 Rikta upp ratten genom att vrida den från ändläge till ändläge och därefter vrida tillbaka den halva antalet varv. Vrid ratten ca ett varv moturs från mittläget.

5 Använd en momentmätare på rattstångens mutter och mät vridmomentet. Mät därefter vridmomentet när du passerar mittläget. Det andra vridmomentet skall vara mellan 50 och 80 Ncm större än det första och det antecknade vridmomentet skall vara mellan 110 och 150 Ncm.

6 Vid behov kan man justera sektoraxelns justerskruv på styrväxeln. Drag åt låsmuttern och kontrollera inställningen.

7 Montera pitmanarmen och drag åt muttern till specificerat åtdragningsmoment. Sänk ned bilen.

23.2 Det yttre styrstagets yttre kulled

23 Styrstag - demontering och montering

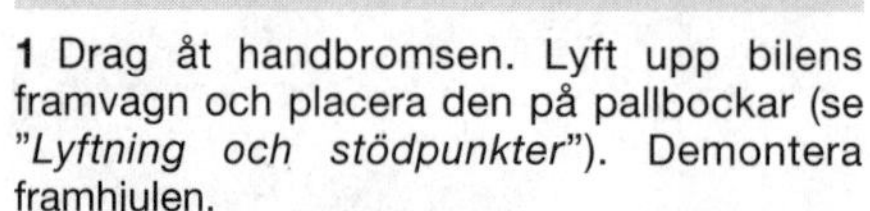

1 Drag åt handbromsen. Lyft upp bilens framvagn och placera den på pallbockar (se *"Lyftning och stödpunkter"*). Demontera framhjulen.

2 För att demontera ett styrstag måste man skruva loss muttrarna och använda en kulledsavdragare för att pressa ut kulpinnarna **(se bild)**. Om man endast skall byta en styrled behöver man endast ta loss den aktuella änden.

3 Lossa klämbultarna och skruva loss styrlederna. Anteckna antal varv.

4 För att demontera det mittre styrstaget skall de yttre styrstagen först kopplas loss i de inre ändarna enligt paragraf 2.

5 Skruva loss muttrarna och tag loss styrstaget från pitmanarmen med hjälp av en kulledsavdragare **(se bild)**.

6 Följ anvisningarna för demontering i omvänd ordning vid monteringen. Använd nya låsmuttrar och drag åt alla muttrar och skruvar till specificerat åtdragningsmoment. När man är klar skall man kontrollera och vid behov justera framhjulens toe-in inställning enligt avsnitt 26.

24 Styrsnäcksarm - demontering och montering

1 Drag åt handbromsen. Lyft upp bilens framvagn och placera den på pallbockar (se

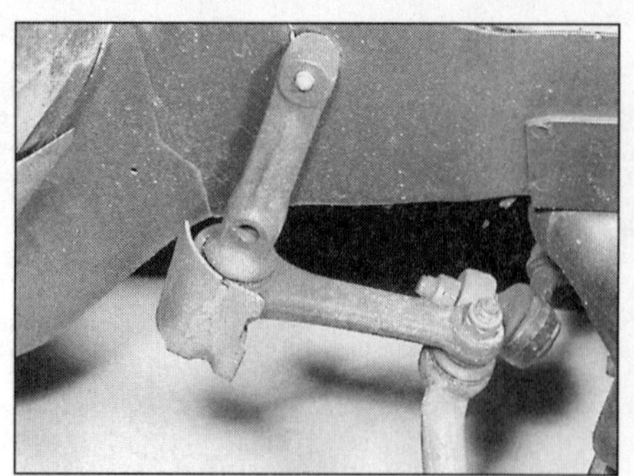

24.2 Styrsnäcksarm

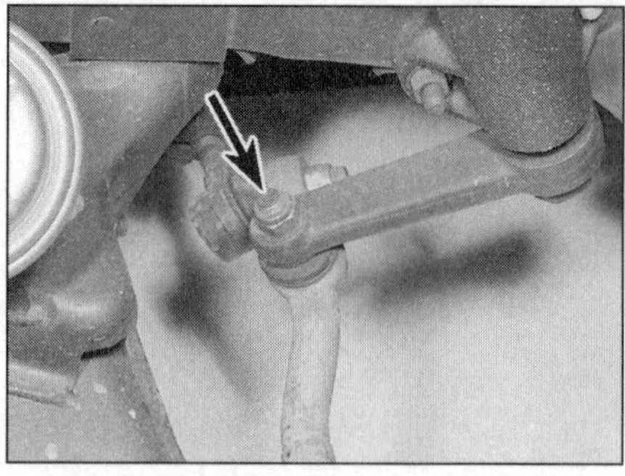

23.5 Mutter som fäster det mittre styrstaget mot pitmanarmen (vid pilen)

"Lyftning och stödpunkter"). Demontera det vänstra framhjulet.

2 Tag loss det mittre styrstaget genom att skruva loss muttern och använda en kulledsavdragare för att pressa ut kulpinnen **(se bild)**.

3 Skruva loss muttern från den nedre delen av styrsnäcksarmens fäste. Demontera värmeskölden och styrsnäcksarmen. Man kan inte byta bussningen separat från styrsnäcksarmen.

4 Vid behov kan man skruva loss styrsnäcksarmens fäste från underredet.

5 Följ anvisningarna för demontering i omvänd ordning vid monteringen. Använd nya låsmuttrar och drag åt alla muttrar och skruvar till specificerat åtdragningsmoment. Applicera lite låsningsvätska på bultarna för styrsnäcksarmens fäste vid monteringen.

25 Styrservopump - demontering och montering

Alla 4- och 6-cylindriga modeller före 1990

Demontering

1 Lossa de två ledbultarna på pumpens ovansida.

2 Lossa klämskruven och bulten under pumpen samt den inre muttern för justeringsstången.

3 Skruva loss den yttre muttern på justeringsstången tills drivremmen kan tas loss från de två remskivorna **(se bilder)**.

4 Placera ett kärl under pumpen. Skruva loss anslutningens mutter och koppla loss

25.3a Lossa justeringsstångens yttre mutter

25.3b Demontering av styrservopumpens drivrem

tryckledningen. Lossa klämman och koppla loss matningsslangen. Töm ut vätskan i kärlet.
5 Håll i pumpen och skruva loss de tre fästbultarna. Tag bort pumpen från motorrummet.

Montering

6 Följ anvisningarna för demontering i omvänd ordning vid monteringen av pumpen. Drag inte åt fästbultarna förrän remmarna spänts enligt nedanstående anvisning.
7 Med drivremmen på de två remskivorna skall den inre justerings/låsmuttern skruvas loss. Drag åt den yttre justerings/låsmuttern tills man med stadigt tryck med tummen kan trycka ned remmens ca 13,0 mm i en punkt mitt emellan de två remskivorna. Helst bör man använda en spänningsmätare för att justera remmen. Den enklare metoden ger dock tillfredsställande resultat. Drag slutligen åt den inre låsmuttern.
8 Drag åt alla muttrar och skruvar till specificerat åtdragningsmoment.
9 Fyll på servovätskebehållaren till maxnivå. Starta motorn och låt den gå ett ögonblick.

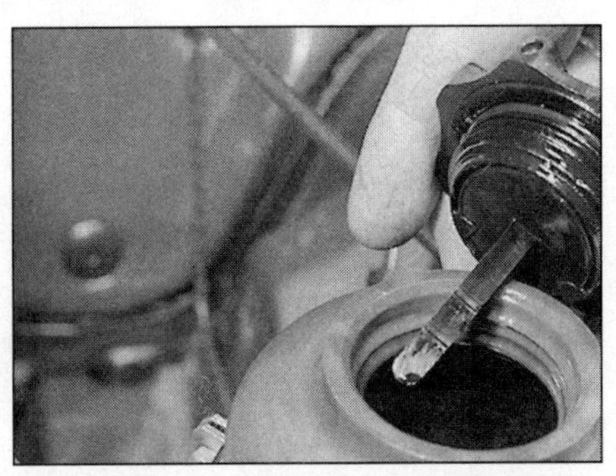

25.10 Styrservovätskans behållare och mätsticka

Stäng av motorn och fyll på servovätska. Upprepa detta tills nivån förblir konstant. Låt motorn gå på tomgång. Vrid ratten upprepade gånger från ändläge till ändläge för att lufta systemet.
10 Stäng av motorn. Fyll behållaren till "hot"- eller "cold"-markeringen beroende på motorns temperatur (se "*Veckokontroller*). Skruva tillbaka locket när du är klar **(se bild).**

6-cylindriga motorer fr o m 1990 och DOHC 24V

Demontering

11 Demontera luftintagsslangen enligt kapitel 4.
12 Demontera den ribbade servoremmen enligt kapitel 2.
13 Placera ett kärl under pumpen. Skruva loss anslutningens mutter och koppla loss tryckledningen. Lossa klämman och koppla loss matningsslangen. Töm ut vätskan i kärlet.
14 Tag loss pumpens tre fästbultar. Observera att du kan komma åt den tredje via hålet i vevaxelns remhjul.
15 Tag bort pumpen från motorn.

Montering

16 Följ anvisningarna för demontering i omvänd ordning vid monteringen av pumpen. När du är klar skall servoremmen spännas enligt kapitel 2. Fyll och lufta servosystemet enligt ovanstående anvisningar i detta avsnitt.

26 Hjulinställning - kontroll och justering

1 Korrekt hjulinställning är avgörande för fungerande styrning och för att förhindra allvarligt däckslitage. Innan man kontrollerar hjulinställningen skall man se till att bilens vikt är lika med tjänstevikten och att däcktrycken är korrekta.
2 Camber och castervinklar skall kontrolleras av en verkstad som har den nödvändiga specialutrustningen. Cambervinkeln kan justeras till skillnad från castervinkeln.
3 Toe-in-inställningen kan kontrolleras på följande sätt. Placera bilen på en plan yta med hjulen riktade rakt fram. Rulla bak bilen 4 meter. Rulla fram bilen igen.
4 Använd ett noggrant mätinstrument för hjulinställning för att kontrollera att framhjulen är justerade enligt specifikationerna.
5 Om justering krävs måste man lossa klämbultarna på de yttre styrstagen och vrida justeringsrören samma antal varv på båda sidor. Båda styrstagen måste vara lika långa.
6 Efter justeringen måste kulledera centreras och klämskruvarna dras åt.

Kapitel 11
Kaross och detaljer

Innehåll

Svårighetsgrader

Enkelt, passar för novisen med lite erfarenhet 	**Ganska enkelt,** passar nybörjaren med viss erfarenhet 	**Ganska svårt,** passar kompetent hemmekaniker 	**Svårt,** passar hemmekaniker med erfarenhet 	**Mycket svårt,** för professionell mekaniker

Specifikationer

Åtdragningsmoment	**Nm**
Motorhuvens gångjärn	
mot motorhuven	20
mot torpedväggen	25
Säkerhetsbälten	35
Stötfångare	12

1 Allmän information och underhåll

Allmän information

Karossen är en helsvetsad stålkonstruktion som är noggrannt rostskyddsbehandlad. En ovanlig detalj är att torpedväggen är limmad i karossen med samma lim som används för att fästa vindrutan. Vid tillverkningen används robotar och elektronisk mätutrustning.

Underhåll - kaross och underrede

Bilens värde påverkas i stor utsträckning av karossens skick. Underhåll av karossen är enkelt, men måste ske regelbundet. Försummas detta, speciellt efter mindre skador, kan det snabbt leda till större rostangrepp och dyrbara reparationer. Det är dessutom viktigt att man kontrollerar de delar som inte normalt syns på bilen. Exempelvis gäller detta underredet, inne i hjulhusen och motorrummets nedre del.

Det mest grundläggande underhållet av karossen sker genom regelbunden rengöring. Man skall helst använda en slang och spola med rikligt med vatten. Detta avlägsnar alla fasta partiklar som kan ha fastnat på bilen. Man bör tänka på att spola bilen så att inte smutspartiklarna repar lacken. Hjulhusen och underredet skall rengöras på samma sätt för att avlägsna alla typer av avlagringar som drar till sig fukt och orsakar rostangrepp. Det är enklast att rengöra underredet när det är blött ute och smutsen är uppmjukad. När det är mycket regnigt rengörs vanligtvis underredet från den värsta smutsen. Då är det lämpligt att kontrollera underredet och hjulhusen.

Det är också lämpligt att regelbundet, utom på fordon med vaxbaserat rostskydd, rengöra underrede och motorrum med ånga. Detta gör det lättare att kontrollera vilka förbättringar av underredsbehandlingen som är nödvändiga. Om bilen har ett vaxbaserat underredesskydd bör man istället undersöka underredet varje höst efter grundlig vattentvätt och åtgärda alla skador i vaxskyddet. Helst bör man applicera ytterligare ett heltäckande lager. Man bör även överväga att komplettera det inre rostskyddet i av balkar, dörrar, trösklar och andra hålutrymmen om sådant inte tillhandahållits av tillverkaren.

Efter tvättning av lacken bör man torka av den med sämskskinn för att det inte skall uppstå vattenfläckar. Ett lager bilvax ger ett bra skydd mot luftens föroreningar. Om lacken har blivit matt eller oxiderats använd rengörings-/polermedel i kombination för att återställa glansen. Detta kräver lite arbete, men den matta ytan är ofta resultatet av försummad tvättning. Metallic-lacker måste man vara försiktig med och endast använda rengöringsmedel som inte repar. Den speciella ytbehandlingen tar annars skada. Kontrollera att dörrarnas dräneringshål och andra avrinningskanaler inte är blockerade. Förkromade detaljer behandlas på samma sätt som lacken. Rutorna kan man hålla rena från trafikfilm med vanligt fönsterputsmedel. Använd aldrig vax, rengöringsmedel, polish eller kromputsmedel på glasytor.

Underhåll - klädsel och mattor

Golvmattorna bör man borsta och dammsuga regelbundet för att hålla dem rena från grus och smuts. Mycket smutsiga mattor bör tas ur bilen och rengöras. Se till att mattorna är helt torra innan de läggs tillbaka i bilen. Säten och klädsel rengörs med en fuktig trasa. Om inredningen har blivit mycket smutsig kan man göra ren den med lite flytande rengöringsmedel och en mjuk nagelborste. Innertaket kan rengöras på samma sätt som sätena. Använd inte för mycket vatten vid den invändiga rengöringen eftersom fukt annars kan tränga in i klädsel och springor och orsaka fläckar, dålig lukt eller t o m mögel. Om man har fått in mycket fukt i kupén bör man torka inredningen, i synnerhet bilmattorna. Använd endast godkända kupévärmare för detta ändamål.

2 Mindre karosskador - reparation

Reparation av mindre lackskador

Om skadan är ytlig och inte har trängt ned till metallen, är reparationen mycket enkel. Gnugga området med vax som innehåller färg, eller en mycket fin polerpasta för att få bort lös färg från repan. Rengör den kringliggande lacken från vax och skölj området med rent vatten.

Applicera bättringsfärg med en fin pensel i ett antal tunna lager tills färgytan är i nivå med den omgivande lacken. Låt färgen torka i minst två veckor och jämna ut övergången till den övriga lacken genom att polera med en mycket fin slippasta. Avsluta med ett lager vax.

Om skadan har gått ner i plåten och orsakat rost krävs en annan teknik. Ta bort lös rost från botten av repan med en pennkniv. Lägg sedan på rostskyddsfärg för att förhindra nya rostangrepp. Använd en gummi- eller nylonspackel för att fylla ut repan med lämpligt spackel.

Vid behov kan spacklet blandas med cellulosa-förtunning för att ge ett mycket tunt spackel som är idealisk vid reparation av mindre repor.

Innan spacklet har härdat tar man en mjuk trasa runt pekfingret och doppar det i cellulosaförtunning. Gör några lätta drag över skadan så att spacklets yta buktar något inåt. Man kan därefter måla över skadan på samma sätt som beskrivits tidigare i detta avsnitt.

Reparation av bucklor

Vid reparation av större bucklor skall man först räta ut bucklan så att plåten i princip återfår sin ursprungliga form. Det är meningslöst att försöka återskapa den ursprungliga formen perfekt eftersom plåten har blivit sträckt. Man bör i stället räta ut bucklan så att plåtytan ligger ca 3 mm under den omgivande oskadade plåten. Om bucklan är mycket ytlig bör man inte försöka rikta den överhuvudtaget. Kommer man åt bucklans baksida kan man slå ut den från insidan med en trä- eller plastklubba. Håll emot på framsidan med ett mothåll så att inte ett stort parti runt bucklan buktas ut.

Om man inte kommer åt bucklan från insidan p g a förstärkningar eller andra hinder måste man använda en annan metod. Borra flera små hål i det intryckta området, i synnerhet där bucklan är djupast. Skruva sedan i långa plåtskruvar så att de får ett bra fäste i plåten. Man kan därefter dra ut bucklan genom att dra med tång i skruvskallarna.

Nästa steg i reparationen är att ta bort färgen från det skadade området och några centimeter av den intilliggande lacken. Detta görs bäst med hjälp av en stålborste eller slipskiva monterad i en borrmaskin, även om det också kan göras för hand med hjälp av slippapper. Förbered ytan för spackling genom att repa den med en skruvmejsel eller ett filskaft. Man kan också borra små hål i området, vilket ger gott fäste för spacklet.

Se vidare avsnitt om spackling och sprutlackering.

Reparation av rosthål och sprickor i plåten

Avlägsna all lack från det skadade området och några centimeter av den intilliggande lacken. Använd en stålborste eller en slipskiva monterad i en borrmaskin. Har man inte tillgång till en borrmaskin kan man slipa för hand. När ytan är plåtren kan man avgöra hur omfattande rostangreppen är och om en reparation lönar sig. Nya plåtdetaljer är ofta inte så dyra som man tror. Det går ofta snabbare och ger ett bättre resultat att byta hela delen än att försöka att reparera omfattande rostskador.

Demontera alla detaljer som kan tas loss från det skadade området. Tag inte loss sådana detaljer som kan vara till hjälp för att återskapa den ursprungliga formen (strålkastarhus etc). Avlägsna all rostskadad plåt med en plåtsax eller ett bågfilsblad. Böj in hålets kanter en aning för att åstadkomma en grund fördjupning för spacklet.

Använd en stålborste för att rengöra plåtytan från lösa rostrester. Lägg på en rostskyddande grundfärg. Kan man komma åt plåtens baksida bör man stryka på rostskyddsfärg även där.

Före spacklingen måste man täcka hålet på något sätt. Använd aluminium- eller glasfibernät, eller aluminiumtejp.

Vid större hål är det lämpligast att använda aluminium- eller glasfibernät. Skär till en lämplig bit och fäst det över hålet med ett par klickar spackel. Se till att ytan ligger under den omgivande oskadade plåtens yta.

Mycket små eller smala hål lagas bäst med hjälp av aluminiumtejp. Klipp till en lämplig bit, tag bort skyddsfilmen från baksidan och tryck fast tejpen över hålet. Tryck fast tejpen ordentligt runt kanterna med ett skruvmejselhandtag eller liknande så att tejpen fäster ordentligt.

Reparation av plåtskador - spackling och sprutlackering

Innan du följer instruktionerna i detta avsnitt bör du studera de ovanstående anvisningarna beträffande reparation av hål, bucklor, repor och rosthål.

Det förekommer ett stort antal olika typer av spackel, men i allmänhet fungerar de tvåkomponentssatser som består av grundmassa och en tub härdare bäst. En bred, flexibel spackelspade av plast eller nylon är ovärderlig för att forma spacklet efter karossens konturer.

Blanda lite spackel på en ren bit kartong

eller masonit. Blanda de två spackelkomponenterna enligt tillverkarens instruktioner på förpackningen. Annars kommer spacklet att härda för snabbt eller för långsamt (eller inte alls). Spackla över det skadade området och försök att återskapa den ursprungliga karossformen så noggrant som möjligt. Arbeta inte för länge med spacklet eftersom det lätt fastnar på spackeln och blir svårarbetat. Applicera ett antal tunna lager tills ytan är något högre än den omgivande plåten. Vänta ca 20 minuter mellan varje lager.

När spacklet har härdat kan det mesta överskottet tas bort med en fil eller annat lämpligt verktyg. Använd därefter successivt finare slippapper. Börja med torrslippapper nr 40 och avsluta med våtslippapper nr 400. Använd alltid slipkloss för att få en jämn yta. Vid våtslipning skall slippapperet då och då sköljas i vatten för att man skall erhålla en helt jämn yta.

När man har kommit så här långt skall det reparerade området vara omgivet av ren plåt som övergår i den omgivande lacken. Skölj det behandlade området med rent vatten för att avlägsna allt slipdamm.

Spruta hela området med ett tunt lager grundfärg. Detta avslöjar alla eventuella ojämnheter i den spacklade ytan. Åtgärda ojämnheterna genom att applicera ytterligare ett lager spackel eller sprutspackel. Slipa därefter ytan på nytt. Upprepa denna procedur - sprutning med grundfärg, spackling, slipning - tills den spacklade ytan och övergången till den omgivande lacken är tillfredsställande. Skölj ytan med vatten och låt den torka fullständigt.

Reparationsområdet är nu klart för den avslutande sprutmålningen. Detta arbete måste utföras i en varm, torr, vindstilla och dammfri miljö. Detta är relativt lätt att åstadkomma om man har tillgång till en stor yta inomhus. Om man är hänvisad till att arbeta utomhus måste man välja plats och tidpunkt med stor omsorg. Vid arbete inomhus bör man duscha golvet lätt med vatten för att binda löst damm. Maskera den omgivande lacken och andra detaljer med maskeringstejp och flera lager tidningspapper. Helst bör man lägga skarven mot originallacken vid fogarna till andra plåtytor, längs dekorlister eller andra avgränsningar. Detta hjälper till att dölja att den nya lacken inte har exakt samma färgnyans som originallacken.

Skaka sprayburken noggrant och provspruta (t ex på en gammal plåtburk eller liknande) för att öva in tekniken. Därefter kan man börja med att täcka reparationsområdet med ett antal tunna lager grundfärg. Slipa noggrant med våtslippapper med grovlek 400 tills ytan är helt jämn. Skölj ytan och slippapperet med vatten. Ytan måste vara fullständigt torr innan nästa skikt läggs på.

Spruta sedan lackfärgen genom att lägga på ett antal tunna skikt. Börja i den ena kanten och spruta hela området genom att föra sprayburken i sidled. Täck hela reparationsytan och ca 5 cm av den omgivande ytan med färg. Tag bort maskeringen 10 till 15 minuter efter det att det sista färgskiktet har applicerats.

Låt den nya färgen torka minst två veckor. Bearbeta därefter ytan med vax innehållande färg eller mycket fin polerpasta. Jämna ut ytorna som angränsar till originallacken. Vaxa slutligen bilen.

Plastdetaljer

På grund av den allt mer utbredda användningen av plast i detaljer som stötfångare, spoilers och andra karossdetaljer står valet vid omfattande skador mellan att lämna reparationen till en fackman eller att byta hela delen. Det är inget realistiskt gör-det-själv-jobb att utföra omfattande reparationer av plastdetaljer pga kostnaderna för reparationsmaterial och den specialutrustning som krävs. Principen vid plastlagningar är att fräsa ett spår längs sprickan i plasten varefter man gjuter i en plastfyllning med hjälp av en varmluftspistol.

Överskjutande fyllning tas sedan bort och ytan slipas ned. Man måste använda korrekt plasttyp vid fyllningen beroende på vilken sorts plast delen är tillverkad av (t ex polykarbonat, ABS, polypropylen). Mindre skador (repor, småsprickor etc) kan lagas med hjälp av epoxyspackel av tvåkomponenttyp. Detta spackel blandas i rätt proportioner på samma sätt som spacklet för reparation av plåtskador. Spacklet härdar i allmänhet på 20 till 30 minuter och kan därefter slipas och lackeras.

Om man själv byter ut en hel detalj som inte kan erhållas färdiglackerad eller om man har gjort en epoxylagning, måste man få tag på en lack som kan användas på det aktuella plastmaterialet. Tidigare fanns det ingen generellt användbar lack som kunde användas på de många olika typer av plastmaterial som används till karossdetaljer. Standardlack kan i allmänhet inte användas eftersom den inte fäster tillfredsställande på plast och gummi. Numera finns det emellertid särskilda plastlackeringssatser. Dessa består av primer, grundfärg och lack i olika kulörer. Fullständiga instruktioner följer med satsen. Man inleder vanligtvis med att applicera primern, som sedan skall torka i upp till 30 minuter. Därefter appliceras grundfärgen som skall torka i ca en timme varefter man avslutar med lackytan i lämplig kulör. Detta ger en detalj med rätt kulör där lacken följer med plastens rörelser, vilket standardlacker normalt inte gör.

3 Större karosskador - reparation

Om skadorna på karossen är allvarliga eller om stora plåtytor måste bytas pga rostskador innebär detta att större plåtdetaljer måste svetsas på plats. Detta skall man helst överlämna till professionella bilmekaniker. Gäller det krockskador måste man dessutom kontrollera att kaross och chassi inte har blivit skeva. Karossen är så konstruerad att hela bilens stabilitet och form kan påverkas av skador på en mindre del. I detta fall måste man kontakta en Opelverkstad som har mätutrustning för karosser. Om en deformerad kaross inte åtgärdas är denna bil först och främst trafikfarlig. Dessutom utsätts styrinrättningen, motorn och växellådan för onormala belastningar. Detta resulterar i onormalt slitage eller haverier samt ofta mycket stort däckslitage.

4 Motorhuv - demontering och montering

Demontering

1 Stöd motorhuven i öppet läge och placera kartong eller trasor under hörnen.

2 Koppla loss kablar och slangar från strålkastarnas spolningar och för upp dem genom motorhuven **(se bild).**

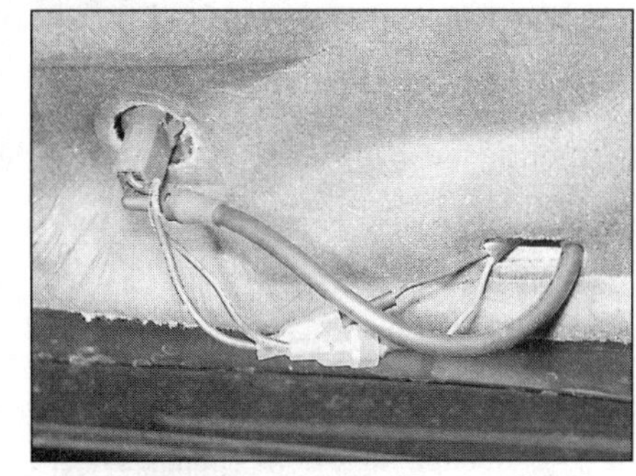

4.2 Kabel och slang för den uppvärmda vindrutespolningen

4.3a Skruva loss gångjärnens mittbultar . . .

3 Tag hjälp av en assistent. Håll i motorhuven och skruva loss gångjärnens mittbultar och lyft av motorhuven från bilen **(se bilder)**.

4 Om gångjärnen på motorhuven och karossen inte demonteras krävs ingen justering vid montering av motorhuven. Om gångjärnen måste bytas måste de dock demonteras.

Montering

5 Följ anvisningarna för demontering i omvänd ordning vid monteringen. Vid behov skall gångjärnens läge justeras så att motorhuven inte sitter snett i förhållande till karossen. Höjden på motorhuvens främre ände kan justeras med de två justerbara gummigenomföringar. Kontrollera att avståndet mellan muttern för låsets spärrpinne och brickan är 45,0 mm. Justera vid behov genom att lossa muttern och vrida pinnen **(se bild)**.

5 **Motorhuvens öppningsvajer** - byte och justering

Byte

1 Öppna motorhuven och demontera kylargrillen enligt avsnitt 9.

2 Tag loss öppningsvajerns klämbult och klämma från motorhuvens låsningsmekanism **(se bild)**.

4.3b . . . och demontera huven

3 Koppla loss vajern från motorhuvens lås. Följ vajern bakåt och lossa den från eventuella monteringsklämmor. Observera hur den är monterad.

4 Arbeta inifrån bilen. Demontera öppningsspaken från fotutrymmets sida. Tag ut spaken och drag ut vajern. Tag loss gummigenomföringen och kontrollera den beträffande skador. Byt vid behov.

5 Montera genomföringen på den nya vajern. Låt en assistent dra in vajern genom torpedväggen inifrån bilen. Se till att föra vajern på korrekt sätt i motorrummet.

6 När vajern är korrekt dragen skall man montera öppningsspaken på sidoklädseln. Pressa sedan in gummigenomföringen i torpedväggen.

7 Anslut vajern till motorhuvens lås. Montera vajerns klämbult och platta. Drag åt bulten för hand. Fäst vajern med tillhörande klämmor och fästen.

Justering

8 För att justera motorhuvens öppningsvajer skall man placera kabelhöljet i klämmans platta så att det inte finns något spel i vajern vid låset. När vajerhöljet är korrekt placerat skall klämbulten dras åt ordentligt. Låt en assistent manövrera öppningsspaken. Kontrollera att låsets spärrmekanism rör sig tillräckligt för att motorhuven skall kunna

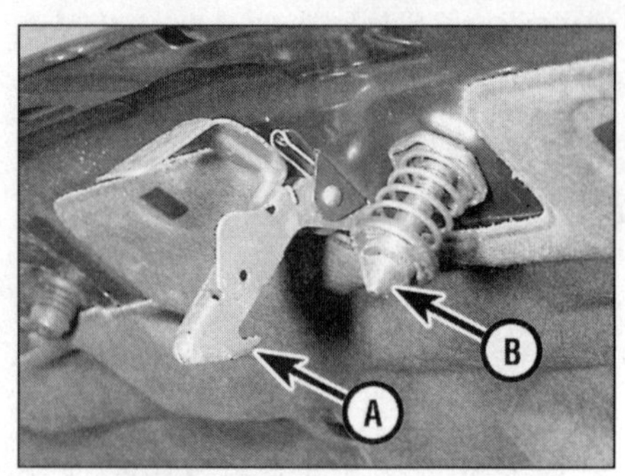

4.5 Motorhuvens spärrmekanism
A Säkerhetsspärr B Spärrpinne

öppnas. Stäng huven och kontrollera öppningsspakens funktion. Justera vid behov.

9 Öppna motorhuven och montera kylargrillen enligt avsnitt 9.

6 **Bagagelucka** - demontering och montering

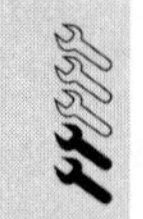

Demontering

1 Öppna bakluckan och märk runt bultarna på gångjärnen med en blyertspenna **(se bild)**.

2 På modeller med bakspoiler, koppla loss det pneumatiska fjäderbenet.

3 Tag hjälp av en assistent och skruva loss gångjärnsbultarna. Tag loss bakluckan.

4 Man kan demontera torsionsfjädrarna, men man bör ha specialverktyg av typ KM-125 och KM-614 från Opel. Olämpliga verktyg kan resultera i personskador. Verktygen används för att haka loss torsionsfjädrarna.

5 Vid behov kan låset demonteras från bagageluckan. Demontera bagageluckans klädsel (i förekommande fall). Skruva loss skruvarna, koppla loss stången till centrallåsets motor och låsningens stång **(se bilder)**. **Observera:** *På Senatormodeller måste man först demontera bakluckans lampenhet och nummerplåtens belysningsenhet. Se kapitel 12 för ytterligare information.*

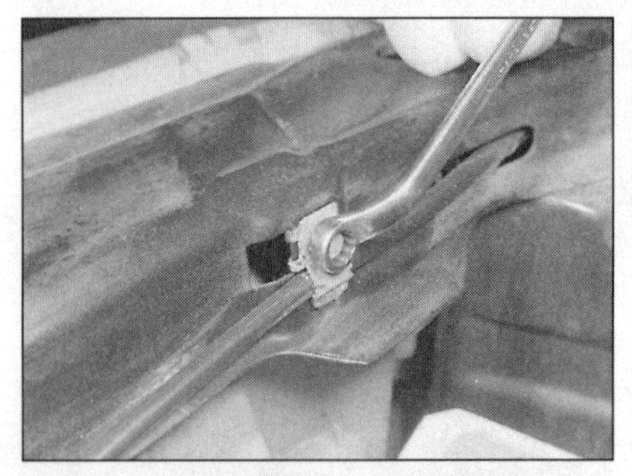

5.2 Klämbulten för huvens öppningsvajer skruvas loss

6.1 Bagageluckans gångjärn

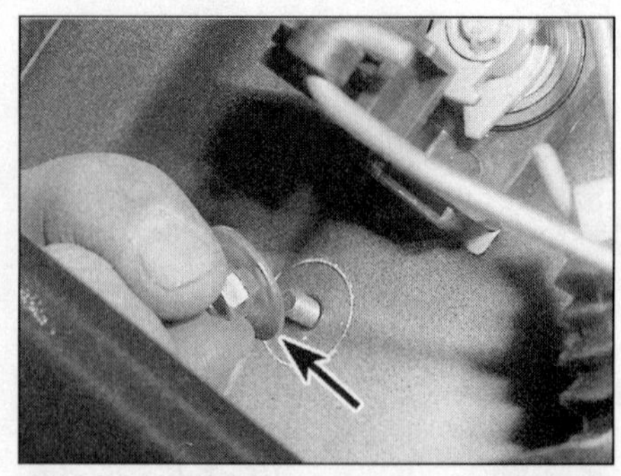

6.5a För att demontera bagageluckans lås måste fästmuttrarna skruvas loss (en av de två muttrarna vid pilen) . . .

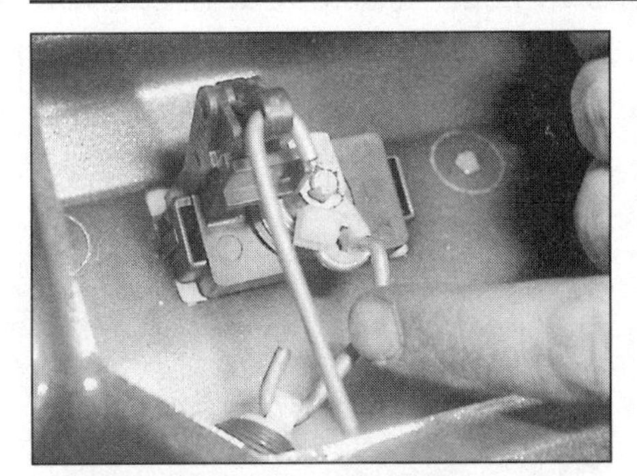

6.5b Stången till centrallåsets motor kopplas loss

6.5c Låsningsstången hakas loss (vid pilen)

6.6 Bagageluckans spärrbygel

Montering

6 Följ anvisningarna för demontering i omvänd ordning vid monteringen. Kontrollera att bakluckan är korrekt monterad i förhållande till karossen. Kontrollera att spärrbygeln **(se bild)** är centrerad relativt låset. Justera vid behov.

7 Baklucka - demontering och montering

Demontering

1 Stöd bakluckan i öppet läge.

2 Tag loss stödfjädrarna genom att bända loss fjäderklämmorna **(se bild).**

3 Demontera klädseln (avsnitt 8).

4 Koppla loss kablaget och spolningens slangar.

5 Tag hjälp av en assistent och demontera gångjärnens klämmor. Knacka ut sprintarna och tag loss bakluckan från bilen.

6 Låset kan demonteras genom att låsningens stång och de fyra fästskruvarna demonteras **(se bild).**

7 Man kan komma åt spärrbygeln genom att ta loss skruvarna och det bakre plastskyddet. Därefter kan spärrbygeln demonteras.

Montering

8 Följ anvisningarna för demontering i omvänd ordning vid monteringen. Centrera spärrbygeln i förhållande till låset.

8 Bakluckans klädsel - demontering och montering

Demontering

1 På sedanmodeller kan högtalarna demonteras genom att man skruvar ur skruvarna med en insexnyckel. Koppla loss högtalarkablarna **(se bild).**

2 Tag loss fästena och demontera klädseln **(se bilder).**

3 Vid behov kan man på kombimodeller skruva loss högtalarnas monteringsramar **(se bild).**

Montering

4 Följ anvisningarna för demontering i omvänd ordning vid monteringen.

7.2 Tag loss stödfjädrarna genom att bända loss klämmorna

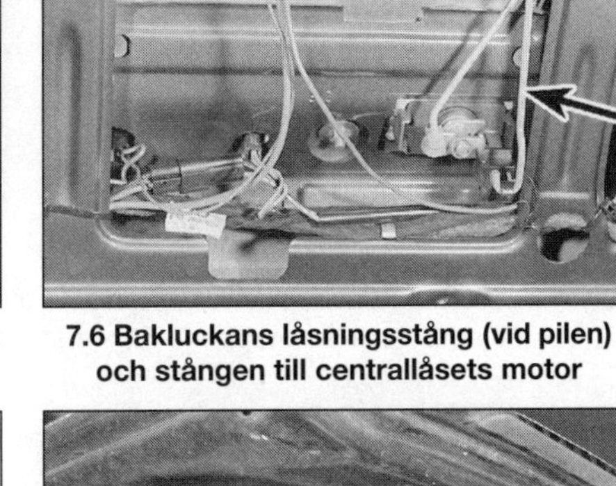

7.6 Bakluckans låsningsstång (vid pilen) och stången till centrallåsets motor

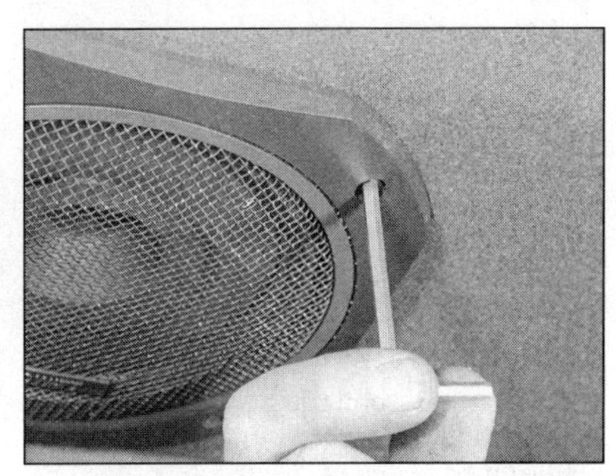

8.1 Demontering av bakluckans högtalare

8.2a Skruva loss klädselns skruvar

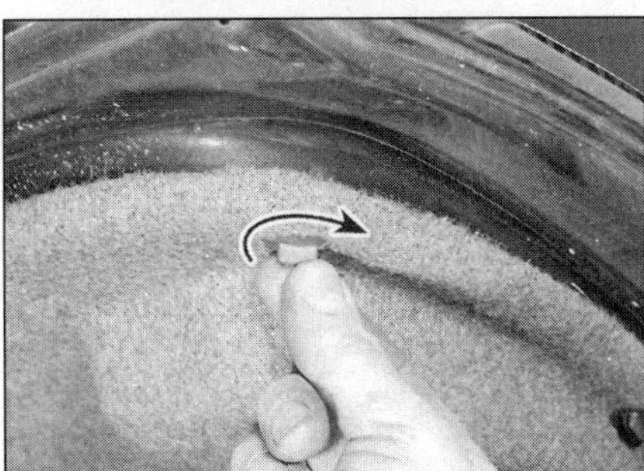

8.2b Klädselns fästen tas loss

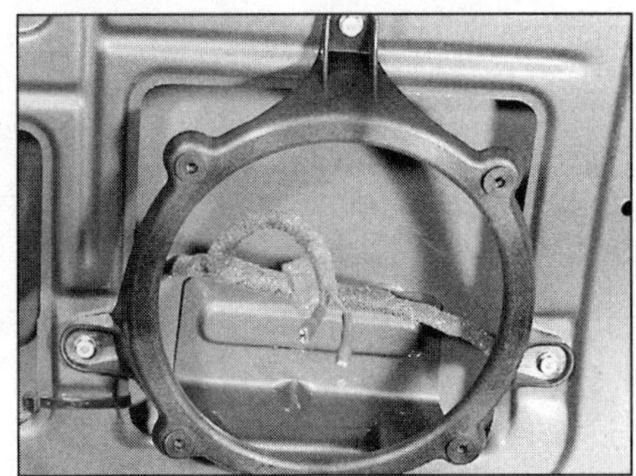

8.3 Monteringsram för bakluckans högtalare

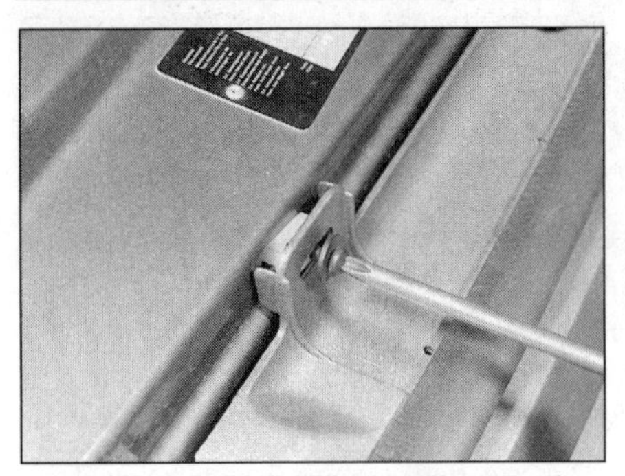

9.2a För att demontera kylargrillen på Omegamodeller måste man skruva loss de tre fästskruvarna . . .

9 Kylargrill - demontering och montering

Demontering

1 Öppna motorhuven.

2 På Opel Omega, demontera de tre fästskruvarna och pressa grillens nedre del inåt för att lossa den från hålen i den främre stötfångaren. Lyft av grillen från stötfångaren **(se bilder).**

3 På Opel Senator, skruva loss skruvarna och sänk ner kylargrillen från hålet i motorhuven.

Montering

4 Följ anvisningarna för demontering i omvänd ordning vid monteringen.

10 Dörrklädsel - demontering och montering

Observera: *Detta avsnitt beskriver demonteringen av framdörrens klädsel. Bakdörrens klädsel demonteras i princip på samma sätt.*

Demontering

1 Koppla loss batteriets minuskabel och placera den så att den inte kan komma i kontakt med batteriets minuspol.

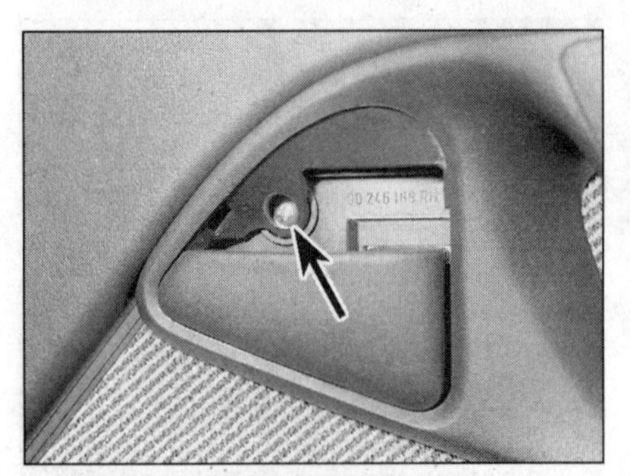

10.7b . . . för att komma åt skruven (vid pilen)

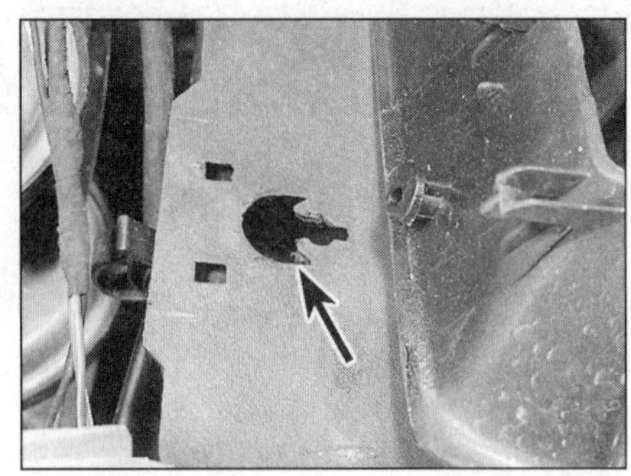

9.2b . . . och tag loss kylargrillen från hålen (vid pilen) i den främre stötfångaren

Omega

2 På bilar med manuella fönsterhissar, stäng fönstret helt och markera placeringen av fönsterveven.

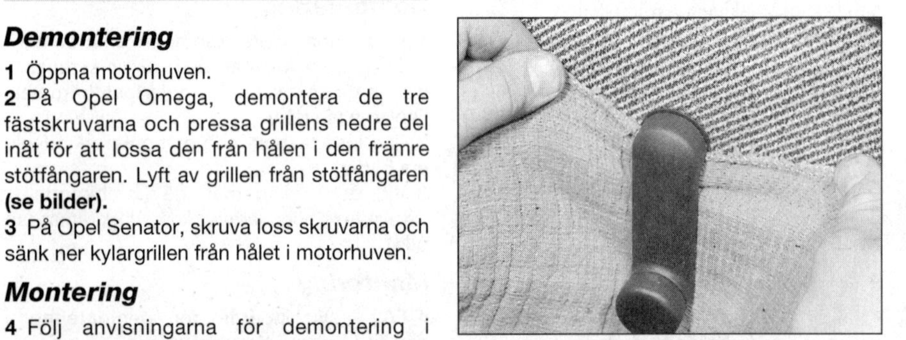

10.3 Demontera fönstervevens fjäderklämma

10.6 Demontera låsknappens ram

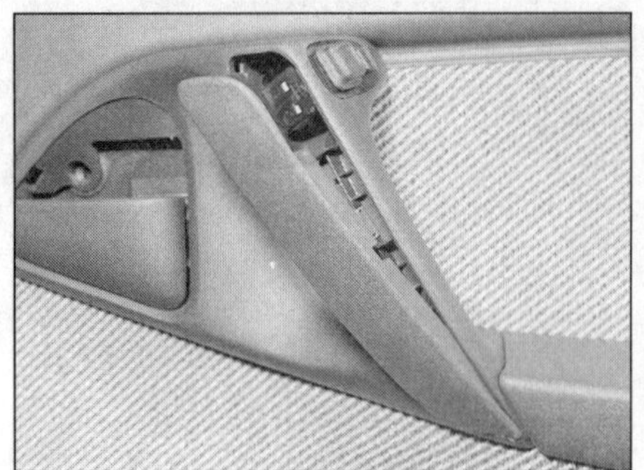

10.8a Bänd loss plastkåpan . . .

3 Placera en trasa bakom veven. För trasan fram och tillbaka för att lossa fjäderklämman. Tag därefter loss veven **(se bild).**

4 Tag loss plastbrickan **(se bild).**

5 Tag loss låsknappen från låsningsstången. Detta kan utföras genom att man bänder ut den röda plastinsatsen varefter knappen kan tas loss från stången. I allmänhet förstörs dock plastinsatsen. I detta fall krävs en reservinsats.

6 När knappen är demonterad kan skruven skruvas loss och klädseln demonteras **(se bild).**

7 Bänd ut det inre dörrhandtagets platta och skruva loss skruven **(se bilder).**

8 Bänd loss kåpan från handtaget och skruva därefter bort de bakomliggande skruvarna **(se bilder).**

9 I förekommande fall skall de yttre backspeglarnas styrknapp demonteras. Koppla loss kablarna.

10.4 Demontera plastbrickan

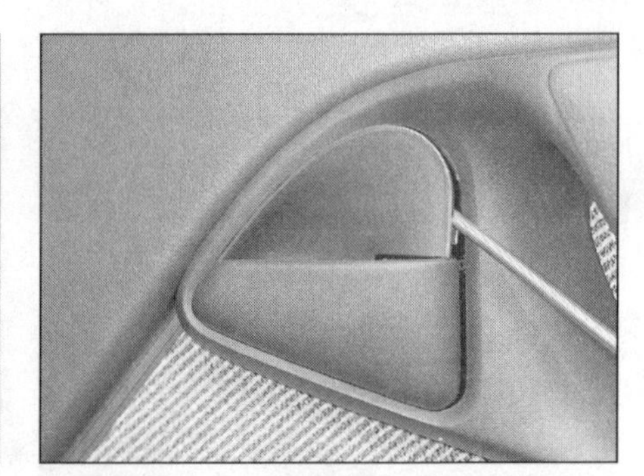

10.7a Bänd ut det inre dörrhandtagets platta . . .

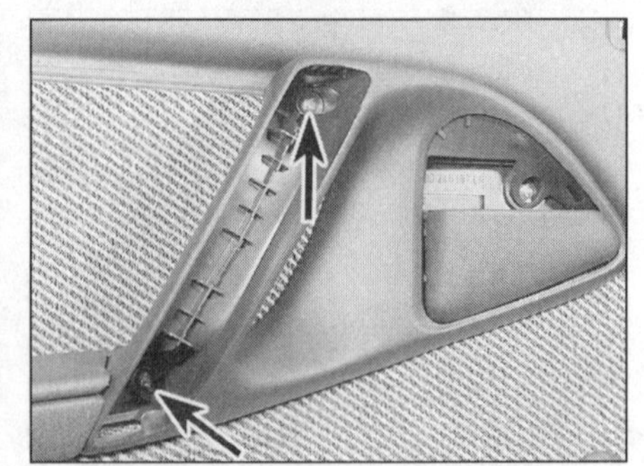

10.8b . . . och skruva loss skruvarna (vid pilarna)

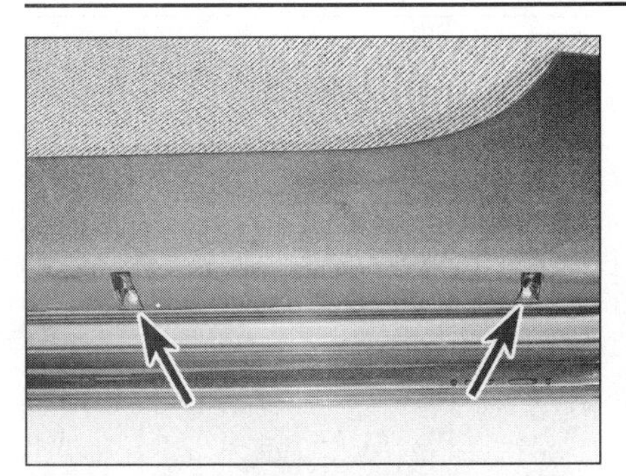

10.11 Skruva loss dörrfackets skruvar (vid pilarna)

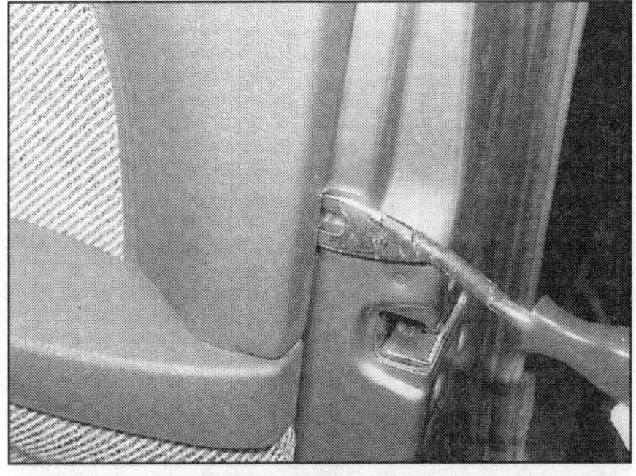

10.12 Använd en bred spårskruvmejsel eller ett specialverktyg för att bända loss panelen

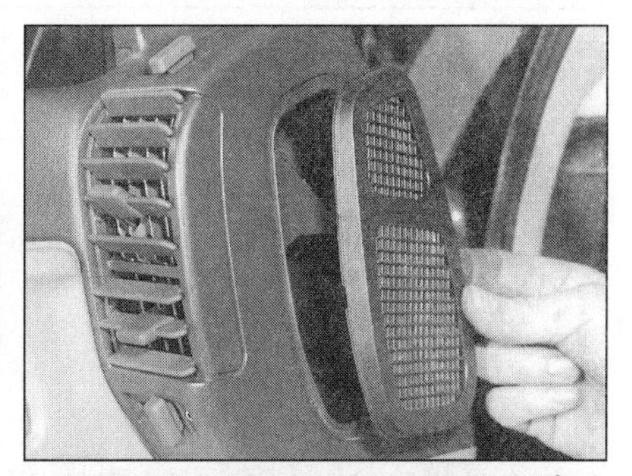

10.14a Bänd loss insugningsgrillen från luftfördelaren

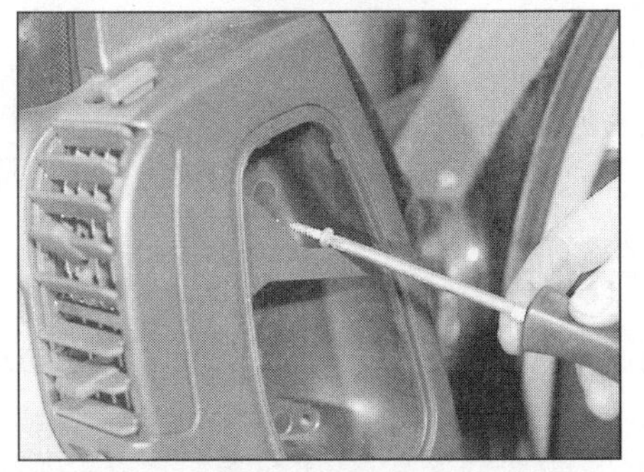

10.14b Skruva loss skruvarna och tag loss luftfördelaren . . .

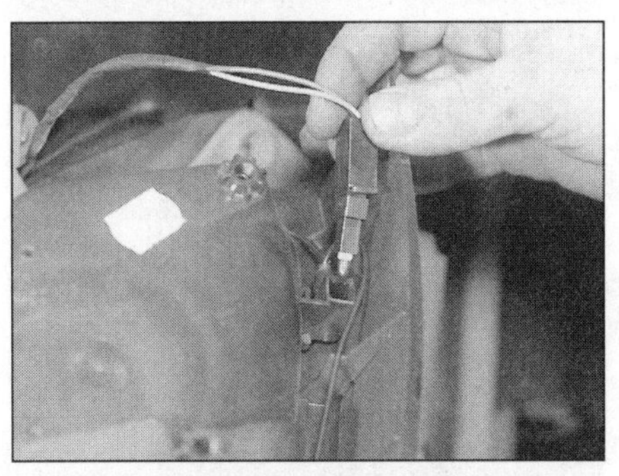

10.14c Koppla loss kontaktdonet för belysningslampan

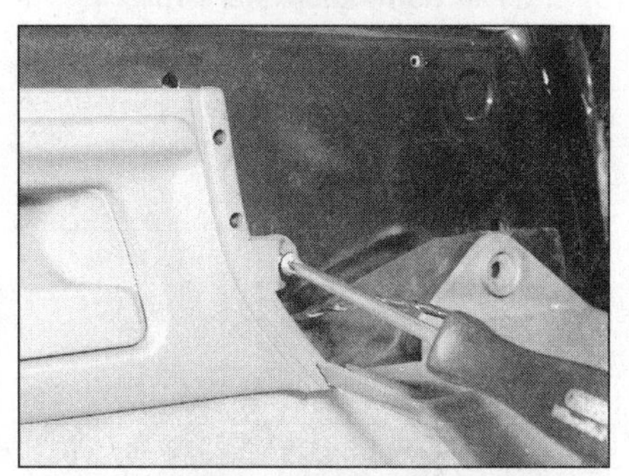

10.14d Skruva loss fästskruven för dörrens klädselpanel

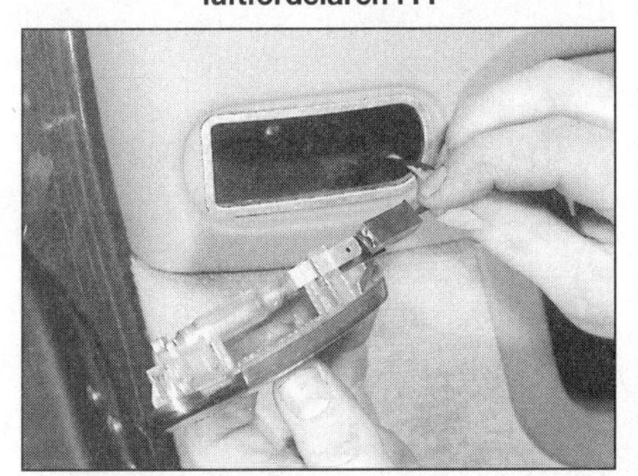

10.16a Tag loss dörrens instegs/-varningsbelysning och koppla loss kablarna

10.16b Demontera klädselpanelens inre skruv

10.17 Tag loss plastinsatsen från dörrens låsknapp

10 På modeller med elektriska fönsterhissar fram, bänd ut knappen och koppla loss kablarna.

11 I förekommande fall skall dörrfackens skruvar skruvas loss **(se bild)**. Lossa därefter den inre klämman i facket.

12 Använd en bred spårskruvmejsel eller ett specialtillverkat verktyg **(se bild)** för att bända loss klädseln från dörren. Undvik skador på plastklämmorna genom att föra in verktyget så nära dem som möjligt.

13 Demontera klädseln samtidigt som det inre dörrhandtaget öppnas en aning. Koppla loss kontaktdonen, om tillämpligt.

Senator

14 Öppna dörren och bänd ut insugningsgallret från luftfördelaren. Skruva loss skruvarna och lyft av luftfördelaren. Koppla loss kontaktdonet för glödlampan. Skruva därefter loss dörrklädselns fästskruv **(se bilder)**.

15 Snäpp loss kåpan från handtaget och demontera klädselns bakomliggande fästskruvar.

16 Koppla loss och lyft ut dörrens instegsbelysning/varningslampa. Koppla loss kablaget vid skyddet. Skruva loss klädselns bakomliggande fästskruv **(se bilder)**.

17 Tag loss låsknappen från låsningsstången. Detta kan utföras genom att man bänder ut den röda plastinsatsen varefter knappen kan tas loss från stången. I allmänhet förstörs dock plastinsatsen. I detta fall krävs en reservinsats **(se bild)**.

18 När knappen är demonterad kan man skruva loss skruven och demontera klädseln.

19 Demontera de tre dolda skruvarna vid dörrklädselns nedre kant. Drag försiktigt ut klädseln en liten bit från dörren.

20 Koppla loss den elektriska backspegelns kontaktdon. Tag loss länkstaget från dörrhandtagets bakre del.

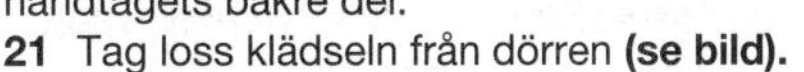

21 Tag loss klädseln från dörren **(se bild)**.

Montering

22 Följ anvisningarna för demontering i omvänd ordning vid monteringen. När låsknappen monteras skall låsningsstången dras upp i det olåsta läget. Montera knappen på stången så att den röda insatsen precis syns. Pressa därefter in insatsen.

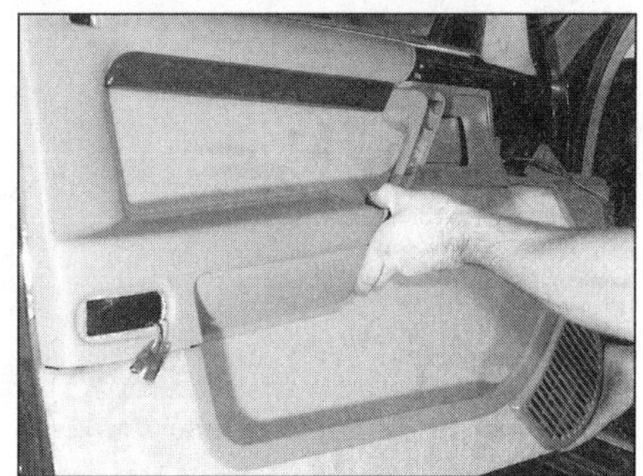

10.21 Demontering av dörrklädseln

11.2 Använd en insexnyckel för att skruva loss dörrhögtalarens skruvar

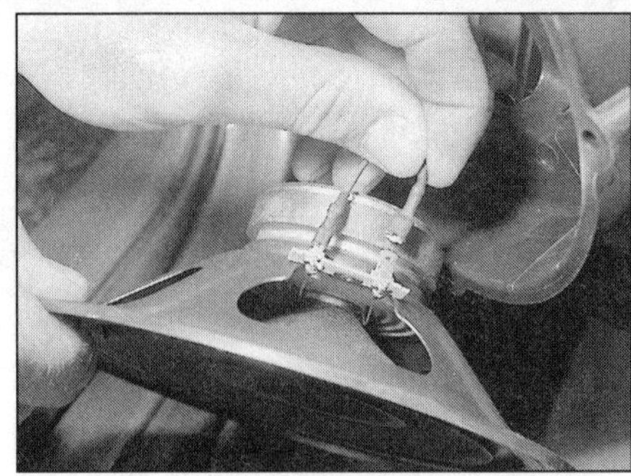

11.3 Koppla loss högtalarens kablar

11.4 Skruva loss skruvarna och demontera hållaren

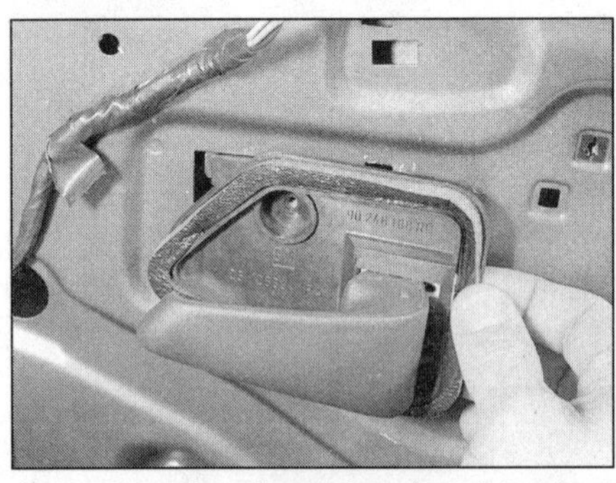

12.2a Tryck handtaget framåt och tag loss det från hålet i dörren . . .

12.2b . . . och vrid det därefter för att lossa det från stången

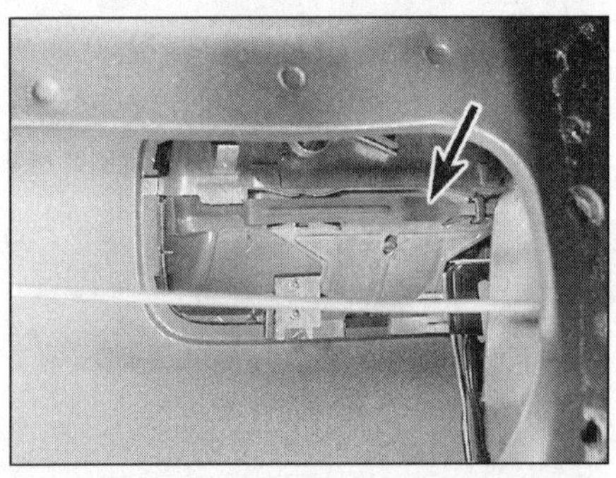

13.3 Fästklämma för det yttre handtaget (vid pilen)

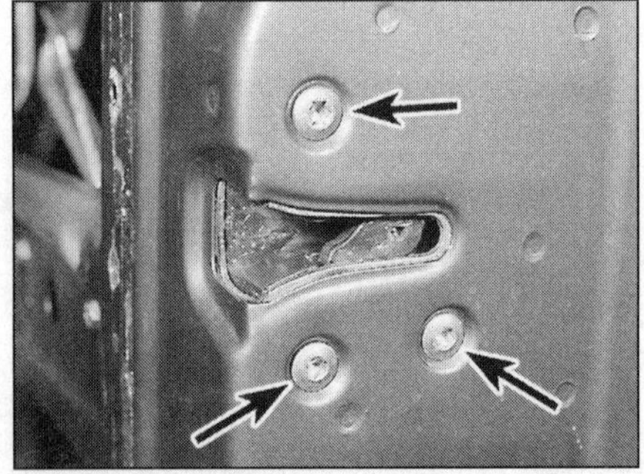

15.3 Torxskruvar för det främre dörrlåset (vid pilarna)

11 Dörrhögtalare - demontering och montering

Demontering

1 Demontera dörrklädseln enligt avsnitt 10.
2 Använd en insexnyckel för att skruva loss fästskruvarna **(se bild).**
3 Tag ur högtalaren och koppla loss kablarna. Notera hur de är placerade **(se bild).**
4 Skruva loss skruvarna och demontera hållaren **(se bild).**

Montering

5 Följ anvisningarna för demontering i omvänd ordning vid monteringen.

12 Inre dörrhandtag - demontering och montering

Demontering

1 Demontera dörrklädseln enligt avsnitt 10.
2 Tryck fram handtaget och tag loss det från hålet i dörren. Vrid runt det för att demontera det från stången **(se bilder).**

Montering

3 Följ anvisningarna för demontering i omvänd ordning vid monteringen.

13 Yttre dörrhandtag - demontering och montering

Demontering

1 Demontera dörrklädseln enligt avsnitt 10.
2 Koppla loss stängerna.
3 För ut monteringsklämman och demontera handtaget från utsidan **(se bild).**

Montering

4 Följ anvisningarna för demontering i omvänd ordning vid monteringen.

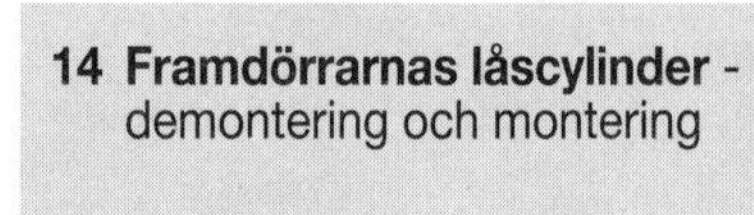

14 Framdörrarnas låscylinder - demontering och montering

Demontering

1 Demontera dörrklädseln (avsnitt 10) och det yttre dörrhandtaget (avsnitt 13). För tillbaka plastmembranet så mycket som behövs.
2 Demontera dörrhandtagets platta. Koppla loss kablarna till centrallåsets motor (i förekommande fall).
3 Tag loss låsringarna och demontera låscylindern från plattan.

Montering

4 Följ anvisningarna för demontering i omvänd ordning vid monteringen.

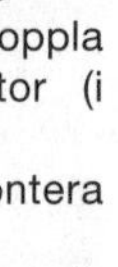

15 Dörrlås - demontering och montering

Demontering

1 Demontera dörrklädseln (avsnitt 10). För tillbaka plastmembranet så mycket som behövs.
2 Koppla loss låsstängerna från låset. På modeller fr o m 1988 skall kontaktdonet kopplas loss från centrallåsets servomotor.
3 Använd Torxbits för att skruva loss skruvarna och tag ut låset från dörrens insida **(se bild).**

Montering

4 Följ anvisningarna för demontering i omvänd ordning vid monteringen. Observera följande på modeller fr o m 1988 med centrallås: Innan låset monteras skall servomotorn justeras enligt kapitel 12. På alla modeller skall man efter monteringen kontrollera att spärrbygeln är centrerad i förhållande till låsmekanismen. Justera vid behov.

16 Dörrar - demontering och montering

Demontering

1 Demontera dörrklädseln (avsnitt 10). För tillbaka plastmembranet så mycket som behövs.

2 Koppla loss kablaget för den elektriska backspegeln, den elektriska fönsterhissen, dörrhögtalarna och centrallåset (i förekommande fall).

3 Demontera stoppet från den främre dörrstolpen genom att knacka ut sprinten.

4 Stöd dörren på träblock.

5 Demontera de nedre täcklocken och använd en dorn för att knacka ut gångjärnspinnarna uppåt. Tag loss dörren från bilen.

Montering

6 Följ anvisningarna för demontering i omvänd ordning vid monteringen. Kontrollera att spärrbygeln är centrerad i förhållande till låset. Justera vid behov.

Observera: *När dörren demonteras på nyare modeller behöver man inte demontera den inre klädseln för att komma åt de olika kontaktdonen. Alla anslutningar sker via ett större kontaktdon som är monterat i dörrens framkant. Detta kontaktdon kan kopplas loss när dörren är öppen.*

17 Vindruta och bakruta - demontering och montering

Vindruta och bakrutor är limmade i karossen med speciallim. Eftersom det krävs specialverktyg för att demontera glasrutorna och vid monteringen av de nya rutorna är det bäst att lämna dessa arbeten till en specialist.

18 Framdörrarnas rutor - demontering och montering

Demontering

1 Demontera dörrklädseln (avsnitt 10) och för tillbaka plastmembranet.

2 Demontera fönsterhissen genom att skruva loss bultarna, borra ur nitarna och ta loss stagen från fönstrets nedre styrning. På modeller med elektriska fönsterhissar skall kablaget kopplas loss **(se bilder).**

3 Demontera ytterbackspegeln (avsnitt 21).

4 Tag försiktigt loss tätningslisten och klämlisten från dörren.

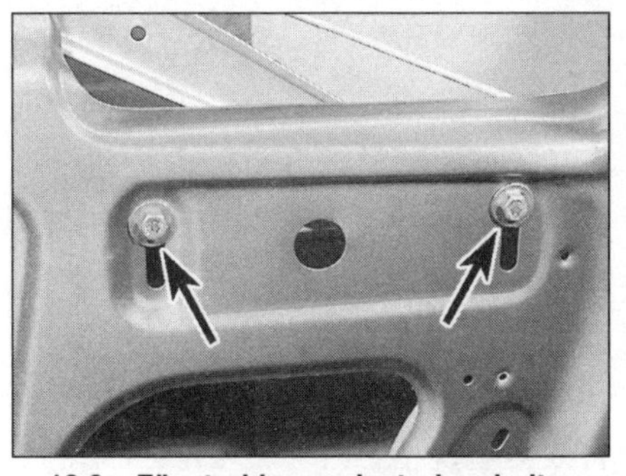

18.2a Fönsterhissens justeringsbultar (vid pilarna)

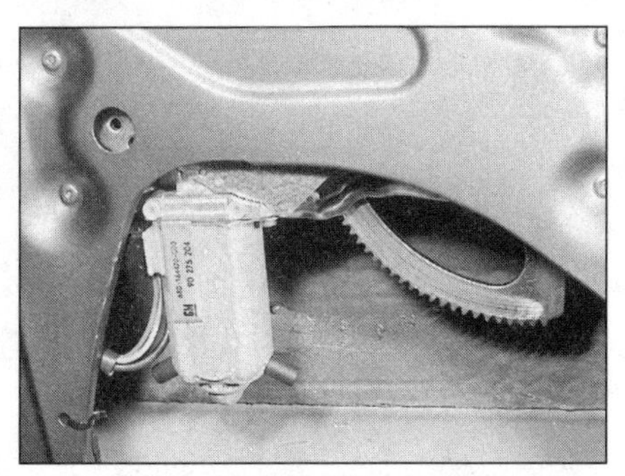

18.2b Elektrisk fönsterhiss

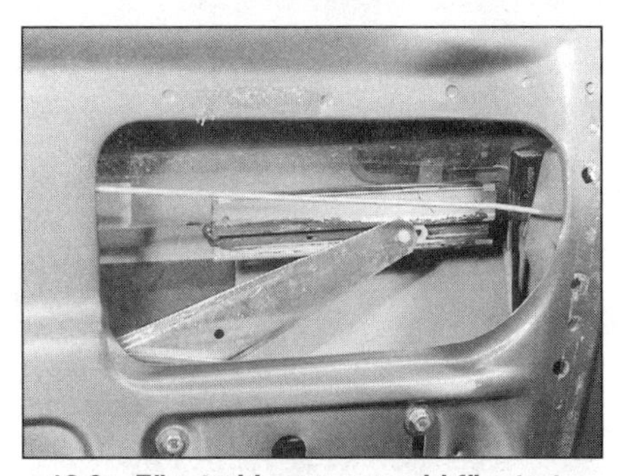

18.2c Fönsterhissens arm vid fönstrets nedre styrning

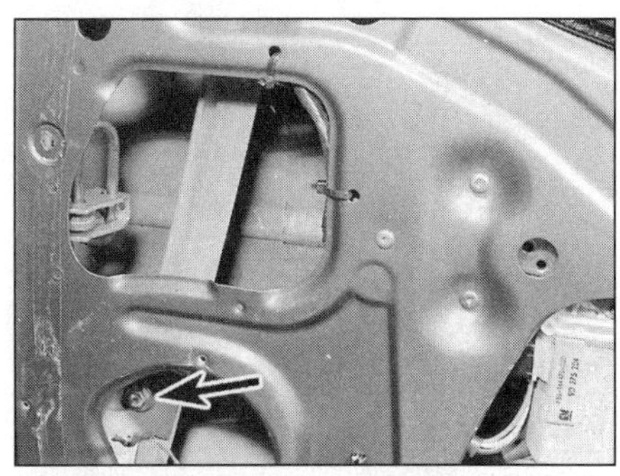

18.5 Främre styrning och bult (vid pilen) för framdörrens fönster

5 Skruva loss och demontera den främre styrningen **(se bild).**

6 Lyft ut fönstret ur dörren.

Montering

7 Följ anvisningarna för demontering i omvänd ordning vid monteringen. Kontrollera att styrningarna och stoppen är korrekt monterade vid fönstrets framkant. Justera fönsterhissens läge så att fönstrets övre del är i linje med dörrens övre del. Kontrollera att fönstret fungerar felfritt.

19 Elektriska fönsterhissar - demontering och montering

1 Koppla loss batteriets minuskabel.

Fönsterhissens motor och styrning

2 Se avsnitt 18 eller 20 beroende på utförande.

Mittkonsolens knappar

3 Demontera mittkonsolen (avsnitt 30).

4 Tryck in fästklämmorna och demontera knappen från konsolen.

5 Följ anvisningarna för demontering i omvänd ordning vid monteringen.

Bakdörrens knappar

6 Bänd försiktigt ut knappen ur dörrklädseln. Koppla loss dess kontaktdon.

7 Följ anvisningarna för demontering i omvänd ordning vid monteringen.

Centrallåsknapp

8 Se anvisningarna beträffande centrallåset i kapitel 12.

Elektriska fönsterhissar (modeller fr o m 1988) - omprogrammering

9 På modeller fr o m 1988 måste de elektriska fönsterhissarna programmeras om för korrekt funktion när batteriet kopplas loss eller om någon av de elektriska fönsterkomponenterna demonteras.

10 Stäng alla dörrar och slå på tändningen.

11 Stäng ett fönster helt genom att trycka på tillhörande knapp. När fönstret är stängt skall man trycka på knappen och hålla den nedtryckt i två sekunder.

12 Upprepa detta med de övriga fönstren.

20 Bakdörrarnas rutor - demontering och montering

Demontering

1 Demontera dörrklädseln (avsnitt 10) och för tillbaka plastmembranet.

2 Demontera fönsterhissen genom att skruva loss bultarna, borra ur nitarna och ta loss stagen från fönstrens nedre styrningar. På

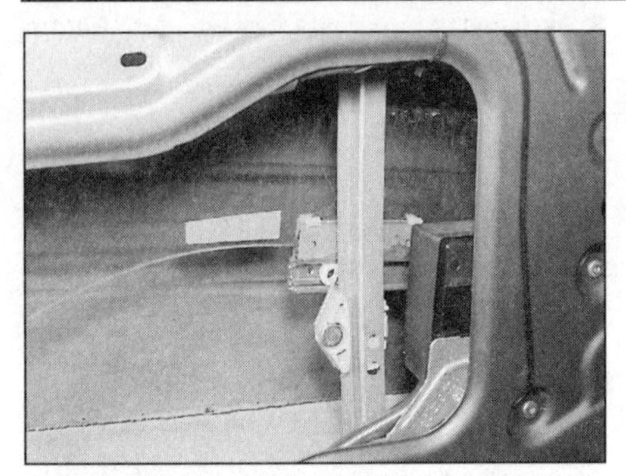

20.4 Styrskena för bakdörrens fönster

modeller med elektriska fönsterhissar skall kablaget kopplas loss.

3 Tag försiktigt loss tätningslisten och klämlisten från dörren.

4 Sänk ned fönstret. Demontera den mittre styrskenan **(se bild)**.

5 Lyft ut fönstret ur dörren.

Montering

6 Följ anvisningarna för demontering i omvänd ordning vid monteringen. Se till att fönstrens stopp inte trycks av den mittre styrskenan. Kontrollera slutligen att fönstret fungerar felfritt.

21 Yttre backspeglar - demontering och montering

Demontering

1 Bänd loss skruvens täcklock **(se bild)**.

2 Skruva ur skruven och snäpp loss plastkåpan **(se bild)**.

3 Avlasta den yttre backspegeln. Skruva loss de tre krysskruvarna och demontera spegeln **(se bild)**. Observera att man måste koppla loss kontaktdonet när man demonterar elektriskt styrda speglar.

Montering

4 Följ anvisningarna för demontering i omvänd ordning vid monteringen.

Elektriskt styrd yttre backspegel - demontering och montering av glas

Demontering

5 Pressa in spegelglaset i det nedre, inre hörnet. Bänd försiktigt ut det i det övre motstående hörnet med ett lämpligt platt verktyg. Detta lossar glaset från fästklämmorna. Demontera glaset ur hållaren och koppla loss kablarna **(se bilder)**.

Montering

6 Se till att spegelns två justeringsstänger är helt monterade i motorn. För upp spegelglaset och anslut dess kablar.

7 Justera spegelglaset med dess mittre monteringspunkt och justeringsstagen. Tryck in glaset tills det snäpper in i korrekt läge.

8 Slå på tändningen och justera spegeln till det önskade läget.

Elektriskt styrd yttre backspegel - demontering och montering av delar

Spegelmotor

9 Demontera spegelglaset enligt ovanstående anvisning.

10 Lossa fästskruvarna. Tag loss motorn från spegelhållaren och koppla loss kablarna.

11 Följ anvisningarna för demontering i omvänd ordning vid monteringen.

Spegelns styrknapp

12 Demontera dörrklädseln enligt avsnitt 10.

13 Tryck ihop flikarna och demontera knappen från dörrklädseln.

14 Följ anvisningarna för demontering i omvänd ordning vid monteringen.

Spegeluppvärmningens tidrelä

15 På modeller före 1989 är spegelns tidrelä monterat bakom den vänstra panelen i förarsidans fotutrymme. För att demontera reläet måste man föra undan gummilisten och demontera den vänstra klädselpanelen i förarsidans fotutrymme. Koppla loss kontaktdonet och tag loss reläet från dess monteringsplatta.

16 På modeller fr o m 1989 kan backspegelns tidrelä vara kombinerat med (eller i stället för) reläet för bakrutans spolning och torkare. Detta relä är monterat bakom säkringsdosan. Se kapitel 12 för ytterligare information.

22 Bakre sidorutor- demontering och montering

Demontering

1 Tag loss listen från sidofönstrets nedre del.

2 Arbeta inifrån i bilen och tag loss den inre klädseln och styrningen för det bakre säkerhetsbältet.

3 Skruva loss täckmuttrarna och drag fönstret utåt.

Montering

4 Följ anvisningarna för demontering i omvänd ordning vid monteringen.

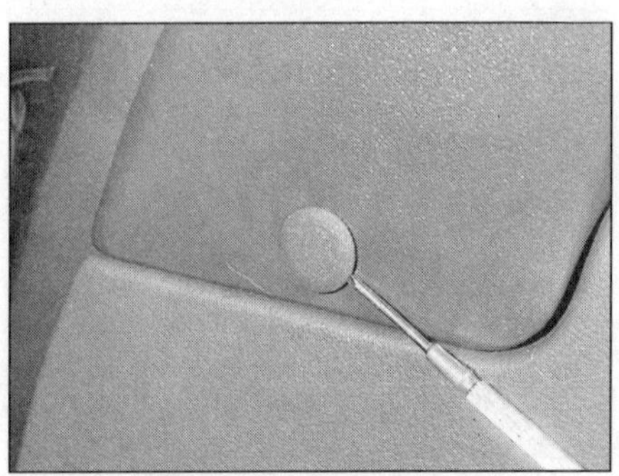

21.1 Bänd ut skruvens täcklock ur klädselpanelen

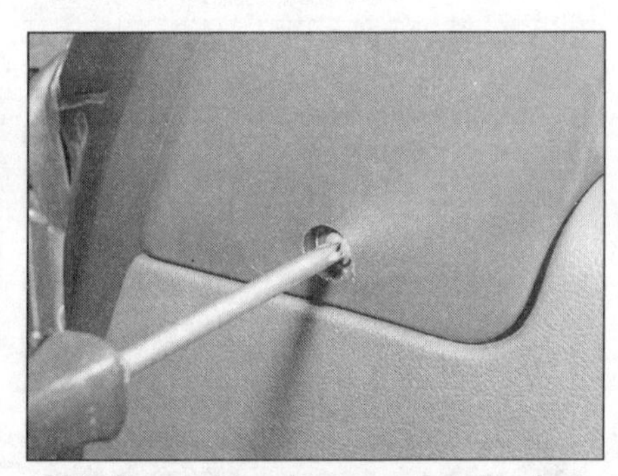

21.2 Skruva loss skruven och snäpp loss plastkåpan

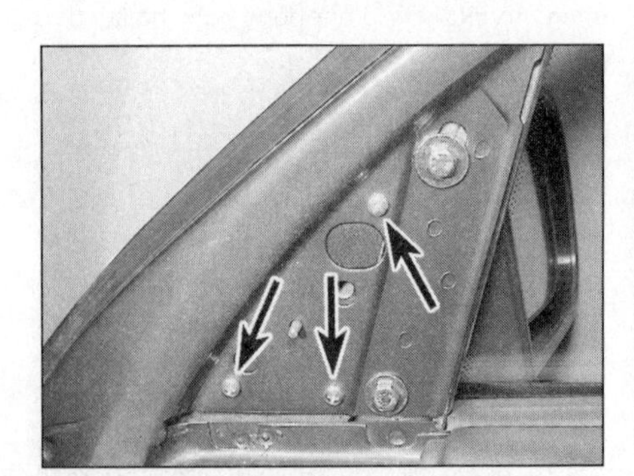

21.3 Den yttre spegelns fästskruvar (vid pilarna)

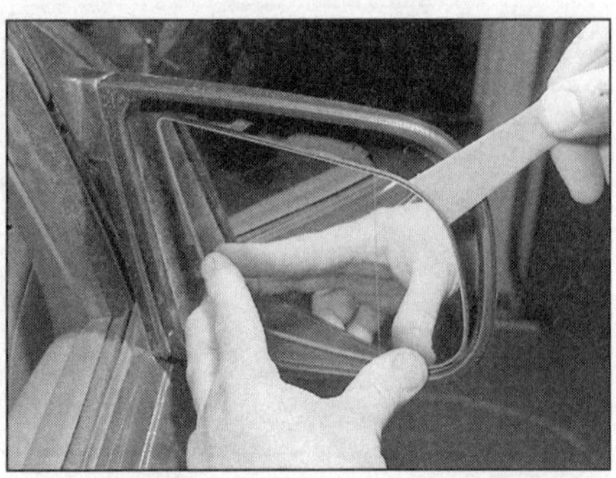

21.5a Bänd ut spegelglasets övre, yttre hörn med ett lämpligt verktyg

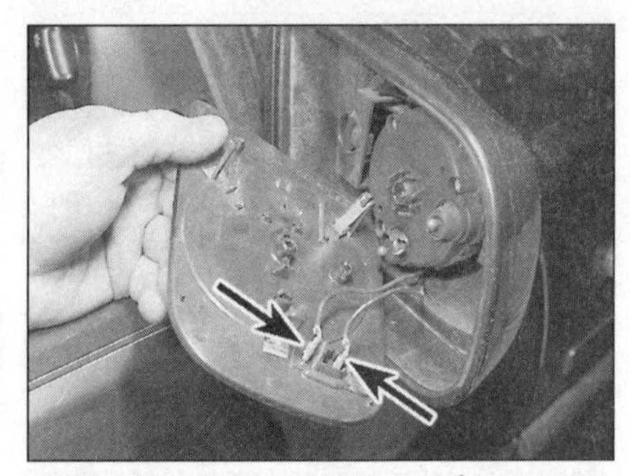

21.5b Koppla loss kablarna från spegeln

23 Bakdörrarnas fasta rutor - demontering och montering

Demontering

1 Demontera dörrklädseln (avsnitt 10) och för tillbaka plastmembranet.

2 Veva ner den andra rutan. Demontera den mittre och den övre fästskruven för fönstrets styrning. Tryck fram styrningen.

3 Bänd ut den övre och nedre tätningslisten och drag ut fönstret framåt.

Montering

4 Följ anvisningarna för demontering i omvänd ordning vid monteringen. Smörj fönsterstyrningarna med såpvatten innan glasrutan skall föras in.

24 Styrning för bakre nackskydd - demontering och montering

Demontering

1 Tryck in justeringsknapparna och drag ut nackstödet ur styrningarna.

2 Fäll fram ryggstödet. För upp handen bakom styrningarna, tryck in plastlåsningarna och drag ut styrningarna.

Montering

3 Följ anvisningarna för demontering i omvänd ordning vid monteringen.

25 Säkerhetsbälten - demontering och montering

Demontering

Fram

1 Demontera dörrstolpens klädsel.

2 Skruva loss bulten som fäster den nedre (fasta) bältesdelen mot dörrstolpen.

3 För in bältet genom dörrstolpens klädsel.

4 Skruva loss bulten som fäster rulldonet och tag loss det från dörrstolpen.

5 Tag loss bältet från höjdjusteringen.

6 För att demontera bältets hållare måste sätet först demonteras enligt avsnitt 27.

Bak (sedan)

7 Tag loss baksätets dyna och ryggstöd (avsnitt 27). Demontera även sidoklädseln.

8 Skruva loss bulten som fäster bältets nedre (fasta) del mot golvet.

9 Demontera bältet från höjdjusteringen.

10 Skruva loss fästbulten för rulldonet.

11 Drag ut bältet i sidled från den bakre klädselpanelen.

12 Demontera hållaren.

Bak (kombi)

13 Demontera baksätets sittdyna (avsnitt 27).

14 Skruva loss bulten som fäster bältets nedre (fasta) del mot golvet.

15 Demontera bältet från höjdjusteringen.

16 Demontera klädselpanelen som är monterad under det bakre fasta fönstret och på hjulhuset.

17 I förekommande fall skall bagageutrymmets skyddspanel och panelen över bälteshållaren demonteras.

18 Skruva loss bulten som fäster rulldonet och demontera bältet.

19 Demontera hållarna.

Montering

20 Följ anvisningarna för demontering i omvänd ordning vid monteringen.

26 Stötfångare - demontering och montering

Demontering

Fram

1 Lyft upp bilens framvagn och placera den på pallbockar (se *"Lyftning och stödpunkter"*).

2 Vid behov skall kontaktdonen kopplas loss från de främre dimljusen och temperaturgivaren för utomhustemperaturen (i förekommande fall). Tag loss kablarna från de aktuella hållarna och klämmorna.

3 Tag loss plastfästena och demontera hjulhusens skyddspaneler **(se bild).**

4 Skruva loss bultarna som fäster hållarna mot underredets balkar **(se bild).**

5 Tag loss plastklämmorna från balkarna och demontera hållarna.

6 Tag loss sidodelarna och drag loss stötfångaren framåt **(se bild).**

Bak

7 Demontera baklyktorna enligt kapitel 12.

8 Koppla loss kablarna från nummerplåtens belysning.

9 I förekommande fall skall hjulhusens skyddspaneler demonteras **(se bild).**

10 Tag ur reservhjulet på sedanmodeller.

11 Demontera den bakre skyddspanelen och klädseln från lastutrymmets insida.

12 Arbeta inifrån lastutrymmet. Tag loss bultarna för stötfångarens hållare **(se bild).**

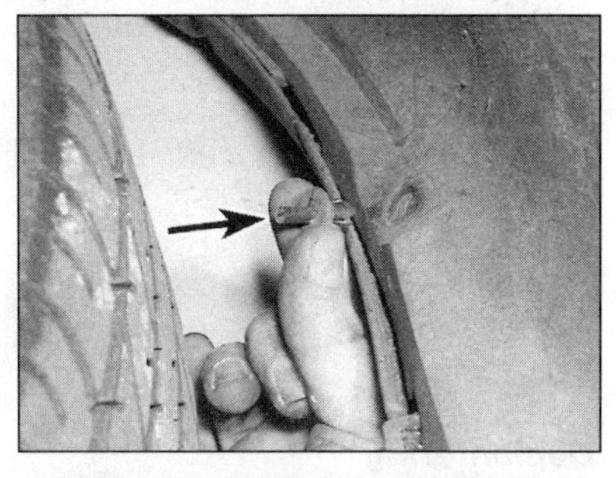

26.3 Drag ut plastfästena (vid pilen) och demontera hjulhusets skyddspanel

26.4 Skruva loss bultarna (vid pilen) som fäster hållarna mot underredets balkar

26.6 Drag loss stötfångaren framåt (Senator visad)

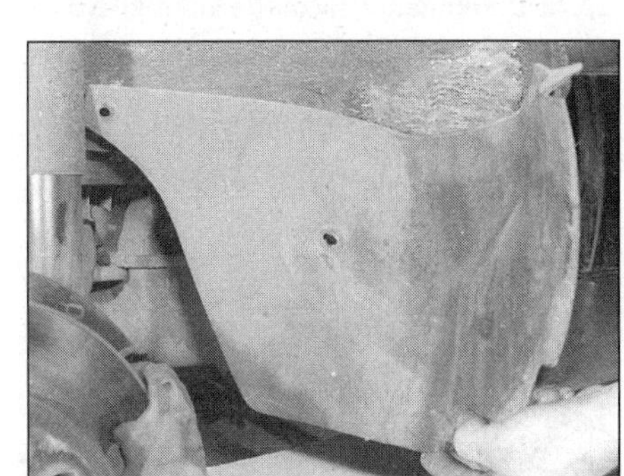

26.9 Demontera skruvarna och lyft av det bakre hjulhusets skyddspanel

26.12 Skruva loss bultarna för stötfångarens hållare som är placerade i lastutrymmet

26.13 Skruva ut gummifästena vid stötfångarens främre kant

13 I förekommande fall skall gummifästena vid stötfångarens ände närmast hjulhusen demonteras **(se bild).**

14 Drag av stötfångarens ändar från monteringsklämmorna och lyft av stötfångaren.

Montering

15 Följ anvisningarna för demontering i omvänd ordning vid monteringen.

27 Säten - demontering och montering

Demontering

Fram

1 Skjut bak sätet helt och skruva loss skenornas främre bultar **(se bild).**

2 Skjut fram sätet helt och skruva loss skenornas bakre monteringsbultar.

3 I förekommande fall skall sätesvärmens kablar kopplas loss.

4 Tag ut sätet ur bilen.

Bak

5 Tag loss baksätets sittdyna från de nedre hållarna genom att dra i specialhandtagen. I förekommande fall skall sätesvärmens kablar kopplas loss.

6 Tag loss ryggstödshållarna och demontera ryggstödet/-stöden.

Montering

7 Följ anvisningarna för demontering i omvänd ordning vid monteringen.

28 Taklucka - allmänt

Allmän information

Eftersom takluckans mekanism är mycket komplicerad krävs det expertkunskaper för att reparera, byta eller justera takluckans delar. Byte av taklucka kräver att man först demonterar takets klädsel, vilket är mycket svårt. Därför bör man vända sig till en Opelverkstad vid problem med takluckan.

27.1 Demontering av framsätets fästbultar

29 Instrumentpanel - demontering och montering

Demontering

1 Demontera mittkonsolen (avsnitt 30).

2 Demontera handskfacket från instrumentpanelens passagerarsida. Koppla även loss instrumentbelysningens kablar.

3 Demontera askkoppen resp kasettförvaringsfacket.

4 Demontera radion och i förekommande fall CD-spelaren eller den grafiska equalisern enligt kapitel 12.

5 Demontera värmeenhetens kontrollpanel och, på Senatormodeller, temperaturvreden (kapitel 3).

6 Demontera instrumentpanelens knappar (se kapitel 12).

7 Bänd försiktigt ut de mittre luftmunstyckena från instrumentpanelen med en plastkrok. Koppla loss styrstaget/stagen **(se bilder).** På Senatormodeller demonteras de mittre luftmunstyckena tillsammans med färddatorn (se kapitel 12).

8 Demontera ratten och rattstångens skyddspaneler (kapitel 10).

9 Demontera rattstångens kombinationsreglage (kapitel 12).

10 Koppla loss tändningens kontaktdon.

11 Demontera instrumentpanelen (se kapitel 12).

12 Demontera klockan/färddatorn (beroende på modell) enligt kapitel 12.

13 Skruva loss skruvarna som fäster instrumentpanelens mittre ram. Koppla loss kontaktdonet **(se bilder).** Koppla loss kablaget från cigarettändaren och glödlampan och tag loss ramen.

14 Demontera värmepaketet (kapitel 3).

15 Snäpp loss sidopanelerna. Skruva loss skruvarna och lyft av sidoluftmunstyckena.

16 Demontera säkringsdosan (kapitel 12).

17 Tag loss tätningslisterna från de främre dörrstolparna och de främre högtalarnas skydd. Demontera högtalarna.

18 Koppla loss alla luftfördelningskanaler. Anteckna placeringen noggrant för att underlätta monteringen.

19 Använd en vinkelskruvmejsel för att skruva loss de främre skruvarna och lyft av instrumentpanelens kåpa genom att först lyfta upp den mittre delen.

20 Notera placeringen av kablaget. Börja från vänster med att koppla loss kontaktdonen. Märk alla kontaktdon för att underlätta monteringen. Drag ut kablaget ur förarens fotutrymme.

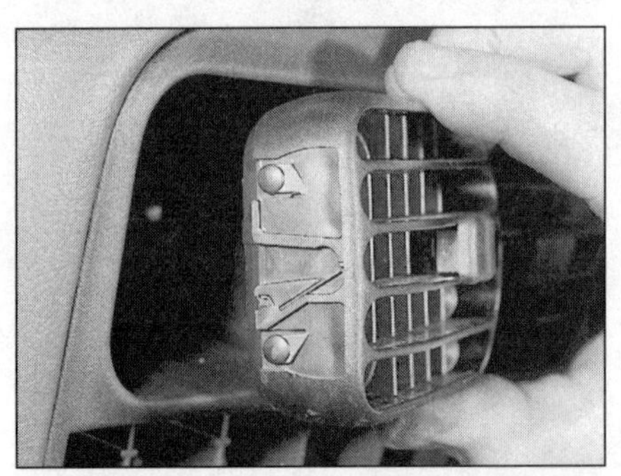

29.7a Demontering av mittre luftmunstycken

29.7b Styrstång för mittre luftmunstycken

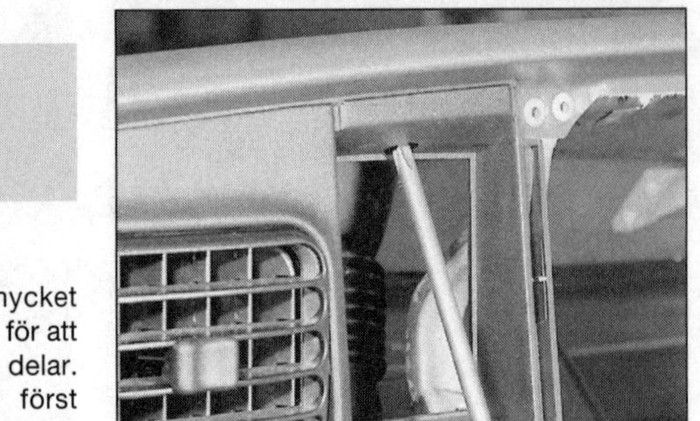

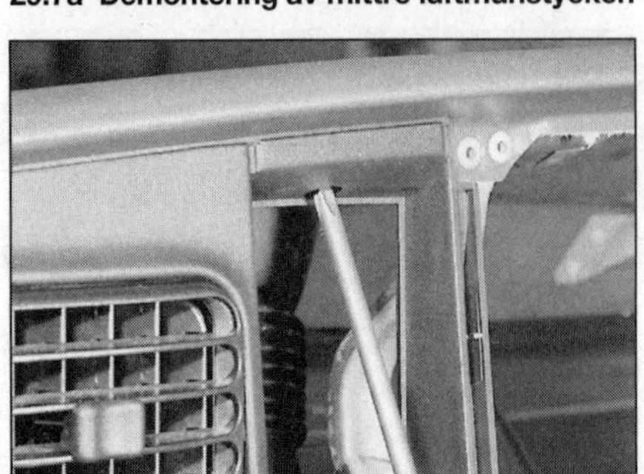

29.13a Skruva loss den mittre ramens fästskruvar . . .

29.13b . . . och koppla loss kontaktdonet (Omega visad)

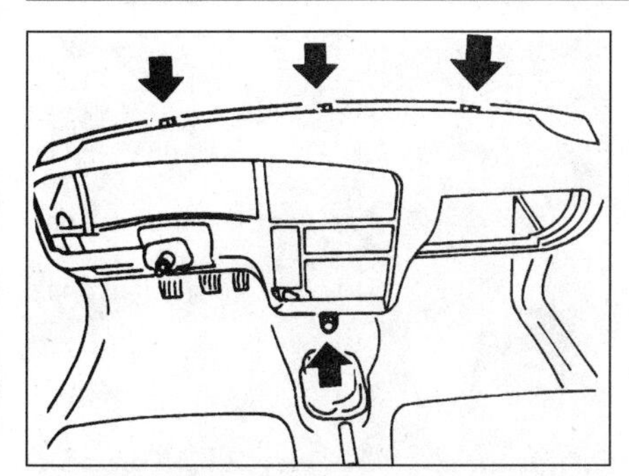

29.21a Instrumentpanelens främre fästbultar (vid pilarna) för vänsterstyrning (högerstyrning liknande)

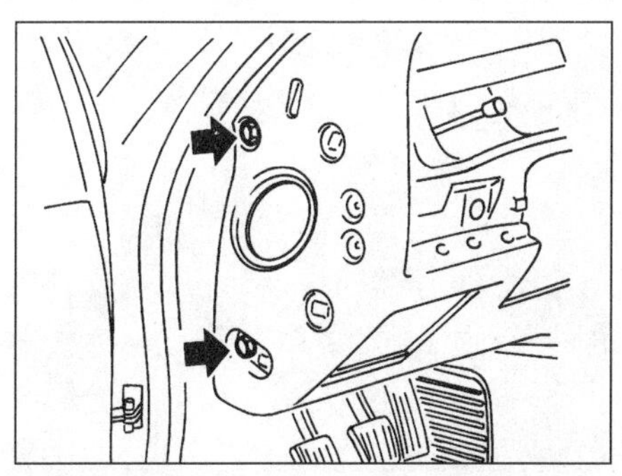

29.21b Instrumentpanelens sidobultar för vänsterstyrning (högerstyrning liknande)

29.21c Instrumentpanelens nedre fästskruv (vid pilen)

21 Skruva loss instrumentpanelens fästbultar. Det finns två på varje sida, tre i den övre främre delen och en längst ner **(se bilder).**

22 Tag hjälp av en assistent och demontera instrumentpanelen.

Montering

23 Följ anvisningarna för demontering i omvänd ordning vid monteringen.

30 Mittkonsol - demontering och montering

Demontering

Omega

1 Lossa batteriets minuskabel.

2 På modeller med ett armstöd på mittkonsolens bakre del, öppna förvaringsfackets lock. Bänd försiktigt ut kasettboxen ur armstödet eller skruva loss fästskruven och tag ut förvaringsboxen ur armstödet (beroende på modell).

3 På tidiga modeller utan armstöd på mittkonsolen, använd en skruvmejsel för att försiktigt bända ut plastkåpan ur mittkonsolens bakre förvaringsfack **(se bild).**

4 På modeller med manuell växellåda, bänd loss ramen för växelspakens damask. Skruva loss de två fästskruvarna och demontera växelspakens ram.

5 På modeller med automatisk växellåda, använd en liten spårskruvmejsel för att försiktigt bända ut växelväljarens indikeringspanel och skyddet från ramen. Demontera dem från växelväljaren. Skruva loss fästskruven och tag loss ramen från mittkonsolen. Drag ur glödlampan ur panelen och lyft av den från växelväljaren.

6 Bänd ut den mittre kåpan och demontera den från konsolen (vid behov). Koppla loss kontaktdonen vid demonteringen.

7 Bänd ut klädselns täcklock. Skruva loss de sex fästskruvarna för konsolen (två i den främre delen, två i den bakre och en på varje sida) **(se bilder).**

8 Tag loss handbromsspakens damask från mittkonsolen. Lyft av konsolen över växelspaken/växelväljaren och handbromsspaken samtidigt som handbromsspakens damask förs igenom mittkonsolens hål. Vid behov skall kontaktdonen till de elektriska fönsterhissarnas knappar kopplas loss. Tag ut konsolen ur bilen.

Senator

9 Koppla loss batteriets minuskabel och placera den så att den inte kan komma i kontakt med batteriets minuspol.

10 Öppna locket på mittkonsolens förvaringsfack. Skruva loss fästskruven och lyft

30.3 Bänd ut plastkåpan från den bakre mittkonsolens förvaringsfack

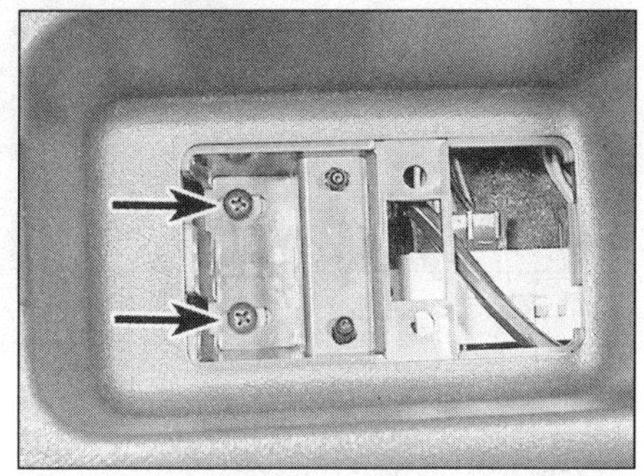

30.7a Mittkonsolens bakre fästskruvar

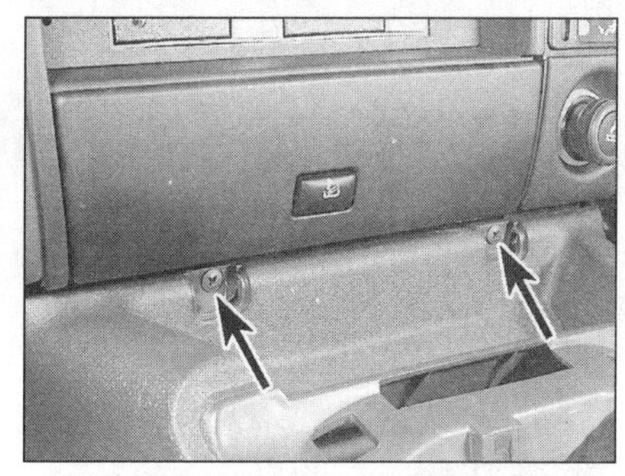

30.7b Mittkonsolens främre fästskruvar (vid pilarna)

30.7c Mittkonsolens sidoskruvar (vid pilen)

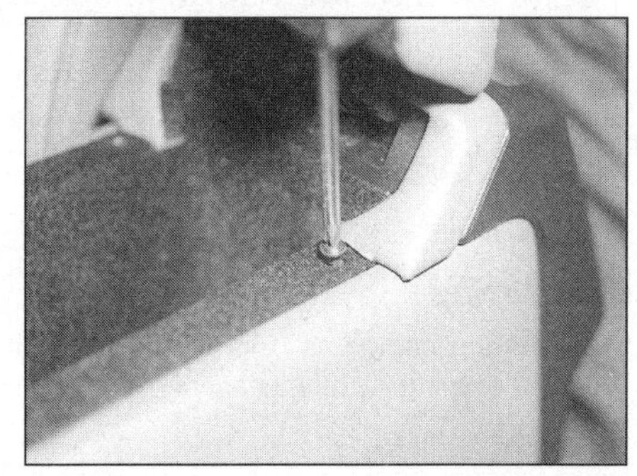

30.10a Skruva loss fästskruven . . .

30.10b . . . och lyft ut förvaringsboxen/kassettboxen ur mittkonsolen

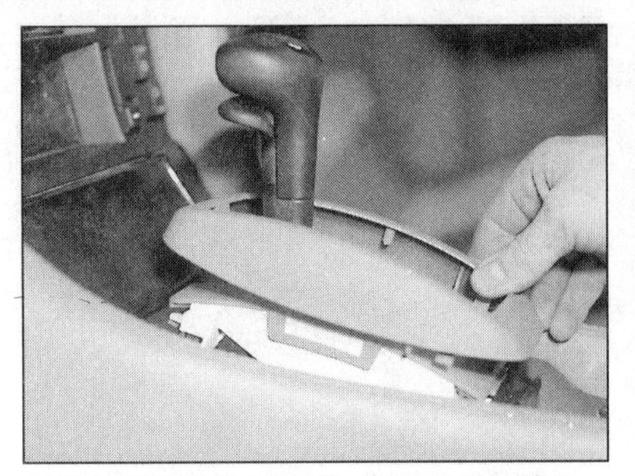

30.11a Modeller med automatväxellåda: Snäpp loss växelväljarens panel från mittkonsolen . . .

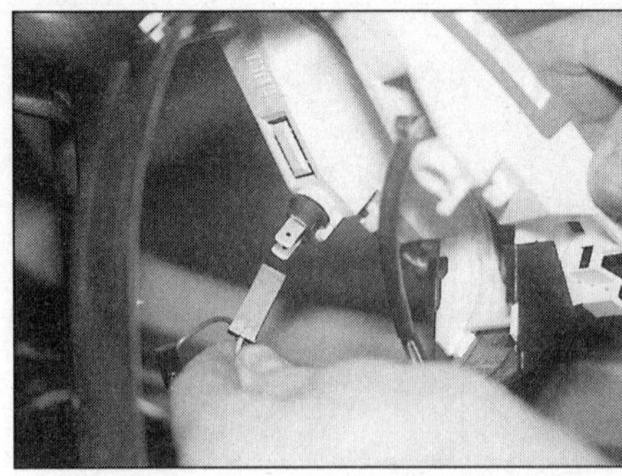

30.11b . . . och koppla loss dess kontaktdon

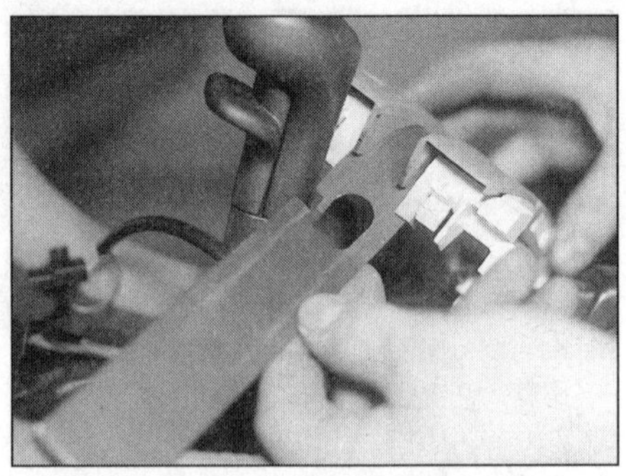

30.11c Drag ut täckremsan och demontera panelen från växelväljaren

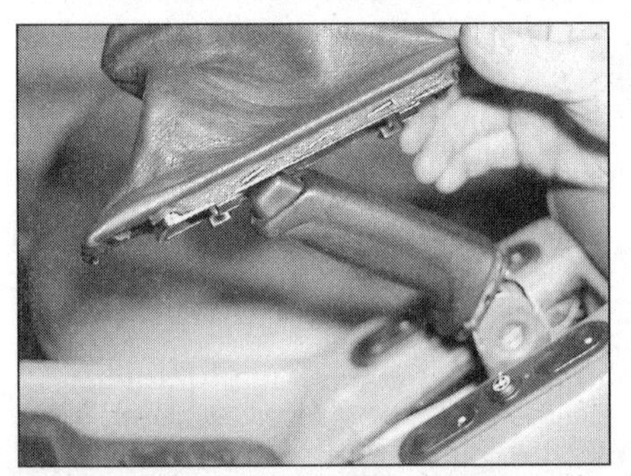

30.13 Tag loss handbromsspakens damask

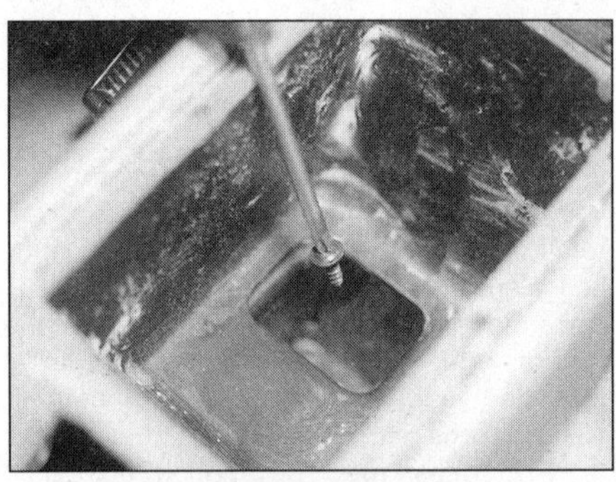

30.14a Demontering av en av mittkonsolens fästskruvar

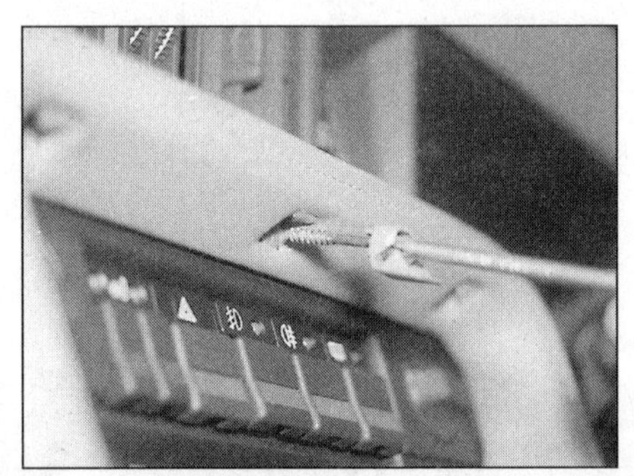

30.14b Demontering av en av mittkonsolens övre fästskruvar

30.14c Skruva loss skruvarna för mittkonsolen genom hålet för växelväljaren resp växelspaken . . .

30.14d . . . och askkoppens hål

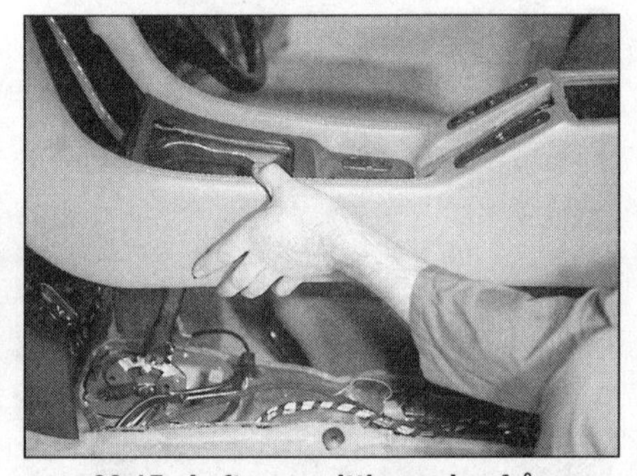

30.15a Lyft upp mittkonsolen från golvet . . .

ut förvaringsboxen/kasettboxen ur konsolen **(se bilder)**.

11 På modeller med automatisk växellåda, snäpp loss växelväljarens indikeringspanel från konsolen och koppla loss kablaget vid kontaktdonet. Drag ut täckremsan och demontera indikeringspanelen från växelväljaren **(se bilder)**.

12 På modeller med manuell växellåda, skruva loss växelspaksknoppen. Tag loss växelspakens damask från mittkonsolen och lyft upp den över växelspakens ände.

13 Demontera handbromsspakens damask **(se bild)**.

14 Skruva loss fästskruvarna för mittkonsolen. Två är monterade under förvaringsboxen, två vid växelspakens/växelväljarens öppning, en bakom askkoppen och tre bakom plastpanelerna på undersidan av konsolens övre kant **(se bilder)**.

15 Tag loss mittkonsolen från golvet. Koppla loss kablaget från kontaktdonet. Märk kablarna för att underlätta montering **(se bilder)**.

16 Tag ur mittkonsolen ur bilen.

Montering

17 Följ anvisningarna för demontering i omvänd ordning vid monteringen.

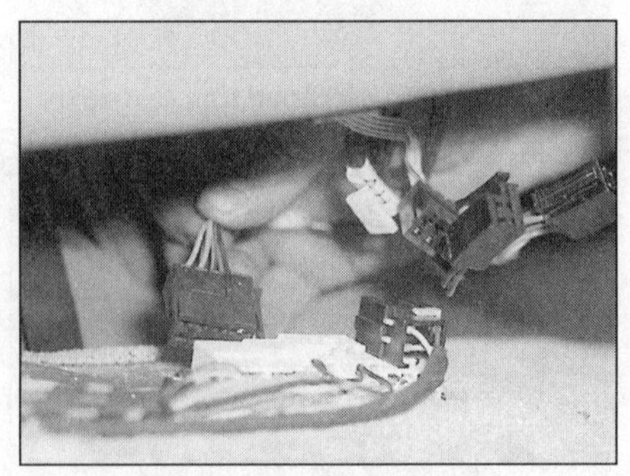

30.15b . . . och koppla loss dess kontaktdon

Kapitel 12
Karossens elsystem

Innehåll

Svårighetsgrader

Enkelt, passar för novisen med lite erfarenhet 	**Ganska enkelt,** passar nybörjaren med viss erfarenhet 	**Ganska svårt,** passar kompetent hemmekaniker 	**Svårt,** passar hemmekaniker med erfarenhet 	**Mycket svårt,** för professionell mekaniker

Specifikationer

System typ . . . . 12 volt, negativ jord

Säkringar (standardvärden)

Nr	Strömstyrka (A)	Tillhörande kretsar
1	10	Vänster parkeringsljus, vänster baklykta
2	10	Höger parkeringsljus, höger baklykta
3	10	Vänster helljus
4	10	Höger helljus
5	10	Vänster halvljus
6	10	Höger halvljus
7	-	Används ej
8	15	Bromsljus, blinkers, ABS
9	30	Backljus, vindrutetorkare, signalhorn
10	10	Bakre dimljus
11	-	Används ej
12	30	Värmeenhetens motor
13	20	Cigarettändare, främre sätesvärme, handskfackets belysning
14	20	Konstant ström för husvagn eller släp, reglerbara stötdämpare
15	15	Varningsblinkers, klocka, bagageutrymmets belysning, instegsbelysning, radio
16	20	Bränsleinsprutningssystem
17	20	Dimljus
18	20	Eluppvärmd bakruta
19	30	Främre elektriska fönsterhissar
20	30	Bakre elektriska fönsterhissar
21	10	Instrumentpanel, nummerplåtsbelysning, motorrumsbelysning
22	30	Luftkonditioneringens extra kylfläkt
23	30	Centrallås, bakre sätesvärme
24	20	Fjärrljus
25	30	Elmanövrerat soltak, främre elektriska fönsterhissar
26	10	Strålkastarspolning
27	10	Automatväxellåda

Glödlampor (standard)

Funktion	Effekt (W)
Strålkastare (helljus/halvljus)	60/55
Varselljus	55
Parkeringsljus	5
Blinkers (fram och bak)	21
Bromsljus	21
Bakre dimljus	21
Baklykta	10
Nummerplåtens belysning	5 eller 10
Backljus	21

Torkarblad

Omega sedan och kombi - fram	Champion VX48 eller X48
Omega kombi - bak	Champion X36
Senator	Champion VX45 eller X45

1 Elektriskt system - allmän information och säkerhetsföreskrifter

Allmän information

1 Elsystemets spänning är 12V med negativ jord. Spänningen alstras av en generator som drivs av vevaxeln via en remskiva och en drivrem. Ett blybatteri utgör strömkällan vid start av motorn och när den elektriska belastningen överstiger generatorns kapacitet.

Säkerhetsföreskrifter

Varning: Det är viktigt att man är extra försiktig när man arbetar med elsystemet för att undvika skador på halvledarkomponenterna (dioder och transistorer) och för att förebygga personskador. Förutom instruktionerna i "Säkerheten främst!" i början av denna handbok skall man även iaktta följande anvisningar när man arbetar på systemet.

2 Tag alltid av ringar, klocka etc innan arbeten påbörjas på elsystemet. Även när batteriet har kopplats loss kan kapacitiva urladdningar inträffa när en spänningsförande anslutning jordas via ett metallföremål. Detta kan ge en elektrisk stöt eller orsaka brännskador.

3 Förväxla inte batteriets anslutningar. Komponenter som generator och övriga enheter som innehåller halvledare kan skadas allvarligt.

4 Koppla aldrig loss batteriets kablar eller generatorns anslutningar när motorn är igång.

5 Batteriets och generatorns anslutningar ska alltid kopplas loss innan man utför elsvetsning på bilen. Annars kan generatorn förstöras.

6 Använd aldrig en högvolts resistansmätare vid kontroll av bilens elsystem.

2 Elektrisk felsökning - allmän information

Observera: *Se säkerhetsföreskrifterna i "Säkerheten främst!" och i avsnitt 1 i detta kapitel innan arbetet påbörjas. Följande tester gäller kontroll av elsystemet och skall inte användas för kontroll av känsliga elektroniska kretsar (som ABS-systemet), i synnerhet inte där en elektronisk styrenhet (ECU) är inkopplad.*

Allmänt

1 En elektrisk krets består vanligtvis av strömställare, reläer, motorer, säkringar, säkringskablar och/eller kretsbrytare samt det kablage och de anslutningar som förbinder komponenterna med batteriet och de som är kopplade till jord (bilens kaross). I slutet av kapitlet finns kopplingsscheman som underlättar felsökning.

2 Innan man försöker lokalisera ett elektriskt fel bör man studera kopplingsschemat för att få en bättre förståelse för komponenterna i den krets man undersöker. Man kan lokalisera den troliga felkällan genom att undersöka om andra komponenter i kretsen fungerar felfritt. Om flera komponenter i kretsen inte fungerar samtidigt ligger felet troligen i en gemensam säkring eller anslutning till jord.

3 Elektriska fel har ofta enkla orsaker, t ex lösa eller oxiderade anslutningar, dåliga jordningar, utlösta säkringar eller defekta reläer (se avsnitt 5 för kontroll av reläer). Man bör först undersöka i vilket skick säkringar, kablar och anslutningar befinner sig innan man börjar kontrollera enskilda komponenter. Använd kopplingsschemat för att avgöra vilka anslutningar som bör kontrolleras för att man skall kunna ringa in felet.

4 Grundutrustningen för felsökning av elsystemet består av en spänningsprovare eller en voltmeter (en 12 Volt lampa med kablar kan även användas för vissa kontroller), en testlampa (även kallad kontinuitetsprovare), en ohmmeter (för resistansmätning) och ett batteri med testkablar. Det är även användbart med en kopplingskabel (helst säkrad med en säkring) för att kunna koppla förbi misstänkta kablar eller komponenter. Innan man försöker lokalisera ett fel bör man studera kopplingsschemat så att man ansluta testutrustningen på korrekt sätt.

5 För att kunna lokalisera ett kopplingsfel som bara uppträder ibland (vanligen beroende på dåliga anslutningar eller skadad isolering) kan man göra ett kontinuitetstest samtidigt som man rör på kabeln. Man brukar då kunna lokalisera felet till en begränsad del av kabeln. Denna kontroll kan kombineras med nedanstående tester.

6 Förutom de fel som beror på dåliga anslutningar finns det två grundtyper av fel som kan uppstå i en elektrisk krets: Kretsbrott och kortslutning.

7 Kretsbrott innebär att strömkretsen någonstans är bruten så att den elektriska strömmen inte kan flyta. Ett kretsbrott gör att den anslutna komponenten inte fungerar trots att säkringen inte löser ut.

8 Kortslutningar är fel som beror på att strömmen någonstans kan ta en genväg till jord. Kortslutningar beror vanligen på skadad isolering. Detta gör att en spänningsförande ledare kommer i kontakt med en annan kabel eller med en jordad del, t ex bilens kaross. En kortslutning resulterar vanligen i att tillhörande säkring löser ut.

3.2a Lossa klämskruven på minuspolens (-) polsko . . .

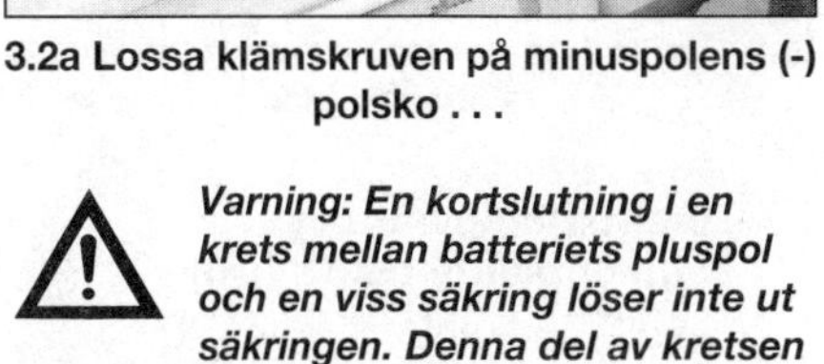

Varning: En kortslutning i en krets mellan batteriets pluspol och en viss säkring löser inte ut säkringen. Denna del av kretsen är alltså inte säkrad. Detta bör man tänka på när man felsöker elsystemet.

Att hitta ett kretsbrott

9 Vid felsökning av brott i elektriska kretsar ansluter man den ena testkabeln från voltmetern till batteriets minuspol eller en bra jordningspunkt på karossen.

10 Anslut den andra testkabeln till den krets som skall undersökas, gärna nära batterianslutningen eller säkringen.

11 Koppla in kretsen. Kom ihåg att vissa kretsar endast är spänningsförande när tändningen är påslagen.

12 Om det finns spänning (dvs om voltmetern ger utslag) är den delen av kretsen som befinner sig mellan batteriet och testkabelns anslutningspunkt felfri.

13 Fortsätt att kontrollera resten av kretsen på samma sätt.

14 När man når en punkt där det inte finns någon spänning ligger felet mellan denna punkt och föregående testpunkt. De flesta avbrott orsakas av trasiga, oxiderade eller lösa anslutningar.

Att hitta en kortslutning

15 Vid felsökning av kortslutningar kopplar man först bort alla förbrukare från kretsen (förbrukare är de enheter som får ström från kretsen, t ex glödlampor, elmotorer, värmeelement etc).

16 Tag bort kretsens säkring och anslut en voltmeter över säkringshållarens anslutningar.

17 Koppla in kretsen. Kom ihåg att vissa kretsar endast är spänningsförande när tändningen är påslagen.

18 Spänning över säkringshållaren (dvs voltmetern ger utslag) betyder att det föreligger en kortslutning i kretsen.

19 Om spänningen är noll trots att säkringen löser ut när förbrukaren (förbrukarna) kopplas in betyder detta att felet ligger i förbrukaren (någon av förbrukarna).

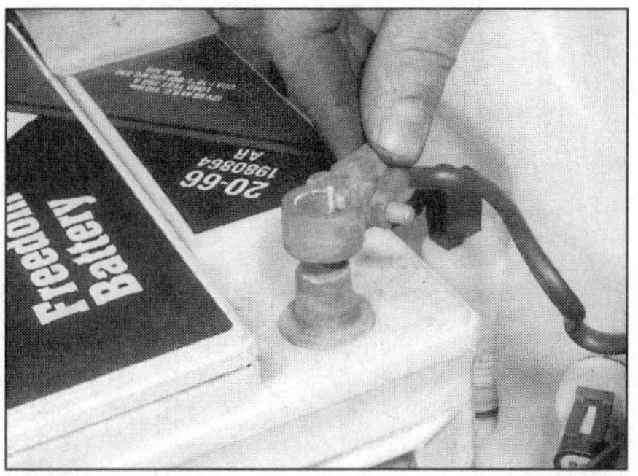

3.2b . . . tag loss polskon och för den åt sidan

Att hitta ett jordfel

20 Batteriets minuspol är ansluten till jord, d v s bilens kaross och motorns/kraftöverföringens metallgods. I de flesta av bilens kretsar är endast den positiva spänningsmatningen ansluten med kabel och bilens chassi använd som återledare till batteriets minuspol. Detta betyder att komponenternas infästningar och karossen utgör en del av strömkretsen. Lösa, glappa eller oxiderade infästningar eller andra anslutningar till bilens kaross kan därför kan därför orsaka en mängd olika fel som t ex totalhaveri i en krets och förbryllande småfel i delar av kretsen. Ibland gör jordfel att strålkastare och lampor lyser svagare när någon annan krets som är kopplad till samma jordning kopplas in. Elmotorer (t ex torkarmotorer eller fläktar) kan börja gå långsammare och till synes oberoende delar av systemet kan börja påverka varandra. Lägg märke till att många bilar har jordningsflätor mellan motor/kraftöverföring och karossen eftersom dessa annars skulle vara isolerade från varandra genom gummiupphängningar etc.

21 För att kontrollera om en komponent är ordentligt jordad kan man koppla bort batteriet och ansluta ohmmeter till en jordningspunkt. Anslut den andra testkabeln till kretsen som skall kontrolleras. Resistansvärdet skall vara noll. I annat fall kan man kontrollera anslutningen på följande sätt.

22 Om man misstänker att en jordning är dålig kopplar man loss anslutningen och rengör kabelskon och plåten vid anslutningspunkten. Avlägsna all smuts, rost och oxid. Använd en kniv för att skrapa bort eventuell färg så att man erhåller en ren anslutning till metall. Drag vid monteringen åt skruvar etc ordentligt och använd gärna en taggbricka mellan kabelanslutningen och karossen. Skydda anslutningen från korrosion och oxidation genom att applicera lite vaselin eller rostskyddsmedel.

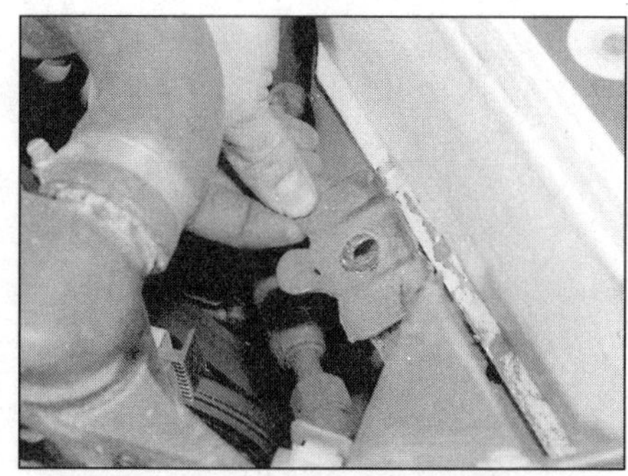

3.4a Skruva loss batteriets hållare . . .

3.4b . . och demontera batteriet

3 Batteri - demontering och montering

Demontering

1 Batteriet är monterat i motorrummets främre vänstra del.

2 Lossa klämskruven på den negativa (-) polskon. Tag loss polskon och för kabeln åt sidan **(se bilder).**

3 Lyft av plastkåpan och koppla loss den positiva polskon (+) på samma sätt.

4 Skruva loss klämbulten vid batteriets nedre del och demontera batteriet **(se bilder).**

Montering

5 Följ anvisningarna för demontering i omvänd ordning vid monteringen. Anslut den negativa polskon (-) sist. Applicera lite vaselin på anslutningarna och polskon innan den dras åt.

4 Batteri - laddning

1 I normala fall skall batteriet vara laddat av generatorn. Regelbunden laddning av batteriet med en yttre laddare indikerar (utom vid extrema driftvillkor) att det är fel i batteriet eller generatorn, eller att en kortslutning tömmer batteriet.

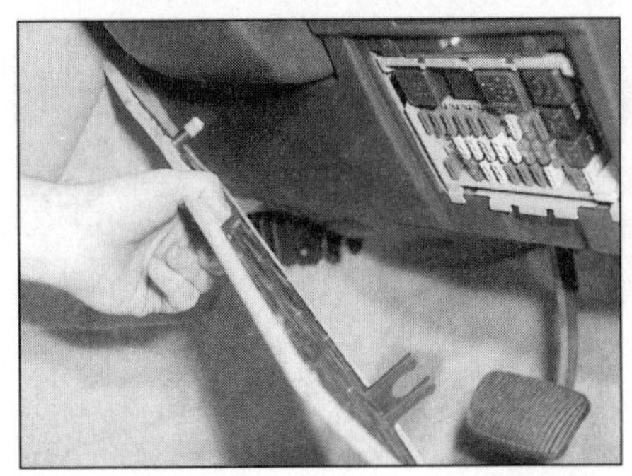

5.1a Relä/säkringsdosa under instrumentpanelen

5.1b Relädosa i motorrummet

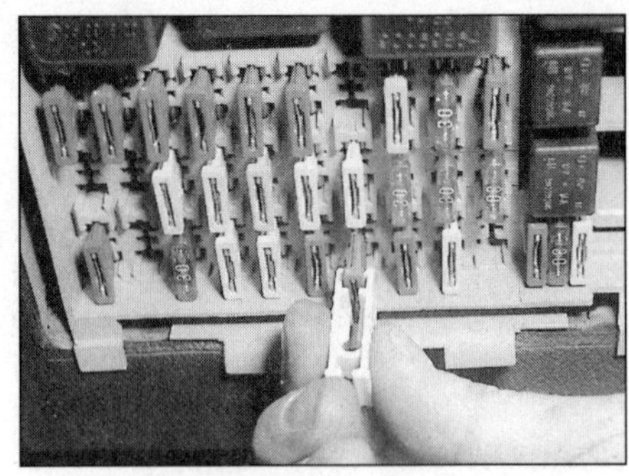

5.3 Använd demonteringsverktyget för att ta ut säkringar

2 Laddning med batteriladdare kan vara användbart för att temporärt åtgärda ett svagt batteri. Ett batteri som inte används skall underhållsladdas var 6:e till var 8:e vecka.

3 På originalbatterier indikeras batteriets laddningstillstånd med en färgindikator på batteriets ovansida. Om indikatorn är grön är batteriet laddat. Om den mörknar och till slut blir svart behöver batteriet laddas. Om indikatorn är genomskinlig eller gul är elektrolytnivån för låg för ytterligare användning och batteriet skall bytas.

4 Koppla loss batteriets båda kablar eller, ännu hellre, demontera batteriet före laddning.

5 I allmänhet skall batteriets laddningsström (i ampere) inte överskrida 10% av batteriets kapacitet (i amperetimmar). Se till att aggregat med dubbla utgångsspänningar är inställda på 12 Volt.

6 Anslut batteriet till laddaren och se till att den är korrekt polariserad (+ till + och - till -). Slå på nätspänningen. Stäng av nätspänningen innan laddaren kopplas loss. Se till att ventilationen är tillräcklig under laddning. Om man använder laddningsindikatorn för att övervaka batteriets laddning skall batteriet skakas med jämna mellanrum.

7 Snabbladdning skall undvikas eftersom det föreligger explosionsrisk p g a gasutveckling i batteriet.

5 Säkringar och reläer - allmänt

1 Bilens samtliga elektriska kretsar är skyddade av säkringar. De flesta säkringarna är placerade i säkrings/relädosan. Den är monterad under en kåpa bredvid och under rattstången. Tag loss kåpan och drag ut säkringsdosan. Reläerna är placerade i och bakom säkringsdosan. På vissa modeller är en extra relädosa placerad i det vänstra bakre hörnet i motorrummet **(se bilder)**.

2 Säkringarnas strömstyrkor anges i specifikationerna. Denna information finns även på säkringskåpans baksida.

3 Ett verktyg för demontering av säkringar samt reservsäkringar finns i det nedre högra hörnet i säkringsdosan **(se bild)**.

4 När en säkring skall bytas skall man koppla från de anslutna kretsarna. Om den nya säkringen löser ut omedelbart när kretsarna kopplas in skall man leta reda på och åtgärda felet. En trasig säkring orsakas vanligtvis av en kortslutning till jord någonstans på kabeln som leder till den anslutna komponenten. Kabeln kan vara lös, klämd eller skavd. Kontrollera särskilt kablar som leds genom genomföringar, under mattor etc.

5 När en säkring är kopplad till mer än en komponent kan den defekta kretsen spåras genom att man kopplar in komponenterna i tur och ordning tills säkringen löser ut.

6 Försök aldrig att förbikoppla en säkring med folie eller en kabel. Koppla inte heller in en säkring med högre strömstyrka än den specificerade. Detta kan leda till allvarliga skador eller t o m brand.

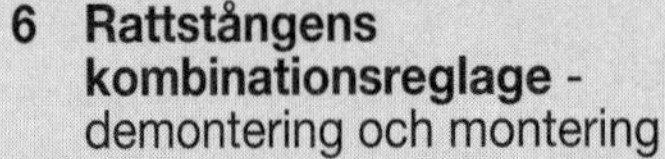

6 Rattstångens kombinationsreglage - demontering och montering

Demontering

1 Skruva loss vredet för justering av ratthöjden.

2 Koppla loss batteriets minuskabel.

3 Skruva loss skruvarna och tag loss rattstångens hölje.

4 För att komma åt lättare kan man demontera ratten enligt kapitel 10.

5 Snäpp loss omkopplaren och koppla loss kontaktdonet **(se bild)**.

Montering

6 Följ anvisningarna för demontering i omvänd ordning vid monteringen.

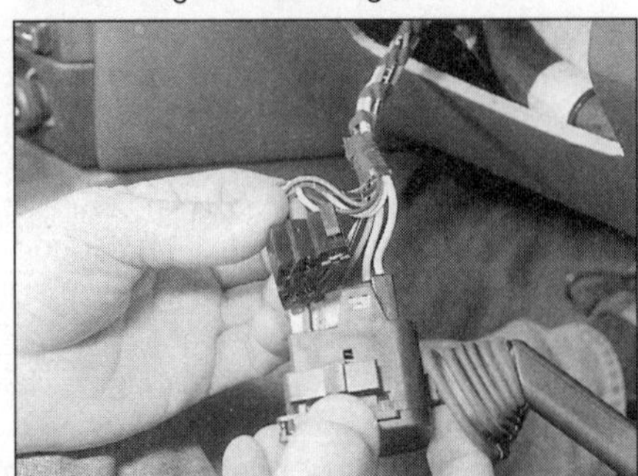

6.5 Kombinationsreglagets kontaktdon kopplas loss

7 Instrumentpanelens omkopplare - demontering och montering

1 Innan någon omkopplare demonteras skall man koppla loss batteriets minuskabel. Anslut kabeln när omkopplaren har monterats.

Ljusomkopplare

2 Vrid vredet till halvljusläget och drag ut den.

3 Använd en liten skruvmejsel i det nedre hålet för att trycka in spärren. Tag loss vredet enligt bilden **(se bild)**.

4 Tryck ihop låsflikarna och drag ut omkopplaren **(se bilder)**.

5 Följ anvisningarna för demontering i omvänd ordning vid monteringen.

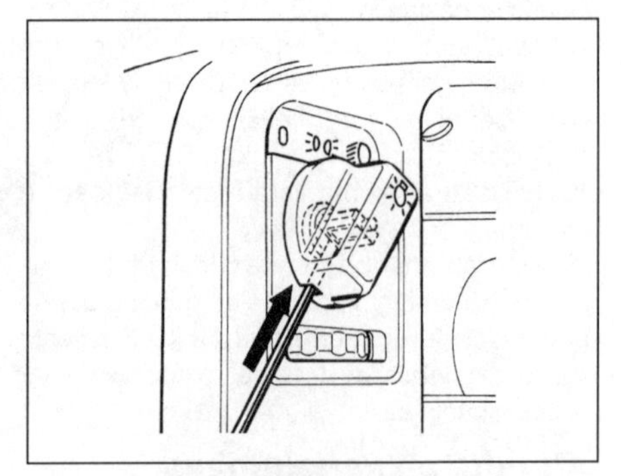

7.3 Demontering av vredet från ljusomkopplaren

7.4a Pressa samman flikarna . . .

7.4b . . . och drag ut omkopplaren

7.10 Montering av omkopplaren för strålkastarnas räckvidd

Instrumentpanelens mittre omkopplare

6 Skydda panelen över omkopplarna med en bit tejp.

7 Använd en skruvmejsel under omkopplaren och en annan från ovansidan för att bända ut omkopplaren från kontaktstycket **(se bild).**

8 Montera genom att trycka in omkopplaren i läge **(se bild).**

Reglage för justering av strålkastare

9 Använd en skruvmejsel under omkopplaren för att bända ut den.

10 Montera genom att trycka in omkopplaren i läge **(se bild).**

Handskfackets belysnings-brytare

11 Demontera handskfacket enligt kapitel 11.

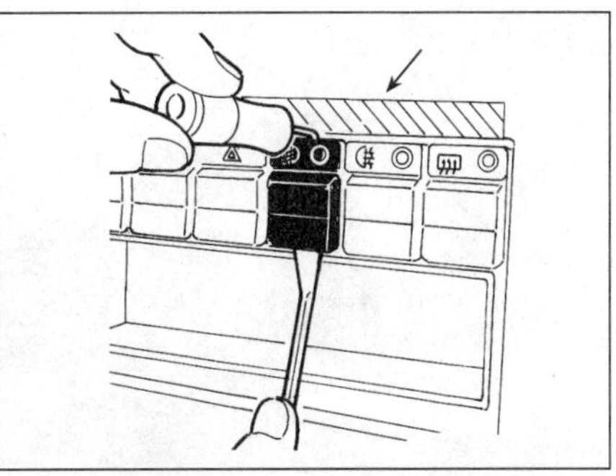

7.7 Använd en bit tejp (vid pilen) för att skydda instrumentpanelen vid demontering av omkopplare

7.12 Brytare för handskfackets belysning

12 Drag loss brytaren från handskfackets sida **(se bild).**

13 Följ anvisningarna för demontering i omvänd ordning vid monteringen.

8 Instegsbelysningens brytare - demontering och montering

Demontering

1 Öppna dörren och skruva loss krysskruven **(se bild).**

2 Tag loss brytaren från dörrstolpen och drag ut kabeln så att den inte åker in i stolpen igen.

3 Koppla loss kabeln och tag ut brytaren.

Montering

4 Följ anvisningarna för demontering i omvänd ordning vid monteringen.

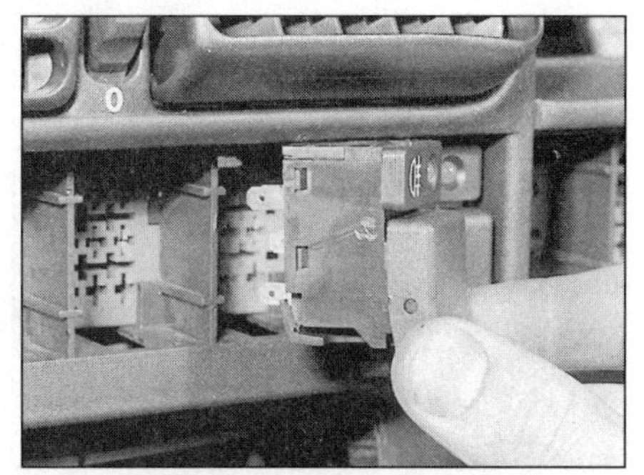

7.8 Montering av en omkopplare i instrumentpanelens mittre del

9 Klocka - demontering och montering

Demontering

1 Koppla loss batteriets minuskabel.

2 Drag försiktigt ut klockan från instrumentpanelen. Koppla loss matnings- och belysningskablarna från klockan och demontera den **(se bild).**

Montering

3 Följ anvisningarna för demontering i omvänd ordning vid monteringen.

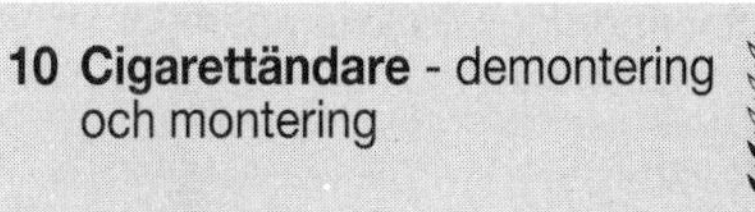

10 Cigarettändare - demontering och montering

Demontering

1 Koppla loss batteriets minuskabel.

2 Drag ut värmeelementet ur tändarens hållare.

3 Bänd försiktigt ut tändarens hållare ur belysningsringen. Koppla loss kontaktdonet och demontera hållaren **(se bild).**

Montering

4 Följ anvisningarna för demontering i omvänd ordning vid monteringen. När hållaren monteras i belysningsringen skall man se till att ringens flikar passerar över hållarens släta del. Vrid hållaren medurs för att haka i flikarna.

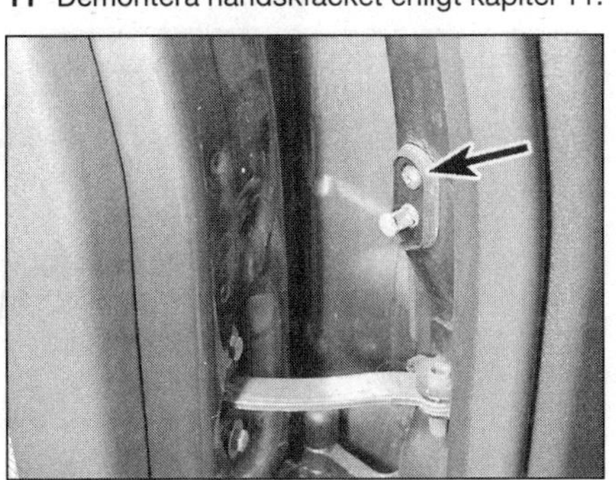

8.1 Instegsbelysningens brytare

9.2 Koppla loss klockans kontaktdon

10.3 Cigarettändarens baksida (instrumentpanelen demonterad)

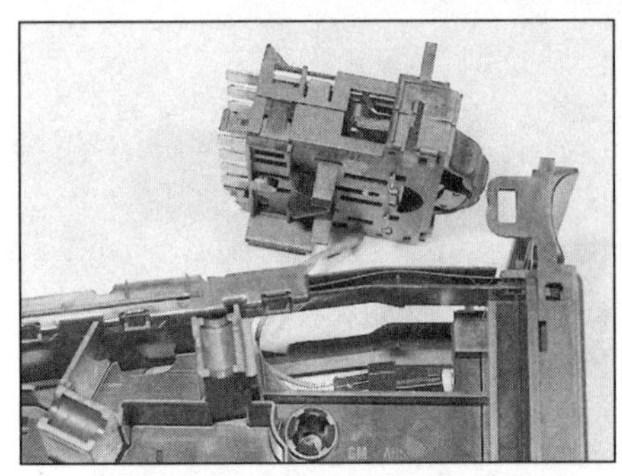

11.2 Demontering av värmeenhetens omkopplare

13.2 Demontering av cigarettändarens kåpa

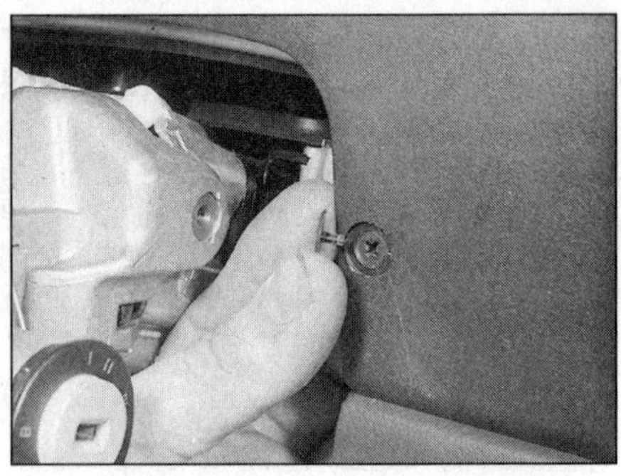

13.8a Ett täcklock för en av de mittre skruvarna tas loss

11 Värmeenhetens omkopplare - demontering och montering

Demontering

1 Demontera temperaturreglagens panel enligt kapitel 3.

2 Snäpp loss omkopplaren från panelen **(se bild).**

Montering

3 Följ anvisningarna för demontering i omvänd ordning vid monteringen.

12 Tändningslås - demontering och montering

Demontering

1 Koppla loss batteriets minuskabel.

2 Skruva loss vredet för justering av ratthöjden.

3 Skruva loss skruvarna och tag loss rattstångens hölje.

4 Koppla loss kontaktdonet.

5 Sätt i tändningsnyckeln och vrid den till läge II. Tryck in den mindre fjädern och drag ut låscylindern.

6 Skruva loss de två stoppskruvarna och demontera tändningslåset.

Montering

7 Följ anvisningarna för demontering i omvänd ordning vid monteringen.

13.8b Demontering av ramen

13 Instrumentpanel - demontering och montering

Demontering

1 Koppla loss batteriets minuskabel.

2 Bänd loss cigarettändarens kåpa och skruva loss de två skruvarna **(se bild).**

3 Drag ut den nedre delen av temperaturreglagens panel och haka loss den övre delen.

4 Demontera temperaturreglagens/luftkonditioneringens panel.

5 Demontera ljusomkopplaren (se avsnitt 7).

6 Demontera omkopplaren för strålkastarinställningen (se avsnitt 7).

7 Demontera rattstångens kombinationsreglage (se avsnitt 6).

8 Skruva loss skruvarna och tag loss ramen från instrumentpanelen **(se bilder).** Observera

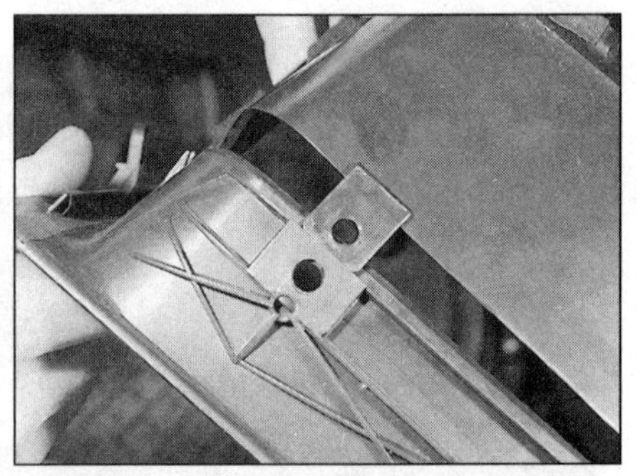

13.9 Instrumentpanelens fästram snäpps loss

att de mittre skruvarna har täcklock av plast. Koppla loss kontaktdonet till omkopplaren för strålkastarinställningen.

9 Tag loss fästramen från ramen **(se bild).**

10 Skruva loss instrumentpanelens fästskruvar **(se bild).**

11 I förekommande fall skall hastighetsmätarens vajer lossas från dess fästklämmor i motorrummet.

12 Drag ut instrumentpanelen. Tryck in fjäderplattan och koppla loss hastighetsmätarens vajer (i förekommande fall) **(se bild).**

13 Observera placeringen av kontaktdonen och koppla loss dem **(se bilder).**

14 Tag ut instrumentpanelen.

15 Vid behov kan man komma åt varvräknaren, temperaturmätaren, bränslemätaren, spänningsstabilisatorn, kretskortet och hastighetsmätaren genom att demontera kåpan som är fäst med fem skruvar (analog display).

13.10 Skruva loss instrumentpanelens fästskruvar - Omega visad

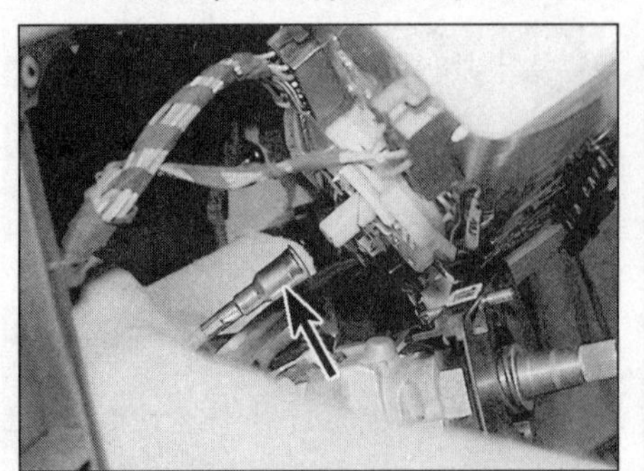

13.12 Hastighetsmätarens vajer kopplas loss

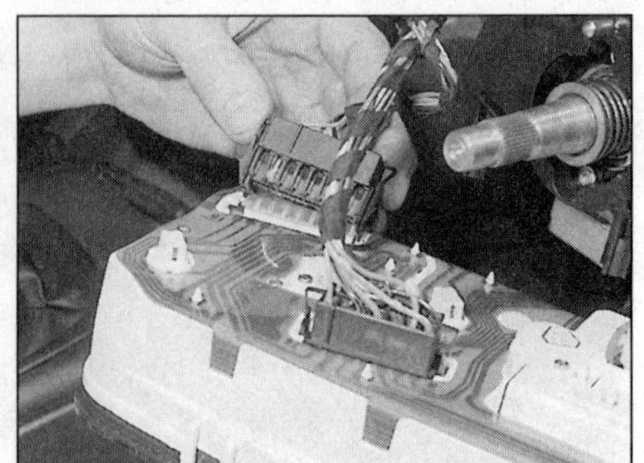

13.13a De vänstra kontaktdonen kopplas loss från instrumentpanelen

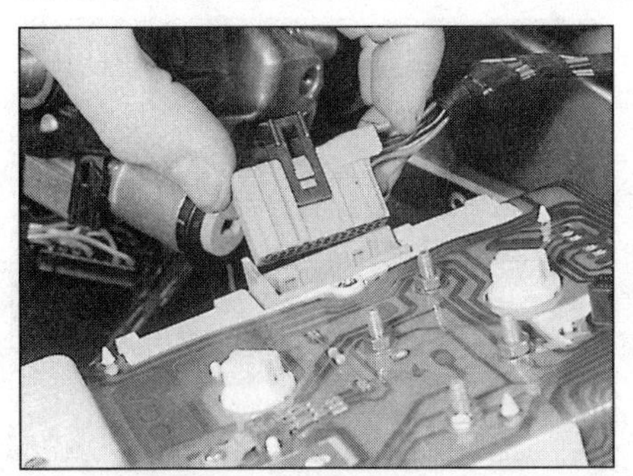
13.13b Det högra kontaktdonet kopplas loss från instrumentpanelen

Montering

16 Följ anvisningarna för demontering i omvänd ordning vid monteringen.

14 Hastighetsmätarens vajer - byte

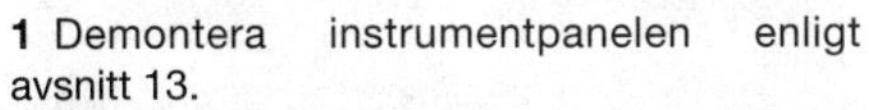

1 Demontera instrumentpanelen enligt avsnitt 13.
2 Arbeta inifrån motorrummet. Drag ut vajern genom torpedväggen och tag reda på gummigenomföringen.
3 Lyft upp bilens framvagn och placera den på pallbockar (se "*Lyftning och stödpunkter*").
4 Skruva loss den räfflade muttern och koppla loss vajern från växellådan **(se bild).** Tag bort vajern.
5 Följ anvisningarna för demontering i omvänd ordning vid monteringen. Se till att vajern inte viks eller böjs.

15 Signalhorn - demontering och montering

Demontering

1 Signalhornet är monterat bakom kylargrillen. Demontera grillen (se kapitel 11).
2 Koppla loss batteriets minuskabel.
3 Koppla loss de två kablarna till signalhornet. Skruva loss hornet från hållaren **(se bild).**

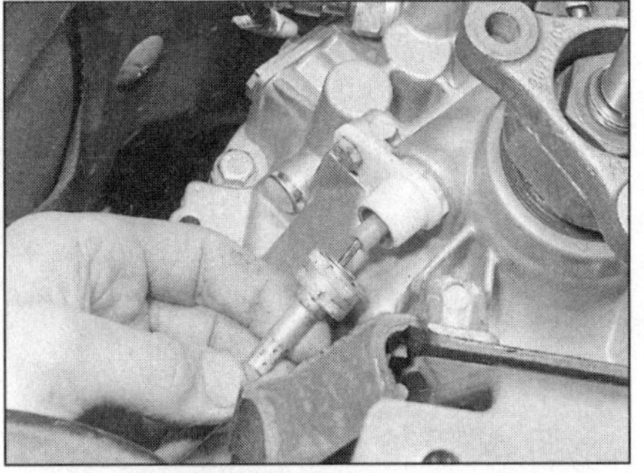
14.4 Hastighetsmätarens vajer kopplas loss från växellådan

4 Om signalhornet inte fungerar kan man använda en voltmeter för att kontrollera spänningen (12 Volt) vid signalhornet när rattens signalhornskontakt är intryckt och tändningen är påslagen.

Montering

5 Följ anvisningarna för demontering i omvänd ordning vid monteringen.

16 Glödlampor - byte

1 Vid byte av glödlampor skall man alltid koppla från tillhörande krets. När halogenlampor byts skall man inte ta i lampans glas. Om man av misstag tar i glaset måste man göra ren det med sprit.

15.3 Signalhornets fäste och kablar

Strålkastare och parkeringsljus

2 Lossa fjäderklämman. Vrid ut kåpan och demontera den från strålkastarens baksida **(se bild).**
3 Drag ut parkeringsljusets lamphållare och drag ut lampan utan att vrida den **(se bild).**
4 Drag loss kontaktdonet från strålkastaren **(se bild).**
5 Kläm ihop fjäderklämmans ändar och vrid ut den **(se bild).**
6 Tag bort den gamla lampan **(se bild).**
7 Montera den nya lampan genom att följa anvisningarna för demontering i omvänd ordning vid monteringen. Se till att lampan förs in i fattningen på rätt sätt.

Främre blinkers

Omega

8 Vrid loss lamphållaren från lampans bakre del.

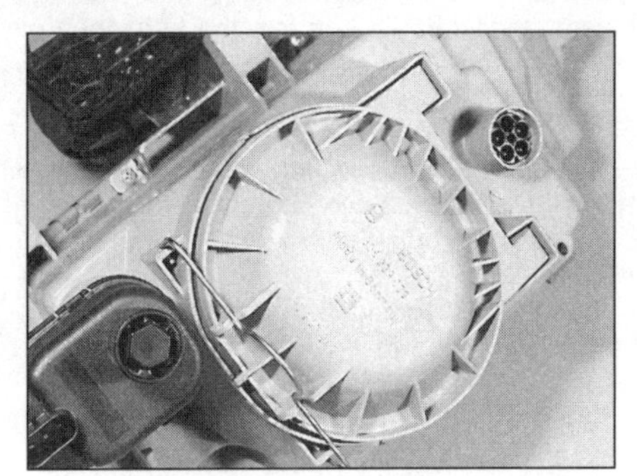
16.2 Strålkastarnas bakre kåpa

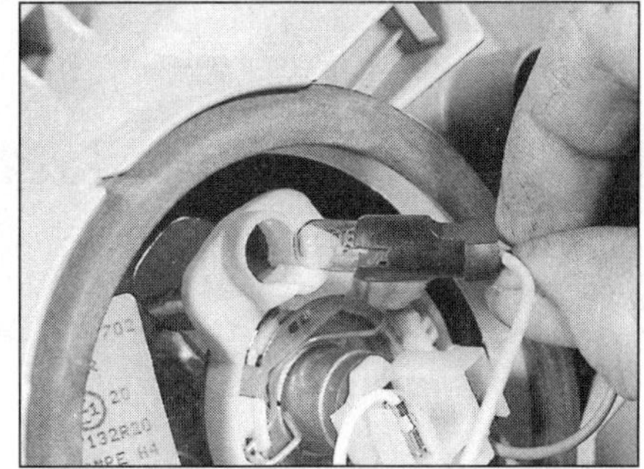
16.3 Demontering av parkeringsljusets lamphållare

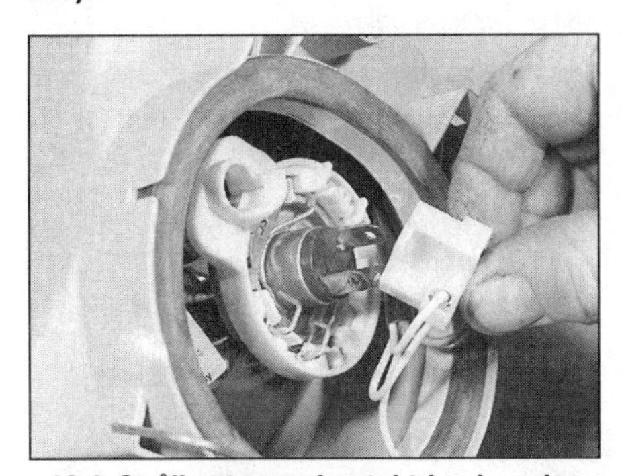
16.4 Strålkastarnas kontaktdon kopplas loss

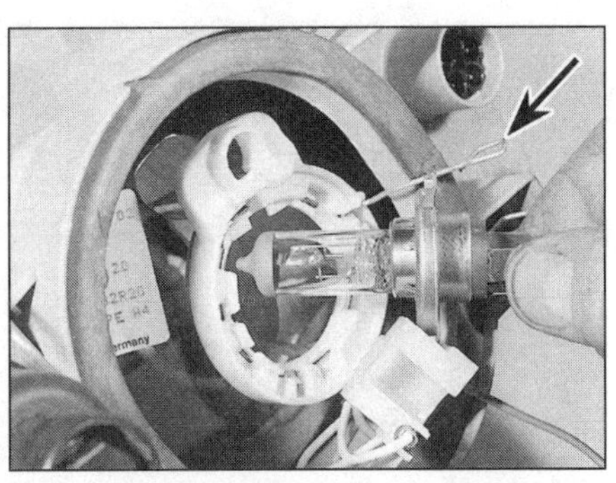
16.5 Glödlampans fjäderklämma (vid pilen)

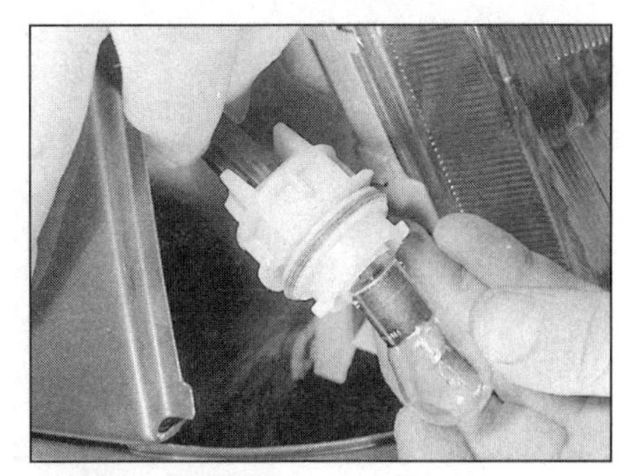
16.6 Demontering av strålkastarlampa

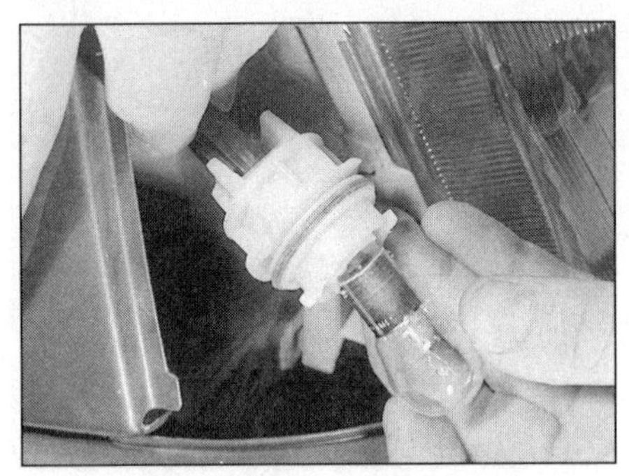

16.9 Demontering av strålkastarlampa

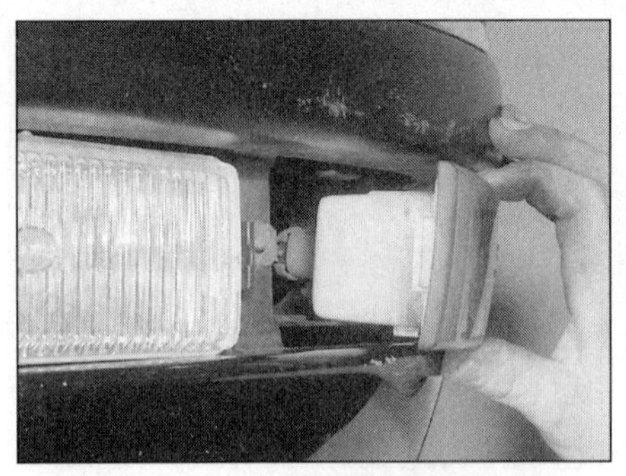

16.12a Vrid ut enheten från karossen

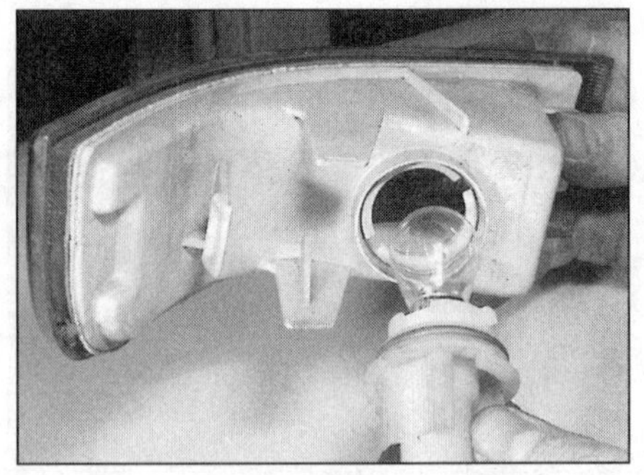

16.12b Vrid därefter ut lamphållaren ur enheten

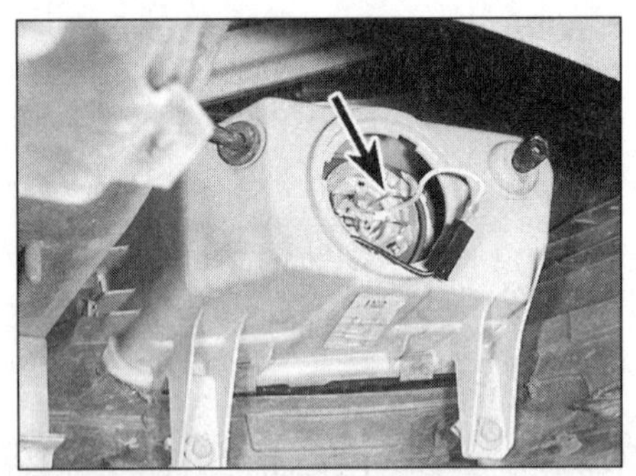

16.15 Kablar och fästklämma för lampan till de främre dimljusen

16.18 Skruva loss fästskruven för dimljuset

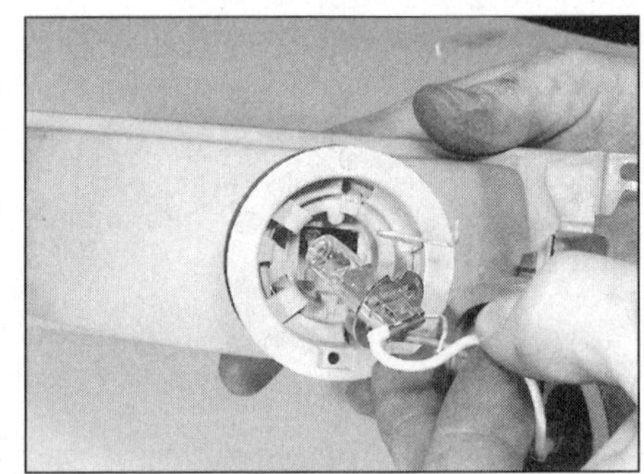

16.19 Demontering av dimljusens glödlampa

9 Tryck in och vrid lampan för att ta loss den **(se bild).**

10 Montera den nya glödlampan och anslut lamphållaren.

Senator

11 Tryck på lamplinsens yttre kant och bänd försiktigt mot den inre kanten med ett plastverktyg.

12 Vrid bort linsen från karossen. Vrid ut lamphållaren ur linsen (bajonettfattning) **(se bild).**

13 Demontera lampan från hållaren och montera en ny. Vrid in lamphållaren och montera linsen.

Främre dimljus

Omega

14 För upp handen under stötfångaren/främre sidoplåten. Demontera kåpan från lampans baksida genom att vrida den moturs.

15 Lossa fjäderklämman, demontera glödlampan och koppla loss kabeln **(se bild).**

16 Följ anvisningarna för demontering i omvänd ordning vid monteringen av den nya lampan. Se till att den förs in i fattningen på korrekt sätt.

Senator

17 Demontera den intilliggande blinkerslinsen enligt ovanstående delavsnitt.

18 Lossa och demontera skruven för dimljusens lins och lyft ut linsen **(se bild).** Bänd loss skyddslocket från den bakre delen.

19 Tryck ihop fästklämmans flikar. Vrid runt och lyft ut lamphållaren **(se bild).**

20 Drag ut lampan ur lamphållaren och koppla loss kabelns kontaktdon.

21 Montera en ny lampa och anslut kabeln. Montera lamphållaren och fästklämman.

Främre varselljus

22 På Omegamodeller, demontera kylargrillen (se kapitel 11).

23 Lossa fjäderklämman (i förekommande fall) och demontera kåpan **(se bild).**

24 Drag loss kabeln från glödlampans anslutning.

25 Lossa fjäderklämman och tag ut lampan.

26 Följ anvisningarna för demontering i omvänd ordning vid monteringen av den nya lampan. Se till att styrningen på lampans fläns förs in i spåret i lamphållaren.

Bakljusenhet

Omega sedan och Senator

Observera: *På Senatormodeller är det bakre dimljuset och backljuset monterade i en separat enhet som är monterad på bakluckan. Se tillhörande delavsnitt.*

27 I förekommande fall skall lampkåpan snäppas loss. **Observera:** *Om den vänstra lampan skall bytas måste man först ta ut reservhjulet.*

28 Pressa ihop de två flikarna och tag loss lamphållaren **(se bild).**

29 Tryck in och vrid den aktuella lampan **(se bild).**

30 Lamphållaren kan demonteras vid behov genom att kontaktdonet kopplas loss.

31 Följ anvisningarna för demontering i omvänd ordning vid monteringen av den nya lampan.

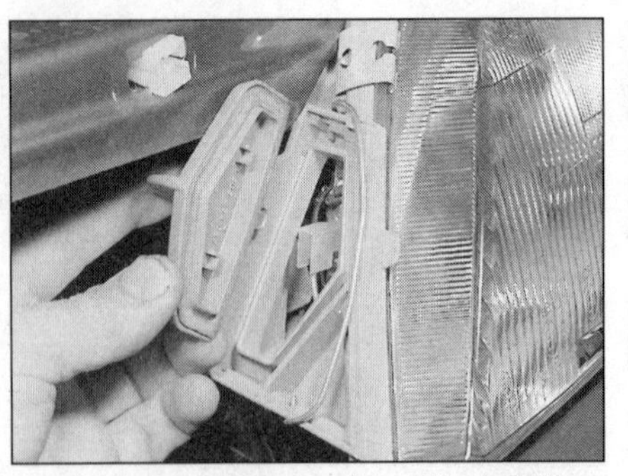

16.23 Demontering av kåpan för de främre varselljusen

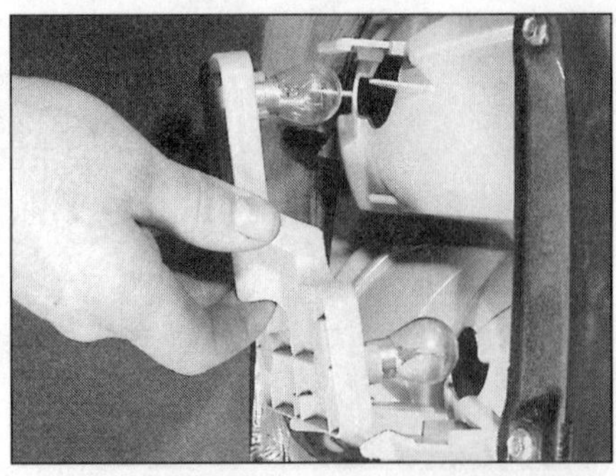

16.28 Demontering av bakljusenhetens lamphållare - Senator visad

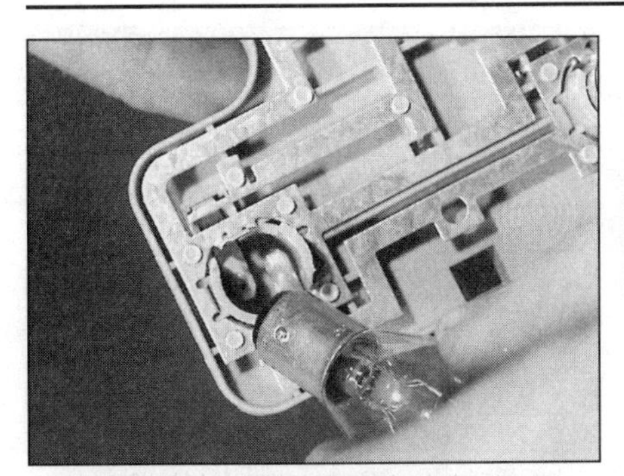
16.29 Demontera lampan genom att försiktigt trycka in och vrida runt den

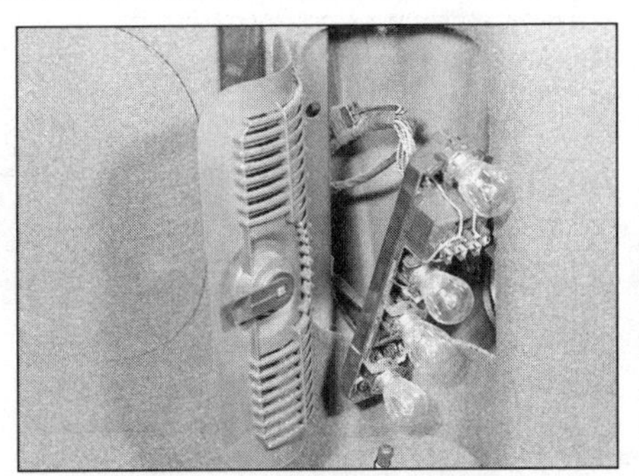
16.33 Demontering av baklyktans lamphållare

16.39 Demontering av ramen till nummerplåtens belysning (sedan visad)

16.40a Tag ut nummerplåtens lamphållare . . .

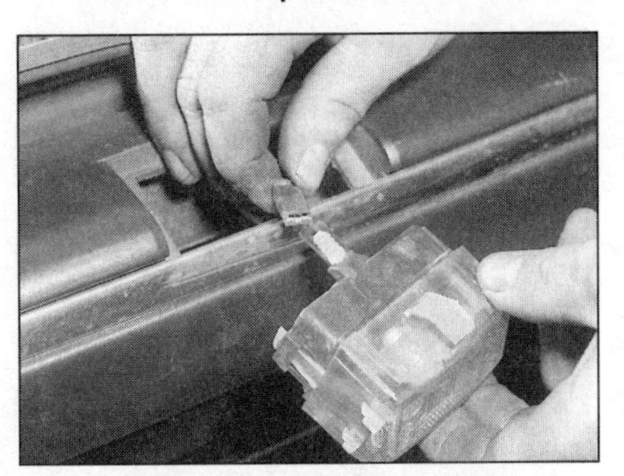
16.40b . . . och koppla loss den

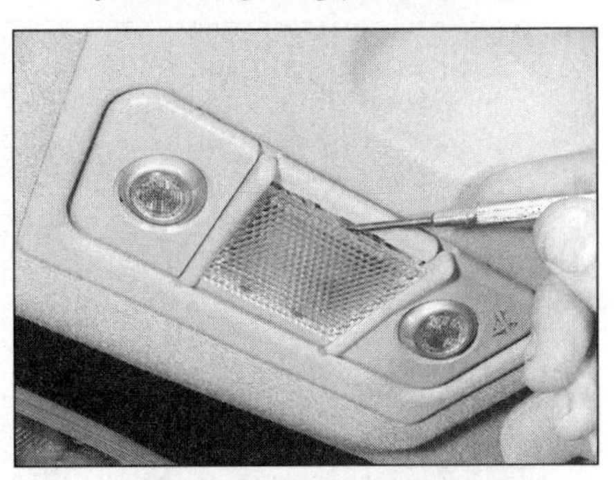
16.45a Demontera den främre innerbelysningens lins . . .

Omega kombimodell

32 Vrid runt spärren och öppna klädseln.

33 Lossa fliken och drag ut lamphållaren **(se bild).**

34 Tryck in och vrid den aktuella lampan för att ta loss den.

35 Följ anvisningarna för demontering i omvänd ordning vid monteringen av den nya lampan.

Senator (lamphållare monterad på bakluckan)

36 Vrid plastfästena ett kvarts varv och öppna skyddskåpan.

37 Vrid ut den aktuella lamphållaren ur enheten. Tag loss lampan och koppla loss kabeln.

38 Montera den nya lampan i hållaren och anslut kabeln. Montera lamphållaren i enheten och fäll tillbaka skyddslocket. Vrid runt fästena ett kvarts varv så att locket sitter ordentligt.

Nummerplåtsbelysning

Omega sedan och Senator

39 Öppna bakluckan och bänd loss lampans ram med en skruvmejsel **(se bild).**

40 Demontera lampan. Tryck ihop flikarna och drag ut lamphållaren **(se bilder).**

41 Tryck in och vrid lampan för att demontera den.

Omega kombimodell

42 Öppna bakluckan. Skruva loss skruvarna och tag ut lamphållaren.

43 Tag loss lampan från anslutningarna.

44 Följ anvisningarna för demontering i omvänd ordning vid monteringen av den nya lampan.

Innerbelysning, bagageutrymmets belysning, motorrumsbelysning och handskfacksbelysning

45 Använd en liten skruvmejsel för att bända ut linsen och lampan **(se bilder).**

46 Tag loss lampan från anslutningarna.

47 Följ anvisningarna för demontering i omvänd ordning vid monteringen av den nya lampan.

Läslampa

48 Använd en liten skruvmejsel för att bända loss lamphållaren från innertaket.

49 Drag ut lampan och tag loss den.

50 Följ anvisningarna för demontering i omvänd ordning vid monteringen av den nya lampan.

Sidoblinkers

51 Vrid runt och demontera linsen.

52 Demontera glödlampan.

Instrumentpanelens belysning och varningslampor

53 Demontera instrumentpanelen (avsnitt 13).

54 Vrid runt och demontera lamphållaren.

55 Demontera glödlampan.

16.45b . . . för att komma åt glödlampan

Temperaturreglagens belysning

56 Demontera temperaturreglagens panel enligt kapitel 3.

57 Tag loss glödlampan från lamphållaren.

Askkoppens belysning

58 Demontera instrumentpanelens främre panel enligt kapitel 11.

59 Drag ut lamphållaren och demontera lampan.

Passagerarsidans makeupspegelbelysning

60 Fäll ned solskyddet. Använd en mindre spårskruvmejsel för att försiktigt bända loss lampkåpan. Demontera lampan/lamporna.

61 Följ anvisningarna för demontering i omvänd ordning vid monteringen.

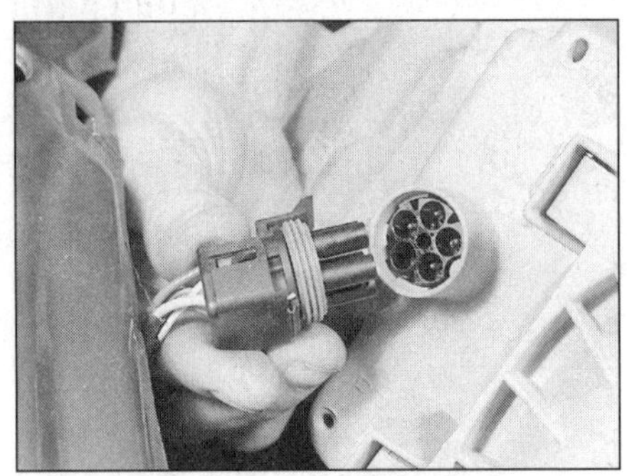

17.3 Koppla loss strålkastarens kontaktdon

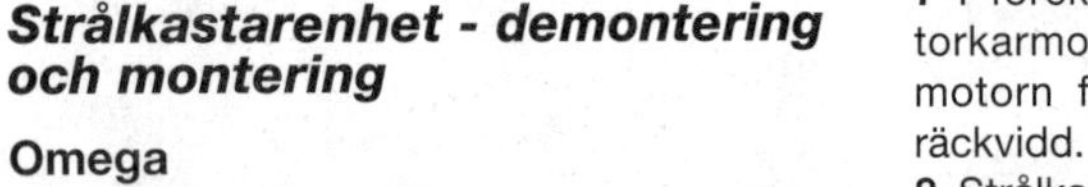

17 Strålkastare och tillhörande komponenter - demontering och montering

Strålkastarenhet - demontering och montering

Omega

1 Demontera den främre blinkersen (avsnitt 18).
2 Demontera kylargrillen (kapitel 11).
3 Koppla loss kontaktdonet för strålkastaren **(se bild)**.
4 På modeller med inställning av strålkastarnas räckvidd, koppla loss kontaktdonet **(se bild)**.
5 På modeller med spolning/torkare för strålkastarna måste den främre stötfångaren flyttas åt sidan. Skruva loss bulten som är placerad i hjulhuset, snäpp loss hjulhusets skydd

17.6b Strålkastarens nedre styrning

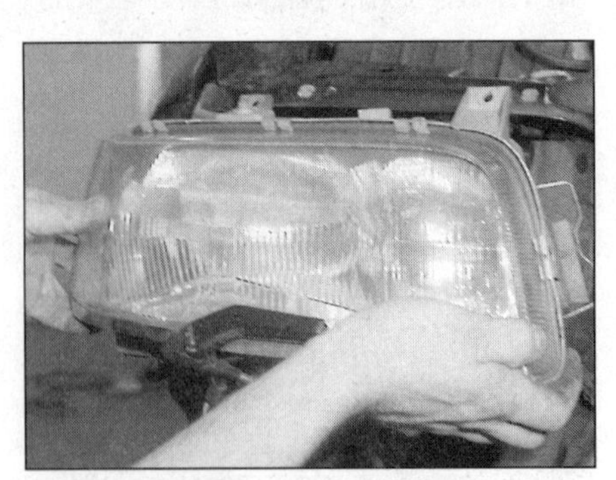

17.12b Demontering av strålkastare - Senator visad

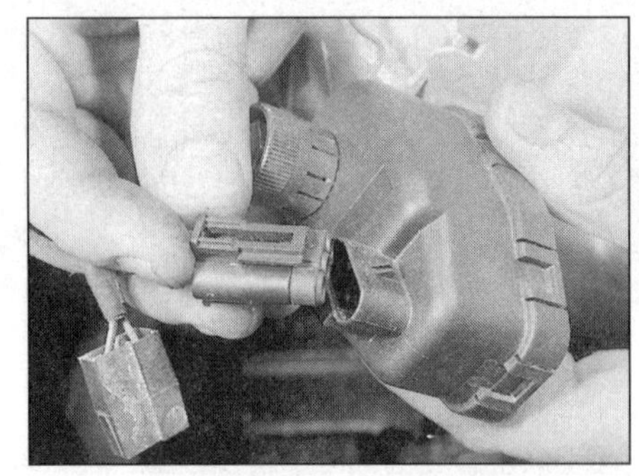

17.4 Kontaktdonet för strålkastarnas räckvidd kopplas loss

och tag loss stötfångaren i sidled. Torkararmen kan även demonteras tillsammans med spolningens slang.
6 Skruva loss de tre fästbultarna och drag ut strålkastaren från monteringshålet **(se bilder)**.
7 I förekommande fall skall strålkastarens torkarmotor demonteras (två skruvar) och motorn för inställningen av strålkastarens räckvidd.
8 Strålkastarglaset och packningen kan bytas genom att man bänder loss fjäderklämmorna.
9 Följ anvisningarna för demontering i omvänd ordning vid monteringen. Justera strålkastarna enligt avsnitt 19.

Senator

10 Demontera kylargrillen och den främre stötfångaren enligt kapitel 11.
11 På modeller med spolning/torkare för strålkastarna, koppla loss spolningens slang från spolningshuset.

17.12a Strålkastarens nedre fästen (vid pilarna)

17.18 Demontering av strålkastarens torkararm

17.6a Strålkastarens fästbultar (vid pilarna) - Omega visad

12 Skruva loss de två skruvarna från strålkastarens övre kant. Bänd försiktigt loss de nedre fästena ur klämmorna i den bakre hållaren **(se bilder)**.
13 Koppla loss alla kontaktdon från strålkastarens baksida. Märk dem för att underlätta monteringen.
14 Om strålkastaren skall bytas måste tätningslisterna avlägsnas och monteras på den nya enheten. I förekommande fall skall strålkastarnas torkarmotor tas loss från strålkastarenheten genom att skruvarna demonteras.
15 Se aktuella delavsnitt och demontera servomotorn för inställningen av räckvidden i förekommande fall.
16 Lampglaset och packningen kan tas loss genom att fjäderklämmorna bänds loss.
17 Följ anvisningarna för demontering i omvänd ordning vid monteringen. Kontrollera och justera strålkastarnas inställning enligt avsnitt 19.

Strålkastarens spolning/torkare - demontering och montering

Torkararm

18 Tag loss axelns kåpa. Skruva loss torkararmens fästmutter **(se bild)**. Tag loss armen från axelns splines.
19 Följ anvisningarna för demontering i omvänd ordning vid monteringen. Se till att torkararmen är korrekt monterad på axeln splines samt att muttern är ordentligt åtdragen.

Spolarmunstucken

20 Demontera torkaren enligt ovanstående beskrivning.
21 Tag loss spolningens munstycke från torkarmotorns axel. Koppla loss munstycket från spolningens slang **(se bild)**. Fäst slangen med en ståltrådsbit så att den inte åker in bakom stötfångaren.
22 Följ anvisningarna för demontering i omvänd ordning vid monteringen.

Spolarpump

23 Pumpen för strålkastarnas spolning är identisk med vindrutespolningens pump. Strålkastarpumpen kan demonteras och monteras enligt beskrivningen i avsnitt 22.

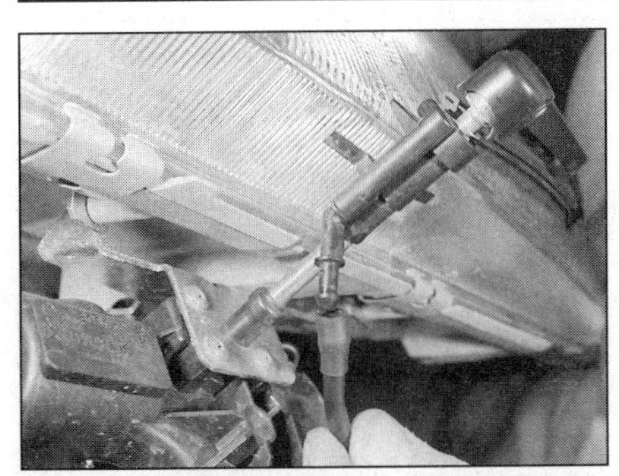

17.21 Strålkastarnas spolningsslang kopplas loss

Solenoidventil

24 Skruva loss vindrutespolningens behållare från hjulhuset. Töm innehållet i ett lämpligt kärl.

25 Koppla loss solenoidens kontaktdon. Demontera solenoiden från behållaren.

26 Märk slangarna för att underlätta korrekt montering. Koppla loss slangarna och demontera solenoiden från fordonet.

27 Följ anvisningarna för demontering i omvänd ordning vid monteringen. Se till att slangarna ansluts på korrekt sätt. Fyll behållaren med spolarvätska när du är klar.

Torkarmotor

28 Se informationen i avsnittet som behandlar demonteringen av strålkastaren.

Servo för justering av strålkastarnas räckvidd - demontering och montering

Omega

29 Demontera strålkastaren enligt inledningen av detta avsnitt.

30 Demontera kåpan från strålkastarens baksida. Tag loss servons tryckstång från reflektorns baksida.

31 Vrid servohuset medurs så att det lossnar från bajonettfattningen, och tag sedan bort huset från strålkastarenheten.

32 Följ anvisningarna för demontering i omvänd ordning vid monteringen.

Senator

33 Lossa den vertikala justeringsskruven på strålkastarens övre del tills den gängade delen av servots stång lossnar från reflektorn.

34 Vrid servohuset moturs så att det lossnar från bajonettfattningen. Tag bort huset från strålkastaren.

35 Följ anvisningarna för demontering i omvänd ordning vid monteringen.

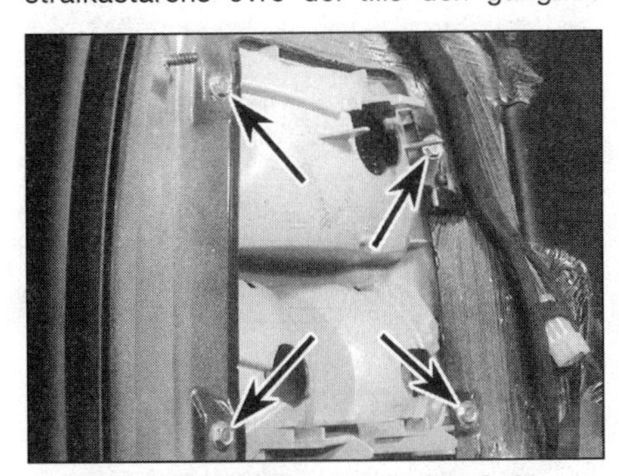

18.13a Baklyktans monteringsbultar (vid pilarna)

18.5 Demontering av främre blinkers - Senator visad

18 Utvändiga lampor - demontering och montering

Strålkastare

1 Se avsnitt 17.

Främre blinkers - demontering och montering

Omega

2 Demontera lampan enligt avsnitt 27.

3 Drag tillbaka och lossa fjäderklämman. Drag ut lampan framåt.

4 Följ anvisningarna för demontering i omvänd ordning vid monteringen. Se till att lampan monteras korrekt.

Senator

5 Tryck på lampglasets yttre kant och bänd försiktigt mot den inre kanten med ett plastverktyg **(se bild).**

6 Vrid bort lampglaset från karossen. Koppla loss kontaktdonet **(se bild).**

7 Följ anvisningarna för demontering i omvänd ordning vid monteringen. Kontrollera att lampan förs in korrekt i spåren.

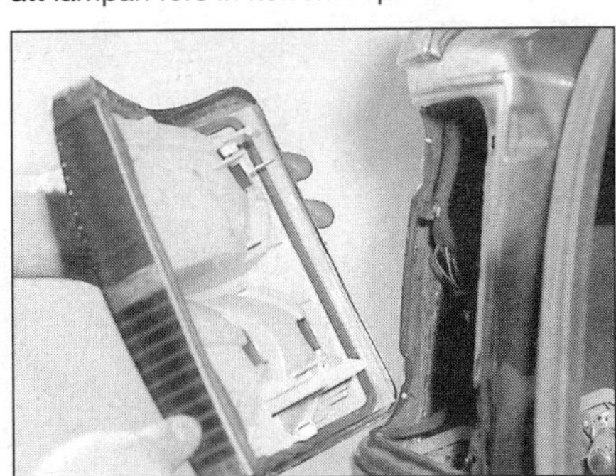

18.13b Demontering av baklykta - Senator visad

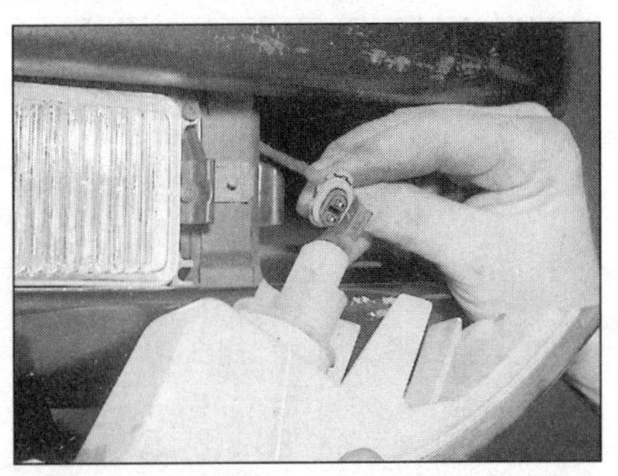

18.6 Koppla loss kontaktdonet

Bakljusenhet - demontering och montering

Omega

8 På sedanmodeller, öppna bakluckan. Demontera den aktuella delen av bagageutrymmets klädsel för att komma åt baklyktan. Tryck in de två flikarna som håller lamphållaren och tag loss hållaren från baklyktan. Skruva loss de fyra fästbultarna och tag loss baklyktan från bilen.

9 På kombimodeller, vrid runt spärren och öppna aktuell lampkåpa från bagageutrymmet. Tryck ned flikarna och demontera lamphållaren. Skruva loss de tre fästbultarna och demontera lampan från bilen.

10 Följ anvisningarna för demontering i omvänd ordning vid monteringen.

Senator - sidomonterade bakljus

11 Tag loss klädseln och vik undan den. **Observera:** *När man arbetar på fordonets vänstra sida måste man demontera reservhjulet.*

12 Tryck isär det två flikarna och drag ut lamphållaren.

13 Skruva loss monteringsbultarna och tag loss baklyktan från karossen **(se bilder).**

14 Följ anvisningarna för demontering i omvänd ordning vid monteringen.

Senator - bakljus monterade på bakluckan

Observera: *De två bakljusen är en del av bakluckans klädselpanel och kan endast bytas som en komplett enhet.*

15 Drag ut fästena och tag loss klädseln från bakluckans undersida.

16 Tag loss skruvarna och muttrarna som fäster klädselpanelen mot bakluckan.

17 Koppla loss enhetens kablage vid kontaktdonen.

18 Skruva loss skruvarna som fäster lampenheten mot bakluckan.

19 Demontera skruvarna för nummerplåten och demontera den. Bänd loss plastlocket och skruva loss den underliggande fästskruven.

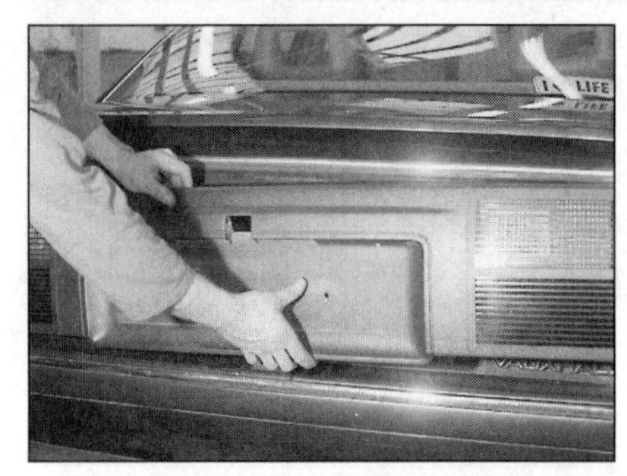

18.20 Tag loss bakluckans panel med baklyktorna - Senator visad

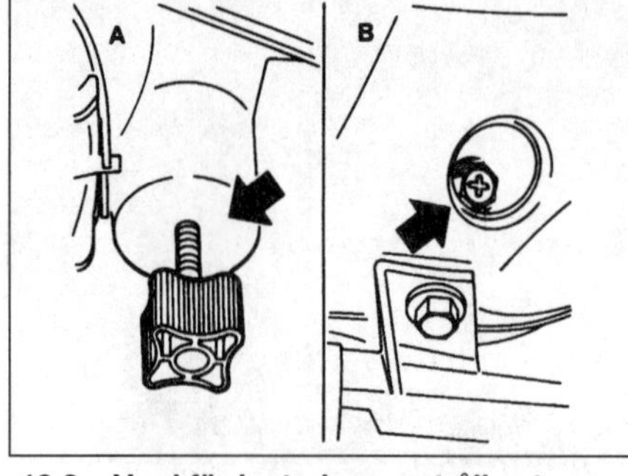

19.2a Vred för justering av strålkastarnas räckviddd - mekaniskt utförande

A Vertikal justering
B Horisontell justering

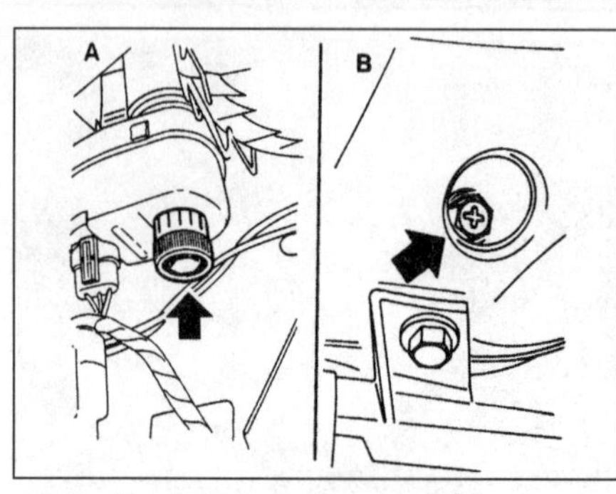

19.2b Vred för justering av strålkastarnas räckviddd - elektrisk styrning

A Vertikal justering
B Horisontell justering

20 Lyft av klädselpanelen tillsammans med lampenheten. För ut bakluckans låsningsknapp genom hålet i klädselpanelen **(se bild).**

21 Följ anvisningarna för demontering i omvänd ordning vid monteringen.

Främre dimljus - demontering och montering

Omega

22 Drag åt handbromsen. Lyft upp bilens framvagn och placera den på pallbockar (se "*Lyftning och stödpunkter*").

23 Koppla loss kontaktdonet från den aktuella dimstrålkastaren. Skruva loss dess fästbultar och tag loss lampan från stötfångarens bakre del.

24 Följ anvisningarna för demontering i omvänd ordning vid monteringen.

Senator

25 Demontera den intilliggande blinkersens lampglas enligt kapitel 18.

26 Demontera dimstrålkastarens fästskruv och tag loss lampglaset. Bänd loss skyddslocket från lampglasets baksida.

27 Tryck ihop fästklämmans flikar. Vrid runt och lyft ut lamphållaren.

28 Följ anvisningarna för demontering i omvänd ordning vid monteringen.

Sidoblinkers - demontering och montering

29 I förekommande fall skall stänkskyddens fästskruvar skruvas loss. Tag därefter loss fästbultarna från framhjulshusets inre skydd. Snäpp loss skyddets bakre del tills man kan komma åt kontaktdonet för blinkersens sidolampa.

30 Koppla loss kontaktdonet. Snäpp loss lampans fästflikar och tag loss lampan från skärmen.

31 Följ anvisningarna för demontering i omvänd ordning vid monteringen. Se till att hjulhusets inre skydd monteras korrekt och att dess fästbultar dras åt ordentligt.

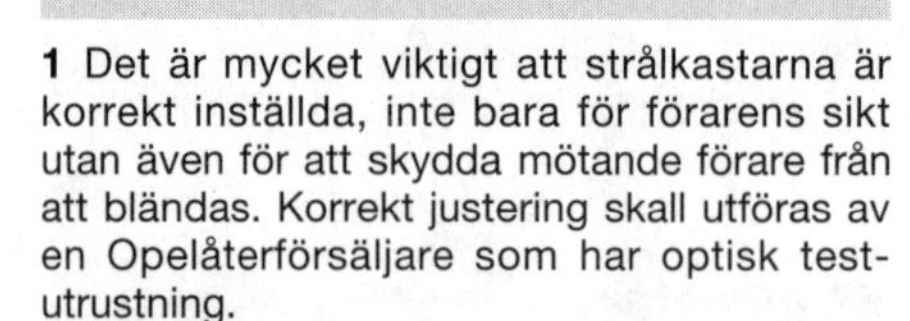

19 Strålkastare - inställning

1 Det är mycket viktigt att strålkastarna är korrekt inställda, inte bara för förarens sikt utan även för att skydda mötande förare från att bländas. Korrekt justering skall utföras av en Opelåterförsäljare som har optisk testutrustning.

2 I nödfall kan justering utföras genom att vrida justeringsvreden som visas i bilderna **(se bilder)**. Korrekt justering skall därefter utföras så snart som möjligt.

20 Torkarblad och torkararmar - demontering och montering

Demontering

1 För demontering av ett torkarblad, se "*Veckokontroller*".

2 Torkarmotorn skall vara i viloläget innan man demonterar en torkararm. Markera bladets läge på vindrutan med tejp för att underlätta monteringen.

3 Lyft av kåpan (i förekommande fall) och skruva loss muttern från axeln **(se bild).** Drag av armen från axeln.

Montering

4 Följ anvisningarna för demontering i omvänd ordning vid monteringen.

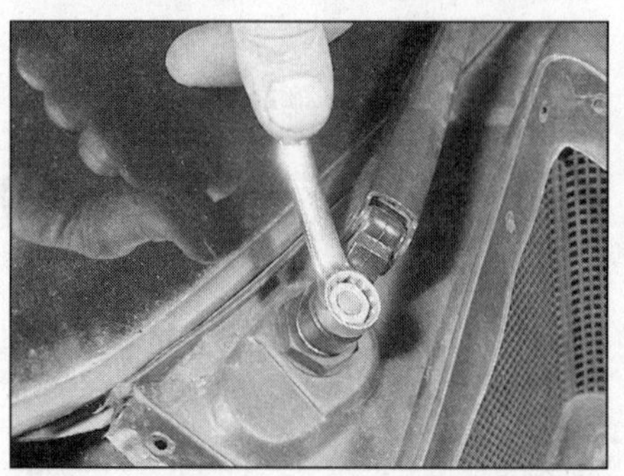

20.3 Demontering av en vindrutetorkararm

21 Vindrutetorkarens motor och länkage - demontering och montering

Demontering

1 Demontera torkararmarna enligt avsnitt 20.

2 Koppla loss batteriets minuskabel.

3 Skruva loss plastmuttrarna som fäster axlarna mot vindrutans skyddsplåt.

4 Drag av gummilisten och demontera vattenavvisaren av plast.

5 Koppla loss kontaktdonet från motorn **(se bild).**

6 Demontera motorn och tag loss den med tillhörande länkage.

Montering

7 Följ anvisningarna för demontering i omvänd ordning vid monteringen.

22 Vindrutespolningens pump - demontering och montering

Demontering

1 Demontera batteriet enligt beskrivning i avsnitt 4.

2 Demontera vindrutespolningens behållare från hjulhuset och töm den i ett lämpligt kärl.

21.5 Vindrutans torkarmotor och kontaktdon

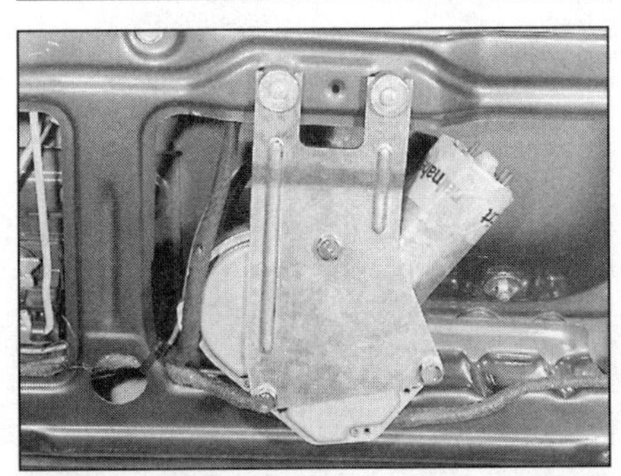

23.5 **Bakluckans torkarmotor och hållare**

3 Koppla loss kontaktdonet/-donen och vrid sedan pumpen en aning för att ta loss den. Koppla loss spolningen slang.

Montering

4 Följ anvisningarna för demontering i omvänd ordning vid monteringen. Fyll behållaren med spolarvätska.

23 Bakrutans torkarmotor - demontering och montering

Demontering

1 Demontera torkararmen (se avsnitt 20).
2 Demontera bakluckans klädsel och (i förekommande fall) högtalarna enligt kapitel 11.
3 Koppla loss batteriets minuskabel.
4 Koppla loss kontaktdonet från motorn. Skruva även loss jordningsskruven.
5 Demontera motorn och hållaren **(se bild).**
6 Skruva loss motorn från hållaren.

Montering

7 Följ anvisningarna för demontering i omvänd ordning vid monteringen.

24 Bakrutans spolarpump - demontering och montering

Bakrutans spolarpump är monterad i samma behållare som vindrutespolningens pump. Den demonteras enligt anvisningarna i avsnitt 22.

25 Centrallås - byte av delar och montering

Allmän information

1 Alla modeller har centrallås för samtidig låsning av alla dörrar och tanklocket.
2 Alla lås har ett elektriskt servo. En elektronisk styrenhet avger de elektriska impulserna som styr servoenheterna.
3 Servon skall aktiveras när låsknappen/nyckeln är halvvägs intryckt/vriden. Justering sker genom att man lossar tillhörande servoskruvar, flyttar servon och drar åt skruvarna.
4 Den elektroniska styrenheten är monterad bakom instrumentpanelen.

Centrallåsets komponenter - demontering och montering

5 Koppla loss batteriets minuskabel.

Dörrlåsens servomotor - modeller före 1988

6 Demontera dörrens inre klädselpanel enligt kapitel 11.
7 För att komma åt servoenheten skall man ta loss vattenavvisaren av plast från dörramen.
8 Tag loss servomotorns fästskruvar. Demontera motorn från låsstången. Koppla loss kontaktdonet och demontera servomotorn från dörren.
9 Vid montering skall motorns kontaktdon anslutas varefter låsstången hakas i. Skruva i servomotorns fästskruvar och drag först åt dem för hand. Justera servomotorn på följande sätt.
10 Använd en lämplig penna för att rita ett "A" på dörrlåsknappens låsstång. Tryck ned stången i det låsta läget och märk markeringens läge på dörramen med ett "B". Drag upp låsstången till det olåsta läget och rita ett "C" på dörramen vid markeringens läge. Rita en tredje justeringsmarkering, "D", på dörramen mitt emellan markering "B" och "C". För försiktigt ned låsstången från det låsta till det olåsta läget samtidigt som du lyssnar efter servomotorns kontakt. Kontakten skall aktiveras (vilket indikeras med ett klick) när låsstången är exakt mitt emellan det låsta och det olåsta läget, dvs när markering "A" är i linje med markering "D". Justera servomotorns läge enligt detta och drag därefter åt fästskruvarna ordentligt.
11 När servomotorn är korrekt justerad skall man montera vattenavvisaren av plast på dörramen. Montera dörrklädseln enligt kapitel 11.

Dörrlåsens servomotor - modeller fr o m 1988

12 Demontera dörrlåset enligt kapitel 11. Tag loss servomotorns två fästskruvar. Tag loss motorn och demontera den från hållaren.
13 Vid montering skall servomotorns spak kopplas till dess låsstång. Skruva i fästskruvarna och drag åt dem för hand. Innan låset monteras skall servomotorns läge justeras enligt tillhörande nedanstående paragraf.
14 *Förardörr:* Tryck in spaken i servomotorn. Samtidigt som man håller spaken i det låsta läget skall motorns läge justeras tills låsspaken tar emot sitt stopp. Håll servon i detta läge och drag åt fästskruvarna ordentligt.
15 *Främre passagerardörr:* Tryck in spaken i servomotorn. Samtidigt som man håller spaken i det låsta läget skall motorns läge justeras tills det finns ett spel på 2 mm mellan låsspaken och stoppet. Håll servot i detta läge och drag åt fästskruvarna ordentligt.
16 *Bakre passagerardörrar:* Tryck in spaken i servomotorn. Samtidigt som man håller spaken i det låsta läget skall motorns läge justeras tills det finns ett spel på 2 mm mellan låsspaken och stoppet. Håll servon i detta läge och drag åt fästskruvarna ordentligt.
17 När servomotorn är korrekt justerad skall låset monteras i dörren enligt kapitel 11.

Bakluckans låsservo

18 Öppna bakluckan. Skruva loss servomotorns två fästskruvar. Tag loss servon från låsstången, koppla loss kontaktdonet och demontera servomotorn.
19 Vid monteringen skall man ansluta kontaktdonet. Därefter hakas servons spak i låsstången. Skruva i servomotorns fästskruvar och drag först åt dem för hand. Justera servomotorns läge enligt följande anvisningar.
20 Sätt i nyckeln i låset och vrid den så att den är horisontell. Vrid nyckeln långsamt fram och tillbaka samtidigt som du lyssnar på servomotorn. Kontakten i servot skall klicka när nyckeln är lika mycket vriden medurs relativt horisontalen som moturs. Justera servomotorns läge när detta är fallet och drag åt dess fästskruvar.

Tanklockets servomotor

21 Arbeta inifrån bagageutrymmet. Bänd försiktigt loss den högra klädseln tills man kan komma åt servomotorn.
22 Koppla loss kontaktdonet från motorns baksida. Skruva loss de två fästskruvarna och tag ut motorn.
23 Följ anvisningarna för demontering i omvänd ordning vid monteringen.

Manöverkontakt

24 Manöverkontakten utgörs av två mikrobrytare som är monterade på låscylinderns bakre del. Den ena brytaren är kopplad till centrallåset och den andra till de elektriska fönsterhissarna.
25 För att demontera brytaren måste dörrklädseln demonteras enligt kapitel 11.
26 Lossa vattenavvisaren av plast från dörramen så att du kommer åt det yttre dörrhandtaget.
27 Följ kabeln bakåt från mikrobrytaren och koppla loss dess kontaktdon. Snäpp loss brytaren från handtaget och demontera den från dörren.
28 Följ anvisningarna för demontering i omvänd ordning vid monteringen.

Elektronisk styrenhet

29 Centrallåsets elektroniska styrenhet är monterad bakom den högra klädselpanelen i det vänstra fotutrymmet.

30 För att demontera enheten måste man ta loss klämlisten från den högra klädselpanelen i det vänstra fotutrymmet.

31 Koppla loss kontaktdonet. Skruva loss fästbultarna och demontera styrenheten från fordonet.

32 Följ anvisningarna för demontering i omvänd ordning vid monteringen.

26 Färddator - allmän information samt byte av komponenter

Allmän information

1 Vissa modeller har en färddator som extrautrustning. Datorn samlar in data om bränsleförbrukning och färdsträckor och integrerar dem med avseende på tiden. På detta sätt kan den ge uppskattningar om bränsleförbrukning (både tillfällig och genomsnittlig), genomsnittlig hastighet och körsträcka med återstående bränsle. Det finns även en vanlig klocka och ett tidtagarur samt en extern temperaturgivare.

2 Studera instruktionsboken som följer med bilen för ytterligare information.

3 Test av färddatorn och tillhörande komponenter ligger utanför den genomsnittlig gör-det-självarens arbetsområde.

Färddatorns komponenter - demontering och montering

4 Innan man demonterar någon av färddatorns komponenter skall man koppla loss batteriets minuskabel och föra undan den från minuspolen.

Färddator

Omega

5 Demontera instrumentpanelen enligt kapitel 12.

6 Tryck ut färddatorn från instrumentpanelen och koppla loss dess kontaktdon.

Senator

7 Skruva loss skruvarna och lyft av det övre luftmunstycket tillsammans med färddatorns fästram och själva enheten. Skruvarna är placerade över färddatorns display och mellan de två övre luftmunstyckena.

8 Koppla loss kontaktdonet från färddatorns bakre del.

9 Pressa in de fyra plastflikarna och tag loss färddatormodulen från luftmunstycket.

Alla modeller

10 Om en ny färddator skall installeras måste programminnet tas loss från originalenhetens baksida och monteras på den nya datorn. Om datadisplayens lampa är trasig skall man ta datorn till en Opelåterförsäljare för att få den bytt. Man behöver ett specialverktyg för detta.

11 Följ anvisningarna för demontering i omvänd ordning vid monteringen. Se till att inte trycka på datorns display, detta kan orsaka skada.

Färddatorns strömbrytare

12 Demontera konsolens mittre kåpa. Koppla loss kontaktdonet för färddatorns strömbrytare. Om man inte kan komma åt strömbrytaren via kåpans hål måste mittkonsolens fästskruvar demonteras. Lyft konsolen tills du kommer åt kontaktdonet. Se kapitel 11 för ytterligare information.

13 När strömbrytarens kontaktdon har kopplats loss kan man pressa ihop brytarens flikar och ta loss brytaren från kåpan.

14 Följ anvisningarna för demontering i omvänd ordning vid monteringen.

Extern temperaturgivare

15 Den externa temperaturgivaren är monterad på den främre stötfångarens undersida. För att demontera givaren skall kontaktdonet kopplas loss och givaren snäppas loss från stötfångaren.

16 Följ anvisningarna för demontering i omvänd ordning vid monteringen.

27 Farthållarens komponenter - demontering och montering

1 Innan man demonterar någon av farthållarens komponenter skall man koppla loss batteriets minuskabel och föra undan den från minuspolen.

Reglerenhet

2 På Omegamodeller är reglerenheten monterad på torpedväggen i motorrummet. På Senatormodeller är den monterad på sidan av fjädertornet. Demontera reglerenheten genom att först koppla loss dess kontaktdon **(se bild).**

3 Tag loss de tre fästskruvarna och demontera reglerenheten från torpedväggen **(se bild).**

4 Tag loss den mindre fjäderklämman och koppla loss gasvajerns kulände från gaslänkaget. Bänd försiktigt loss fjäderklämman och koppla loss farthållarens vajer från gaslänkaget.

5 Skruva in justeringsskruven helt i styrningen. Snäpp loss den från reglerenheten **(se bild).**

6 Drag av styrningen från reglerenheten och koppla loss farthållarens vajer från reglerenhetens rem. Tag bort enheten från bilen.

7 Vid monteringen skall farthållarens nippel fästas i reglerenhetens justeringsrem. För in justerremmen i styrningen. Kontrollera att remmens klämma är korrekt placerad i styrningens spår. Snäpp fast styrningen på reglerenheten.

8 Fäst farthållarens vajer i gaslänkaget och fäst den i läge med klämman. Anslut gasvajern och fäst den med dess fjäderklämma.

9 Montera reglerenhetens fästskruvar och drag åt dem ordentligt. Anslut därefter kontaktdonet.

10 Justera gasvajern enligt kapitel 4. Justera farthållarens vajer enligt nedanstående delavsnitt.

27.2 Koppla loss kontaktdonet från farthållarens reglerenhet

27.3 Skruva loss de tre fästskruvarna och tag loss reglerenheten

27.5 Snäpp loss styrningen från reglerenheten

27.16 Justering av farthållarens vajer

30.1a Demontera insexskruvarna som skyddar hålen för demonteringsstängerna

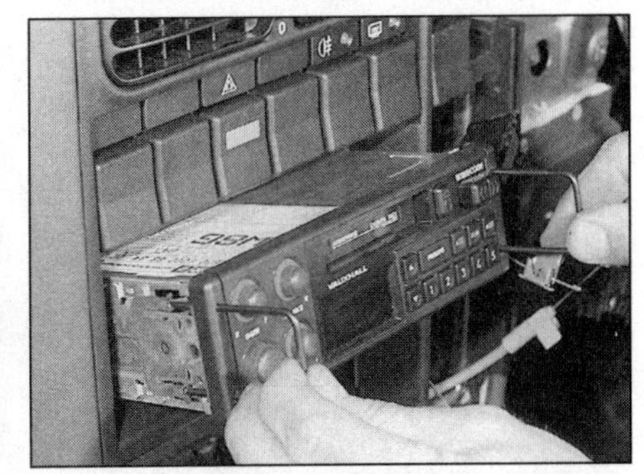

30.1b Demontera radio/kassettbandspelaren

Farthållarens vajer

11 Följ anvisningarna i föregående delavsnitt.

12 Tag loss kabelhöljets fästklämma från trottelhuset. Tag loss vajern från motorrummet.

13 Om en ny vajer monteras skall styrningen skruvas loss från den gamla vajerns justeringsmutter. Skruva in den helt på den nya vajerns justeringsmutter.

14 Vid monteringen skall vajerns hölje snäppas fast på trottelhuset. Anslut vajern till reglerenheten enligt beskrivning i föregående delavsnitt.

15 Justera gasvajern enligt beskrivning i kapitel 4. Justera farthållarens vajer enligt följande anvisningar.

16 Skruva ut justeringsmuttern ur styrningen tills vajern är sträckt och gaslänkaget precis aktiveras **(se bild)**. Från detta läge skall justeringsmuttern sedan skruvas tillbaka två varv i styrningen så att det finns lite spel i vajern.

Styrenhet

17 Styrenheten är monterad bakom handskfacket vid instrumentpanelens ände.

18 För att komma åt enheten behöver man öppna handskfacket. Tag sedan loss handskfackets fem fästskruvar. Demontera handskfacket från instrumentpanelen och koppla därefter loss kontaktdonen från lampan och kontakten. Observera att man på modeller med luftkonditionering även måste koppla loss friskluftslangen från handskfackets baksida.

19 Koppla loss kontaktdonet från styrenheten. Skruva sedan loss fästskruven och demontera enheten via handskfackets öppning.

20 Följ anvisningarna för demontering i omvänd ordning vid monteringen.

Reglage

21 Farthållarens reglage är placerade på änden av rattstångens vänstra kombinationsreglage. Se avsnitt 6 beträffande demontering och montering.

28 Sätesvärme - allmänt

1 Sätesvärme för bak- och framsätena ingår i extrautrustningen på vissa modeller. Värmeelementen är monterade i sätena och styrs av termostater.

2 Vid fel skall man först kontrollera kablarna och kontaktdonen. Om ett värmeelement är defekt skall man kontakta en Opelåterförsäljare.

29 Varningssystem - allmänt

1 Vissa exklusivare modeller har ett varningssystem som övervakar viktiga vätskenivåer, bromsslitage och defekta lampor. Ett antal varningslampor på instrumentpanelen indikerar informationen till föraren.

2 Alla varningslampor skall tändas ett par sekunder när tändningen slås på. De skall därefter släckas, undantaget bromsljusets varningslampa som släcks när man trycker ned bromspedalen. Om någon varningslampa förblir tänd, eller tänds vid drift skall de aktuella komponenterna eller systemet kontrolleras.

3 Den viktigaste varningslampan för defekta lampor indikerar fel i halvljuset och bakljuset. Lampan inom parentes indikerar fel i bromsljuset.

4 Varningssystemets display kan demonteras från instrumentpanelens baksida genom att tre skruvar lossas.

5 Glödlampsgivaren är monterad bakom säkringsdosan. Om bilen har dragkrok finns det en extra lampsensor bakom den vänstra bakre klädselpanelen.

6 Givare för kylvätske- och bromsoljenivån är monterade i de aktuella behållarnas lock. En separat givare är monterad på spolarvätskans behållare. Givaren för motoroljenivån är placerad på oljesumpens sida.

30 Bilstereo - demontering och montering

Radio/kasettbandspelare - demontering och montering

1 Radion är tillverkad enligt senaste DIN-standard och demonteras genom att två specialstänger förs in i hålen på enhetens sidor. Stängerna trycks in tills de snäpper på plats och används därefter för att dra ut radion. Stängerna kan erhållas från en bilstereospecialist. Observera att hålen kan vara dolda av sidopaneler eller insexskruvar **(se bilder).**

2 På vissa modeller kopplas radion automatiskt loss från batteri, antenn och högtalare genom ett kombinerat kontaktdon. Andra modeller har separata kontaktdon.

3 I förekommande fall skall kasettförvaringslådan demonteras med stängerna enligt paragraf 1.

4 För att demontera de främre högtalarna skall klädseln tas loss från den främre dörrstolpen. Bänd ut högtalarna och koppla loss kablarna. Man kan komma åt de bakre högtalarna via bagageutrymmet på sedanmodeller. Demontering av högtalare monterade i dörrarna och bakluckan beskrivs i kapitel 11.

5 Följ anvisningarna för demontering i omvänd ordning vid monteringen.

CD-spelare och grafisk equalizer - demontering och montering

6 Både CD-spelaren och den grafiska equalizern (i förekommande fall) kan demonteras enligt anvisningarna i tidigare delavsnitt. Före demonteringen skall man anteckna hur alla kontaktdon är monterade för att underlätta korrekt montering. När denna bok skrivs finns ingen information beträffande de CD-växlare som monterats i vissa senare exklusiva modeller.

Högtalare - demontering och montering

Främre dörrhögtalare

7 Se anvisningarna i kapitel 11.

Instrumentpanelen högtalare

8 Bänd försiktigt loss klädselpanelen från den tillhörande främre dörrstolpen. Observera att panelerna är fästa med monteringsklämmor.
9 Bänd ut högtalaren ur instrumentpanelen. Koppla loss dess kontaktdon när du kommer åt dem.
10 Följ anvisningarna för demontering i omvänd ordning vid monteringen. Se till att panelen snäpps fast korrekt.

Bakre högtalare - Omega sedan samt Senatormodeller

11 Snäpp loss högtalargrillen från hatthyllan.
12 Skruva loss högtalarens fyra fästskruvar. Lyft ut högtalaren och koppla loss kablarna.
13 Följ anvisningarna för demontering i omvänd ordning vid monteringen.

Bakre högtalare - Omega kombimodeller

14 Se anvisningarna i kapitel 11.

Förstärkare för vindruteantenn - demontering och montering

15 På modeller med antennen inbyggd i vindrutan ingår en förstärkare i antennkabeln som förstärker signalen från antennen. Förstärkaren kan demonteras på följande sätt.
16 Demontera den högra främre högtalaren från instrumentpanelen enligt ovanstående anvisningar.
17 Demontera radio/kasettbandspelaren eller CD-spelaren enligt tidigare instruktioner i detta avsnitt.
18 Följ radions/CD-spelarens kabel till förstärkarens kontaktdon som är placerat ca 60 mm från huvudkontaktdonet. Koppla loss förstärkarens matningsledning.
19 Fäst en ståltrådsbit i antennsladdens radioände. Koppla loss den övre änden från vindrutan.
20 Skruva loss fästbulten. Drag ut förstärkaren ur högtalarens hål. När antennsladdens ände kommer fram skall man ta loss den från ståltråden. Lämna ståltråden bakom instrumentpanelen eftersom den vid monteringen kan användas för att dra antennsladden och förstärkarens kontaktdon på plats i radioöppningen.
21 Följ anvisningarna för demontering i omvänd ordning vid monteringen.

31 **Stöldskyddslarm** - byte av delar och montering

Allmän information

1 Från och med 1990 har alla exklusivare sedanmodeller stöldlarm som standardutrustning. Det finns som extrautrustning på de flesta andra modeller.
2 Man skall vara mycket försiktig när man arbetar med stöldlarmets komponenter. Felaktig montering kan leda till felaktig larmfunktion som kan minska bilens säkerhet och resultera i oönskad spärrning av bilen. Det kan även resultera i felaktig utlösning av larmet vilket ger onödiga bullerstörningar.

Stöldskyddslarmets komponenter - demontering och montering

3 Koppla först loss batteriets minuskabel innan arbetet påbörjas.

Elektronisk styrenhet

4 Den elektroniska styrenheten är monterad bakom handskfackets öppning i instrumentpanelen. Demontera handskfacket från instrumentpanelen enligt kapitel 11.
5 Koppla loss ventilationskanalerna från ventilationssystemet.
6 Koppla loss kontaktdonet från den elektroniska styrenheten.
7 Skruva loss fästskruvarna och tag loss den elektroniska styrenheten från karossen.
8 Följ anvisningarna för demontering i omvänd ordning vid monteringen.

Ultraljudsgivare

9 Ultraljudsgivarna är monterade på de mittre dörrstolparna i innertaket. Skruva loss fästena i dörrstolparnas övre klädselpanel och bänd loss dem från dörrstolpen.
10 Snäpp loss givarens fästram. Lyft ut givaren och koppla loss kablaget från kontaktdonet.
11 Följ anvisningarna för demontering i omvänd ordning vid monteringen.

Bakluckans kontakt

12 Tryck in kontakthusets fjäderklämma och drag ut kontakten från skärmen. Koppla loss kontaktdonet.
13 Följ anvisningarna för demontering i omvänd ordning vid monteringen.

32 **Radioutrustning** - störningsskydd

1 Vid tillverkningen monteras radiostörningsskydd. Vid problem med störningar som genereras i bilen skall man först kontrollera att radion är korrekt inställd (se tillverkarens instruktioner) och att antennkabeln är jordad.
2 Radioutrustning som monteras i stället för originalutrustningen kan vara känsligare för störningar. Om en avstörningsspole inte redan är monterad kan man montera en sådan i radions matningsledning. Montera den så nära radiomottagaren som möjligt.
3 Vid problem med störningar från torkarmotorn kan en avstörningsspole monteras på dess matningsledningar. Kontrollera att spolen tål den aktuella strömmen.
4 Tändsystemet är redan avstört och kräver inga ytterligare åtgärder.
5 Kontakta en Opelåterförsäljare eller en bilstereospecialist om ytterligare information önskas.

Komponentförteckning till kopplingsscheman för Omega före 1993

Nr	Beskrivning	Placering
E1	Parkeringsljus vänster	306
E2	Bakljus vänster	307, 505
E3	Nummerplåtsbelysning	313
E4	Parkeringsljus höger	309
E5	Bakljus höger	310, 507
E6	Motorrumsbelysning	318
E7	Helljus vänster	337
E8	Helljus höger	338
E9	Halvljus vänster	339, 509
E10	Halvljus höger	340, 511
E11	Instrumentbelysning	316
E12	Växelväljarens belysning	314
E13	Bagageutrymmesbelysning	385
E15	Handskfacksbelysning	466
E16	Cigarettändarens belysning	463
E17	Backljus vänster	436
E18	Backljus höger	437
E19	Eluppvärmd bakruta	458
E20	Dimljus vänster	347
E21	Dimljus höger	348
E22	Extrastrålkastare vänster	344
E23	Extrastrålkastare höger	345
E24	Bakre dimljus vänster	353
E25	Sätesvärme fram vänster	536
E30	Sätesvärme fram höger	540
E32	Klockans belysning	397
E33	Askkoppens belysning	464
E37	Make-upspegelns belysning	399
E38	Färddatorns belysning	471
E39	Bakre dimljus höger	354
E41	Instegsbelysning (med fördröjning)	387 till 390
E47	Sätesvärme bak vänster	544
E48	Sätesvärme bak höger	550
F1 till F26	Säkringar i säkringsdosa	olika
F25	Spänningsregulator	269
F30	Säkring (kylarfläkt)	231
F31	Säkring (EZV förgasare)	236
F32	Säkring (förvärmning bränsleblandning)	262
F33	Säkring (förvärmning bränsleblandning)	118
G1	Batteri	101
G2	Generator	108, 109
G3	Batteri (diesel)	183
G6	Generator (diesel)	184 till 186
H2	Signalhorn	431, 434
H3	Indikeringslampalampa blinkers	378, 379
H4	Varningslampa oljetryck	281
H5	Handbromsens & bromsvätskans varningslampa	283
H6	Varningsblinkersens indikeringslampa	373
H7	Laddningssystemets varningslampa	285
H8	Helljusets indikeringslampa	336
H9	Bromsljus vänster	362, 513
H10	Bromsljus höger	363, 515
H11	Blinkers vänster fram	374
H12	Blinkers vänster bak	375
H13	Blinkers höger fram	382
H14	Blinkers höger bak	383
H15	Bränslenivåns varningslampa	275
H16	Förvärmningens varningslampa	193
H17	Indikeringslampa för släpets blinkers	370
H18	Extra signalhorn	432
H19	Varningssummer strålkastarljus	394, 395
H21	Varningslampa koppling & handbroms	287
H23	Radio med motordriven antenn	762 till 763
H25	Indikeringslampa eluppvärmda backspeglar	684, 694
H26	Varningslampa ABS	574
H27	Varningssummer varningssystem	756 till 758
H28	Varningslampa säkerhetsbälte	758
H29	Varningslampa 4-stegs automatväxellåda	443
H30	Motorns varningslampa	148
H33	Sidoblinkers vänster	377
H34	Sidoblinkers höger	380
H41	Varningslampa (endast med LCD)	317
H44	EZV varningslampa	253
K1	Relä eluppvärmd bakruta	456 till 458
K2	Blinkersrelä	370, 371
K4	Relä extrastrålkastare	343, 344
K5	Relä dimljus	348, 349
K6	Relä luftkonditionering	701, 702
K7	Relä luftkonditioneringens fläkt	702, 703
K8	Intervallrelä vindrutetorkare	405 till 408
K9	Relä strålkastarspolning	412, 413
K10	Blinkers släpvagn	370, 371
K14	Farthållare	747 till 753
K15	Bränsleinsprutningens styrning	204 till 220
K19	Relä reglerbara stötdämpare	449, 450
K21	Givare reglerbara stötdämpare	447 till 449
K23	Relä farthållare	743, 744
K24	Relä kylarfläkt	231, 232
K25	Relä förvärmning	193 till 196
K30	Intervallrelä bakrutetorkare	426 till 428
K35	Fördröjningsrelä eluppvärmda backspeglar	697 till 699
K37	Centrallåsets relä	606 till 611
K45	Relä förvärmning bränsleblandning	117, 118, 261, 262
K47	Skyddsrelä överspänning	570, 571
K48	ABS-pumpens relä	576 till 579
K49	ABS-solenoidens relä	585 till 588
K50	ABS tidstyrning	577 till 590
K51	Kylarens elfläkt	732, 733
K53	Tidstyrning (EV 61)	124 till 131
K54	Förgasarens styrenhet (EZV)	238 till 258
K55	Förgasarens relä (EZV)	236, 237
K56	Styrenhet för automatisk kick-down	440 till 444
K59	Varselljusrelä	319 till 325
K60	Relä kompressor	706 till 707
K61	Styrenhet (Motoronic)	138 till 173
K62	Styrenhet (dim-dip) GB	328 till 332
K63	Relä extra signalhorn	432, 433
K65	Relä vänster sätesvärme	544 till 546
K66	Relä höger sätesvärme	550 till 552
K67	Relä kylarfläkt	735, 736
K68	Bränsleinsprutningens relä	175 till 179, 224, 228
K72	Motorrelä	113 till 115
K73	Tändningsmodul (EZ 61)	121, 122
L3	Tändspole (induktiv givare)	134, 135, 256, 257
L4	Tändspole (induktiv givare, EZ 61)	122, 123
M1	Startmotor	105, 106
M2	Vindrutetorkarens motor	403 till 406
M3	Värmepaketets fläktmotor	293 till 296
M4	Kylarfläktens motor	231
M5	Spolningens pump	402
M6	Torkarmotor vänster strålkastare	415 till 417
M7	Torkarmotor höger strålkastare	419 till 421
M8	Torkarmotor bakruta	424 till 426
M9	Bakrutespolningens pump	429
M10	Luftkonditioneringens fläktmotor	710 till 713
M11	Motor till extra kylarfläkt	733
M12	Startmotor (diesel)	190, 191
M13	Takluckans motor	488 till 491
M14	Fönsterhiss vänster framdörr	668 till 670
M15	Fönsterhiss höger framdörr	673 till 675
M18	Framdörrens låsmotor	606 till 609
M19	Låsmotor vänster bakdörr	617 till 619
M20	Låsmotor höger bakdörr	621 till 623
M21	Bränslepump	175, 224
M22	Kompressor reglerbara stötdämpare	450
M26	Motor radioantenn	761, 762
M30	Styrning & uppvärmning vänster dörrspegel	679 till 682, 688 till 691

Komponentförteckning till kopplingsscheman för Omega före 1993 (fortsättning)

Nr	Beskrivning	Placering
M31	Styrning & uppvärmning höger dörrspegel	694 till 697
M32	Framdörrens låsmotor	612 till 615
M33	Styrenhet tomgång	157, 158
M34	ABS återställningspump	574
M35	Relä extra kylarfläkt	738
M37	Bagage-/bakluckans låsmotor	625 till 628
M39	Strålkastarens justeringsmotor vänster	558 till 560
M40	Strålkastarens justeringsmotor höger	562 till 564
M41	Tanklockets låsmotor	630, 631
M42	Luftkonditioneringens styrning	717 till 721
M47	Elektrisk fönsterhiss vänster fram	635 till 639
M48	Elektrisk fönsterhiss höger fram	653 till 657
M49	Elektrisk fönsterhiss vänster bak	641 till 645
M50	Elektrisk fönsterhiss höger bak	659 till 663
P1	Bränslenivåmätare	273
P2	Temperaturmätare	271
P3	Klocka	396
P4	Bränslenivågivare	273
P5	Temperaturgivare	271
P7	Varvräknare	276
P10	Oljetryckgivare	787
P11	Luftflödesmätare	156 till 160
P12	Temperaturgivare kylvätska	146, 216
P13	Extern temperaturgivare	476, 477
P15	Bränsleflödesmätare	469, 470
P17	Givare hjul, vänster fram (ABS)	582, 583
P18	Givare hjul, höger fram (ABS)	584, 585
P19	Givare hjul, vänster bak (ABS)	586, 587
P20	Givare hjul, höger bak (ABS)	588, 589
P21	Optisk frekvensgivare	278, 279
P24	Oljetemperaturgivare	128, 129
P25	Givare för lamptest	505 till 517
P27	Slitagevarnare bromskloss vänster fram	523
P28	Slitagevarnare bromskloss höger fram	523
P29	Insugsrörets temperaturgivare	243, 244
P30	Temperaturgivare kylvätska	246, 247
P31	Trottelpotentiometer	245, 247
P32	Uppvärmd lambdasond	170, 171
P35	Vevaxelns induktiva givare	125 till 127, 165 till 167, 255 till 257
P39	Givare för lamptest, släpvagn	518, 520
R2	Förgasarens förvärmning	111, 260
R3	Cigarettändare	461
R5	Glödstift	197
R7	Blandningens förvärmning	118 till 120, 262
R13	Uppvärmt spolningsmunstycke vänster	409
R14	Uppvärmt spolningsmunstycke höger	410
R15	Motstånd	130, 131, 147
S1	Startmotor brytare	105, 106, 190, 191
S2	Ljusomkopplarenhet	
S2.1	Ljusomkopplare	305 till 308, 506, 507
S2.2	Instegsbelysningens omkopplare	389
S2.3	Instrumentbelysningens dimmer	315, 776
S3	Omkopplare för värmepaketets fläkt	291 till 297
S4	Brytare för uppvärmd bakruta	454 till 457
S5	Blinkersreglageenhet	
S5.2	Strömställare helljus	338, 339, 511
S5.3	Strömställare blinkers	381 till 383
S5.4	Strömställare parkeringsljus	301 till 303
S5.5	Strömställare signalhorn	433
S7	Backljusets kontakt	436
S8	Bromsljusets kontakt	362, 513
S9	Vindrutetorkarnas reglageenhet	
S9.2	Vindrutetorkarens strömställare (intervall)	402 till 406
S9.3	Bakrutetorkarens strömställare (intervall)	427, 428
S10	Automatväxellådans kontaktenhet	
S10.1	Automatväxellådans kontakt	106
S10.2	Backljuskontakt	437
S10.4	Brytare växelväljare AT	793 till 799

Nr	Beskrivning	Placering
S11	Nivåkontakt bromsvätska	283
S12	Kopplingens styrkontakt	286
S13	Kontakt för handbromsens varningslampa	287
S14	Oljetryckkontakt	281
S15	Bagageutrymmesbelysningkontakt	385
S17	Kontakt instegsbelysning vänster	390
S18	Handskfacksbelysningskontakt	466
S21	Strömställare dimljus	349 till 351
S22	Strömställare bakre dimljus	354, 356
S24	Strömställare luftkonditioneringens fläkt	707 till 714
S27	Tryckkontakt	727
S28	Kompressorns strömbrytare	727
S29	Kylarfläktens kontakt	232, 732
S30	Strömställare sätesvärme vänster fram	536 till 538
S31	Instegsbelysning vänster bakdörr, strömställare	391
S32	Instegsbelysning höger bakdörr, strömställare	392
S35	Takluckans mikrobrytare	488
S36	Takluckans mikrobrytare	490
S37	Omkopplarenhet elektriska fönsterhissar	636 till 662
S37.1	Strömställare elektrisk fönsterhiss vänster fram	636 till 638
S37.2	Strömställare elektrisk fönsterhiss höger fram	654 till 656
S37.3	Strömställare elektrisk fönsterhiss vänster bak	662 till 644
S37.4	Strömställare elektrisk fönsterhiss höger bak	660 till 662
S37.5	Säkerhetsströmbrytare	640
S37.6	Strömställare för avstängning av klämningsskydd	658
S37.7	Elektronisk styrning	645 till 648
S39	Strömställare vänster bakre fönsterhissmotor	602 till 604
S40	Strömställare höger bakre fönsterhissmotor	664 till 666
S41	Stöldskyddssystemets strömställare, höger bak	602 till 604
S42	Strömställare centrallås vänster	605
S43	Farthållarens strömställare	747 till 750
S44	Trottelventilens kontakt	142, 143, 204, 205
S45	Farthållarens kontakt (koppling)	741, 742
S47	Varningskontakt öppen dörr/påslagna strålkastare	393, 394
S52	Strömbrytare varningsblinkers	371 till 376
S53	Strömställare elektrisk fönsterhiss vänster fram	668 till 671
S55	Strömställare sätesvärme höger fram	540 till 542
S57	Strömställare taklucka	487 till 491
S63	Färddatorns brytarenhet	474 till 478
S63.1	Knapp för nollställning av funktioner	475
S63.2	Knapp för inställning av klockans timvisning	476
S63.3	Knapp för val av funktioner	477
S63.5	Knapp för inställning av klockans minutvisning	478
S68	Strömställare ytterbackspeglar	
S68.1	Strömställare ytterbackspeglar	678 till 681, 686 till 690
S68.2	Strömställare värme ytterbackspeglar	683, 684, 692, 693
S73	Temperaturkontakt	117
S76	Kompressorns tryckkontakt	731
S78	Strömställare fönstermotorhiss höger fram	673 till 676
S81	Kontakt låg bromsvätskenivå	525
S82	Kontakt låg spolarvätskenivå	524
S87	Kontakt 4-stegs automatväxellåda	441
S89	Kontakt säkerhetsbälten	756
S93	Kontakt låg kylvätskenivå	526
S95	Kontakt låg motoroljenivå	527
S96	Strömställare sätesvärme vänster bak	546 till 548
S97	Strömställare sätesvärme höger bak	552 till 554
S98	Omkopplare för justering av strålkastarinställning	557 till 559
S99	Strömställare höger sidoruta fram (2V)	650
S100	Strömställare vänster sidoruta fram (2V)	651
S101	Kompressorns strömställare	727 till 729
S102	Strömställare cirkulation	723 till 725
S109	Tryckkontakt kompressor, Motronic	730
S111	Vakuumkontakt bränslestrypning	115
U2	Färddator	470 till 481
U4	ABS-system	574 till 588
U5	Varningssystemets display	521 till 530
U5.1	Varningslampa bakljus & halvljus	522
U5.2	Varningslampa bromsljus	523

Komponentförteckning till kopplingsscheman för Omega före 1993 (fortsättning)

Nr	Beskrivning	Placering
U5.3	Varningslampa oljenivå	525
U5.5	Varningslampa bromsklossar fram	526
U5.6	Varningslampa spolarvätskenivå	528
U5.7	Varningslampa kylarvätskenivå	529
U6	LCD-enhet	771 till 798
U6.1	Laddningsindikator	781
U6.2	Voltmeter	782 till 784
U6.3	Bränslenivåmätare	782
U6.4	Varningslampa lågt oljetryck	785
U6.5	Oljetryckmätare	787
U6.6	Temperaturmätare kylvätska	790
U6.8	Hastighetsmätare	772
U6.14	Varvräknare	786
U6.22	Displaybelysning	775, 776
U6.26	Display automatväxellådans växelväljare	793 till 798
U7	Justeringsenhet luftkonditionering	716 till 721
U7.1	Potentiometer temperaturinställning	716
U7.2	Kontakt för defrosterreglagets ändläge	718, 719
U7.3	Elektronisk styrning	716 till 721
V1	Diod för bromsvätskans testlampa	284, 779
V3	Diod för ABS-solenoidventilen	587
V8	Kompressordiod	728
X1	Släpvagnskontaktdon	olika
X5 till X15E	Kontaktdon	olika
Y1	Luftkonditioneringens kompressor	727
Y4	Solenoidventil strålkastarspolning	413
Y5	Solenoidventil diesel	199
Y6	Tillsatsluftslidens ventil	221, 222
Y7	Solenoidventil bränsleinsprutning	160 till 167, 207 till 214
Y8	Farthållarens styrning	747 till 753
Y9	Solenoid reglerbara stötdämpare	451
Y19	ABS-solenoid vänster fram	581
Y20	ABS-solenoid höger fram	583
Y21	ABS-solenoid bakaxel	582
Y26	Trottelventilens positionerare	236 till 242
Y27	Förventil trottel	250, 251
Y33	Tändfördelare	125, 136, 258
Y34	Tankavluftningens ventil	177
Y35	Cirkulationsventil	723
Y39	Solenoidventil bränslestrypning	114
Y40	4-stegs automatväxellåda	442, 444

Vissa komponenter är inte monterade på alla modeller

Färgkod

BL	Blå
BR	Brun
GE	Gul
GN	Grön
GR	Grå
HBL	Ljusblå
LI	Lila
RT	Röd
SW	Svart
VI	Violett
WS	Vit

Förkortningar

4WD	Fyrhjulsdrivning
ABS	Låsningsfritt bromssystem
AC	Luftkonditionering
AT	Automatväxellåda
ATC	Automatisk temperaturstyrning
AZV	Dragkrok
BR	Färddator
CC	Varningssystem
CRC	Farthållare
D	Diesel
DS	Stöldskyddssystem
DWA	Stöldvarningsystem
DZM	Varvräknare
EFC	Elektriskt sufflett (cabriolet)
EKS	Klämningsskydd (elektriska fönsterhissar)
EMP	Radio
EUR	Euronorm-motor
EZ+	El Plus med självdiagnostik
EZV	Ecotronic
FH	Fönsterhissar
GB	Storbritannien
HRL	Bagageutrymmesbelysning
HS	Bakruta
HW	Bakrutetorkare
HZG	Värme
INS	Instrument
IRL	Innerbelysning
KAT	Katalysator
KBS	Kablage
KV	Fördelarkontakt
L3.1	Jetronic L3.1
LCD	LCD-instrument
LHD	Vänsterstyrd
LWR	Justering av strålkastarinställning
M 1.5	Motronic M 1.5
M 2.5	Motronic M 2.5
MOT	Motoronic allmänt
MT	Manuell växellåda
N	Norge
NS	Dimljus
NSL	Bakre dimljus
OEL	Oljenivå (oljetryck)
OPT	Extrautrustning
P/N	Park/neutral (automatväxellåda)
PBSL	Växelblock för parkering & broms
POT	Potentiometer
RC	Elektrisk styrning reglerbara stötdämpare
RHD	Högerstyrd
S	Sverige
SD	Taklucka
SH	Sätesvärme
SRA	Spolarenhet för strålkastare
TANK	Bränslenivåmätare
TD	Turbodiesel
TEMP	Temperaturmätare
TFL	Varselljus
TKS	Dörrkontakt
TSZI	Transistorstyrd tändning (induktiv)
VGS	Förgasare
WEG	Mätarställningens frekvensgivare
WHR	Styrning av bilens höjdmått
WS	Varningssummer
ZV	Centrallås
ZYL	Cylinder

Kabelmärkning

t ex GE WS 1.5

GE	Grundfärg
WS	Märkningsfärg
1.5	Tvärsnittsarea (mm^2)

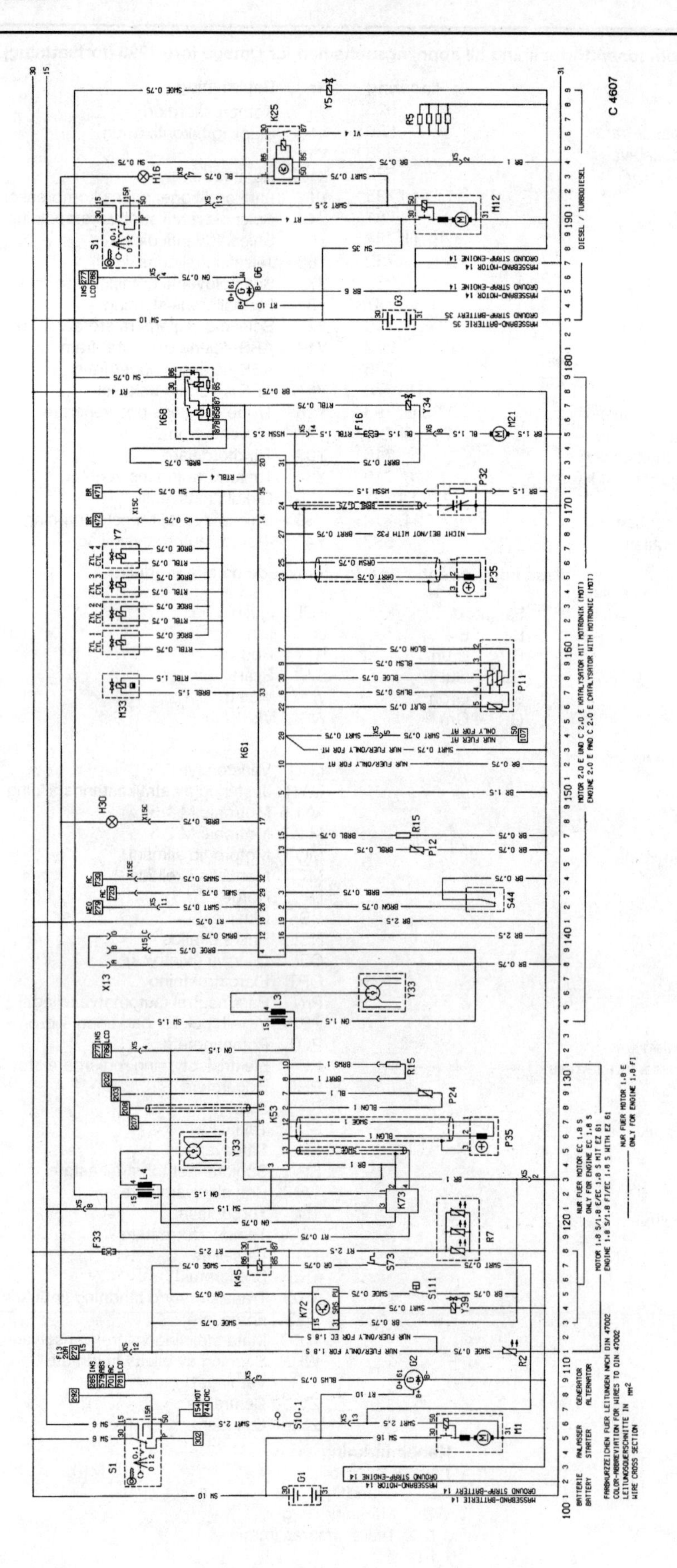

Kopplingsschema för Omega före 1993

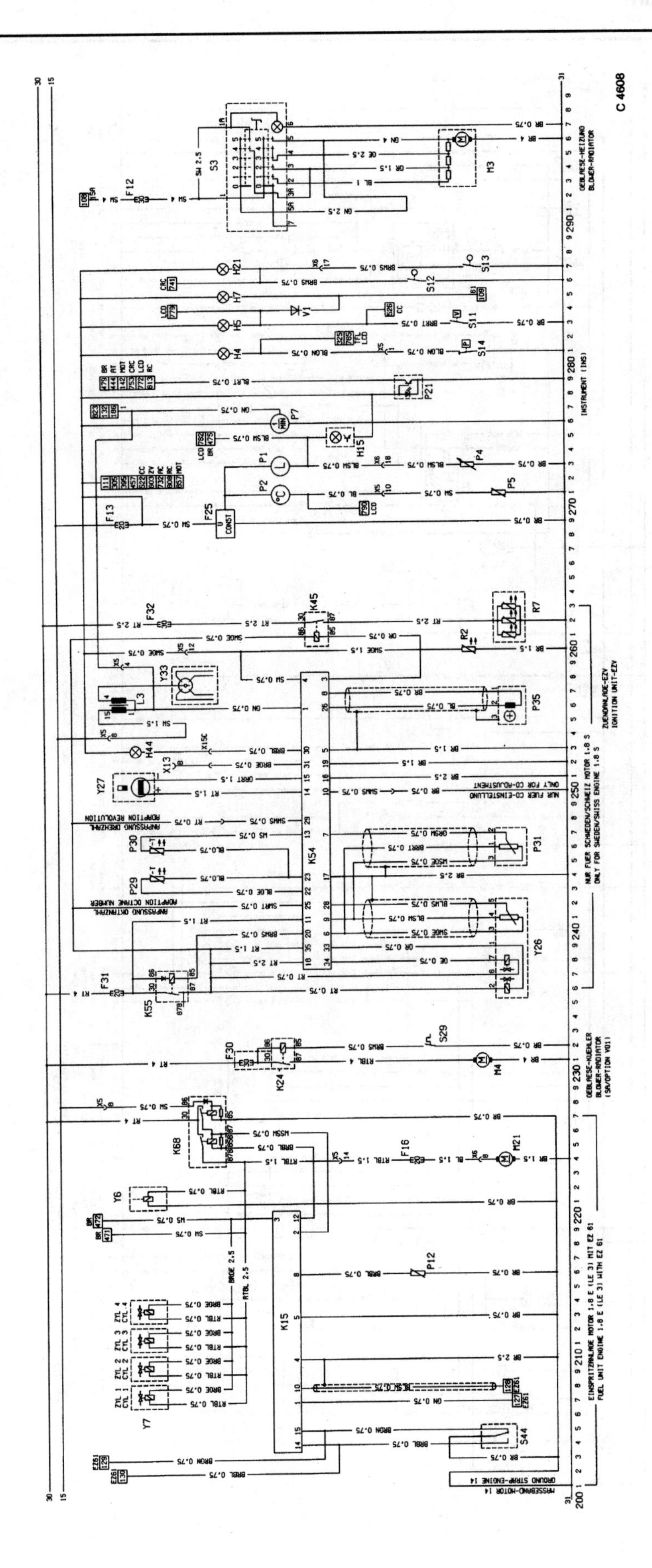

Kopplingsschema för Omega före 1993 (fortsättning)

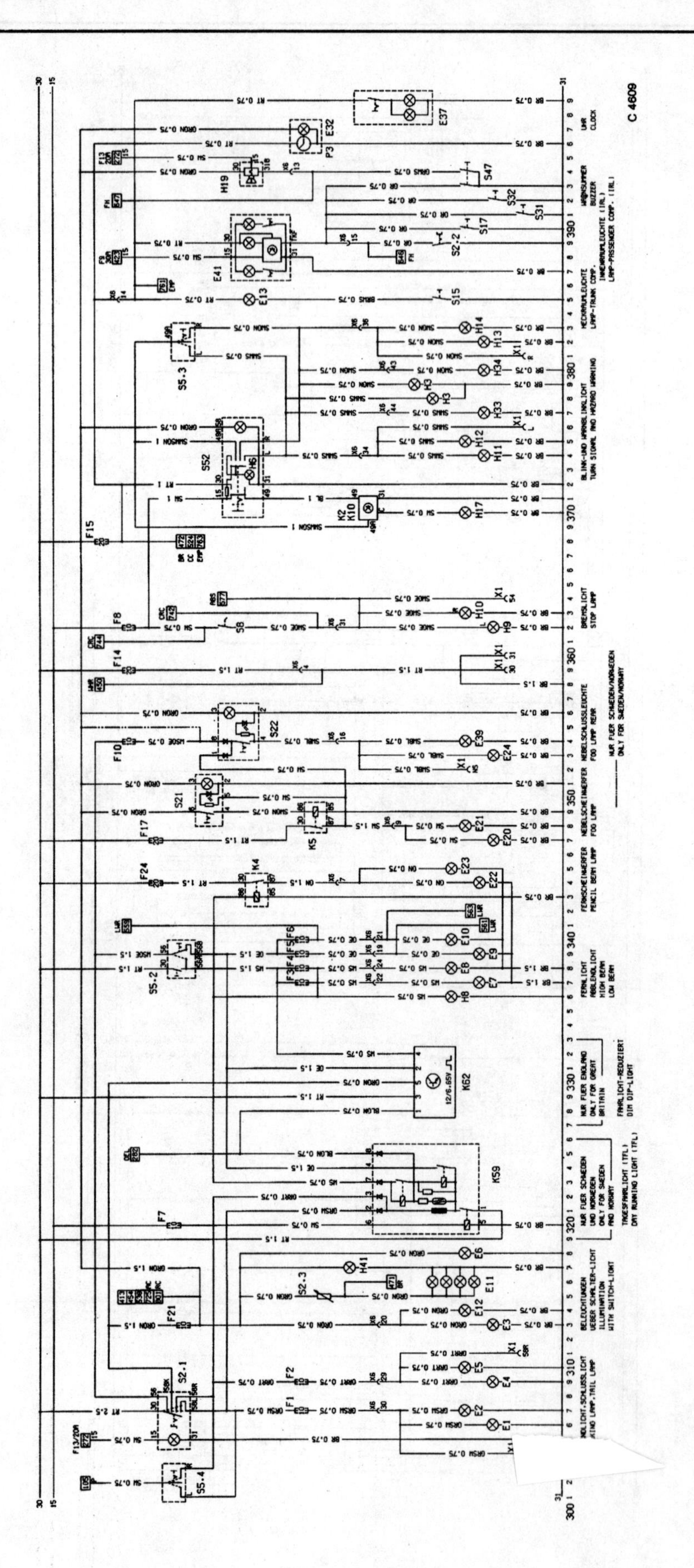

Kopplingsschema för Omega före 1993 (fortsättning)

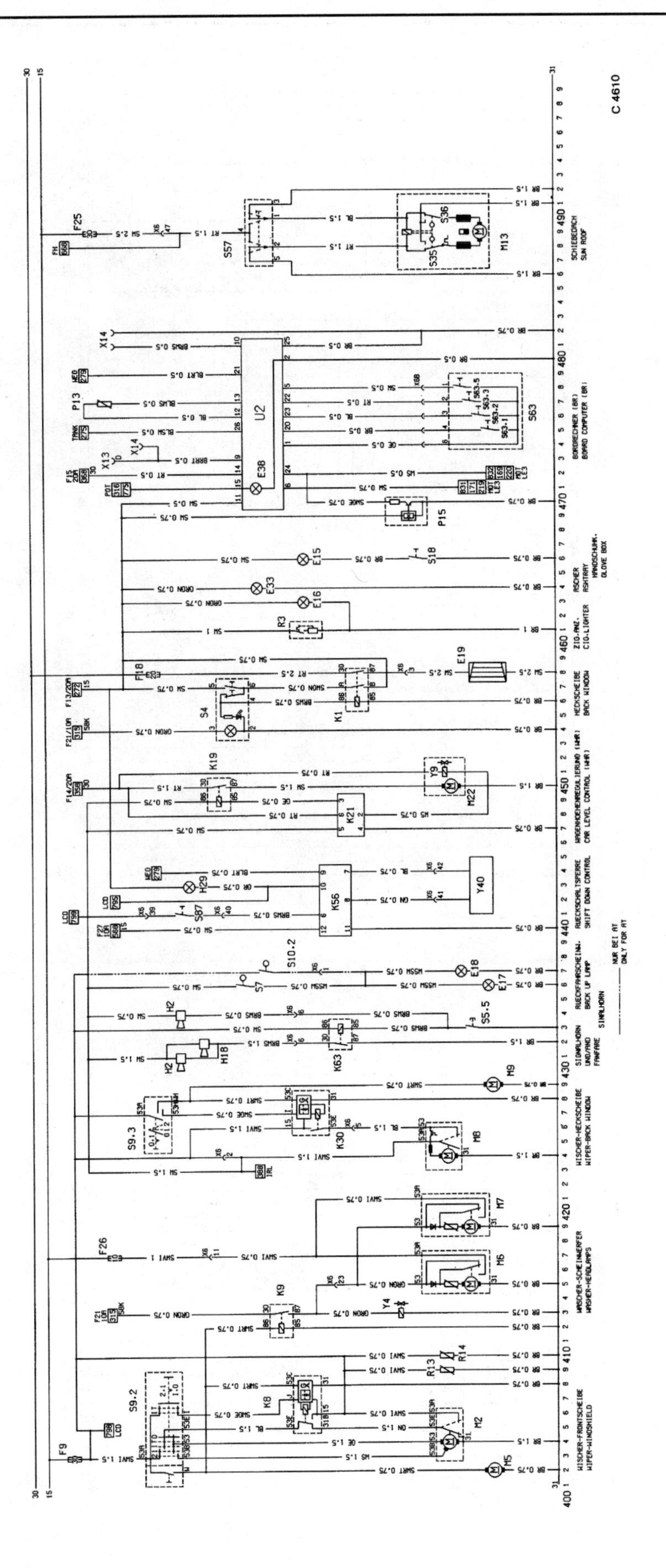

Kopplingsschema för Omega före 1993 (fortsättning)

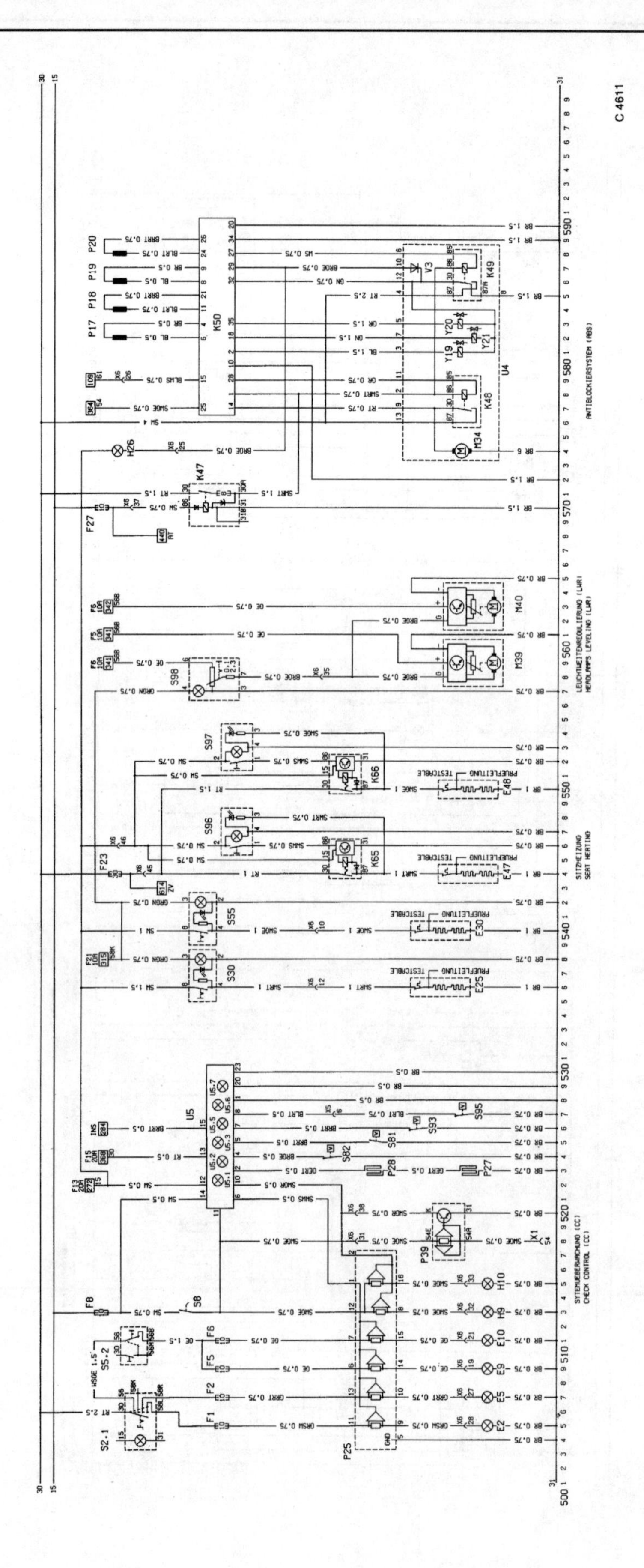

C 4611

Kopplingsschema för Omega före 1993 (fortsättning)

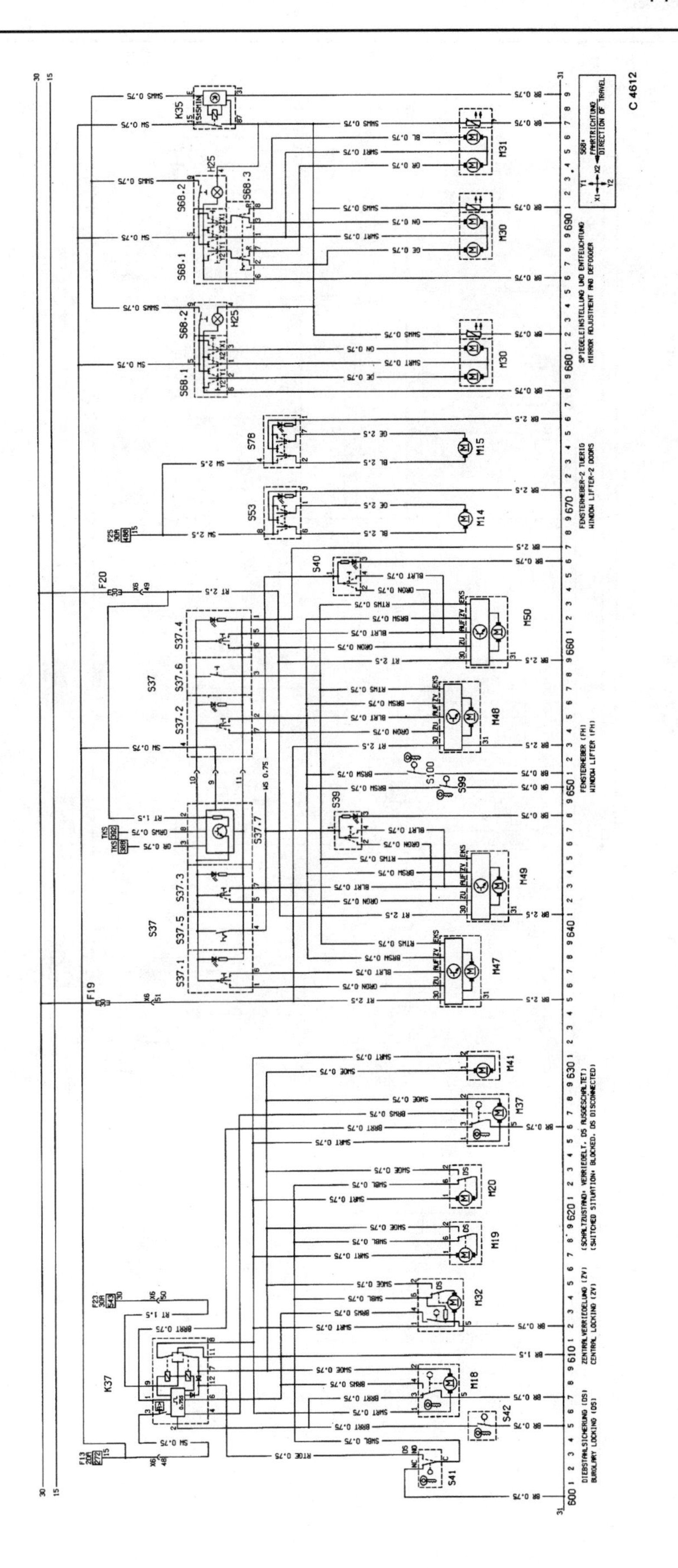

Kopplingsschema för Omega före 1993 (fortsättning)

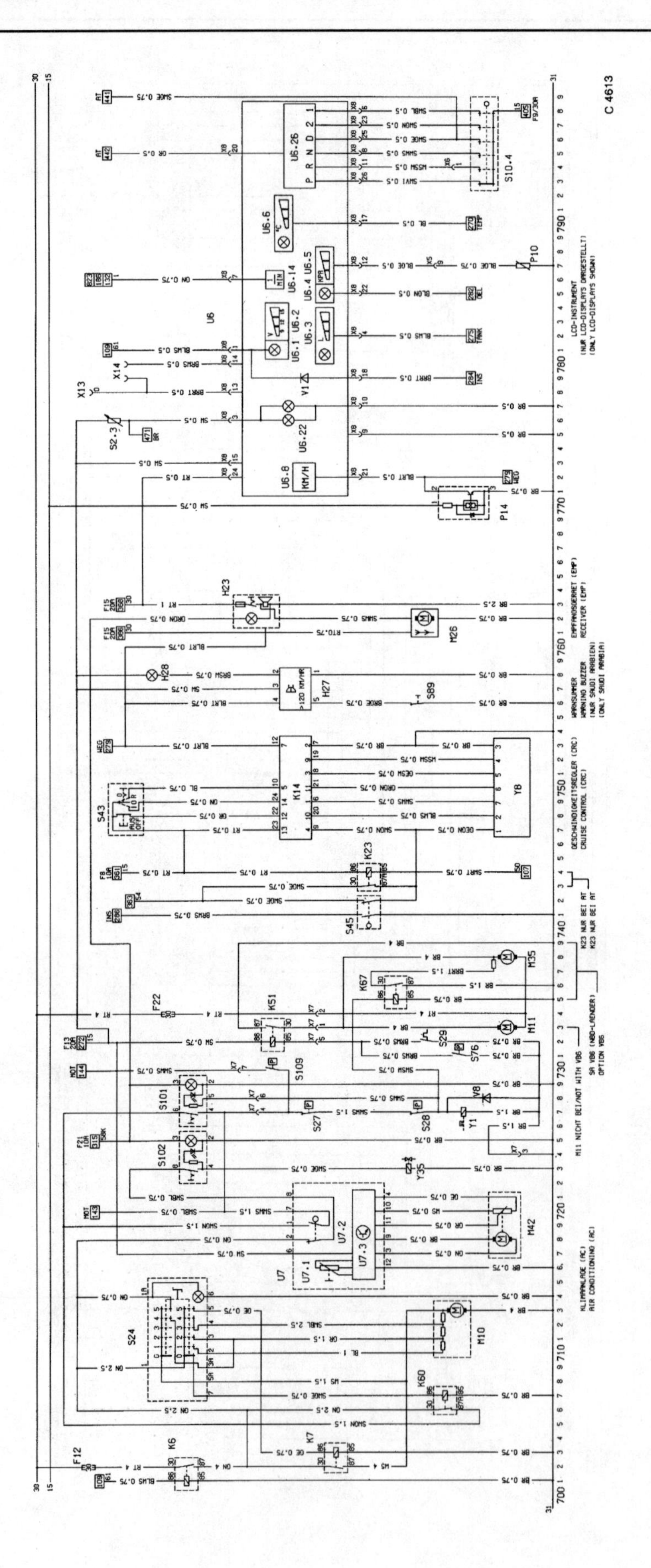

Kopplingsschema för Omega före 1993 (fortsättning)

Komponentförteckning till kopplingsscheman för Omega fr o m 1993

Nr	Beskrivning	Placering
E1	Parkeringsljus vänster	302
E2	Bakljus vänster	303, 502, 533
E3	Nummerplåtsbelysning	311, 316, 318
E4	Parkeringsljus höger	309
E5	Bakljus höger	308, 504, 535
E6	Motorrumsbelysning	320
E7	Helljus vänster	337
E8	Helljus höger	339
E9	Halvljus vänster	338, 506, 537
E10	Halvljus höger	340, 508, 539
E11	Instrumentbelysning	877
E12	Växelväljarens belysning (automatväxellåda)	233, 447
E13	Bagageutrymmesbelysning	383
E15	Handskfacksbelysning	469
E16	Cigarettändarens belysning	467
E17	Backljus vänster	436
E18	Backljus höger	437
E19	Eluppvärmd bakruta	663, 833
E20	Dimljus vänster	347
E21	Dimljus höger	348
E22	Helljus vänster	344
E23	Helljus höger	342
E24	Bakre dimljus vänster	352
E25	Sätesvärme fram vänster	551
E30	Sätesvärme fram höger	555
E32	Klockans belysning	399
E33	Askkoppens belysning	468
E37	Make-upspegelns belysning vänster	385
E38	Färddatorns belysning	474
E39	Bakre dimljus höger	354
E40	Make-upspegelns belysning höger	387
E41	Innerbelysning med fördröjning	389 till 391
E47	Sätesvärme bak vänster	559
E48	Sätesvärme bak höger	565
E61	Nummerplåtsbelysning vänster (Japan)	313
E62	Nummerplåtsbelysning höger (Japan)	314
F1 till F28	Säkringar (i säkringsdosa)	olika
F31	Säkring kylarfläkt	126
F34	Säkring kylarfläkt	757
F35	Spänningsregulator	880
F37	Säkring kylvätskepump	779
F38	Säkring stöldvarningsenhet	635
F42	Säkring kylarfläkt (maxi)	749, 768
F47	Säkring luftkonditionering (maxi)	702
G1	Batteri	101
G2	Generator	114 till 116
H1	Radio	820 till 836
H3	Indikeringslampa blinkers	874, 875
H4	Varningslampa oljetryck	892
H5	Varningslampa bromsvätska	894
H6	Varningsblinkersens indikeringslampa	373
H7	Laddningssystemets indikeringslampa	896
H8	Indikeringslampa helljus	893
H9	Bromsljus vänster	362, 510, 541
H10	Bromsljus höger	364, 512, 543
H11	Blinkers vänster fram	374
H12	Blinkers vänster bak	375
H13	Blinkers höger fram	380
H14	Blinkers höger bak	381
H15	Varningslampa bränslenivå	887
H16	Varningslampa glödtid (diesel)	868
H17	Indikeringslampa för släpets blinkers	871
H18	Signalhorn	431
H19	Varningssummer strålkastare på (i säkringsdosa)	396, 397
H21	Varningslampa koppling & handbroms	897
H25	Indikeringslampa eluppvärmda backspeglar	207, 654
H26	Varningslampa ABS	866
H27	Varningssummer varningssystem	815 till 817
H28	Varningslampa säkerhetsbälte	867
H30	Varningslampa motor	870
H33	Sidoblinkers vänster	377
H34	Sidoblinkers höger	378
H37	Högtalare vänster fram	821, 824
H38	Högtalare höger fram	825, 828
H39	Högtalare vänster bak	821, 822
H40	Högtalare höger bak	824, 825
H41	Varningslampa lysen	861
H42	Varningslampa automatväxellåda	869
H46	Varningslampa katalysatortemperatur	872
H47	Siren stöldskyddssystem	635
H48	Signalhorn	432
H52	Dörrhögtalare vänster fram	822, 823
H53	Dörrhögtalare höger fram	826, 827
K3	Relä startmotor, stöldskyddssystem	111, 112
K4	Relä strålkastare helljus	343, 344
K5	Relä dimljus	347, 348
K6	Relä luftkonditionering	701, 702
K7	Relä luftkonditioneringens fläkt	702, 703
K8	Intervallrelä vindrutetorkare	405 till 408
K9	Relä strålkastarspolning	412, 413
K10	Blinkersenhet	370, 371
K14	Farthållare	806 till 812
K19	Relä reglerbara stötdämpare	453, 454, 460, 461
K21	Givare reglerbara stötdämpare	451 till 453, 458 till 460
K23	Relä farthållare	802, 803
K24	Relä kylarfläkt	126, 127
K30	Intervallrelä bakrutetorkare	426 till 428
K35	Fördröjningsrelä eluppvärmda backspeglar & bakruta	657 till 660
K37	Styrenhet centrallås	602 till 610
K41	Styrenhet servostyrning	485 till 488
K47	Skyddsrelä överspänning	581, 582
K50	ABS tidstyrning	586 till 599
K51	Relä kylarfläkt	748, 749, 759, 760
K52	Relä kylarfläkt	763 till 765
K56	Styrenhet kick-down	440 till 445
K59	Varselljusrelä	321 till 327
K61	Styrenhet (Motoronic)	133 till 162, 261 till 295
K63	Relä signalhorn (i säkringsdosa)	432, 433
K64	Relä luftkonditioneringens fläkt, nivå 1	715, 716
K65	Relä vänster bakre sätesvärme	559 till 561
K66	Relä höger bakre sätesvärme	565 till 567
K67	Relä kylarfläkt	752, 753, 767, 768
K68	Bränsleinsprutningens relä	163 till 167, 296 till 299
K81	Relä kylvätskepump	779 till 782
K85	Styrenhet automatväxellåda	235 till 259
K86	Styrenhet varningssystem	526 till 547
K87	Relä kylarfläkt	756, 757
K88	Styrenhet katalysatorns temperatur	223 till 225
K90	Relä kompressor (automatväxellåda)	741, 742
K93	Relä kompressor (C30SE)	742, 743
K94	Styrenhet stöldskyddssystem	630 till 644
K101	Relä ytterbackspegel, parkeringsläge	217 till 220
K102	Styrenhet handbromsspärr	229 till 231
L1	Tändspole	133, 268
M1	Startmotor	105, 106
M2	Vindrutetorkarens motor	403 till 406
M3	Värmepaketets motor	787 till 790
M4	Kylarfläktens motor	126, 780
M5	Vindrutespolningens pump	402
M6	Torkarmotor vänster strålkastare	415 till 417
M7	Torkarmotor höger strålkastare	418 till 420
M8	Torkarmotor bakruta	424 till 426
M9	Bakrutespolningens pump	429
M10	Luftkonditioneringens fläktmotor	709 till 712
M11	Kylarens fläktmotor	749, 752, 757
M13	Takluckans motor	795 till 798

Komponentförteckning till kopplingsscheman för Omega fr o m 1993 (fortsättning)

Nr	Beskrivning	Placering
M18	Förardörrens låsmotor	603 till 606
M19	Låsmotor vänster bakdörr	618 till 620
M20	Låsmotor höger bakdörr	622 till 624
M21	Bränslepump	171
M22	Kompressor för reglerbara stötdämpare	454, 461
M26	Motor radioantenn	836 till 838
M30	Styrning & uppvärmning vänster dörrspegel	649 till 652
M31	Ytterbackspegel passagerarsida	655 till 658
M32	Passagerardörrens låsmotor	611 till 614
M33	Styrenhet tomgång	151, 152, 278, 279
M35	Kylarens fläktmotor	765
M37	Bakluckans låsmotor	615 till 618
M39	Strålkastarens justeringsmotor vänster	572 till 575
M40	Strålkastarens justeringsmotor höger	576 till 579
M41	Tanklockets låsmotor	622, 624
M42	Styrning luftkonditionering	720 till 724
M47	Fönsterhissmotor förarsida	667 till 671
M48	Fönsterhissmotor passagerarsida	685 till 689
M49	Fönsterhissmotor vänster bak	673 till 677
M50	Fönsterhissmotor höger bak	691 till 695
M57	Kylvätskepump	422, 782
M62	Ytterbackspegel förarsida	203 till 209
M63	Ytterbackspegel passagerarsida	212 till 218
P1	Bränslenivåmätare	885
P2	Temperaturmätare kylvätska	883
P3	Klocka	398
P4	Bränslenivågivare	852, 885
P5	Kylvätsketemperaturgivare	859, 883
P7	Varvräknare	888
P10	Oljetryckgivare	852
P11	Luftflödesmätare	145 till 149
P12	Temperaturgivare kylvätska	136, 267
P13	Extern temperaturgivare	478
P14	Avståndsgivare (WEG)	841, 842
P17	Givare hjul, vänster fram (ABS)	592
P18	Givare hjul, höger fram (ABS)	594
P19	Givare hjul, vänster bak (ABS)	596
P20	Givare hjul, höger bak (ABS)	598
P21	Avståndsgivare (WEG)	890, 891
P25	Givare för lamptest	501 till 514
P27	Slitagevarnare bromskloss vänster fram	519, 530
P28	Slitagevarnare bromskloss höger fram	519, 530
P32	Uppvärmd lambdasond	161, 162, 294, 295
P34	Potentiometer trottelventil	141 till 143, 268 till 270
P35	Vevaxelns induktiva givare	156 till 158, 289 till 291
P39	Givare för lamptest, släpvagn	515, 517, 546 till 548
P46	Knacksensor	281, 282
P47	Sensor cylinderidentifiering	285 till 287
P50	Temperaturgivare katalysator	224, 225
P51	Hastighetsgivare	242, 243
P52	Luftflödesmätare	271 till 274
P53	Stöldskyddssystemets givare, förarsida	636 till 644
P54	Stöldskyddssystemets givare, passagerarsida	636 till 644
P56	Knacksensor	283, 284
P57	Antenn	836
P58	Sensor stöldskyddssystem, vänster bak (KW)	644
P59	Sensor stöldskyddssystem, höger bak (KW)	645
R3	Cigarettändare	466
R13	Uppvärmt spolarmunstycke vänster	409
R14	Uppvärmt spolarmunstycke höger	410
R19	Förkopplingsmotstånd kylarfläkt	752
S1	Tändningslås	103 till 106
S1.2	Tändningsnyckelkontakt (Japan)	833
S2	Ljusomkopplarenhet	
S2.1	Ljusomkopplare	305 till 308
S2.2	Innerbelysningens omkopplare	391
S2.3	Instrumentbelysningens dimmer	846, 876
S3	Värmepaketets fläktbrytare	785 till 791
S4	Strömställare för uppvärmd bakruta & backspeglar	663 till 665
S5	Blinkerreglageenhet	
S5.2	Strömställare halvljus	338, 339
S5.3	Strömställare blinkers	379 till 381
S5.4	Strömställare parkeringsljus	301 till 303
S5.5	Strömställare signalhorn	433
S7	Backljusets kontakt	486
S8	Bromsljusets kontakt	362
S9	Vindrutetorkarens reglage	
S9.2	Vindrutetorkarens strömställare (intervall)	402 till 406
S9.3	Bakrutetorkarens strömställare (intervall)	427, 428
S10	Automatväxellådans kontaktenhet (AW71L)	
S10.1	Kontakt park/neutral	106
S10.4	Kontakt för växelväljarens läge	441 till 445
S11	Nivåkontakt bromsvätska	894
S12	Kopplingens kontakt	899
S13	Handbromsens kontakt	897
S14	Oljetryckkontakt	854, 892
S15	Kontakt för bagageutrymmesbelysning	383
S17	Passagerardörrens kontakt	392
S18	Handskfacksbelysningskontakt	469
S21	Strömställare dimljus	348 till 350
S22	Strömställare bakre dimljus	353, 356
S24	Strömställare luftkonditioneringens fläkt	706 till 713
S27	Strömställare lågtryckskompressor	736, 775
S28	Strömställare högtryckskompressor	736, 775
S29	Temperaturkontakt kylarvätska	127, 746, 779
S30	Strömställare sätesvärme vänster fram	551 till 553
S31	Kontakt vänster bakdörr	393
S32	Kontakt höger bakdörr	394
S35	Takluckans mikrobrytare	795
S36	Takluckans mikrobrytare	797
S37	Omkopplarenhet elektriska fönsterhissar	
S37.1	Strömställare elektrisk fönsterhiss förarsida	668 till 670
S37.2	Strömställare elektrisk fönsterhiss passagerarsida	686 till 688
S37.3	Strömställare elektrisk fönsterhiss vänster bak	674 till 676
S37.4	Strömställare elektrisk fönsterhiss höger bak	692 till 694
S37.5	Säkerhetsströmbrytare	672
S37.6	Strömställare för avstängning av klämningsskydd	690
S37.7	Automatisk styrning elektrisk fönsterhiss	677 till 680
S39	Strömställare fönsterhiss vänster bak	678 till 680
S40	Strömställare fönsterhiss höger bak	696 till 698
S41	Stöldskyddssystemets strömställare, höger bak	600 till 602
S42	Strömställare centrallås passagerarsida	609
S43	Farthållarens strömställare	806 till 809
S45	Kontakt koppling/farthållare	800, 801
S47	2-stifts kontakt förardörr	395, 396
S51	Temperaturkontakt kylmedel (kompressor)	773
S52	Strömbrytare varningsblinkers	371 till 376
S55	Strömställare sätesvärme höger fram	555 till 557
S57	Strömställare taklucka	793 till 799
S63	Färddatorns brytarenhet	
S63.1	Knapp för nollställning av funktioner	477
S63.2	Knapp för inställning av klockans timvisning	478
S63.3	Knapp för val av funktioner	479
S63.5	Knapp för inställning av klockans minutvisning	480
S68	Strömställarenhet ytterbackspeglar	
S68.1	Strömställare ytterbackspeglar	201 till 205, 647 till 652
S68.3	Strömställare ytterbackspeglar höger/vänster	201 till 206, 647 till 652
S68.4	Strömställare ytterbackspeglar parkeringsläge	207, 208
S76	Strömställare högtryckskompressor (fläkt)	748, 778
S82	Kontakt låg spolarvätskenivå	521, 526
S87	Kontakt 4-stegs automatväxellåda	445
S89	Kontakt säkerhetsbälten	815
S93	Kontakt låg kylvätskenivå	522, 527
S95	Kontakt låg motoroljenivå	523, 528
S96	Strömställare sätesvärme vänster bak	561 till 563
S97	Strömställare sätesvärme höger bak	567 till 569
S98	Omkopplare för justering av strålkastarinställning	571 till 573

Komponentförteckning till kopplingsscheman för Omega fr o m 1993 (fortsättning)

Nr	Beskrivning	Placering
S99	Strömställare fönsterhiss förarsida	672
S100	Strömställare fönsterhiss passagerarsida	684
S101	Kompressorns strömställare	734, 736
S102	Strömställare cirkulation	728 till 730
S104	Kick-downkontakt	240
S105	Programmeringsomkopplare vinterläge AT	234 till 236
S106	Programmeringsomkopplare ekonomi/sport AT	238
S109	Kontakt kompressor (Motronic)	741
S116	Kontakt bromsljus (AR25 automatväxellåda)	365, 366
S118	Kontakt automatväxellåda	237 till 240
S120	Kontakt motorhuv	631
S128	Kontakt kylarvätsketemperatur	744, 745
U2	Färddator	471 till 482
U4	Hydraulsystem ABS (komplett)	584 till 597
U4.1	Relä ABS-pump	585 till 588
U4.2	Relä solenoidventiler ABS	594 till 597
U4.3	Pump ABS-hydraulsystem	584
U4.4	Diod ABS-hydraulsystem	596
U4.5	Solenoidventil ABS vänster fram	590
U4.6	Solenoidventil ABS höger fram	592
U4.7	Solenoidventil ABS vänster bak	591
U5	Varningssystemets displayenhet	
U5.1	Varningslampa spolarvätskenivå	526
U5.2	Varningslampa motoroljenivå	527
U5.3	Varningslampa kylvätskenivå	528
U5.4	Varningslampa bakljus/halvljus	529
U5.5	Varningslampa bromsljus	530
U5.6	Varningslampa bromsklossar fram	531
U6	LCD-enhet	
U6.1	Laddningsindikator	852
U6.2	Voltmeter	853
U6.3	Bränslenivåmätare	852
U6.4	Varningslampa lågt oljetryck	854
U6.5	Oljetryckmätare	856
U6.6	Temperaturmätare kylvätska	859
U6.8	Hastighetsmätare	843
U6.14	Varvräknare	857
U6.22	Varningslampor	846 till 848
U6.26	Display växelväljare, automatväxellåda	861 till 864
U6.30	Varningslampa låg spolarvätskenivå	517
U6.31	Varningslampa låg motoroljenivå	518
U6.32	Varningslampa låg kylvätskenivå	519
U6.33	Varningslampa bakljus/halvljus	521
U6.34	Varningslampa bromsljus	522
U6.35	Varningslampa bromsklossar fram	523
U7	Justeringsenhet luftkonditionering	
U7.1	Potentiometer temperaturinställning	719
U7.2	Kontakt för defrosterreglagets ändläge	721
U7.3	Elektronisk styrning	718 till 724
U10	Kraftöverföringsenhet 4-stegs automatväxellåda	
U10.1	Tryckkontakt 4-stegs automatväxellåda	443
U10.2	Solenoidventil 4-stegs automatväxellåda	445
U13	Automatväxellådans centrala hus	
U13.1	Solenoidventil växling 2/3	245
U13.2	Solenoidventil växling 1/2/3/4	246
U13.3	Solenoidventil bromsband	247
U14	Automatväxellådans mittre hus	
U14.1	Solenoidventil momentomvandlare	250
U14.2	Temperatursensor växellådsolja	251
U14.3	Solenoidventil hydraultryckregulator	252
U17	Antennförstärkare, tak (husvagn)	830
U18	Antennförstärkare bakruta	832 till 834
U19	Antennförstärkare vindruta	828
V1	Diod bromsvätskenivåvakt	850 till 895
V8	Kompressorns diod	735, 777
X	Kontaktdon	
X1	Släpvagnskontaktdon 7-stifts	304, 306, 357 till 360, 376, 379, 517, 548
X4	Instrumentpanel & luftkonditionering 3-stifts (D)	775 till 778

Nr	Beskrivning	Placering
X5	Instrumentpanel & motor 7-stifts/14-stifts (D)	106 till 116, 523, 528, 782, 854 till 859, 883, 892
X6	Instrumentpanel & chassi 51-stifts	171, 231 till 238, 302, 309, 315, 337 till 362, 374 till 396, 415, 417, 424, 426, 432, 437, 443 till 445, 502 till 517, 533 till 561, 572, 581 till 586, 663, 667, 696, 796, 837, 852, 885, 897
X6A	Instrumentpanel & chassi 6-stifts	476 till 480, 640
X6C	Instrumentpanel & dörr 4-stifts	486, 632, 658
X6D	Chassi & dörr 6-stifts (ZV)	615 till 618, 678, 679
X7	Instrumentpanel & luftkonditionering 7-stifts	702, 735 till 760
X8	Instrumentpanel & LCD-instrument 26-stifts	842 till 864
X9	Instrumentpanel & LCD-instrument 26-stifts (CC)	517 till 523
X10	Landskod 6-stifts	312, 313, 351, 354
X11	Instrumentpanel & temperaturgivare 2-stifts	224, 225
X12	Kodningsplugg stöldskyddssystem 4-stifts	634
X13	Diagnoskontakt 10-stifts	145, 146, 252, 264, 265, 368, 371, 481, 482, 632, 633, 849, 850
X15	Oktanplugg 3-stifts	138, 139
X16	Instrumentpanel & Motronic 26-stifts	145 till 149, 169, 235 till 265, 272 till 275, 471, 472, 860, 882
X17	Instrumentpanel & instrument 14-stifts	874 till 897
X18	Instrumentpanel & instrument 16-stifts	861, 866 till 872
X20	Dörr & förardörr 24-stifts	201 till 214, 600 till 606, 650 till 657, 667 till 671, 822, 823
X21	Dörr & passagerardörr 24-stifts	211 till 218, 609 till 614, 655 till 658, 685 till 689, 826, 827
X22	Dörr & vänster bakdörr 11-stifts	618 till 620, 673 till 680
X23	Dörr & höger bakdörr 11-stifts	622 till 624, 691 till 698
X24	Chassi & baklucka 5-stifts (KW)	615 till 618
X25	Chassi & bagagelucka 6-stifts	314, 615 till 618
X26	Chassi & baklucka 3-stifts (KW)	317, 425 till 426
X27	Chassi & reglerbara stötdämpare 3-stifts	450 till 454
X28	Chassi & reglerbara stötdämpare 6-stifts	458 till 461
X29	Reglerbara stötdämpare & höjdgivare 5-stifts	450 till 460
X30	Motronic & kontakt, automatväxellåda 8-stifts	237 till 242
X31	Instrumentpanel & kontakt (AW71L) 5-stifts AT	106, 441, 445
X32	Luftkonditionering & motor 1-stifts	778
X33	Motor & fläkt 3-stifts	779 till 782
X34	Motronic & bränsleinsprutningens solenoidventiler 3-stifts	285 till 289
X35	Motronic & bränsleinsprutare (C26NE) 15-stifts	860, 882
X36	Motronic & motor (C24NE) 1-stifts	858, 884
X37	Chassi & vattenpump 3-stifts	421, 422
X40	Chassi & konsol 8-stifts	231 till 238, 436, 443 till 447
X41	Chassi & högtalare bak 4-stifts (KW)	821 till 825
X42	Instrumentpanel & farthållare (AR25) 4-stifts AT	802, 803
X43	Instrumentpanel & chassi 6-stifts	644, 821 till 826
X44	Chassi & högtalare bak 6-stifts (limousine)	821 till 826, 837
X45	Dörr & konsol 5-stifts	558, 562
X46	Dörr & konsol 8-stifts	668 till 679
X47	Dörr & konsol 7-stifts	685 till 694
X48	Instrumentpanel & kontakt automatväxellåda 5-stifts	443
X49	Chassi & släpvagnskontaktdon 9-stifts	304, 306, 357 till 360, 376, 379, 517, 548
X50	Motronic & automatväxellåda 10-stifts	242 till 253
X51	Instrumentpanel 16-stifts	533 till 547
X52	Instrumentpanel 26-stifts	526 till 537, 546
X53	Instrumentpanel & kompressor 5-stifts	774 till 778
X54	Instrumentpanel & instrument 8-stifts	526 till 532
X55	Instrumentpanel & dörr 4-stifts	822 till 827
X66	Förardörr & strömställare extern spegel 9-stifts	201 till 208, 647 till 654

Komponentförteckning till kopplingsscheman för Omega fr o m 1993 (fortsättning)

Nr	Beskrivning	Placering
X67	Instrumentpanel & Jetronic 5-stifts	
X68	Instrumentpanel & dörr 9-stifts	631, 633, 636 till 644
X69	Instrumentpanel & radio 16-stifts	820 till 836
X70	Dörr & givare stöldskyddssystem 4-stifts	636 till 639
X71	Dörr & givare stöldskyddssystem 4-stifts	641 till 644
X72	Motronic & automatväxellåda 2-stifts	245, 246
X73	Instrumentpanel & kick-downkontakt 4-stifts (LHD)	240
X75	Instrumentpanel & varningssummer 2-stifts	816, 817
X76	Instrumentpanel & Motronic 2-stifts	135, 136, 268, 270
X77	Luftkonditionering & kylarfläkt 3-stifts	751, 752
X78	Chassi & baklucka 2-stifts (KW)	663
X79	Motor & generator 2-stifts (D)	115, 116
X80	Motor & Motronic 2-stifts	239, 240
X81	Chassi & baklucka 2-stifts (KW)	383
X83	Instrumentpanel & farthållare 1-stifts	813
X84 till		
87	Chassi & ABS-givare 2-stifts	592 till 599
X89	Baklucka & nummerplåtsbelysning 1-stifts	317
Y1	Koppling - luftkonditioneringens kompressor	736, 775
Y4	Solenoidventil strålkastarspolning	413
Y7	Solenoidventiler bränsleinsprutning	153 till 160, 281 till 292
Y8	Farthållarens styrning	806 till 812
Y9	Solenoidventil reglerbara stötdämpare	455, 462
Y14	Ventil kylvätska (Japan)	718
Y25	Solenoidventil servostyrning	485
Y33	Tändfördelare	132, 260
Y34	Tankavluftningens solenoidventil	165, 298
Y35	Cirkulationsventil	728
Y46	Solenoidventil insugsrör	277
Y47	Lyftmagnet handbromsspärr	231

Vissa komponenter är inte monterade på alla modeller

Färgkod

Kod	Färg
BL	Blå
BR	Brun
GE	Gul
GN	Grön
GR	Grå
HBL	Ljusblå
LI	Lila
RT	Röd
SW	Svart
VI	Violett
WS	Vit

Förkortningar

Förkortning	Betydelse
4WD	Fyrhjulsdrivning
ABS	Låsningsfritt bromssystem
AC	Luftkonditionering
AT	Automatväxellåda
ATC	Automatisk temperaturstyrning
AZV	Dragkrok
BR	Färddator
CC	Varningssystem
CRC	Farthållare
D	Diesel
DID	Dual-info display
DIS	Direkt tändsystem
DS	Stöldskyddssystem
DWA	Stöldvarningsystem
DZM	Varvräknare
EFC	Elektriskt sufflett (cabriolet)
EKS	Klämningsskydd (elektriska fönsterhissar)
EMP	Radio
EZ+	El Plus med självtest
FH	Fönsterhissar
GB	Storbritannien
HRL	Bagageutrymmesbelysning
HS	Bakruta
HW	Bakrutetorkare
HZG	Värme
INS	Instrument
IRL	Innerbelysning
KAT	Katalysator
KBS	Kablage
KV	Fördelarkontakt
L3.1	Jetronic L3.1
LCD	LCD-instrument
LHD	Vänsterstyrd
LWR	Justering av strålkastarinställning
M 1.5	Motronic M 1.5
M 1.5.2	Motronic M 1.5.2
M 2.7	Motronic M 2.7
M 2.8	Motronic M 2.8
MID	Multi-informationsdisplay
MOT	Motoronic allmänt
MT	Manuell växellåda
MUL	Multec allmänt
NS	Dimljus
NSL	Bakre dimljus
OEL	Oljenivå (oljetryck)
OPT	Extrautrustning
P/N	Park/neutral (automatväxellåda)
PBSL	Växelblock för parkering & broms
POT	Potentiometer
RC	Elektrisk styrning reglerbara stötdämpare
RFS	Backljus
RHD	Högerstyrd
SD	Taklucka
SH	Sätesvärme
SRA	Spolarenhet för strålkastare
TANK	Bränslenivåmätare
TC	Antisstiftsnsystem
TD	Turbodiesel
TEMP	Temperaturmätare
TFL	Varselljus
TKS	Dörrkontakt
TSZI	Transistorstyrd tändning (induktiv)
VGS	Förgasare
WEG	Mätarställningens frekvensgivare
WHR	Styrning av bilens höjdmått
WS	Varningssummer
ZV	Centrallås
ZYL	Cylinder

Kabelmärkning

t ex GE WS 1.5

GE	Grundfärg
WS	Märkningsfärg
1.5	Tvärsnittsarea (mm^2)

E 2252

Kopplingsschema för Omega fr o m 1993

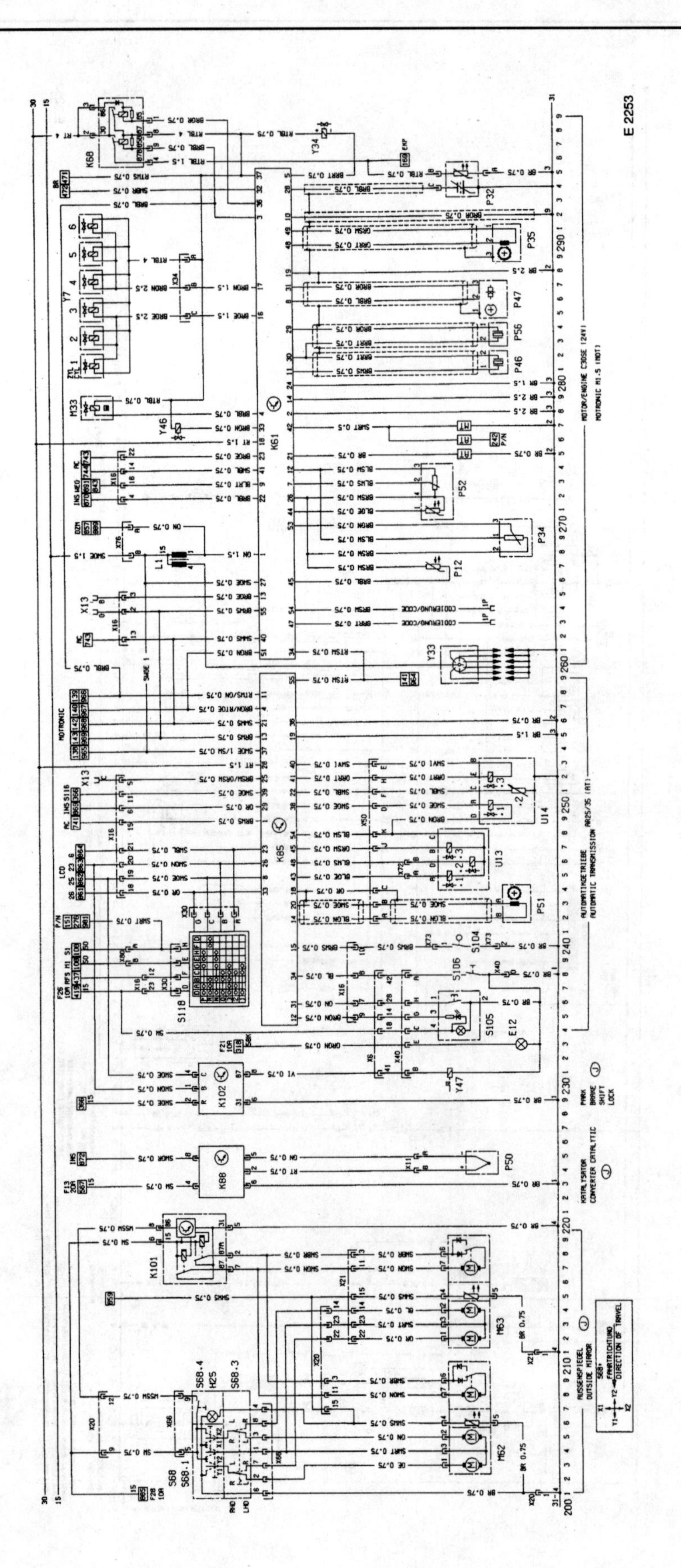

Kopplingsschema för Omega fr o m 1993 (fortsättning)

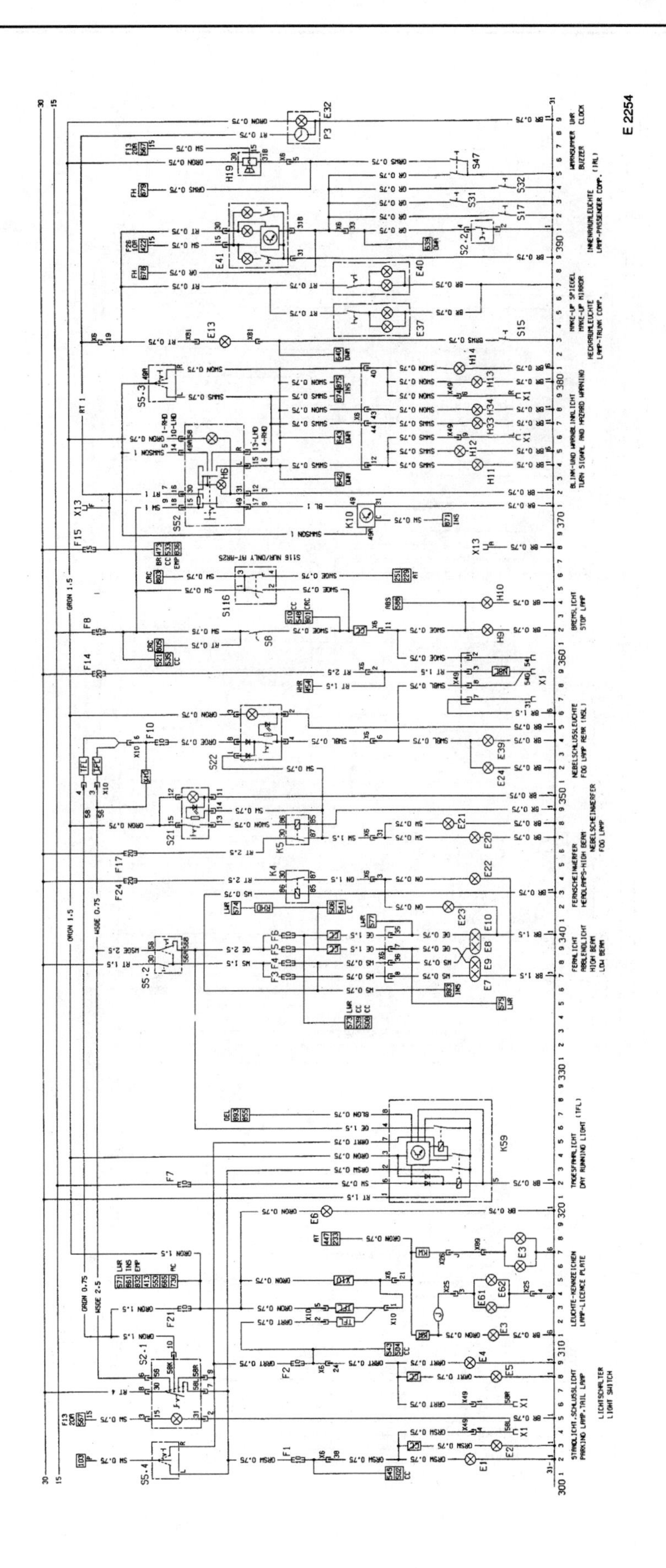

Kopplingsschema för Omega fr o m 1993 (fortsättning)

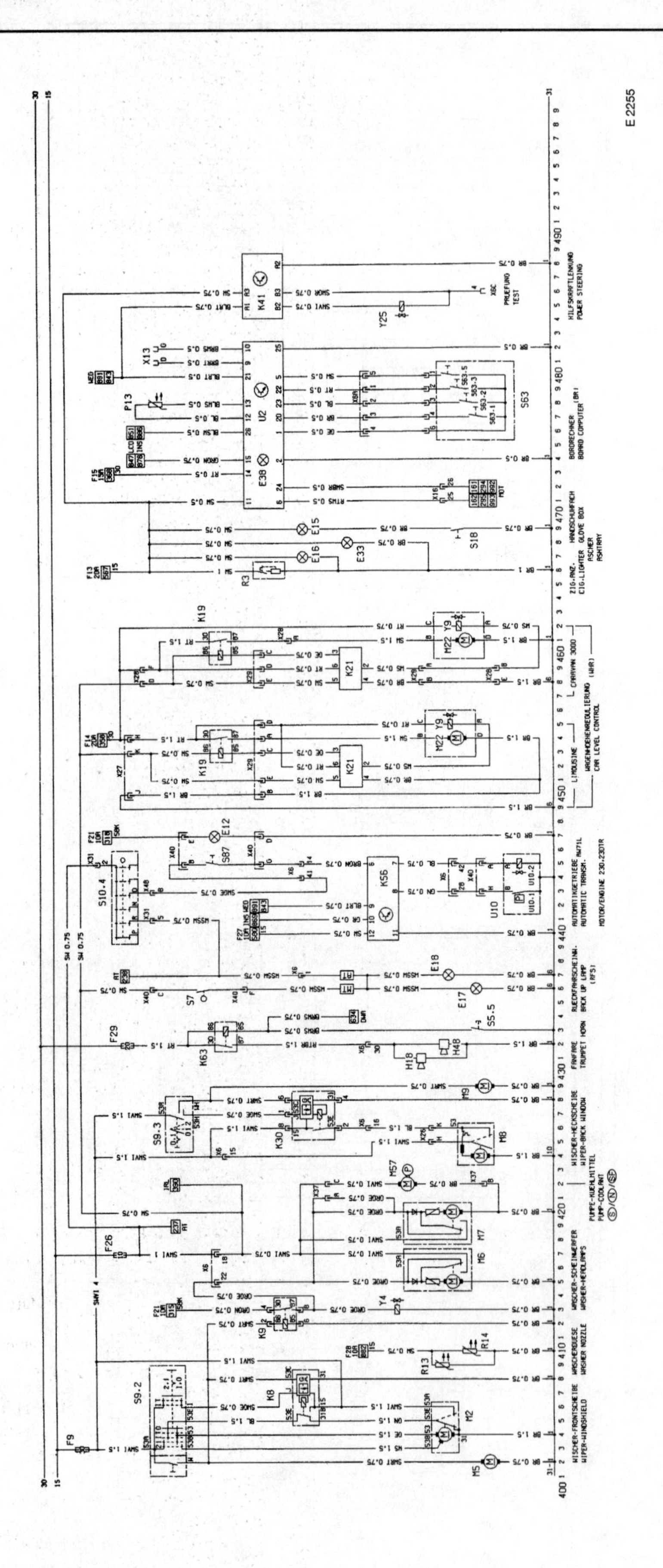

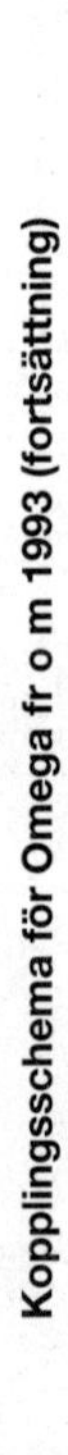

Kopplingsschema för Omega fr o m 1993 (fortsättning)

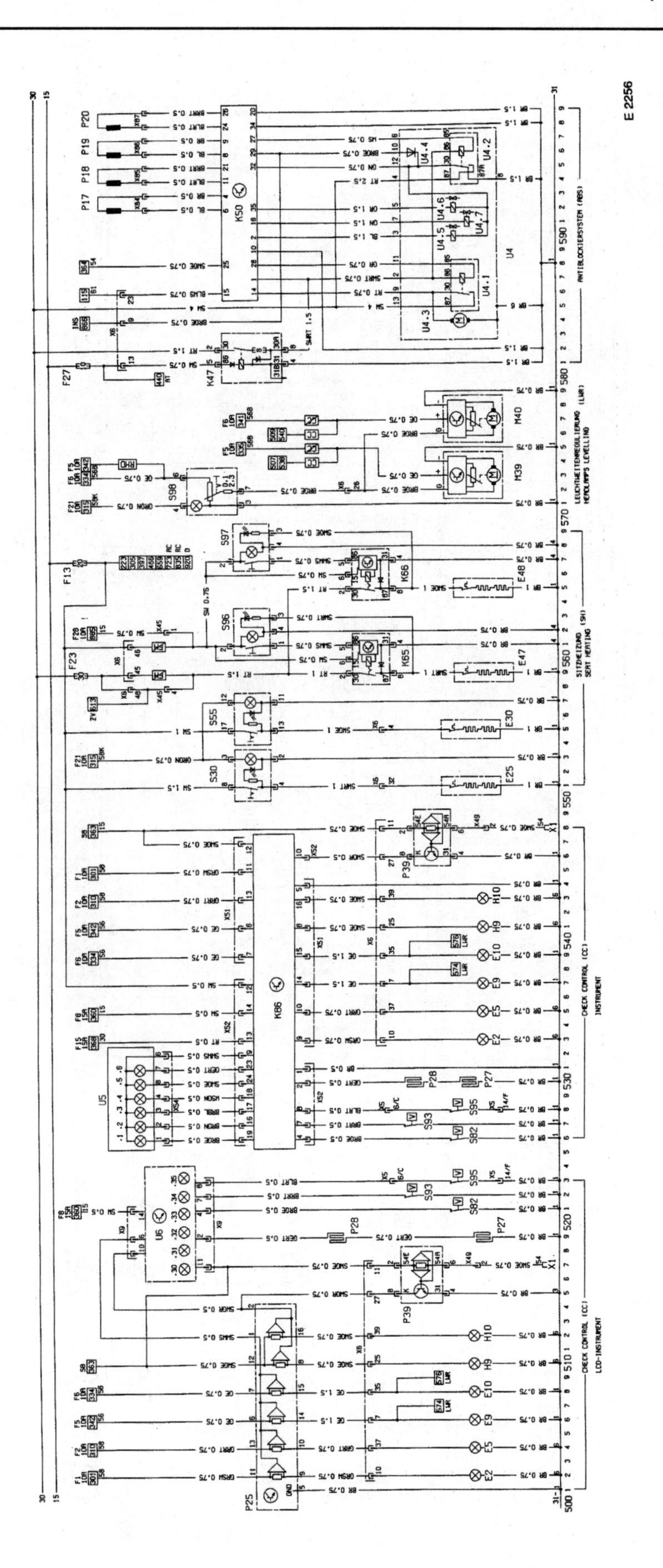

Kopplingsschema för Omega fr o m 1993 (fortsättning)

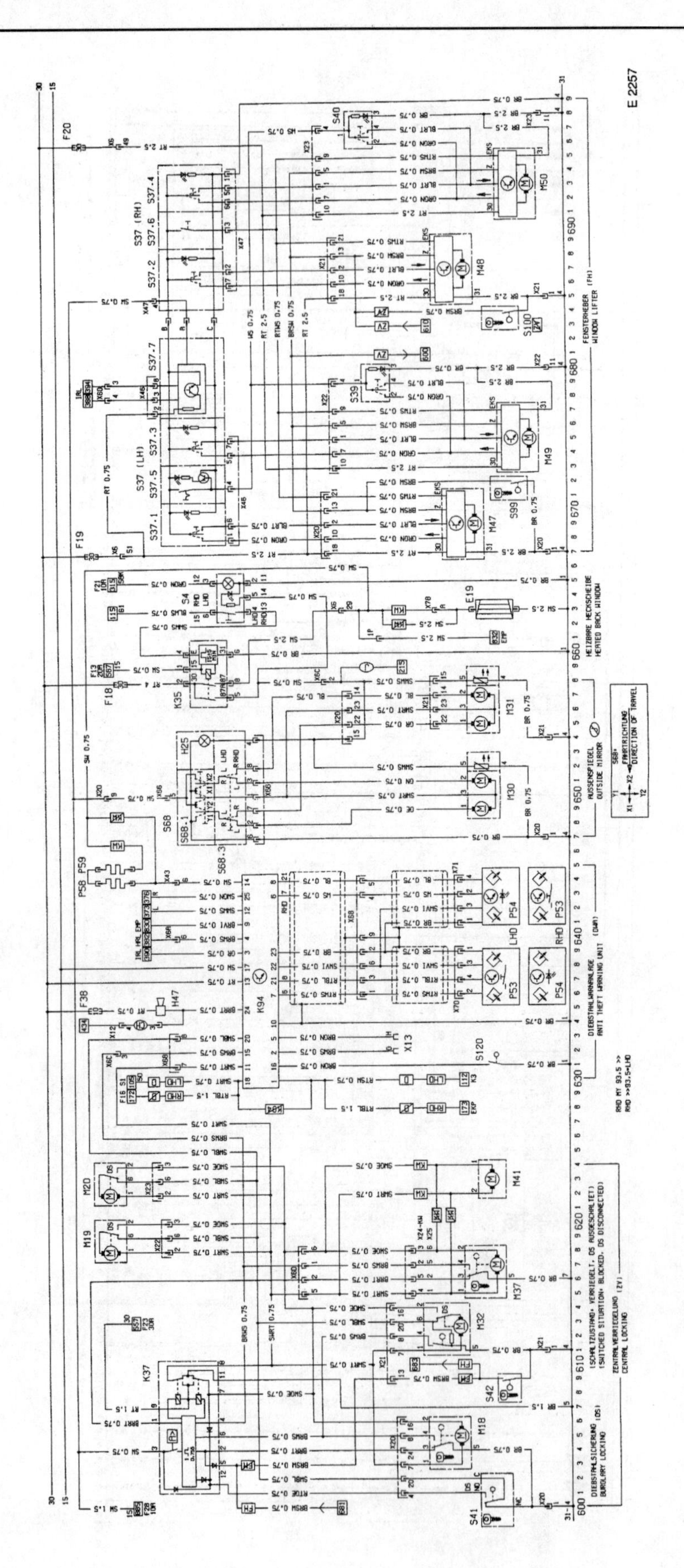

Kopplingsschema för Omega fr o m 1993 (fortsättning)

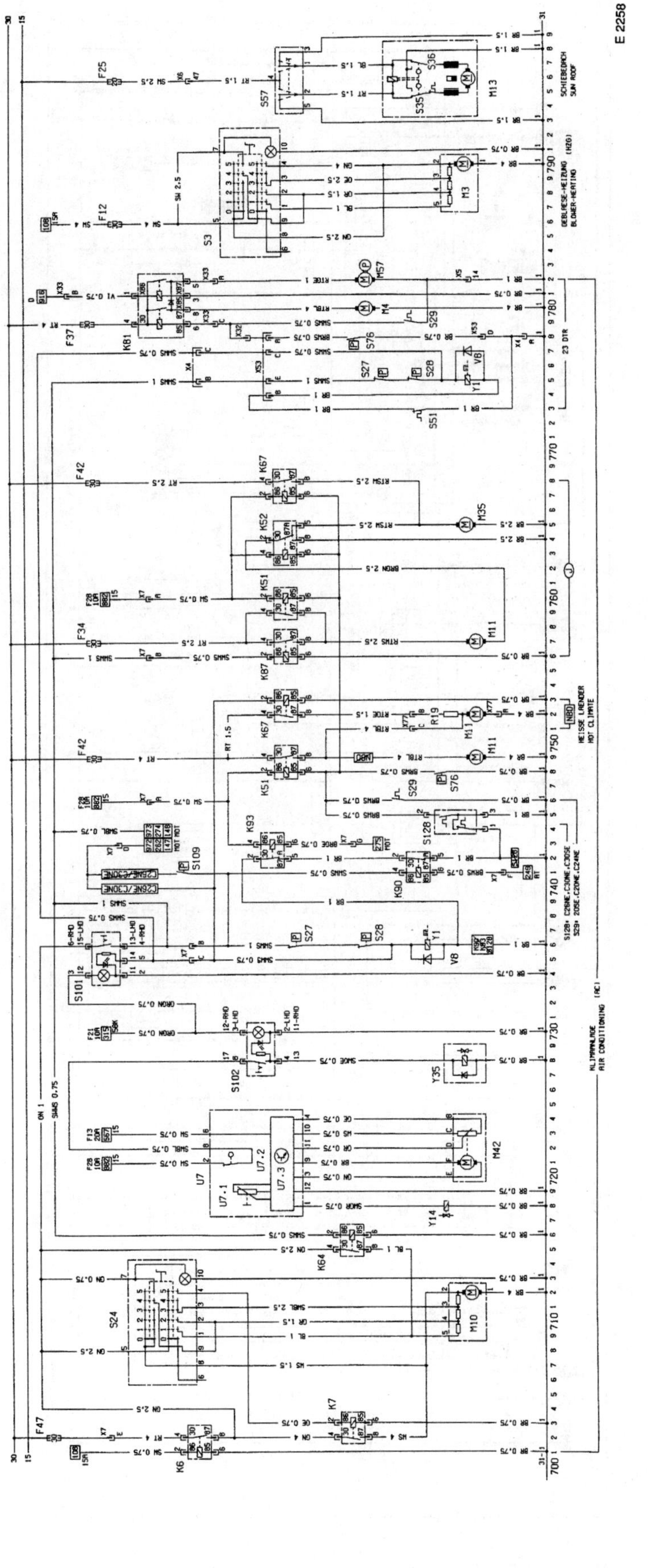

E 2258

Kopplingsschema för Omega fr o m 1993 (fortsättning)

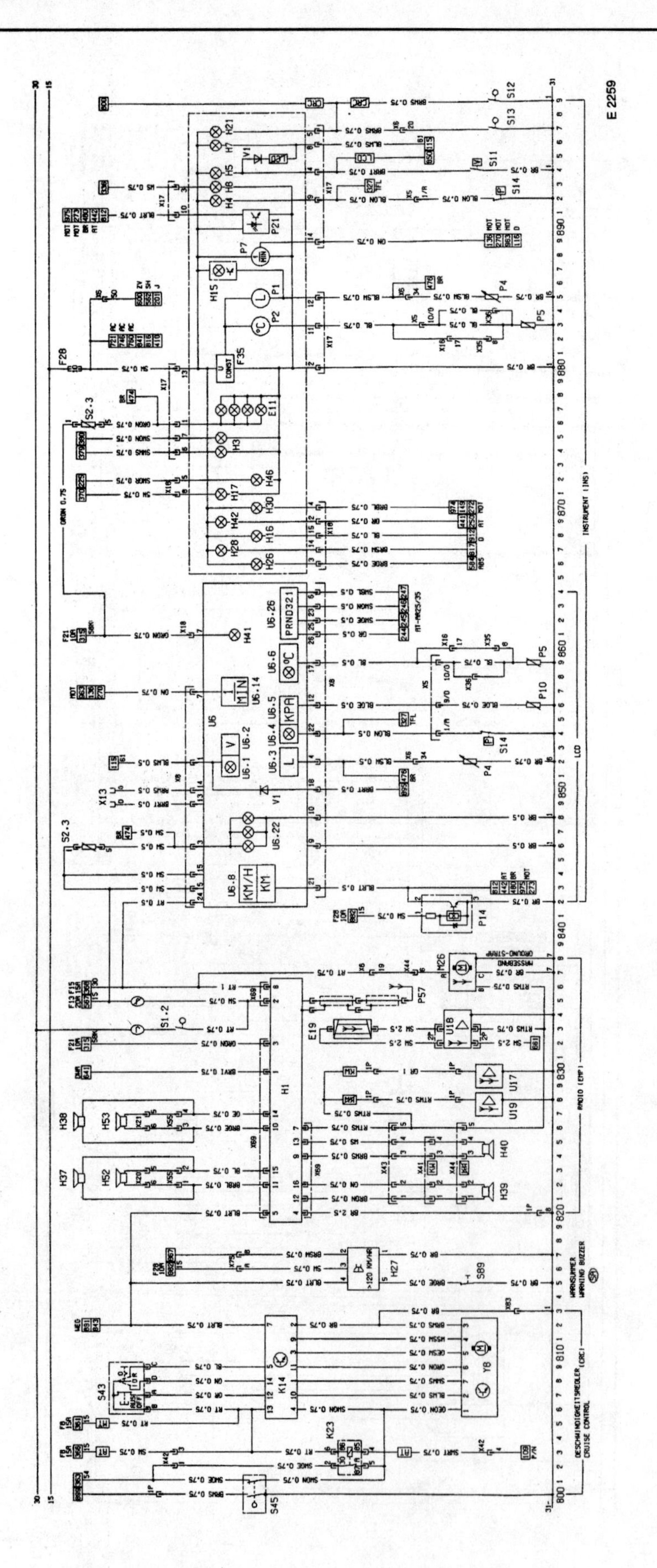

Kopplingsschema för Omega fr o m 1993 (fortsättning)

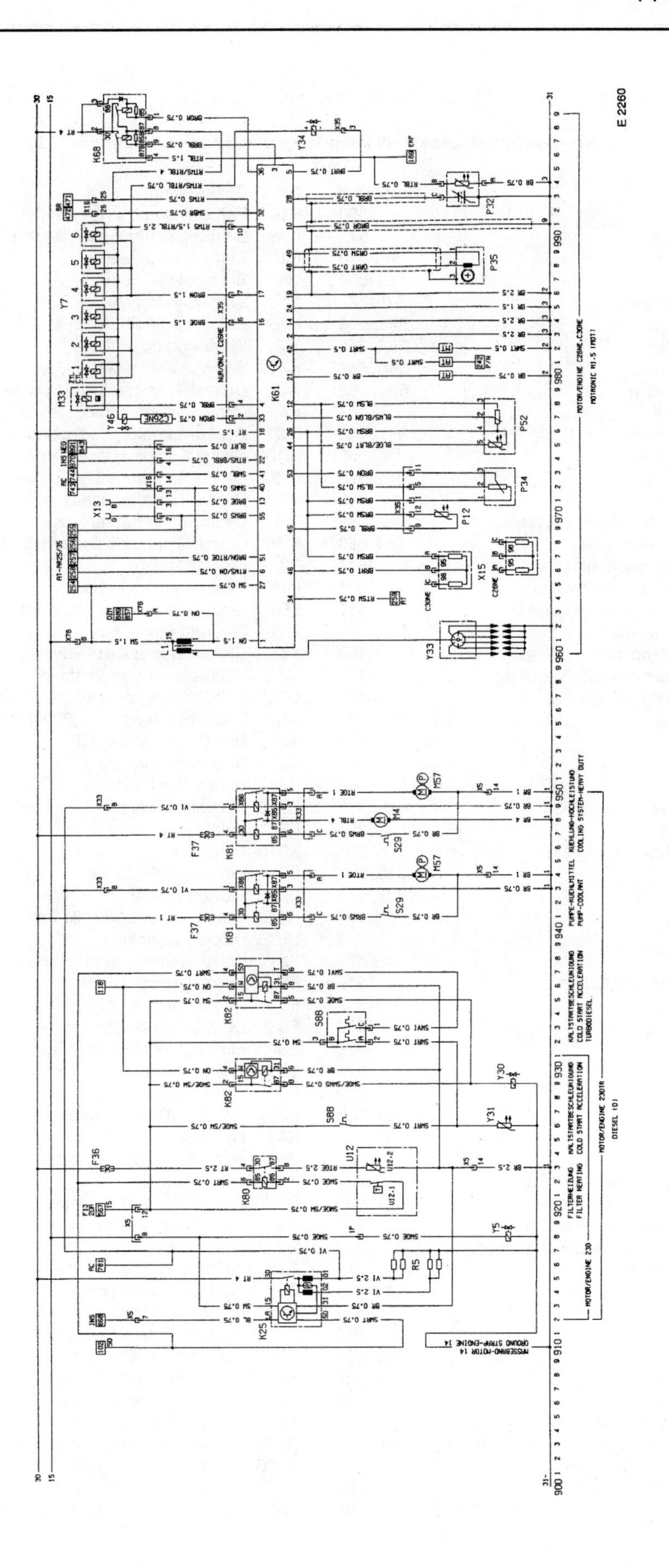

Kopplingsschema för Omega fr o m 1993 (fortsättning)

Komponentförteckning till kopplingsscheman för Senator före 1993

Nr	Beskrivning	Placering
U4.3	ABS hydraulpump	560
U4.4	ABS hydraulpump diod	572
U4	ABS hydraulpumpenhet	560-573
U4.1	ABS pumprelä	561-564
U4.2	ABS relä, solenoidventiler	570-573
P20	ABS sensor, höger bak	568, 569
P18	ABS sensor, höger fram	564, 565
P19	ABS sensor, vänster bak	566, 567
P17	ABS sensor, vänster fram	562, 563
U4.7	ABS solenoid, bakaxel	567
U4.6	ABS solenoid, höger fram	568
U4.5	ABS solenoid, vänster fram	566
K50	ABS tidstyrning	562-575
H26	ABS varningslampa	560
U10.2	Automatväxellåda 4-stegs, solenoidventil	553
U10	Automatväxellåda 4-stegs, enhet	551-553
S87	Automatväxellåda 4-stegs, kontakt	551
U10.1	Automatväxellåda 4-stegs, tryckkontakt	551
H29	Automatväxellåda 4-stegs, varningslampa	553
S10	Automatväxellåda kontaktenhet	
Y36	Automatväxellåda solenoidventil	182
Y38	Automatväxellåda solenoidventil (koppling)	183
S10.1	Automatväxellåda startkontaktenhet	107
P14	Avståndsgivare (WEG)	411, 412
S7	Backljus brytare	459
S10.2	Backljus brytare	460
E18	Backljuslampa höger	460
E17	Backljuslampa vänster	459
E13	Bagageutrymmesbelysning	397
S15	Bagageutrymmesbelysning, kontakt	397
E5	Bakljus höger	310, 503
E2	Bakljus vänster	307, 501
01	Batteri	101
G3	Batteri (diesel)	249
S63.5	Belysningsbrytare	478
H41	Beslysningslampa (endast LCD)	317
H3	Blinkers	374-375
H14	Blinkers, höger bak	379
H13	Blinkers, höger fram	378
H12	Blinkers, vänster bak	371
H11	Blinkers, vänster fram	370
K2	Blinkersenhet	365-367
S6	Blinkersomkopplare	
S5	Blinkersomkopplare	
P28	Bromsbelägg slitagevarnare, höger fram	424
P28	Bromsbelägg slitagevarnare, höger fram	519
P27	Bromsbelägg slitagevarnare, vänster fram	424
P27	Bromsbelägg slitagevarnare, vänster fram	519
U5.5	Bromsbelägg varningslampa, fram	522
H43	Bromsbelägg varningslampa, fram	423-425
H10	Bromsljus, höger	360, 511
U5.2	Bromsljus, varningslampa	519
H9	Bromsljus, vänster	359, 509
S8	Bromsljuskontakt	360, 509
S81	Bromsvätskenivå, kontakt	521
S11	Bromsvätskenivå, styrkontakt	419
V1	Bromsvätskenivå, testdiod	420, 784
H5	Bromsvätskenivå, varningslampa	419
Y7	Bränsleinsprutning solenoidventiler	135-146, 227-238, 285-292

Nr	Beskrivning	Placering
K15	Bränsleinsprutning styrenhet	220-239
K68	Bränsleinsprutningsenhet relä	126-130, 296, 299
P4	Bränslenivågivare	406
U6.3	Bränslenivåmätare	782
P1	Bränslenivåmätare	406
H15	Bränslenivåmätare	406
M21	Bränslepump	126, 216, 297
K31	Bränslepump relä	216-218
S42	Centrallås strömställare, passagerardörr	605
K37	Centrallås, styrenhet	606-611
M37	Centrallåsmotor, bagagelucka	616-619
M18	Centrallåsmotor, förardörr	606, 609
M20	Centrallåsmotor, höger bakdörr	623-625
M32	Centrallåsmotor, passagerardörr	612-615
M41	Centrallåsmotor, tanklock	623, 625
M19	Centrallåsmotor, vänster bakdörr	619-621
R3	Cigarettändare	427
E16	Cigarettändare belysning	426
E54	Cigarettändare belysning, bak	549
R17	Cigarettändare, bak	548
Y35	Cirkulationens solenoidventil	718
U7.5	Cirkulationens strömställare	716-718
U7.2	Defrostreglagets ändläge, kontakt	717-720
X13	Diagnoskontakt	162,164, 176, 273, 274, 386, 473, 587, 790
K62	Dim Dip, styrenhet GB	328-332
S22	Dimbakljus brytare	352-355
E39	Dimbakljus höger	353
E24	Dimbakljus vänster	352
E21	Dimljus höger	347
K5	Dimljus, relä	347, 348
S21	Dimljus, strömställare	348-350
E20	Dimljus vänster	346
U6.26	Display automatväxellådans växelväljare	793-796
U6.22	Displaybelysning	777, 778
E51	Dörrbelysning passagerarsida	390
E50	Dörrbelysning förarsida	389
E53	Dörrlampa bak höger	392
E52	Dörrlampa bak vänster	391
S37.7	Elektrisk fönsterhiss, automatstyrning	646-649
U9.2	Elektronisk styrning	734-747
E23	Extra strålkastare höger	345
E22	Extra strålkastare vänster	344
K14	Farthållare	756-762
S45	Farthållare, kopplingskontakt	751, 752
K23	Farthållare, relä	753, 754
S43	Farthållare, strömställare	756-759
Y8	Farthållare, styrning	756-762
U2	Färddator	470-481
E36	Färddator belysning	471
S63	Färddator strömställare	
S63.1	Färddator, nollställning av funktioner	475
S63.3	Färddator, val av funktioner	477
S99	Fönsterhissmotor brytare, förardörr ZV	651
S37.2	Fönsterhissmotor brytare, höger	655-657
S40	Fönsterhissmotor brytare, höger bak	665-667
S37.4	Fönsterhissmotor brytare, höger bak	661-663
S78	Fönsterhissmotor brytare, höger fram	631-634
S100	Fönsterhissmotor brytare, passagerardörr ZV	652
S37.1	Fönsterhissmotor brytare, vänster	637-639
S39	Fönsterhissmotor brytare, vänster bak	647-649

Komponentförteckning till kopplingsscheman för Senator före 1993 (fortsättning)

Nr	Beskrivning	Placering
S37.3	Fönsterhissmotor brytare, vänster bak	643-645
S53	Fönsterhissmotor brytare, vänster fram	627-630
S37	Fönsterhissmotor brytarenhet	637-663
M50	Fönsterhissmotor, höger bak	660-664
M48	Fönsterhissmotor, höger fram	654-658
H15	Fönsterhissmotor, höger fram	631, 633
M49	Fönsterhissmotor, vänster bak	642-646
M47	Fönsterhissmotor, vänster fram	636-640
H14	Fönsterhissmotor, vänster fram	627, 629
K25	Förvärmning tidrelä	259-262
H16	Förvärmning varningslampa	259
02	Generator	111
G6	Generator (diesel)	251
R5	Glödstift	263
Y11	Hall-sensor	205-207
S6.2	Halvljus strömställare	507
S5.2	Halvljus strömställare	338, 339
E10	Halvljus, höger	340, 507
E9	Halvljus, vänster	339, 505
S13	Handbromsbrytare	417
E15	Handskfacksbelysning	430
U6.8	Hastighetsmätare	775
P43	Hastighetsmätare elektronisk	413
E8	Helljus, höger	338
H8	Helljus, indikatorlampa	336
E7	Helljus, vänster	337
K4	Helljusrelä	343, 344
S76	Högtryckskompressor strömställare (fläkt)	725
E28	Innerbelysning bak, höger	394, 395
E27	Innerbelysning bak, vänster	392, 393
S2.2	Innerbelysning, brytare	361
E41	Innerbelysning, fördröjd	382, 384
M53	Innertemperaturens fläktsensor	749
P41	Innertemperaturens sensor, förarsidan	735
P42	Innertemperaturens sensor, passagerarsidan	736
S32	Instegsbelysning kontakt, höger bak	386
S17	Instegsbelysning kontakt, höger fram (Tk5)	384
S31	Instegsbelysning kontakt, vänster bak	385
U6	Instrument LCD-enhet	774-796
E11	Instrumentbelysning	316
S2.3	Instrumentbelysning dimmer	315, 778
X17	Instrumentpanel kontaktdon (14-stifts)	315, 317, 336, 374, 375, 402-421
X18	Instrumentpanel kontaktdon (16-stifts)	158, 185, 259, 274, 317, 366, 766
X16	Instrumentpanel kontaktdon (16-stifts)	553, 560
Y30	Kallstartventil	266
S104	Kick-downkontakt	179
P3	Klocka	363
E32	Klocka belysning	362
S63.2	Klocka, inställning timmar	476
S37.6	Klämningsskydd, strömställare (EKS)	659
V8	Kompressor diod	722
U7.4	Kompressor strömställare	721-723
S109	Kompressor strömställare (Motronic OHC), >1200 KPA	723
S28	Kompressor strömställare, högtrycks >2800 KPA	721
S27	Kompressor strömställare, lågtrycks <215 KPA	721
X25	Kontaktdon kabelhärva (4-stifts), bagagelucka	616-619
X15A	Kontaktdon kabelhärva (10-stifts), bränsleinsprutning	123, 125, 126, 132, 132, 153, 155, 161, 202, 210, 216, 224, 225, 246, 270, 278-280, 294-296, 404

Nr	Beskrivning	Placering
X15D	Kontaktdon kabelhärva, bränsleinsprutning (3-stifts)	158, 162, 163, 273, 274
X15B	Kontaktdon kabelhärva, bränsleinsprutning (8-stifts)	143, 176, 179, 185, 187, 188, 281
X6C	Kontaktdon kabelhärva, dörr (2-stifts)	690-691
X20	Kontaktdon kabelhärva, förardörr	389, 432, 600, 601-629, 636-640, 671-689
X23	Kontaktdon kabelhärva, höger bak	392, 623-625, 661-664, 666
X23A	Kontaktdon kabelhärva, höger bak (2-stifts)	392, 660, 667
X6	Kontaktdon kabelhärva, kaross	olika
X6B	Kontaktdon kabelhärva, kaross (5-stifts)	587-593, 474-478
X6D	Kontaktdon kabelhärva, kaross/dörr (6-stifts)	616-619, 647, 648
X8	Kontaktdon kabelhärva, LCD-instrument (26-stifts)	
X7	Kontaktdon kabelhärva, luftkonditionering	714, 721, 722, 725-728
X5	Kontaktdon kabelhärva, motor	olika
X15C	Kontaktdon kabelhärva, Motronic (5-stifts)	793, 795-798
X21	Kontaktdon kabelhärva, passagerardörr	390, 433, 605, 612-635, 654-658, 686-690
X22	Kontaktdon kabelhärva, vänster bak	391, 619-621, 643-646, 648
X22A	Kontaktdon kabelhärva, vänster bak (2-stifts)	391, 642, 649
S12	Koppling styrkontakt	416
K51	Kylarfläkt (extra), relä	726, 727
M4	Kylarfläktmotor	193
M35	Kylarfläktmotor, extra	732
M11	Kylarfläktmotor, extra	727
K57	Kylarfläktrelä	729, 730
K24	Kylarfläktrelä	193, 194
F31	Kylarfläktsäkring	193
S83	Kylvätskenivå, kontakt	522
U5.7	Kylvätskenivå, varningslampa	525
P5	Kylvätsketemperatur, givare	404
P12	Kylvätsketemperatur, givare	148, 241, 242, 275
S29	Kylvätsketemperatur, kontakt	194, 726
S88	Kylvätsketemperatur, kontakt	266, 267
S51	Kylvätsketemperatur, kontakt (kompressor)	721
U6.1	Laddningsindikator	782
H7	Laddningsindikator	421
P32	Lambdasensor, uppvärmd	132, 133, 293, 294
P25	Lamptest, givare	500-513
S2.1	Ljusomkopplare	502, 503
S2	Ljusomkopplarenhet	305-308
P11	Luftflödesmätare	152-156, 230-234, 282, 286
M10	Luftkonditionering fläkrmotor	709-712
U7.6	Luftkonditionering fläktkontakt	706-713
K7	Luftkonditionering fläktrelä	702, 703
U7	Luftkonditionering justeringsenhet	706-723
Y1	Luftkonditionering kompressorkoppling	721
K80	Luftkonditionering kompressorrelä	705, 706
K6	Luftkonditionering relä	701, 702
E59	Luftmunstycke lampa, bak	550
E58	Luftmunstycke lampa, höger	433
E55	Luftmunstycke lampa, mittre	433
E57	Luftmunstycke lampa, vänster	432
M51	Luftmunstycken styrning, förarsida	737-741
M52	Luftmunstycken styrning, passagerarsida	742-746
E37	Make-upspegel belysning	399
S85	Motorolja, kontakt	523

Komponentförteckning till kopplingsscheman för Senator före 1993 (fortsättning)

Nr	Beskrivning	Placering
E6	Motorrumsbelysning	318
K61	Motronic styrenhet	269-295
K51	Motronic styrenhet	131-164
E3	Nummerplåtsbelysning	313
X26	Oktanplugg	150, 277
U5.3	Oljenivå, varningslampa	521
S75	Oljetemperaturbrytare	207
U6.4	Oljetryck varningslampa	785
H4	Oljetryck varningslampa	414
S14	Oljetrycksbrytare	414
P10	Oljetrycksgivare	787
U6.5	Oljetrycksmätare	787
E4	Parkeringsljus höger	309
E1	Parkeringsljus vänster	306
S5.4	Parkeringsljusbrytare	301-303
X14	Programmeringskontakt	791, 792
X14	Programmeringskontakt	474, 480, 481
S106	Programmeringsomkopplare ekonomi/sport AT	185
S105	Programmeringsomkopplare vinterläge AT	187-189
H23	Radioantenn	769, 770
M26	Radioantennmotor, automatisk	768, 769
K71	Reglerbara stötdämpare	579-594
M46	Reglerbara stötdämpare styrning, höger bak	591-593
M44	Reglerbara stötdämpare styrning, höger fram	583-585
M45	Reglerbara stötdämpare styrning, vänster bak	587-589
M43	Reglerbara stötdämpare styrning, vänster fram	579-581
S110	Reglerbara stötdämpare, brytare	578-583
M22	Reglerbara stötdämpare, kompressor	466
K19	Reglerbara stötdämpare, relä	465, 466
K21	Reglerbara stötdämpare, sensor	463-465
Y9	Reglerbara stötdämpare, solenoidventil	467
Y25	Servostyrning solenoidventil	596
K41	Servostyrning styrenhet	596-596
H34	Sidoblinkers, höger	376
H33	Sidoblinkers, vänster	373
H18	Signalhorn	455
H18A	Signalhorn	456
S5.5	Signalhorn kontakt	457
K83	Signalhorn, relä	456, 457
K47	Skyddsrelä överspänning	557, 558
K10	Släpvagn, blinkersenhet	365-367
P39	Släpvagn, givare för lamptest	514-516
X1	Släpvagnskontakt	304, 311, 351, 356-358, 372, 377, 514
Y5	Solenoidventil bränsle	264
U5.6	Spolarvätska indikatorlampa	524
S82	Spolarvätska, brytare	520
F35	Spänningsstabilisator	402
M1	Startmotor	106, 107
M12	Startmotor (diesel)	256, 257
S1	Startmotor brytare	106, 107, 256, 257
H40	Strålkastare justeringsmotor, höger	496-499
H39	Strålkastare justeringsmotor, vänster	492-495
S96	Strålkastare justeringsomkopplare	481-493
M7	Strålkastare torkarmotor, höger	453-455
M6	Strålkastare torkarmotor, vänster	449-451
H19	Strålkastare, varningssummer	388-389
Y4	Strålkastarspolning, solenoidventil	447
K9	Strålkastarspolningsenhet, relä	446, 447
U7.7	Strömställare fläkt, lampa	714
K46	Styrenhet EAI	204-212
K56	Styrenhet kick-down	551-555
M33	Styrenhet tomgång	148, 149, 243-245, 282, 283

Nr	Beskrivning	Placering
K70	Styrenhet, ETM	171-188
Y31	Styrning tomgångsvarvtal	267
S41	Stöldskyddssystem strömställare, förardörr	602-604
S89	Säkerhetsbälte kontakt	764
H28	Säkerhetsbälte varningslampa (i instrumentpanel)	766
S37.5	Säkerhetsströmbrytare	641
F1 - F27	Säkringar (i säkringsdosa)	olika
E49	Säkringsdosa belysning	380
S97	Sätesvärme brytare, bak höger	545-547
S96	Sätesvärme brytare, bak vänster	540-542
K66	Sätesvärme relä, bak höger	543-545
K65	Sätesvärme relä, bak vänster	536-540
S46	Sätesvärme strömställare	533-535
S30	Sätesvärme strömställare, vänster	529-531
E48	Sätesvärme, bak höger	543
E47	Sätesvärme, bak vänster	536
E30	Sätesvärme, höger	535
E25	Sätesvärme, vänster	529
S57	Takluckans brytare	484-488
S36	Takluckans mikrobrytare	487
S35	Takluckans mikrobrytare	485
H13	Takluckans motor	485-488
S74	Temperaturkontakt	209
U6.6	Temperaturmätare kylvätska	791
P2	Temperaturmätare kylvätska	404
U8.1	Temperaturreglage (förarsida)	743-746
U6	Temperaturreglage (förarsida)	
U9	Temperaturreglage (passagerarsida)	734-747
U9.1	Temperaturreglering, potentiometer	740-742
K40	Tomgångsregulator elektronisk	242-247
S107	Trottelventil ETM-kontakt	223-228
S107	Trottelventil ETM-kontakt	161-167
S44	Trottelventil, kontakt	158, 159, 219-221, 271, 272
Y22	Tändfördelare, EAI	209
Y33	Tändfördelare, MHDI	124, 272
K52	Tändningsmodul, EAI	202, 203
L3	Tändspole, HEI System med induktiv givare	122, 123, 270, 271
L2	Tändspole, System med Hall-givare, HEI	203, 204
E19	Uppvärmd bakruta	694
S4	Uppvärmd bakruta, strömställare	695-697
K35	Uppvärmda backspeglar, fördröjningsrelä	690-692
H25	Uppvärmda backspeglar, indikeringslampa	676, 685
R14	Uppvärmda spolarmunstycken, höger	444
R13	Uppvärmda spolarmunstycken, vänster	443
S66	Vakuumbrytare (ISC)	208
S47	Varning öppen dörr/påslagna strålkastare, kontakt	387-388
H6	Varningsblinkers, indikeringslampa	369
S52	Varningsblinkers, strömställare	367-372
H42	Varningslampa (ETM) AT	185
U5.1	Varningslampa bakljus och halvljus	518
H21	Varningslampa handbroms och koppling	417
H30	Varningslampa motor	158, 274
H17	Varningslampa släpvagn	366
H27	Varningssummer varningssystem	764-766
U5	Varningssystem displayenhet	517-526
K59	Varselljus relä	319-325
U6.14	Varvräknare	788
P7	Varvräknare	409
Y34	Ventil, tankventilation	131, 298
P35	Vevaxelns pulsgivare	136-138, 289-291
M5	Vindrutespolare, pump	436
S9.2	Vindrutetorkare, intervallbrytare	436-440
K8	Vindrutetorkare, intervallrelä	439-442

Komponentförteckning till kopplingsscheman för Senator före 1993 (fortsättning)

Nr	Beskrivning	Placering
M2	Vindrutetorkare, motor	437-440
S9	Vindrutetorkarenhet, brytare	
U6.2	Voltmeter	783-785
M3	Värmeenhetens fläktmotor	116-119
S3	Värmeenhetens fläktmotor, strömställare	115-120
E12	Växelväljare, belysning	314
S10.4	Växelväljarkontakt	793-796
M31	Ytterbackspeglar, höger	687-690
S68	Ytterbackspeglar, strömställare	
S68.3	Ytterbackspeglar, strömställare höger/vänster	680-684
S68.1	Ytterbackspeglar, strömställare justering	671-674, 679-683
M30	Ytterbackspeglar, vänster	672-675, 681-684
P40	Yttertemperaturgivare	734
P13	Yttertemperaturgivare	477

Färgkod, förkortningar och kabelmärkning se sid 12•30

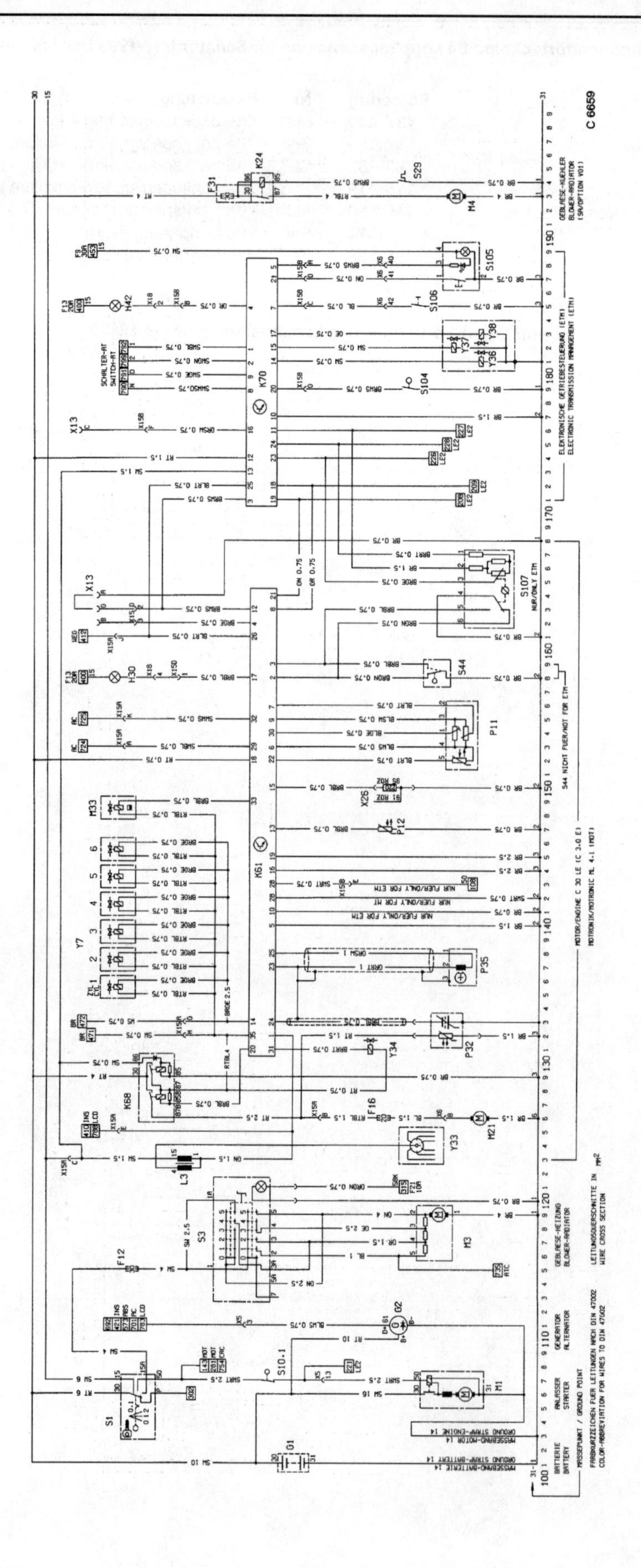

Kopplingsschema för Senator före 1993

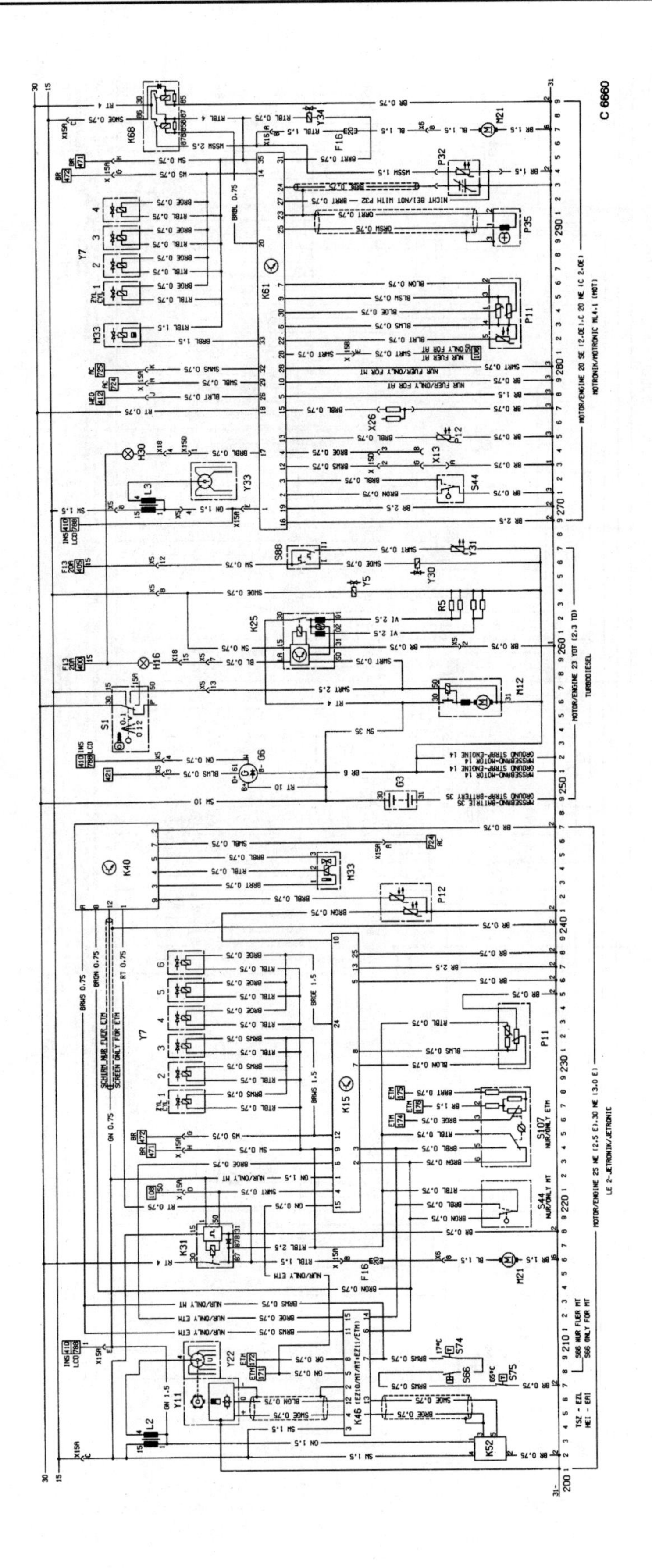

Kopplingsschema för Senator före 1993 (fortsättning)

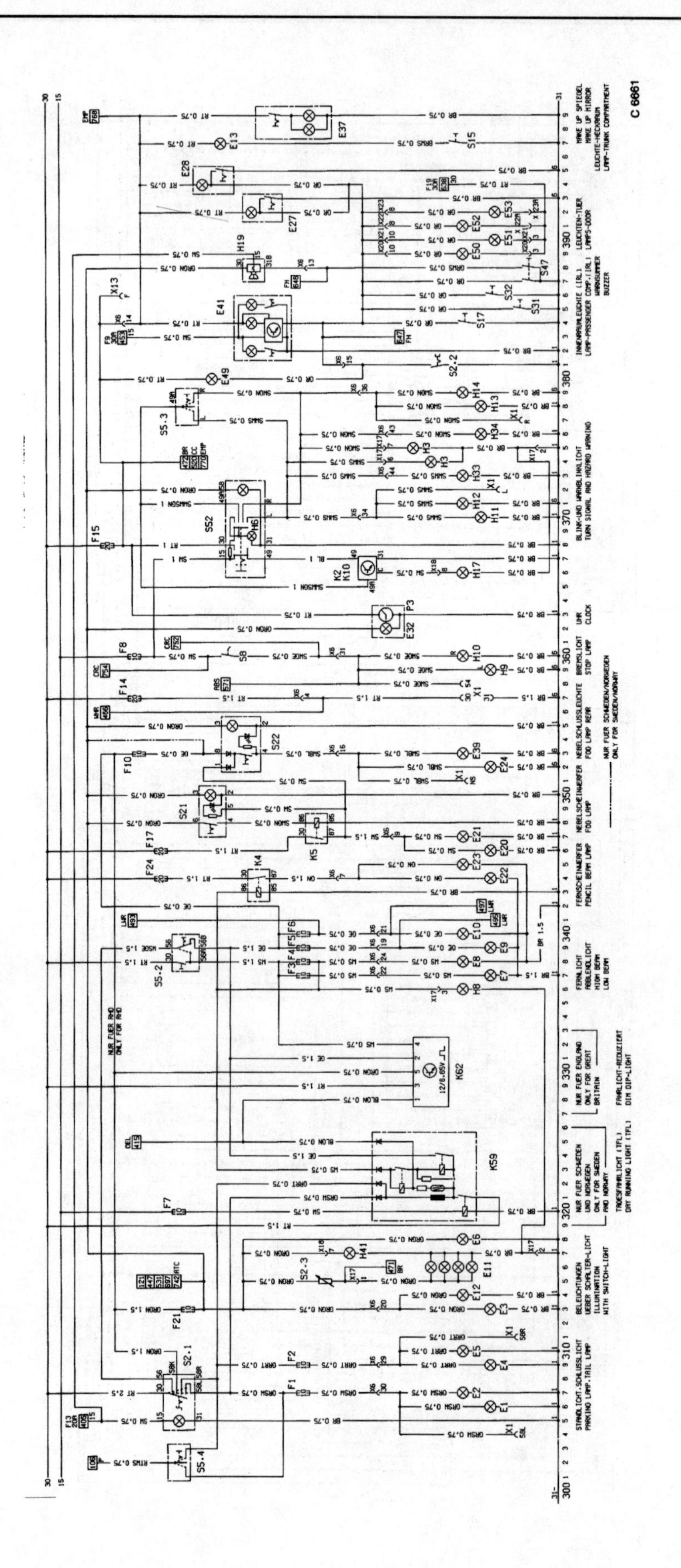

Kopplingsschema för Senator före 1993 (fortsättning)

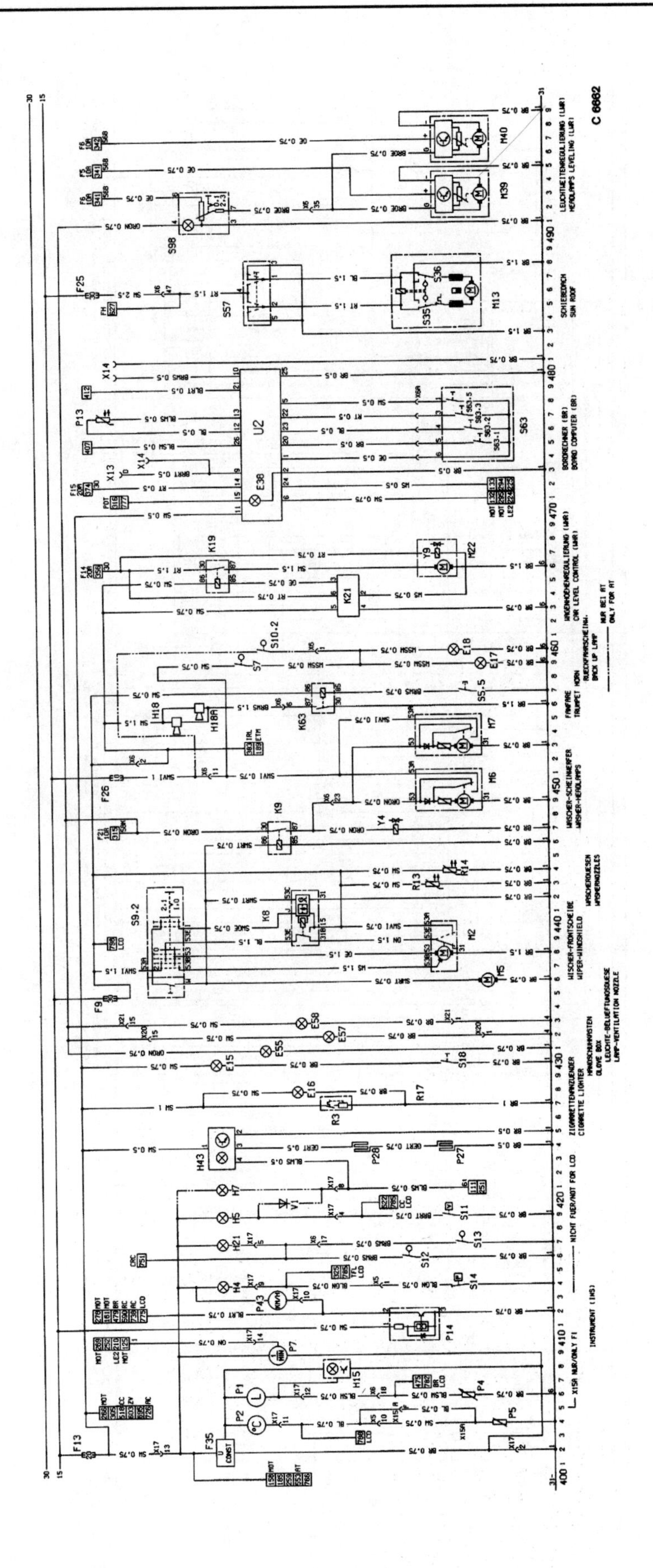

Kopplingsschema för Senator före 1993 (fortsättning)

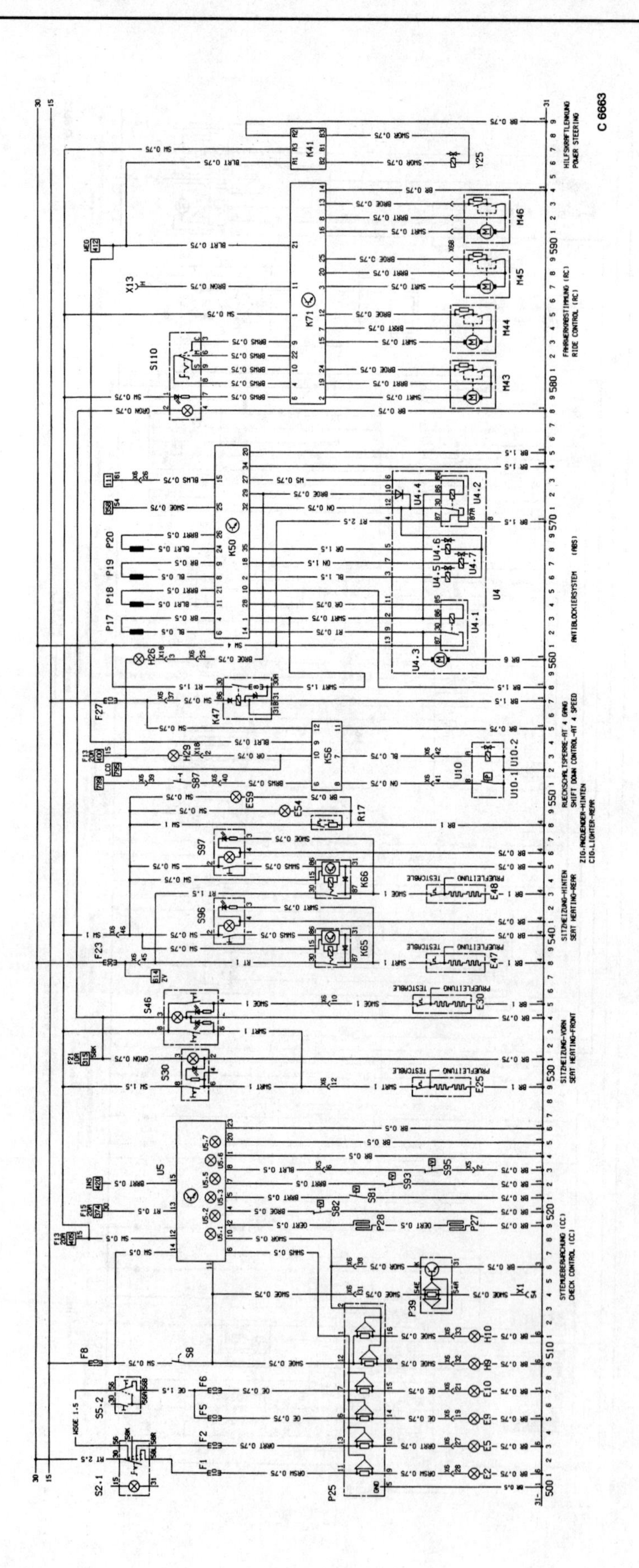

Kopplingsschema för Senator före 1993 (fortsättning)

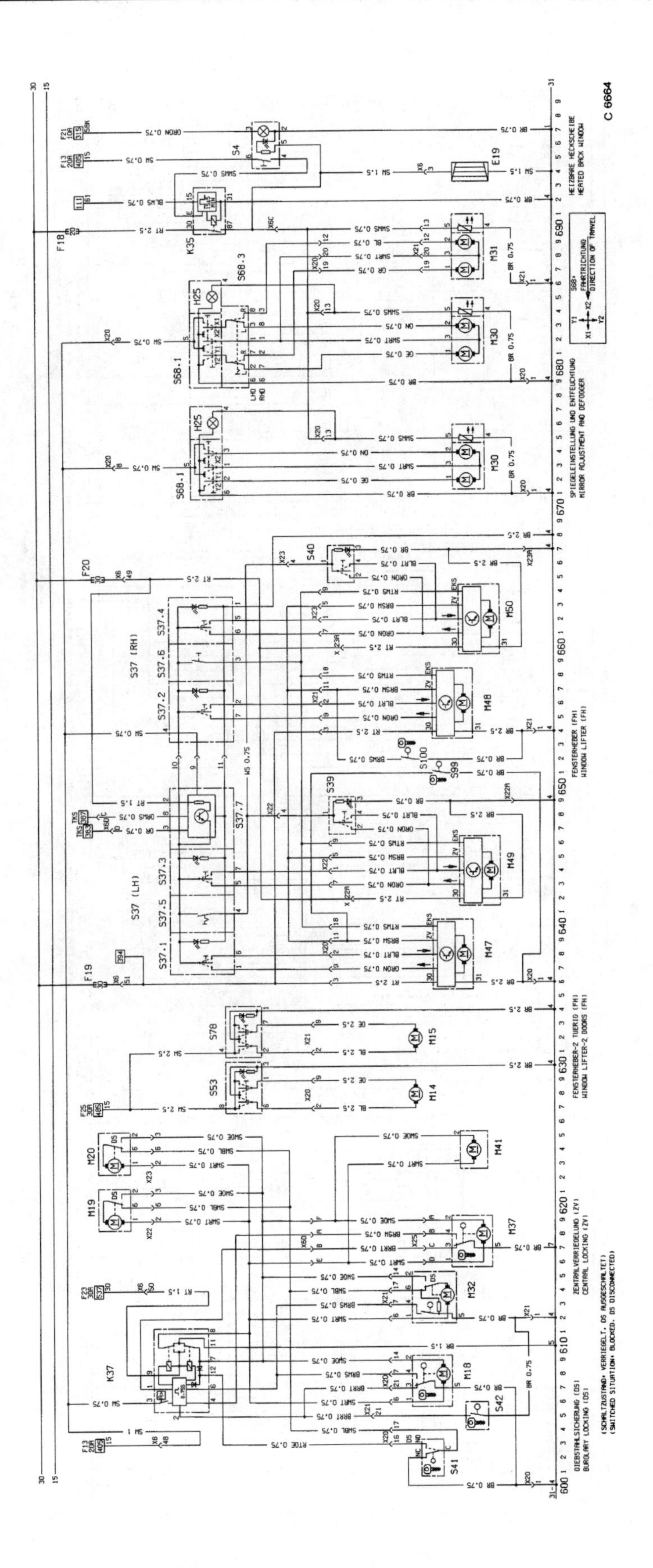

Kopplingsschema för Senator före 1993 (fortsättning)

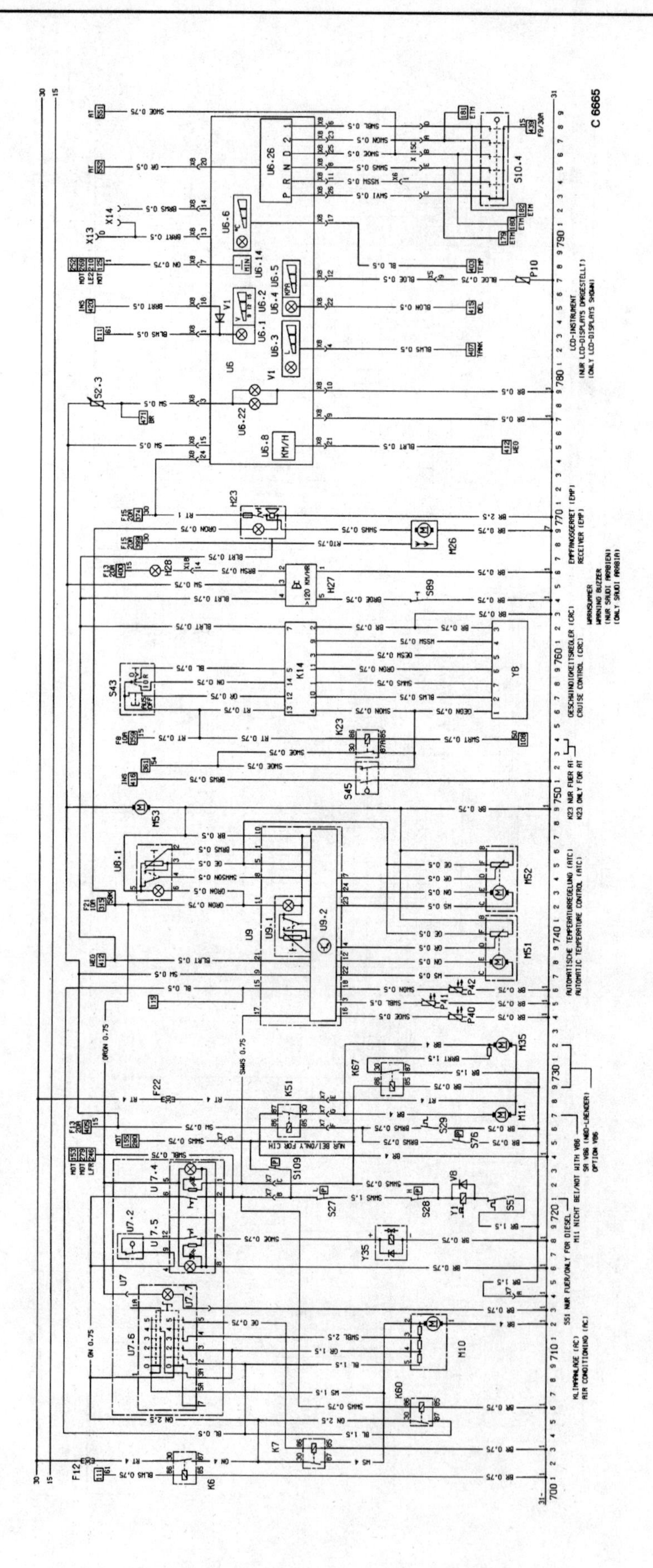

Kopplingsschema för Senator före 1993 (fortsättning)

Komponentförteckning till kopplingsscheman för Senator fr o m 1993

Nr	Beskrivning	Placering
P20	ABS hjulhastighetsgivare höger bak	568, 569
P18	ABS hjulhastighetsgivare höger fram	564, 565
P19	ABS hjulhastighetsgivare vänster bak	566, 567
P17	ABS hjulhastighetsgivare vänster fram	562, 563
U4.3	ABS hydraulpump	560
U4.4	ABS hydraulpump diod	572
U4	ABS hydraulpumpenhet	560 till 573
H26	ABS indikeringslampa	560
U4.1	ABS pumprelä	561 till 564
U4.7	ABS solenoid bakaxel	567
U4.6	ABS solenoid höger fram	568
U4.5	ABS solenoid vänster fram	566
U4.2	ABS solenoidventil relä	570 till 573
K50	ABS tidsstyrning	562 till 575
M26	Antenn motordriven	768, 769
H23	Antenn motordriven, mottagare	769, 770
U10	Automatväxellåda 4-stegs, kraftöverföringsenhet	551 till 553
U10.1	Automatväxellåda 4-stegs, solenoidventil	553
S87	Automatväxellåda 4-stegs, strömställare	551
U10.1	Automatväxellåda 4-stegs, tryckkontakt	551
H29	Automatväxellåda 4-stegs, varningslampa	553
S10	Automatväxellåda kontaktenhet	
Y36	Automatväxellåda solenoidventil (1)	181
Y37	Automatväxellåda solenoidventil (2)	182
Y38	Automatväxellåda solenoidventil (momentomvandlare)	183
S10.1	Automatväxellåda startkontakt	107
P14	Avståndsgivare	411, 412
E18	Backljus höger	460
E17	Backljus vänster	459
S7	Backljuskontakt	459
S10.2	Backljuskontakt	460
E13	Bagageutrymmesbelysning	397
S15	Bagageutrymmesbelysning kontakt	397
U5.1	Bakljus & halvljus, varningslampa	518
E5	Bakljus höger	310, 503
E2	Bakljus vänster	307, 501
K35	Bakruta & ytterbackspeglar, fördröjningsrelä	690 till 692
G1	Batteri	101
G3	Batteri (diesel)	249
E28	Belysning baksäten höger	394, 395
E27	Belysning baksäten vänster	392, 393
E41	Belysning baksäten, fördröjning	382 till 384
S2.2	Belysning baksäten, strömställare	381
E49	Belysning säkringsdosa	380
S63.5	Belysningsomkopplare	478
H3	Blinkerns indikeringslampa	374, 375
H14	Blinkers höger bak	379
H13	Blinkers höger fram	378
H12	Blinkers vänster bak	371
H11	Blinkers vänster fram	370
K2	Blinkersenhet	365 till 367
S5.3	Blinkersomkopplare	377 till 379
S5	Blinkersreglageenhet	
P28	Bromsbelägg slitagevarnare, höger fram	424
P28	Bromsbelägg slitagevarnare, höger fram	519
P27	Bromsbelägg slitagevarnare, vänster fram	424
P27	Bromsbelägg slitagevarnare, vänster fram	519
H43	Bromsbelägg varningslampa, fram	423 till 425
U5.5	Bromsbelägg varningslampa, fram	522
H10	Bromsljus höger	360, 511
H9	Bromsljus vänster	359, 509

Nr	Beskrivning	Placering
S8	Bromsljuskontakt	360, 509
H5	Bromsvätskenivå indikeringslampa	419
S11	Bromsvätskenivå kontakt	419
S81	Bromsvätskenivå kontakt	521
V1	Bromsvätskenivå testdios	420, 784
Y7	Bränsleinsprutare	135 till 146, 227 till 238, 285 till 292
X15A	Bränsleinsprutningens kontaktdon 10-stifts	Olika
X15B	Bränsleinsprutningens kontaktdon 8-stifts	176, 179, 185, 187, 188
K68	Bränsleinsprutningens relä	296 till 299
K68	Bränsleinsprutningens reläenhet	126 till 130
K15	Bränsleinsprutningens tidsstyrning	220 till 239
P4	Bränslenivågivare	406
H15	Bränslenivåmätare	408
P1	Bränslenivåmätare	406
U6.3	Bränslenivåmätare	782
M21	Bränslepump	126, 216, 297
K31	Bränslepumpens relä	216 till 218
K37	Centrallås. styrenhet	606 till 611
S42	Centrallåsets kontakt passagerardörr	605
M37	Centrallåsmotor bagagelucka	616 till 619
M18	Centrallåsmotor förardörr	606 till 609
M20	Centrallåsmotor höger bakdörr	623 till 625
M32	Centrallåsmotor passagerardörr	612 till 615
M41	Centrallåsmotor tanklock	623, 625
M19	Centrallåsmotor vänster bakdörr	619 till 621
X6D	Chassi/dörrkablagets kontaktdon 6-stifts	647, 648
X6B	Chassikablagets kontaktdon 8-stifts	587 till 593
X6	Chassikablagets kontaktdon	Olika
X6A	Chassikablagets kontaktdon 5-stifts	474 till 478
X6D	Chassikablagets kontaktdon 6-stifts	616 till 619
E16	Cigarettändarbelysning	428
E54	Cigarettändarbelysning bak	549
R3	Cigarettändare	427
R17	Cigarettändare bak	548
Y35	Cirkulationens solenoidventil	718
U7.5	Cirkulationsströmställare	716 till 718
U7.2	Defrostreglagets ändläge, kontakt	717 till 720
S22	Dimljus bak strömställare	352 till 355
E21	Dimljus höger	347
E39	Dimljus höger bak	353
S21	Dimljus strömställare	348 till 350
E20	Dimljus vänster	346
E24	Dimljus vänster bak	352
K5	Dimljusrelä	347, 348
U6.22	Displaybelysning	777, 778
S32	Dörrkontakt höger bak	386
S17	Dörrkontakt höger fram (TKS)	384
S31	Dörrkontakt vänster bak	385
E53	Dörrlampa höger bak	392
E52	Dörrlampa vänster bak	391
K14	Farthållare	756 till 762
S45	Farthållarens kopplingskontakt	751, 752
K23	Farthållarens relä	753, 754
S43	Farthållarens strömställare	756 till 759
Y8	Farthållarens styrning	756 till 762
U7.7	Fläktens strömställare, lampa	714
U2	Färddator	470 till 481
S63.1	Färddator, nollställning av funktioner	475
S63	Färddatorns kontaktenhet	

Komponentförteckning till kopplingsscheman för Senator fr o m 1993 (fortsättning)

Nr	Beskrivning	Placering
E38	Färddatorns lampa	471
S99	Fönsterhiss strömställare, förardörr (ZV)	651
S37.2	Fönsterhiss strömställare, höger	655 till 657
S37.4	Fönsterhiss strömställare, höger bak	661 till 663
S40	Fönsterhiss strömställare, höger bakdörr	665 till 667
S78	Fönsterhiss strömställare, höger fram	631 till 634
S100	Fönsterhiss strömställare, passagerardörr (ZV)	652
S37.1	Fönsterhiss strömställare, vänster	637 till 639
S37.3	Fönsterhiss strömställare, vänster bak	643 till 645
S39	Fönsterhiss strömställare, vänster bakdörr	647 till 649
S53	Fönsterhiss strömställare, vänster fram	627 till 630
S37	Fönsterhiss, strömställarenhet	637 till 663
M50	Fönsterhissmotor höger bak	660 till 664
M15	Fönsterhissmotor höger fram	631,633
M48	Fönsterhissmotor höger fram	654 till 658
M49	Fönsterhissmotor vänster bak	642 till 646
M47	Fönsterhissmotor vänster fram	636 till 640
M14	Fönsterhissmotor vänster fram	627, 629
S37.7	Fönsterhisstyrning	646 till 649
H16	Förvärmningens tidsindikering	259
K25	Förvärmningens tidsrelä	259 till 262
G2	Generator	111
G6	Generator (diesel)	251
R5	Glödstift	263
Y11	Hall-sensor	205 till 207
S5.2	Halvljus	507
E10	Halvljus höger	340, 507
E9	Halvljus vänster	339, 505
S5.2	Halvljus, strömställare	338, 339
H21	Handbromsens & kopplingens indikeringslampa	417
S13	Handbromskontakt	417
E15	Handskfacksbelysning	430
U6.26	Hastighetsindikator	793 till 798
S10.4	Hastighetsindikator, strömställare	793 till 798
P43	Hastighetsmätare	413
U6.8	Hastighetsmätare	775
E8	Helljus höger	338
E7	Helljus vänster	337
H8	Helljus, indikeringslampa	336
K4	Helljusrelä	343, 344
S28	Högtryckskompressor >2800KPA, kontakt	721
S76	Högtryckskompressor strömställare (fläkt)	725
X17	Instrument, kontaktdon 14-stifts	Olika
X18	Instrument, kontaktdon 16-stifts	Olika
E11	Instrumentbelysning	316
S2.3	Instrumentbelysning, dimmer	315
S2.3	Instrumentbelysningens dimmer	778
X6C	Kablage kontaktdon dörr 2-stifts	690, 691
X15A	Kablage kontaktdon F1 10-stifts	Olika
X15D	Kablage kontaktdon F1 3-stifts	Olika
X15B	Kablage kontaktdon F1 8-stifts	281, 143
X20	Kablage kontaktdon förardörr	olika
X21	Kablage kontaktdon passagerardörr	olika
X21	Kablage passagerardörr, kontaktdon	433
Y30	Kallstartventil	266
S104	Kick-downkontakt	179
P3	Klocka	363
S63.2	Klocka, inställning timmar	476
E32	Klockans belysning	362
S37.6	Klämningsskydd, strömställare (EKS)	659
S63.3	Knapp för val av funktion	477
S109	Kompressor (Motronic) > 1200KPA, kontakt	723
S51	Kompressor temperaturkontakt	721
V8	Kompressorns diod	722

Nr	Beskrivning	Placering
U7.4	Kompressorns strömställare	721 till 723
S18	Kontakt för handskfacksbelysning	430
X25	Kontaktdon bagagelucka 4-stifts	616 till 619
X20	Kontaktdon förardörrens kablage	432
X23	Kontaktdon höger bakdörr	Olika
X23A	Kontaktdon höger bakdörr 2 stifts	392, 660, 667
X22	Kontaktdon vänster bakdörr	olika
X22A	Kontaktdon vänster bakdörr 2-stifts	391, 642, 649
S12	Kopplingens styrkontakt	416
S29	Kylarfläkt temperaturkontakt	726
M11	Kylarfläktmotor	727
M35	Kylarfläktmotor	732
M4	Kylarfläktmotor	193
K51	Kylarfläktrelä	726, 727
F31	Kylarfläktrelä	193
K24	Kylarfläktrelä	193, 194
K67	Kylarfläktrelä	729, 730
S93	Kylvätska, strömställare	522
P12	Kylvätska, temperaturgivare	148, 241, 242, 275
P5	Kylvätska, temperaturgivare	404
P2	Kylvätska, temperaturmätare	404
U6.6	Kylvätska, temperaturmätare	791
S29	Kylvätska, termokontakt	194
U5.7	Kylvätskenivå varningslampa	525
H7	Laddningens indikeringslampa	421
U6.1	Laddningens indikeringslampa	782
P32	Lambdasond	132, 133, 293, 294
E59	Lampa bakre luftmunstycke	550
E50	Lampa förardörr	389
E51	Lampa passagerardörr	390
P25	Lamptest, givare	500 till 513
X8	LCD-instrument kontaktdon 26-stifts	
H41	LCD-instrumentbelysning	317
U6	LCD-instrumentenhet	774 till 798
S2.1	Ljusomkopplare	305 till 308, 502, 503
S2	Ljusomkopplarenhet	
P11	Luftflödesmätare	152 till 156, 230 till 234, 282 till 286
M10	Luftkonditioneringens fläktmotor	709 till 712
U7.6	Luftkonditioneringens fläktomkopplare	706 till 713
K7	Luftkonditioneringens fläktrelä	702, 703
Y1	Luftkonditioneringens kompressorkoppling	721
K60	Luftkonditioneringens kompressorrelä	705, 706
X7	Luftkonditioneringens kontaktdon, kablage	714, 721, 722, 725 till 728
U7	Luftkonditioneringens reglageenhet	706 till 723
K6	Luftkonditioneringens relä	701, 702
M51	Luftmunstycken styrning, förarsida	737 till 741
M52	Luftmunstycken styrning, passagerarsida	742 till 746
E58	Luftmunstyckets lampa, höger	433
E55	Luftmunstyckets lampa, mittre	433
E57	Luftmunstyckets lampa, vänster	432
S27	Lågtryckskompressor >215KPA, kontakt	721
X5	Motorkablage kontaktdon	Olika
S95	Motoroljenivå varningskontakt	523
E6	Motorrumsbelysning	318
X15C	Motronic kablage, kontaktdon 5-stifts	793, 795 till 798
K61	Motronic styrenhet	131 till 164, 269 till 295
E3	Nummerplåtsbelysning	313
X26	Oktanplugg	150, 277
U5.3	Oljenivå varningslampa	521

Komponentförteckning till kopplingsscheman för Senator fr o m 1993 (fortsättning)

Nr	Beskrivning	Placering
S75	Oljetemperaturkontakt	207
H4	Oljetryck, varningslampa	414
U6.4	Oljetryck, varningslampa	785
P10	Oljetryckgivare	787
S14	Oljetryckkontakt	414
U6.5	Oljetryckmätare	787
E4	Parkeringsljus höger	309
E1	Parkeringsljus vänster	306
S5.4	Parkeringsljus, strömställare	301 till 303
H42	Programindikering ETM	185
X14	Programmeringskontakt	474, 480, 481, 791, 792
S106	Programmeringsomkopplare ekonomi/sport	185
S105	Programmeringsomkopplare vinterläge AT	187 till 189
K21	Reglerbara stötdämpare, givare	463 till 465
M22	Reglerbara stötdämpare, kompressor	466
K19	Reglerbara stötdämpare, relä	465, 466
Y9	Reglerbara stötdämpare, solenoidventil	467
S110	Reglerbara stötdämpare, strömställare	578 till 583
K71	Reglerbara stötdämpare, styrning	579 till 594
E23	Riktad lampa höger	345
E22	Riktad lampa vänster	344
H34	Sidoblinkers höger	376
H33	Sidoblinkers vänster	373
H18	Signalhorn	455
H18A	Signalhorn	456
S5.5	Signalhorn, strömställare	457
K63	Signalhornets relä	456, 457
K47	Skyddsrelä överspänning (ABS)	557, 558
K10	Släpvagn, blinkersenhet	365 till 367
P39	Släpvagn, givare lamptest	514 till 516
H17	Släpvagn, indikeringslampa blinkers	366
X1	Släpvagnskontakt	Olika
Y5	Solenoidventil bränsle	264
S82	Spolarvätskenivå, kontakt	520
U5.6	Spolarvätskenivå, varningslampa	524
F35	Spänningsregulator	402
M1	Startmotor	106, 107
M12	Startmotor (diesel)	256, 257
S1	Startmotor brytare	106, 107, 256, 257
M40	Strålkastare, justeringsmotor höger	496 till 499
M39	Strålkastare, justeringsmotor vänster	492 till 495
S98	Strålkastare, justeringsomkopplare	491 till 493
K9	Strålkastarspolning, relä	446, 447
Y4	Strålkastarspolning, solenoidventil	447
K62	Styrenhet (dim-dip) GB	328 till 332
K70	Styrenhet ETM	171 till 188
K56	Styrenhet nedväxling	551 till 555
Y25	Styrservons solenoidventil	596
K41	Styrservons styrenhet	596 till 598
S41	Stöldskyddssystemets låsknapp förarsida	602 till 604
M46	Stötdämparstyrning höger bak	591 till 593
M44	Stötdämparstyrning höger fram	583 till 585
M45	Stötdämparstyrning vänster bak	587 till 589
M43	Stötdämparstyrning vänster fram	579 till 581
H28	Säkerhetsbälte, varningslampa	766
S89	Säkerhetsbälteskontakt	764
S37.5	Säkerhetskontakt	641
F1 - F27	Säkringar (i säkringsdosa)	Olika
E25	Sätesvärme förarsäte	529
E48	Sätesvärme höger baksäte	543
E30	Sätesvärme passagerarsida	535
E47	Sätesvärme vänster baksäte	538
S46	Sätesvärmens strömställare framsäten	533 till 535
S30	Sätesvärmens strömställare förarsida	529 till 531
S97	Sätesvärmens strömställare höger baksäte	545 till 547
S96	Sätesvärmens strömställare vänster baksäte	540 till 542
K66	Sätesvärmerelä höger baksäte	543 till 545
K65	Sätesvärmerelä vänster baksäte	538 till 540
S35	Takluckans mikrobrytare	485
S36	Takluckans mikrobrytare	487
M13	Takluckans motor	485 till 488
S57	Takluckans strömställare	484 till 488
Y34	Tankavluftning, solenoidventil	131, 298
S74	Temperatur strömställare	209
P13	Temperaturgivare extern	477
P40	Temperaturgivare extern	734
M53	Temperaturgivare kupé, fläkt	749
P41	Temperaturgivare kupé, förarsida	735
P42	Temperaturgivare kupé, passagerarsida	736
S88	Temperaturkontakt kylvätska	266, 267
U8	Temperaturreglage förarsida	
U8.1	Temperaturreglage förarsida	743 till 746
U9	Temperaturreglage passagerarsida	734 till 747
U9.1	Temperaturreglering, potentiometer	740 till 742
X13	Testkontaktdon	Olika
M33	Tomgångsreglering, manövrering	148, 149, 243 till 245
Y31	Tomgångsreglering, styrning	267
K40	Tomgångsregulator elektronisk	242 till 247
M7	Torkarmotor höger strålkastare	453 till 455
M6	Torkarmotor vänster strålkastare	449 till 451
S107	Trottelventilens ETM-kontakt	223 till 228
S107	Trottelventilens ETM-kontakt	161 till 167
S44	Trottelventilkontakt	158, 159, 219, 221, 271, 272
Y22	Tändfördelare EAI	209
Y33	Tändfördelare MHDI	124, 272
K46	Tändlägesstyrning EAI	204 till 212
K52	Tändspolemodul	202, 203
L2	Tändspolens Hall-sensorsystem	203, 204
L3	Tändspolens HEI induktiva sensorsystem	270, 271
L3	Tändspolens sensorsystem	122, 123
E19	Uppvärmd bakruta	694
S4	Uppvärmd bakruta, omkopplare	695 till 697
H25	Uppvärmda backspeglar, indikeringslampa	676, 685
R14	Uppvärmt spolarmunstycke höger	444
R13	Uppvärmt spolarmunstycke vänster	443
S66	Vakuum ISC-kontakt	208
H6	Varningsblinkers indikeringslampa	369
S52	Varningsblinkers strömställare	367 till 372
S47	Varningskontakt öppnen dörr/ påslagna strålkastare	387, 388
U5.2	Varningslampa bromsljus	519
H30	Varningslampa motor	158, 274
H19	Varningssummer påslagna strålkastare	388, 389
H27	Varningssummer varningssystem	764 till 765
U5	Varningssystemets displayenhet	517 till 526
K59	Varselljusrelä	319 till 325
P7	Varvräknare	409
U6.14	Varvräknare	788
P35	Vevaxelns induktiva givare	289 till 291
P35	Vevaxelns pulsgivare	136 till 138
M5	Vindrutespolarpump	436
S9.2	Vindrutetorkare intervallomkopplare	436 till 440
K8	Vindrutetorkare intervallrelä (i säkringsdosa)	439 till 442
S9	Vindrutetorkare omkopplarenhet	
M2	Vindrutetorkarmotor	437 till 440
U6.2	Voltmeter	783 till 785

Förklaringar till kopplingsscheman för Senator fr o m 1993 (fortsättning)

Nr	Beskrivning	Placering
M3	Värmeenhetens fläktmotor	116 till 119
S3	Värmeenhetens fläktmotor, omkopplare	115 till 120
E12	Växelväljarens belysning	314
M31	Ytterbackspegel passagerarsida	687 till 690
S68.3	Ytterbackspegel, strömställare höger/vänster	680 till 684
S38.1	Ytterbackspegel, strömställare justering	671 till 674, 679 till 683
S68	Ytterbackspegel, strömställarenhet	
M30	Ytterspegel styrning & uppvärmning, vänster	672 till 675, 681 till 684

Färgkod, förkortningar och kabelmärkning se sid 12•30

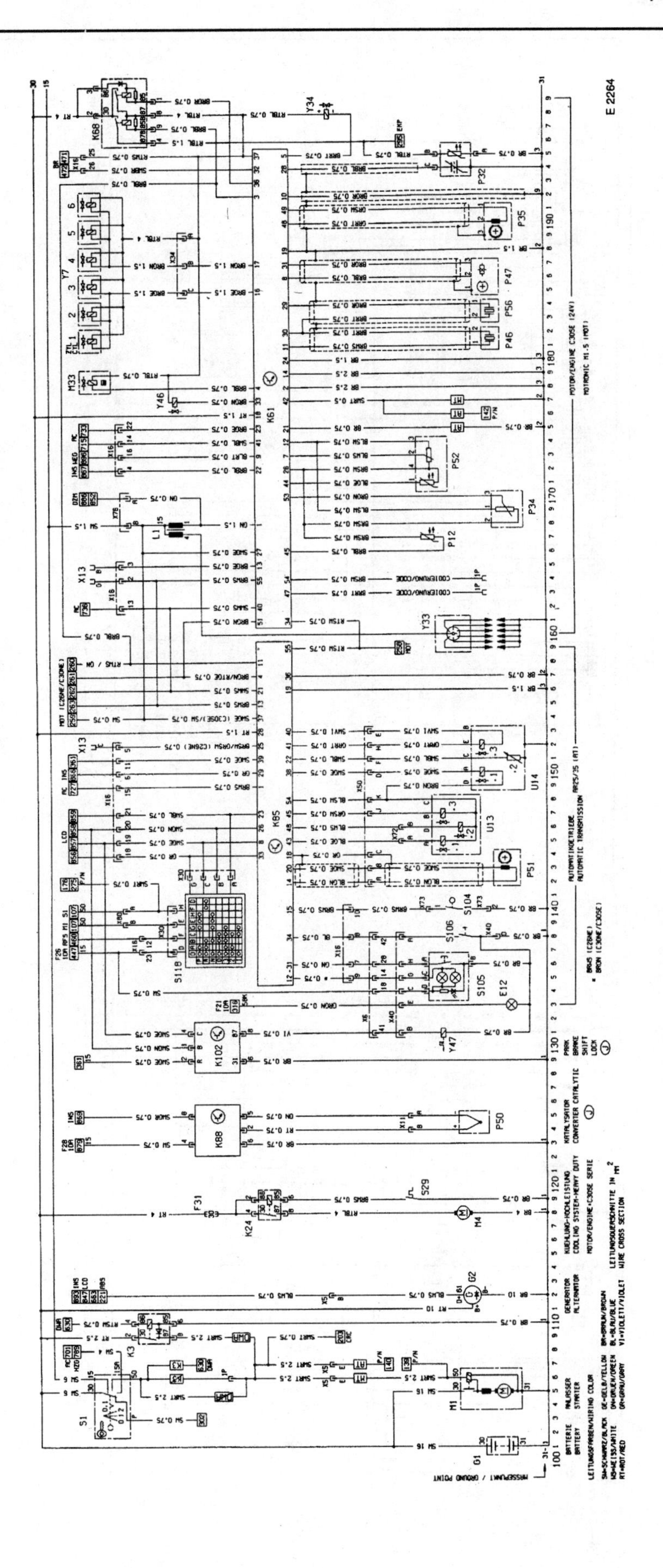

Kopplingsschema för Senator fr o m 1993

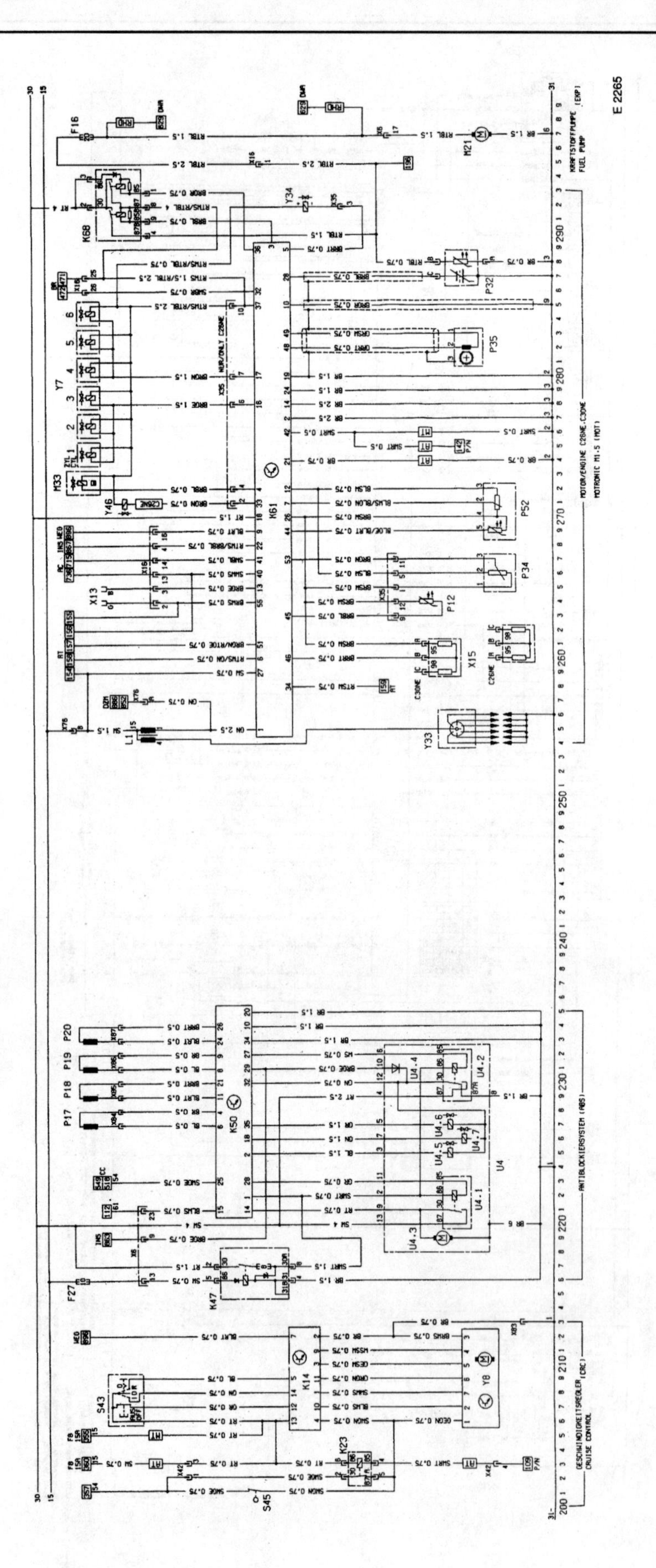

Kopplingsschema för Senator fr o m 1993 (fortsättning)

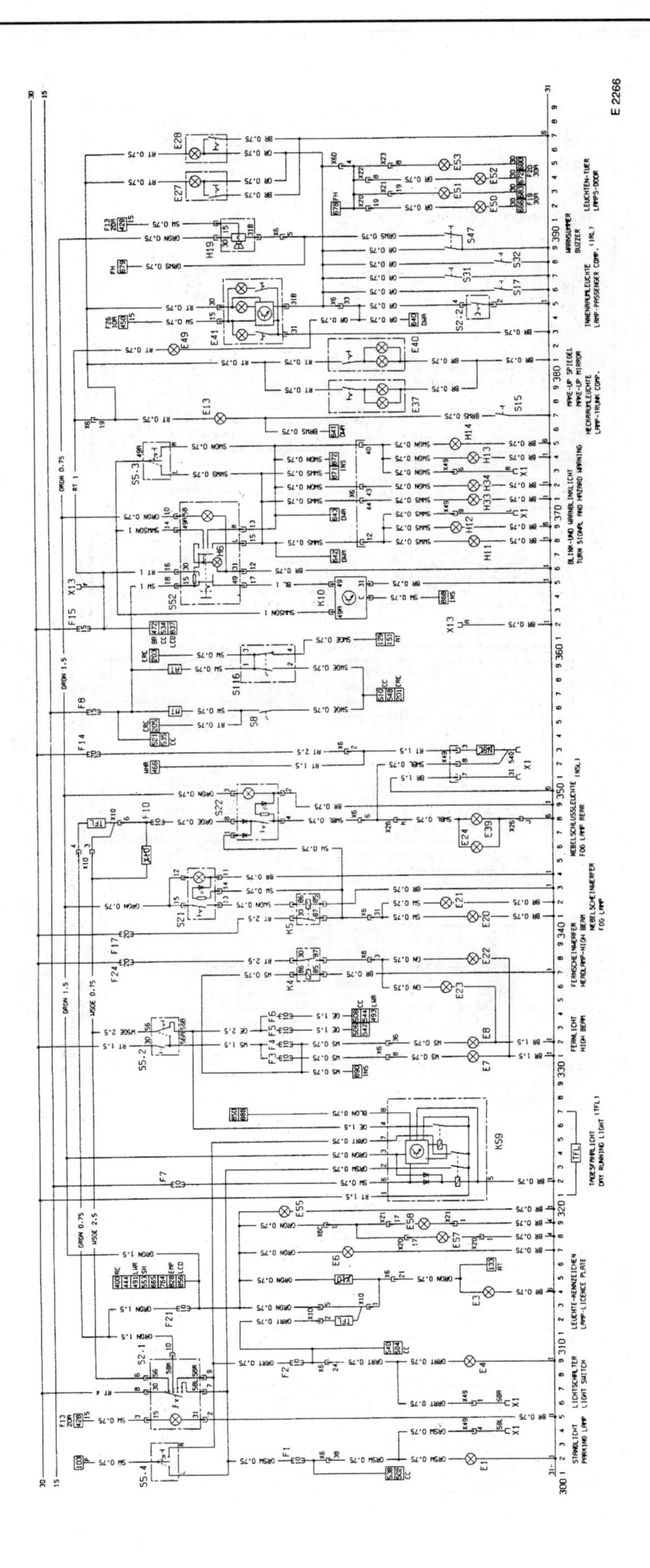

Kopplingsschema för Senator fr o m 1993 (fortsättning)

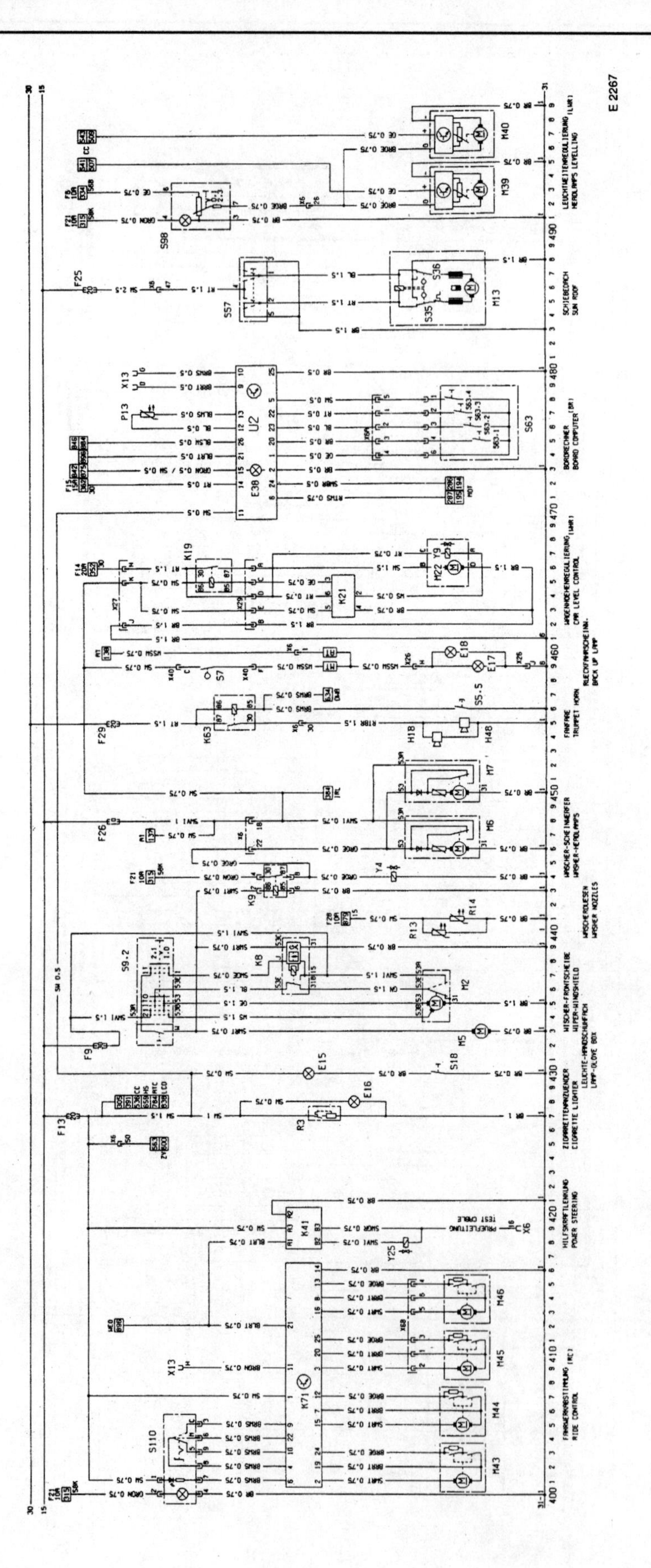

Kopplingsschema för Senator fr o m 1993 (fortsättning)

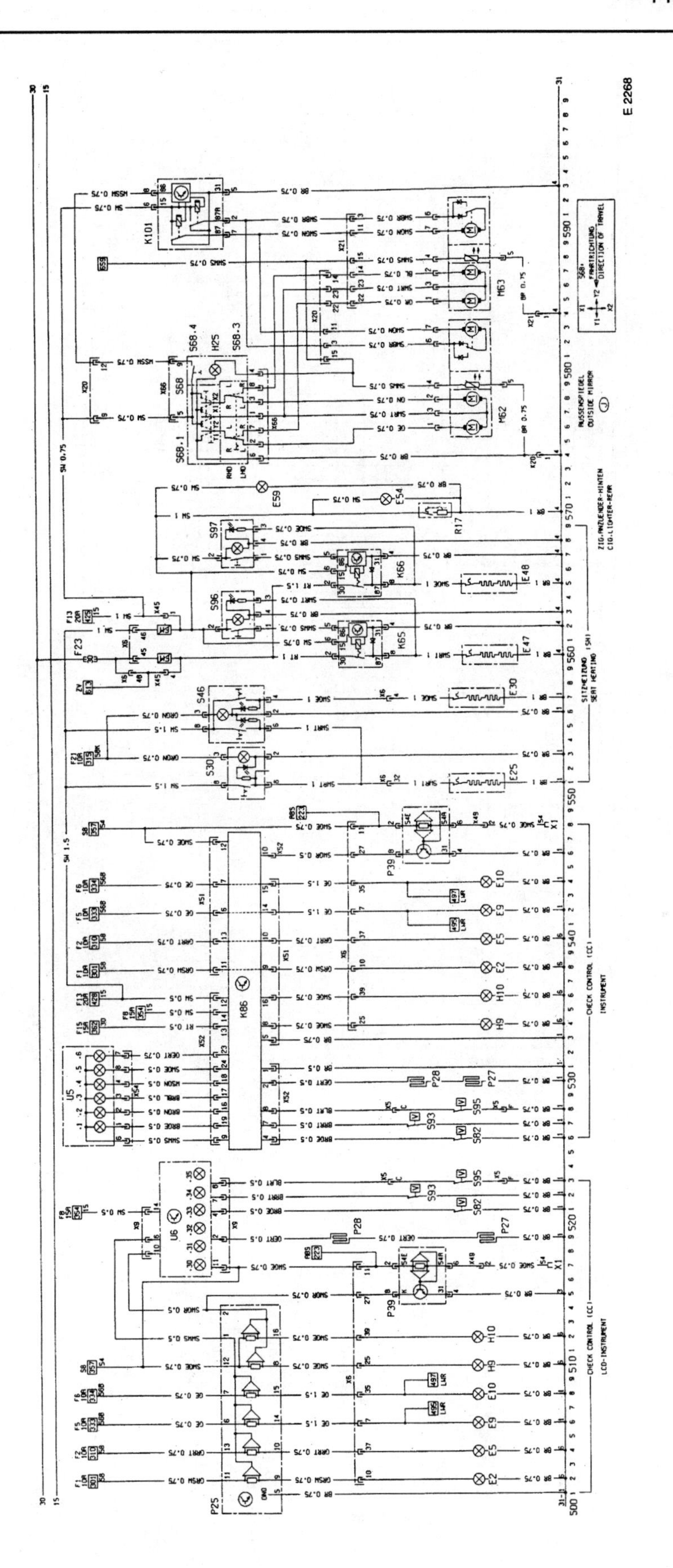

Kopplingsschema för Senator fr o m 1993 (fortsättning)

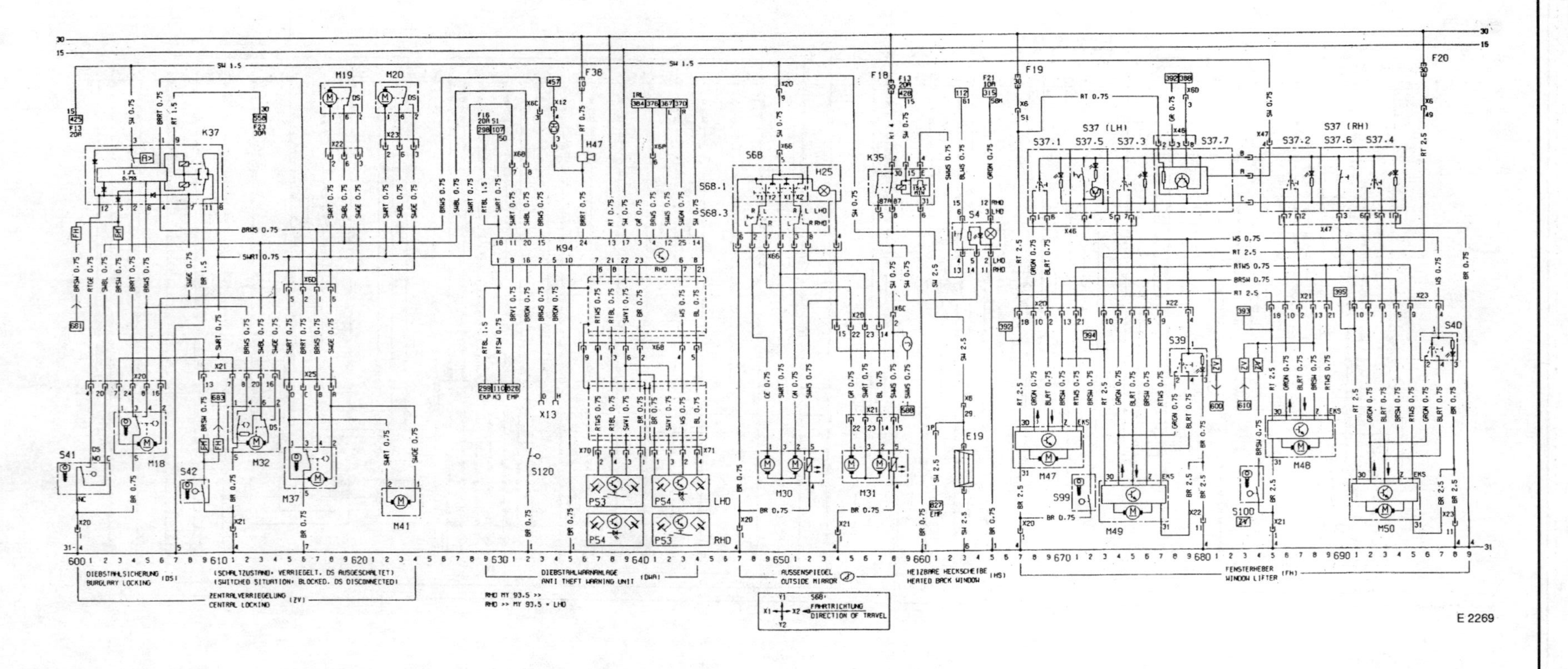

Kopplingsschema för Senator fr o m 1993 (fortsättning)

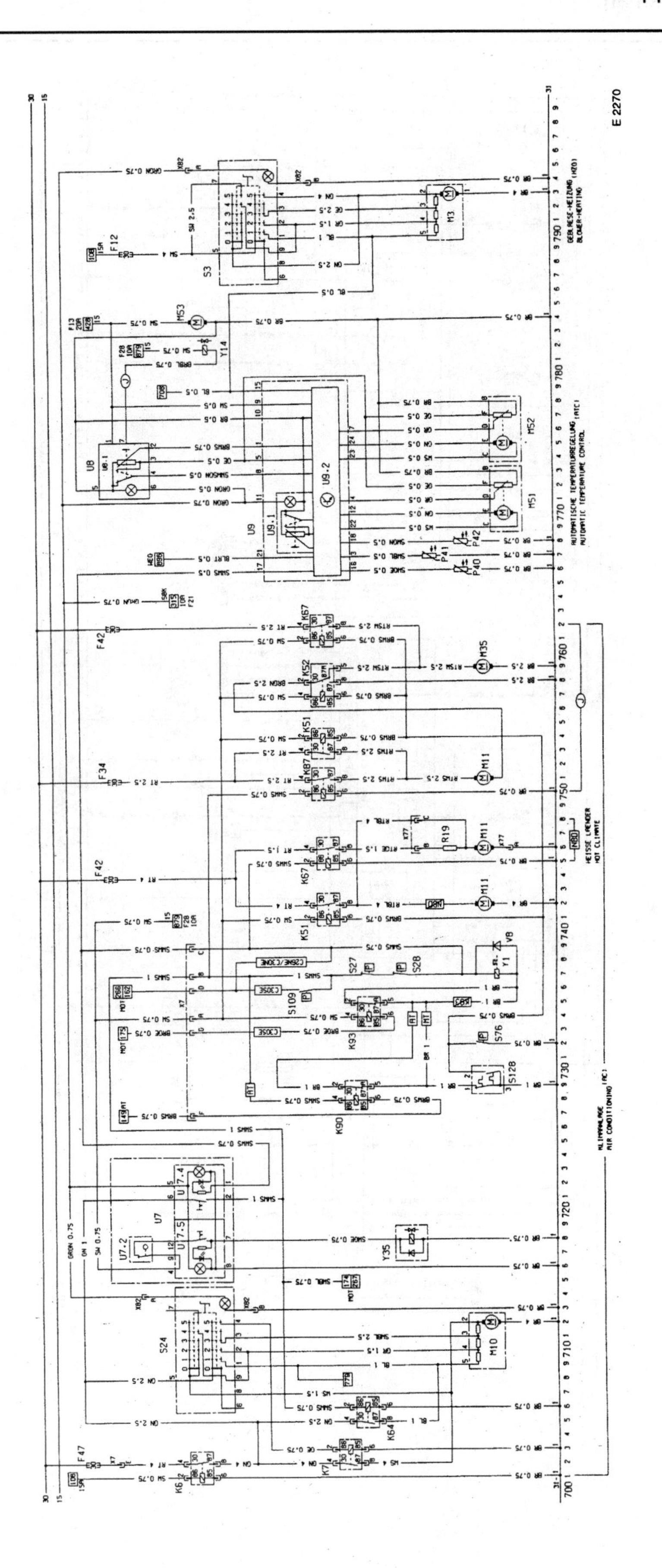

Kopplingsschema för Senator fr o m 1993 (fortsättning)

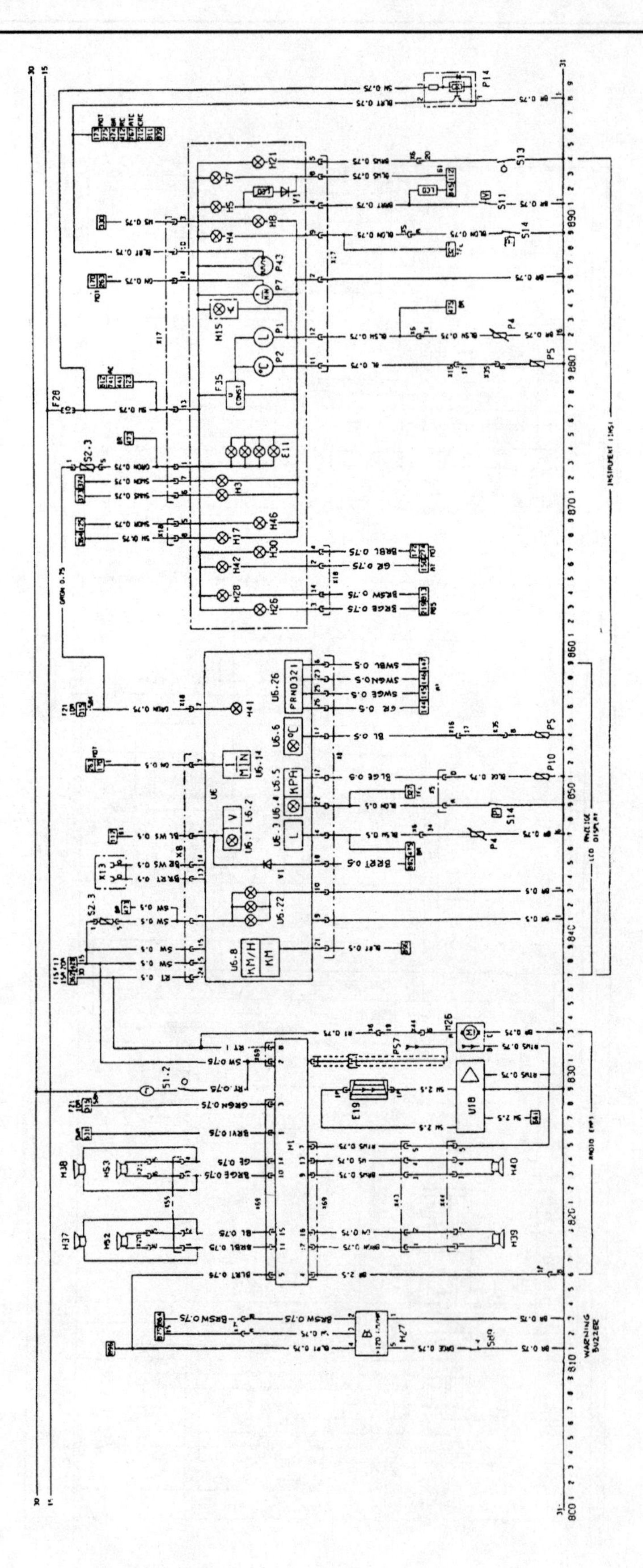

Kopplingsschema för Senator fr o m 1993 (fortsättning)

Mått och vikter

Observera: *Alla uppgifter är ungefärliga och kan variera beroende på modell. Se tillverkarens data för exakta måttuppgifter.*

Mått

Omega

Total längd:	
Sedanmodeller	4738 mm
3000 GSi	4742 mm
Kombimodeller	4768 mm
Total bredd:	
Förutom 3000 GSi	1760 mm
3000 GSi	1772 mm
Total höjd (olastad):	
Sedanmodeller	1448 mm
3000 GSi	1425 mm
Kombimodeller (förutom 3,0 24V)	1483 mm
3,0 24V Kombimodeller	1530 mm

Senator

Total längd	4845 mm
Total bredd	1763 mm
Total höjd (olastad)	1452 mm

Vikter

Omega

Tjänstevikt*:	
1,8 sedan med manuell växellåda	1265 kg
3,0 24V GSi med automatväxellåda och luftkonditionering	1515 kg
Maximal total fordonsvikt*:	
1,8 sedan med manuell växellåda	1955 kg
3,0 24V GSi med automatväxellåda och luftkonditionering	2015 kg
Maximal last på takräcke	100 kg

Senator

Tjänstevikt*:	
2,5 med manuell växellåda	1445 kg
3,0i 24V CD med automatväxellåda och luftkonditionering	1574 kg
Maximal total fordonsvikt*:	
2,5 med manuell växellåda	2005 kg
3,0i 24V CD med automatväxellåda och luftkonditionering	2065 kg
Maximal last på takräcke	100 kg

**Beror på modell och utförande.*

Inköp av reservdelar

Reservdelar tillhandahålls av ett antal återförsäljare som t ex auktoriserade Opelverkstäder, tillbehörsbutiker och andra verkstäder. För att vara säker på att erhålla korrekt reservdel måste man ibland ange bilens identifikationsnummer. Om det är möjligt kan det vara lämpligt att ta med sig den gamla delen vid inköp av en ny. Startmotorer och generatorer kan finnas tillgängliga som ut-bytesdelar. Delar som byts in skall vara rengjorda.

Här följer ett antal råd och tips beträffande inköp av reservdelar.

Auktoriserade Opelverkstäder

Detta är det bästa stället att köpa specialdelar till en viss bilmodell och som inte finns allmänt tillgängliga (t ex dekaler, invändig klädsel, vissa karossdelar och liknande). Om bilens garanti fortfarande gäller bör man endast köpa reservdelar hos auktoriserade verkstäder.

Tillbehörsbutiker

Här kan man köpa utrustning och delar som behövs för bilens löpande underhåll (olja, luft- och bränslefilter, glödlampor, drivremmar, fett, bromsklossar, bättringsfärg etc). Denna typ av förbrukningsmateriel är hos etablerade tillbehörsbutiker i allmänhet av samma kvalitet som biltillverkarens originaldelar.

Förutom förbrukningsmateriel säljer dessa butiker även verktyg och allmänna biltillbehör. De har vanligtvis bekväma öppettider, låga priser och finns oftast nära tillhands. Vissa tillbehörsbutiker har diskar där man kan införskaffa eller beställa i princip alla typer av bildelar.

Övriga verkstäder

Välsorterade motorverkstäder lagerhåller de viktigaste förslitningsdelarna. De tillhandahåller ibland även separata delar som krävs för reparation av en större enhet (t ex bromstätningar, hydraulkomponenter, lagerskålar, kolvar, ventiler etc). Motorverkstäder utför även borrningar av motorblock, slipning av vevaxlar etc.

Däck- och avgasspecialister

Denna typ av verkstäder kan vara oberoende eller en del av en större kedja. De är ofta prisvärda när man jämför med en auktoriserad eller annan verkstad, men det lönar sig att jämföra noggrant innan man bestämmer sig. När man jämför priser bör man även fråga vilka extra avgifter som tillkommer. T ex tar man ofta extra betalt för montering av en ny ventil och balansering av däcket när man köper ett nytt däck.

Andra återförsäljare

Se upp med tillbehör och delar som kan erhållas från marknader, tillfälliga försäljningsställen och liknande. Denna typ av delar behöver inte vara av dålig kvalitet, men det är mycket svårt att få pengarna tillbaka om det visar sig vara dåliga. Vid delar som är avgörande för säkerheten som t ex bromsklossar föreligger inte bara risken för ekonomisk förlust utan även för olycka med personskador som följd.

Begagnade delar eller detaljer som erhållits från bilskrotfirmor kan vara ett bra alternativ i vissa fall. Man bör dock vara erfaren gör-det-självare innan man gör sådana inköp.

Bilens identifikationsnummer

Modifieringar är en ständigt pågående process i biltillverkningen som inte nödvändigtvis följer de större modellförändringarna. Reservdelshandböcker och reservdelslistor sammanställs med hjälp av sifferkombinationer. Bilens identifieringsnummer är av avgörande betydelse vid identifieringen av korrekt del.

När man beställer reservdelar skall man alltid lämna så mycket information som möjligt. Ange bilmodell, tillverkningsår samt registrerings-, chassi- och motornummer.

Plåten med *bilens identifikationsnummer* är fastnitad på karossen ovanför kylaren. Bilens identifieringsnummer är även instansat i golvet under mattan mellan passagerardörren och sätet **(se bilder).**

Motornumret är instansat på motorblockets vänstra yta.

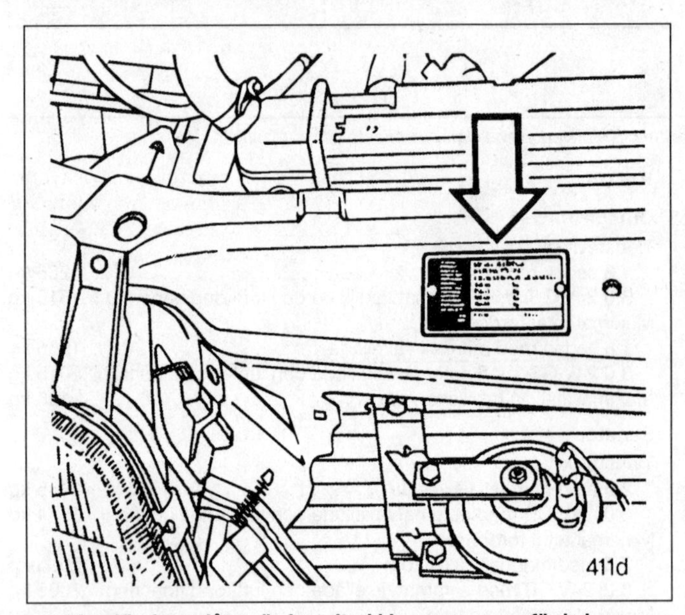

Identifieringsplåten är fastnitad i karossen ovanför kylaren

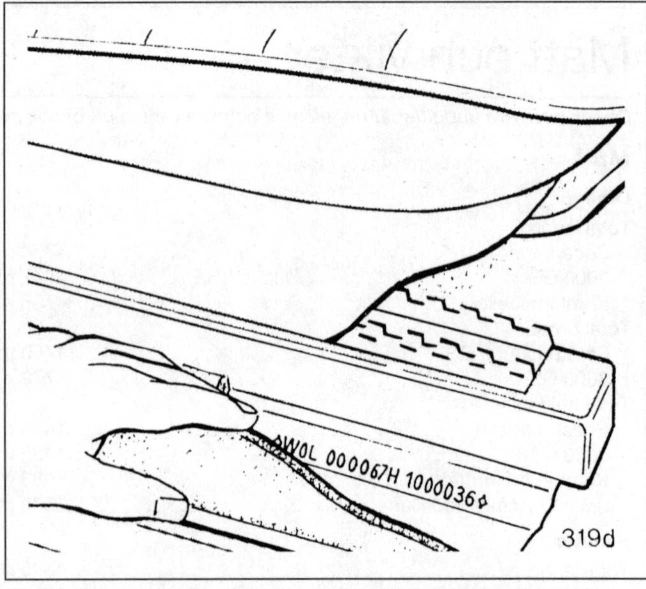

Identifieringsnumret är även instansat i golvet under mattan mellan passagerardörren och sätet

När service, reparationer och renoveringar utförs på en bil eller bildel bör följande beskrivningar och instruktioner följas. Detta för att reparationen ska utföras så effektivt och fackmannamässigt som möjligt.

Tätningsytor och packningar

Vid isärtagande av delar vid deras tätningsytor ska dessa aldrig bändas isär med skruvmejsel eller liknande. Detta kan orsaka allvarliga skador som resulterar i oljeläckage, kylvätskeläckage etc. efter montering. Delarna tas vanligen isär genom att man knackar längs fogen med en mjuk klubba. Lägg dock märke till att denna metod kanske inte är lämplig i de fall styrstift används för exakt placering av delar.

Där en packning används mellan två ytor måste den bytas vid ihopsättning. Såvida inte annat anges i den aktuella arbetsbeskrivningen ska den monteras torr. Se till att tätningsytorna är rena och torra och att alla spår av den gamla packningen är borttagna. Vid rengöring av en tätningsyta ska sådana verktyg användas som inte skadar den. Små grader och repor tas bort med bryne eller en finskuren fil.

Rensa gängade hål med piprensare och håll dem fria från tätningsmedel då sådant används, såvida inte annat direkt specificeras.

Se till att alla öppningar, hål och kanaler är rena och blås ur dem, helst med tryckluft.

Oljetätningar

Oljetätningar kan tas ut genom att de bänds ut med en bred spårskruvmejsel eller liknande. Alternativt kan ett antal självgängande skruvar dras in i tätningen och användas som dragpunkter för en tång, så att den kan dras rakt ut.

När en oljetätning tas bort från sin plats, ensam eller som en del av en enhet, ska den alltid kasseras och bytas ut mot en ny.

Tätningsläpparna är tunna och skadas lätt och de tätar inte annat än om kontaktytan är fullständigt ren och oskadad. Om den ursprungliga tätningsytan på delen inte kan återställas till perfekt skick och tillverkaren inte gett utrymme för en viss omplacering av tätningen på kontaktytan, måste delen i fråga bytas ut.

Skydda tätningsläpparna från ytor som kan skada dem under monteringen. Använd tejp eller konisk hylsa där så är möjligt. Smörj läpparna med olja innan monteringen. Om oljetätningen har dubbla läppar ska utrymmet mellan dessa fyllas med fett.

Såvida inte annat anges ska oljetätningar monteras med tätningsläpparna mot det smörjmedel som de ska täta för.

Använd en rörformad dorn eller en träbit i lämplig storlek till att knacka tätningarna på plats. Om sätet är försedd med skuldra, driv tätningen mot den. Om sätet saknar skuldra bör tätningen monteras så att den går jäms med sätets yta (såvida inte annat uttryckligen anges).

Skruvgängor och infästningar

Muttrar, bultar och skruvar som kärvar är ett vanligt förekommande problem när en komponent har börjat rosta. Bruk av rostupplösningsolja och andra krypsmörjmedel löser ofta detta om man dränker in delen som kärvar en stund innan man försöker lossa den. Slagskruvmejsel kan ibland lossa envist fastsittande infästningar när de används tillsammans med rätt mejselhuvud eller hylsa. Om inget av detta fungerar kan försiktig värmning eller i värsta fall bågfil eller mutterspräckare användas.

Pinnbultar tas vanligen ut genom att två muttrar låses vid varandra på den gängade delen och att en blocknyckel sedan vrider den undre muttern så att pinnbulten kan skruvas ut. Bultar som brutits av under fästytan kan ibland avlägsnas med en lämplig bultutdragare. Se alltid till att gängade bottenhål är helt fria från olja, fett, vatten eller andra vätskor innan bulten monteras. Underlåtenhet att göra detta kan spräcka den del som skruven dras in i, tack vare det hydrauliska tryck som uppstår när en bult dras in i ett vätskefyllt hål

Vid åtdragning av en kronmutter där en saxsprint ska monteras ska muttern dras till specificerat moment om sådant anges, och därefter dras till nästa sprinthål. Lossa inte muttern för att passa in saxsprinten, såvida inte detta förfarande särskilt anges i anvisningarna.

Vid kontroll eller omdragning av mutter eller bult till ett specificerat åtdragningsmoment, ska muttern eller bulten lossas ett kvarts varv och sedan dras åt till angivet moment. Detta ska dock inte göras när vinkelåtdragning använts.

För vissa gängade infästningar, speciellt topplocksbultar/muttrar anges inte åtdragningsmoment för de sista stegen. Istället anges en vinkel för åtdragning. Vanligtvis anges ett relativt lågt åtdragningsmoment för bultar/muttrar som dras i specificerad turordning. Detta följs sedan av ett eller flera steg åtdragning med specificerade vinklar.

Låsmuttrar, låsbleck och brickor

Varje infästning som kommer att rotera mot en komponent eller en kåpa under åtdragningen ska alltid ha en bricka mellan åtdragningsdelen och kontaktytan.

Fjäderbrickor ska alltid bytas ut när de använts till att låsa viktiga delar som exempelvis lageröverfall. Låsbleck som viks över för att låsa bult eller mutter ska alltid byts ut vid ihopsättning.

Självlåsande muttrar kan återanvändas på mindre viktiga detaljer, under förutsättning att motstånd känns vid dragning över gängen. Kom dock ihåg att självlåsande muttrar förlorar låseffekt med tiden och därför alltid bör bytas ut som en rutinåtgärd.

Saxsprintar ska alltid bytas mot nya i rätt storlek för hålet.

När gänglåsmedel påträffas på gängor på en komponent som ska återanvändas bör man göra ren den med en stålborste och lösningsmedel. Applicera nytt gänglåsningsmedel vid montering.

Specialverktyg

Vissa arbeten i denna handbok förutsätter användning av specialverktyg som pressar, avdragare, fjäderkompressorer med mera. Där så är möjligt beskrivs lämpliga lättillgängliga alternativ till tillverkarens specialverktyg och hur dessa används. I vissa fall, där inga alternativ finns, har det varit nödvändigt att använda tillverkarens specialverktyg. Detta har gjorts av säkerhetsskäl, likväl som för att reparationerna ska utföras så effektivt och bra som möjligt. Såvida du inte är mycket kunnig och har stora kunskaper om det arbetsmoment som beskrivs, ska du aldrig försöka använda annat än specialverktyg när sådana anges i anvisningarna. Det föreligger inte bara stor risk för personskador, utan kostbara skador kan också uppstå på komponenterna.

Miljöhänsyn

Vid sluthantering av förbrukad motorolja, bromsvätska, frostskydd etc. ska all vederbörlig hänsyn tas för att skydda miljön. Ingen av ovan nämnda vätskor får hällas ut i avloppet eller direkt på marken. Kommunernas avfallshantering har kapacitet för hantering av miljöfarligt avfall liksom vissa verkstäder. Om inga av dessa finns tillgängliga i din närhet, fråga hälsoskyddskontoret i din kommun om råd.

I och med de allt strängare miljöskyddslagarna beträffande utsläpp av miljöfarliga ämnen från motorfordon har alltfler bilar numera justersäkringar monterade på de mest avgörande justeringspunkterna för bränslesystemet. Dessa är i första hand avsedda att förhindra okvalificerade personer från att justera bränsle/luftblandningen och därmed riskerar en ökning av giftiga utsläpp. Om sådana justersäkringar påträffas under service eller reparationsarbete ska de, närhelst möjligt, bytas eller sättas tillbaka i enlighet med tillverkarens rekommendationer eller aktuell lagstiftning.

Lyftning och stödpunkter

Domkraften som ingår i bilens verktygssats skall endast användas vid hjulbyte. Se *"Hjulbyte"* i början av denna handbok. Vid alla andra typer av arbeten skall man lyfta bilen med en hydraulisk domkraft, helst en garage-domkraft. Placera alltid bilen på pallbockar under bilens lyftpunkter.

När man använder en hydraulisk domkraft och pallbockar skall man alltid placera domkraftens lyftplatta under eller vid någon av bilens lyftpunkter **(se bilder).**

Domkraften som ingår i bilens verktygssats passar i lyftpunkterna i sidobalkarnas undersida. Kontrollera att domkraftens lyftplatta sitter rätt innan du försöker lyfta bilen.

Arbeta aldrig under, runt eller i närheten av ett upplyft fordon som inte är korrekt placerat på stöd i minst två punkter.

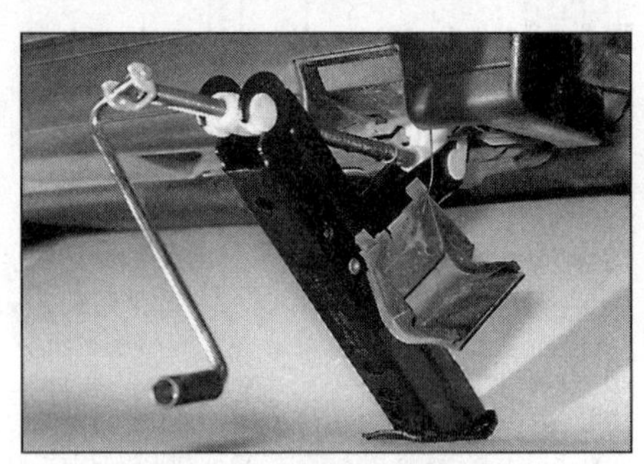

Domkraften som ingår i bilens verktygssats

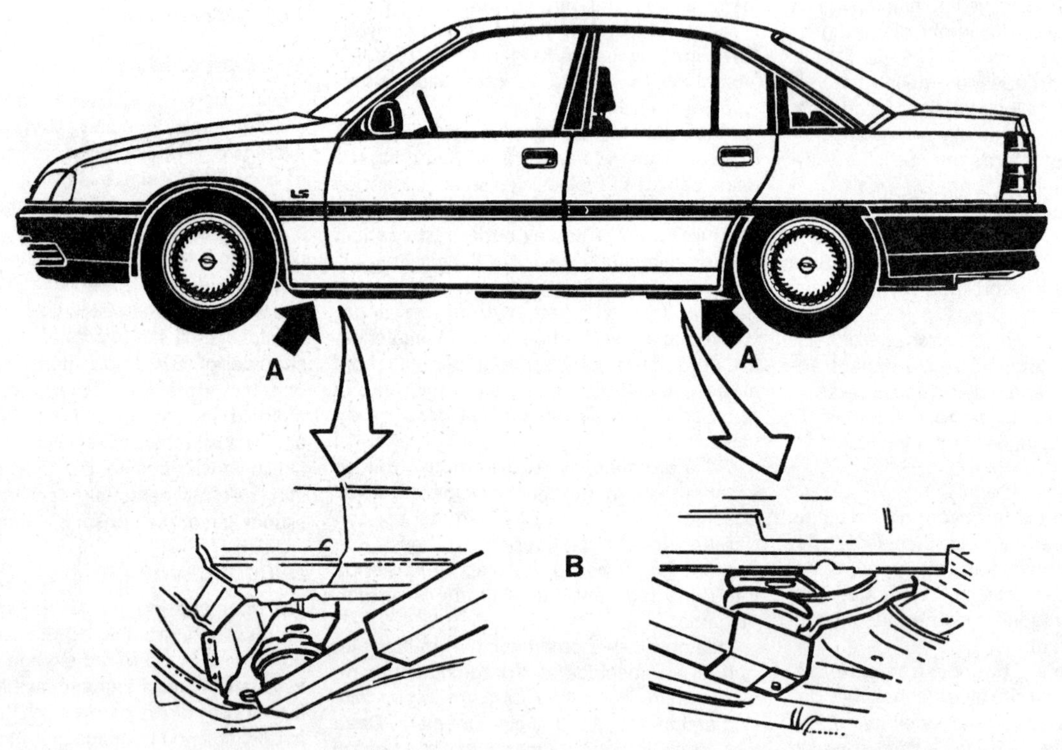

Lyftpunkter för bilens domkraft (A) och för garagedomkraft eller fordonslyft (B)

Stöldskyddssystem för radio/kassettbandspelare - säkerhetsåtgärder

Radion/kassettbandspelaren/CD-spelaren/-CD-växlaren som monteras som standardutrustning på senare modeller är utrustad med en säkerhetskod för att förebygga stölder. Om spänningen till enheten bryts aktiveras stöldskyddssystemet. Även om spänningen kopplas in direkt igen kommer enheten inte att fungera förrän korrekt säkerhetskod anges. Om du inte känner till enhetens säkerhetskod ska enheten **inte** demonteras eller batteriets minuskabel kopplas bort.

Omprogrammering av en enhet som har kopplats loss från matningsspänningen är olika beroende på utförandet. Studera handboken som följer med enheten eller kontakta en Opelåterförsäljare.

Inledning

En uppsättning bra verktyg är ett grundläggande krav för var och en som överväger att underhålla och reparera ett motorfordon. För de ägare som saknar sådana kan inköpet av dessa bli en märkbar utgift, som dock uppvägs till en viss del av de besparingar som görs i och med det egna arbetet. Om de anskaffade verktygen uppfyller grundläggande säkerhets- och kvalitetskrav kommer de att hålla i många år och visa sig vara en värdefull investering.

För att hjälpa bilägaren att avgöra vilka verktyg som behövs för att utföra de arbeten som beskrivs i denna handbok har vi sammanställt tre listor med följande rubriker: *Underhåll och mindre reparationer, Reparation och renovering* samt *Specialverktyg*. Nybörjaren bör starta med det första sortimentet och begränsa sig till enklare arbeten på fordonet. Allt eftersom erfarenhet och självförtroende växer kan man sedan prova svårare uppgifter och köpa fler verktyg när och om det behövs. På detta sätt kan den grundläggande verktygssatsen med tiden utvidgas till en reparations- och renoveringssats utan några större enskilda kontantutlägg. Den erfarne hemmamekanikern har redan en verktygssats som räcker till de flesta reparationer och renoveringar och kommer att välja verktyg från specialkategorin när han känner att utgiften är berättigad för den användning verktyget kan ha.

Underhåll och mindre reparationer

Verktygen i den här listan ska betraktas som ett minimum av vad som behövs för rutinmässigt underhåll, service och mindre reparationsarbeten. Vi rekommenderar att man köper blocknycklar (ring i ena änden och öppen i den andra), även om de är dyrare än de med öppen ände, eftersom man får båda sorternas fördelar.

- ☐ *Blocknycklar - 8, 9, 10, 11, 12, 13, 14, 15, 17 och 19 mm*
- ☐ *Skiftnyckel - 35 mm gap (ca.)*
- ☐ *Tändstiftsnyckel (med gummifoder)*
- ☐ *Verktyg för justering av tändstiftens elektrodavstånd*
- ☐ *Sats med bladmått*
- ☐ *Nyckel för avluftning av bromsar*
- ☐ *Skruvmejslar:*
  Spårmejsel - 100 mm lång x 6 mm diameter
  Stjärnmejsel - 100 mm lång x 6 mm diameter
- ☐ *Kombinationstång*
- ☐ *Bågfil (liten)*
- ☐ *Däckpump*
- ☐ *Däcktrycksmätare*
- ☐ *Oljekanna*
- ☐ *Verktyg för demontering av oljefilter*
- ☐ *Fin slipduk*
- ☐ *Stålborste (liten)*
- ☐ *Tratt (medelstor)*

Reparation och renovering

Dessa verktyg är ovärderliga för alla som utför större reparationer på ett motorfordon och tillkommer till de som angivits för *Underhåll och mindre reparationer*. I denna lista ingår en grundläggande sats hylsor. Även om dessa är dyra, är de oumbärliga i och med sin mångsidighet - speciellt om satsen innehåller olika typer av drivenheter. Vi rekommenderar 1/2-tums fattning på hylsorna eftersom de flesta momentnycklar har denna fattning.

Verktygen i denna lista kan ibland behöva kompletteras med verktyg från listan för *Specialverktyg*.

- ☐ *Hylsor, dimensioner enligt föregående lista*
- ☐ *Spärrskaft med vändbar riktning (för användning med hylsor)* **(se bild)**
- ☐ *Förlängare, 250 mm (för användning med hylsor)*
- ☐ *Universalknut (för användning med hylsor)*
- ☐ *Momentnyckel (för användning med hylsor)*
- ☐ *Självlåsande tänger*
- ☐ *Kulhammare*
- ☐ *Mjuk klubba (plast/aluminium eller gummi)*
- ☐ *Skruvmejslar:*
  Spårmejsel - en lång och kraftig, en kort (knubbig) och en smal (elektrikertyp)
  Stjärnmejsel - en lång och kraftig och en kort (knubbig)
- ☐ *Tänger:*
  Spetsnostång/plattång
  Sidavbitare (elektrikertyp)
  Låsringstång (inre och yttre)
- ☐ *Huggmejsel - 25 mm*
- ☐ *Ritspets*
- ☐ *Skrapa*
- ☐ *Körnare*
- ☐ *Purr*
- ☐ *Bågfil*
- ☐ *Bromsslangklämma*
- ☐ *Avluftningssats för bromsar/koppling*
- ☐ *Urval av borrar*
- ☐ *Stållinjal*
- ☐ *Insexnycklar (inkl Torxtyp/med splines)* **(se bild)**
- ☐ *Sats med filar*
- ☐ *Stor stålborste*
- ☐ *Pallbockar*
- ☐ *Domkraft (garagedomkraft eller stabil pelarmodell)*
- ☐ *Arbetslampa med förlängningssladd*

Specialverktyg

Verktygen i denna lista är de som inte används regelbundet, är dyra i inköp eller som måste användas enligt tillverkarens anvisningar. Det är bara om du relativt ofta kommer att utföra tämligen svåra jobb som många av dessa verktyg är lönsamma att köpa. Du kan också överväga att gå samman med någon vän (eller gå med i en motorklubb) och göra ett gemensamt inköp, hyra eller låna verktyg om så är möjligt.

Följande lista upptar endast verktyg och instrument som är allmänt tillgängliga och inte sådana som framställs av biltillverkaren speciellt för auktoriserade verkstäder. Ibland nämns dock sådana verktyg i texten. I allmänhet anges en alternativ metod att utföra arbetet utan specialverktyg. Ibland finns emellertid inget alternativ till tillverkarens specialverktyg. När så är fallet och relevant verktyg inte kan köpas, hyras eller lånas har du inget annat val än att lämna bilen till en auktoriserad verkstad.

- ☐ *Ventilfjäderkompressor* **(se bild)**
- ☐ *Ventilslipningsverktyg*
- ☐ *Kolvringskompressor* **(se bild)**
- ☐ *Verktyg för demontering/montering av kolvringar* **(se bild)**
- ☐ *Honingsverktyg* **(se bild)**
- ☐ *Kulledsavdragare*
- ☐ *Spiralfjäderkompressor (där tillämplig)*
- ☐ *Nav/lageravdragare, två/tre ben* **(se bild)**
- ☐ *Slagskruvmejsel*
- ☐ *Mikrometer och/eller skjutmått* **(se bilder)**
- ☐ *Indikatorklocka* **(se bild)**
- ☐ *Stroboskoplampa*
- ☐ *Kamvinkelmätare/varvräknare*
- ☐ *Multimeter*

Hylsor och spärrskaft

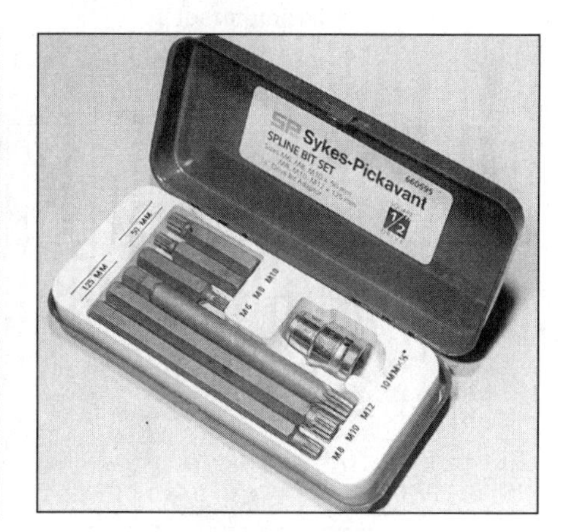

Bits med splines

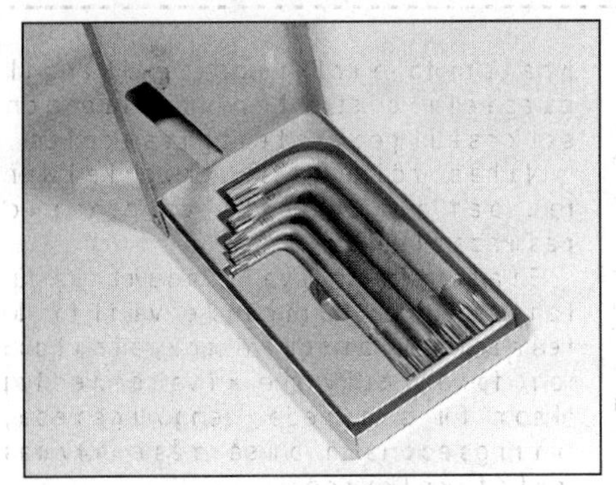
Nycklar med splines

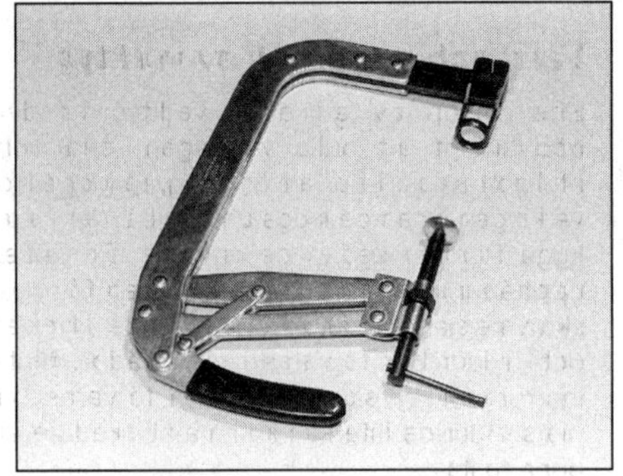
Ventilfjäderkompressor (ventilbåge)

Kolvringskompressor

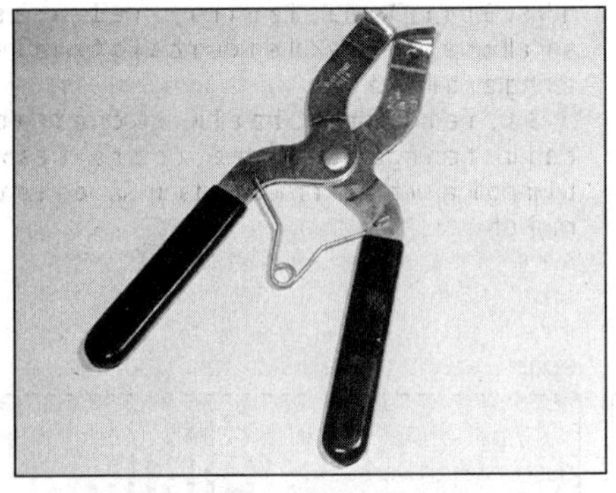
Verktyg för demontering och montering av kolvringar

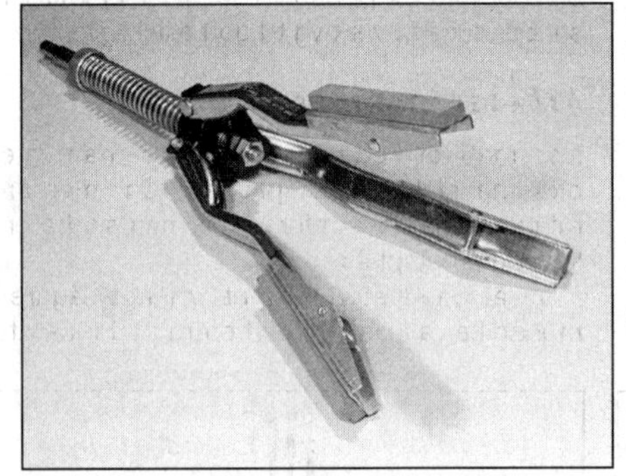
Honingsverktyg

Trebent avdragare för nav och lager

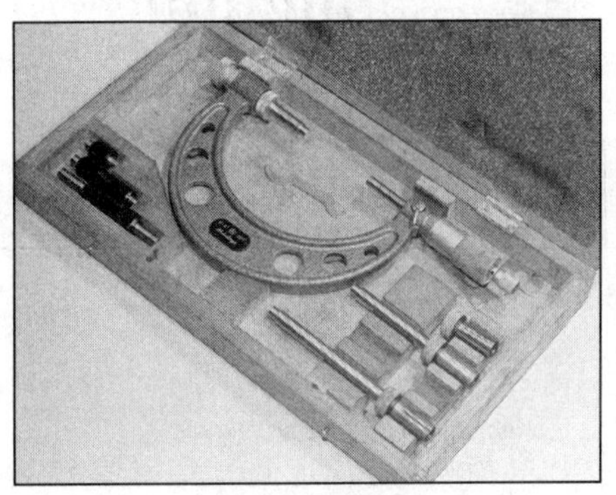
Mikrometerset

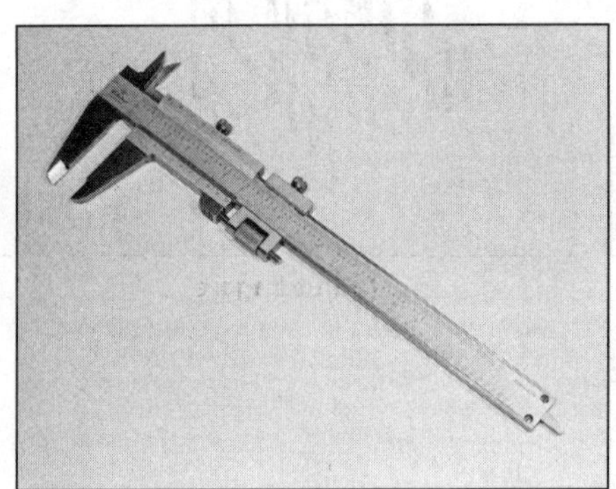
Skjutmått

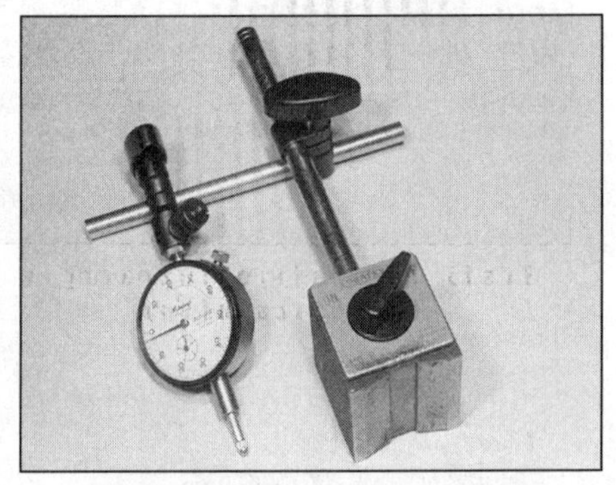
Indikatorklocka med magnetstativ

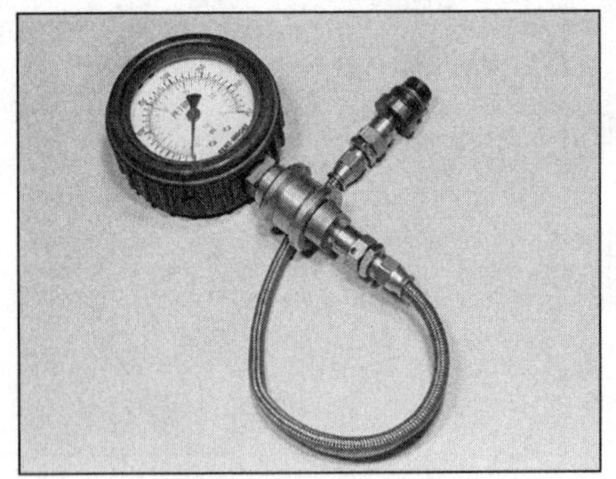
Kompressionsmätare

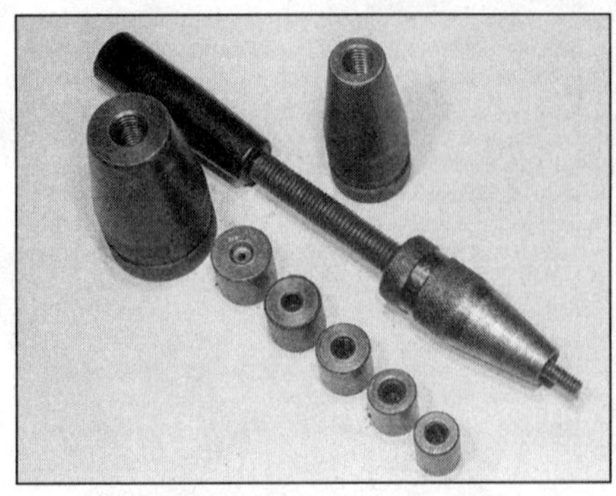
Centreringsverktyg för koppling

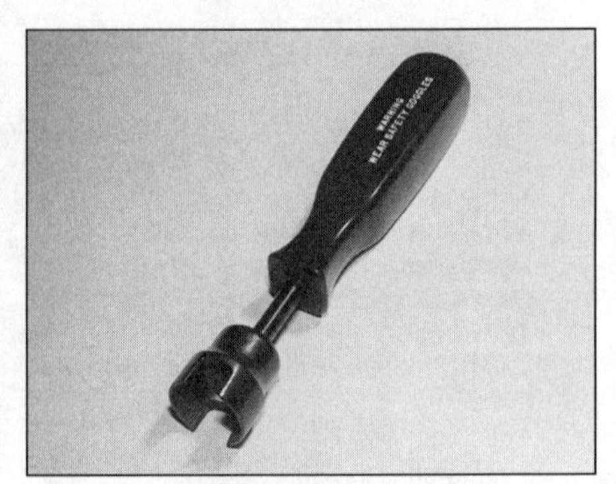
Demonteringsverktyg för bromsbackarnas fjäderskålar

- ☐ *Kompressionsmätare **(se bild)***
- ☐ *Handmanövrerad vakuumpump och mätare*
- ☐ *Centreringsverktyg för koppling **(se bild)***
- ☐ *Verktyg för demontering av bromsbackarnas fjäderskålar **(se bild)***
- ☐ *Sats för montering/demontering av bussningar och lager **(se bild)***
- ☐ *Bultutdragare **(se bild)***
- ☐ *Gängverktygssats **(se bild)***
- ☐ *Lyftblock*
- ☐ *Garagedomkraft*

Inköp av verktyg

När det gäller inköp av verktyg är det i regel bättre att vända sig till en specialist som har ett större sortiment än t ex tillbehörsbutiker och bensinmackar. Tillbehörsbutiker och andra försöljningsställen kan dock erbjuda utmärkta verktyg till låga priser, så det kan löna sig att söka.

Det finns gott om bra verktyg till låga priser, men se till att verktygen uppfyller grundläggande krav på funktion och säkerhet. Fråga gärna någon kunnig person om råd före inköpet.

Vård och underhåll av verktyg

Efter inköp av ett antal verktyg är det nödvändigt att hålla verktygen rena och i fullgott skick. Efter användning, rengör alltid verktygen innan de läggs undan. Låt dem inte ligga framme sedan de använts. En enkel upphängningsanordning på väggen för t ex skruvmejslar och tänger är en bra idé. Nycklar och hylsor bör förvaras i metalllådor. Mätinstrument av skilda slag ska förvaras på platser där de inte kan komma till skada eller börja rosta.

Lägg ner lite omsorg på de verktyg som används. Hammarhuvuden får märken och skruvmejslar slits i spetsen med tiden. Lite polering med slippapper eller en fil återställer snabbt sådana verktyg till gott skick igen.

Arbetsutrymmen

När man diskuterar verktyg får man inte glömma själva arbetsplatsen. Om mer än rutinunderhåll ska utföras bör man skaffa en lämplig arbetsplats.

Vi är medvetna om att många ägare/mekaniker av omständigheterna tvingas att lyfta ur motor eller liknande utan tillgång till garage eller verkstad. Men när detta är gjort ska fortsättningen av arbetet göras inomhus.

Närhelst möjligt ska isärtagning ske på en ren, plan arbetsbänk eller ett bord med passande arbetshöjd.

En arbetsbänk behöver ett skruvstycke. En käftöppning om 100 mm räcker väl till för de flesta arbeten. Som tidigare sagts, ett rent och torrt förvaringsutrymme krävs för verktyg liksom för smörjmedel, rengöringsmedel, bättringslack (som också måste förvaras frostfritt) och liknande.

Ett annat verktyg som kan behövas och som har en mycket bred användning är en elektrisk borrmaskin med en chuckstorlek om minst 8 mm. Denna, tillsammans med en sats spiralborrar, är i praktiken oumbärlig för montering av tillbehör.

Sist, men inte minst, ha alltid ett förråd med gamla tidningar och rena luddfria trasor tillgängliga och håll arbetsplatsen så ren som möjligt.

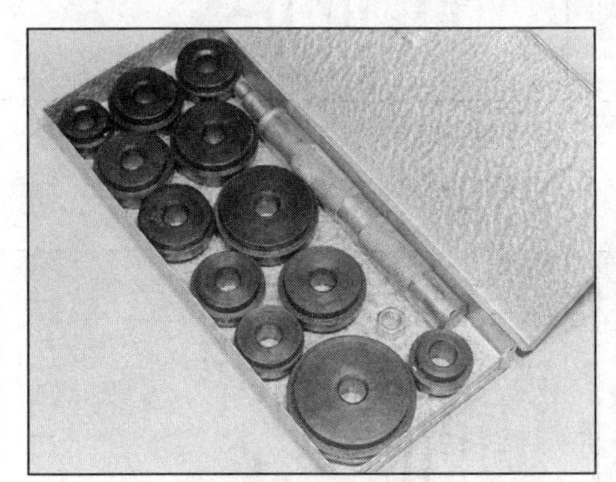

Sats för demontering och montering av lager och bussningar

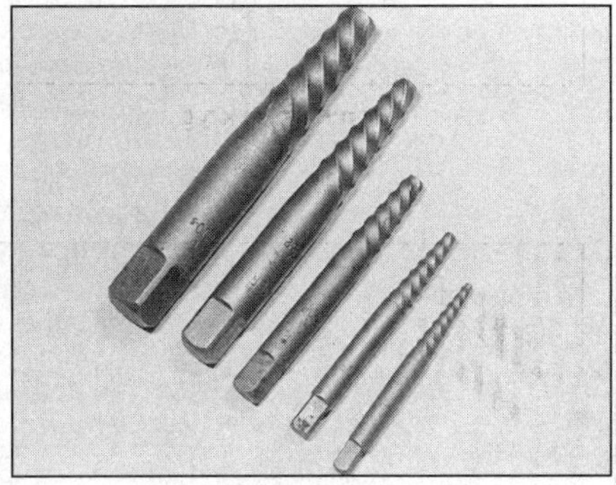

Bultutdragare

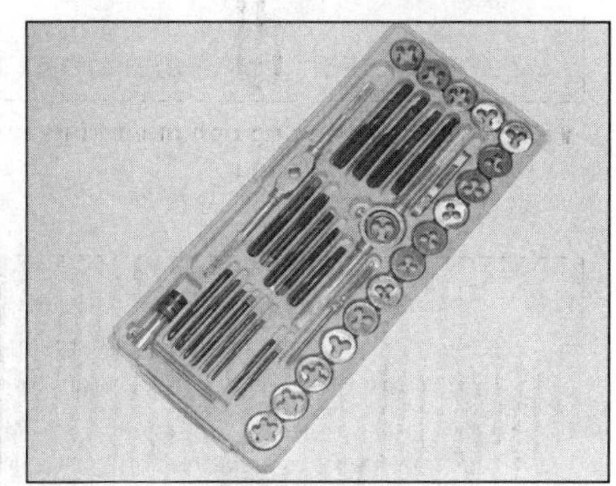

Gängverktygssats

Inledning

En bilägare som sköter sitt fordon enligt det rekommenderade serviceschemat skall inte behöva använda detta avsnitt särskilt ofta. Förutsatt att detaljer som är särskilt utsatta för slitage kontrolleras och byts vid angivna tidpunkter är moderna bildelar av så hög kvalité att plötsliga haverier mycket sällan inträffar. Problemen uppstår vanligtvis plötsligt, utan utvecklas under en längre tidsperiod. I synnerhet större mekaniska fel föregås i regel av typiska varningstecken under hundratals eller t o m tusentals kilometer. Komponenter som ibland kan gå sönder utan förvarning är oftast små och lkan lätt medföras i fordonet.

All felsökning inleds med ett man bestämmer var man skall börja. Ibland är detta självklart, men vid andra tillfällen kan det krävas lite detektivarbete. En bilägare som gör ett antal justeringar och komponentbyten på måfå kan mycket väl ha lagat felet (eller åtgärdat symptomen), men om felet återkommer är han inte klokare än förut och kan ha förbrukat mer tid och pengar än nödvändigt. Att lugnt och logiskt angripa problemet är mycket mer tillfredsställande i längden. Var uppmärksam på alla varningssignaler och allt onormalt som kan ha observerats innan felet uppstod. Exempelvis kraftförlust, höga eller låga mätarvisningar, ovanliga ljud eller lukter etc. Kom ihåg att trasiga säkringar eller defekta tändstift kan vara symptom på andra, dolda, fel.

Följande sidor är tänkta som hjälp när bilen inte startar eller går sönder vid körning. Sådana problem och möjliga orsaker är sorterade under rubriker som refererar till olika komponenter och system i fordonet som exempelvis motor, kylsystem etc. Kapitlet och/eller avsnittet som redogör för problemet anges även inom parentes. Oavsett fel gäller följande grundregler:

Definiera felet. Man måste helt enkelt vara säker på att man känner till symptomen väl innan man påbörjar arbetet. Detta är särskilt viktigt om du undersöker ett fel åt någon annan som kanske inte har beskrivit felet tillräckligt väl.

Förbise inte det självklara. Om bilen t ex inte vill starta bör man bl a kontrollera om det finns bränsle i tanken. Acceptera inte någon annans uppgifter i detta speciella fall och lita inte heller på bränslemätaren. Om det rör sig om ett elektriskt fel bör man leta efter lösa eller skadade kablar innan man tar fram testutrustningen.

Åtgärda felet, inte symptomen. Att byta ut ett urladdat batteri mot ett fulladdat kan lösa problemet för stunden, men om det är något annat som utgör felet kommer samma sak att inträffa även med ett nytt batteri. På samma sätt kan det tillfälligt hjälpa att byta ut oljiga tändstift mot nya, men kom ihåg att orsaken till felet (om det inte var frågan om felaktiga tändstift) måste fastställas och åtgärdas.

Tag ingenting för givet. Tänk också på att även en "ny" komponent kan vara defekt (i synnerhet om den har skramlat runt i bagageutrymmet i månader) och bortse inte från att kontrollera komponenter bara för de är nya eller har bytts nyligen. När man till slut hittar ett besvärligt fel inser man oftast att alla ledtrådar fanns där från början.

1 Motor

Motorn dras inte runt när man försöker starta

- ☐ Batterianslutningarna lösa eller korroderade ("*Veckokontroller*").
- ☐ Batteriet urladdat eller defekt (kapitel 5).
- ☐ Lösa eller urkopplade kablar i startsystemet (kapitel 5).
- ☐ Startmotorns solenoid eller tändningslåset är defekt (kapitel 5).
- ☐ Defekt startmotor (kapitel 5).
- ☐ Startmotorns drev eller startkransens kuggar är lösa eller trasiga (kapitel 2 eller 5).
- ☐ Motorns jordningsfläta är avbruten eller lös (kapitel 5).

Motorn dras runt, men startar inte

- ☐ Bränsletanken är tom.
- ☐ Batteriet är urladdat (motorn dras runt långsamt) (kapitel 5).
- ☐ Batterianslutningarna lösa eller korroderade ("*Veckokontroller*").
- ☐ Luftfiltret är smutsigt eller blockerat (kapitel 1).
- ☐ Låg cylinderkompression (kapitel 2A).
- ☐ Större mekaniskt fel (t ex trasig kamrem) (kapitel 2).
- ☐ Tändsystemets komponenter fuktiga eller skadade (kapitel 5).
- ☐ Fel i insprutningssystemet - insprutningsmotorer (kapitel 4).
- ☐ Stoppsolenoid defekt - förgasarmodeller (kapitel 4)
- ☐ Slitna eller defekta tändstift eller felaktigt elektrodavstånd.
- ☐ Chokemekanismen sliten, defekt eller feljusterad - förgasarmodeller (kapitel 4)
- ☐ Defekta, lösa eller ej inkopplade kablar i tändsystemet (kapitel 5)

Motorn är svårstartad när den är kall

- ☐ Batteriet är urladdat (kapitel 5).
- ☐ Batterianslutningarna lösa eller korroderade ("*Veckokontroller*").
- ☐ Luftfiltret är smutsigt eller blockerat (kapitel 1).
- ☐ Slitna eller defekta tändstift eller felaktigt elektrodavstånd.
- ☐ Chokemekanismen sliten, defekt eller feljusterad - förgasarmodeller (kapitel 4)
- ☐ Låg cylinderkompression (kapitel 2).
- ☐ Fel i insprutningssystemet - insprutningsmotorer (kapitel 4).
- ☐ Fel i tändsystemet (kapitel 5).

Motorn är svårstartad när den är varm

- ☐ Batteriet är urladdat (kapitel 5).
- ☐ Batterianslutningarna lösa eller korroderade ("*Veckokontroller*").
- ☐ Luftfiltret är smutsigt eller blockerat (kapitel 1).
- ☐ Chokemekanismen sliten, defekt eller feljusterad - förgasarmodeller (kapitel 4)
- ☐ Fel i insprutningssystemet - insprutningsmotorer (kapitel 4).

Startmotorn bullrar eller är mycket trög vid start

- ☐ Startmotorns drev eller startkransens kuggar är lösa eller trasiga (kapitel 2 eller 5).
- ☐ Startmotorns fästbultar är lösa eller saknas (kapitel 5).
- ☐ Startmotorns interna komponenter är slitna eller skadade (kapitel 5).

Startmotorn drar runt motorn långsamt

- ☐ Batteriet är urladdat (kapitel 5).
- ☐ Batterianslutningarna lösa eller korroderade ("*Veckokontroller*").
- ☐ Jordningsfläta trasig eller lös (kapitel 5).
- ☐ Startmotorns kablage löst (kapitel 5).
- ☐ Internt fel i startmotorn (kapitel 5).

Motorn startar, men stannar direkt

- ☐ Lösa kablar i tändsystemet (kapitel 5)
- ☐ Smuts i bränslesystemet (kapitel 4).
- ☐ Fel i insprutningssystemet (kapitel 4).
- ☐ Fel i bränslepumpen eller tryckregulatorn (kapitel 4).
- ☐ Felaktigt justerat tomgångsvarvtal (kapitel 1).
- ☐ Chokemekanismen sliten, defekt eller feljusterad - förgasarmodeller (kapitel 4)
- ☐ Vakuumläckage vid förgasare/trottelhus, insugsrör eller slangar (kapitel 2 och 4).
- ☐ Blockerat förgasarmunstycke eller inre kanaler - förgasarmotorer (kapitel 4).

Ojämn tomgång

- ☐ Felaktigt justerat tomgångsvarvtal (kapitel 1).
- ☐ Luftfiltret blockerat (kapitel 1).
- ☐ Luft i bränslesystemet (kapitel 4).
- ☐ Felaktig justering av ventillyftare (kapitel 2).
- ☐ Slitna eller defekta tändstift eller felaktigt elektrodavstånd.
- ☐ Vakuumläckage vid förgasare/trottelhus, insugsrör eller slangar (kapitel 2 och 4).
- ☐ Blockerat förgasarmunstycke eller inre kanaler - förgasarmotorer (kapitel 4).
- ☐ Ojämn eller låg kompression (kapitel 2).
- ☐ Felaktigt monterad eller spänd kamrem (kapitel 2).
- ☐ Kamnockarna slitna (kapitel 2).
- ☐ Defekt(a) insprutningsventil(er) (kapitel 4).

Motorn misständer vid tomgång

- ☐ Sprickor eller inre spårbildning i fördelarlocket (kapitel 5).
- ☐ Defekt(a) insprutningsventil(er) (kapitel 4).
- ☐ Felaktig justering av ventillyftare (kapitel 2).
- ☐ Ojämn eller låg kompression (kapitel 2).
- ☐ Lösa, läckande eller trasiga slangar för vevhusventilationen (kapitel 4).
- ☐ Vakuumläckage vid förgasare/trottelhus, insugsrör eller tillhörande slangar (kapitel 4).

1 Motor (fortsättning)

Motorn misständer vid alla varvtal

- ☐ Blockerat bränslefilter (kapitel 1).
- ☐ Defekt bränslepump eller lågt bränslematningstryck (kapitel 4).
- ☐ Bränsletankens avluftningsventil blockerad eller blockerade bränsleledningar (kapitel 4).
- ☐ Ojämn eller låg kompression (kapitel 2).
- ☐ Slitna eller defekta tändstift eller felaktigt elektrodavstånd (kapitel 1).
- ☐ Defekta tändkablar (kapitel 1).

Motorn stannar

- ☐ Felaktigt justerat tomgångsvarvtal (kapitel 1).
- ☐ Blockerat bränslefilter (kapitel 1).
- ☐ Blockerade insprutningsventiler eller fel i insprutningssystemet (kapitel 4).
- ☐ Defekt bränslepump eller lågt bränslematningstryck (kapitel 4).
- ☐ Vakuumläckage vid förgasare/trottelhus, insugsrör eller tillhörande slangar (kapitel 4).
- ☐ Bränsletankens avluftningsventil blockerad eller blockerade bränsleledningar (kapitel 4).

Motorn kraftlös

- ☐ Blockerat bränslefilter (kapitel 1).
- ☐ Felaktigt monterad eller spänd kamrem (kapitel 2).
- ☐ Defekt bränslepump eller lågt bränslematningstryck (kapitel 4).
- ☐ Slitna eller defekta tändstift eller felaktigt elektrodavstånd (kapitel 1).
- ☐ Vakuumläckage vid förgasare/trottelhus, insugsrör eller tillhörande slangar (kapitel 4).
- ☐ Ojämn eller låg kompression (kapitel 2).
- ☐ Bromsarna ligger an (kapitel 1 och 9).
- ☐ Kopplingen slirar (kapitel 6).
- ☐ Blockerade insprutningsventiler eller fel i insprutningssystemet (kapitel 4).

Motorn baktänder

- ☐ Kamremmen felaktigt monterad (kapitel 2A).
- ☐ Blockerade insprutningsventiler eller fel i insprutningssystemet (kapitel 4).

Oljetryckslampan lyser när motorn är igång

- ☐ Låg oljenivå eller felaktig oljetyp ("*Veckokontroller*").
- ☐ Defekt oljetryckgivare (kapitel 5).
- ☐ Slitna motorlager och/eller motoroljepump (kapitel 2).
- ☐ Extremt hög motortemperatur (kapitel 3).
- ☐ Defekt övertrycksventil för motoroljan (kapitel 2).
- ☐ Oljesugrörets sil blockerad (kapitel 2).

Observera: *Lågt oljetryck vid tomgång efter det att bilen har gått ett stort antal mil tyder inte nödvändigtvis på något fel. Plötslig minskning av oljetrycket under körning är betydligt allvarligare. Varningslampans givare skall under alla omständigheter kontrolleras innan man dömer ut motorn.*

Motorn glödtänder när den har stängts av

- ☐ Stora sotavlagringar i motorn (kapitel 2).
- ☐ Extremt hög motortemperatur (kapitel 3).

Missljud från motorn

Tändningsknackning eller knackning vid acceleration samt vid belastning

- ☐ Felaktig inställning av bränsle/luftblandningen (kapitel 4).
- ☐ Felaktig tändlägesinställning (kapitel 5B).
- ☐ Defekt(a) insprutningsventil(er) (kapitel 4).
- ☐ Stora sotavlagringar i motorn (kapitel 2).

Visslande eller väsande ljud

- ☐ Avgasgrenrörets packning läcker (kapitel 4).
- ☐ Läckande vakuumslang (kapitel 4 eller 9).
- ☐ Läckande topplockspackning (kapitel 2).

Lätta knackningar eller skrammel

- ☐ Sliten ventilmekanism eller kamaxel (kapitel 2).
- ☐ Defekt hjälpaggregat (kylvätskepump, generator etc) (kapitel 3, 5 etc).

Knackningar eller dunkningar

- ☐ Slitna vevlager (jämna hårda knackningar, ibland mindre vid belastning) (kapitel 2).
- ☐ Slitna ramlager (muller och knackningar, ibland värre vid belastning) (kapitel 2).
- ☐ Kolvslammer (i synnerhet vid kall motor) (kapitel 2).
- ☐ Defekt hjälpaggregat (kylvätskepump, generator etc) (kapitel 3, 5 etc).

2 Kylsystem

Överhettning

- ☐ För lite kylarvätska i systemet ("*Veckokontroller*").
- ☐ Defekt termostat (kapitel 3).
- ☐ Kylarens kanaler eller kylargrillen blockerad (kapitel 3).
- ☐ Defekt kylfläkt eller termostatbrytare (kapitel 3).
- ☐ Temperaturmätarens givare defekt (kapitel 3).
- ☐ Luftbubbla blockerar kylsystemet (kapitel 3).
- ☐ Expansionskärlets lock defekt (kapitel 3).

Överkylning

- ☐ Defekt termostat (kapitel 3).
- ☐ Temperaturmätarens givare defekt (kapitel 3).

Yttre kylvätskeläckage

- ☐ Slitna eller skadade slangar eller slangklämmor (kapitel 1).
- ☐ Läckage i kylarens eller värmepaketets kanaler (kapitel 3).
- ☐ Expansionskärlets lock defekt (kapitel 3).
- ☐ Läckage i kylvätskepumpens interna tätning (kapitel 3).
- ☐ Läckage i tätningen mellan kylvätskepumpen och motorblocket (kapitel 3).
- ☐ Kylarvätskan kokar pga överhettning (kapitel 3).
- ☐ Frostpluggarna läcker (kapitel 2).

Inre kylvätskeläckage

- ☐ Läckande topplockspackning (kapitel 2).
- ☐ Sprucket topplock eller motorblock (kapitel 2).

Korrosion

- ☐ Systemet har tömts och genomspolats för sällan (kapitel 1).
- ☐ Felaktig kylarvätskeblandning eller frostskyddsmedel (kapitel 1).

3 Bränsle- och avgassystem

Hög bränsleförbrukning

- ☐ Luftfiltret är smutsigt eller blockerat (kapitel 1).
- ☐ Fel i insprutningssystemet (kapitel 4).
- ☐ Felaktig tändlägesinställning eller fel i tändsystemet (kapitel 1 och 5).
- ☐ För lågt däcktryck ("*Veckokontroller*").

Bränsleläckage och/eller allmän bensinlukt

- ☐ Skadad bränsletank, bränsleledningar eller anslutningar (kapitel 4).

Missljud eller rök från avgassystemet

- ☐ Läckande skarvar i avgassystem eller grenrör (kapitel 1 och 4).
- ☐ Läckande, rostiga eller skadade ljuddämpare eller rör (kapitel 1 och 4).
- ☐ Trasiga fästen som gör att avgassystemet tar i fjädringen eller underredet (kapitel 1).

4 Koppling

Pedalen kan tryckas ned helt med väldigt lite motstånd

- ☐ Trasig kopplingsvajer - vajerstyrd koppling (kapitel 6).
- ☐ Felaktigt justerad kopplingsvajer/fel i automatjusteringen - vajerstyrd koppling (kapitel 6).
- ☐ Hydraulvätskans nivå är låg eller det finns luft i hydraulsystemet - hydraulisk koppling.
- ☐ Defekt urtrampningslager eller frikopplingsarm (kapitel 6).
- ☐ Defekt tallriksfjäder i kopplingens tryckplatta (kapitel 6).

Kopplingen frikopplar (växel kan inte läggas i)

- ☐ Felaktigt justerad kopplingsvajer/fel i automatjusteringen - vajerstyrd koppling (kapitel 6).
- ☐ Hydraulvätskans nivå är för hög - hydraulisk koppling.
- ☐ Lamellskivan sitter fast på växellådans ingående axel (kapitel 6).
- ☐ Lamellskivan sitter fast på svänghjulet eller tryckplattan (kapitel 6).
- ☐ Defekt tryckplatta (kapitel 6).
- ☐ Kopplingens urtrampningsmekanism sliten eller felaktigt monterad (kapitel 6).

Kopplingen slirar (motorns varvtal ökar men inte hastigheten)

- ☐ Felaktigt justerad kopplingsvajer/ fel i automatjusteringen - vajerstyrd koppling (kapitel 6).
- ☐ Hydraulvätskans nivå är för hög - hydraulisk koppling.
- ☐ Lamellskivans belägg extremt slitna (kapitel 6).
- ☐ Olja eller fett på lamellskivans belägg (kapitel 6).
- ☐ Defekt tryckplatta eller för svag tallriksfjäder (kapitel 6).

Vibrationer när kopplingspedalen trycks ned

- ☐ Olja eller fett på lamellskivans belägg (kapitel 6).
- ☐ Lamellskivans belägg extremt slitna (kapitel 6).
- ☐ Kopplingsvajern har fastnat eller är klämd - vajerstyrd koppling (kapitel 6).
- ☐ Defekt eller skadad tryckplatta eller tallriksfjäder (kapitel 6).
- ☐ Slitna eller lösa fästen för motorn eller växellådan (kapitel 2A eller 2B).
- ☐ Slitna splines på växellådans axel eller på lamellskivan (kapitel 6).

Missljud när kopplingspedalen trycks ned eller släpps upp

- ☐ Slitet urtrampningslager (kapitel 6).
- ☐ Slitna eller icke smorda bussningar för kopplingspedalen (kapitel 6).
- ☐ Defekt tryckplatta (kapitel 6).
- ☐ Tryckplattans tallriksfjäder defekt (kapitel 6).
- ☐ Lamellskivans dämpfjädrar defekta (kapitel 6).

5 Manuell växellåda

Missljud i friläget när motorn är igång

- ☐ Den ingående axelns lager är slitna (oljud endast när kopplings-pedalen inte är nedtryckt)(kapitel 7).*
- ☐ Kopplingens urtrampningslager är slitet (oljudet hörs mest när kopplingspedalen är nedtryckt, ibland mindre när man släpper upp den) (kapitel 6).

Missljud i en viss växel

- ☐ Slitna, skadade eller trasiga kuggar (kapitel 7A).*

Svårt att lägga i växlar

- ☐ Fel i kopplingen (kapitel 6).
- ☐ Slitet eller skadat växellänkage/vajer (kapitel 7).
- ☐ Feljusterat växellänkage/vajer (kapitel 7).
- ☐ Slitna synkroniseringsdetaljer (kapitel 7).*

Växlar hoppar ur

- ☐ Slitet eller skadat växellänkage/vajer (kapitel 7).
- ☐ Feljusterat växellänkage/vajer (kapitel 7).
- ☐ Slitna synkroniseringsdetaljer (kapitel 7).*
- ☐ Sliten växelförare (kapitel 7).*

Vibrationer

- ☐ För lite växellådsolja (kapitel 1).
- ☐ Slitna lager (kapitel 7).*

Oljeläckage

- ☐ Läckande oljetätningar vid differentialen (kapitel 7).
- ☐ Läckage vid växellådshusets anliggningsytor (kapitel 7).*
- ☐ Läckande oljetätning vid den ingående axeln (kapitel 7).*

**Trots att gör-det-självaren inte kan åtgärda dessa fel kan ovanstående information vara till hjälp vid felsökningen. Detta kan vara viktigt när man tar kontakt med en verkstad.*

6 Automatväxellåda

Observera: *Eftersom automatväxellådan är mycket komplicerad är det mycket svårt för gör-det-självaren att felsöka och reparera den. Vid problem utöver de nedan angivna bör fordonet tas till en auktoriserad verkstad eller en specialverkstad för automatväxellådor. Var inte för snabb med att demontera växellådan om du misstänker att den är defekt, eftersom en stor del av felsökningen sker med växellådan i bilen.*

Oljeläckage

☐ Oljan i automatväxellådor är i allmänhet mörkröd. Förväxla inte växellådsolja med motorolja, som ibland kan stänka upp på automatväxellådan.

☐ Innan man försöker lokalisera läckaget bör man avlägsna all smuts från växellådshuset och de angränsande ytorna med fettlösande medel eller högtrycksspolning. Kör därefter bilen endast med låg hastighet så att luftströmmen inte blåser bort oljan från läckagekällan. Lyft fordonet och palla upp det så att du kan se var oljan kommer från. Följande ställen är vanligast förekommande:

a) Automatväxellådans oljesump (kapitel 1 och 7).
b) Oljestickans rör (kapitel 1 och 7).
c) Rör och kopplingar mellan växellådan och oljekylaren (kapitel 7).

Växellådsoljan är brun eller luktar bränt

☐ Oljebyte krävs eller för låg oljenivå i växellådan (kapitel 1).

Allmänna svårigheter att växla

☐ Kapitel 7B behandlar kontroll och justering av växelvajern på automatväxellådor. Nedanstående problem är vanliga när växelvajern är felaktigt justerad:

a) Motorn kan startas i andra lägen än Park eller Neutral.
b) Indikatorn på växelväljaren anger ett annat växelläge än det som är i drift.
c) Bilen rör sig i läge Park eller Neutral.
d) Dåliga eller ojämna övergångar mellan växellägena.

☐ Se kapitel 7B för justering av växelväljarens vajer.

Växellådan växlar inte ned (kick-down) när gaspedalen trycks ned helt

☐ Låg oljenivå i växellådan (kapitel 1).
☐ Växelväljarens vajer är felaktigt inställd (kapitel 7).

Motorn startar inte i något växelläge, eller endast i andra växellägen än 'Park' och 'Neutral'

☐ Startspärrkontakten är felaktigt justerad (kapitel 7).
☐ Växelväljarens vajer är felaktigt inställd (kapitel 7).

Växellådan slirar, växlar ojämnt, bullrar eller har ingen drivkraft framåt eller bakåt

☐ Det kan finnas ett antal orsaker till ovanstående problem. Gör-det-självaren behöver dock endast åtgärda en möjlig orsak: Oljenivån i växellådan. Innan du lämnar in bilen till en Opelverkstad eller en specialverkstad för automatväxellådor bör du kontrollera oljenivån och oljekvalitén enligt kapitel 1. Korrigera oljenivån eller byt oljan och filtret vid behov. Om problemet kvarstår måste man uppsöka en verkstad.

7 Differential och kardanaxel

Vibrationer vid acceleration och motorbromsning

☐ Sliten kardanknut (kapitel 8).
☐ Böjd eller skev kardanaxel (kapitel 8).

Lågfrekvent missljud som ökar med hastigheten

☐ Sliten differential (kapitel 8)

8 Bromssystem

Observera: *För att kunna konstatera att ett fel i bromssystemet föreligger måste man se till att däcken är i bra skick och har rätt ringtryck, att framhjulsinställningen är korrekt samt att fordonet är jämnt lastat. Vid fel i låsningsfria bromssystem kan man kontrollera alla rör- och slanganslutningar, men överlämna övriga fel till en auktoriserad verkstad.*

Bilen drar åt ett håll vid inbromsning

☐ Slitna, skadade, trasiga eller smutsiga bromsklossar/bromsbackar på ena sidan (kapitel 1 och 9).
☐ Kärvande främre bromsok/bromscylinder (kapitel 1 och 9).
☐ Olika bromsbelägg monterade på de båda sidorna (kapitel 1 och 9).
☐ Bromsokets eller fästplattans fästbultar lösa (kapitel 9).
☐ Slitna eller skadade styrnings- eller fjädringskomponenter (kapitel 1 och 10).

Missljud (skrapljud eller högfrekvent gnissel) vid inbromsning

☐ Bromsbeläggen nedslitna till fästplattan (kapitel 1 och 9).
☐ Mycket rostiga bromsskivor eller bromstrummor (kan inträffa om fordonet har varit oanvänt en längre tid) (kapitel 1 och 9).
☐ Främmande föremål (stenflisor etc) mellan bromsskiva och bromssköld (kapitel 1 och 9).

Stort spel i pedalen

☐ Defekt bakre självjusteringsmekanism - handbromstrummor (kapitel 1 och 9).
☐ Defekt huvudcylinder (kapitel 9).
☐ Luft i bromssystemet (kapitel 1 och 9).
☐ Defekt bromsservo (kapitel 9).

Bromspedalen känns svampig vid nedtryckning

☐ Luft i bromssystemet (kapitel 1 och 9).
☐ Bromssystemets slangar slitna (kapitel 1 och 9).
☐ Huvudcylinderns fästmuttrar lösa (kapitel 9).
☐ Defekt huvudcylinder (kapitel 9).

8 Bromssystem (fortsättning)

Högt pedaltryck krävs vid inbromsning

- ☐ Defekt bromsservo (kapitel 9).
- ☐ Urkopplade, skadade eller lösa bromsservoslangar (kapitel 9).
- ☐ Fel i bromssystemets primära eller sekundära krets (kapitel 9).
- ☐ Kärvande bromsok eller bromscylindrar (kapitel 9).
- ☐ Bromsklossar eller bromsbackar felaktigt monterade (kapitel 1 och 9).
- ☐ Fel typ av bromsklossar eller bromsbackar (kapitel 1 och 9).
- ☐ Bromsbeläggen förorenade (kapitel 1 och 9).

Bakhjulen låses vid normal inbromsning

- ☐ Förorenade bakre bromsbackar (kapitel 1 och 9).
- ☐ Defekt bromstryckregulator (kapitel 9).

Vibrationer i bromspedalen eller ratten vid inbromsning

- ☐ Stor skevhet eller ojämnheter i bromsskivorna/bromstrummorna (kapitel 1 och 9).
- ☐ Slitna bromsbelägg (kapitel 1 och 9).
- ☐ Bromsokets eller basplattans fästbultar lösa (kapitel 9).
- ☐ Slitna delar eller fästen i fjädring eller styrning (kapitel 1 och 10).

Bromsarna ligger an

- ☐ Kärvande bromsok eller hjulens bromscylindrar (kapitel 9).
- ☐ Felaktigt justerad handbromsmekanism (kapitel 9).
- ☐ Defekt huvudcylinder (kapitel 9).

9 Fjädring och styrning

Observera: *Innan man fel i fjädring/styrning måste man kontrollera att felet inte beror på felaktigt däcktryck, att man har monterat olika däcktyper på bilen eller att bromsarna ligger an.*

Bilen drar åt ena sidan

- ☐ Defekt däck (*"Veckokontroller*).
- ☐ Mycket slitna delar i fjädring eller styrning (kapitel 1 och 10).
- ☐ Felaktig framhjulsinställning (kapitel 10).
- ☐ Skada på styrning eller fjädring p g a olycka (kapitel 1).

Skakningar och vibrationer i hjulen

- ☐ Obalanserade framhjul (vibrationerna känns huvudsakligen i ratten) (kapitel 1 och 10).
- ☐ Obalanserade bakhjul (vibrationerna känns i hela fordonet) (kapitel 1 och 10).
- ☐ Skadade fälgar (kapitel 1 och 10).
- ☐ Defekt eller skadat däck ("*Veckokontroller*").
- ☐ Slitna kopplingar, bussningar eller komponenter i styrning eller fjädring (kapitel 1 och 10).
- ☐ Lösa hjulbultar (kapitel 1 och 10).

Bilen gungar eller kränger onormalt vid kurvtagning eller inbromsning

- ☐ Defekta stötdämpare (kapitel 1 och 10).
- ☐ Defekt eller försvagad fjäder och/eller fjädringskomponent (kapitel 1 och 10).
- ☐ Sliten krängningshämmare eller tillhörande fästen (kapitel 10).

Bilen är vinglig eller allmänt instabil

- ☐ Felaktig framhjulsinställning (kapitel 10).
- ☐ Slitna kopplingar, bussningar eller komponenter i styrning eller fjädring (kapitel 1 och 10).
- ☐ Obalanserade hjul (kapitel 1 och 10).
- ☐ Defekt eller skadat däck ("*Veckokontroller*").
- ☐ Lösa hjulbultar (kapitel 1 och 10).
- ☐ Defekta stötdämpare (kapitel 1 och 10).

Trög styrning

- ☐ För lite smörjmedel i styrväxeln (kapitel 10).
- ☐ Styrleder eller fjädringens kulleder kärvar (kapitel 1 och 10).
- ☐ Trasig eller feljusterad drivrem - servostyrning (kapitel 1).
- ☐ Felaktig framhjulsinställning (kapitel 10).
- ☐ Rattstång eller kuggstång böjd eller skadad (kapitel 10).

Stort glapp i styrningen

- ☐ Slitna universalkopplingar i styrningen (kapitel 10).
- ☐ Styrlederna slitna (kapitel 1 och 10).
- ☐ Sliten snäckväxel (kapitel 10).
- ☐ Slitna kopplingar, bussningar eller komponenter i styrning eller fjädring (kapitel 1 och 10).

Dålig servoassistans

- ☐ Trasig eller feljusterad drivrem till extrautrustning (kapitel 1).
- ☐ För låg nivå i hydraulvätskebehållaren ("*Veckokontroller*").
- ☐ Klämda eller blockerade slangar i styrservosystemet (kapitel 1).
- ☐ Defekt styrservopump (kapitel 10).
- ☐ Sliten snäckväxel (kapitel 10).

Onormalt däckslitage

Däcken slitna på in- eller utsidan

- ☐ För lågt däcktryck (slitage både på in- och utsidan) ("*Veckokontroller*").
- ☐ Felaktig camber- eller castervinkel (endast slitage på en sida) (kapitel 10).
- ☐ Slitna kopplingar, bussningar eller komponenter i styrning eller fjädring (kapitel 1 och 10).
- ☐ Hård kurvtagning.
- ☐ Trafikskadad bil.

Däckmönstrets har fransiga kanter

- ☐ Felaktig toe-inställning (kapitel 10).

Däcken är slitna på mitten

- ☐ För högt däcktryck ("*Veckokontroller*").

Däcken slitna på inner- och ytterkanterna

- ☐ För lågt däcktryck ("*Veckokontroller*").

Ojämnt slitna däck

- ☐ Obalanserade däck (kapitel 1).
- ☐ Skeva fälgar eller däck (kapitel 1).
- ☐ Slitna stötdämpare (kapitel 1 och 10).
- ☐ Defekt däck ("*Veckokontroller*").

10 Elsystem

Observera: *Se delavsnitt "Motor" tidigare i detta avsnitt angående fel i startsystemet.*

Batteriet laddas ur efter ett par dagar

☐ Internt fel i batteriet (kapitel 5).
☐ Batterianslutningarna lösa eller korroderade ("*Veckokontroller*").
☐ Sliten eller feljusterad generatordrivrem (kapitel 1).
☐ Generatorn laddar inte korrekt (kapitel 5).
☐ Generator eller spänningsregulator defekt (kapitel 5).
☐ Kortslutning som kontinuerligt laddar ur batteriet (kapitel 5 och 12).

Laddningslampan förblir tänd när motorn är igång

☐ Drivrem till extrautrustning defekt, sliten eller feljusterad (kapitel 1).
☐ Generatorns kolborstar slitna, fastbrända eller smutsiga (kapitel 5).
☐ Fjädrarna för generatorns kolborstar ospända eller defekta (kapitel 5).
☐ Internt fel i generatorn eller spänningsregulatorn (kapitel 5).
☐ Trasiga, lösa eller urkopplade kablar i laddningskretsen (kapitel 5).

Laddningslampan tänds inte

☐ Varningslampans glödlampa är trasig (kapitel 12).
☐ Defekta, lösa eller urkopplade kablar i varningslampans krets (kapitel 12).
☐ Defekt generator (kapitel 5).

Lampor ur funktion

☐ Trasig glödlampa (kapitel 12).
☐ Korrosion på lampan eller lamphållaren (kapitel 12).
☐ Trasig säkring (kapitel 12).
☐ Defekt relä (kapitel 12).
☐ Trasiga, lösa eller urkopplade kablar (kapitel 2).
☐ Defekt strömställare (kapitel 12).

Instrumenten ger felaktiga eller sporadiska utslag

Instrumentens indikeringar ökar med motorns varvtal

☐ Defekt spänningsregulator (kapitel 12).

Bränsle- eller temperaturmätarna ger inget utslag

☐ Defekt givare (kapitel 3 och 4).
☐ Avbrott i en ledning (kapitel 12).
☐ Defekt mätare (kapitel 12).

Bränsle- eller temperaturmätarna visar maxutslag hela tiden

☐ Defekt givare (kapitel 3 och 4).
☐ Kortslutning i en kabel (kapitel 12).
☐ Defekt givare (kapitel 12).

Signalhornet fungerar otillfredsställande eller inte alls

Signalhornet ljuder hela tiden

☐ Signalhornets strömställare är kortsluten eller den har fastnat (kapitel 12).
☐ Kabeln mellan strömställaren och signalhornet är jordad (kapitel 12).

Signalhornet fungerar ej

☐ Trasig säkring (kapitel 12).
☐ Kablar eller kontaktdon är lösa, trasiga eller urkopplade (kapitel 12).
☐ Defekt signalhorn (kapitel 12).

Signalhornet avger ojämna signaler

☐ Lösa kabelanslutningar (kapitel 12).
☐ Signalhornets fäste är löst (kapitel 12).
☐ Defekt signalhorn (kapitel 12).

Vind- och bakrutetorkare fungerar otillfredsställande eller inte alls

Vindrutetorkarna fungerar ej eller rör sig mycket långsamt

☐ Torkarbladen har fastnat eller länkaget kärvar (kapitel 1 och 12).
☐ Trasig säkring (kapitel 12).
☐ Kablar eller kontaktdon är lösa, trasiga eller urkopplade (kapitel 12).
☐ Defekt relä (kapitel 12).
☐ Defekt torkarmotor (kapitel 12).

Torkarbladen sveper över en för stor eller för liten glasyta

☐ Torkararmarna är felaktigt monterade på axlarna (kapitel 1).
☐ Torkarlänkaget är mycket slitet (kapitel 12).
☐ Torkarmotorn eller länkagets fästen är lösa eller osäkra (kapitel 12).

Torkarbladen rengör inte rutorna ordentligt

☐ Torkarbladens gummi är slitet eller trasigt (se "*Veckokotroller*").
☐ Torkararmens fjäder är trasig eller axellagret kärvar (kapitel 12).
☐ För låg koncentration av spolarvätska för att trafikfilmen skall lösas upp ("*Veckokontroller*").

Vindrutans och bakrutans spolning fungerar otillfredsställande eller inte alls

Spolningens munstycken defekta

☐ Blockerat munstycke (kapitel 1).
☐ Lös, klämd eller blockerad spolarvätskeslang (kapitel 12).
☐ Otillräckligt med spolarvätska i behållaren ("*Veckokontroller*").

Spolarpumpen fungerar ej

☐ Trasiga eller lösa kablar eller anslutningar (kapitel 12).
☐ Trasig säkring (kapitel 12).
☐ Defekt strömställare för spolarmotorn (kapitel 12).
☐ Defekt spolarpump (kapitel 12).

Spolarvätskepumpen måste arbeta en stund innan spolning sker

☐ Defekt backventil i spolarvätskeslangen (kapitel 12).

Elektriska fönsterhissar fungerar otillfredsställande eller inte alls

Fönsterrutan rör sig endast åt ett håll

☐ Defekt strömställare (kapitel 12).

Fönsterrutan rör sig långsamt

☐ Styrningen kärvar, är skadad eller behöver smörjas (kapitel 11).
☐ Dörrens inre delar eller klädsel är i vägen för styrningen (kapitel 11).
☐ Defekt motor (kapitel 11).

Fönsterrutan rör sig inte

☐ Trasig säkring (kapitel 12).
☐ Defekt relä (kapitel 12).
☐ Trasiga eller lösa kablar eller anslutningar (kapitel 12).
☐ Defekt motor (kapitel 11).

Centrallåset fungerar otillfredsställande eller inte alls

Totalt systemhaveri

☐ Trasig säkring (kapitel 12).
☐ Defekt relä (kapitel 12).
☐ Trasiga eller lösa kablar eller anslutningar (kapitel 12).
☐ Defekt vakuumpump (kapitel 11).

Dörrlåset går i lås, men kan inte öppnas eller tvärt om

☐ Defekt huvudkontakt (kapitel 12).
☐ Trasiga eller lösa detaljer i länkaget (kapitel 11).
☐ Defekt relä (kapitel 12).
☐ Defekt vakuumpump (kapitel 11).

En solenoid/motor fungerar ej

☐ Trasiga eller lösa kablar eller anslutningar (kapitel 12).
☐ Defekt solenoid/motor (kapitel 11).
☐ Defekta, kärvande eller lösa detaljer i länkaget (kapitel 11).
☐ Defekt dörrlås (kapitel 11).

A

ABS (Anti-lock brake system) Låsningsfria bromsar. Ett system, vanligen elektroniskt styrt, som känner av påbörjande låsning av hjul vid inbromsning och lättar på hydraultrycket på hjul som ska till att låsa.

Air bag (krockkudde) En uppblåsbar kudde dold i ratten (på förarsidan) eller instrumentbrädan eller handskfacket (på passagerarsidan) Vid kollision blåses kuddarna upp vilket hindrar att förare och framsätespassagerare kastas in i ratt eller vindruta.

Ampere (A) En måttenhet för elektrisk ström. 1 A är den ström som produceras av 1 volt gående genom ett motstånd om 1 ohm.

Anaerobisk tätning En massa som används som gänglås. Anaerobisk innebär att den inte kräver syre för att fungera.

Antikärvningsmedel En pasta som minskar risk för kärvning i infästningar som utsätts för höga temperaturer, som t.ex. skruvar och muttrar till avgasrenrör. Kallas även gängskydd.

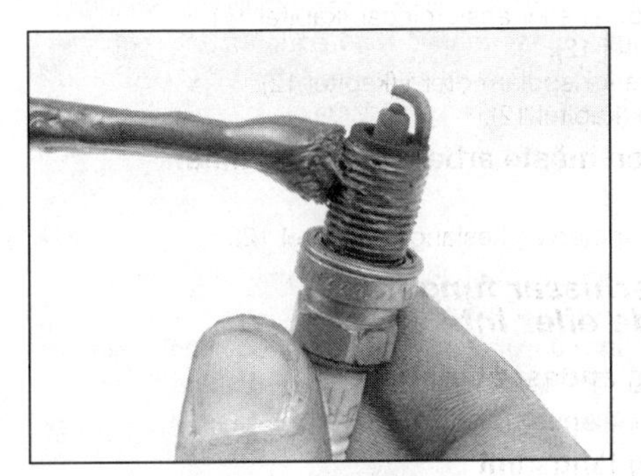

Antikärvningsmedel

Asbest Ett naturligt fibröst material med stor värmetolerans som vanligen används i bromsbelägg. Asbest är en hälsorisk och damm som alstras i bromsar ska aldrig inandas eller sväljas.

Avgasgrenrör En del med flera passager genom vilka avgaserna lämnar förbränningskamrarna och går in i avgasröret.

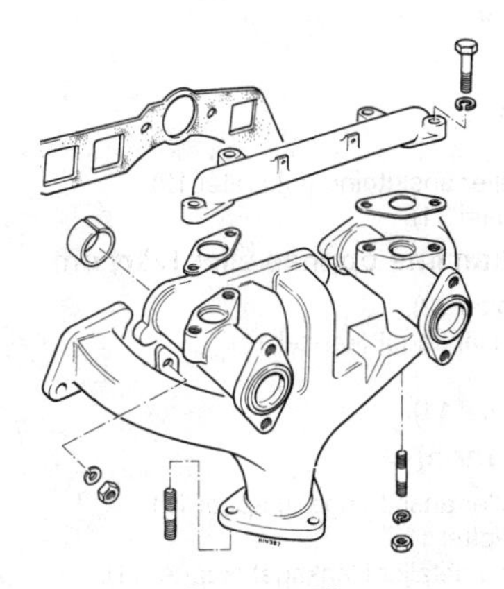

Avgasgrenrör

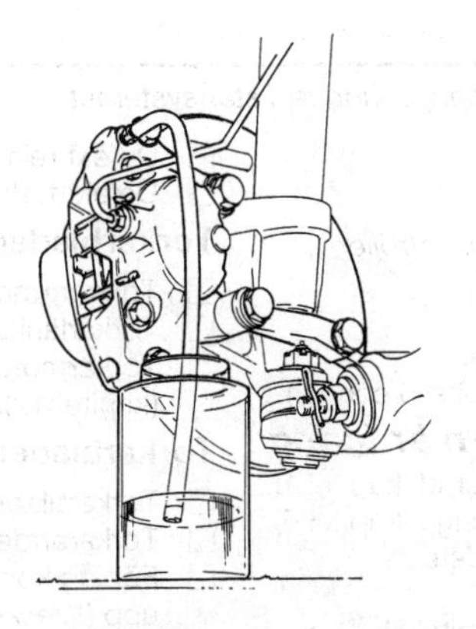

Avluftning av bromsarna

Avluftning av bromsar Avlägsnande av luft från hydrauliskt bromssystem.

Avluftningsnippel En ventil på ett bromsok, hydraulcylinder eller annan hydraulisk del som öppnas för att tappa ur luften i systemet.

Axel En stång som ett hjul roterar på, eller som roterar inuti ett hjul. Även en massiv balk som håller samman två hjul i bilens ena ände. En axel som även överför kraft till hjul kallas drivaxel.

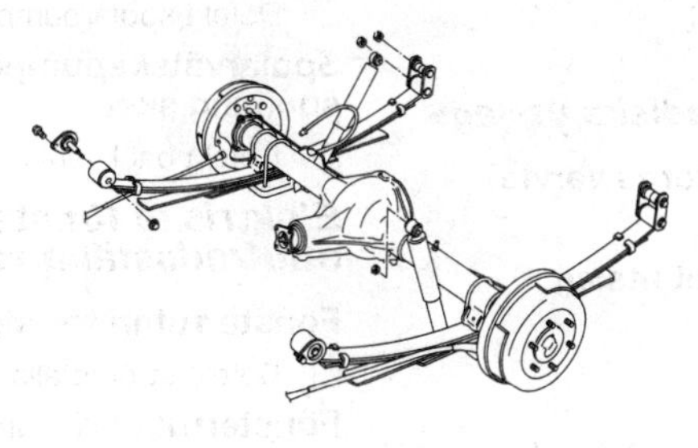

Axel

Axialspel Rörelse i längdled mellan två delar. För vevaxeln är det den distans den kan röra sig framåt och bakåt i motorblocket.

B

Belastningskänslig fördelningsventil En styrventil i bromshydrauliken som fördelar bromseffekten, med hänsyn till bakaxelbelastningen.

Bladmått Ett tunt blad av härdat stål, slipat till exakt tjocklek, som används till att mäta spel mellan delar.

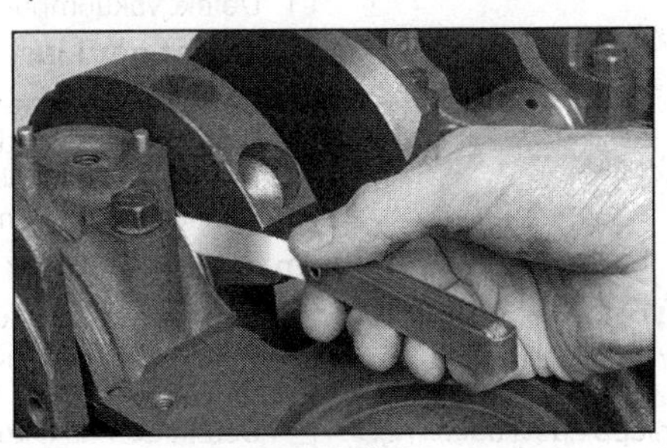

Bladmått

Bromsback Halvmåneformad hållare med fastsatt bromsbelägg som tvingar ut beläggen i kontakt med den roterande bromstrumman under inbromsning.

Bromsbelägg Det friktionsmaterial som kommer i kontakt med bromsskiva eller bromstrumma för att minska bilens hastighet. Beläggen är limmade eller nitade på bromsklossar eller bromsbackar.

Bromsklossar Utbytbara friktionsklossar som nyper i bromsskivan när pedalen trycks ned. Bromsklossar består av bromsbelägg som limmats eller nitats på en styv bottenplatta.

Bromsok Den icke roterande delen av en skivbromsanordning. Det grenslar skivan och håller bromsklossarna. Oket innehåller även de hydrauliska delar som tvingar klossarna att nypa skivan när pedalen trycks ned.

Bromsskiva Den del i en skivbromsanordning som roterar med hjulet.

Bromstrumma Den del i en trumbromsanordning som roterar med hjulet.

C

Caster I samband med hjulinställning, lutningen framåt eller bakåt av styrningens axialled. Caster är positiv när styrningens axialled lutar bakåt i överkanten.

CV-knut En typ av universalknut som upphäver vibrationer orsakade av att drivkraft förmedlas genom en vinkel.

D

Diagnostikkod Kodsiffror som kan tas fram genom att gå till diagnosläget i motorstyrningens centralenhet. Koden kan användas till att bestämma i vilken del av systemet en felfunktion kan förekomma.

Draghammare Ett speciellt verktyg som skruvas in i eller på annat sätt fästs vid en del som ska dras ut, exempelvis en axel. Ett tungt glidande handtag dras utmed verktygsaxeln mot ett stopp i änden vilket rycker avsedd del fri.

Drivaxel En roterande axel på endera sidan differentialen som ger kraft från slutväxeln till drivhjulen. Även varje axel som används att överföra rörelse.

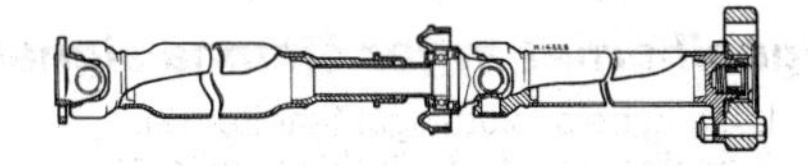

Drivaxel

Drivrem(mar) Rem(mar) som används till att driva tillbehörsutrustning som generator, vattenpump, servostyrning, luftkonditioneringskompressor mm, från vevaxelns remskiva.

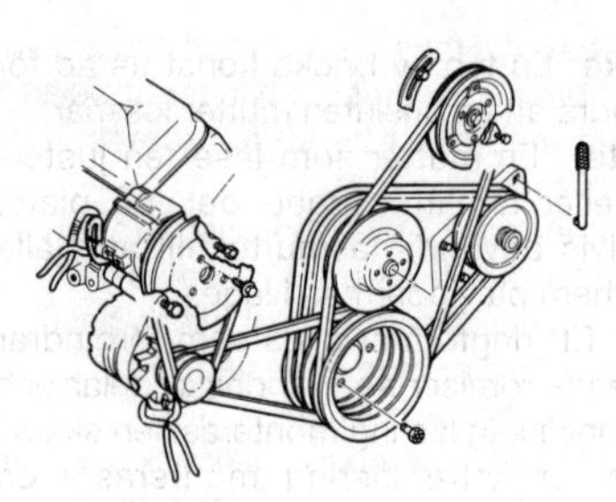
Drivremmar till extrautrustning

Dubbla överliggande kamaxlar (DOHC) En motor försedd med två överliggande kamaxlar, vanligen en för insugsventilerna och en för avgasventilerna.

E

EGR-ventil Avgasåtercirkulationsventil. En ventil som för in avgaser i insugsluften.

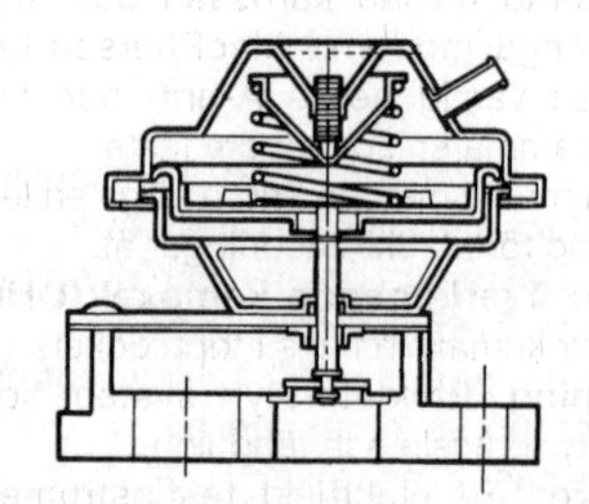
Ventil för avgasåtercirkulation (EGR)

Elektrodavstånd Den distans en gnista har att överbrygga från centrumelektroden till sidoelektroden i ett tändstift.

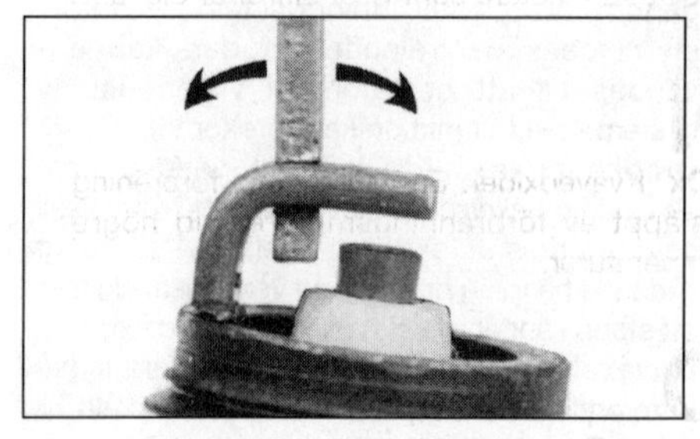
Justering av elektrodavståndet

Elektronisk bränsleinsprutning (EFI) Ett datorstyrt system som fördelar bränsle till förbränningskamrarna via insprutare i varje insugsport i motorn.
Elektronisk styrenhet En dator som exempelvis styr tändning, bränsleinsprutning eller låsningsfria bromsar.

F

Finjustering En process där noggranna justeringar och byten av delar optimerar en motors prestanda.
Fjäderben Se MacPherson-ben.
Fläktkoppling En viskös drivkoppling som medger variabel kylarfläkthastighet i förhållande till motorhastigheten.
Frostplugg En skiv- eller koppformad metallbricka som monterats i ett hål i en gjutning där kärnan avlägsnats.
Frostskydd Ett ämne, vanligen etylenglykol, som blandas med vatten och fylls i bilens kylsystem för att förhindra att kylvätskan fryser vintertid. Frostskyddet innehåller även kemikalier som förhindrar korrosion och rost och andra avlagringar som skulle kunna blockera kylare och kylkanaler och därmed minska effektiviteten.
Fördelningsventil En hydraulisk styrventil som begränsar trycket till bakbromsarna vid panikbromsning så att hjulen inte låser sig.
Förgasare En enhet som blandar bränsle med luft till korrekta proportioner för önskad effekt från en gnistantänd förbränningsmotor.

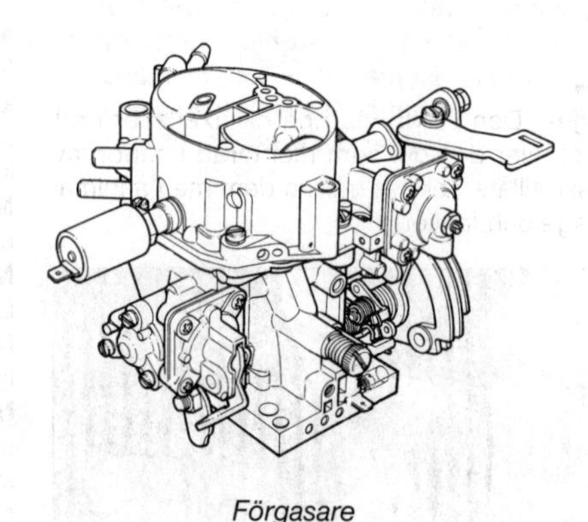
Förgasare

G

Generator En del i det elektriska systemet som förvandlar mekanisk energi från drivremmen till elektrisk energi som laddar batteriet, som i sin tur driver startsystem, tändning och elektrisk utrustning.

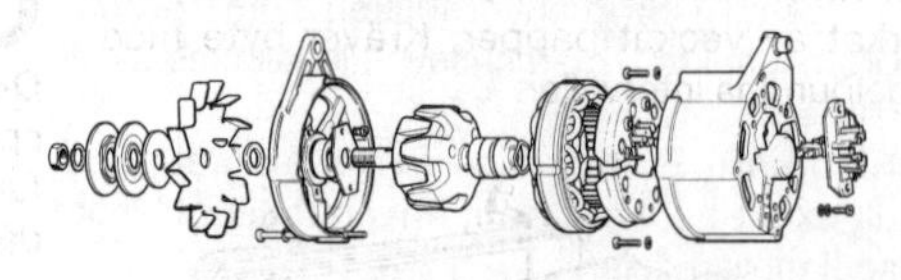
Generator (genomskärning)

Glidlager Den krökta ytan på en axel eller i ett lopp, eller den del monterad i endera, som medger rörelse mellan dem med ett minimum av slitage och friktion.
Gängskydd Ett täckmedel som minskar risken för gängskärning i bultförband som utsätts för stor hetta, exempelvis grenrörets bultar och muttrar. Kallas även antikärvningsmedel.

H

Handbroms Ett bromssystem som är oberoende av huvudbromsarnas hydraulikkrets. Kan användas till att stoppa bilen om huvudbromsarna slås ut, eller till att hålla bilen stilla utan att bromspedalen trycks ned. Den består vanligen av en spak som aktiverar främre eller bakre bromsar mekaniskt via vajrar och länkar. Kallas även parkeringsbroms.
Harmonibalanserare En enhet avsedd att minska fjädring eller vridande vibrationer i vevaxeln. Kan vara integrerad i vevaxelns remskiva. Även kallad vibrationsdämpare.
Hjälpstart Start av motorn på en bil med urladdat eller svagt batteri genom koppling av startkablar mellan det svaga batteriet och ett laddat hjälpbatteri.
Honare Ett slipverktyg för korrigering av smärre ojämnheter eller diameterskillnader i ett cylinderlopp.
Hydraulisk ventiltryckare En mekanism som använder hydrauliskt tryck från motorns smörjsystem till att upprätthålla noll ventilspel (konstant kontakt med både kamlob och ventilskaft). Justeras automatiskt för variation i ventilskaftslängder. Minskar även ventilljudet.

I

Insexnyckel En sexkantig nyckel som passar i ett försänkt sexkantigt hål.
Insugsrör Rör eller kåpa med kanaler genom vilka bränsle/luftblandningen leds till insugsportarna.

K

Kamaxel En roterande axel på vilken en serie lober trycker ned ventilerna. En kamaxel kan drivas med drev, kedja eller tandrem med kugghjul.
Kamkedja En kedja som driver kamaxeln.
Kamrem En tandrem som driver kamaxeln. Allvarliga motorskador kan uppstå om kamremmen brister vid körning.
Kanister En behållare i avdunstningsbegränsningen, innehåller aktivt kol för att fånga upp bensinångor från bränslesystemet.

Kanister

Kardanaxel Ett långt rör med universalknutar i bägge ändar som överför kraft från växellådan till differentialen på bilar med motorn fram och drivande bakhjul.

Kast Hur mycket ett hjul eller drev slår i sidled vid rotering. Det spel en axel roterar med. Orundhet i en roterande del.

Katalysator En ljuddämparliknande enhet i avgassystemet som omvandlar vissa föroreningar till mindre hälsovådliga substanser.

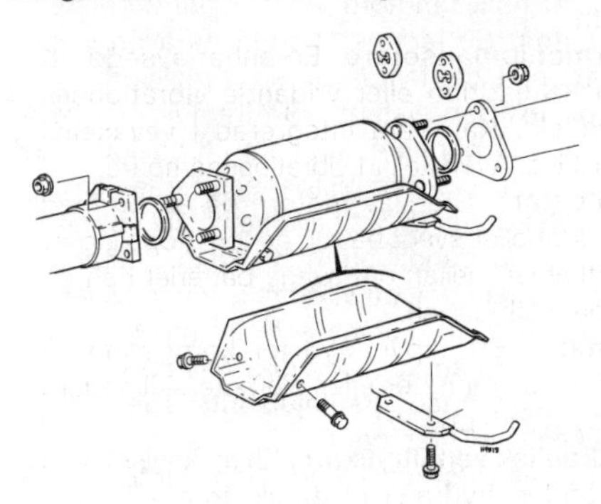

Katalysator

Kompression Minskning i volym och ökning av tryck och värme hos en gas, orsakas av att den kläms in i ett mindre utrymme.

Kompressionsförhållande Skillnaden i cylinderns volymer mellan kolvens ändlägen.

Kopplingsschema En ritning över komponenter och ledningar i ett fordons elsystem som använder standardiserade symboler.

Krockkudde (Airbag) En uppblåsbar kudde dold i ratten (på förarsidan) eller instrumentbrädan eller handskfacket (på passagerarsidan) Vid kollision blåses kuddarna upp vilket hindrar att förare och framsätespassagerare kastas in i ratt eller vindruta.

Krokodilklämma Ett långkäftat fjäderbelastat clips med ingreppande tänder som används till tillfälliga elektriska kopplingar.

Kronmutter En mutter som vagt liknar kreneleringen på en slottsmur. Används tillsammans med saxsprint för att låsa bultförband extra väl.

Kronmutter

Krysskruv Se Phillips-skruv

Kugghjul Ett hjul med tänder eller utskott på omkretsen, formade för att greppa in i en kedja eller rem.

Kuggstångsstyrning Ett styrsystem där en pinjong i rattstångens ände går i ingrepp med en kuggstång. När ratten vrids, vrids även pinjongen vilket flyttar kuggstången till höger eller vänster. Denna rörelse överförs via styrstagen till hjulets styrleder.

Kullager Ett friktionsmotverkande lager som består av härdade inner- och ytterbanor och har härdade stålkulor mellan banorna.

Kylare En värmeväxlare som använder flytande kylmedium, kylt av fartvinden/fläkten till att minska temperaturen på kylvätskan i en förbränningsmotors kylsystem.

Kylmedia Varje substans som används till värmeöverföring i en anläggning för luftkonditionering. R-12 har länge varit det huvudsakliga kylmediet men tillverkare har nyligen börjat använda R-134a, en CFC-fri substans som anses vara mindre skadlig för ozonet i den övre atmosfären.

L

Lager Den böjda ytan på en axel eller i ett lopp, eller den del som monterad i någon av dessa tillåter rörelse mellan dem med minimal slitage och friktion.

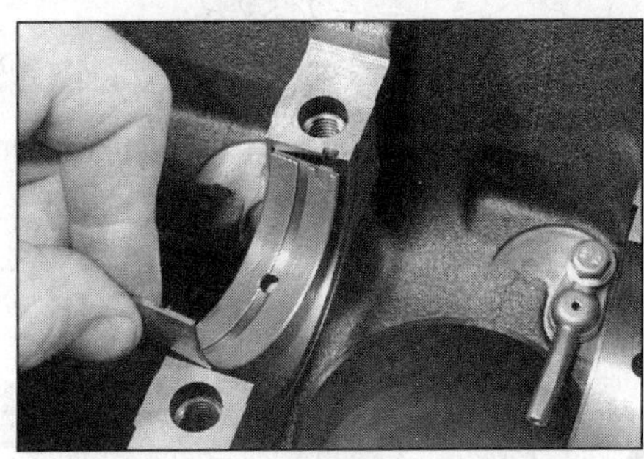

Lager

Lambdasond En enhet i motorns grenrör som känner av syrehalten i avgaserna och omvandlar denna information till elektricitet som bär information till styrelektroniken. Även kallad syresensor.

Luftfilter Filtret i luftrenaren, vanligen tillverkat av veckat papper. Kräver byte med regelbundna intervaller.

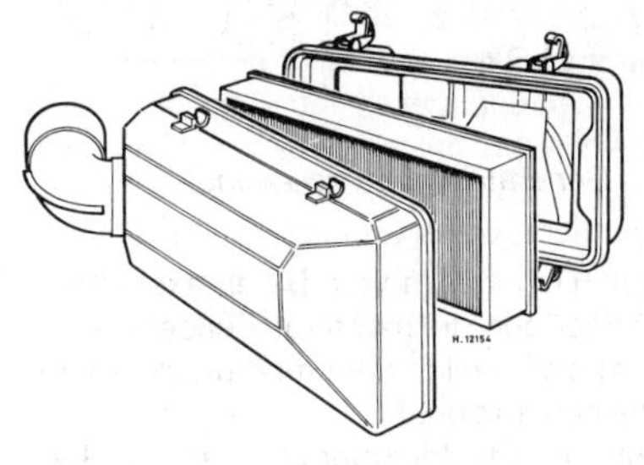

Luftfilter

Luftrenare En kåpa av plast eller metall, innehållande ett filter som tar undan damm och smuts från luft som sugs in i motorn.

Låsbricka En typ av bricka konstruerad för att förhindra att en ansluten mutter lossnar.

Låsmutter En mutter som låser en justermutter, eller annan gängad del, på plats. Exempelvis används låsmutter till att hålla justermuttern på vipparmen i läge.

Låsring Ett ringformat clips som förhindrar längsgående rörelser av cylindriska delar och axlar. En invändig låsring monteras i en skåra i ett hölje, en yttre låsring monteras i en utvändig skåra på en cylindrisk del som exempelvis en axel eller tapp.

M

MacPherson-ben Ett system för framhjulsfjädring uppfunnet av Earle MacPherson vid Ford i England. I sin ursprungliga version skapas den nedre bärarmen av en enkel lateral länk till krängningshämmaren. Ett fjäderben - en integrerad spiralfjäder och stötdämpare - finns monterad mellan karossen och styrknogen. Många moderna MacPherson-ben använder en vanlig nedre A-arm och inte krängningshämmaren som nedre fäste.

Markör En remsa med en andra färg i en ledningsisolering för att skilja ledningar åt.

Motor med överliggande kamaxel (OHC) En motor där kamaxeln finns i topplocket.

Motorstyrning Ett datorstyrt system som integrerat styr bränsle och tändning.

Multimätare Ett elektriskt testinstrument som mäter spänning, strömstyrka och motstånd. Även kallad multimeter.

Mätare En instrumentpanelvisare som används till att ange motortillstånd. En mätare med en rörlig pekare på en tavla eller skala är analog. En mätare som visar siffror är digital.

N

NOx Kväveoxider. En vanlig giftig förorening utsläppt av förbränningsmotorer vid högre temperaturer.

O

O-ring En typ av tätningsring gjord av ett speciellt gummiliknande material. O-ringen fungerar så att den trycks ihop i en skåra och därmed utgör tätningen.

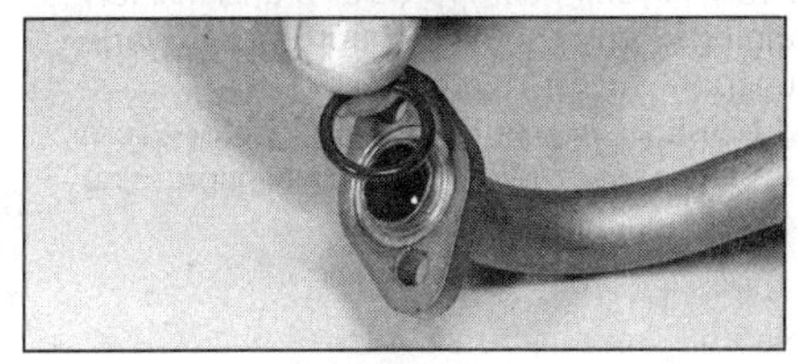

O-ring

Ohm Enhet för elektriskt motstånd. 1 volt genom ett motstånd av 1 ohm ger en strömstyrka om 1 ampere.

Ohmmätare Ett instrument för uppmätning av elektriskt motstånd.

P

Packning Mjukt material - vanligen kork, papp, asbest eller mjuk metall - som monteras mellan två metallytor för att erhålla god tätning. Exempelvis tätar topplockspackningen fogen mellan motorblocket och topplocket.

Packning

Phillips-skruv En typ av skruv med ett korsspår istället för ett rakt, för motsvarande skruvmejsel. Vanligen kallad krysskruv.

Plastigage En tunn plasttråd, tillgänglig i olika storlekar, som används till att mäta toleranser. Exempelvis så läggs en remsa Plastigage tvärs över en lagertapp. Delarna sätts ihop och tas isär. Bredden på den klämda remsan anger spelrummet mellan lager och tapp.

Plastigage

R

Rotor I en fördelare, den roterande enhet inuti fördelardosan som kopplar samman mittelektroden med de yttre kontakterna vartefter den roterar, så att högspänningen från tändspolens sekundärlindning leds till rätt tändstift. Även den del av generatorn som roterar inuti statorn. Även de roterande delarna av ett turboaggregat, inkluderande kompressorhjulet, axeln och turbinhjulet.

S

Sealed-beam strålkastare En äldre typ av strålkastare som integrerar reflektor, lins och glödtrådar till en hermetiskt försluten enhet. När glödtråden går av eller linsen spricker byts hela enheten.

Shims Tunn distansbricka, vanligen använd till att justera inbördes lägen mellan två delar. Exempelvis sticks shims in i eller under ventiltryckarhylsor för att justera ventilspelet. Spelet justeras genom byte till shims av annan tjocklek.

Skivbroms En bromskonstruktion med en roterande skiva som kläms mellan bromsklossar. Den friktion som uppstår omvandlar bilens rörelseenergi till värme.

Skjutmått Ett precisionsmätinstrument som mäter inre och yttre dimensioner. Inte riktigt lika exakt som en mikrometer men lättare att använda.

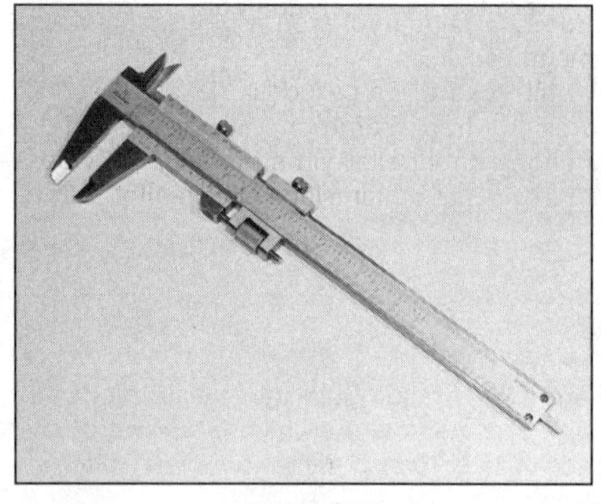

Skjutmått

Smältsäkring Ett kretsskydd som består av en ledare omgiven av värmetålig isolering. Ledaren är tunnare än den ledning den skyddar och är därmed den svagaste länken i kretsen. Till skillnad från en bränd säkring måste vanligen en smältsäkring skäras bort från ledningen vid byte.

Spel Den sträcka en del färdas innan något inträffar. "Luften" i ett länksystem eller ett montage mellan första ansatsen av kraft och verklig rörelse. Exempelvis den sträcka bromspedalen färdas innan kolvarna i huvudcylindern rör på sig. Även utrymmet mellan två delar, till exempel kolv och cylinderlopp.

Spiralfjäder En spiral av elastiskt stål som förekommer i olika storlekar på många platser i en bil, bland annat i fjädringen och ventilerna i topplocket.

Startspärr På bilar med automatväxellåda förhindrar denna kontakt att motorn startas annat än om växelväljaren är i N eller P.

Storändslager Lagret i den ände av vevstaken som är kopplad till vevaxeln.

Svetsning Olika processer som används för att sammanfoga metallföremål genom att hetta upp dem till smältning och sammanföra dem.

Svänghjul Ett tungt roterande hjul vars energi tas upp och sparas via moment. På bilar finns svänghjulet monterat på vevaxeln för att utjämna kraftpulserna från arbetstakterna.

Syresensor En enhet i motorns grenrör som känner av syrehalten i avgaserna och omvandlar denna information till elektricitet som bär information till styrelektroniken. Även kalla Lambdasond.

Säkring En elektrisk enhet som skyddar en krets mot överbelastning. En typisk säkring innehåller en mjuk metallbit kalibrerad att smälta vid en förbestämd strömstyrka, angiven i ampere, och därmed bryta kretsen.

T

Termostat En värmestyrd ventil som reglerar kylvätskans flöde mellan blocket och kylaren vilket håller motorn vid optimal arbetstemperatur. En termostat används även i vissa luftrenare där temperaturen är reglerad.

Toe-in Den distans som framhjulens framkanter är närmare varandra än bakkanterna. På bakhjulsdrivna bilar specificeras vanligen ett litet toe-in för att hålla framhjulen parallella på vägen, genom att motverka de krafter som annars tenderar att vilja dra isär framhjulen.

Toe-ut Den distans som framhjulens bakkanter är närmare varandra än framkanterna. På bilar med framhjulsdrift specificeras vanligen ett litet toe-ut.

Toppventilsmotor (OHV) En motortyp där ventilerna finns i topplocket medan kamaxeln finns i motorblocket.

Torpedplåten Den isolerade avbalkningen mellan motorn och passagerarutrymmet.

Trumbroms En bromsanordning där en trumformad metallcylinder monteras inuti ett hjul. När bromspedalen trycks ned pressas böjda bromsbackar försedda med bromsbelägg mot trummans insida så att bilen saktar in eller stannar.

Trumbroms, montage

Turboaggregat En roterande enhet, driven av avgastrycket, som komprimerar insugsluften. Används vanligen till att öka motoreffekten från en given cylindervolym, men kan även primäranvändas till att minska avgasutsläpp.

Tändföljd Turordning i vilken cylindrarnas arbetstakter sker, börjar med nr 1.

Tändläge Det ögonblick då tändstiftet ger gnista. Anges vanligen som antalet vevaxelgrader för kolvens övre dödpunkt.

Tätningsmassa Vätska eller pasta som används att täta fogar. Används ibland tillsammans med en packning.

U

Universalknut En koppling med dubbla pivåer som överför kraft från en drivande till en driven axel genom en vinkel. En universalknut består av två Y-formade ok och en korsformig del kallad spindeln.

Urtrampningslager Det lager i kopplingen som flyttas inåt till frigöringsarmen när kopplingspedalen trycks ned för frikoppling.

V

Ventil En enhet som startar, stoppar eller styr ett flöde av vätska, gas, vakuum eller löst material via en rörlig del som öppnas, stängs eller delvis maskerar en eller flera portar eller kanaler. En ventil är även den rörliga delen av en sådan anordning.

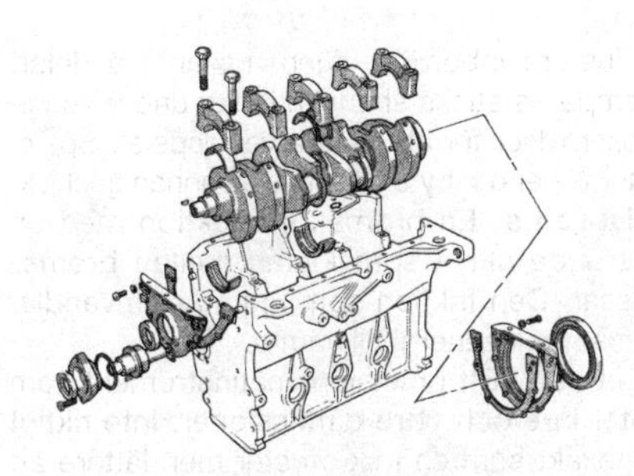

Vevaxel, montage

Ventilspel Spelet mellan ventilskaftets övre ände och ventiltryckaren. Spelet mäts med stängd ventil.

Ventiltryckare En cylindrisk del som överför rörelsen från kammen till ventilskaftet, antingen direkt eller via stötstång och vipparm. Även kallad kamsläpa eller kamföljare.

Vevaxel Den roterande axel som går längs med vevhuset och är försedd med utstickande vevtappar på vilka vevstakarna är monterade.

Vevhus Den nedre delen av ett motorblock där vevaxeln roterar.

Vibrationsdämpare En enhet som är avsedd att minska fjädring eller vridande vibrationer i vevaxeln. Enheten kan vara integrerad i vevaxelns remskiva. Kallas även harmonibalanserare.

Vipparm En arm som gungar på en axel eller tapp. I en toppventilsmotor överför vipparmen stötstångens uppåtgående rörelse till en nedåtgående rörelse som öppnar ventilen.

Viskositet Tjockleken av en vätska eller dess flödesmotstånd.

Volt Enhet för elektrisk spänning i en krets 1 volt genom ett motstånd av 1 ohm ger en strömstyrka om 1 ampere.

Observera: *Referenser ges i formen - "kapitelnummer" • "sidnummer"*

I

J

K

L

M

N

O

P

R

S

T

U

V

Reparationshandböcker för bilar

Reparationshandböcker på svenska

Titel	Bok nr.
AUDI 100 & 200 (82 - 90)	SV3214
Audi 100 & A6 (maj 91 - maj 97)	SV3531
Audi A4 (95 - Feb 00)	SV3717
BMW 3- & 5-serier (81 - 91)	SV3263
CHEVROLET & GMC Van (68 - 95)	SV3298
FORD Escort (80 - 90)	SV3091
Ford Escort & Orion (90 - 00)	SV3389
Ford Mondeo (93 - 99)	SV3353
Ford Scorpio (85 - 94)	SV3039
Ford Sierra (82 - 93)	SV3038
MERCEDES-BENZ 124-serien (85 - 93)	SV3299
Mercedes-Benz 190, 190E & 190D (83 - 93)	SV3391
OPEL Astra (91 - 98)	SV3715
Opel Kadett (84 - 91)	SV3069
Opel Omega & Senator (86 - 94)	SV3262
Opel Vectra (88 - 95)	SV3264
Opel Vectra (95 - 98)	SV3592
SAAB 90, 99 & 900 (79 - 93)	SV3037
Saab 900 (okt 93 - 98)	SV3532
Saab 9000 (85 - 98)	SV3072
Saab 9-5 (97 - 04)	SV4171
VOLKSWAGEN Golf & Jetta II (84 - 92)	SV3036
Volkswagen Golf III/Vento (92 - 96)	SV3244
Volkswagen Golf IV & Bora (98 - 00)	SV3781
Volkswagen Passat (88 - 96)	SV3393
Volkswagen Passat (dec 96 - nov 00)	SV3943
Volkswagen Transporter (82 - 90)	SV3392
VOLVO 240, 242, 244 & 245 (74 - 93)	SV3034
Volvo 340, 343, 345 & 360 (76 - 91)	SV3041
Volvo 440, 460 & 480 (87 - 97)	SV3066
Volvo 740, 745 & 760 (82 - 92)	SV3035
Volvo 850 (92 - 96)	SV3213
Volvo 940 (91 - 96)	SV3208
Volvo S40 & V40 (96 - 04)	SV3585
Volvo S70, V70 & C70 (96 - 99)	SV3590

TechBooks på svenska

Titel	Bok nr.
Bilens elektriska och elektroniska system	SV3361
Bilens felkodssystem: Handbok för avläsning och diagnostik	SV3534
Bilens Luftkonditioneringssystem	SV3791
Bilens motorstyrning och bränsleinsprutningssystem	SV3390
Dieselmotorn - servicehandbok	SV3533

Service and Repair Manuals

Titel	Bok nr.
ALFA ROMEO Alfasud/Sprint (74 - 88)*	0292
Alfa Romeo Alfetta (73 - 87)*	0531
AUDI 80, 90 & Coupe Petrol (79 - Nov 88)	0605
Audi 80, 90 & Coupe Petrol (Oct 86 - 90)	1491
Audi 100 & 200 Petrol (Oct 82 - 90)	0907
Audi 100 & A6 Petrol & Diesel (May 91 - May 97)	3504
Audi A4 Petrol & Diesel (95 - Feb 00)	3575
AUSTIN A35 & A40 (56 - 67)*	0118
Austin/MG/Rover Maestro 1.3 & 1.6 Petrol (83 - 95)	0922
Austin/MG Metro (80 - May 90)	0718
Austin/Rover Montego 1.3 & 1.6 Petrol (84 - 94)	1066
Austin/MG/Rover Montego 2.0 Petrol (84 - 95)	1067
Mini (59 - 69)*	0527
Mini (69 - 01)	0646
Austin/Rover 2.0 litre Diesel Engine (86 - 93)	1857
AUSTIN HEALEY 100/6 & 3000 (56 - 68)*	0049
BEDFORD CF Petrol (69 - 87)	0163
Bedford/Vauxhall Rascal & Suzuki Supercarry (86 - Oct 94)	3015
BMW 316, 320 & 320i (4-cyl) (75 - Feb 83)*	0276
BMW 320, 320i, 323i & 325i (6-cyl) (Oct 77 - Sept 87)	0815
BMW 3- & 5-Series Petrol (81 - 91)	1948
BMW 3-Series Petrol (Apr 91 - 96)	3210
BMW 3-Series Petrol (Sept 98 - 03)	4067
BMW 520i & 525e (Oct 81 - June 88)	1560
BMW 525, 528 & 528i (73 - Sept 81)*	0632
BMW 1500, 1502, 1600, 1602, 2000 & 2002 (59 - 77)*	0240
CHRYSLER PT Cruiser Petrol (00 - 03)	4058
CITROËN 2CV, Ami & Dyane (67 - 90)	0196
Citroën AX Petrol & Diesel (87 - 97)	3014
Citroën BX Petrol (83 - 94)	0908
Citroën C15 Van Petrol & Diesel (89 - Oct 98)	3509
Citroën C3 (02 - 04)	4197
Citroën CX Petrol (75 - 88)	0528
Citroën Saxo Petrol & Diesel (96 - 01)	3506
Citroën Visa Petrol (79 - 88)	0620
Citroën Xantia Petrol & Diesel (93 - 98)	3082
Citroën XM Petrol & Diesel (89 - 00)	3451
Citroën Xsara Petrol & Diesel (97 - Sept 00)	3751
Citroën Xsara Picasso Petrol & Diesel (00 - 02)	3944
Citroën ZX Diesel (91 - 98)	1922
Citroën ZX Petrol (91 - 98)	1881
Citroën 1.7 & 1.9 litre Diesel Engine (84 - 96)	1379
FIAT 126 (73 - 87)*	0305
Fiat 500 (57 - 73)*	0090
Fiat Bravo & Brava Petrol (95 - 00)	3572
Fiat Cinquecento (93 - 98)	3501
Fiat Panda (81 - 95)	0793
Fiat Punto Petrol & Diesel (94 - Oct 99)	3251
Fiat Punto Petrol (Oct 99 - July 03)	4066
Fiat Regata Petrol (84 - 88)	1167
Fiat Tipo Petrol (88 - 91)	1625
Fiat Uno Petrol (83 - 95)	0923
Fiat X1/9 (74 - 89) *	0273
FORD Anglia (59 - 68)*	0001
Ford Capri II (& III) 1.6 & 2.0 (74 - 87)*	0283
Ford Capri II (& III) 2.8 & 3.0 V6 (74 - 87)	1309
Ford Cortina Mk III 1300 & 1600 (70 - 76)*	0070
Ford Escort Mk I 1100 & 1300 (68 - 74)*	0171
Ford Escort Mk I Mexico, RS 1600 & RS 2000 (70 - 74)*	0139
Ford Escort Mk II Mexico, RS 1800 & RS 2000 (75 - 80)*	0735
Ford Escort (75 - Aug 80) *	0280
Ford Escort Petrol (Sept 80 - Sept 90)	0686
Ford Escort & Orion Petrol (Sept 90 - 00)	1737
Ford Escort & Orion Diesel (Sept 90 - 00)	4081
Ford Fiesta (76 - Aug 83)	0334
Ford Fiesta Petrol (Aug 83 - Feb 89) F	1030
Ford Fiesta Petrol (Feb 89 - Oct 95)	1595
Ford Fiesta Petrol & Diesel (Oct 95 - 01)	3397
Ford Fiesta (Apr 02 - 04)	4170
Ford Focus Petrol & Diesel (98 - 01)	3759
Ford Focus Petrol & Diesel (Oct 01 - 04).	4167
Ford Galaxy Petrol & Diesel (95 - Aug 00)	3984
Ford Granada Petrol (Sept 77 - Feb 85)*	0481
Ford Granada & Scorpio Petrol (Mar 85 - 94)	1245
Ford Ka (96 - 02)	3570
Ford Mondeo Petrol (93 - Sept 00)	1923
Ford Mondeo Petrol & Diesel (Oct 00 - Jul 03)	3990
Ford Mondeo Diesel (93 - 96)	3465
Ford Orion Petrol (83 - Sept 90)	1009
Ford Sierra 4-cyl Petrol (82 - 93)	0903
Ford Sierra V6 Petrol (82 - 91)	0904
Ford Transit Petrol (Mk 2) (78 - Jan 86)	0719
Ford Transit Petrol (Mk 3) (Feb 86 - 89)	1468
Ford Transit Diesel (Feb 86 - 99)	3019
Ford 1.6 & 1.8 litre Diesel Engine (84 - 96)	1172
Ford 2.1, 2.3 & 2.5 litre Diesel Engine (77 - 90)	1606
FREIGHT ROVER Sherpa Petrol (74 - 87)	0463
HILLMAN Avenger (70 - 82)	0037
Hillman Imp (63 - 76)*	0022
HONDA Civic (Feb 84 - sOct 87)	1226
Honda Civic (Nov 91 - 96)	3199
Honda Civic Petrol (Mar 95 - 00)	4050
HYUNDAI Pony (85 - 94)	3398
JAGUAR E Type (61 - 72)*	0140
Jaguar MkI & II, 240 & 340 (55 - 69)*	0098
Jaguar XJ6, XJ & Sovereign; Daimler Sovereign (68 - Oct 86)	0242
Jaguar XJ6 & Sovereign (Oct 86 - Sept 94)	3261
Jaguar XJ12, XJS & Sovereign; Daimler Double Six (72 - 88)	0478
JEEP Cherokee Petrol (93 - 96)	1943
LADA 1200, 1300, 1500 & 1600 (74 - 91)	0413
Lada Samara (87 - 91)	1610
LAND ROVER 90, 110 & Defender Diesel (83 - 95)	3017
Land Rover Discovery Petrol & Diesel (89 - 98)	3016
Land Rover Freelander Petrol & Diesel (97 - 02)	3929
Land Rover Series IIA & III Diesel (58 - 85)	0529
Land Rover Series II, IIA & III 4-cyl Petrol (58 - 85)	0314
MAZDA 323 (Mar 81 - Oct 89)	1608
Mazda 323 (Oct 89 - 98)	3455
Mazda 626 (May 83 - Sept 87)	0929
Mazda B1600, B1800 & B2000 Pick-up Petrol (72 - 88)	0267
Mazda RX-7 (79 - 85)*	0460
MERCEDES-BENZ 190, 190E & 190D Petrol & Diesel (83 - 93)	3450
Mercedes-Benz 200D, 240D, 240TD, 300D & 300TD 123 Series Diesel (Oct 76 - 85)	1114
Mercedes-Benz 250 & 280 (68 - 72)*	0346
Mercedes-Benz 250 & 280 123 Series Petrol (Oct 76 - 84)*	0677
Mercedes-Benz 124 Series Petrol & Diesel (85 - Aug 93)	3253
Mercedes-Benz C-Class Petrol & Diesel (93 - Aug 00)	3511
MGA (55 - 62)*	0475
MGB (62 - 80)	0111
MG Midget & Austin-Healey Sprite (58 - 80)*	0265
MITSUBISHI Shogun & L200 Pick-Ups Petrol (83 - 94)	1944
MORRIS Ital 1.3 (80 - 84)	0705
Morris Minor 1000 (56 - 71)	0024
NISSAN Almera Petrol (95 - Feb 00)	4053
Nissan Bluebird (May 84 - Mar 86)	1223
Nissan Bluebird Petrol (Mar 86 - 90)	1473
Nissan Cherry (Sept 82 - 86)	1031
Nissan Micra (83 - Jan 93)	0931
Nissan Micra (93 - 99)	3254
Nissan Primera Petrol (90 - Aug 99)	1851
Nissan Stanza (82 - 86)	0824
Nissan Sunny Petrol (May 82 - Oct 86)	0895
Nissan Sunny Petrol (Oct 86 - Mar 91)	1378
Nissan Sunny Petrol (Apr 91 - 95)	3219
OPEL Ascona & Manta (B Series) (Sept 75 - 88)*	0316
Opel Ascona Petrol (81 - 88)	3215
Opel Astra Petrol (Oct 91 - Feb 98)	3156
Opel Corsa Petrol (83 - Mar 93)	3160
Opel Corsa Petrol (Mar 93 - 97)	3159
Opel Kadett Petrol (Nov 79 - Oct 84)	0634
Opel Kadett Petrol (Oct 84 - Oct 91)	3196
Opel Omega & Senator Petrol (Nov 86 - 94)	3157
Opel Rekord Petrol (Feb 78 - Oct 86)	0543
Opel Vectra Petrol (Oct 88 - Oct 95)	3158
PEUGEOT 106 Petrol & Diesel (91 - 02)	1882
Peugeot 205 Petrol (83 - 97)	0932
Peugeot 206 Petrol & Diesel (98 - 01)	3757
Peugeot 306 Petrol & Diesel (93 - 99)	3073
Peugeot 307 Petrol & Diesel (01 - 04)	4147
Peugeot 309 Petrol (86 - 93)	1266
Peugeot 405 Petrol (88 - 97)	1559
Peugeot 405 Diesel (88 - 97)	3198
Peugeot 406 Petrol & Diesel (96 - Mar 99)	3394
Peugeot 406 Petrol & Diesel (Mar 99 - 02)	3982
Peugeot 505 Petrol (79 - 89)	0762
Peugeot 1.7/1.8 & 1.9 litre Diesel Engine (82 - 96)	0950
Peugeot 2.0, 2.1, 2.3 & 2.5 litre Diesel Engines (74 - 90)	1607
PORSCHE 911 (65 - 85)	0264
Porsche 924 & 924 Turbo (76 - 85)	0397
PROTON (89 - 97)	3255
RANGE ROVER V8 Petrol (70 - Oct 92)	0606
RELIANT Robin & Kitten (73 - 83)*	0436
RENAULT 4 (61 - 86) up to D*	0072
Renault 5 Petrol (Feb 85 - 96)	1219
Renault 9 & 11 Petrol (82 - 89)	0822
Renault 18 Petrol (79 - 86)	0598
Renault 19 Petrol (89 - 96)	1646
Renault 19 Diesel (89 - 96)	1946
Renault 21 Petrol (86 - 94)	1397
Renault 25 Petrol & Diesel (84 - 92)	1228
Renault Clio Petrol (91 - May 98)	1853
Renault Clio Diesel (91 - June 96)	3031
Renault Clio Petrol & Diesel (May 98 - May 01)	3906
Renault Espace Petrol & Diesel (85 - 96)	3197
Renault Laguna Petrol & Diesel (94 - 00)	3252
Renault Mégane & Scénic Petrol & Diesel (96 - 98)	3395

** Classic reprint*

Titel	Bok nr.
Renault Mégane & Scénic Petrol & Diesel (Apr 99 - 02)	**3916**
ROVER 213 & 216 (84 - 89)	**1116**
Rover 214 & 414 Petrol (89 - 96)	**1689**
Rover 216 & 416 Petrol (89 - 96)	**1830**
Rover 211, 214, 216, 218 & 220 Petrol & Diesel (Dec 95 - 98)	**3399**
Rover 25 & MG ZR Petrol & Diesel (Oct 99 - 04)	**4145**
Rover 414, 416 & 420 Petrol & Diesel (May 95 - 98)	**3453**
Rover 618, 620 & 623 Petrol (93 - 97)	**3257**
Rover 820, 825 & 827 Petrol (86 - 95)	**1380**
Rover 3500 (76 - 87)*	**0365**
Rover Metro, 111 & 114 Petrol (May 90 - 98)	**1711**
SAAB 95 & 96 (66 - 76)*	**0198**
Saab 90, 99 & 900 (79 - Oct 93)	**0765**
Saab 900 (Oct 93 - 98)	**3512**
Saab 9000 (4-cyl) (85 - 98)	**1686**
Saab 9-5 4-cyl Petrol (97 - 04)	**4156**
SEAT Ibiza & Cordoba Petrol & Diesel (Oct 93 - Oct 99)	**3571**
Seat Ibiza & Malaga Petrol (85 - 92)	**1609**
SKODA Estelle (77 - 89)	**0604**
Skoda Favorit (89 - 96)	**1801**
Skoda Felicia Petrol & Diesel (95 - 01)	**3505**
SUBARU 1600 & 1800 (Nov 79 - 90)*	**0995**
SUNBEAM Alpine, Rapier & H120 (67 - 74)*	**0051**
SUZUKI SJ Series, Samurai & Vitara (4-cyl) Petrol (82 - 97)	**1942**
TALBOT Alpine, Solara, Minx & Rapier (75 - 86)	**0337**
Talbot Horizon Petrol (78 - 86)	**0473**
Talbot Samba (82 - 86)	**0823**
TOYOTA Carina E Petrol (May 92 - 97)	**3256**
Toyota Corolla (80 - 85)	**0683**
Toyota Corolla (Sept 83 - Sept 87)	**1024**
Toyota Corolla (Sept 87 - Aug 92)	**1683**
Toyota Corolla Petrol (Aug 92 - 97)	**3259**
Toyota Hi-Ace & Hi-Lux Petrol (69 - Oct 83)	**0304**
TRIUMPH GT6 & Vitesse (62 - 74)*	**0112**
Triumph Herald (59 - 71) *	**0010**
Triumph Spitfire (62 - 81)	**0113**
Triumph Stag (70 - 78)*	**0441**
Triumph TR2, TR3, TR3A, TR4 & TR4A (52 - 67)*	**0028**
Triumph TR5 & 6 (67 - 75)*	**0031**
Triumph TR7 (75 - 82)*	**0322**
VAUXHALL Astra Petrol (80 - Oct 84)	**0635**
Vauxhall Astra & Belmont Petrol (Oct 84 - Oct 91)	**1136**
Vauxhall Astra Petrol (Oct 91 - Feb 98)	**1832**
Vauxhall/Opel Astra & Zafira Petrol (Feb 98 - Apr 04)	**3758**
Vauxhall/Opel Astra & Zafira Diesel (Feb 98 - Sept 00)	**3797**
Vauxhall/Opel Calibra (90 - 98)	**3502**
Vauxhall Carlton Petrol (Oct 78 - Oct 86)	**0480**
Vauxhall Carlton & Senator Petrol (Nov 86 - 94)	**1469**
Vauxhall Cavalier Petrol (81 - Oct 88)	**0812**
Vauxhall Cavalier Petrol (Oct 88 - 95)	**1570**
Vauxhall Chevette (75 - 84)	**0285**
Vauxhall/Opel Corsa Diesel (Mar 93 - Oct 00)	**4087**
Vauxhall Corsa Petrol (Mar 93 - 97)	**1985**
Vauxhall/Opel Corsa Petrol (Apr 97 - Oct 00)	**3921**
Vauxhall/Opel Corsa Petrol & Diesel (Oct 00 - Sept 03)	**4079**
Vauxhall/Opel Frontera Petrol & Diesel (91 - Sept 98)	**3454**
Vauxhall Nova Petrol (83 - 93)	**0909**
Vauxhall/Opel Omega Petrol (94 - 99)	**3510**
Vauxhall/Opel Vectra Petrol & Diesel (95 - Feb 99)	**3396**
Vauxhall/Opel Vectra Petrol & Diesel (Mar 99 - May 02)	**3930**
Vauxhall/Opel 1.5, 1.6 & 1.7 litre Diesel Engine (82 - 96)	**1222**
VOLKSWAGEN 411 & 412 (68 - 75)*	**0091**
Volkswagen Beetle 1200 (54 - 77)	**0036**
Volkswagen Beetle 1300 & 1500 (65 - 75)	**0039**
Volkswagen Beetle 1302 & 1302S (70 - 72) *	**0110**
Volkswagen Beetle 1303, 1303S & GT (72 - 75)	**0159**
Volkswagen Beetle Petrol & Diesel (Apr 99 - 01)	**3798**
Volkswagen Golf & Bora Petrol & Diesel (April 98 - 00)	**3727**
Volkswagen Golf & Jetta Mk 1 Petrol 1.1 & 1.3 (74 - 84)	**0716**
Volkswagen Golf, Jetta & Scirocco Mk 1 Petrol 1.5, 1.6 & 1.8 (74 - 84)	**0726**
Volkswagen Golf & Jetta Mk 1 Diesel (78 - 84)	**0451**
Volkswagen Golf & Jetta Mk 2 Petrol (Mar 84 - Feb 92)	**1081**
Volkswagen Golf & Vento Petrol & Diesel (Feb 92 - Mar 98)	**3097**
Volkswagen Golf (01 - 04)	**4169**
Volkswagen LT Petrol Vans & Light Trucks (76 - 87)	**0637**
Volkswagen Passat & Santana Petrol (Sept 81 - May 88)	**0814**
Volkswagen Passat 4-cyl Petrol & Diesel (May 88 - 96)	**3498**
Volkswagen Passat 4-cyl Petrol & Diesel (Dec 96 - Nov 00)	**3917**
Volkswagen Polo & Derby (76 - Jan 82)	**0335**
Volkswagen Polo (82 - Oct 90)	**0813**
Volkswagen Polo Petrol (Nov 90 - Aug 94)	**3245**
Volkswagen Polo Hatchback Petrol & Diesel (94 - 99)	**3500**
Volkswagen Scirocco (82 - 90)*	**1224**
Volkswagen Transporter 1600 (68 - 79)	**0082**
Volkswagen Transporter 1700, 1800 & 2000 (72 - 79)*	**0226**
Volkswagen Transporter (air-cooled) Petrol (79 - 82)*	**0638**
Volkswagen Transporter (water-cooled) Petrol (82 - 90)	**3452**
Volkswagen Type 3 (63 - 73)*	**0084**
VOLVO 120 & 130 Series (& P1800) (61 - 73)*	**0203**
Volvo 142, 144 & 145 (66 - 74)*	**0129**
Volvo 240 Series Petrol (74 - 93)	**0270**
Volvo 262, 264 & 260/265 (75 - 85) *	**0400**
Volvo 340, 343, 345 & 360 (76 - 91)	**0715**
Volvo 440, 460 & 480 Petrol (87 - 97)	**1691**
Volvo 740 & 760 Petrol (82 - 91)	**1258**
Volvo 850 Petrol (92 - 96)	**3260**
Volvo 940 Petrol (90 - 96)	**3249**
Volvo S40 & V40 Petrol (96 - 04)	**3569**
Volvo S70, V70 & C70 Petrol (96 - 99)	**3573**

TechBooks

Titel	Bok nr.
Automotive Air Conditioning Systems	**3740**
Automotive Electrical and Electronic Systems Manual	**3049**
Automotive Engine Management and Fuel Injection Systems Manual	**3344**
Automotive Gearbox Overhaul Manual	**3473**
Automotive Service Summaries Manual	**3475**
Automotive Timing Belts Manual - Austin/Rover	**3549**
Automotive Timing Belts Manual - Ford	**3474**
Automotive Timing Belts Manual - Peugeot/Citroën	**3568**
Automotive Timing Belts Manual - Vauxhall/Opel	**3577**
The Haynes Manual on Brakes	**4178**
The Haynes Manual on Carburettors	**4177**
The Haynes Manual on Diesel Engines	**4174**
The Haynes Manual on Fault Codes	**4175**
The Haynes Manual on Welding	**4176**

USA Automotive Repair Manuals

Titel	Bok nr.
ACURA Integra & Legend (86 - 90)	**12020**
Acura Integra & Legend (90 - 95)	**12021**
AMC Mid-size models (70 - 83)	**14020**
AMC Alliance & Encore (83 - 87)	**14025**
AUDI 4000 (80 - 87)	**15020**
Audi 5000 (77 - 83)	**15025**
Audi 5000 (84 - 88)	**15026**
BMW 3/5 Series (82 - 92)	**18020**
BMW 3-Series (92 - 98)	**18021**
BUICK Century (97 - 02)	**19010**
Buick, Oldsmobile & Pontiac Full-size (FWD) (85 - 02)	**19020**
Buick, Oldsmobile & Pontiac Full-size (RWD) (70 - 90)	**19025**
Buick Mid-size (RWD) (74 - 87)	**19030**
CADILLAC Rear-wheel drive (70 - 93)	**21030**
CHEVROLET Astro & GMC Safari Mini-vans (85 - 02)	**24010**
Chevrolet Camaro (70 - 81)	**24015**
Chevrolet Camaro (82 - 92)	**24016**
Chevrolet Camaro & Pontiac Firebird (93 - 00)	**24017**
Chevrolet Chevelle, Malibu & El Camino (69 - 87)	**24020**
Chevrolet Chevette & Pontiac T1000 (76 - 87)	**24024**
Chevrolet Corsica/Beretta (87 - 96)	**24032**
Chevrolet Corvette (68 - 82)	**24040**
Chevrolet Corvette (84 - 96)	**24041**
Chevrolet Full-size Sedans (69 - 90)	**24045**
Chevrolet Impala SS & Caprice and Buick Roadmaster (91 - 96)	**24046**
Chevrolet Lumina, Monte Carlo & Impala (FWD) (95 - 01)	**24048**
Chevrolet Luv Pick-up (72 - 82)	**24050**
Chevrolet Monte Carlo (70 - 88)	**24055**
Chevrolet Nova (69 - 79)	**24059**
Chevrolet Nova & Geo Prizm (85 - 92)	**24060**
Chevrolet & GMC Pick-ups (67 - 87)	**24064**
Chevrolet & GMC Pick-ups, 2WD & 4WD (88 - 00)	**24065**
Chevrolet Silverado & GMC Sierra Pick-ups (99 - 02)	**24066**
Chevrolet S-10 & GMC S-15 Pick-ups, & Olds Bravada (82 - 94)	**24070**
Chevrolet S-10 & GMC Sonoma Pick-ups (94 - 01)	**24071**
Chevrolet Trailblazer & GMC Envoy (02 - 03)	**24072**
Chevrolet Sprint & Geo/Chevrolet Metro (85 - 01)	**24075**
Chevrolet & GMC Vans (68 - 96)	**24080**
CHRYSLER Cirrus, Dodge Stratus & Plymouth Breeze (95 - 00)	**25015**
Chrysler Full-Size Front-wheel drive (88 - 93)	**25020**
Chrysler New Yorker, Concorde & LHS, Dodge Intrepid and Eagle Vision (93 - 97)	**25025**
Chrysler LHS, Concorde, 300M & Dodge Intrepid (98 - 03)	**25026**
Chrysler Mid-Size Front-Wheel drive (82 - 95)	**25030**
Chrysler Sebring/Dodge Stratus & Avenger (95 - 02)	**25040**
DATSUN 200SX (77 - 79)	**28004**
Datsun 200SX (80 - 83)	**28005**
Datsun 210 (79 - 82)	**28009**
Datsun 240Z, 260Z & 280Z (70 - 78)	**28012**
Datsun 280ZX (79 - 83)	**28014**
Datsun 310 (Nov 78 - 82)	**28016**
Datsun 810/Maxima (77 - 84)	**28025**
DODGE Aries & Plymouth Reliant (81 - 89)	**30008**
Dodge Caravan, Plymouth Voyager and Chrysler Town & Country Mini-Vans (84 - 95)	**30010**
Dodge Caravan, Plymouth Voyager and Chrysler Town & Country Mini-vans (96 - 02)	**30011**
Dodge Challenger & Plymouth Sapporo (78 - 83)	**30012**
Dodge Colt & Plymouth Champ (78 - 87)	**30016**
Dodge Dakota Pick-ups (87 - 96)	**30020**
Dodge Dakota Pick-up and Durango (97 - 99)	**30021**
Dodge Durango & Dakota Pick-ups (00 - 03)	**30022**
Dodge Dart & Plymouth Valiant (67 - 76)	**30025**
Dodge Daytona & Chrysler Laser (84 - 89)	**30030**
Dodge & Plymouth Neon (95 - 99)	**30034**
Dodge Omni & Plymouth Horizon (78 - 90)	**30035**
Dodge Neon (00 - 03)	**30036**
Dodge Pick-ups (74 - 93)	**30040**
Dodge Pick-ups (94 - 01)	**30041**
Dodge Ram 50/D50 Pick-up & Raider and Plymouth Arrow Pick-up (79 - 93)	**30045**
Dodge/Plymouth/Chrysler Rear-wheel drive (71 - 89)	**30050**
Dodge Shadow & Plymouth Sundance and Duster (87 - 94)	**30055**
Dodge Spirit & Plymouth Acclaim (89 - 95)	**30060**
Dodge & Plymouth Vans (71 - 03)	**30065**
FIAT 124 Sport Coupe & Spider (68 - 78)	**34010**
FORD Aerostar Mini-vans (86 - 97)	**36004**
Ford Contour & Mercury Mystique (95 - 00)	**36006**
Ford Courier Pick-up (72 - 82)	**36008**
Ford Crown Victoria & Mercury Grand Marquis (88 - 00)	**36012**
Ford Escort & Mercury Lynx (81 - 90)	**36016**
Ford Escort & Mercury Tracer (91 - 00)	**36020**
Ford Escape & Mazda Tribute (01 - 03)	**36022**
Ford Explorer, Mazda Navajo & Mercury Mountaineer (91 - 01)	**36024**
Ford Explorer (02 - 03)	**36025**
Ford Fairmont & Mercury Zephyr (78 - 83)	**36028**
Ford Festiva & Aspire (88 - 97)	**36030**
Ford & Mercury Full-size (75 - 87)	**36036**
Ford Granada & Mercury Monarch (75 - 80)	**36040**
Ford & Mercury Mid-size (75 - 86)	**36044**
Ford Mustang V8 (July 64 - 73)	**36048**
Ford Mustang II (74 - 78)	**36049**
Ford Mustang & Mercury Capri (79 - 93)	**36050**
Ford Mustang (94 - 03)	**36051**
Ford Pick-ups & Bronco (73 - 79)	**36054**
Ford Pick-ups & Bronco (80 - 96)	**36058**
Ford Pick-ups & Expedition and Lincoln Navigator (97 - 02)	**36059**
Ford Super Duty Pick-up & Excursion (99 - 02)	**36060**
Ford Pinto & Mercury Bobcat (75 - 80)	**36062**
Ford Probe (89 - 92)	**36066**
Ford Ranger & Bronco II (83 - 93)	**36070**
Ford Ranger Pick-ups (93 - 00)	**36071**
Ford Taurus & Mercury Sable (86 - 95)	**36074**
Ford Taurus & Mercury Sable (96 - 01)	**36075**
Ford Tempo & Mercury Topaz (84 - 94)	**36078**
Ford Thunderbird & Mercury Cougar (83 - 88)	**36082**
Ford Thunderbird & Mercury Cougar (89 - 97)	**36086**
Ford Vans (69 - 91)	**36090**
Ford Full-Size Vans (92 - 01)	**36094**
Ford Windstar (95 - 03)	**36097**
GENERAL MOTORS: Buick Century, Chevrolet Celebrity, Oldsmobile Ciera, Cutlass Cruiser & Pontiac 6000 (82 - 96)	**38005**

** Classic reprint*

Titel	Bok nr.
General Motors: Buick Regal, Chevrolet Lumina, Olds Cutlass Supreme & Pontiac Grand Prix (88 - 02)	38010
General Motors: Buick Skyhawk, Cadillac Cimarron, Chevrolet Cavalier, Oldsmobile Firenza & Pontiac J-2000 & Sunbird (82 - 94)	38015
General Motors: Chevrolet Cavalier & Pontiac Sunfire (95 - 00)	38016
General Motors: Buick Skylark, Chevrolet Citation, Oldsmobile Omega & Pontiac Phoenix (80 - 85)	38020
General Motors: Buick Skylark & Somerset, Oldsmobile Achieva & Calais, and Pontiac Grand Am (85 - 98)	38025
General Motors: Chevrolet Malibu, Oldsmobile Alero & Cutlass, and Pontiac Grand Am (97 - 00)	38026
General Motors: Cadillac Eldorado, Seville, Oldsmobile Toronado & Buick Riviera (71 - 85)	38030
General Motors: Cadillac Eldorado, Seville, Deville, Buick Riviera & Oldsmobile Toronado (86 - 93)	38031
General Motors: Cadillac Deville & Seville (92 - 02)	38032
General Motors: Chevrolet Lumina APV, Oldsmobile Silhouette & Pontiac Trans Sport (90 - 96)	38035
General Motors: Chevrolet Venture, Oldsmobile Silhouette, Pontiac Trans Sport & Montana (97 - 01)	38036
GEO Storm (90 - 93)	40030
HONDA Accord (84 - 89)	42011
Honda Accord (90 - 93)	42012
Honda Accord (94 - 97)	42013
Honda Accord (98 - 99)	42014
Honda Civic 1200 (73 - 79)	42020
Honda Civic 1300 & 1500 CVCC (80 - 83)	42021
Honda Civic 1500 CVCC (75 - 79)	42022
Honda Civic (84 - 91)	42023
Honda Civic and del Sol (92 - 95)	42024
Honda Civic & CR-V Acura Integra (94 - 00)	42025
Honda Civic and CRV (00 - 04)	42026
Honda Odyssey (99 - 04)	42035
Honda Prelude CVCC (79 - 89)	42040
HYUNDAI Elantra (96 - 01)	43010
Hyundai Excel & Accent (86 - 98)	43015
ISUZU Rodeo, Amigo & Honda Passport (89 - 02)	47017
Isuzu Trooper & Pick-up (81 - 93)	47020
JEEP Cherokee, Wagoneer & Comanche (84 - 00)	50010
Jeep CJ (49 - 86)	50020
Jeep Grand Cherokee (93 - 00)	50025
Jeep Liberty (01 - 04)	50035
Jeep Wagoneer & Pick-up (72 - 91)	50029
Jeep Wrangler (87 - 00)	50030
LINCOLN Rear-wheel drive (70 - 01)	59010
MAZDA GLC (RWD) (77 - 83)	61010
Mazda GLC (FWD) (81 - 85)	61011
Mazda 323 & Protegé (90 - 00)	61015
Mazda MX-5 Miata (90 - 97)	61016
Mazda MPV (89 - 94)	61020
Mazda Pick-ups (72 - 93)	61030
Mazda RX-7 Rotary (79 - 85)	61035
Mazda RX-7 Rotary (86 - 91)	61036
Mazda 626 (RWD) (79 - 82)	61040
Mazda 626 and MX-6 (FWD) (83 - 92)	61041
Mazda 626 & MX-6 and Ford Probe (93 - 01)	61042
MERCEDES-BENZ Diesel 123 Series (76 - 85)	63012
Mercedes-Benz 190 (84 - 88)	63015
Mercedes-Benz 280, 123 Series (77 - 81)	63025
Mercedes-Benz 350 & 450 (71 - 80)	63030
MERCURY Villager & Nissan Quest (93 - 01)	64200
MITSUBISHI Cordia, Tredia, Galant, Precis & Mirage (83 - 93)	68020
Mitsubishi Eclipse, Plymouth Laser & Eagle Talon (90 - 94)	68030
Mitsubishi Eclipse & Eagle Talon (95 - 01)	68031
Mitsubishi Galant (94 - 03)	68035
Mitsubishi Pick-up & Montero (83 - 96)	68040
NISSAN 300ZX Turbo & non-Turbo models (84 - 89)	72010
Nissan Altima (93 - 01)	72015
Nissan Maxima (85 - 92)	72020
Nissan Maxima (93 - 01)	72021
Nissan/Datsun Pick-ups & Pathfinder (80 - 97)	72030
Nissan Frontier, Xterra & Pathfinder (97 - 01)	72031
Nissan Pulsar (83 - 86)	72040
Nissan Sentra (82 - 94)	72050
Nissan Sentra & 200SX (95 - 99)	72051
Nissan Stanza (82 - 90)	72060
OLDSMOBILE Cutlass (74 - 88)	73015
PONTIAC Fiero (84 - 88)	79008
Pontiac Firebird (70 - 81)	79018

Titel	Bok nr.
Pontiac Firebird (82 - 92)	79019
Pontiac Mid-Size Models (70 - 87)	79040
PORSCHE 911 (65 - 89)	80020
Porsche 914 (4-cyl) (69 - 76)	80025
Porsche 944 (83 - 89)	80035
SAAB 900 (79 - 88)	84010
SATURN S-series (91 - 02)	87010
Saturn L-Series (00 - 04)	87020
SUBARU 1100, 1300, 1400 & 1600 (71 - 79)	89002
Subaru 1600 & 1800 (80 - 94)	89003
Subaru Legacy (90 - 98)	89100
SUZUKI Samurai, Sidekick, X-90 & Vitara, Geo/Chevrolet Tracker (86 - 01)	90010
TOYOTA Camry (83 - 91)	92005
Toyota Camry & Avalon (92 - 96)	92006
Toyota Camry (97 - 01)	92007
Toyota Celica Rear-wheel drive (71 - 85)	92015
Toyota Celica FWD (86 - 99)	92020
Toyota Celica Supra (79 - 92)	92025
Toyota Corolla (75 - 79)	92030
Toyota Corolla Rear-wheel drive (80 - 87)	92032
Toyota Corolla Front-wheel drive (84 - 92)	92035
Toyota Corolla & Geo/Chevrolet Prizm (93 - 02)	92036
Toyota Corolla Tercel (80 - 82)	92040
Toyota Corona (74 - 82)	92045
Toyota Cressida (78 - 82)	92050
Toyota Land Cruiser (68 - 82)	92055
Toyota Land Cruiser (80 - 96)	92056
Toyota MR2 (85 - 87)	92065
Toyota Pick-up (79 - 95)	92075
Toyota Tacoma, 4Runner & T100 (93 - 00)	92076
Toyota Tundra & Sequoia (00 - 02)	92078
Toyota Previa (91 - 95)	92080
Toyota RAV4 (96 - 02)	92082
Toyota Tercel (87 - 94)	92085
Toyota Sienna (98 - 02)	92090
VOLKSWAGEN Beetle & Karmann Ghia (54 - 79)	96008
Volkswagen Dasher (74 - 81)	96012
Volkswagen Rabbit, Jetta, Scirocco, Pick-up & Convertible (gasoline engine) (75 - 92)	96016
Volkswagen Golf & Jetta (93 - 98)	96017
Volkswagen Passat & Audi A4 (96 - 01)	96023
Volkswagen Vanagon air-cooled (80 - 83)	96045
Volvo 240 Series (76 - 93)	97020
Volvo 740 & 760 Series (82 - 88)	97040

USA Spanish Language Manuals

Chevrolet/GMC Camionetas (67 - 91)	99040
Chevrolet/GMC Camionetas (88 - 98)	99041
Chevrolet/GMC Camionetas Cerradas (68 - 95)	99042
Dodge Caravan, Plymouth Voyager, Chrysler Town & Country (84 - 95)	99055
Ford Camionetas & Bronco (80 - 94)	99075
Ford Camionetas Cerradas (69 - 91)	99077
Ford & Mercury Modelos de Tamaño Grande (75 - 87)	99083
Ford & Mercury Modelos de Tamaño Mediano (75 - 86)	99088
Ford Taurus & Mercury Sable (86 - 95)	99091
General Motors Modelos de Tamaño Grande (70 - 90)	99095
General Motors Modelos de Tamaño Mediano (70 - 88)	99100
Nissan/Datsun Camionetas & Pathfinder (80 - 96)	99110
Nissan Sentra (82 - 94)	99118
Toyota Camionetas & 4-Runner (79 - 95)	99125
Reparación de Carroceria & Pintura	98903
Códigos Automotrices de la Computadora	98905
Manual de Frenos Automotriz	98910
Electricidad Automotriz	98913
Inyección de Combustible (86 - 99)	98915

USA Techbooks

Automotive Computer Codes	10205
Automotive Emission Control Manual	10210
Fuel Injection Manual (86 - 99)	10220
Holley Carburetor Manual	10225
Rochester Carburetor Manual	10230
Weber/Zenith Stromberg/SU Carburetor Manual	10240
Chevrolet Engine Overhaul Manual	10305
Chrysler Engine Overhaul Manual	10310

Titel	Bok nr.
Ford Engine Overhaul Manual	10320
GM and Ford Diesel Engine Repair Manual	10330
Suspension, Steering and Driveline Manual	10345
Ford Automatic Transmission Overhaul Manual	10355
General Motors Automatic Transmission Overhaul Manual	10360
Automotive Body Repair & Painting Manual	10405
Automotive Detailing Manual	10415
Automotive Electrical Manual	10420
Automotive Heating & Air Conditioning Manual (2nd Edn.)	10425
Automotive Reference Manual & Illustrated Automotive Dictionary	10430
Used Car Buying Guide	10440

Manuels d'entretien auto en français

BMW Séries 3 & 5 essence (82 - 93)	FR3291
CITROËN AX essence et Diesel (86 - 98)	FR3023
Citroën BX essence (82 - 95)	FR1771
Citroën BX Diesel (83 - 95)	FR1834
Citroën Saxo essence et Diesel (96 - 99)	FR3530
Citroën Visa essence (79 - 88)	FR1804
Citroën Xantia essence et Diesel (93 - 02)	FR3095
Citroën XM essence et Diesel (89 - 98)	FR3387
Citroën Xsara essence et Diesel (97 - 00)	FR3773
Citroën Xsara Picasso essence et Diesel (99 - 04)	FR4052
Citroën ZX essence (91 - 96)	FR1912
Citroën ZX Diesel (91 - 98)	FR1926
FIAT Panda essence (80 - 92)	FR1836
FIAT Punto essence et Diesel (93 - 99)	FR3294
FIAT Uno essence (83 - 95)	FR1775
FORD Escort & Orion essence (80 - 90)	FR1798
Ford Escort IV & Orion essence (90 - 00)	FR3366
Ford Fiesta II essence (août 83 - fév 89)	FR1782
Ford Fiesta III essence (89 - 95)	FR3368
Ford Fiesta IV essence et Diesel (sept 95 - 99)	FR3567
Ford Mondeo essence et Diesel (93 - 00)	FR3584
Ford Moteurs Diesel (84 - 96)	FR3369
MERCEDES-BENZ 190 essence et Diesel (82 - 94)	FR3527
OPEL Astra essence et Diesel (91 - 98)	FR3385
Opel Corsa essence (83 - 93)	FR1799
Opel Corsa essence et Diesel (93 - 98)	FR3364
Opel Vectra essence et Diesel (95 - 98)	FR3388
PEUGEOT 104 essence (73 - 88)	FR1806
Peugeot 106 essence et Diesel (91 - 04)	FR1913
Peugeot 205 essence (83 - 99)	FR1767
Peugeot 205 Diesel (83 - 99)	FR1835
Peugeot 206 essence et Diesel (98 - 01)	FR3772
Peugeot 305 essence (77 - 91)	FR1797
Peugeot 306 essence et Diesel (93 - 00)	FR3080
Peugeot 307 essence et Diesel (01 - 04)	FR4172
Peugeot 309 essence (85 - 96)	FR1772
Peugeot 309 Diesel (86 - 96)	FR3021
Peugeot 405 essence (87 - 96)	FR1769
Peugeot 405 Diesel (88 - 98)	FR1840
Peugeot 406 essence et Diesel (95 - 99)	FR3296
Peugeot 406 essence et Diesel (mars 99 - 02)	FR4051
RENAULT 5 essence (72 - 85)	FR1788
Renault Super 5 & Express essence (84 - 98)	FR1766
Renault Super 5 & Express Diesel (85 - 99)	FR3022
Renault 9 & 11 essence (81 - 91)	FR1781
Renault 18 essence (78 - 86)	FR1805
Renault 19 essence (88 - 97)	FR1833
Renault 19 Diesel (88 - 97)	FR1950
Renault 21 essence (86 - 96)	FR1768
Renault 21 Diesel (86 - 96)	FR1951
Renault 25 essence et Diesel (84 - 94)	FR3293
Renault Clio 1 essence (90 - 98)	FR1884
Renault Clio 1 Diesel (90 - 98)	FR1989
Renault Clio II essence et Diesel (98 - 01)	FR3924
Renault Espace essence et Diesel (84 - 96)	FR3209
Renault Laguna essence et Diesel (93 - 99)	FR3297
Renault Mégane et Scénic Phase I essence et Diesel (95 - 99)	FR3386
Renault Mégane et Scénic Phase II essence et Diesel (99 - 02)	FR3942
Renault Twingo essence (93 - 98)	FR3044
SEAT Ibiza & Cordoba essence et Diesel (93-99)	FR3583
VOLKSWAGEN Golf II & Jetta essence (84 - 92)	FR1773
Volkswagen Golf III & Vento essence et Diesel (92 - 99)	FR3200
Volkswagen Golf IV & Bora essence et Diesel (98 - 00)	FR3774
Volkswagen Passat III essence et Diesel (88 - 96)	FR3528
Volkswagen Polo III essence et Diesel (94 - 99)	FR3529

Motorcycle Service and Repair Manuals

Titel	Bok nr.
BMW 2-valve Twins (70 - 96)	♦ 0249
BMW K100 & 75 2-valve Models (83 - 96)	♦ 1373
BMW R850, 1100 & 1150 4-valve Twins (93 - 04)	♦ 3466
BSA Bantam (48 - 71)	0117
BSA Unit Singles (58 - 72)	0127
BSA Pre-unit Singles (54 - 61)	0326
BSA A7 & A10 Twins (47 - 62)	0121
BSA A50 & A65 Twins (62 - 73)	0155
DUCATI 600, 750 & 900 2-valve V-Twins (91 - 96)	♦ 3290
Ducati MK III & Desmo Singles (69 - 76)	◇ 0445
Ducati 748, 916 & 996 4-valve V-Twins (94 - 01)	♦ 3756
GILERA Runner, DNA, Stalker & Ice (97 - 04)	4163
HARLEY-DAVIDSON Sportsters (70 - 03)	♦ 2534
Harley-Davidson Big Twins (73 - on)	2536
Harley-Davidson Twin Cam 88 (99 - 03)	♦ 2478
HONDA NB, ND, NP & NS50 Melody (81 - 85)	◇ 0622
Honda NE/NB50 Vision & SA50 Vision Met-in (85 - 95)	◇ 1278
Honda MB, MBX, MT & MTX50 (80 - 93)	0731
Honda C50, C70 & C90 (67 - 99)	0324
Honda XR80R & XR100R (85 - 04)	2218
Honda XL/XR 80, 100, 125, 185 & 200 2-valve Models (78 - 87)	0566
Honda H100 & H100S Singles (80 - 92)	◇ 0734
Honda CB/CD125T & CM125C Twins (77 - 88)	◇ 0571
Honda CG125 (76 - 00)	◇ 0433
Honda NS125 (86 - 93)	◇ 3056
Honda MBX/MTX125 & MTX200 (83 - 93)	◇ 1132
Honda CD/CM185 200T & CM250C 2-valve Twins (77 - 85)	0572
Honda XL/XR 250 & 500 (78 - 84)	0567
Honda XR250L, XR250R & XR400R (86 - 03)	2219
Honda CB250 & CB400N Super Dreams (78 - 84)	◇ 0540
Honda CR Motocross Bikes (86 - 01)	2222
Honda CBR400RR Fours (88 - 99)	◇ ♦ 3552
Honda VFR400 (NC30) & RVF400 (NC35) V-Fours (89 - 98)	◇ ♦ 3496
Honda CB500 (93 - 01)	◇ ♦ 3753
Honda CB400 & CB550 Fours (73 - 77)	0262
Honda CX/GL500 & 650 V-Twins (78 - 86)	0442
Honda CBX550 Four (82 - 86)	◇ 0940
Honda XL600R & XR600R (83 - 00)	2183
Honda XL600/650V Transalp & XRV750 Africa Twin (87 - 02)	◇ ♦ 3919
Honda CBR600F1 & 1000F Fours (87 - 96)	♦ 1730
Honda CBR600F2 & F3 Fours (91 - 98)	♦ 2070
Honda CBR600F4 (99 - 02)	♦ 3911
Honda CB600F Hornet (98 - 02)	◇ ♦ 3915
Honda CB650 sohc Fours (78 - 84)	0665
Honda NTV600 Revere, NTV650 & NT650V Deauville (88 - 01)	◇ ♦ 3243
Honda Shadow VT600 & 750 (USA) (88 - 03)	2312
Honda CB750 sohc Four (69 - 79)	0131
Honda V45/65 Sabre & Magna (82 - 88)	0820
Honda VFR750 & 700 V-Fours (86 - 97)	♦ 2101
Honda VFR800 V-Fours (97 - 01)	♦ 3703
Honda CB750 & CB900 dohc Fours (78 - 84)	0535
Honda VTR1000 (FireStorm, Super Hawk) & XL1000V (Varadero) (97 - 00)	♦ 3744
Honda CBR900RR FireBlade (92 - 99)	♦ 2161
Honda CBR900RR FireBlade (00 - 03)	♦ 4060
Honda CBR1100XX Super Blackbird (97 - 02)	♦ 3901
Honda ST1100 Pan European V-Fours (90 - 01)	♦ 3384
Honda Shadow VT1100 (USA) (85 - 98)	2313

Titel	Bok nr.
Honda GL1000 Gold Wing (75 - 79)	0309
Honda GL1100 Gold Wing (79 - 81)	0669
Honda Gold Wing 1200 (USA) (84 - 87)	2199
Honda Gold Wing 1500 (USA) (88 - 00)	2225
KAWASAKI AE/AR 50 & 80 (81 - 95)	1007
Kawasaki KC, KE & KH100 (75 - 99)	1371
Kawasaki KMX125 & 200 (86 - 02)	◇ 3046
Kawasaki 250, 350 & 400 Triples (72 - 79)	0134
Kawasaki 400 & 440 Twins (74 - 81)	0281
Kawasaki 400, 500 & 550 Fours (79 - 91)	0910
Kawasaki EN450 & 500 Twins (Ltd/Vulcan) (85 - 04)	2053
Kawasaki EX & ER500 (GPZ500S & ER-5) Twins (87 - 99)	♦ 2052
Kawasaki ZX600 (Ninja ZX-6, ZZ-R600) Fours (90 - 00)	♦ 2146
Kawasaki ZX-6R Ninja Fours (95 - 02)	♦ 3541
Kawasaki ZX600 (GPZ600R, GPX600R, Ninja 600R & RX) & ZX750 (GPX750R, Ninja 750R) Fours (85 - 97)	♦ 1780
Kawasaki 650 Four (76 - 78)	0373
Kawasaki Vulcan 700/750 & 800 (85 - 01)	♦ 2457
Kawasaki 750 Air-cooled Fours (80 - 91)	0574
Kawasaki ZR550 & 750 Zephyr Fours (90 - 97)	♦ 3382
Kawasaki ZX750 (Ninja ZX-7 & ZXR750) Fours (89 - 96)	♦ 2054
Kawasaki Ninja ZX-7R & ZX-9R (ZX750P, ZX900B/C/D/E) (94 - 00)	♦ 3721
Kawasaki 900 & 1000 Fours (73 - 77)	0222
Kawasaki ZX900, 1000 & 1100 Liquid-cooled Fours (83 - 97)	♦ 1681
MOTO GUZZI 750, 850 & 1000 V-Twins (74 - 78)	0339
MZ ETZ Models (81 - 95)	◇ 1680
NORTON 500, 600, 650 & 750 Twins (57 - 70)	0187
Norton Commando (68 - 77)	0125
PEUGEOT Speedfight, Trekker & Vivacity (96 - 02)	◇ 3920
PIAGGIO (Vespa) Scooters (91 - 03)	◇ 3492
SUZUKI GT, ZR & TS50 (77 - 90)	◇ 0799
Suzuki TS50X (84 - 00)	◇ 1599
Suzuki 100, 125, 185 & 250 Air-cooled Trail bikes (79 - 89)	0797
Suzuki GP100 & 125 Singles (78 - 93)	◇ 0576
Suzuki GS, GN, GZ & DR125 Singles (82 - 99)	◇ 0888
Suzuki 250 & 350 Twins (68 - 78)	0120
Suzuki GT250X7, GT200X5 & SB200 Twins (78 - 83)	◇ 0469
Suzuki GS/GSX250, 400 & 450 Twins (79 - 85)	0736
Suzuki GS500 Twin (89 - 02)	♦ 3238
Suzuki GS550 (77 - 82) & GS750 Fours (76 - 79)	0363
Suzuki GS/GSX550 4-valve Fours (83 - 88)	1133
Suzuki SV650 (99 - 02)	♦ 3912
Suzuki GSX-R600 & 750 (96 - 00)	♦ 3553e
Suzuki GSX-R600 (01 - 02), GSX-R750 (00 - 02) & GSX-R1000 (01 - 02)	♦ 3986e
Suzuki GSF600 & 1200 Bandit Fours (95 - 04)	♦ 3367
Suzuki GS850 Fours (78 - 88)	0536
Suzuki GS1000 Four (77 - 79)	0484
Suzuki GSX-R750, GSX-R1100 (85 - 92), GSX600F, GSX750F, GSX1100F (Katana) Fours (88 - 96)	♦ 2055
Suzuki GSX600/750F & GSX750 (98 - 02)	♦ 3987
Suzuki GS/GSX1000, 1100 & 1150 4-valve Fours (79 - 88)	0737
Suzuki TL1000S/R & DL1000 V-Strom (97 - 04)	♦ 4083
Suzuki GSX1300R Hayabusa (99 - 04)	♦ 4184
TRIUMPH Tiger Cub & Terrier (52 - 68)	0414
Triumph 350 & 500 Unit Twins (58 - 73)	0137
Triumph Pre-Unit Twins (47 - 62)	0251
Triumph 650 & 750 2-valve Unit Twins (63 - 83)	0122
Triumph Trident & BSA Rocket 3 (69 - 75)	0136
Triumph Fuel Injected Triples (97 - 00)	♦ 3755

Titel	Bok nr.
Triumph Triples & Fours (carburettor engines) (91 - 99)	♦ 2162
VESPA P/PX125, 150 & 200 Scooters (78 - 03)	0707
Vespa Scooters (59 - 78)	0126
YAMAHA DT50 & 80 Trail Bikes (78 - 95)	◇ 0800
Yamaha T50 & 80 Townmate (83 - 95)	◇ 1247
Yamaha YB100 Singles (73 - 91)	◇ 0474
Yamaha RS/RXS100 & 125 Singles (74 - 95)	0331
Yamaha RD & DT125LC (82 - 87)	◇ 0887
Yamaha TZR125 (87 - 93) & DT125R (88 - 02)	◇ 1655
Yamaha TY50, 80, 125 & 175 (74 - 84)	◇ 0464
Yamaha XT & SR125 (82 - 02)	◇ 1021
Yamaha Trail Bikes (81 - 00)	2350
Yamaha 250 & 350 Twins (70 - 79)	0040
Yamaha XS250, 360 & 400 sohc Twins (75 - 84)	0378
Yamaha RD250 & 350LC Twins (80 - 82)	0803
Yamaha RD350 YPVS Twins (83 - 95)	1158
Yamaha RD400 Twin (75 - 79)	0333
Yamaha XT, TT & SR500 Singles (75 - 83)	0342
Yamaha XZ550 Vision V-Twins (82 - 85)	0821
Yamaha FJ, FZ, XJ & YX600 Radian (84 - 92)	2100
Yamaha XJ600S (Diversion, Seca II) & XJ600N Fours (92 - 03)	♦ 2145
Yamaha YZF600R Thundercat & FZS600 Fazer (96 - 03)	♦ 3702
Yamaha YZF-R6 (98 - 02)	♦ 3900
Yamaha 650 Twins (70 - 83)	0341
Yamaha XJ650 & 750 Fours (80 - 84)	0738
Yamaha XS750 & 850 Triples (76 - 85)	0340
Yamaha TDM850, TRX850 & XTZ750 (89 - 99)	◇ ♦ 3540
Yamaha YZF750R & YZF1000R Thunderace (93 - 00)	♦ 3720
Yamaha FZR600, 750 & 1000 Fours (87 - 96)	♦ 2056
Yamaha XV (Virago) V-Twins (81 - 03)	♦ 0802
Yamaha XVS650 & 1100 Dragstar/V-Star (97 - 04)	♦ 4195
Yamaha XJ900F Fours (83 - 94)	♦ 3239
Yamaha XJ900S Diversion (94 - 01)	♦ 3739
Yamaha YZF-R1 (98 - 01)	♦ 3754
Yamaha FJ1100 & 1200 Fours (84 - 96)	♦ 2057
Yamaha XJR1200 & 1300 (95 - 03)	♦ 3981
Yamaha V-Max (85 - 03)	♦ 4072
ATVs	
Honda ATC70, 90, 110, 185 & 200 (71 - 85)	0565
Honda TRX300 Shaft Drive ATVs (88 - 00)	2125
Honda TRX300EX & TRX400EX ATVs (93 - 04)	2318
Honda Foreman 400 and 450 ATVs (95 - 02)	2465
Kawasaki Bayou 220/250/300 & Prairie 300 ATVs (86 - 03)	2351
Polaris ATVs (85 - 97)	2302
Polaris ATVs (98 - 03)	2508
Yamaha YFS200 Blaster ATV (88 - 98)	2317
Yamaha YFB250 Timberwolf ATVs (92 - 00)	2217
Yamaha YFM350 & YFM400 (ER and Big Bear) ATVs (87 - 03)	2126
Yamaha Banshee and Warrior ATVs (87 - 03)	2314
ATV Basics	10450
TECHBOOK SERIES	
Motorcycle Basics TechBook (2nd Edition)	3515
Motorcycle Electrical TechBook (3rd Edition)	3471
Motorcycle Fuel Systems TechBook	3514
Motorcycle Maintenance TechBook	4071
Motorcycle Workshop Practice TechBook (2nd Edition)	3470
GENERAL MANUALS	
Twist and Go (automatic transmission) Scooters Service and Repair Manual	4082

◇ *= not available in the USA* ♦ *= Superbike*

HOME AND GARDEN DIY	
Dishwasher Manual	L7329
Electrical Appliance Manual (3rd edn.)	L7800
Lawnmower Manual (3rd Edition)	L7337
Washer Drier & Tumbledrier Manual	L7328
Washing Machine Manual	L7327

CARAVANS AND CAMPING	
Caravan Handbook, The	L7801
Caravan Manual, The (3rd Edition)	9894
Motorcaravan Manual, The (2nd Edition)	H4047
CYCLING	
Bike Book, The (Updated 4th Edition)	H4000
Birmingham & Black Country Cycle Rides	H4007
Bristol & Bath Cycle Rides	H4025
Racing Bike Book, The (2nd Edition)	L7300
London Cycle Guide, The	L7320
Manchester Cycle Rides	H4026
Mountain Bike Book, The	H954

Alla produkter på dessa sidor finns hos motortillbehörsbutiker, cykelbutiker och bokhandlare. Finns också reparationshandböcker **Chilton** för amerikanska bilar på engelska. Vi utvecklar och uppdaterar kontinuerligt vårt utbud och nya titlar tillkommer därför hela tiden. För ytterligare information om vårt utbud, ring: (Sverige) **+46 18 124016** • (UK) **+44 1963 442030** • (USA) **+1 805 498 6703** • (Frankrike) **+33 1 47 17 66 29** • (Australien) **+61 3 9763 8100**